吉林人民出版社

简体字本二十六史

明史

卷一五〇——卷二〇〇

（五）

［清］ 张廷玉等 撰

王天有等 标点

明史卷一五〇
列传第三八

郁新　赵羾　金忠　李庆
师逵　古朴　向宝　陈寿　马京
许思温　刘季篪　刘辰　杨砥
虞谦　吕升　仰瞻　严本　汤宗

郁新，字敦本，临淮人。洪武中，以人才征，授户部度支主事。迁郎中。逾年，擢本部右侍郎。尝问天下户口田赋，地理险易，应答无遗，帝称其才。寻进尚书。时亲王岁禄米五万石，新定议减五之四，并定郡王以下禄有差。又以边饷不继，定召商开中法，令商输粟塞下，按引支盐，边储以足。夏原吉为户部主事，新重之，诸曹事悉委任焉。建文二年引疾归。

成祖即位，召掌户部事，以古朴为侍郎佐之。永乐元年，河南蝗，有司不以闻，新劾治之。初，转漕北京，新言："自淮抵河，多浅滩跌坡，运舟艰阻。请别用浅船载三百石者，自淮河、沙河运至陈州颍溪口跌坡下，复用浅船载二百石者运至跌坡上，别用大船运入黄河。至八柳树诸处，令河南车夫陆运入卫河，转输北京。"从之。又言："湖广屯田所产不一，请皆得输官。粟谷、穈黍、大麦，荞䅟二石，准米一石。稻谷、蜀秫二石五斗，稗䅟三石，各准米一石。豆、麦、芝麻与米等。"著为令。二年议公、侯、伯、驸马、仪宾禄，二百石以上者,请如文武官例,米钞兼给。三年以士卒劳困,议减屯田岁收不如额者十之四五,又议改纳米北京赎罪者于南京仓。皆允行。是年八月卒于官。帝叹曰:"新理邦赋十三年,量计出入,今谁可代者?"辍朝一日,赐葬祭,而召夏原吉还理部事。

新长于综理,密而不繁。其所规划,后不能易。

赵羾,字云翰,夏人,徙祥符。洪武中,由乡举入太学,授兵部职方司主事。图天下要害厄塞,并屯戍所宜以进。帝以为才,迁员外郎。建文初,迁浙江参政,建策捕海寇,有功。

永乐二年,使交阯,还奏称旨。擢刑部侍郎,改工部,再改礼部。五年进尚书,赐宴华盖殿,撤膳羞遗其母。初,羾每以事为言者所劾,帝不问。九年秋,朝鲜使臣将归,例有赐赍,羾不以奏。帝怒曰:"是且使朕失远人心。"遂下之狱。寻得释,使督建隆庆、保安、永宁诸州县,抚绥新集,民安其业。十五年,丁母艰,起复,改兵部尚书,专理塞外兵事。帝北征,转饷有方。

仁宗嗣位,改南京刑部。宣德五年,御史张楷劾羾及侍郎俞士吉恣纵。召至,命致仕。

羾性精敏,历事五朝,位列卿,自奉如寒素。正统元年卒,年七十三。

金忠,鄞人。少读书,善《易》卜。兄戍通州亡,忠补戍,贫不能行,相者袁珙资之。既至,编卒伍,卖卜北平市,多中。市人传以为神。僧道衍称于成祖。成祖将起兵,托疾召忠卜,得铸印乘轩之卦。曰:"此象贵不可言。"自是出入燕府中,常以所占劝举大事。成祖深信之。燕兵起,自署官属,授忠王府纪善,守通州。南兵数攻城不克。已,召置左右,有疑辄问,术益验,且时进谋划。遂拜右长史,赞戎务,为谋臣矣。

成祖称帝,论佐命功,擢工部右侍郎,赞世子守北京。寻召还,进兵部尚书。帝起兵时,次子高煦从战有功,许以为太子。至是淇国公丘福等党高煦，劝帝立之。独忠以为不可，在帝前历数古嫡孽事，帝不能夺，密以告解缙、黄淮、尹昌隆。缙等皆以忠言为是。于是立世子为皇太子，而忠为东宫辅导官，以兵部尚书兼詹事府詹事。六年命兼辅皇太孙。

帝北征，留忠与蹇义、黄淮、杨士奇辅太子监国。是时高煦夺嫡谋愈急，蜚语谮太子。十二年北征还，悉征东宫官属下狱。以忠勋旧不问，而密令审察太子事。忠言无有，帝怒。忠免冠顿首流涕，愿连坐以保之。以故太子得无废，而宫僚黄淮、杨溥等亦以是获全。

忠起卒伍至大位，甚见亲倚，每承顾问，知无不言，然慎密不泄。处僚友不持两端，退恒推让之。明年四月卒。给驿归葬，命有司治祠墓，复其家。洪熙元年，追赠荣禄大夫少师，谥忠襄。官子达翰林检讨。达刚直敢言，仕至长芦都转运使。

忠有兄华，负志节。忠守通州有功，欲推恩官之，辞不就。尝召赐金绮，亦不受。成祖目为迂叟，放还。一日，读《宋史》至王伦附秦桧事，放声长叹而逝。里中称为白云先生。

李庆，字德孚，顺义人。洪武中，以国子生署右佥都御史，后授刑部员外郎，迁绍兴知府。永乐元年召为刑部侍郎。性刚果，有干局，驭下甚严。帝以为才，数命治他事，不得时至部。然属吏与罪人交通私馈饷，庆辄知之，绳以重法。五年改左副都御史。两遭亲丧，并起复。时勋贵武臣多令子弟家人行商中盐，为官民害。庆言："旧制，四品以上官员家不得与民争利。今都督蔡福等既行罚，公侯有犯，亦乞按问。"帝命严禁如制。忻成伯赵彝擅杀运夫，盗卖军饷。都督谭青、朱崇贪纵。庆劾之，皆下吏。已，劾都督费瓛欺罔，梁铭贪暴，镇守德州都督曹得黩货。皆被责。中外凛其风采。十八年进工部尚书，寻兼领兵部事。

仁宗立，改兵部，加太子少保。弋谦以言事忤旨，吕震等交口诋之，惟庆与夏原吉无所言。帝寻悟，降敕自责，并责震等，震等甚愧此两人。山陵事多，趣办中官有求，执不与，人多严惮之，号为"生李。"奉命侍皇太子谒孝陵，在途约束将士，秋毫无所扰。太子欲猎，庆谏止。及太子还北京，遂留庆南京兵部。

宣德二年，安远侯柳升讨黎利，命庆参赞军务，许择部曹贤能者自随。师至镇夷关，升意轻贼，不为备。郎中史安、主事陈镛言于庆。时庆已病甚，强起告升。升不听，直前，中伏败死。庆病遂笃，明日亦死，一军尽没。

师逵，字九达，东阿人。少孤，事母至孝。年十三，母疾，思藤花菜。逵出城南二十余里求得之。及归，夜二鼓，遇虎。逵惊呼天，虎舍之去。母疾寻愈。洪武中，以国子生从御史出按事，为御史所劾，逮至。帝伟其貌，释之，谪御史台书案牍。久之，擢御史，迁陕西按察使。狱囚淹系千人，浃旬尽决遣，悉当其罪。母忧去官，庐墓侧，不饮酒食肉者三年。

成祖即位，召为兵部侍郎，改吏部。永乐四年建北京宫殿，分遣大臣出采木。逵往湖、湘，以十万众入山辟道路，召商贾，军役得贸易，事以办。然颇严刻，民不堪，多从李法良为乱。左中允周干劾之。时仁宗监国，以帝所特遣，置不问。八年，帝北征，命总督馈饷，逵请量程置顿堡，更递转输。从之。

逵佐蹇义在吏部二十年，人不敢干以私。仁宗嗣位，与赵羾、古朴皆改官南京，而逵进户部尚书，兼掌吏部。宣德二年正月卒官，年六十二。

逵廉，不殖生产，禄赐毕分宗党。有子八人，至无以自赡。成祖在北京尝语左右曰："六部扈从臣，不贪者惟逵而已。"

古朴，字文质，陈州人。洪武中以太学生清理郡县田赋图籍。还隶五军断事理刑。自陈家贫，愿得禄养母。帝嘉之，除工部主事。母殁，官给舟归葬。服阕，改兵部，累迁郎中。建文三年擢兵部侍郎。

成祖即位，改户部。永乐二年，朴奏："先奉诏令江西、湖广及苏、松诸府输粮北京，今闻并患水潦，转运艰难，而北京诸郡岁幸丰。宜发钞命有司增价收籴，减南方运。"从之。营建北京，命采木江西，以恤民见褒。七年，帝北巡，皇太子监国，召还，佐夏原吉理户部。仁宗即位，改南京通政使。明年就拜户部尚书，出督畿内田赋。师逵病，命朴代之。宣德三年二月卒于官。

初，户部主事刘良不检，乞中贵人求上考。朴不可。良遂诬奏朴罪，朴就逮。成祖察其诬，得释。他日，吏部奏予良诰。仁宗曰："此人素无行，且尝诬大臣，不可与。"良后果以赃败。朴在朝三十余年，自郎署至尚书，确然有守，不通干请，与右都御史向宝，俱以清介称。

宝，字克忠，进贤人。洪武中，以进士授兵部员外郎。九年无过，擢通政使，以不善奏对力辞，改应天府尹。建文时，坐事谪广西。成祖即位，召复职。已，复坐事下狱，降两浙盐运判官。仁宗在东宫，知其廉。及即位，召为右都御史兼詹事，并给两俸。寻应诏陈八事，多可采者。宣德初，改南京。三年入觐，帝悯其老，命致仕。归卒于途。

宝有文学，宽厚爱民，而持身廉直，屡遭困厄不稍易，平居言不及利。历仕四十余年，卒之日，家具萧然。

陈寿，随人。洪武中，由国子生授户部主事。永乐元年迁员外郎。出为山东参政，所至以爱民为务。用夏原吉荐，召为工部左侍郎。皇太子监国南京，寿日陈兵民困，又乘间言左右干恩泽者多，恐累明德。太子深纳之。尝目送之出，顾侍臣曰："侍郎中第一人也。"

九年以汉王高煦潜，下狱，贫不能给朝夕。官属有馈之者，拒不受，竟死狱中。逾年，启殡如生。仁宗即位，赠工部尚书，谥敏肃，官其子瑞中书舍人，后亦至工部侍郎。

与寿同下狱死者，有马京、许思温。

京，武功人。洪武中，以进士授翰林编修，历左通政、大理卿。永乐元年为行部左侍郎。皇太子守北京，命兼辅导，尽诚翊赞，太子甚重之。数为高煦所潛，谪戍广西，仍坐前事，逮下狱。

思温，字叔雍，吴人。以国子生署刑部主事，累官北平按察副使。燕师起，思温佐城守有劳，擢刑部侍郎，改吏部，兼赞善。亦以谗下狱。皆瘐死。仁宗立，赠京少傅，谥文简；思温吏部尚书，官其子俊赞礼郎，进学翰林。

刘季篪，名韶，以字行，余姚人。洪武中进士。除行人。使朝鲜，却其馈赆。帝闻，赐衣钞，擢陕西参政。陕有逋赋，有司峻刑督，民不能输。季篪至，与其僚分行郡县，悉纵械者，缓为期。民感其德，悉完纳。陕不产硇砂，而岁有课。季篪言于朝，罢之。洪渠水溢，为治堰蓄泄，遂为永利。

建文中，召为刑部侍郎。民有为盗所引者。逮至，盗已死，乃召盗妻子使识之。听其辞，诬也，释之。吏亏官钱，诬千余人，悉为辨免。河阳逆旅朱、赵二人异室寝。赵被杀，有司疑朱杀之，考掠诬服。季篪独曰：“是非夙仇，且其装无可利。”缓其狱，竟得杀赵者。扬州民家，盗夜入杀人，遗刀尸傍，刀有记识，其邻家也。官捕鞫之，邻曰：“失此刀久矣。”不胜掠，诬服。季篪使人怀刀就其里潜察之，一童子识曰：“此吾家物。”盗乃得。

永乐初，纂修《大典》，命姚广孝、解缙及季篪总其事。八年坐失出下狱，谪外任。逡巡未行，复下狱。久之始释。命以儒服隶翰林院编纂。寻授工部主事，卒于官。

刘辰，字伯静，金华人。国初，以署典签使方国珍。国珍饰二姬以进，叱却之。李文忠驻师严州，辟置幕下。元帅葛俊守广信，盛冬发民浚城濠。文忠止之，不听。文忠怒，欲临以兵。辰请往谕之。俊悔谢，事遂已。以亲老辞归。

建文中，用荐擢监察御史，出知镇江府，勤于职事。濒江田八十余顷,久沦于水,赋如故,以辰言得除。京口闸废,转漕者道新河出江,舟数败。辰修故闸,公私皆便。漕河易涸,仰练湖益水,三斗门久废。辰修筑之。运舟既通,湖下田益稔。

永乐初,李景隆言辰知国初事,召至,预修《太祖实录》。迁江西布政司参政,奏蠲九郡荒田粮。岁饥,劝富民贷饥者,蠲其徭役以为之息。官为立券,期年而偿。辰居官廉勤尚气,与都司、按察使不相得,数争,坐免官。十四年起行部左侍郎,复留南京者三年。帝念其老,赐敕及钞币,令致仕。卒于途,年七十八。

杨砥,字大用,泽州人。洪武末,由进士授行人司右司副。上疏言:"扬雄为莽大夫,贻讥万世。董仲舒《天人三策》及正谊明道之言,足以持翼世教。今孔庙从祀有雄无仲舒,非是。"帝从之。历官湖广布政司参议。建文中,言:"帝尧之德始于亲九族。今宜惇睦诸藩,无自翦枝叶。"不报。父丧归。

成祖即位,起鸿胪寺卿,乞终制。服阕,擢礼部侍郎,坐视河渠失职,降工部主事,改礼部。永乐十年迁北京行太仆寺卿。时吴桥至天津大水决堤伤稼。砥请开德州东南黄河故道及土河以杀水势。帝命工部侍郎蔺芳经理之。定牧马法,请令五丁养种马一匹,十马立群头一人,五十马立群长一人,养马家岁蠲租粮之半。而蓟州以东至山海诸卫,土地宽广,水草丰美,其屯军人养种马一匹,租亦免半。帝命军租尽蠲之,余悉从其议。于是马大蕃息。

砥刚介有守,尤笃孝行。十六年,母丧哀毁,未至家,卒。

虞谦,字伯益,金坛人。洪武中,由国子生擢刑部郎中,出知杭州府。

建文中请限僧道田,人无过十亩,余以均给贫民。从之。永乐初召为大理寺少卿。时有诏,建文中上言改旧制者悉面陈。谦乃言前事请罪。帝见谦怖,笑曰:"此秀才辟老、佛耳。"释弗问。而僧道限田制竟罢。都察院论诳骗罪,准洪武榜例枭首以徇。谦奏:"比奉诏准律断罪，诓骗当杖流，枭首非诏书意。"帝从之。天津卫仓灾，焚粮数十万石。御史言主者盗用金，纵火自尽。逮几八百人，应死者百。谦白其滥，得论减。

七年，帝北巡，皇太子奏谦为右副都御史。明年偕给事中杜钦巡视淮、凤抵陈州灾伤，免田租，赎民所鬻子女。明年，谦请振，太子谕之曰："军民困极，而卿等从容请启，彼汲黯何如人也。"

寻命督两浙、苏、松诸府粮，输南、北京及徐州、淮安。富民略有司，率得近地，而贫民多远运。谦建议分四等：丁多粮最少者运北京，次少者运徐州，丁粮等者运南京、淮安，丁少粮多者存留本土。民利赖之。又言：徐州、吕梁二洪，行舟多阻，请每洪增挽夫二百，月给廪，官牛一百，暇时听民耕，大舟至，用以挽。人以为便。尝督运木，役者大疫。谦令散处之，疫遂息。未几，偕给事中许能巡抚浙江。

仁宗即位召还，改大理寺卿。时吕升为少卿，仰瞻为丞，而谦又荐严本为寺正。帝方矜慎刑狱，谦等亦悉心奏当。凡法司及四方所上狱，谦等再四参复，必求其平。尝语人曰："彼无憾，斯我无憾矣。"尝应诏上言七事，皆切中时务。有言其奏事不密，市恩于外者。帝怒，降少卿。一日，杨士奇奏事毕，不退。帝问："欲何言，得非为虞谦乎？"士奇因具白其诬，且言谦历事三朝，得大臣体。帝曰："吾亦悔之。"遂命复职。宣宗立，谦言："旧制，犯死罪者，罚役终身。今所犯不等，宜依轻重分年限。"报可。宣德二年三月卒于官。

谦美仪观，风采凝重。工诗画，自负才望。工部侍郎苏瓒以鄙猥班谦上，恒怏怏，人以是隘其量云。

吕升，山阴人。永乐初为溧阳教谕，历官江西、福建按察佥事，所至有清慎声。入为大理寺少卿。宣德八年致仕卒。

仰瞻，长洲人。永乐中由虎贲卫经历迁大理寺丞。正统间，宦官王振用事，百官多奔走其门，惟瞻与大理卿薛瑄不往。会与瑄辨杀夫冤狱，益忤振，下狱，谪戍大同。景泰初，召为右寺丞，执法愈坚，在位者多不悦。移疾归，加大理少卿。

严本，字志道，江阴人。少通群籍，习法律，以傅霖《刑统赋》辞约义博，注者非一，乃著《辑义》四卷。永乐十一年以荐征，试以疑律，敷析明畅。授刑部主事。侍郎张本掌部事，官吏少当意者，独重本，疑狱辄俾讯之。奉命使徽州，时督办后期，例罚工，本不忍迫民。或以为言，本曰："吾办矣。"盖已寓书其子，鬻田为工作偿也。

仁宗立，以刑部尚书金纯及虞谦荐，改大理寺正。断狱者多以"知情故纵"及"大不敬"论罪。本争之曰"律自叛逆数条外，无'故纵'之文。即'不敬'，情有重轻，岂可概入重比。"谦韪之，悉为驳正。良乡民失马，疑其邻，告于丞，拷死。丞坐决罚不如法，当徒，而告者坐绞。本曰："丞罪当。告者因疑而诉，律以诬告致死，是丞与告者各杀一人，可乎？"驳正之。莒县屯卒夺民田，民讼于官，卒被笞。夜盗民驴，民搜得之，卒反以为诬，擒送千户，民被禁死。法司坐千户徒。本曰："千户生，则死者冤矣。"遂正其故勘罪。苏州卫卒十余人夜劫客舟于河西务，一卒死。惧事觉，诬邻舟解囚人为盗，其侣往救见杀。皆诬服。本疑之曰："解人与囚同舟。为盗，囚必知之。"按验，果得实，遂抵卒罪。

本立身方严，非礼弗履。其使徽也，知府馈酒肴亦不受。年七十八卒。

汤宗，字正传，浙江平阳人。洪武末，由太学生擢河南按察佥事，改北平。建文时上变，言按察使陈瑛受燕邸金钱，有异谋。诏逮瑛，安置广西，而迁宗山东按察使。坐事，左迁刑部郎中，出知苏州府。苏连岁水，民流，逋租百余万石。宗谕富民出米代输。富民知其爱民，不三月悉完纳。

永乐元年有言其坐视水患者。逮下狱，谪判禄州。以黄淮荐，召为大理寺丞。或言宗曾发潜邸事，帝曰："帝王惟才是使，何论旧嫌。"时外国贡使病死，从人谓医杀之。狱具，宗阅牍叹曰："医与使者何仇,而故杀之乎?"卒辨出之。寻命振饥河南,还署户部事。解缙下狱,词连宗,坐系十余年。仁宗立,复官,再迁南京大理卿。宣宗初,清军山东。会天久不雨,极陈民间饥困状。帝为蠲租免役,罢不急之务。宣德二年卒。

　　赞曰:永、宣之际,严饬吏治,职事修举。若郁新之理赋,杨砥之马政,刘季篪、虞谦之治狱,可谓能其官矣。李庆、师逵诸人,清介有执,皆列卿之良也。陈寿、马京遭谗早废,惜乎未竟其用。金忠奋身卒伍,进自艺术末流,而有士君子之行。当其侃侃持论于文皇父子间,忠直不挠,卒以诚信悟主,岂不伟哉。

明史卷一五一
列传第三九

茹瑺　严震直　张紞 _{毛泰亨}
王钝　郑赐　郭资　吕震
李至刚　方宾　吴中　刘观

茹瑺，衡山人。洪武中，由监生除承敕郎，历通政使。勤于职，太祖贤之。二十三年拜右副都御史，又试兵部尚书，寻实授，加太子少保。及惠帝即位，改吏部，与黄子澄不相能。刑部尚书暴昭发其赃罪，出掌河南布政司事。寻复召为兵部尚书。

燕兵至龙潭，帝遣瑺及曹国公李景隆、都督同知王佐诣燕军议和。瑺等见成祖，伏地流汗，不能发一言。成祖曰：“公等言即言耳，何惧至是。”久之乃言奉诏割地讲和。成祖笑曰：“吾无罪而削为庶人，今救死，何以地为！且皇考封诸子，已各有分地矣。其缚奸臣来，吾即解甲谒孝陵归藩。”瑺等唯唯顿首还。

成祖入京师，召瑺。瑺首劝进。成祖既即位，下诏言景隆、瑺、佐及陈瑄事太祖忠，功甚重。封瑺忠诚伯，食禄一千石，终其身。仍兵部尚书、太子少保。选其子鉴为秦府长安郡主仪宾，即命瑺出营郡主府第。

还朝，坐不送赵王，遣归里。既而为家人所讼，逮至京，释还。过长沙不谒谷王，王以为言。时方重藩王礼，谷王又开金川门有功，帝意向之。陈瑛遂劾瑺违祖制，逮下锦衣狱，瑺知不免，命子铨市毒药，服之死。时永乐七年二月也。法司劾铨毒其父，请以谋杀父母论。后以铨实承父命，减死，与兄弟家属二十七人谪戍广西河地。仁宗立，释还。宣宗与所没田庐。

瑞居官谨慎，谦和有容。其死也，人颇惜之。

严震直，字子敏，乌程人。洪武时以富民择粮长，岁部粮万石至京师，无后期，帝才之。二十三年，特授通政司参议，再迁为工部侍郎。二十六年六月，进尚书。时朝廷事营建，集天下工匠于京师，凡二十余万户。震直请户役一人，书其姓名所业于官，有役则按籍更番召之，役者称便。乡民诉其弟侄不法，帝付震直讯。具狱上，帝以为不欺，赦其弟侄。已，坐事降御史，数雪冤狱。

二十八年讨龙州。使震直偕尚书任亨泰谕安南。还，条奏利病，称旨。寻命修广西兴安县灵渠。审度地势，导湘、漓二江，浚渠五千余丈，筑渼潭及龙母祠土堤百五十余丈，又增高中江石堤，建陡闸三十有六，凿去滩石之碍舟者，漕运悉通。归奏，帝称善。

三十年二月疏言：“广东旧运盐八十五万余引于广西，召商中买。今终年所运，才十之一。请分三十万八千余引贮广东，别募商入粟广西之粮卫所，支盐广东，鬻之江西南安、赣州、吉安、临江四府便。”帝从之。广盐行于江西自此始。

其年四月擢右都御史，寻复为工部尚书。建文中，尝督饷山东，已而致仕。成祖即位，召见，命以故官巡视山西。至泽州，病卒。

张紞，字昭季，富平人。洪武中，举明经。为东宫侍书，累迁试左通政。十五年，云南平，出为左参政。陛辞，帝赋诗二章赐之。历左布政使。二十年春入觐，治行为天下第一，特令吏部勿考。赐玺书曰：“曩者讨平西南，命官抚守，尔紞实先往，于今五年。诸蛮听服，诚信相孚，克恭乃职，不待考而朕知其功出天下十二牧上。故嘉尔绩，命尔仍治滇南。往，钦哉。”紞在滇凡十七年，土地贡赋、法令条格皆所裁定。民间丧祭冠婚咸有定制，务变其俗。滇人遵用之。

朝士董伦、王景辈谪其地,皆接以礼意。

惠帝即位,召为吏部尚书。诏征遗逸士集阙下。纮所选用,皆当其才。会修《太祖实录》,命试翰林编纂官,纮奏杨士奇第一。士奇由是知名。

成祖入京师,录中朝奸臣二十九人,纮与焉。以茹瑺言,宥仍故职。无何,帝临朝而叹,咎建文时之改官制者。乃令纮及户部尚书王钝解职务,月给半俸,居京师。纮惧,自经于吏部后堂,妻子相率投池中死。

纮在吏部,值变官制,小吏张祖言曰:"高皇帝立法创制,规模甚远。今更之,未必胜,徒滋人口,愿公力持之。"纮不能用,然心贤祖,奏为京卫知事。后纮死,属吏无敢视者,唯祖经纪其丧。世传燕师入京,纮即自经死;严震直奉使至云南,遇建文君悲怆吞金死。考诸国史,非其实也。

时有毛泰亨者,建文时为吏部侍郎,与纮同事。纮死,泰亨亦死。

王钝,字士鲁,太康人。元末猗氏县尹。洪武中,征授礼部主事,历官福建参政,以廉慎闻。遣谕麓川,却其赠。或曰:"不受,恐远人疑贰。"钝乃受之,还至云南,输之官库。二十三年迁浙江左布政使。在浙十年,名与张纮埒。帝尝称于朝,以劝庶僚。

建文初,拜户部尚书。成祖入,逾城走,为逻卒所执,诏仍故官。未几,与纮俱罢。寻命同工部尚书严震直等分巡山西、河南、陕西、山东,又同新昌伯唐云经理北平屯种。承制再上疏言事,皆允行。永乐二年四月赐敕以布政使致仕。既归,郁郁死。

子瀹,永乐四年进士。仁宗时迁郑王府左长史,数以礼谏王。尝拟荀卿《成相篇》,撰十二章以献。语切,与王不合。召改户部郎中。英宗即位,擢户部右侍郎,巡抚浙江,有惠政。母丧起复,入觐,留摄部事。寻以老乞归,卒。

郑赐,字彦嘉,建宁人。洪武十八年进士。授监察御史。时天下郡邑吏多坐罪谪戍,赐尝奉命于龙江编次行伍。方暑,诸囚急甚。赐脱其械,俾偹舍止息,周其饮食,病者与医药,多所全活。秩满当迁,湖广布政司参议阙,命赐与检讨吴文为之。二人协心划弊,民以宁辑,苗、僚畏怀。母丧,去。服除,改北平参议,事成祖甚谨。复坐累谪戍安东屯。及惠帝即位,成祖及楚王桢皆举赐为长史。不许,召为工部尚书。燕兵起,督河南军扼燕。成祖入京师,李景隆讦赐罪亚齐、黄。逮至,帝曰:“吾于汝何如,乃相背耶?”赐曰:“尽臣职耳。”帝笑释之,授刑部尚书。

永乐元年劾都督孙岳擅毁太祖所建寺,诏安置海南。岳,建文时守凤阳,尝毁寺材,修战舰以御燕军,燕知其有备,取他道南下,故赐劾之。二年劾李景隆阴养亡命,谋不轨。又与陈瑛同劾耿炳文僭侈,炳文自经死。皆揣帝意所恶者。祁阳教谕康孔高朝京师还,枉道省母,会母疾,留侍九阅月不行。赐请逮问孔高,罪当杖。帝曰:“母子暌数年,一旦相见难遽舍,况有疾,可矜也。”命复其官。

三年秋,代李至刚为礼部尚书。四年正月,西域贡佛舍利,赐因请释囚。帝曰:“梁武、元顺溺佛教,有罪者不刑,纪纲大坏,此岂可效!”是年六月朔,日当食,阴云不见,赐请贺。不许。赐言“宋盛时尝行之”。帝曰:“天下大矣,京师不见,如天下见之何。”卒不许。

赐为人颇和厚,然不识大体,帝意轻之。为同官赵羾所间,六年六月忧悸卒。帝疑其自尽。杨士奇曰:“赐有疾数日,惶惧不敢求退。昨立右顺门,力不支仆地,口鼻有嘘无吸。”语未竟,帝曰:“微汝言,几误疑赐。赐固善人,才短耳。”命予葬祭。洪熙元年赠太子少保,谥文安。

郭资,武安人。洪武十八年进士。累官北平左布政使,阴附于成祖。及兵起,张昺等死,资与左参政孙瑜、按察司副使墨麟、金事吕震率先降,呼万岁。成祖悦,命辅世子居守。

成祖转战三年,资主给军饷。及即位,以资为户部尚书,掌北平布政司。北京建,改行部尚书,统六曹事。定都,仍改户部。时营城郭宫殿,置官吏及出塞北征,工役繁兴,资举职无废事。仁宗立,以旧劳兼太子宾客。寻以老病,加太子太师,赐敕致仕。宣德四年复起户部尚书,奉职益勤。八年十二月卒,年七十三。赠汤阴伯,谥忠襄。官其子祐户部主事。

资治钱谷有能称,仁宗尝以问杨士奇。对曰:“资性强毅,人不能干以私。然蠲租诏数下不奉行,使陛下恩泽不流者,资也。”

吕震,字克声,临潼人。洪武十九年以乡举入太学。时命太学生出稽郡邑壤地,以均贡赋。震承檄之两浙,还奏称旨,擢山东按察司试佥事。入为户部主事,迁北平按察司佥事。燕兵起,震降于成祖,命侍世子居守。永乐初,迁真定知府,入为大理寺少卿。三年迁刑部尚书。六年改礼部。皇太子监国,震婿主事张鹤朝参失仪,太子以震故宥之。帝闻之怒,下震及蹇义于锦衣卫狱,已,复职。仁宗即位,命兼太子少师,寻进太子太保兼礼部尚书。宣德元年四月卒。

震尝三奉命省亲,两值关中饥,令所司出粟振之,还始以闻。然无学术,为礼官,不知大体。成祖崩,遗诏二十七日释缞服。及期,震建议群臣皆易乌纱帽,黑角带。近臣言:“仁孝皇后崩,既释缞服,太宗易素冠布腰绖。”震勃然变色,诋其异己。仁宗黜震议,易素冠布腰绖。洪熙元年分遣群臣祀岳镇海渎及先代帝王陵。震乞祀周文、武、成、康。便道省母,私以妻丧柩与香帛同载。祀太庙致斋,饮酒西番僧舍,大醉归,一夕卒。

震为人佞谀倾险。永乐时,曹县献驺虞,榜葛剌国、麻林国进麒麟,震请贺。帝曰:“天下治安,无麒麟何害?”贵州布政使蒋廷瓒言:“帝北征班师,诏至思南大岩山,有呼万岁者三。”震言:“此山川效灵。”帝曰:“山谷之声,空虚相应,理或有之。震为国大臣,不能辩其非,又欲因之进媚,岂君子事君之道。”郎中周讷请封禅,震力赞之,帝责其谬。震虽累受面斥,然终不能改。金水河、太液池冰,具楼阁龙凤花卉状。帝召群臣观之。震因请贺。不许。而隆平侯张信奏太和山五色云见，侍郎胡濙图上瑞光榔梅灵芝，震率群臣先后表贺云。

成祖初巡北京，命定太子留守事宜。震请常事听太子处分，章奏分贮南京六科，回銮日通奏。报可。十一年、十四年，震再请如前制。十七年，帝在北京，因事索章奏，侍臣言留南京。帝忘震前请，曰："章奏宜达行在，岂礼部别有议耶？"问震。震惧罪，曰："无之，奏章当达行在。"三问，对如前。遂以擅留奏章，杀右给事中李能。众知能冤，畏震莫敢言。尹昌隆之祸，由震构之。事具《昌隆传》。夏原吉、方宾以言北征饷绌得罪，以震兼领户、兵部事。震亦自危。帝令官校十人随之，曰："若震自尽，尔十人皆死。"

震有精力，能强记，才足以济其为人。凡奏事，他尚书皆执副本，又与左右侍郎更进迭奏。震既兼三部，奏牍益多，皆自占奏，侍郎不与也。情状委曲，千绪万端，背诵如流，未尝有误。尝扈北狩，帝见碑立沙碛中，率从臣读其文。后一年，与诸文学臣语及碑，诏礼部遣官往录之。震言不须遣使，请笔札帝前疏之。帝密使人拓其本校之，无一字脱误者。

子熊。宣宗初立，震数于帝前乞官，至流涕。帝不得已，授兵科给事中。

李至刚，名钢，以字行，松江华亭人。洪武二十一年举明经。选侍懿文太子，授礼部郎中。坐累谪戍边，寻召为工部郎中，迁河南右参议。河决汴堤，至刚议借王府积木，作筏济之。建文中，调湖广左参议，坐事系狱。

成祖即位，左右称其才，遂以为右通政。与修《太祖实录》，朝夕在上左右，称说洪武中事，甚见亲信，寻进礼部尚书。永乐二年册立皇太子，至刚兼左春坊大学士，直东宫讲筵，与解缙后先进讲。已，复坐事下狱，久之得释，降礼部郎中。恨解缙，中伤之。缙下狱，词连至刚，亦坐系十余年。仁宗即位，得释，复以为左通政。给事中梁盛等劾至刚辈十余人，当大行晏驾，不宿公署，饮酒食肉，恬无戚容。帝念至刚先朝旧人，出为兴化知府，时年已七十。再岁，殁于官。

至刚为人敏给，能治繁剧，善傅会，首发建都北平议。请禁言事者挟私，成祖从之。既得上心，务为佞谀。尝言太祖忌辰，宜效宋制，令僧道诵经。山东野蚕成茧，至刚读贺。陕西进瑞麦，至刚率百官贺。帝皆不听。中官使真腊，从者逃三人，国王以国中三人补之，帝令遣还。至刚言："中国三人，安知非彼私匿？"帝曰："朕以至诚待内外，何用逆诈。"所建白多不用。

妻父丽重法，至刚为乞免。帝曰："狱轻重，外人何以知之？"至刚曰："都御史黄信为臣言。"帝怒，诛信。初，至刚与解缙交甚厚。帝书大臣姓名十人，命缙疏其人品，言至刚不端。缙谪广西，至刚遂奏其怨望，改谪交址。

方宾，钱塘人。洪武时由太学生试兵部郎中。建文中，署应天府事。坐罪戍广东。以茹瑺荐，召复官。成祖入京师，宾与侍郎刘俊等迎附，特见委用，进兵部侍郎。四年，俊以尚书出征黎利，宾理部事，有干才，应务不滞。性警敏，能揣上意，见知于帝，颇恃宠贪恣。七年进尚书，扈从北京，兼掌行在吏部事。明年从北征，与学士胡广、金幼孜、杨荣，侍郎金纯并与机密。自后帝北巡，宾辄扈从。

十九年议亲征。尚书夏原吉、吴中、吕震与宾共议，宜且休兵养民。未奉，会帝召宾，宾言粮饷不足，召原吉，亦以不给对。帝怒，遣原吉视粮开平，旋召还下狱。宾方提调灵济宫。中使进香至，语宾以帝怒。宾惧，自缢死。帝实无意杀宾，闻宾死，乃益怒，戮其尸。

吴中，字思正，武城人。洪武末，为营州后屯卫经历。成祖取大宁，迎降。以转饷捍御功，累迁至右都御史。永乐五年改工部尚书。从北征，艰归。起复，改刑部。十九年与夏原吉、方宾等同以言北征饷绌，忤旨系狱。仁宗即位，出之，复其官，兼詹事，加太子少保。宣德元年从征乐安。三年坐以官木石遗中官杨庆作宅，下狱，落宫保，夺禄一年。正统六年，殿工成，进少师。明年卒，年七十。追封茌平伯，谥荣襄。

中勤敏多计算。先后在工部二十余年，北京宫殿，长、献、景三陵，皆中所营造。职务填委，规划井然。然不恤工匠，又湛于声色，时论鄙之。

刘观，雄县人。洪武十八年进士。授太谷县丞，以荐擢监察御史。三十年迁署左佥都御史。坐事下狱，寻释。出为嘉兴知府，丁父忧去。

永乐元年擢云南按察使，未行，拜户部右侍郎。二年调左副都御史。时左都御史陈瑛残刻，右都御史吴中宽和，观委蛇二人间，务为容悦。四年，北京营造宫室，观奉命采木浙江，未几还。明年冬，帝以山西旱，命观驰传往，散遣采木军民。六年，郑赐卒，擢礼部尚书。十二月与刑部尚书吕震易官。坐事为皇太子谴责。帝在北京闻之，以大臣有小过，不宜遽折辱，特赐书谕太子。八年，都督佥事费瓛讨凉州叛羌，命观赞军事。还，坐事，谪本部吏。十三年还职，改左都御史。十五年督浚河漕。十九年命巡抚陕西，考察官吏。

仁宗嗣位，兼太子宾客，旋加太子少保，给二俸。时大理少卿弋谦数言事，帝厌其繁琐。尚书吕震、大理卿虞谦希旨劾奏，观复令十四道御史论其诬妄，以是为舆论所鄙。

时未有官妓之禁。宣德初，臣僚宴乐，以奢相尚，歌妓满前。观私纳贿赂，而诸御史亦贪纵无忌。三年六月朝罢，帝召大学士杨士奇、杨荣至文华门，谕曰："祖宗时，朝臣谨饬。年来贪浊成风，何也？"士奇对曰："永乐末已有之，今为甚耳。"荣曰："永乐时，无逾方宾。"帝问："今日谁最甚者？"荣对曰："刘观。"又问："谁可代者？"士奇、荣荐通政使顾佐。帝乃出观视河道，以佐为右都御史。于是御史张循理等交章劾观，并其子辐诸赃污不法事。帝怒，逮观父子，以弹章示之。观疏辩，帝益怒，出廷臣先后密奏，中有枉法受赇至千金者。观引伏，遂下锦衣卫狱。明年将置重典，士奇、荣乞贷其死。乃谪辐戍辽东，而命观随往，观竟客死。七年，士奇请命风宪官考察奏罢有司之贪污者。帝曰："然，向使不罢刘观，风宪安得肃。"

赞曰：成祖封茹瑺，以事太祖有功。然考之，未有所表见，意史轶之欤？严震直之于广西，张纮之于云南，治效卓然。王钝、郑赐为方伯、监司，声绩颇著，至其晚节，皆不克自振，惜夫。郭资、吕震之徒，有干济才，而操行无取。李至刚之险，吴中、刘观之墨，又不足道矣。

明史卷一五二
列传第四〇

董伦 王景　**仪智** 子铭　**邹济**
徐善述　王汝玉　梁潜　**周述** 弟孟简
陈济 陈继　杨翥　俞山　俞纲　潘辰
王英　**钱习礼**　**周叙** 刘俨
柯潜 罗璟　**孔公恂** 司马恂

　　董伦，字安常，恩人。洪武十五年以张以宁荐，授赞善大夫，侍懿文太子，陈说剀切。太祖嘉之，进左春坊大学士。太子薨，出为河南左参议。肇州吏目兰溪诸葛伯衡廉，伦荐之。帝遽擢为陕西参议。又言儒学训导宜与冠带，别于士子。训导始注选。三十年坐事谪云南教官。云南初设学校，伦以身教，人皆向学。

　　建文初，召拜礼部侍郎兼翰林学士，与方孝孺同侍经筵。御书"怡老堂"额宠之，又赐鸠几、玉鸠杖。解缙谪河州，以伦言得召还。伦质直敦厚，尝劝帝睦亲藩，不听。成祖即位，伦年已八十，命致仕，寻卒。

　　其与伦同时为礼部侍郎者，有王景，字景彰，松阳人。洪武初，为怀远教谕。以博学应诏。命作朝享乐章，定藩王朝觐仪。累官山西参政，与伦先后谪云南。建文初，召入翰林，修《太祖实录》。用张

纮荐,除礼部侍郎兼翰林侍讲。成祖即位,擢学士。帝问葬建文帝
礼,景顿首言:"宜用天子礼。"从之。永乐六年卒于官。

仪智,字居真,高密人。洪武末,举耆儒,授高密训导,迁莘县教
谕。擢知高邮州,课农兴学,吏民爱之。

永乐元年迁宝庆知府。土人健悍,独畏智,相戒不敢犯。召为
右通政兼右中允。未几,迁湖广右布政使。坐事谪役通州。六年冬,
湖广都指挥使龚忠入见。帝问湖湘间老儒,忠以智对,即日召之。既
至,拜礼部左侍郎。十一年元旦,日当食,尚书吕震请朝贺如常,智
持不可。会左谕德杨士奇亦以为言,乃免贺如智议。

十四年诏吏部、翰林院择耆儒侍太孙。士奇及蹇义首荐智。太
子曰:"吾尝举李继鼎,大误,悔无及。智诚端士,然老矣。"士奇顿首
言:"智起家学官,明理守正,虽耄,精神未衰。廷臣中老成正大,无
逾智者。"是日午朝,帝顾太子曰:"侍太孙讲读得人未?"太子对曰:
"举礼部侍郎仪智,议未决。"帝喜曰:"智虽老,能直言,可用也。"遂
命辅导皇太孙。每进讲书史,必反覆启迪,以正心术为本。十九年,
年八十,致仕,卒于家。洪熙元年赠太子少保,谥文简。

季子铭,字子新。宣宗即位,以侍郎戴纶荐,授行在礼科给事
中。九年秩满,帝念智旧劳,改铭修撰。正统三年预修宣庙实录成,
迁侍讲,后改郕府长史。

郕王监国,视朝午门。廷臣劾王振,叫号莫辨人声。铭独造膝
前,免冠敷奏。下令旨族振,众讻始息。景帝即位,力赞征伐诸大事。
寻以潜邸恩,授礼部右侍郎。明年兼经筵官。帝每临讲幄,辄命中
官掷金钱于地,任讲官遍拾之,号恩典。文臣与者,内阁高谷等外,
惟铭与俞山、俞纲、萧镃、赵琬数人而已。寻进南京礼部尚书。怀献
太子立,加太子太保,召为兵部尚书兼詹事。

苏州、淮安诸郡积雪,民冻饿死相枕。沙湾筑河,役山东、河南
九万人,责民间铁器数万具。铭请于帝,多所宽恤。因灾异,言消弭

在敬天法祖,省刑薄敛,节用爱人,录《皇明祖训录》以进,深见奖纳。卒,谥忠襄。

铭少学于吴讷。天性孝友,易直有父风。长子海,锦衣卫百户。季子泰,举于乡,为礼科给事中。并以父恩授云。

邹济,字汝舟,余杭人。事母以孝闻。博学强记,尤长《春秋》。为余杭训导,师法严。累迁国子学录、助教,以荐知平度州。永乐初,预修《太祖实录》成,除礼部郎中。征安南,从幕府司奏记。还为广东右参政,再迁左春坊左庶子,授皇孙经。

济为人和易坦夷,无贵贱皆乐亲之。秩满,进少詹事。当是时,宫僚多得罪,徐善述、王汝玉、马京、梁潜辈被谗,相继下狱死。济积忧得疾。皇太子以书慰曰:“卿善自摄。即有不讳,当提携卿息,不使坠蓬蒿也。”卒,年六十八。洪熙元年赠太子少保,谥文敏。命有司立祠墓侧,春秋祀之。

子干,字宗盛,济卒时尚幼。仁宗监国,命为应天府学生,月赐钞米。举正统四年进士。景帝初,由兵部郎中超擢本部右侍郎,以才为于谦所倚。也先入寇,九门皆闭。百姓避兵者,号城下求入,干开门纳之。寻改礼部,兼庶子,考察山西官吏,黜布政使侯复以下五十余人。巡视河南、凤阳水灾,与王竑请振。又请令诸生输粟入监读书。纳粟入监自此始。成化二年振畿内饥,再迁礼部尚书,加太子少保。被劾乞休,卒,谥康靖。

徐善述,字好古,天台人。洪武中,行岁贡法,善述首贡入太学。授桂阳州学正。永乐初,以国子博士擢春坊司直郎。见重于皇太子,每称为先生,尝致书赐酒及诗。迁左赞善,坐累死。与邹济同日赠太子少师,谥文肃。立祠,春秋祀亦如济。

王汝玉,名璲,以字行,长洲人。颖敏强记。少从杨维桢学。年

十七,举于乡。永乐初,由应天府学训导,擢翰林五经博士,历迁右
春坊右赞善,预修《永乐大典》。仁宗在东宫,特被宠遇。群臣应制
撰《神龟赋》,汝玉第一,解缙次之。七年坐修《礼书》紊制度,当戍
边。皇太子监国,宥之,以为翰林典籍。寻进左赞善,坐解缙累,瘐
死。洪熙初,赠太子宾客,谥文靖,遣官祭其家。

梁潜,字用之,泰和人。洪武末,举乡试。授四川苍溪训导。以
荐除知四会县,改阳江、阳春,皆以廉平称。永乐元年召修《太祖实
录》。书成,擢修撰。寻兼右春坊右赞善,代郑赐总裁《永乐大典》。
帝幸北京,屡驿召赴行在。十五年复幸北京,太子监国。帝亲择侍
从臣,翰林独杨士奇,以潜副之。有陈千户者,擅取民财,令旨谪交
址。数日后念其有军功,贷还。或谗于帝曰:"上所谪罪人,皇太子
曲宥之矣。"帝怒,诛陈千户,事连潜及司谏周冕,逮至行在,亲诘
之。潜等具以实对。帝谓杨荣、吕震曰:"事岂得由潜!"然卒无人为
白者,俱系狱。或毁冕放恣,遂并潜诛。潜妻杨氏痛潜非命,不食死。

子桼,由进士为刑部主事,善辨冤狱。用荐擢广西副使,进布政
使。将士多杀良民报功。桼谕其帅,生致难民一人,准功一级,全活
无算。田州土官岑鉴兄弟相仇。桼为解之,却其厚馈。抚服梗化女
土官,民夷服其信义。终浙江布政使。

周述,字崇述,吉水人。永乐二年与从弟孟简并进士及第。帝
手题二人策,奖赏之,并授翰林编修。寻诏解缙选曾桼等二十八人
读书文渊阁,述、孟简皆与焉。司礼监给纸笔,光禄给朝暮馔,礼部
月给膏烛钞人三锭,工部择近宅居之,一时以为荣。

述尝扈北巡,累进左春坊谕德。仁宗即位,命从皇太子谒陵南
京。召至榻前,问所以匡弼储君者,对称旨。宣宗时,进左庶子。正
统初,卒官。

孟简在翰林二十年,始迁詹事府丞,出为襄王府长史。有言宜

留备顾问者,帝曰:"辅朕弟,尤胜于辅朕也。"

述温厚简静,未尝有疾言遽色,文章雅赡。孟简谦退不伐,生平无睚眦于人。并为世所重云。

陈济,字伯载,武进人。读书过目成诵。尝以父命如钱塘,家人赍贷以从。比还,以其赀之半市书,口诵手钞。十余年,尽通经史百家之言。成祖诏修《永乐大典》,用大臣荐,以布衣召为都总裁,修撰曾棨等为之副。词臣纂修者,及太学儒生数千人,翻秘库书数百万卷,浩无端倪。济与少师姚广孝等数人,发凡起例,区分钩考,秩然有法。执笔者有所疑,辄就济质问,应口辨析无滞。书成,授右赞善。谨慎无过,皇太子甚礼重之。凡稽古纂集之事,悉以属济。随事敷奏,多所裨益。五皇孙皆从受经。居职十五年而卒。年六十二。

济少有酒过,母戒之,终其身未尝至醉。弟洽为兵部尚书,事济如父。济深惧盛满,弥自谦抑。所居蓬户苇壁,裁蔽风雨,终日危坐,手不释卷。为文概括据经史,不事葩藻,尝云:"文贵如布帛菽粟,有益于世尔。"

其后有陈继、杨翥者,亦以布衣通经。用杨士奇荐,继由博士入翰林,而翥竟用景帝潜邸恩,与俞山、俞纲等皆至大官。自天顺后,始渐拘资格。编修马升、检讨傅宗不由科目,李贤皆出之为参议。布衣无得预馆阁者,而弘治间潘辰独以才望得之,一时诧异数焉。

陈继,字嗣初,吴人。幼孤,母吴氏,躬织以资诵读。比长,贯穿经学,人呼为陈五经。奉母至孝,府县交荐,以母老不就。母卒,哀毁过人。永乐中,复举孝行,旌其母曰贞节。仁宗即位,开弘文阁。帝临幸,问:"今山林亦有名士乎?"杨士奇初不识继。夏原吉治水苏、松,得其文,归以示士奇,士奇心识之。及帝问,遂以继对。召为国子博士,寻改翰林《五经》博士,直弘文阁。宣宗初,迁检讨。引疾归,卒。

杨翥,字仲举,亦吴人。少孤贫,随兄戍武昌,授徒自给。杨士奇微时,流寄窘乏,翥辄解馆舍让之,而已教授他所。士奇心贤之。及贵,荐翥经明行修。宣宗诏试吏部,称旨,授翰林院检讨,历修撰。正统中,诏简郕五府僚。诸翰林皆不欲行,乃出侍讲仪铭及翥为左右长史。久之,引年归。王即大位,入朝,拜礼部右侍郎。景泰三年进尚书,给禄致仕。明年卒,年八十五。翥笃行绝俗,一时缙绅厚德者,翥为最。既没,景帝念之,召其子肆入觐,授本邑主簿。

　　俞山,字积之,秀水人。由乡举为郕府伴读。景帝时,拜吏部右侍郎。而嘉兴俞纲由诸生缮写实录,试中书舍人,授郕府审理。景帝时,以兵部右侍郎入阁预机务。居三日,固辞,守本官。景帝将易东宫,山密疏谏。不听。怀献太子立,加太子少傅,山意不自安,致仕去。纲加太子太保。英宗复辟,山以致仕得免。而纲当景泰时,能周旋二帝间,故得调南京礼部。成化初致仕,卒。

　　潘辰,字时用,景宁人。少孤,随从父家京师,以文学名。弘治六年诏天下举才德之士隐于山林者。府尹唐恂举辰,吏部以辰生长京师,寝之。恂复奏,给事中王纶、夏昂亦交章荐,乃授翰林待诏。久之,掌典籍事。预修《会典》成,进《五经》博士。正德中,刘瑾摘《会典》小疵,复降为典籍,俄还故官。南京缺祭酒,吏部推石瑶及辰。帝以命瑶,而擢辰编修。居九年,超擢太常少卿,致仕归,卒,特赐祭葬。辰居官勤慎,晨入夜归。典制诰时,有以币酬者,坚却之。士大夫重其学行,称为南屏先生。

　　王英,字时彦,金溪人。永乐二年进士。选庶吉士,读书文渊阁。帝察其慎密,令与王直书机密文字。与修《太祖实录》,授翰林院修撰,进侍读。

　　二十年扈从北征。师旋,过李陵城。帝闻城中有石碑,召英往视。既至,不识碑所。而城北门有石出土尺余。发之,乃元时李陵台驿令谢某德政碑也,碑阴刻达鲁花赤等名氏。具以奏。帝曰:"碑有蒙古名,异日且以为己地,启争端。"命再往击碎之。沉诸河,还

奏。帝喜其详审，曰："尔是二十八人中读书者，朕且用尔。"因问以
北伐事。英曰："天威亲征，彼必远遁，愿勿穷追。"帝笑曰："秀才谓
朕黩武邪？"因曰："军中动静，有闻即入奏。"且谕中官勿阻。立功官
军有过，命勿与粮，相聚泣。以英奏，复给予。仁宗即位，累进右春
坊大学士，乞省亲归。

宣宗立，还朝。是时海内宴安，天子雅意文章，每与诸学士谈论
文艺，赏花赋诗，礼接优渥。尝谓英曰："洪武中，学士有宋濂、吴沈、
朱善、刘三吾，永乐初，则解缙、胡广。汝勉之。毋俾前人独专其美。"
修《太宗仁宗实录》成，迁少詹事，赐麒麟带。母丧，特与葬祭，遣中
官护归。寻起复。正统元年命侍经筵，总裁《宣宗实录》，进礼部侍
郎。八年命理部事。浙江民疫，遣祭南镇。时久旱，英至，大雨，民
呼侍郎雨。年七十，再乞休。不许。十二年，英子按察副使裕坐事
下狱。英上疏待罪。宥不问。明年进南京礼部尚书，俾就闲逸。居
二年卒，年七十五。赐祭葬，谥文安。

英端凝持重，历仕四朝。在翰林四十余年，屡为会试考官，朝廷
制作多出其手，四方求铭志碑记者不绝。性直谅，好规人过，三杨皆
不喜，故不得柄用。裕后累官四川按察使。

钱习礼，名干，以字行，吉水人。永乐九年进士。选庶吉士，寻
授检讨。习礼与练子宁姻戚。既仕，乡人以奸党持之，恒惴惴。杨
荣乘间言于帝，帝笑曰："使子宁在，朕犹当用之，况习礼乎。"仁宗
即位，迁侍读，知制诰，以省亲归。

宣德元年修两朝实录，与侍讲陈敬宗、陈循同召还，进侍读学
士。英宗开经筵，为讲官。《宣宗实录》成，擢学士，掌院事。七年以
故鸿胪寺为翰林院。落成，诸殿阁大学士皆至，习礼不设杨士奇、杨
溥座，曰："此非三公府也。"士奇等以闻。帝命具座。后遂为故事。

正统九年乞致仕。不许。明年，六部侍郎多阙，帝命吏部尚书
王直会大臣推举，而特旨擢习礼于礼部。习礼力辞，不允。王振用
事，达官多造其门，习礼耻为屈。十二年六月复上章乞骸骨，乃得

归。习礼笃行谊，好古秉礼，动有矩则。家居十五年卒，年八十有九。谥文肃。

周叙，字公叙，吉水人。年十一，能诗。永乐十六年进士。选庶吉士。作《黄鹦鹉赋》，称旨，授编修。历官侍读，直经筵。正统六年上疏言事，帝嘉纳焉。八年夏又上言："比天旱，陛下责躬虔祷，而臣下不闻效忠补过之言，徒陈情乞用而已。掌铨选者罔论贤否，第循资格。司国计者不问耕桑，惟勤赋敛。军士困役作，刑罚失重轻，风宪无激扬，言官务缄默。僧道数万，日耗户口，流民众多，莫为矜恤。"帝以章示诸大臣。王直等皆引罪求罢。十一年迁南京侍讲学士。

郕王监国，驰疏言："君父之仇不共戴天，殿下宜卧薪尝胆，如越之报吴。使智者献谋，勇者效力，务扫北庭，雪国耻。先遣辩士，卑词重币乞还銮舆，暂为君父屈。"因条上励刚明、亲经史、修军政、选贤才、安民心、广言路、谨微渐、修庶政八事。王嘉纳之。景泰二年又请复午朝，日接大臣，咨诹治道，经筵之余，召文学从臣讲论故事，并诏天下臣民直言时政缺失。帝因诏求言。

叙贞气节，笃行谊。曾祖以立，在元时以宋、辽、金三史体例未当，欲重修。叙思继先志，正统末，请于朝。诏许自撰，铨次数年，未及成而卒。

同邑刘俨，安宣化。正统七年进士第一。历官太常少卿。景泰中，典顺天乡试，黜大学士陈循、王文子，几得危祸。详《高谷传》。天顺初，改掌翰林院事，卒官。赠礼部侍郎，谥文介。俨立朝正直，居乡亦有令德云。

柯潜，字孟时，莆田人。景泰二年举进士第一。历洗马。天顺初，迁尚宝少卿，兼修撰。宪宗即位，以旧宫僚擢翰林学士。《英宗实录》成，进少詹事。慈懿太后之丧，潜与修撰罗璟上章，请合葬裕陵。廷臣相继争。未报,潜曰:"朝廷大事,臣子大节,舍是奚所用心。"与璟皆再疏争,竟得如礼。连遭父母丧,诏起为祭酒,固乞终制。许之。未几卒。

潜邃于文学,性高介。为学士时,即院中后圃构清风亭,凿池莳芙蓉,植二柏于后堂,人称其亭为柯亭,柏为学士柏。院中有井,学士刘定之所浚也。柯亭、刘井,翰林中以为美谈云。

罗璟,字明仲,泰和人。天顺末,进士及第。授编修,进修撰。预修《宋元通鉴纲目》。累官洗马。孝宗为太子,简侍讲读。母丧归。璟与尚书尹旻子侍讲龙同娶子孔氏。旻得罪,李孜省指璟为旻党,调南京礼部员外郎。孝宗嗣位,王恕等言璟才,乃授福建提学副使。弘治五年召为南京祭酒。久之,卒。

孔公恂,字宗文,先圣五十八世孙也。景泰五年举会试,闻母疾,不赴廷对。帝以问礼部,具言其故,乃遣使召之。日且午,不及备试卷,命翰林院给以笔札。登第,即丁母忧归。

衍圣公孔颜缙卒,孙弘绪幼弱,诏遣礼部郎治丧,公恂理其家事。天顺初,授礼科给事中。弘绪已袭封,大学士李贤妻以女,公恂因得交于贤。贤言:"公恂,大圣人后,赞善司马恂,宋大贤温国公光后。宜辅导太子。"帝喜。同日超拜少詹事,侍东宫讲读。入语孝肃皇后曰:"吾今日得圣贤子孙为汝子傅。"孝肃皇后者,宪宗生母,方以皇贵妃有宠。于是具冠服拜谢,宫中传以为盛事云。

宪宗嗣位,改公恂大理左少卿。公恂言不通法律,乃复少詹事。成化二年上章言兵事,诸武臣诪然,给事御史交章驳之。下狱,谪汉阳知府。未至,丁父忧。服阕,商辂请复建言得罪者官,乃还故秩,莅南京詹事府。久之,卒。

司马恂,字恂如,浙江山阴人。正统末,由举人擢刑科给事中,累迁少詹事。宪宗立,命兼国子祭酒。卒,赠礼部左侍郎。恂强记敦厚，与物无忤，居官无所表见。

赞曰：建文之初，修尊贤敬老之节。董伦以宿儒见重，虽寡所表见，当非苟焉已也。仪智父子仍世以儒术进，从容辅导，盖其贤哉。邹济诸人，以宫僚被遇而谗构不免，陈济辈起布衣，列禁近而善始终，固有幸不幸欤。二周、王英、钱习礼、周叙、柯潜谦和直谅，各著其美，盖皆异于浮华博习之徒矣。

明史卷一五三
列传第四一

宋礼 蔺芳　陈瑄 王瑜　周忱

宋礼,字大本,河南永宁人。洪武中,以国子生擢山西按察司佥事,左迁户部主事。建文初,荐授陕西按察佥事,复坐事左迁刑部员外郎。成祖即位,命署礼部事,以敏练擢礼部侍郎。永乐二年拜工部尚书。尝请给山东屯田牛种,又请犯罪无力准工者徙北京为民,并报可。七年丁母忧,诏留视事。

九年命开会通河。会通河者,元至元中,以寿张尹韩仲晖言,自东平安民山凿河至临清,引汶绝济,属之卫河,为转漕道,名曰会通。然岸狭水浅,不任重载,故终元世海运为多。明初输饷辽东、北平,亦专用海运。洪武二十四年,河决原武,绝安山湖,会通遂淤。永乐初,建北京,河海兼运。海运险远多失亡,而河运则由江、淮达阳武,发山西、河南丁夫,陆辇百七十里入卫河,历八递运所,民苦其劳。至是济宁州同知潘叔正上言:“旧会通河四百五十余里,淤者乃三之一,浚之便。”于是命礼及刑部侍郎金纯、都督周长往治之。礼以会通之源,必资汶水。乃用汶上老人白英策,筑堽城及戴村坝,横亘五里,遏汶流,使无南入洸而北归海。汇诸泉之水,尽出汶上,至南旺,中分之为二道,南流接徐、沛者十之四,北流达临清者十之六。南旺地势高,决其水,南北皆注,所谓水脊也。因相地置闸,以时蓄泄。自分水北至临清,地降九十尺,置闸十有七,而达于卫;南至沽头,地降百十有六尺,置闸二十有一,而达于淮。凡发山东及徐州、应天、镇江民三十万,蠲租一百一十万石有奇,二十旬而工成。又奏浚沙河入马常泊,以益汶。语详《河渠志》。是年,帝复用工部侍郎张信言,使兴安伯徐亨、工部侍郎蒋廷赞会金纯,浚祥符鱼王口至中滦下,复旧黄河道,以杀水势,使河不病漕,命礼兼董之。八月还京师,论功第一,受上赏。潘叔正亦赐衣钞。

明年,以御史许堪言卫河水患,命礼往经画。礼请自魏家湾开支河二,泄水入土河,复自德州西北开支河一,泄水入旧黄河,使至海丰大沽河入海。帝命俟秋成后为之。礼还言:“海运经历险阻,每岁船辄损败,有漂没者。有司修补,迫于期限,多科敛为民病,而船亦不坚。计海船一艘,用百人而运千石,其费可办河船容二百石者二十,船用十人,可运四千石。以此而论,利病较然。请拨镇江、凤阳、淮安、扬州及兖州粮,合百万石,从河运给北京。其海道则三岁两运。”已而平江伯陈瑄治江、淮间诸河功,亦相继告竣。于是河运大便利,漕粟益多。十三年遂罢海运。

初,帝将营北京,命礼取材川蜀。礼伐山通道,奏言:“得大木数株,皆寻丈。一夕,自出谷中抵江上,声如雷,不偃一草。”朝廷以为瑞。及河工成,复以采木入蜀。十六年命治狱江西。明年造番舟,自蜀召还。以老疾免朝参,有奏事令侍郎代。二十年七月卒于官。

礼性刚,驭下严急,故易集事,以是亦不为人所亲。卒之日,家无余财。洪熙改元,礼部尚书吕震请予葬祭如制。弘治中,主事王宠始请立祠。诏祀之南旺湖上,以金纯、周长配。隆庆六年赠礼太子太保。

蔺芳,夏县人。洪武中举孝廉。累迁刑部郎中。永乐中,出为吉安知府。宽厚廉洁,民甚德之。吉水民诣阙言县有银矿,遣使覆视。父老遮芳诉曰:“闻宋季尝有言此者,卒以妄得罪。今皆树艺地,安所得银矿?”芳诘告者,知其诬。狱具,同官不敢署名,芳请独任之。奏上,帝曰:“吾固知妄也。”得寝。已,坐事谪办事官,从宋礼治会通河,复为工部都水主事。

十年，河决阳武，灌中牟、祥符、尉氏，遣芳按视。芳言：“中盐堤当暴流之冲，请加筑塞。”又言：“自中滦分导河流，使由故道北入海，诚万世利。”又言：“新筑岸埽，止用章索，不能坚久。宜编木成大囷，贯桩其中，实以瓦石，复以木横贯桩表，牵筑堤上，则杀水固堤之长策也。”诏悉从之。其后筑堤者遵用其法。以宋礼荐，擢工部右侍郎。亡何，行太仆卿杨砥言：“吴桥、东光、兴济、交河及天津屯田，雨水决堤伤稼。乞开德州良店东南黄河故道，以分水势。”复命芳往治之。所经郡邑，有不便民者辄疏以闻。事竣还，十五年十一月卒于官。

芳自奉约，布衣蔬食。事母至孝。母甚贤。芳所治事，暮必告母。有不当，辄加教诫。芳受命唯谨，由是为良吏云。

陈瑄，字彦纯，合肥人。父闻，以义兵千户归太祖，累官都指挥同知。瑄代父职。父坐事戍辽阳，瑄伏阙请代，诏并原其父子。瑄少从大将军幕，以射雁见称。屡从征南番，又征越巂，讨建昌叛番月鲁帖木儿，逾梁山，平天星寨，破宁番诸蛮。复征盐井，进攻卜水瓦寨。贼炽甚。瑄将中军，贼围之数重。瑄下马射，伤足，裹创战。自巳至酉，全师还。又从征贾哈剌，以奇兵涉打中河，得间道，作浮梁渡军。既渡，撤梁，示士卒不返，连战破贼。又会云南兵征百夷有功，迁四川行都司都指挥同知。

建文末，迁右军都督佥事。燕兵逼，命总舟师防江上。燕兵至浦口，瑄以舟师迎降，成祖遂渡江。既即位，封平江伯，食禄一千石，赐诰券，世袭指挥使。

永乐元年命瑄充总兵官，总督海运，输粟四十九万余石，饷北京及辽东。遂建百万仓于直沽，城天津卫。先是，漕舟行海上，岛人畏漕卒，多闭匿。瑄招令互市，平其直，人交便之。运舟还，会倭寇沙门岛。瑄追击至金州白山岛，焚其舟殆尽。

九年命与丰城侯李彬统浙、闽兵捕海寇。海溢堤圮，自海门至盐城凡百三十里。命瑄以四十万卒筑治之，为捍潮堤万八千余丈。

明年，瑄言：“嘉定濒海地，江流冲会。海舟停泊于此，无高山大陵可依。请于青浦筑土山，方百丈，高三十余丈，立堠表识。”既成，赐名宝山，帝亲为文记之。

宋礼既治会通河成，朝廷议罢海运，仍以瑄董漕运。议造浅船二千余艘，初运二百万石，寖至五百万石，国用以饶。时江南漕舟抵淮安，率陆运过坝，逾淮达清河，劳费甚钜。十三年，瑄用故老言，自淮安城西管家湖，凿渠二十里，为清江浦，导湖水入淮，筑四闸以时宣泄。又缘湖十里筑堤引舟，由是漕舟直达于河，省费不訾。其后复浚徐州至济宁河。又以吕梁洪险恶，于西别凿一渠，置二闸。蓄水通漕。又筑沛县刁阳湖、济宁南旺湖长堤。开泰州白塔河通大江。又筑高邮湖堤，于堤内凿渠四十里，避风涛之险。又自淮至临清，相水势置闸四十有七，作常盈仓四十区于淮上，及徐州、临清、通州皆置仓，便转输。虑漕舟胶浅，自淮至通州置舍五百六十八，舍置卒，导舟避浅。复缘河堤凿井树木，以便行人。凡所规画，精密宏远，身理漕河者三十年，举无遗策。

仁宗即位之九月，瑄上疏陈七事。一曰南京国家根本，乞严守备。二曰推举宜核实，无循资格，选朝臣公正者分巡天下。三曰天下岁运粮饷，湖广、江西、浙江及苏、松诸府并去北京远，往复逾年，上逋公租，下妨农事。乞令转至淮、徐等处，别令官军接运至京。又快船、马船所载不过五六十石，每船官军足用，有司添差军民递送，拘集听候，至有冻馁，请革罢。四曰教职多非其人，乞考不职者黜之，选俊秀补生员，而军中子弟亦令入学。五曰军伍窜亡，乞核其老疾者，以子弟代，逃亡者追补，户绝者验除。六曰开平等处，边防要地，兵食虚乏，乞选练锐士，屯守兼务。七曰漕运官军，每岁北上，归即修船，勤苦终年。该卫所又于其隙，杂役以重困之，乞加禁绝。帝览奏曰：“瑄言皆当。”令所司速行。遂降敕奖谕，寻赐券，世袭平江伯。

宣宗即位，命守淮安，督漕运如故。宣德四年言：“济宁以北，自长沟至枣林淤塞，计用十二万人疏浚，半月可成。”帝念瑄久劳，命尚书黄福往同经理。六年，瑄言："岁运粮用军十二万人，频年劳苦。乞于苏、松诸郡及江西、浙江、湖广别佥民丁，又于军多卫所佥事，通为二十四万人，分番迭运。又江南之民，运粮赴临清、淮安、徐州，往返一年，失误农业，而湖广、江西、浙江及苏、松、安庆军士，每岁以空舟赴淮安载粮。若令江南民拨粮与附近卫所，官军运载至京，量给耗米及道里费，则军民交便。"帝命黄福及侍郎王佐议行之。更民运为兑运，自此始也。八年十月卒于官，年六十有九。追封平江侯，赠太保，谥恭襄。

初，瑄以浚河有德于民，民立祠清河县。正统中，命有司春秋致祭。

孙豫，字立卿，读书修谨。正统末，福建沙县贼起，以副总兵从宁阳侯陈懋分道讨平之，进封侯。也先入犯，出镇临清，建城堡，练兵抚民，安静不扰。明年召还，父老诣阙请留。从之。景泰五年，山东饥，奉诏振恤。寻守备南京。天顺元年召还，益岁禄百石。七年卒。赠黔国公，谥庄敏。

子锐嗣伯。成化初，分典三千营及团营。寻佩平蛮将军印，总制两广。移镇淮阳，总督漕运。建淮河口石闸及济宁分水南北二闸。筑堤疏泉，修举废坠。总漕十四年，章数十上。日本贡使买民男女数人以归，道淮安。锐留不遣，赎还其家。淮、扬饥疫，煮糜施药，多所存济。弘治六年，河决张秋，奉敕塞治。还，增禄二百石，累加太傅兼太子太傅。十三年，火筛寇大同。锐以总兵官佩将军印往援。既至，拥兵自守，为给事中御史所劾，夺禄闲住，其年卒。

子熊嗣。正德三年出督漕运。刘瑾索金钱，熊不应，衔之。坐事，逮下诏狱，谪戍海南卫，夺诰券。熊故黩货，在淮南颇殃民。虽为瑾构陷，人无惜之者。瑾诛，敕还复爵。卒，无子。

再从子圭嗣，以荐出镇两广。封川寇起，圭督诸将往讨，擒其魁，俘斩数千，加太子太保。复平柳庆及贺连山贼，加太保，荫一子。安南范子仪等寇钦、廉，黎岐贼寇琼厓，相掎角。圭移文安南，晓以利害，使缚子仪，而急出兵攻黎岐，败走之。论功，复荫一子，加岁禄四十石。圭能与士卒同甘苦。闻贼所在，辄擐甲先登。深箐绝壑，冲冒瘴毒，无所避，以故所向克捷。在粤且十年，歼诸小贼不可胜数。召还，掌后军府。圭妻仇氏，咸宁侯鸾女弟也。圭深嫉鸾，鸾数短圭于世宗，几得罪。鸾败，帝益重圭，命总京营兵。寇入紫荆关，圭请出战，营于卢沟，寇退而止。明年，寇复入古北口，或议列营九门为备，圭以徒示弱无益，寇亦寻退。董筑京师外城，加太子太傅。卒，赠太傅，谥武襄。

子王谟嗣。金书后军，出镇两广。贼张琏反，屠掠数郡。王谟会提督张臬讨平之，擒斩三万余。论功加太子太保，荫一子。万历中出镇淮安，总漕运，入掌前军府事。卒，赠少保，谥武靖。传至明亡，爵绝。

王瑜，字廷器，山阳人。以总旗隶赵王府。永乐末，常山护卫指挥孟贤等与宦官黄俨结，谋弑帝，废太子而立赵王。其党高正者，瑜舅也，密告瑜。瑜大惊曰："奈何为此族灭计。"垂涕谏。不听。正惧谋泄，将杀瑜，瑜遂诣阙告变。按治有验，贤等尽伏诛，而授瑜辽海卫千户。仁宗即位，擢锦衣卫指挥同知，厚赐之，并戒同官，事必白瑜乃行。瑜持大体，不为苛细，廷中称其贤。

宣德八年进都指挥佥事，充左副总兵，代陈瑄镇淮安，董漕运，累进左军都督佥事。淮安，瑜故乡也，人以为荣。在淮数年，守瑄成法不变，有善政。民有亲在与弟讼产者。瑜曰："讼弟不友，无亲不孝。"杖而斥之。又有负金不能偿，至翁婿兄弟相讼者。瑜曰："奈何以财故伤恩。"即代偿，劝其敦睦。二卒盗败舟一板，有司以盗官物，坐卒死。瑜曰："两卒之命，抵败舟一板耶？"竟得末减。岁凶，发官廪以振。然性好货，为英宗切责，而前所发不轨事有枉者。正统四年，议事入京。得疾，束两手如高悬状，号救求解而卒。

周忱，字恂如，吉水人。永乐二年进士。选庶吉士。明年，成祖择其中二十八人，令进学文渊阁。忱自陈年少乞预。帝嘉其有志，许之。寻擢刑部主事，进员外郎。

忱有经世才，浮沉郎署二十年，人无知者，独夏原吉奇之。洪熙改元，稍迁越府长史。宣德初，有荐为郡守者。原吉曰："此常调也，安足尽周君。"五年九月，帝以天下财赋多不理，而江南为甚，苏州一郡，积逋至八百万石，思得才力重臣往釐之。乃用大学士杨荣荐，迁忱工部右侍郎，巡抚江南诸府，总督税粮。

始至，召父老问通税故，皆言豪户不肯加耗，并征之细民，民贫逃亡，而税额益缺。忱乃创为平米法，令出耗必均。又请敕工部颁铁斛，下诸县准式，革粮长之大入小出者。旧例，粮长正副三人，以七月赴南京户部领勘合。既毕，复赍送部。往反资费，皆科敛充之。忱止设正副各一人，循环赴领。讫事，有司类收上之部。民大便。忱见诸县收粮无团局，粮长即家贮之，曰："此致逋之由也。"遂令诸县于水次置囷，囷设粮头、囷户各一人，名辖收。至六七万石以上，始立粮长一人总之，名总收。民持帖赴囷，官为监纳，粮长但奉期会而已。置拨运、纲运二簿。拨运记支拨起运之数，预计所运京师、通州诸仓耗，以次定支。纲运听其填注剥浅诸费，归以偿之。支拨羡余，存贮在仓，曰余米。次年余多则加六征，又次年加五征。

初，太祖平吴，尽籍其功臣子弟庄田入官，后恶富民豪并，坐罪没入田产，皆谓之官田，按其家租籍征之，故苏赋比他府独重。官民田租共二百七十七万石，而官田之租乃至二百六十二万石，民不能堪。

时宣宗屡下诏减官田租，忱乃与知府况钟曲算累月，减至七十二万余石，他府以次减，民始少苏。七年，江南大稔，诏令诸府县以官钞平籴备振贷，苏州遂得米二十九万石。故时公侯禄米，军官月俸，皆支于南户部。苏、松民转输南京者，石加费六斗。忱奏令就各府支给，与船价米一斗，所余五斗，通计米四十万石有奇，并官钞所籴，共得米七十万余石，遂置仓贮之，名曰济农。振贷之外，岁有余羡。凡纲运、风漂、盗夺者，皆借给于此，秋成，抵数还官。其修圩、

筑岸、开河、浚湖所支口粮，不责偿。耕者借贷，必验中下事力及田
多寡给之，秋与粮并赋，凶岁再振。其奸顽不偿者，后不复给。定为
条约以闻。帝嘉奖之。终忱在任，江南数大郡，小民不知凶荒，两税
未尝逋负，忱之力也。

时漕运，军民相半。军船给之官，民则僦舟，加以杂耗，率三石
致一石，往复经年失农业。忱与平江伯陈瑄议，民运至淮安或瓜洲
水次交兑，漕军运抵通州。淮安石加五斗，瓜洲又益五升。其附近
并南京军未过江者，即仓交兑，加与过江米二斗，衬垫芦席与折米
五合。兑军或后期风，则令州县支赢米。设厫于瓜洲水次，迁米贮
之，量支余米给守者。由是漕费大省。

民间马草岁运两京，劳费不訾。忱请每束折银三分，南京则轻
赍即地买纳。京师百官月俸，皆持俸帖赴领南京。米贱时，俸帖七
八石，仅易银一两。忱请检重额官田、极贫下户两税，准折纳金花
银，每两当米四石，解京兑俸，民出甚少，而官俸常足。嘉定、昆山诸
县岁纳布，疋重三斤抵粮一石。比解，以缕粗见斥者十八九。忱言：
"布缕细必轻，然价益高。今既贵重，势不容细。乞自今不拘轻重，
务取长广如式。"从之。各郡驿马及一切供帐，旧皆领于马头。有耗
损，则马头横科补买。忱令田亩出米升九合，与秋粮俱征，验马上中
下直给米。

正统初，淮、扬灾，盐课亏，敕忱巡视。奏令苏州诸府，拨余米一
二万石运扬州盐场，听抵明年田租，灶户得纳盐给米。时米贵盐贱，
官得积盐，民得食米，公私大济。寻敕兼理松江盐课。华亭、上海二
县逋课至六十三万余引，灶丁逃亡。忱谓田赋宜养农夫，盐课宜养
灶丁。因上便宜四事，命速行之。忱为节灶户运耗，得米三万二千
余石。亦仿济农仓法，置赡盐仓，益补逃亡缺额。由是盐课大殖。浙
江当造海船五十艘，下忱计度。忱召问都匠，言一艘须米千石。忱
以成大事不宜惜费，第减二十石，奏于朝，竟得报可。以九载秩满，
进左侍郎。六年命兼理湖州、嘉兴二府税粮，又命同刑科都给事中
郭瑾录南京刑狱。

忱素乐易。先是，大理卿胡概为巡抚，用法严。忱一切治以简易，告讦者辄不省。或面讦忱："公不及胡公。"忱笑曰："胡卿敕旨，在祛除民害。朝廷命我，但云安抚军民。委寄正不同耳。"既久任江南，与吏民相习若家人父子。每行村落，屏去驺从，与农夫饷妇相对，从容问所疾苦，为之商略处置。其驭下也，虽卑官冗吏，悉开心访纳。遇长吏有能，如况钟及松江知府赵豫、常州知府莫愚、同知赵泰辈，则推心与咨画，务尽其长，故事无不举。常诣松江相视水利，见嘉定、上海间，沿江生茂草，多淤流，乃浚其上流，使昆山、顾浦诸所水，迅流驶下，壅遂尽涤。暇时以匹马往来江上。见者不知其为巡抚也。历宣德、正统二十年间，朝廷委任益专。两遭亲丧，皆起复视事。忱以此益发舒，见利害必言，言无不听。

初，欲减松江官田额，依民田起科。户部郭资、胡濙奏其变乱成法，请罪之，宣宗切责资等。忱尝言："吴松江畔有沙涂柴场百五十顷，水草茂盛，虫蝝多生其中。请募民开垦，可以足国课，消虫灾。"又言："丹徒、丹阳二县田没入江者，赋尚未除。国初籍税之家，其田多并于富室，宜征其租。没于江者除之，则额不亏而贫富均。无锡官田赋白米太重，请改征租米。"悉报可。其因灾荒请蠲贷，及所陈他利病无算，小者用便宜行之，无所顾虑。久之见财赋充溢，益务广大，修葺廨舍学校、先贤祠墓、桥梁道路，及崇饰寺观，赠遗中朝官，资饷过客，无稍吝惜。胥吏渔蠹其中，亦不甚訾省。以故屡召人言。

九年，给事中李素等劾忱妄意变更，专擅科敛，忱上章自诉。帝以余米既为公用，置不问。先是，奸民尹崇礼欲挠忱法，奏忱不当多征耗米，请究问仓库主者，忱因罢前法。既而两税复逋，民无所赖，咸称不便。忱乃奏按崇礼罪，举行前法如故。再以九载满，进户部尚书。寻以江西人不得官户部，乃改工部，仍巡抚。

景泰元年，溧阳民彭守学复讦忱如崇礼言，户部遂请遣御史李鉴等往诸郡稽核。明年又以给事中金达言，召忱还朝。忱乃自陈："臣未任事之先，诸郡税粮无岁不逋。自臣莅任，设法划弊，节省浮费，于是岁无逋租，更积赢羡。凡向之公用所须、科取诸民者，悉于余米随时支给。或振贷未还，遇赦宥免，或未估时值，低昂不一。缘奉宣宗皇帝并太上皇敕谕，许臣便宜行事，以此支用不复具闻，致守学讦奏，户部遣官追征，实臣出纳不谨，死有余罪。"礼部尚书杨宁言："妄费罪乃在忱，今估计余值，悉征于民间，至有弃家逃窜者，乞将正统以前者免追。"诏许之，召鉴等还。既而言官犹交章劾忱，请正其罪。景帝素知忱贤，大臣亦多保持之，但令致仕。

然当时言理财者，无出忱右。其治以爱民为本。济农仓之设也，虽与民为期约，至时多不追取。每岁征收毕，逾正月中旬，辄下檄放粮，曰："此百姓纳与朝廷剩数，今还与百姓用之，努力种朝廷田，秋间又纳朝廷税也。"其所弛张变通，皆可为后法。诸府余米，数多至不可校，公私饶足，施及外郡。景泰初，江北大饥，都御史王竑从忱贷米三万石。忱为计至来年麦熟，以十万石畀之。

性机警。钱谷钜万，一屈指无遗算。尝阴为册记阴晴风雨。或言某日江中遇风失米，忱言是日江中无风，其人惊服。有奸民故乱其旧案尝之。忱曰："汝以某时就我决事，我为汝断理，敢相绐耶？"三殿重建，诏征牛胶万斤，为彩绘用。忱适赴京，言库贮牛皮，岁久朽腐，请出煎胶，俟归市皮偿库。土木之变，当国者议欲焚通州仓，绝寇资。忱适议事至，言仓米数百万，可充京军一岁饷，令自往取，则立尽，何至遂付煨烬。顷之，诏趣造盔甲数百万。忱计明盔浴铁工多，令且沃锡，数日毕办。

忱既被劾，帝命李敏代之，敕无轻易忱法。然自是户部括所积余米为公赋，储备萧然。其后吴大饥，道殣相望，课逋如故矣。民益思忱不已，即生祠处处祀之。景泰四年十月卒。谥文襄。况钟等自有传。

赞曰：宋礼、陈瑄治河通运道，为国家经久计，生民被泽无穷。周忱治财赋，民不扰而廪有余羡。此无他故，殚公心以体国，而才力足以济之。诚异夫造端兴事，徼一时之功，智笼巧取，为科敛之术者也。然河渠之利，世享其成，而忱之良法美意，未几而渐灭无余，民用重困。岂非成功之有迹者易以循,而用法之因人者难其继哉。虽然,见小利而乐纷更,不能不为当日之哓哓者惜之。

明史卷一五四
列传第四二

张辅 <small>高士文　徐政</small>　黄福　刘俊

<small>吕毅　刘昱</small>　陈洽 <small>侯保　冯贵　伍云　陈忠</small>

<small>李任等</small>　李彬　柳升 <small>崔聚　史安　陈镛</small>

<small>李宗昉　潘䄠</small>　梁铭　王通 <small>陶季容</small>

陈汀

　　张辅,字文弼,河间王玉长子也。燕师起,从父力战,为指挥同知。玉殁东昌,辅嗣职。从战夹河、藁城、彰德、灵璧,皆有功。从入京师,封信安伯,禄千石,予世券。妹为帝妃。丘福、朱能言辅父子功俱高,不可以私亲故薄其赏。永乐三年进封新城侯,加禄三百石。
　　是时安南黎季犛弑其主,自称太上皇,立子苍为帝。其故王之孙陈天平自老挝来奔,季犛佯请归国。帝遣都督黄中以兵五千送之,前大理卿薛岩为辅。季犛伏兵芹站,杀天平,岩亦死。帝大怒,命成国公朱能为征夷将军,辅为右副将军,帅丰城侯李彬等十八将军,兵八十万,会左副将军西平侯沐晟,分道进讨。兵部尚书刘俊赞军事,行部尚书黄福、大理寺卿陈洽给馈饷。
　　四年十月,能卒于军,辅代领其众。自凭祥进师,度坡垒关,望祭安南境内山川,檄季犛二十罪。进破隘留、鸡陵二关,道芹站,走其伏兵,抵新福。晟军亦自云南至,营于白鹤。安南有东、西二都,依宣、姚、洮、富良四江为险，贼缘江南北岸立栅，聚舟其中，筑城于多邦隘，城栅桥舰相连九百余里，兵众七百万，欲据险以老辅师。辅自新福移军三带州，造船图进取。会帝闻朱能卒，敕拜辅为将军，制词以李文忠代开平王常遇春为比，且言乘冬月瘴疠未兴，宜及时灭贼。十二月，辅军次富良江北，遣骠骑将军朱荣破贼嘉林江，遂与晟合军进攻多邦城。佯欲他攻以懈贼，令都督黄中等将死士，人持炬火铜角，夜四鼓，越重濠，云梯傅其城。都指挥蔡福先登，士蚁附而上，角鸣，万炬齐举，城下兵鼓噪继进，遂入城。贼驱象迎战。辅以画狮蒙马冲之，翼以神机火器。象皆反走，贼大溃。斩其帅二人，追至伞圆山，尽焚缘江木栅，俘斩无算。进克东都，辑吏民，抚降附，来归者日以万计。遣别将李彬、陈旭取西都，又分军破贼援兵。季犛焚宫室仓库逃入海，三江州县皆望风降。

明年春，辅遣清远伯王友等济自注江，悉破筹江、困枚、万劫、普赖诸寨，斩首三万七千余级。贼将胡杜聚舟盘滩江。辅使降将陈封袭走之，尽得其舟。遂定东湖、谅江诸府州。寻击破季犛舟师于木丸江，斩首万级，擒其将校百余人，溺死者无算。追至胶水县闷海口，还军。筑城碱子关，令都督柳升守之。已，贼由富良江入。辅与晟夹岸迎战。升等以舟师横击，大破之，馘斩数万，江水为赤，乘胜穷追。时天旱水浅，贼弃舟陆走。官军至，忽大雨水涨，遂毕渡。五月至奇罗海口，获季犛及其子苍，并伪太子诸王将相大臣等，槛送京师。安南平，得府州四十八，县一百八十，户三百十二万。求陈氏后不得，遂设交址布政司，以其地内属。自唐之亡，交址沦于蛮服者四百余年，至是复入版图。帝为诏告天下，诸王百官奉表称贺。

六年夏，辅振旅还京师。再赐宴奉天殿，帝为赋《平安南歌》，进封英国公，岁禄三千石，予世券。其年冬，陈氏故臣简定复叛。命沐晟讨之，败绩于生厥江。明年春，复命辅佩征虏将军印，帅师往讨。时简定已僭称越上皇，别立陈季扩为皇，势张甚。辅就叱览山伐木造舟，招谅江北诸避寇者复业。遂进至慈廉州，破喝门江，克广威州孔目栅。遇贼碱子关。贼舟六百余，保江东南岸。辅帅陈旭等以划船战，乘风纵火，擒贼帅二百余人，尽得其舟。追至太平海口。贼将邓景异以三百艘迎敌，复大破之。于是季扩自言陈氏后，遣使求绍封。辅曰："向者遍索陈王后不应，今诈也。吾奉命讨贼，不知其他。"遂遣朱荣、蔡福等以步骑先进，辅帅舟师继之。自黄江至神投海，会师清化，分道入磊江，获简定于美良山中，及其党送京师。八年正月进击贼余党，斩数千人，筑京观，惟季扩未获。帝留沐晟讨之，召辅班师。谒帝于兴和，命练兵宣府、万全，督运北征。

时陈季扩虽请降，实无悛心，乘辅归，攻剽如故，晟不能制。交人苦中国约束，又数为吏卒侵扰，往往起附贼，乍服乍叛，将帅益玩寇。九年正月仍命辅与沐晟协力进讨。辅至，申军令。都督黄中素骄，违节度。诘之不逊，斩以徇。将士惕息，无敢不用命者。其年七月破贼帅邓景异于月常江，获船百余，生擒伪元帅邓宗稷等，又捕斩别部贼首数人。以瘴疠息兵。明年八月击贼于神投海。贼舟四百余，分三队，锐甚。辅冲其中坚，贼却，左右队迭进，官军与相钩连，殊死战。自卯至巳，大破贼，擒渠帅七十五人。进军乂安府，贼将降者相继。

十一年冬，与晟会顺州，战爱子江。贼驱象前行。辅戒士卒，一矢落象奴，二矢射象鼻。象奔还，自蹂其众。裨将杨鸿、韩广、薛聚等乘势继进，矢落如雨，贼大败。擒其帅五十六人。追至爱母江，尽降其众。明年正月进至政平州。闻贼屯暹蛮、昆蒲诸栅，遂引兵往。悬崖侧径，骑不得进。辅与将校徒步行山箐中。夜四鼓抵其巢，悉擒邓景异、阮镕等。季扩走老挝，遣指挥师祐以兵索之，破其三关。遂缚季扩及其孥，送京师。贼平。承制，以贼所取占城地，设升、华、思、乂四州，增置卫所，官其降人，留军守之而还。十三年春至京。旋命为交址总兵官往镇。而余寇陈月湖等复作乱，辅悉讨平之。十四年冬召还。

辅凡四至交址，前后建置郡邑及增设驿传递运，规画甚备。交人所畏惟辅。辅还一年而黎利反，累遣将讨之，无功。至宣德时，柳升败没，王通与贼盟，仓卒引还。廷议弃交址，辅争之不能得也。

　　仁宗即位，掌中军都督府事，进太师，并支二俸。寻命辅所受太师俸于北京仓支给。时百官俸米皆给于南京，此盖特恩云。成祖丧满二十七日，帝素冠麻衣以朝。而群臣皆已从吉，惟辅与学士杨士奇服如帝。帝叹曰："辅，武臣也，而知礼过六卿。"益见亲重。寻命知经筵事，监修实录。

　　宣德元年，汉王高煦谋反，诱诸功臣为内应，潜遣人夜至辅所。辅执之以闻，尽得其反状，因请将兵击之。帝决策亲征，命辅扈行。事平，加禄三百石。辅威名益盛，而久握兵。四年，都御史顾佐请保全功臣。诏辅解府务，朝夕侍左右，谋画军国重事，进阶光禄大夫左柱国，朝朔望。英宗即位，加号翊运佐理，知经筵、监修实录如故。

　　辅雄毅方严，治军整肃，屹如山岳。三定交南，威名闻海外。历事四朝，连姻帝室，而小心敬慎，与蹇、夏、三杨，同心辅政。二十余年，海内宴然，辅有力焉。王振擅权，文武大臣望尘顿首，惟辅与抗礼。也先入犯，振导英宗亲征，辅从行，不使预军政。辅老矣，默默不敢言。至土木，死于难，年七十五。追封定兴王，谥忠烈。

　　子懋，九岁嗣公。宪宗阅骑射西苑。懋三发连中，赐金带。历掌营府，累加至太师。尝上言防边事宜，谏止发京营兵作圆通寺。弘治中，御史李兴、彭程下狱，懋论救。复请罢作真武观，免织造，召还中官董织者。武宗即位，与群小狎游，懋率文武大臣谏，其言皆切直。然性豪侈，又颇朘削军士，屡为言者所纠。嗣公凡六十六年，握兵柄者四十年，尊宠为勋臣冠。正德十年卒，年亦七十五。赠宁阳王，谥恭靖。万历十一年与朱希忠并削王号。孙岺嗣。传爵至世泽，流寇陷京师，遇害。

　　初，辅之定交阯也，先后百余战。其从征死事最著者，有高士文、徐政。

　　士文，咸阳人。洪武中，以小校从征云南及金山有功，为燕山左护卫百户。质直刚果，善骑射。从成祖起兵，累官都督佥事。从张辅征交址。黎季犛既擒，余党窜山谷中，出没为寇。五年八月，士文师所部败之广源，进围其寨。昼夜急攻，垂破，贼突走。士文追与战，中飞石死。所部复追贼，贼失巢溃散，遂为指挥程场所灭。朝廷念士文功，追封建平伯，令其子福嗣，禄千三百石，予世券。三传至孙霶，无子，以义子为嗣，事觉，爵除。

徐政，仪真人。建文时，为扬州卫副千户，以城降成祖，累迁都指挥同知。从征交址，夺船于三带江以济大军。拔西都，战碱子关，皆有功。陈季扩反，盘滩地最要冲，张辅遣政守之。七年八月，贼党邓景异来攻，与战，飞枪贯胁，犹督兵力战，竟败贼。贼退，腹溃而死。

黄福，字如锡，昌邑人。洪武中，由太学生历金吾前卫经历。上书论国家大计。太祖奇之，超拜工部右侍郎。建文时，深见倚任。成祖列奸党二十九人，福与焉。成祖入京师，福迎附。李景隆指福奸党，福曰：“臣固应死，但目为奸党，则臣心未服。”帝置不问，复其官。未几，拜工部尚书。永乐三年，陈瑛劾福不恤工匠，改北京行部尚书。明年坐事，逮下诏狱，谪充为事官。已，复职，督安南军饷。

安南既平，郡县其地，命福以尚书掌布政、按察二司事。时远方初定，军旅未息，庶务繁剧，福随事制宜，咸有条理。上疏言：“交址赋税轻重不一，请酌定，务从轻省。”又请：“循泸江北岸至钦州，设卫所，置驿站，以便往来。开中积盐，使商贾输粟，以广军储。官吏俸廪，仓粟不足则给以公田。”又言：“广西民馈运，陆路艰险，宜令广东海运二十万石以给。”皆报可。于是编氓籍，定赋税，兴学校，置官师。数召父老宣谕德意，戒属吏毋苛扰。一切镇之以静，上下帖然。时群臣以细故谪交址者众，福咸加拯恤，甄其贤者与共事，由是至者如归。镇守中官马骐怙宠虐民，福数裁抑之。骐诬福有异志。帝察其妄，不问。仁宗即位，召还，命兼詹事，辅太子。福在交址凡十九年。及还，交人扶携走送，号泣不忍别。福还，交址贼遂剧，讫不能靖。仁宗崩，督献陵工。

宣德元年，马骐激交阯复叛。时陈洽以兵部尚书代福，累奏乞福还抚交阯。会福奉使南京，召赴阙，敕曰："卿惠爱交人久，交人思卿，其为朕再行。"仍以工部尚书兼詹事，领二司事。比至，柳升败死，福走还。至鸡陵关，为贼所执，欲自杀。贼罗拜下泣曰："公，交民父母也，公不去，我曹不至此。"力持之。黎利闻之曰："中国遣官吏治交阯，使人人如黄尚书，我岂得反哉！"遣人驰往守护，馈白金、饩粮，肩舆送出境。至龙州，尽取所遗归之官。还为行在工部尚书。

四年与平江伯董漕事，议令江西、湖广、浙江及江南北诸郡民，量地远近，转粟于淮、徐、临清，而令军士接运至北京，民大称便。五年陈足兵食省役之要。其言足食，谓："永乐间虽营建北京，南讨交阯，北征沙漠，资用未尝乏。比国无大费，而岁用仅给。即不幸有水旱，征调将何以济？请役操备营缮军士十万人，于济宁以北，卫辉、真定以东，缘河屯种。初年自食，次年人收五石，三年收倍之。既省京仓口粮六十万石，又省本卫月粮百二十万石，岁可得二百八十万石。"帝善之，下行在户、兵二部议。郭资、张本言："缘河屯田实便，请先以五万顷为率，发附近居民五万人垦之。但山东近年旱饥，流徙初复，卫卒多力役，宜先遣官行视田以俟开垦。"帝从之。命吏部郎中赵新等经理屯田，福总其事。既而有言军民各有常业，若复分田，役益劳扰，事竟不行。改户部尚书。

七年，帝于宫中览福《漕事便宜疏》，出以示杨士奇曰："福言智虑深远，六卿中谁伦比者？"对曰："福受知太祖，正直明果，一志国家。永乐初，建北京行部，绥辑凋瘵，及使交阯，总藩宪，具有成绩，诚六卿所不及。福年七十矣，诸后进少年高坐公堂理政事，福四朝旧人，乃朝暮奔走劳悴，殊非国家优老敬贤之道。"帝曰："非汝不闻此言。"士奇又曰："南京根本重地，先帝以储宫监国。福老成忠直，缓急可倚。"帝曰："然。"明日改福官南京。明年兼掌南京兵部。英宗即位，加少保，参赞南京守备襄城伯李隆机务。留都文臣参机务，自福始。隆用福言，政肃民安。正弘五年正月卒，年七十八。

福丰仪修整，不妄言笑。历事六朝，多所建白。公正廉恕，素孚于人。当官不为赫赫名，事微细无不谨。忧国忘家，老而弥笃。自奉甚约，妻子仅给衣食，所得俸禄，惟待宾客周匮乏而已。初，成祖手疏大臣十人，命解缙评之，惟于福曰："秉心易直，确乎有守。"无少贬。福参赞南京时，尝坐李隆侧。士奇寄声曰："岂有孤卿而旁坐者？"福曰："焉有少保而赞守备者邪？"卒不变。然隆待福甚恭。公退，即推福上坐，福亦不辞。士奇之省墓也，道南京，闻福疾，往候之。福惊曰："公辅幼主，一日不可去左右，奈何远出？"士奇深服其言。兵部侍郎徐琦使安南回，福与相见石城门外。或指福问安南来者曰："汝识此大人否？"对曰："南交草木，亦知公名，安得不识？"福卒，赠谥不及，士论颇不平。成化初，始赠太保，谥忠宣。

刘俊，字子士，江陵人。洪武十八年进士。除兵部主事，历郎中。遇事善剖决，为帝所器。二十八年擢右侍郎。建文时，为侍中。成祖即位，进尚书。

永乐四年大征安南，以俊参赞军务。俊为人缜密勤敏，在军佐画筹策有功，还受厚赉。未几，简定复叛，俊再出参赞沐晟军务。六年冬，晟与简定战生厥江，败绩。俊行至大安海口，飓风作，扬沙昼晦，且战且行，为贼所围，自经死。洪熙元年三月，帝以俊陷贼不屈，有司不言，未加褒恤，敕责礼官。乃赐祭，赠太子少傅，谥节愍。官其子奎给事中。

与俊同死者吕毅、刘昱。

毅，项城人。以济南卫百户从成祖渡江，积功至都督佥事。与同官黄中充左右副将军，佐征南将军韩观镇广西。寻与中将兵送故安南王孙陈天平归国，至芹站，天平被劫去，坐夺官。帝薄毅罪，起为鹰扬将军，从张辅讨季犛有功，掌交阯都司事。至是与贼战，深入陷阵死。

昱，武城人。自更科给事中迁左通政，出为河南参政，改交阯。严肃有治材，吏民畏惮。军败，亦死之。

陈洽，字叔远，武进人。好古力学，与兄济、弟浚并有名。洪武中，以善书荐授兵科给事中。尝奉命阅军，一过辄识之。有再至者，辄叱去。帝嘉其能，赐金织衣。父成五开殁，洽奔丧。会蛮叛道梗，冒险间行，负父骨以归。建文中以茹瑺荐，起文选郎中。

成祖即位，擢吏部右侍郎，改大理卿。安南兵起，命洽赴广西，与韩观选士卒从征。及大军出，遂命赞军务，主馈饷。安南平，转吏部左侍郎。是时黄福掌布、按二司事，专务宽大，拊循其民。洽甄拔才能，振以风纪，核将士功罪，建置土官，经理兵食，剖决如流。还朝，命兼署礼部、工部事。七年复参张辅军讨简定，平之。还，从帝北征，与辅练兵塞外。九年复与辅往交址，讨陈季扩。居五年，进兵部尚书，复留赞李彬军事。

仁宗召黄福还，以洽掌布、按二司，仍参军务。中官马骐贪暴，洽不能制，反者四起，黎利尤桀黠。而荣昌伯陈智、都督方政不相能，寇势日张。洽上疏言：“贼虽乞降，内怀诡诈，党羽渐盛，将不可制。乞谕诸将速灭贼，毋为所饵。”宣宗降敕切责智等，令进兵，复败于茶笼州，帝乃削智、政官爵。命成山侯王通佩征夷将军印往讨，洽仍赞其军。宣德元年九月，通至交址。十一月进师应平，次宁桥。洽与诸将言地险恶，恐有伏，宜驻师觇贼。通不听，麾兵径渡，陷泥淖中。伏发，官军大败。洽跃马入贼阵，创甚坠马。左右欲扶还，洽张目叱曰：“吾为国大臣，食禄四十年，报国在今日，义不苟生。”挥刀杀贼数人，自刭死。事闻，帝叹曰：“大臣以身殉国一代几人！”赠少保，谥节愍。官其子枢刑科给事中。

自黎利反，用兵三四年，将吏先后死者甚众。

侯保，赞皇人。由国子生历知襄城、赣榆、博兴三县，有善政。交址初设府县，择人抚绥，以保知交州府，迁右参政。永乐十八年，黎利反，保以黄江要害，筑堡守之。贼至，力拒数月，出战，不胜死。

冯贵，武陵人。举进士，为兵科给事中。从张辅征交址，督兵饷。

累迁左参政。莅事明敏，善抚流亡。土兵二千人，骁果善战，贵抚以恩意，数击贼有功，中官马骐尽夺之。黎利反，贵以羸卒数百，御贼于瑰县，力屈而死。仁宗时，尚书黄福言状，赠贵左布政使，保右布政使。然贵尝言交阯产金，遂伪以参议提督金场，时论非之。

伍云，定远人。以荆州护卫指挥同知从征交阯，破坡垒、隘留、多邦城，拔东、西二都，皆有功。贼平，调昌江卫。仁宗初，随方政讨黎利于茶笼，深入陷阵死。

陈忠，临淮人。初为宽河副千户。以"靖难"功，积官指挥同知。坐事戍广西。从征交阯，自笝招市舁小舟入江，劫黎季犛水寨，破之。攻多邦城，先登。论功，还故官，调交州左卫。屡与贼战有功，进都指挥同知。黎利寇清化，忠战死。仁宗悯之，与云皆优恤如制。

李任，永康人。以燕山卫指挥佥事从成祖起兵，累功为都指挥同知。宣德元年从征交阯，守昌江。黎利以昌江为官军往来要路，悉力攻之。时都督蔡福为贼所获，逼令招任降。任于城上骂福曰："汝为大将，不能杀贼，反为贼用，狗彘不食汝余。"发炮击之。贼拥福去，大集兵象飞车冲梯，薄城环攻。任与指挥顾福帅精骑出城掩击，烧其攻具。贼又筑土山，临射城中，凿地道潜入城。任、福随方御之。死守九月余，前后三十战。贼闻征夷将军柳升兵将至，益兵来攻。二年四月城陷，任、福犹帅死士三战三败贼。贼驱象大至，不能支，皆自刭死。内官冯智、指挥刘顺俱自经。城中军民妇女不屈死者千数人。

刘子辅，庐陵人。由国子生擢监察御史，巡按浙江。性廉平，浙人德之。按察使周新不苟许与，独称子辅贤。迁广东按察使。坐累，左迁谅江知府，善抚循其民。黎利反，子辅与守将集兵民死守亦九阅月，与昌江先后同陷。子辅曰："吾义不污贼刃。"即自缢死。一子一妾皆死。

何忠，字廷臣，江陵人。由进士为监察御史。廉慎，人莫敢干以私。永乐中，三殿灾，言事忤旨，出为政平知州，民安其政。宁桥之败，王通诡与贼和，而请济师于朝，为贼所遮不得达。贼遣使奉表入谢。通乃遣忠及副千户桂胜与偕行，以奏还土地为辞，阴令请兵。至昌江，内官徐训泄其谋。贼遂拘忠、胜，临以白刃。二人瞋目怒骂不屈，并忠子皆被害。

徐麒，桂林中卫指挥使，与南宁千户蔡颙守丘温。时贼势已炽，将吏多弃城遁。丘温被围，麒与颙犹帅疲卒固守，城陷皆死，无一降者。

易先，湘阴人。以国子生授谅山知府，有善政。岁满还朝，郡人乞留。诏进秩三品还任。贼破谅山，先自缢死。

周安以指挥佥事守备义安。黎利势张，都督蔡福以刍粮将尽，退就东关。既行，千户包宣以其众诣贼降。安等至富良江为贼所麾，俱陷贼。贼逼蔡福诣诸城说降。安愤甚，潜与众谋，俟官军至为内应。包宣觉之，以告利。利收安，将杀之，安曰："吾天朝臣子，岂死贼手！"与指挥陈麟跃起夺贼刀，杀数人，皆自刎死。所部九千余人，悉被杀。

交址布政使弋谦以任等十二人死事闻。宣宗叹息，赠任都督同知，福、顺、麒都指挥同知，安指挥同知，颙指挥佥事，胜正千户，并令子孙承袭。子辅、先布政司参政，忠府同知，智太监，并予诰赐祭。惟麟尝与朱广开门纳贼，故赠恤不及。已而黎利称臣，归蔡福、朱广等六人，尽弃市，籍其家。

李彬，字质文，凤阳人。父信，从太祖渡江，积功为济川卫指挥佥事。彬嗣职，从颍国公傅友德出塞，斩获多。还，与筑诸边城。成祖起兵，彬归附，为前锋，转战有功，累迁右军都督佥事。永乐元年四月，以丘福议，封丰城侯，禄千石，予世券。明年，襄城伯李浚讨永新叛寇，命彬帅师策应。未至，寇平，命以所统镇广东。四年召还，捕南阳皂君山寇。其年七月，以左参将赍征夷副将军印授沐晟，进讨安南。十二月，彬及云阳伯陈旭破安南西都，又大败贼于木丸江。安南平，论功，与旭皆以临敌稽缓，不益封，加禄五百石。寻充总兵官，备倭海上，移兵讨擒长沙贼李法良，又帅浙、闽兵捕海寇。

　　十年命往甘肃与西宁侯宋琥经略降酋。彬与柳升严兵境上，而令土官李英防野马川。凉州酋老的罕叛，都指挥何铭战死，英追蹑，尽俘其众。老的罕走赤斤蒙古。帝欲发兵，彬言道远饷难继，宜缓图之。明年代琥镇甘肃，赤斤蒙古缚老的罕以献。帝嘉彬功，赐赉甚厚。十二年从北征，领右哨，破敌于忽失温，追奔至土剌河。师还，受上赏，移镇陕西。

　　十五年二月命佩征夷将军印，镇交址。至则破擒陆那县贼阮贞，遣都督朱广等平顺州及北昼诸寨。明年，清化府土巡检黎利反，彬遣广讨破之。利遁去。十七年遣都督同知方政袭利于可蓝栅，获其将军阮箇立等。利走老挝。师还，复出为寇。都指挥黄诚击走之，以暑雨旋师。

　　当是时，交人反者四起，彬遣诸将分道往讨：方政讨车绵子等于嘉兴，郑公证于南策，丁宗老于大湾；朱广讨谭兴邦等于别部；都指挥徐源讨范软于俄乐；指挥陈原瑰讨陈直诚于恶江；都指挥王忠讨杨恭于峡山。皆先后报捷。而贼势尤剧者，彬辄自将往击。潘僚者，乂安土知府也。为中官马骐所虐，反衙仪。彬击败之，追至玉麻州，擒其酋，进焚贼栅。僚窜老挝，彬遣都指挥师祐帅师往。僚以老挝兵迎战，破之农巴林，悉降其众。范玉者，涂山寺僧也，反东潮州。彬往讨，败之江中。玉脱走，追获之东潮。而郑公证之党黎侄复起，都指挥陈忠等累败之于小黄江。彬自将追捕，至镇蛮，尽缚其众。于是诸贼略平，惟黎利数出没，聚众磊江，屡为徐源、方政所败，复遁去。

　　十九年，彬以馈运不继，请令官军与土军参错屯田，并酌屯守征行多寡之数以闻。帝从之。将发兵入老挝索黎利。老挝惧，请自捕以献，会彬疾作而罢。明年正月卒。继之者孟瑛、陈智、李安、方政，皆不能讨。王通代镇，贼势益盛，交址遂不可守。

　　彬卒，赠茂国公，谥刚毅。

　　子贤嗣，宣德三年从出塞，还修永宁、隆庆诸城。正统初，镇大同，寻守备南京。景泰二年卒，赠丰国公，谥忠宪。

子勇嗣，再传至孙旻。正德中镇贵州，擒思南、石阡流贼，平武定诸蛮有功，加太子太傅。嘉靖初，镇湖广，有威惠，楚人安之。徙两广。武定侯郭勋典京营，以罪罢。世宗以旻远镇无内党，召代之，寻坐事罢。卒谥武襄，无子。

从子熙嗣，出镇湖广。楚世子狱，株连甚众，熙言于御史，平反二百余人。讨平沅州、麻阳叛蛮。卒，无子。从子儒嗣，传至孙承祚，天启时附魏忠贤，请设海外督理内臣，又请予忠贤九锡。崇祯初，夺爵戍边。子开先嗣为伯，都城陷，遇害。

柳升，怀宁人。袭父职为燕山护卫百户。大小二十余战，累迁左军都督金事。永乐初，从张辅征交址，破贼鲁江，斩其帅阮子仁等，守碱子关。贼入富良江，舟亘十余里，截江立寨，陆兵亦数万人。辅将步骑，升将水军，夹攻，大败之，获伪尚书阮希周等。又败贼于奇罗海口，得舟三百。部卒得季犛及其子澄。升赍露布献俘，被赏赉。师还，封安远伯，禄千石，予世券。

七年同陈瑄帅舟师巡海，至青州海中，大破倭，追至金州白山岛而还。明年从北征，至回曲津，将神机火器为前锋，大败陈鲁台。进封侯，加禄五百石，仍世伯爵。出镇宁夏，讨斩叛将冯答兰帖木儿等。召还，总京营兵。十二年复从北征，将大营兵战忽兰、忽失温，以火器破敌。

十八年，蒲台妖妇唐赛儿反。命升与都指挥刘忠将京军往剿，围其寨。升自以大将，意轻贼。贼乞降，信之。夜为所袭，忠中流矢死，赛儿遁去。及明始觉，追获其党百余人。都指挥卫青力战解安丘围。升忌其功，摧辱之。征下狱，已，得释。

二十年复从北征，将中军破兀良哈于屈裂儿河，予世侯。帝五出塞，升皆从，数有功，宠待在列侯右。仁宗即位，命掌右府，加太子太傅。

宣德元年冬，成山侯王通征黎利，败闻。命升为征虏副将军，充总兵官，保定伯梁铭为左副总兵，都督崔聚为参将，尚书李庆赞军务，帅步骑七万，会黔国公沐晟往讨。时贼势已盛，道路梗绝，朝廷久不得交址奏报。二年六月，有军丁李茂先者三人，间道走京师，言昌江被围急。帝授三人百户，敕升急进援，而昌江已于四月陷。九月，升始入隘留关。利伪为国人上书，请立陈氏后，升不启封以闻。贼缘途据险列栅，官军连破之，抵镇夷关。升以贼屡败，易之。时李庆、梁铭皆病甚。郎中史安、主事陈镛言于庆曰："柳将军辞色皆骄。骄者，兵家所忌。贼或示弱以诱我，未可知也。防贼设伏，玺书告诫甚切，公宜力言之。"庆强起告升，升不为意。至倒马坡，与百余骑先驰度桥，桥遽壤，后队不得进。贼伏四起，升陷泥淖中，中镖死。其日，铭病卒。明日，庆亦卒。又明日，崔聚帅军至昌江。贼来益众，官军殊死斗。贼驱象大战。阵乱，贼大呼："降者不死。"官军或死或走，无降者，全军尽没。史安、陈镛及李宗昉、潘禋皆死之。

崔聚，怀远人。从成祖起兵。八年从北征，败敌于广漠戍。洪熙元年累迁左军都督佥事。至是力战被执，贼百计降之，终不屈死。

升质直宽和，善抚士卒，勇而寡谋，遂及于败。升败，沐晟师不得进，亦引还。王通孤军援绝，遂弃交址。朝议以升丧师，不令子溥袭爵，久之乃许。正统十二年赠升融国公，谥襄愍。

溥，初掌中府，出镇广西。廉慎，然无将略，承山云后，不能守成法，过于宽弛。瑶、僮相煽为乱，溥先后讨斩大藤峡贼渠，破柳州、思恩诸蛮寨，而贼滋蔓如故。景泰初，兵事亟，召掌右府，总神机营。事定，复出镇。天顺初召还，防宣府、大同，累进太傅。陕西有警，命佩平房大将军印往御。敌再入凉州，溥闭壁不出，敌饱掠去，蹑取数十级报捷，被劾，落太傅闲住。寻复起掌神机营。卒，谥武肃。

孙景嗣，景子文，文子珣，凡三世皆镇两广，有平蛮功。嘉靖十九年命珣佩征夷副将军印，征安南莫登庸。登庸乞降，加太子太傅。又以讨琼州黎贼功，加少保。卒赠太保，谥武襄。传至明亡，爵绝。

史安，字志静，丰城人。廉重好学，由进士历官仪制司郎中。

陈镛，字叔振，钱塘人。由庶吉士授祠祭司主事。杨士奇称其清介端确，表里一出于正。

李宗昉，不知何许人，亦以主事从。

潘湮，鄞人。以后军都事从，尝劝升持重，广侦探，引芹站、宁桥事为戒，升不听。军败，格斗死。

梁铭，汝阳人。以燕山前卫百户从仁宗守北平。李景隆围城，战甚力。积功至后军都督佥事，侍仁宗监国。永乐八年坐事下狱。十九年赦复职，副都督胡原捕倭广东。仁宗即位，进都督同知。以参将佩征西将军印，同都督同知陈怀镇宁夏。追论守城功，封保定伯，禄千石，予世券。宣德初，御史石璞劾其贪黩，下狱，当夺爵，宥之。副柳升征交址。升败，铭病卒。铭勇敢善战，能得士卒心。既死，崔聚独以众入，全军遂覆。

子瑶嗣。正统末，充副总兵，讨福建盗邓茂七，击斩余贼于九龙山。班师，而贼党复作，谪充为事官。从石亨立功，复爵。景泰元年拜平蛮将军，代王骥讨贵州苗。其冬，分四道进攻，大败之，斩首七千有奇，破寨五百。明年自沅州进兵，与都督方瑛破贼于兴泽，又大破之香炉山，俘伪王韦同烈等，擒斩数千人。分兵攻都匀、草塘诸苗，悉震恐降。师还，苗复叛，瑶复与瑛讨平之。论功，进侯，益禄五百石。四年讨平湖广清浪叛苗。天顺元年出镇陕西，破敌凉州，又破敌靖房堡。召还，理左府事。成化初卒。赠蠡国公，谥襄靖。

瑶天资平恕，数总兵柄，未尝妄杀人一。子弟从征，以功授官，辄辞不受，人以为贤。传爵至世勋，崇祯初提督京营。京师陷，遇害。

王通，咸宁人，金乡侯真子也。嗣父官为都指挥使，将父兵，转战有功，累进都督佥事。复以父死事故，封武义伯，禄千石，予世券。永乐七年董营长陵。十一年进封成山侯，加禄二百石。明年从北征，领左掖。二十年从出塞，以大军殿，连出塞，并领右掖。仁宗即位，命掌后府,加太子太保。

时交址总兵官丰城侯李彬已前卒,荣昌伯陈智、都督方政以参将代镇,不协。黎利益张,数破郡邑,杀将吏,智出兵数败。宣宗削智爵,而命通佩征夷将军印,帅师往讨。黎利弟善攻交州城,都督陈浚等击却之。会通至,分道出击。参将马瑛破贼于石室县。通引军与瑛合,至应平之宁桥中伏,军大溃,死者二三万人,尚书陈洽与焉。通中伤还交州,利在乂安闻之,自将精卒围东关。通气沮,阴遣人许为利乞封,而檄清化迤南地归利。按察使杨时习执不可,通厉声叱之。清化守罗通亦不肯弃城,与指挥打忠坚守。朝廷遣柳升等助通,未至。

二年二月,利攻城。通以劲兵五千出不意捣贼营,破之,斩其司空丁礼以下万余级。利惶惧欲走。诸将请乘胜急击。通犹豫三日不出,贼势复振。树栅掘濠堑,四出攻掠,分兵陷昌江、谅江,而围交益急。通敛兵不出。利乞和,通以闻。会柳升战殁,沐晟师至水尾县不得进。通益惧,更啗利和,为利驰上谢罪表。

其年十月大集官吏军民出城,立坛与利盟,约退师,因宴利,遗利锦绮,利亦以重宝为谢。十二月,通令太监山寿与陈智等由水路还钦州,而自帅步骑还广西,至南宁,始以闻。会廷议厌兵,遂弃交址。交址内属者二十余年,前后用兵数十万,馈饷至百余万,转输之费不与焉,至是弃去。官吏军民还者八万六千余人,其陷于贼及为贼所戮者不可胜计。而土官向义者陶季容、陈汀之属,乃往往自拔来归。

明年,通还京,群臣交劾,论死系狱,夺券,籍其家。正统四年特释为民。景帝立·起都督佥事,守京城。御也先有功,进同知,守天寿山,还其家产。景泰三年卒。天顺元年诏通子琼嗣成山伯。琼子镛,成化时,赐原券。传爵至明亡。

陶季容者,世为永尾土官。交址平,以为土知县。历归化知州,迁宣化府同知,守北闲堡。宣德元年遣所部阮执先等追贼,至清波县为所获。既而遣执先还,招季容,胁以兵,不为动。宣宗闻之,擢宣化知府,降敕奖劳。贼复遣人诱季容,季容执以送沐晟,而导官军败贼于水尾。王通弃交址,季容率官属入朝。

陈汀,古雷县千夫长,数从方政击贼有功,政信倚之。王通弃地,汀北行,为贼所得,授以官,令守交州东关。汀挈其家九十余人从间道走。贼追之,家属尽陷,汀独身入钦州。帝嘉其义,以为指挥,厚赉之。

他若土官阮世宁、阮公庭,皆不愿从利,率所部来归,乞居龙州、陈州之地。帝命加意抚恤,资粮器用官给之。

赞曰:成祖因季犛篡立,兴师问罪以彰天讨,求陈氏后不得,从而郡县其地,得取乱侮亡之道矣。蛮疆险远,易动难驯,数年之间叛者数起,柳升以轻敌丧师,王通以畏怯弃地。虽黄福惠爱在交,叛人心折,而大势已去,再至无功。宣宗用老成谋国之言,廓然置之度外,良以其得不为益,失不为损,事势所不必争,非独惮于劳民而绌于筹饷也。尝考黄福与张辅书言:“恶本未尽除,守兵不足用。驭之有道,可以渐安。守之无法,不免再变。”权交事之始终,盖惜张辅之不得为滇南之沐氏也。

明史卷一五五
列传第四三

宋晟　薛禄 _{郭义　金玉}　刘荣

朱荣　费瓛　谭广　陈怀

_{马亮}　蒋贵 _{孙琬}　任礼　赵安

赵辅　刘聚

宋晟，字景阳，定远人。父朝用，兄国兴，并从渡江，皆积功至元帅。攻集庆，国兴战殁，晟嗣其职。既而朝用请老，晟方从邓愈克徽州，召还，袭父官。累进都指挥同知，历镇江西、大同、陕西。洪武十二年，坐法降凉州卫指挥使。十七年五月，讨西番叛酋，至亦集乃路，擒元海道千户也先帖木儿、国公吴把都剌赤等，俘获万八千人，送酋长京师，简其精锐千人补卒伍，余悉放遣。召还，复为都指挥，进右军都督佥事，仍镇凉州。

二十四年充总兵官，与都督刘真讨哈梅里。其地去肃州千余里。晟令军中多具粮糗，倍道疾驰，乘夜至城下。质明，金鼓声震地，阖城股栗，遂克之。擒其王子列儿怯帖木儿，及伪国公以下三十余人，收其部落辎重以归。自是番戎慑服，兵威极于西域。明年五月，从蓝玉征罕东，徇阿真川，土酋哈昝等遁去。师还，调中军都督佥事。

二十八年六月，从总兵官周兴出开原，至忽剌江。部长西阳哈

遁，追至甫答迷城，俘人畜而还。明年，拜征南右副将军，讨广西峤
濛诸寨苗，擒斩七千余人。又明年，总羽林八卫兵讨平五开、龙里
苗。三十一年，出镇开平，从燕王出塞，还城万全诸卫。建文改元，
仍镇甘肃。

成祖即位，入朝，进后军左都督，拜平羌将军，遣还镇。永乐三
年招降把都帖木儿、伦都儿灰等部落五千人，获马驼牛羊万六千。
封西宁侯，禄千一百石，世指挥使。

晟凡四镇凉州，前后二十余年，威信著绝域。帝以晟旧臣，有大
将材，专任以边事，所奏请辄报可。御史劾晟自专。帝曰：“任人不
专则不能成功，况大将统制一边，宁能尽拘文法。”即敕晟以便宜从
事。晟尝请入朝。报曰：“西北边务，一以委卿，非召命，毋辄来。”寻
命营河西牧地，及图出塞方略。会病卒，五年七月也。

晟三子。长瑄，建文中为府军右卫指挥使，战灵璧，先登，斩数
级，力斗死。

瑄弟琥，尚成祖女安成公主，得嗣侯，予世券。八年佩前将军
印，镇甘肃。十年与李彬捕叛酋老的罕，俘斩甚众。召还。洪熙元
年，坐不敬夺爵，并削驸马都尉官。宣德中复都尉。

琥既废，弟瑛嗣。瑛尚咸宁公主。正统中，历掌左军前府事。瓦
剌也先入寇。瑛充总兵官，督大同守将朱冕、石亨等战阳和，全军败
没，瑛及冕皆战死。赠郓国公，谥忠顺。

子杰嗣。景泰中典禁兵宿卫，以谨慎称。卒，子诚嗣。署右府
事，复佩平羌将军印，镇甘肃。诚有材武，尝出猎至凉州，遇寇掠牛
马北去。诚三矢殪三人，寇惊散，尽驱所掠还。九传至孙裕德，死流
寇难。

薛禄，胶人。行六，军中呼曰薛六。既贵，乃更名禄。禄以卒伍
从燕起兵，首夺九门。真定之战，左副将军李坚迎斗。锋始交，禄持
槊刺坚坠马，擒之。擢指挥佥事。从援永平，下大宁、富峪、会州、宽

河。还救北平，先驱败南军游骑。进指挥同知。攻大同，为先锋。战白沟河，追奔至济南，迁指挥使。战东昌，以五十骑败南兵数百。时成祖为盛庸所败，还走北平。庸檄真定诸将屯威县、深州，邀燕归路。禄皆击走之。战滹沱河，右军却。禄驰赴阵，出入数十战，破之，追奔至夹河，斩馘无算。战单家桥，为平安所执，奋脱缚，拔刀杀守卒，驰还复战，大败安军。掠顺德、大名、彰德。攻西水寨，生擒都指挥花英。乘胜下东阿、东平、汶上，连战沘河、小河、灵璧，功最。入京师，擢都督佥事。

永乐六年进同知。八年充骠骑将军，从北征，进右都督。十年上言："自古用人，必资预教。今武臣子弟间暇不教，恐缓急无可使者。"帝韪其言。会四方送幼军数万至，悉隶禄操习之。十五年以行在后军都督董营造。

十八年十二月定都北京，授奉天靖难推诚宣力武臣，封阳武侯，禄千一百石。二十一年，将右哨从北征。还，讨平长兴盗。二十二年再领右哨从北征。

仁宗即位，命掌左府，加太子太保，予世券。洪熙元年充总兵官，备御塞外。寻以获寇功，益禄五百石。是年颁诸将军印于各边镇，禄佩镇朔大将军印，巡开平，至大同边。

宣宗即位，召还，陈备边五事。寻复遣巡边。宣德元年从征乐安，为前锋。高煦就擒，留禄与尚书张本镇抚之。明年春，奉诏巡视畿南诸府城池，严戒军士毋扰民，违者以军法论。是夏复佩大将军印，北巡开平，还驻宣府。敌犯开平，无所得而退，去城三百余里。禄帅精兵昼伏夜行，三夕至。纵轻骑蹂敌营，破之，大获人畜。帅还，敌蹑其后，复奋击败之，敌由是远遁。召还。三年从北征，破敌于宽河，留镇蓟州、永平。复数佩镇朔印，巡边护饷，出开平、宣府间。五年遇敌于凤凰岭，斩获多，加太保。上言永宁卫团山及雕鹗、赤城、云州、独石宜筑城堡，便守御。诏发军民三万六千赴工，精骑一千五百护之，皆听禄节制。临行赐诗，以山甫、南仲为比。禄武人不知书，以问杨士奇。士奇曰："上以古贤人待君也。"禄拊心曰："禄安敢望

前贤,然敢不勉图报上恩万一。"其年六月有疾,召还。逾月卒。赠
鄞国公,谥忠武。

禄有勇而好谋,谋定后战,战必胜。纪律严明,秋毫无犯。善抚
士卒,同甘苦,人乐为用。"靖难"诸功臣,张玉、朱能及禄三人为最,
而禄逮事三朝,岿然为时宿将。

孙诜嗣。至曾孙翰卒,无子,族人争袭,久之不得请,田宅并入
官,世绝者三十余年。万历五年乃复封翰族子钺为侯。再传至濂。
崇祯末,京师陷,被害。

永乐中,从起兵北平,后积功至大将,封侯伯不以"靖难"功者,
薛禄及郭义、金玉、刘荣、朱荣凡五人,而义、玉与禄同日封云。

郭义,济宁人。洪武时,累功为燕山千户。从成祖入京师,累迁
左都督。永乐九年,坐旷职谪交阯立功,已而宥之。数从出塞,有功,
封安阳侯,禄千一百石,亦授奉天靖难武臣号。时义在南京,疾革,
闻命而卒。

金玉,江浦人。袭父官为羽林卫百户,调燕山护卫。从起兵有
功,累迁河南都指挥使。永乐三年进都督佥事。八年充鹰扬将军从
北征。师旋,为殿。至长秀川,收敌所弃牛羊杂畜亘数十里。十四
年,讨平山西妖贼刘子进。论前后功,封惠安伯,禄九百石。十九年
卒。妾田氏自经以殉,赠淑人。

刘荣,宿迁人。初冒父名江。从魏国公徐达战灰山、黑松林。为
总旗,给事燕邸。雄伟多智略,成祖深器之,授密云卫百户。从起兵
为前锋,屡立战功。徇山东,与朱荣帅精骑三千,夜袭南军于滑口,
斩数千人,获马三千,擒都指挥唐礼等。累授都指挥佥事。战滹沱
河,夺浮桥,掠馆陶、曹州,大获。还军救北平,败平安军于平村。杨
文以辽东兵围永平,江往援,文引却。江声言还北平,行二十余里,
卷甲夜入永平。文闻江去,复来攻。江突出掩击,大败之,斩首数千,
擒指挥王雄等七十一人。迁都指挥使。从至淝河,与白义、王真以

轻骑诱致平安,败之。

　　时南军驻宿州,积粮为持久计。成祖患之,议绝其饷道。命江将三千人往,趑趄不行。成祖大怒,欲斩之。诸将叩首请,乃免。渡江策功,以前罪不封,止授都督佥事。迁中府右都督。

　　永乐八年从北征,以游击将军督前哨。乘夜据清水源,败敌斡难河,复败阿鲁台于靖虏镇。师还为殿,即军中进左都督,遣镇辽东。敌阑入杀官军。帝怒,命斩江,既而宥之。九年复镇辽东。十二年再从北征,仍为前锋,将劲骑侦敌于饮马河。见敌骑东走,追至康哈里孩,击斩数十人。复与大军合击马哈木于忽失温,下马持短兵突阵,斩获多,受上赏。复充总兵官,镇辽东。

　　倭数寇海上,北抵辽,南讫浙、闽,濒海郡邑多被害。江度形势,请于金线岛西北望海埚筑城堡,设烽堠,严兵以待。十七年六月,瞭者言东南海岛中举火。江急引兵赴埚上。倭三十余舟至,泊马雄岛,登岸奔望海埚。江依山设伏,别遣将断其归路,以步卒迎战,佯却。贼入伏中,炮举伏起,自辰至酉,大破贼。贼走樱桃围空堡中。江开西壁纵之走,复分两路夹击,尽覆之,斩首千余级,生擒百三十人。自是倭大创,不敢复入辽东。诏封广宁伯,禄千二百石,予世券,始更名荣。寻遣还镇。明年四月卒。

　　荣为将,常为军锋,所向无坚阵。驭士卒有纪律,恩信严明。诸款塞者,抚辑备至。既卒,人咸思之。赠侯,谥忠武。

　　子湍嗣。卒,无子,弟安嗣。正统十四年与郭登镇大同,也先拥英宗至城下,邀登出见,登不可。安出见,伏哭帝前。景帝降敕切责。安驰至京师,言奉上皇命来告敌情,且言进已为侯。群臣交劾,下狱论死。会京师戒严,释安充总兵官,阵东直门。寇退,进都督同知,守备白羊口,复伯爵。英宗复位,予世侯,再益禄三百石。曹钦反,安被创,加太子少傅。成化中卒。赠峰国公,谥忠僖。传爵至明亡。

　　朱荣,字仲华,沂人。洪武十四年,以总旗从西平侯沐英征云南。累官副千户。守大宁,降于成祖。袭孙霖于滑口,围定州,断南军饷道,大小二十余战,论功授都督佥事。

永乐四年,从新城侯张辅征交阯,破鸡陵关,会沐晟于白鹤。辅等议于嘉陵江上流济师,遣荣阵下流十八里,日增其数以惑贼。又作舟筏为欲济状,以牵制之。贼果分兵渡江登岸。荣等奋击,大破之。大军进克多邦城,荣功为多。帝以荣尝愆事,师还论功,仅擢右都督,赐白金钞币。七年,复从辅讨贼余党,平之。

明年督右掖,从征阿鲁台,与刘荣并进左都督。十二年复从北征,与荣俱为前锋。其冬充总兵官,镇大同。修忙牛岭、兔毛河、赤山、榆杨口、来胜诸城,寇不敢近,居三年,召还。

十八年,代刘荣镇辽东。二十年复从北征,为前锋。驻雕鹗诇寇,以五千骑视敌所向。大军次玉沙泉。荣帅锐士三百人,人三马,赍二十日粮深入。敌已弃牛羊马驼北走,悉收之,焚其辎重,移师破兀良哈。师还,封武进伯,禄千二百石,仍镇辽东。二十二年,复从北征。已,还镇。洪熙元年佩征房前将军印,镇如故。其年七月卒于镇。赠侯,谥忠靖。

子冕嗣。以晋王济熿新废,命镇山西,寻召还。六年命输饷独石,因巡其地。正统四年,佩征西将军印,镇大同。十四年从北征,战于阳和,死之。谥忠愍。子瑛嗣。傅爵至明亡。

费瓛,定远人。祖愚,洪武时为燕府左相,改授燕山中护卫指挥使,传子肃。至瓛从成祖起兵有功,累进后军都督佥事。

永乐八年春,凉州卫千户虎保、永昌卫千户亦令真巴等叛,众数千,屯据驿路。新附伯颜帖木儿等应之。西鄙震动。都指挥李智击之不胜。贼声言攻永昌、凉州城。皇太子命瓛往讨。至凉州,智及都指挥陈怀以师会,遂进兵镇番。遇贼于双城。瓛击其左,怀等击其右。贼大败走,斩首三百余级。追奔至黑鱼海,获贼千余,马驼牛羊十二万。虎保等远遁。乃班师。

十二年充总兵官,镇甘肃。瓛以肃州兵多粮少,脱有调发,猝难措置,请以临巩税粮付近边军丁转运。又以凉州多闲田,请给军屯垦。从之。洪熙元年,予平羌将军印。永乐时,诸边率用宦官协镇,恣睢专军务,瓛亦为所制。仁宗知之,赐玺书责之曰:"尔以名臣后,受国重寄,乃俯首受制于人,岂大丈夫所为!其痛自惩艾,图后效。"瓛得书陈谢。

宣宗嗣位,进右府左都督。元年七月入朝,封崇信伯,禄千一百石。从征高煦,次流河驿。帝念前锋薛禄军少,命瓛帅兵益之。还,予世券,复镇甘肃。二年,沙州卫贼屡劫撒马儿罕及亦力把里贡使,瓛讨破之。明年卒于镇。

瓛为人和易,善抚士。在镇十五年,境内宁谧。

子钊嗣。从征邓茂七,还掌都督府。天顺中,受武定侯郭英次孙昭赂,诬嫡孙昌不孝,欲夺其爵。法司请逮治。诏解府事。卒,子淮嗣爵。传至明亡乃绝。

谭广,字仲宏,丹徒人。洪武初,起卒伍,从征金山,为燕山护卫百户。从成祖起兵,以百骑掠涿州,生得将校三十人。战白沟、真定、夹河咸有功,屡迁指挥使,留守保定。都督韩观帅师十二万来攻。广以孤军力拒四十余日,伺间破走之。

永乐九年进大宁都指挥佥事。董建北京。既而领神机营,从北征,充骁骑将军。十一年练军山西。明年从征九龙口,为前锋。贼数万凭岸,广命挽强士射之。万矢齐发,死者无算。乘胜夹击,贼大败。论功,进都督佥事。

仁宗嗣位,擢左都督,佩镇朔将军印,镇宣府。宣德三年,请军卫如郡县例,立风云雷雨山川社稷坛。六年以宣府粮少,请如开平、独石召商中盐纳粟,以足兵食。俱从之。明年,帝从户部议,令他卫军戍宣府者,悉遣还屯种。广上言:"臣所守边一千四百余里,敌人窥伺,窃发无时。脱有警,征兵数百里外,势岂能及。屯种之议,臣愚未见其可。"帝以边卒戍守有余,但命永乐中调戍者勿遣。

正统初,朝议以脱欢虽款塞,狡谋未可测,命广及他镇总兵官陈怀、李谦、王彧图上方略。广等各上议，大要谓："边寇出没不常，惟守御为上策。宜分兵扼要害，而间遣精锐巡塞外，遇敌则量力战守，间谍以侦之，轻兵以蹑之。寇来无所得，去有所惧，则边患可少弭。"帝纳其言。六年十一月以御敌功，封永宁伯，禄千二百石，仍镇宣府。八年乞致仕。优诏不许。明年十月召还陛见。帝悯其老，免常朝。是月卒，年八十二。谥襄毅。

广长身多力，奋迹行伍至大将，大小百余战，未尝挫衄。在宣府二十年，修屯堡，严守备，增驿传，又请颁给火器于各边。将校失律，即奏请置罪，而抚士卒有恩。边徼帖然，称名将。尝逞愤杖杀都司经历，又以私憾杖百户，并为言官所劾。置不问。既卒，吏部言非世券，授其子序指挥使。

陈怀，合肥人。袭父职为真定副千户。永乐初，积功至都指挥佥事。从平安南，进都指挥使，莅山西都司事。再从张辅擒安南贼简定，从都督费瓛征凉州叛人虎保，皆有功。仁宗立，进都督同知。

宣德元年，代梁铭为总兵官，镇宁夏。时官军征交址者屡败，诏发松潘军援之，将士惮行。千户钱宏与众谋，诈言番叛，帅兵掠麦匦诸族。番人震恐，遂反。杀指挥陈杰等，陷松潘、叠溪，围威、茂诸州。指挥吴玉、韩整、高隆相继败绩，西鄙骚然。诏遣鸿胪丞何敏、指挥吴玮往招之，而命怀统刘昭、赵安、蒋贵帅师数万随其后。玮等至，贼不顺命。玮与龙州知州薛继贤击贼，复松潘。比怀至，仍用玮前锋，遂复叠溪，降二十余寨，招抚复业者万二千二百余户，归所掠军民二千二百余人，事遂定。进左都督，厚赉金币，而绌玮功不录。怀留镇四川。在镇骄纵不法，干预民事，受赇庇罪人，侵夺屯田，笞辱佥事柴震等，数为言官所劾。帝降敕责让，复以御史王礼弹章示之。怀引罪。置不问。

六年，松潘勒都、北定诸族暨空郎、龙溪诸寨番复叛。怀遣兵战败，指挥安宁等死者三百余人。怀乃亲督兵深入，破革儿骨寨，进攻空郎乞儿洞。贼败，斩首坠崖死者无算。革儿骨贼复聚生苗邀战。

击破之,剿戮殆尽。于是任昌、牛心诸寨番闻风乞降,群寇悉平。久之,巡按御史及按察使复奏:"怀僭侈逾分。每旦,令三司官分班立,有事跪白。怀中坐,称旨行遣。且日荒于酒,不饬边备,致城寨失陷。"宣宗怒,召怀还,命文武大臣鞫之,罪当斩。下都察院狱,宥死落职。

正统二年,以原官镇大同。时北人来贡者日给廪饩,为军民累。怀言于朝,得减省。居二年,以老召还。命理中府事。九年春,与中官但住出古北口,征兀良哈。还与马亮等同封,而怀得平乡伯。十四年扈驾北征,死土木。赠侯,谥忠毅。

子辅乞袭爵,吏部言非世券,执不许。景帝以怀死事,许之。辅卒,子政请袭,吏部执如初,中旨许嗣。政镇两广久,自陈军功,乞世券,吏部复执不可,诏予之。政卒,子信嗣。弘治中卒,无子,弟俊嗣指挥使。

马亮,淇人。以燕山卫卒从成祖起兵,累功至都指挥佥事。宣宗时官至左都督。兀良哈之役,偕中官刘永诚出刘家口,至黑山、大松林、流沙河诸处,遇贼胜之,还封招远伯。是役也,王振主之,故诸将功少率得封。

亮善骑射,每战身先士卒,所向克捷,时称骁将。为伯三年卒。谥荣毅。

蒋贵,字大富,江都人。以燕山卫卒从成祖起兵。雄伟多力,善骑射,积功至昌国卫指挥同知。从大军征交址及沙漠,迁都指挥佥事,掌彭城卫事。

宣德二年,四川松潘诸番叛,充右参将,从总兵官陈怀讨之。募乡导,绝险而进,薄其巢,一日十数战,大败之。进都指挥同知,镇守密云。七年复命为参将,佐怀镇松潘。明年进都督佥事,充副总兵,协方政镇守。又明年,诸番复叛,政等分道进讨。贵督兵四千,攻破任昌大寨,会都指挥赵得、宫聚兵以次讨平龙溪等三十七寨,斩首

一千七百级,投崖坠水死者无算。捷闻,进都督同知,充总兵官,佩
平蛮将军印,代政镇守。

英宗即位,以所统皆极边地,奏增军士月粮。正统元年召还,为
右都督。阿台寇甘、凉,边将告急,命佩平虏将军印,帅师讨之。贼
犯庄浪,都指挥江源战死,亡士卒百四十余人。侍郎徐晞劾贵,朝议
以贵方选军甘州,势不相及,而庄浪乃晞所统,责晞委罪,置贵不
问。

明年春,谍报敌驻贺兰山后。诏大同总兵官方政、都指挥杨洪
出大同迤西,贵与都督赵安出凉州塞会剿。贵至鱼儿海子,都指挥
安敬言前途无水草,引还。镇守陕西都御史陈镒言状,尚书王骥出
理边务,斩敬,责贵立功。贵感奋,会朵儿只伯惧罪,连遣使入贡,敌
势稍弱。贵帅轻骑败之于狼山,追抵石城。已,闻朵儿只伯依阿台
于兀鲁乃地,贵将二千五百人为前锋往袭。副将李安沮之,贵拔剑
厉声叱安曰:“敢阻军者死。”遂出镇夷,间道疾驰三日夜,抵其巢。
阿台方牧马,贵猝入马群,令士卒以鞭击弓镯惊马,马尽佚。敌失
马,挽弓步斗。贵纵骑蹂击,指挥毛哈阿奋入其阵。大败之。复分
军为两翼,别遣百骑乘高为疑兵,转战八十里。会任礼亦追敌至黑
泉,阿台与朵儿只伯以数骑远遁,西边悉平。三年四月,王骥以捷
闻,论功封定西伯,食禄一千二百石,给世券。明年代任礼镇甘肃。
又明年冬,以征麓川蛮思任发,召还京。

六年命佩平蛮将军印,充总兵官,与王骥帅师抵金齿。分路进
捣麓川上江寨,破杉木笼山七寨及马鞍山象阵,功皆第一。事详《王
骥传》。明年,师还,进封侯,益禄三百石。

八年夏,复佩平蛮将军印,与王骥讨思任发子思机发,攻破其
寨。明年,师还,赏赍甚渥,加岁禄五百石。是役也,贵子雄乘敌败,
帅三十人深入。敌扼其后,自刎沉于江。赠怀远将军、彭城卫指挥
使。

十四年正月,贵卒,年七十。赠泾国公,谥武勇。

贵起卒伍,不识字,天性朴实,忘己下人,能与士卒同甘苦。出

境讨贼,衣粮器械常身自囊负,不役一人,临阵辄身先之,以故所向有功。

子义,病不能嗣,以义子琬嗣侯。天顺末,佩平羌将军印,总兵甘肃,筑甘州沙河诸屯堡。

成化八年召还,协守南京,兼督操江。十年入督十二团营,寻兼总神机营兵。上言:“太祖肇建南京,京城外复筑土城以卫居民,诚万世之业。今北京但有内城。已巳之变,敌骑长驱直薄城下,可以为鉴。今西北隅故址犹存,亟行劝募之令,济以工罚,成功不难。”又言:“大同、宣府诸塞下,腴田无虑数十万,悉为豪右所占。畿内八府,良田半属势要家,细民失业。脱使边关有警,内郡何资?运道或梗,京师安给?请遣给事、御史按核塞下田,定其科额,畿内民田,严戢豪右毋得侵夺,庶兵民足食而内外有备。”章下所司。虽不尽行,时论韪之。十三年帅京军防秋大同、宣府,陈机宜十余事。皆报可。十五年偕汪直按辽东边事。二十年佩将军印,出御边寇。寇退班师,累加太保兼太子太傅。卒,赠凉国公,谥敏毅。

子骥嗣,典京营兵。弘治中充总兵官,历镇蓟州、辽东、湖广。官中外二十年,家无余赀。再传至孙傅。嘉靖中,累典军府。佩征蛮将军印,镇两广。以平海贼及庆远瑶功,加太子太保。明亡,爵绝。

任礼,字尚义,临漳人。以燕山卫卒从成祖起兵,积功至山东都指挥使。永乐二十年,擢都督佥事,从北征,前行侦敌,还受厚赏。仁宗即位,命掌广西都司事,寻改辽东。宣宗立,进都指挥同知。从平乐安,又从征兀良哈,还为后拒。英宗立,进左都督。

正统元年,佩平羌将军印,充左副总兵镇甘肃。阿台、朵儿只伯数犯肃州,玺书谯让。二年复寇庄浪。都指挥魏荣击却之,擒朵儿只伯侄把秃孛罗。礼以闻。三年与王骥、蒋贵出塞,败朵儿只伯于石城,复分道至梧桐林、亦集乃,进至黑泉而还。斩获多,封宁远伯,禄千二百石。明年还朝,又明年代贵镇甘肃。

八年,赤斤蒙古卫都督且旺失加苦也先暴横,欲移驻也洛卜刺。礼以其地近肃州,执不许。已,奏请建寺于其地。礼复言许其建寺,彼必移居,遗后患,事竟寝。时边将家僮垦塞上田者,每顷输粮十二石。礼连请于朝,得减四石。是时边塞无警,礼与巡抚曹翼屯田积粟,缮甲训兵,边备甚固。

十一年,沙州卫都督喃哥兄弟争,部众离贰。礼欲乘其饥窘,迁之内地。会喃哥亦请居肃州境内。礼因遣都指挥毛哈剌往抚其众,而亲帅兵继其后。比至,喃哥复持两端。其部下欲奔瓦剌,礼进兵逼之,遂收其全部千二百余人以还。事闻,赐赍甚厚。时瓦剌也先方盛,封喃哥弟锁南奔为祁王。礼以二寇合则势益难制,遣人招之。锁南奔欲从未决,礼潜师直抵罕东,縶之以归。帝大喜,赐礼铁券,令世袭。

十四年,也先分道入寇,抵肃州。礼遣裨将御之,再战再败,失士马万计。征还,以伯就第。景泰初,提督三千营,以老致仕。久之,复起守备南京,入掌中府。

礼自起卒伍,至大将,恪谨奉法。成化初卒。赠侯,谥僖武。子寿嗣,总兵镇陕西。坐征满四失律,宥死戍边。子弘,予世指挥使。

赵安,狄道人。从兄琦,土指挥同知,坐罪死,安谪戍甘州。永乐元年进马,除临洮百户,使西域。从北征有功,累进都指挥同知。宣德二年,松潘番叛。充左参将,从总兵陈怀讨平之,进都督佥事。时议讨兀良哈,诏安与史昭统所部赴京师。兀良哈旋来朝,命回原卫。使乌思藏,四年还。明年复以左参将从史昭讨曲先,斩获多。九年,中官宋成等使乌思藏,命安帅兵千五百人送之毕力木江。寻与侍郎徐晞出塞讨阿台、朵儿只伯,败之。

正统元年进都督同知,充右副总兵官,协任礼镇甘肃。明年与蒋贵出塞,剿寇无功。三年,复与王骥、任礼、蒋贵分道进师,至刁力沟执右丞、达鲁花赤等三十人。以功封会川伯,禄千石。明年移镇凉州。安家临洮,姻党斯养多为盗,副使陈斌以闻。在凉州又多招无赖为僮奴,扰民,复为御史孙毓所劾。诏皆不问。

安勇敢有将略,与贵、礼并稍西边良将。九年十二月卒。子英为指挥使,立功,进都督同知。

赵辅,字良佐,凤阳人。袭职为济宁卫指挥使。景帝嗣位,尚书王直等以将才荐,擢署都指挥佥事,充左参将,守怀来。天顺初,征入右府莅事。成化元年,以中府都督同知拜征夷将军,与韩雍讨两广蛮,克大藤峡,还封武靖伯。已而蛮入浔州,言官交劾。广西巡按御史端宏谓:"贼流毒方甚,而辅妄言贼尽,冒封爵,不罪辅无以示戒。"辅乃自陈战阀,委其罪于守将欧信。帝皆弗问。三年总兵征逩东,与都御史李秉从抚顺深入,连战有功。进侯。

八年,廷议大举搜河套,拜辅将军,陕西、延绥、宁夏三镇兵皆听节制。辅至榆林,寇已深入大掠。辅不能制,与王越疏请罢兵。言官交论其罪。命给事中郭镗往勘,还言:"寇于六月入平凉、巩昌、临洮,杀掠人畜。迨七月而纵横庆阳境内。辅与越至榆林不进,宜治其弛兵玩寇罪。"帝不纳。辅还,犹督京营。言者攻益力,诏姑置之。辅辞侯,乞世伯。帝许其世伯,侯如故,仅减禄二百石。言官力争,不听。辅复上疏暴功,言减禄无以赡老。又言上命内官庐永征南蛮,黄顺、汪直征东北,皆莫大功,宜付史馆。余子俊等请置辅于法,卒不问。十二年解营务。家居十年卒。赠容国公,谥恭肃。

辅少俊辩有才,善词翰,多交文士,又好结权幸。故屡遭论劾,卒无患。

子承庆嗣伯,协守南京。正德初,坐传写谏官刘蒳疏,为刘瑾所恶,削半禄闲住。四传至元孙光远,万历中镇湖广。明亡乃绝。

刘聚者,太监永诚从子也。为金吾指挥同知。以"夺门"功,进都指挥佥事,复超擢都督同知。与讨曹钦,进右都督。

成化六年以右副总兵从朱永赴延绥,追贼黄草梁。遇伏,麆战伤颏,麾下力捍以免。顷复与都督范瑾等击寇青草沟,败之。永等追寇牛家砦，聚亦据南山力攻。寇大败，出境。论功进左都督，以内援特封宁晋伯。

八年冬，代赵辅为将军，总陕西诸镇兵。寇入花马池，率副总兵孙钺、游击将军王玺等击却之。还至高家堡，寇复至，败之。追奔至漫天岭，伏起夹击，又败之。钺、玺亦别破贼于井油山。捷闻，予世券。

其冬，孛罗忽、满都鲁、乩加思兰连后深入，至秦州、安定、会宁诸州县，纵横数千里。贼退，适王越自红盐池还，妄以大捷闻，玺书嘉劳。顷之，纪功兵部员外郎张谨劾聚及总兵官范瑾等六将，杀被掠者冒功。部科及御史交章劾。诏遣给事中韩文往勘，还奏如谨言。所报首功百五十，仅十九级。帝以寇既遁，置不问。聚寻卒。赠侯，谥威勇。

传子禄及福。福，弘治中掌三千营，加太子太保。卒，子岳嗣。卒，从子文请嗣。吏部言聚无大功，子孙不宜再袭。世宗不允，命文嗣。亦传至明亡乃绝。

赞曰：宋晟在太祖时，即与开国诸元勋参迹戎行，其后四镇凉州，威著西鄙。两子尚主，世列彻侯，功名盛矣。薛禄以下诸人，皆与“靖难”。禄东昌、滹沱之战，刘荣守永平，谭广守保定，宣力最著。虽策勋之日，未即剖符，而各以积阀受封。其善抚士卒，慎固封守，恪谨奉职，有足尚者。赵辅、刘聚猷绩远逊前人，而带砺之盟，与国终始，诚厚幸哉。诸人并以勋爵镇御边陲，故类著于篇。

明史卷一五六
列传第四四

吴允诚 子克忠 孙瑾　薛斌 子绶 弟贵

李贤 吴成 滕定 金顺　金忠 蒋信

李英 从子文　毛胜　焦礼

毛忠 孙锐　和勇　罗秉忠

　　吴允诚，蒙古人。名把都帖木儿，居甘肃塞外塔沟地，官至平章。永乐三年，与其党伦都儿灰率妻子及部落五千、马驼万六千，因宋晟来归。帝以蒙古人多同名，当赐姓别之。尚书刘俊请如洪武故事，编为勘合。允诚得赐姓名，授右军都督佥事。伦都儿灰亦赐姓名柴秉诚，授后军都督佥事。余授官赐冠带，给畜产钞币有差，使领所部居凉州耕牧。晟以招徕功，封西宁侯。自是降附者益众，边境日安，由允诚始。

　　七年往亦集乃觇敌，擒哈剌等二十余人，进都督同知。明年从出塞，败本雅失里，进右都督。寻进左都督。与中官王安追阔脱赤，至把力河获之。封恭顺伯，食禄千二百石，予世券。

　　允诚三子：答兰、管者、克勤。允诚与二子从军，留其妻及管者居凉州。番人虎保等诱胁允诚众，欲叛去。允诚妻与管者谋，召部将都指挥保住、卜颜不花等擒其党，诛之。帝喜，降敕奖之，赐缯钞羊米甚厚，授管者指挥佥事。保住赐姓名杨效诚，授指挥佥事。鞑靼可汗鬼力赤遇弒，其下多溃。答兰与别立哥请出塞自效，有功。别立哥者，秉诚子也。

帝征瓦剌，允诚父子皆从。师还，命仍居凉州备边。允诚卒，赠国公，谥忠壮。

命答兰更名克忠，袭其爵。再征阿鲁台，从行。三征阿鲁台，复从。兄弟皆有功。洪熙元年以戚里恩，克忠进侯。时管者已积功至都指挥同知，亦封广义伯。克忠尝充副总兵巡边。正统九年统兵出喜峰口，征兀良哈，有功，加太子太保。

土木之变，克忠与其弟都督克勤子瑾为后拒，寇突至，骤战不胜。敌兵据山上，飞矢石如雨，官军死伤略尽。克忠下马射，矢竭，犹杀数人，与克勤俱殁于阵。赠邠国公，谥忠勇。克勤赠遵化伯，谥僖敏。

瑾被执，逃归，嗣侯。英宗尝欲使瑾守甘肃，辞曰：“臣，外人，若用臣守边，恐外裔轻中国。”帝善其言，乃止。曹钦反，瑾与从弟琮闻变，椎长安门上告。门闭，钦攻不得入，遂纵火。瑾将五六骑与钦力战死。赠凉国公，谥忠壮，予世券。

三传至曾孙继爵，尝守备南京。传子汝荫孙惟英，与继爵皆总督京营戎政。崇祯末，都城陷，汝胤弟勋卫汝征偕妻女投缳死。

管者卒，子玘嗣。管者妻早奴亦有智略，尝亲入朝献良马。朝廷多其忠。玘卒，管者弟克勤子琮嗣，镇守宁夏。成化四年，满四反。琮坐激变，且临阵先退，下狱论死。谪戍边，爵除。

薛斌，蒙古人，本名脱欢。父薛台，洪武中归附，赐姓薛，累官燕山右护卫指挥佥事。斌嗣职，从起兵，累迁都督佥事。从北征有功，进都督同知。永乐十八年封永顺伯，禄九百石，世指挥使。

斌卒，子寿童方五岁，从父贵引见仁宗，立命嗣伯，赐名绶。长，骁勇善战。正统十四年秋，与成国公朱勇等遇敌于鹞儿岭。军败，弦断矢尽，犹持空弓击敌。敌怒，支解之。既而知其本蒙古人也，曰：

"此吾同类,宜勇健若此。"相与哭之。谥武毅。子辅,孙勋,并得嗣伯。勋子玺乃嗣指挥使,如券文。

贵,本名脱火赤,斌之弟。以舍人从燕王起兵,屡脱王于险,积官都指挥使。再从北征,进都督佥事。永乐二十二年封安顺伯,禄九百石。宣德元年进侯,加禄三百石,予世券。卒,赠滨国公,谥忠勇。无子,从子山嗣为指挥使。天顺改元,以复辟恩,命山子忠嗣伯。卒,子瑶嗣。弘治中卒,子昂降袭指挥使。

李贤,初名丑驴,鞑靼人。元工部尚书。洪武二十一年来归,通译书。太祖赐姓名,授燕府纪善。侍燕世子最恭谨。"靖难"师起,有劳绩,累迁都指挥同知。凡塞外表奏及朝廷所降诏敕,皆命贤译。贤亦屡陈所见。成祖皆采纳之。仁宗即位,念旧劳,进后军都督佥事,再进右都督,赐赉甚渥。寻召见,悯其病,封忠勤伯。食禄千一百石。寻卒。

吴成,辽阳人,初名买驴。父通伯,元辽阳行省右丞。太祖时,观童来降,通伯父子与俱。买驴更今姓名,充总旗,数从大军出塞。建文元年,授永平卫百户。降燕,从战皆有功,三迁都指挥佥事,始知名。南军闻吴买驴名,多于阵上指目之。设伏滹河,进兵小河,合战齐眉山,攻败灵璧军,皆殊死斗,功多。

成祖即位,授都指挥使。从征本雅失里。疾战,本雅失里以七骑遁。从征阿鲁台,合朱荣兵为前锋,追至阔湾海。召还,进都督佥事。又三从出塞。洪熙元年进左都督。从阳武侯薛禄征大松岭,为前锋,有功,增禄米。宣宗初,以成尝宿卫东宫,录旧劳,封清平伯,禄千一百石,予世券。从征乐安,复与薛禄为前锋。事定,出守备兴和。成好畋猎而不修武备。寇伺其出猎,卒入城,掠其妻孥以去。帝闻之,置不罪。已而阿鲁台入贡,还其家口。三年,帝北征,从败贼于宽河,进侯,禄如故。八年卒。赠渠国公,谥壮勇。

子忠前死,忠子英嗣伯。卒,子玺嗣。坐贪淫夺爵。久乃复之。卒,无子,从弟琮嗣。四传至元孙遵周。崇祯末,京师陷,被杀。

　　滕定，父瓒住，元枢密知院。洪武中，来降。授会州卫指挥佥事，则姓滕。从燕起兵，进燕山右卫指挥使。卒，定嗣官，屡从出塞，有功，进至都督佥事。宣德四年封奉化伯，禄八百石。正统初卒。子福嗣，为指挥使。

　　金顺，本名阿鲁哥失里。永乐中来降，授大宁都指挥佥事。从败本雅失里，又败阿鲁台，累进都督佥事。宣德三年从巡北边，有斩捕功。明年封顺义伯，禄八百石。卒，子忠嗣，为指挥佥事。

　　金忠者，蒙古王子也先土干也。素桀黠，为阿鲁台所忌。永乐二十一年，成祖亲征漠北，至上庄堡，率妻子部属来降。时六师深入，寇已远遁。帝方耻无功，见其来归，大喜，赐姓名，封忠勇王，赐冠带织金袭衣，命侍列侯下，辍御前珍羞赐之，复赐金银宝器。忠大喜过望。班师在道，忠骑从，数问寇中事，眷宠日隆。明年，忠请为前锋，讨阿鲁台自效。帝初不许。会大同、开平警报至，诸将请从忠言。帝复出塞，忠与陈懋为前锋，而阿鲁台闻王师复出，仓皇渡答兰纳木儿河遁去。忠、懋至河不见寇，抵白邙山，卒无所遇，乃班师。仁宗嗣位，加太子太保，并支二俸。

　　宣德三年，亲征兀良哈，败寇于宽河。忠与把台请自效，帝许之。或言不可遣，帝曰："去留任所欲耳。朕有天下，独少此二人邪。"二人获数十人、马牛数百来献。帝喜，命中官酌以金卮，遂赐之。明年加太保。六年秋卒。命有司治丧葬。

　　把台者，忠之甥，从忠来降，授都督佥事。宣德初，赐姓名蒋信。正统中，封忠勇伯。从驾陷土木，也先使隶赛罕王帐下。信虽居朔漠，志常在中国。每诣上皇所恸哭，拥卫颇至。已，竟从驾还，诏复给其禄。景泰五年卒。赠侯，谥僖顺。子也儿索忽袭爵。天顺初，更名善。弘治中卒。无子，爵绝。

李英,西番人。父南哥,洪武中率众归附,授西宁州同知,累功进西宁卫指挥佥事。英嗣官。

永乐十年,番酋老的罕叛。英击之。讨来川,俘斩三百六十人。夜雪,贼遁,追尽获之,进都指挥佥事。番僧张答里麻者,通译书。成祖授以左觉义。居西宁,恣甚。以计取西番贡使赏,纳逋逃,交通外域,肆恶十余年。英发其事,磔死,籍其家。西陲快之。

末年,中官乔来喜、邓诚等使西域,道安定、曲先,遇贼见杀,掠所赍金币。仁宗玺书谕赤斤、罕东及安定、曲先,诘贼主名,而敕英与土官指挥康寿等进讨。英诇知安定指挥哈三孙散哥、曲先指挥散即思实杀使者,遂率兵西入。贼惊走。追击,逾昆仑山,深入数百里。至雅令阔,与安定贼遇,大败之,俘斩千一百余人,获马牛杂畜十四万。曲先贼闻风远遁,安定王桑尔加失夹等惧,诣阙谢罪。宣宗嘉英功,遣使褒谕,宴劳之,令驰驿入朝。既至,擢右府左都督,赐赉加等。宣德二年,封会宁伯,禄千一百石,并封南哥如子爵。

英恃功而骄,所为多不法。宁夏总兵官史昭奏英父子有异志。南哥上章辩。赐敕慰谕之。英家西宁,招逋逃七百余户,置庄垦田,豪夺人产,复为兵部及言官所劾。帝宥英,追逃者入官。七年,西宁指挥祁震子成当袭父职。庶兄监藏,英甥也,欲夺之。成从祖太平携成赴京辩。英遣人篡取太平及其义儿杖之,义儿竟死。言官交劾,并及前罪,遂下英诏狱,夺爵论死。正统二年始释。后稍给其禄。寻卒。英宗复辟,官其子渠锦衣指挥同知。寻进都指挥使,用荐擢左军都督佥事,屡分典营务,以严慎称。

英从子文,宣德间为陕西行都司都指挥佥事。西番思俄可尝盗他部善马,都指挥穆肃求不得。会思俄可以畜产鬻于边,肃诬以盗,收掠致死,番人惶骇思乱。文劾之,逮肃下吏,西陲以宁。累官都指挥使。

天顺元年冒迎驾功,进都督佥事。未几,以右都督出镇大同。寇二千余骑犯威远,文率师败之,封高阳伯。石亨败,革夺门冒功者官。文自首,帝以守边不问。

四年秋，孛来大举入寇，文按兵不战，遂入雁门，大掠忻、代诸州，京师震恐。寇退，征文下诏狱，论斩。帝宥文死，降都督佥事，立功延绥。既而进都督同知。成化中，哈密为土鲁番所并，求救于朝。诏文与右通政刘文往甘肃经略之，无功而还。弘治初卒。正德初赠高阳伯。

毛胜，字用钦，初名福寿，元右丞相伯卜花之孙。伯父那海，洪武中归附，以"靖难"功至都指挥同知，无子。胜父安太嗣为羽林指挥使，传子济，无子，胜嗣。论济征北功，进都指挥使。尝逃归塞外，寻复自还。

正统七年，以征麓川功，擢都督佥事。靖远伯王骥请选在京番将舍人，捕苗云南。乃命胜与都督冉保统六百人往。已，再征麓川，即命二人充左右参将。贼平，进都督同知。

十四年夏，也先谋入寇，胜偕平乡伯陈怀等率京军三万镇大同。怀遇寇战殁，胜脱还。以武清伯石亨荐，景帝进胜左都督，督三千营操练。

贵州苗大扰，诏胜往讨。未行，而也先逼京师。胜御之彰义门北，击退之。越二日，引兵西直门外，解都督孙镗围。明日，都督武兴战殁于彰义门，寇乘胜进。胜与都御史王竑急援之，寇遂引却。胜追袭至紫荆关，颇有斩获。事定，乃命以左副总兵统河间、东昌降夷赴贵州。贼首韦同烈据香炉山作乱，胜与总兵梁宝、右副总兵方瑛等从总督王来分道夹击。胜进自重安江，大破之。会师山下，环四面攻之。贼窘，缚同烈降。

还讨湖广巴马诸处反贼，克二十余寨，擒贼首吴奉先等百四十人，斩首千余级，封南宁伯，予世券。疏请更名，从之。移镇腾冲。金齿芒市长官刀放革潜结麓川遗孽思卜发为变，胜设策擒之。

巡按御史牟俸劾其贪暴不法数十事，且言胜本降人，狡猾难制，今又数通外夷，恐贻边患。诏巡抚覆实，卒置不问。天顺二年卒。赠侯，谥庄毅。

子荣嗣。坐石亨党,发广西立功。成化初,镇贵州,寻移两广。卒,子文嗣。弘治初协守南京,传爵至明亡乃绝。

焦礼,字尚节,蒙古人。父把思台,洪武中归附,为通州卫指挥佥事。子胜嗣,传至义荣,无子,以胜弟谦嗣,累功至都指挥同知。卒,子管失奴幼,谦弟礼借袭其职,备御辽东。

宣德初,礼当还职。宣宗念礼守边劳,命居职如故,别授管失奴指挥使。礼寻以年劳,累进都指挥同知。正统中,积功至右都督。英宗北狩,景帝命充左副总兵,守宁远。未几,也先逼京城,诏礼率师入卫。寇退还镇。景泰四年,贼二千余骑犯兴水堡,礼击走之。玺书奖励,进左都督。

英宗复辟,以礼守边有功,召入觐,封东宁伯,世袭,赐赉甚厚,遣还镇。兵部以礼年垂八十,不可独任,奏遣都指挥邓铎协同守备。居无何,礼奏铎欺侮,请更调。命都指挥张俊代铎。天顺七年卒于镇。赠侯,谥襄毅。

礼有胆略,精骑射,善以少击众。守宁远三十余年,士卒乐为用,边陲宁谧。

孙寿嗣爵。卒,无子,弟俊嗣。成化末,历镇甘肃、宁夏。弘治中,掌南京前府,兼督操江,出镇贵州、湖广。俊少事商贩,既贵,能下士,而折冲非所长。卒,子淇嗣。尝分典京营。正德中,贿刘瑾,出镇两广。逾年卒,弟洵嗣。洵虽嗣爵,先业尽为淇妻所有。生母卒,无以葬,哀愤得疾卒。无子,以再从子栋嗣。嘉靖中,提督五军营,兼掌中府。逾十年,改总兵湖广。卒,赠太子太保,谥庄僖。传爵至明亡乃绝。

毛忠,字允诚,初名哈喇,西陲人。曾祖哈喇歹,洪武初归附,起行伍为千户,战殁。祖拜都从征哈密,亦战殁。父宝以骁勇充总旗,至永昌百户。

忠袭职时,年二十,膂力绝人,善骑射。常从太宗北征。宣德五

年征曲先叛寇，有功。八年征亦不剌山，擒伪少师知院。九年出脱
欢山，十年征黑山寇，皆擒其酋。各进一官，历指挥同知。

正统三年，从都督蒋贵征朵儿只伯，先登陷阵，大获，擢都指挥
佥事。十年以守边劳，进同知，始赐姓。明年，从总兵官任礼收捕沙
洲卫都督喃哥部落，徙之塞内，进都指挥使。十三年率师至罕东，生
絷喃哥弟伪祁王锁南奔并其部众，擢都督佥事，始赐名忠。寻充右
参将，协守甘肃。

景泰初，侍郎李实使漠北，还言忠数遣使通瓦剌。诏执赴京。既
至，兵部论其罪，请置大辟。景帝不许。请贬官，发福建立功。乃遣
之福建，而官秩如故，令甘肃守臣徙其家属京师。初忠之征沙漠也，
获番僧加失领真以献。英宗赦不诛。后逃之瓦剌，为也先用，憾忠，
欲陷之，遂宣言忠与也先交通，而朝廷不察也。英宗在塞外独知之，
比复辟，即召还。而忠在福建亦屡有斩馘功，乃擢都督同知，充左副
总兵，镇守甘肃。陛见，慰谕甚至，赐玉带、织金蟒衣。

天顺二年，寇大入甘肃。巡抚芮钊劾奏诸将失事罪。部议忠功
足赎罪，置不问。三年，以镇番破贼功，进左都督。五年，孛来以数
万骑分掠西宁、庄浪、甘肃诸道，入凉州。忠鏖战一日夜，矢尽力疲。
贼来益众，军中皆失色。忠意气弥厉，拊循将士，复殊死斗。贼见终
不可胜，而援军亦至，遂解去，忠意全师还。七年，永昌、凉州、庄浪
塞外诸番屡为边患。忠与总兵官卫颖分讨之。忠先破巴哇诸大族。
其昝咂、马吉思诸族，他将不能下者，忠复击破之。论功，忠止增禄
百石，而颖乃得世券，忠以为言，遂封伏羌伯。

成化四年，固原贼满四据石城反。诏忠移师讨之，与总督项忠
等夹攻贼巢。忠由木头沟直抵炮架山下，多所斩获。贼稍却，冒矢
石连夺山北、山西两峰。而项忠等军亦克山之东峰，及石城东、西二
门。贼大窘，相对哭。忽昏雾起，他哨举烟掣军，贼遂并力攻忠。忠
力战不已，为流矢所中，卒，年七十五。从子海、孙铠前救忠，亦死。

忠为将严纪律，善抚士。其卒也，西陲人吊哭者相望于道。事
闻，赠侯，谥武勇，予世券。弘治中，从有司言，建忠义坊于兰州，以

表其里。又从巡抚许进言,建武勇祠于甘州城东,春秋致祭。

孙锐,袭伯爵。成化中,协守南京。弘治初,出镇湖广,改两广。平蛮贼,累有功,咸玺书奖励。九年以广西破贼,增岁禄二百石。言官劾锐广置邸舍,私造大舶以通番商。置不问。思恩土官岑浚反,与总督潘蕃讨平之。既又讨平贺县壮贼。加官至太子太傅。正德三年,刘瑾欲杀尚书刘大夏,坐以处置田州事失宜,并逮锐下诏狱。狱具,革其加官并岁禄五百石。已而贿瑾,起督漕运。逾年,瑾诛,被劾罢。六年,盗刘宸等扰畿甸,命锐与中官谷大用讨之。所统京军皆骄惰不习战。明年正月,遇贼于长垣,与战大败,身被伤,亡将印。会许泰援军至,仅免。言官交劾,乃召还。以与大用同事,竟不罪。世宗即位,复起镇湖广。居三年卒。赠太傅,谥威襄。

传子江及汉。汉,嘉靖中掌南京左府,提督操江,改总督漕运。未上,给事中杨上林劾其所至贪墨,诏褫职逮问。卒,无子,从子桓嗣。卒,子登嗣,万历中,掌中军府事垂二十年。又再传而明亡。

和勇,初名脱脱孛罗,和宁王阿鲁台孙也。阿鲁台既为瓦剌脱欢所杀,子阿卜只俺穷蹙,款塞来归。宣宗授以左都督,赐第京师。卒,勇袭指挥使,带俸锦衣卫,积功至都督佥事。天顺元年诏加同知,赐姓名。久之以两广多寇,命充游击将军,统降夷千人往讨。时总兵颜彪无将略,贼势愈炽。广西巡抚吴祯杀降冒功,得优赏。彪效之,亦杀平民报捷。朝廷进彪官,勇亦进右都督。既而师久无功,言官劾文武将吏之失事者。诏停勇俸,充为事官。

成化初,赵辅、韩雍征大藤峡贼,诏勇以所部所征。其冬,贼大破,进左都督,增禄百石。三年,召督效勇营训练。寻上言:“大藤峡之役,臣与赵辅同功。辅还京,余贼复叛。臣亲捣贼巢,絷其魁,诛其党,还被掠男女四千人。今辅已封伯,而臣止进秩,惟陛下怜察。”宪宗以勇再著战功,特封靖安伯。十年卒。谥武敏,世袭指挥使。

勇性廉谨。在两广时,诸将多营私渔利,勇独无所取。时论称之。

罗秉忠,初名克罗俄领占,沙州卫都督金事困即来子也。兄喃哥既袭父职,英宗复命秉忠为指挥使,协理卫事。既而喃哥率千二百人内徙,诏居之东昌、平山二卫,给田庐什器,所以抚恤甚厚。喃哥卒,秉忠为都指挥使,代领其众。

英宗北狩,塞上多警。朝议恐降人乘机为变,欲徙之南方。会贵州苗乱,都督毛福寿南征,即擢秉忠都督金事,率所部援剿。积战功至左都督。天顺初,始赐姓名。曹钦之反,番官多从之者。秉忠亦坐下狱,籍其家。久之,上章自辩,乃得释。成化初,尚书程信讨山都掌蛮,秉忠以游击将军从。既抵永宁,分兵六道。秉忠由金鹅江进,大破之。论功,封顺义伯。十六年卒。谥荣壮,子孙世指挥使。

赞曰:明兴,诸番部怀太祖功德,多乐内附,赐姓名授官职者不可胜纪。继以成祖锐意远图,震耀威武,于是吴允诚、金忠之徒,率众来属,遂得列爵授任,比肩勋旧。或以战功自奋,锡券受封,传世不绝。视夫陆梁倔强者,顺逆殊异,不其昭欤!土木以还,势以不竞,边政日弛,火筛、俺答诸部骚动无宁岁。盛衰之故概可考焉。

明史卷一五七
列传第四五

金纯　张本　郭敦　郭琎
郑辰　柴车　刘中敷　孙机
张凤　周瑄　子纮　杨鼎
翁世资　黄镐　胡拱辰　陈俊
林鹗　潘荣　夏时正

　　金纯，字德修，泗州人。洪武中国子监生。以吏部尚书杜泽荐，授吏部文选司郎中。三十一年，出为江西布政司右参政。成祖即位，以蹇义荐，召为刑部右侍郎。时将营北京，命采木湖广。永乐七年从巡北京。八年从北征，迁左侍郎。

　　九年，命与宋礼同治会通河，又同徐亨、蒋廷瓒浚鱼王口黄河故道。初，太祖用兵梁、晋间，使大将军徐达开塌场口，通河于泗，又开济宁西耐牢坡引曹、郓河水，以通中原之运。其后故道寝塞，至是纯疏治之。自开封北引水达郓城，入塌场，出谷亭北十里为永通、广运二闸。

　　十四年，改礼部工侍郎。越二月，进尚书。十五年从巡北京。十九年，同给事中葛绍祖巡抚四川。仁宗即位，改工部。居数月，又改刑部。明年兼太子宾客。

　　宣德三年，纯有疾，帝命医视疗。稍间，免其朝参，俾护疾视事。

会暑,敕法司理滞囚。纯数从朝贵饮,为言官所劾。帝怒曰:"纯以疾不朝而燕于私,可乎?"命系锦衣狱。既念纯老臣,释之,落太子宾客。八月予致仕去。

纯在刑部,仁宗尝谕纯:"法司近尚罗织,言者辄以诽谤得罪,甚无谓。自今告诽谤者勿论。"纯亦务宽大,每诫属吏不得妄椎击人。故当纯时,狱无瘐死者。正统五年卒。赠山阳伯。

张本,字致中,东阿人。洪武中,自国子生授江都知县。燕兵至扬州,御史王彬据城抗,为守将所缚。本率父老迎降。成祖以滁、泰二知州房吉、田庆成率先归附,命与本并为扬州知府,偕见任知府谭友德同莅府事。寻擢本江西布政司右参政。

永乐四年,召为工部左侍郎。坐事免官,冠带办事。明年五月复官。寻以奏牍书衔误左为右,为给事中所劾。帝命改授本部右侍郎而宥其罪。

七年,皇太子监国,奏为刑部右侍郎。善摘奸。命督北河运。躬自相视,立程度,舟行得无滞。会疾作,太子赐之狐裘冠钞,遣医驰视。十九年将北征,命本及王彰分往两直隶、山东、山西、河南,督有司造车挽运。明年即命本督北饷。

仁宗即位,拜南京兵部尚书兼掌都察院事。召见,言时政得失,且请严饬武备。帝嘉纳之,遂留行在兵部。

宣德初,工部侍郎蔡信乞征军匠家口隶锦衣卫。本言:"军匠二万六千人,属二百四十五卫所,为匠者暂役其一丁。若尽取以来,家以三四丁计之,数近十万。军伍既缺,人情惊骇,不可。"帝善本言。

征汉庶人,从调兵食。庶人就擒,命抚辑其众,而录其余党。还以军政久敝,奸人用货脱籍,而援平民实伍,言于帝。择廷臣四出厘正之。时马大孳息,畿内军民为畜牧所困。本请分牧于山东、河南及大名诸府。山东、河南养马自此始。晋王济熿坐不轨夺爵,本奉命散其护卫军于边镇。

四年命兼太子宾客。户部以官田租减,度支不给,请减外官俸及生员军士月给。帝以军士艰,不听减,余下廷议。本等持不可,乃止。阳武侯薛禄城独石诸戍成,本往计守御之宜。还奏称旨,命兼掌户部。本虑边食不足,而诸边比岁稔,请出丝麻布帛输边易谷,多者三四十万石,少者亦十万石,储偫顿充。六年病卒,赐赙三万缗,葬祭甚厚。

本廉介有执持,尚刻少恕。录高煦党,胁从者多不免。成祖宴近臣,银器各一案,因以赐之。独本案设陶器,谕曰:"卿号'穷张',银器无所用。"本顿首谢,其为上知如此。

郭敦,字仲厚,堂邑人。洪武中,以乡举入太学。授户部主事。迁衢州知府,多惠政。衢俗,贫者死不葬,辄焚其尸。敦为厉禁,且立义阡,俗遂革。禁民聚淫祠。敦疾,民劝弛其禁。弗听,疾亦瘳。

在衢七年,永乐初,坐累征,耆老数百人伏阙乞留,不得。后廷臣言敦廉正,召补监察御史。迁河南左参政,调陕西。十六年春,胡濙言敦有大臣体,擢礼部右侍郎兼太仆寺卿,偕给事中陶衍巡抚顺天。二十年督北征饷。

仁宗即位,以大行丧不斋宿,降太仆卿。旋进户部左侍郎,兼詹事府少詹事。宣德二年进尚书。陕西旱,命与隆平侯张信整饬庶务当行者,同三司官计议奏行。敦乃请蠲逋赋,振贫乏,考黜贪吏,罢不急之务,凡十数事。悉从之。岁余,召还。在部多所兴革,罢王田之夺民业者,令民开荒不起科。建漕运议,民运至瓜洲、仪真,资卫卒运至京。民甚便之。

敦事亲孝,持身廉。同官有为不义者,辄厉色待之,其人悔谢乃已。性好学。公退,手不释卷。六年,卒官,年六十二。

郭琎,字时用,初名进,新安人。永乐初,以太学生擢户部主事。历官吏部左、右侍郎。仁宗即位,命兼詹事府少詹事,更名琎。

宣宗初,掌行在詹事府。吏部尚书蹇义老,辍部务,帝欲以琎代。琎厚重勤敏,然寡学术。杨士奇言恐琎不足当之,宜妙择大臣

通经术知今古者。帝乃止。逾年,卒为尚书。谕以吕蒙正夹袋,虞
允文材馆录故事。琏由是留意人才。识进士李贤辅相器,授吏部主
事,后果为名相。时外官九年考满,部民走阙下乞留,辄增秩复任。
琏虑有妄者,请覆实。从之。

　　琏虽长六卿,然望轻。又政归内阁,自布政使至知府阙,听京官
三品以上荐举。既又命御史、知县,皆听京官五品以上荐举。要职
选擢,皆不关吏部。正统初,左通政陈恭言:“古者择任庶官,悉由选
部,职任专而事体一。今令朝臣各举所知,恐开私谒之门,长奔竞之
风,乞杜绝,令归一。”下吏部议。琏逊谢不敢当,事遂寝。

　　正统六年,御史曹恭以灾异请罢大臣不职者。帝命科道官参
议。琏及尚书吴中、侍郎李庸等被劾者二十人。琏等自陈。帝切责
而宥之。琏子亮受赂为人求官。事觉,御史孙毓等劾琏。乃令琏致
仕,而以王直代。

　　郑辰,字文枢,浙江西安人。永乐四年进士。授监察御史。江
西安福民告谋逆事,命辰往廉之,具得诬状。福建番客杀人,复命辰
往。止坐首恶,释其余。南京敕建报恩寺,役囚万人。董语言役夫
谤讪,恐有变,命辰往验。无实,无一得罪者。谷庶人谋不轨,复命
辰察之,尽得其踪迹。帝语方宾曰:“是真国家耳目臣矣。”

　　十六年,超迁山西按察使,纠治贪浊不少贷。潞州盗起,有司以
叛闻,诏发兵讨捕。辰方以事朝京师,奏曰:“民苦徭役而已,请无发
兵。”帝然之。还则屏驺从,亲入山谷抚谕。盗皆感泣,复为良民。礼
部侍郎蔚绶转粟给山海军,辰统山西民辇任。民劳,多逋耗,绶令即
山海贷偿之。辰曰:“山西民贫而悍,急之恐生变。不如缓之,使自
通有无。”用其言,卒无逋者。丁内艰归,军民诣御史乞留。御史以
闻,服阙还旧任。

　　宣德三年,召为南京工部右侍郎。初,两京六部堂官缺,帝命廷
臣推方面官堪内任者。蹇义等荐九人。独辰及邵玘、傅启让,帝素
知其名,即真授,余试职而已。

英宗即位,分遣大臣考察天下方面官。辰往四川、贵州、云南,悉奏罢其不听者。云南布政使周璟居妻丧,继娶。辰劾其有伤风教,璟坐免。正统元年,奉命振南畿、河南饥。时河堤决,即命辰伺便修塞。或议自大名开渠,引诸水通卫河,利灌输。辰言劳民不便,事遂寝。迁兵部左侍郎,与丰城侯李彬转饷宣府、大同。镇守都督谭广挠令,劾之,事以办。八年得风疾,告归。明年卒。

辰为人重义轻财。初登进士,产悉让兄弟。在山西与同僚杜金事有违言。杜卒,为治丧,资遣其妻子。

柴车,字叔舆,钱塘人。永乐二年,以举人授兵部武选司主事,历员外郎。八年,帝北征,从尚书方宾扈行。还迁江西右参议。坐事,左迁兵部郎中,出知岳州府,复入为郎中。

宣德五年擢兵部侍郎。明年,山西巡按御史张勖言大同屯田多为豪右占据,命车往按。得田几二千顷,还之军。

英宗初,西鄙不靖。以车廉干,命协赞甘肃军务。调军给饷,悉得事宜。初,朵儿只伯寇凉州,副总兵刘广丧师,不以实闻,顾饰功要赏。车劾其罪。械广至京,赐车金币,旌其直。岷州土官后能冒功得升赏,车奏请加罪。能复请,命宥之。车反覆论其不可,曰:“诈冒如能者,实繁有徒,臣方次第按核。今宥能,何以儆众?若无功得官,则捐躯死敌者,何以待之?”朝廷虽从能请,然嘉车贤,遣使劳赐之。

正统三年,以破儿只伯功,增俸一级。在边,章数十上,悉中时病。同事多不悦,车持益坚。尝建言:“漠北降人,朝廷留之京师,虽厚爵赏,其心终异。如长脱脱木儿者,昔随其长来归,未几叛去。今乃复来,安知他日不再叛,宜徙江南,离其党类。”事下兵部,请处之河间、德州。帝报可。后降者悉以此令从事。稽核屯田豪占者,悉清出之,得六百余顷。

四年进兵部尚书,参赞如故。寻命兼理陕西屯田。明年召还,命与佥都御史曹翼岁更代出镇。及期病甚,诏遣大理寺少卿程富代翼,而命车归治疾。未及行,六年六月卒。

车在江西时,以采木入闽,经广信。广信守,故人也,馈蜜一罌。发视之,乃白金。笑曰:"公不知故人矣。"却不受。同事边塞者多以宴乐为豪举。车恶之,遂断酒肉。其介特多此类。

刘中敷,大兴人,初名中孚。燕王举兵,以诸生守城功,授陈留丞。擢工部员外郎。仁宗监国,命署部事,赐今名,迁江西右参议。宣德三年迁山东右参政,进左布政使。质直廉静,吏民畏怀。岁大侵,言于巡抚,减赋三之二。

正统改元,父忧夺情,俄召拜户部尚书。帝冲年践阼,虑群下欺己,治尚严。而中官王振假以立威,屡摭大臣小过,导帝用重典,大臣下吏无虚岁。三年讽给事御史劾中敷与左侍郎吴玺等,下狱,释还职。

六年,言官劾中敷专擅。诏法司于内廷杂治。当流,许输赎。帝特宥之。其冬,中敷、玺及右侍郎陈瑺请以供御牛马分牧民间。言官劾其变乱成法,并下狱论斩。诏荷校长安门外,凡十六日而释。瓦剌入贡,诏问马驼刍菽数,不能对,复与玺、瑺论斩系狱。中敷以母病,特许归省。明年冬,当决囚,法司以请。命玺、瑺戍边,中敷俟母终具奏。已,释为民。

景帝立,起户部左侍郎兼太子宾客。时方用兵,论功行赏无虚日。中敷言府库财有限,宜撙节以备缓急。帝嘉纳。景泰四年卒。赠尚书。

中敷性淡泊,食不重味,仕宦五十年,家无余赀。

子琎,正统十年进士。授刑科给事中,累官太仆寺卿。耻华靡,居官刚果。左迁辽东苑马寺卿,卒。

子机,幼有孝行。成化十四年进士。改庶吉士。正德中,代张彩为吏部尚书,以人言乞归。起南京兵部尚书,参赞机务。流贼犯江上,众议择将。适都督李昂自贵州罢官至,机即召任之,昂以无朝命辞。机曰："机奉敕有云，'敕所不载，听便宜'。此即朝命也。"众服其胆识。致仕归，卒。

张凤，字子仪，安平人。父益，官给事中。永乐八年，从征漠北，殁于阵。凤登宣德二年进士。授刑部主事。谳江西叛狱，平反数百人。

正统三年十二月，法司坐事尽系狱，遂擢凤本部右侍郎。以主事擢侍郎，前时未有也。明年命提督京仓。六年改户部，寻调南京。适尚书久阙，凤遂掌部事。贵州奏军卫乏粮，乞运龙江仓及两淮盐于镇远府易米。凤以龙江盐杂泥沙，不堪易米给事，尽以淮盐予之，然后以闻。帝嘉赏。又言留都重地，宜岁储二百万石，为根本计。从之，遂为令。南京粮储，旧督以都御史。十二年冬命凤兼理。廉谨善执法，号"板张"。

景泰二年进尚书。四年改兵部，参赞军务。户部尚书金濂卒，召凤代之。时四方兵息，而灾伤特甚，帝屡诏宽恤。凤偕廷臣议上十事。明年复先后议上八事。咸报可。凤以灾伤蠲赋多，国用益诎，乃奏言："国初天下田八百四十九万余顷，今数既减半，加以水旱停征，国有何以取给。京畿及河南、山东无额田，甲方垦辟，乙即讦其漏赋。请准轻则征租，不惟永绝争端，亦且少助军国。"报可。给事中成章等劾凤擅更祖制，杨瓒等复争之。帝曰："国初都江南，转输易。今居极北，可守常制耶？"四方报凶荒者，凤请令御史勘实。议者非之。

英宗复辟，调南京户部，仍兼督粮储。五年二月卒。

凤有孝行。性淳朴。故人死，聘其女为子妇，教其子而养其母终身。同学友苏洪好面斥凤过，及为凤属官犹然。凤待之如初。闻其贫，即赒给之。

周瑄，字廷玉，阳曲人。由乡举入国学。正统中，除刑部主事，善治狱。十三年迁员外郎。明年，帝北征。郎中当扈从者多托疾，瑄请行。六师覆没，瑄被创归，擢署郎中。校尉受赇纵盗，以仇人代。瑄辨雪之，抵校尉罪。外郡送囚，一日至八百人。瑄虑其触热，三日决遣之殆尽。

景泰元年，以尚书王直荐，超拜刑部右侍郎。久之，出振顺天、河间饥。未竣，而英宗复位。有司请召还。不听，复赐敕，令便宜处置。瑄遍历所部，大举荒政，先后振饥民二十六万五千，给牛种各万余，奏行利民八事。事竣还，明年转左。帝方任门达、逯杲、数兴大狱。瑄委曲开谕，多所救正，复饬诸郎毋避祸。以故移部定罪者，不至冤滥。官刑部久，属吏不敢欺。意主宽恕，不为深文。同佐部者安化孔文英，为御史时按黄岩妖言狱，当坐者三千人，皆白其诬，独械首从一人论罪。及是居部，与瑄并稍长者。七年命瑄署掌工部事。

瑄恬静淡荣利。成化改元，为侍郎十六年矣，始迁右都御史。督理南京粮储，捕惩作奸者数辈，宿弊为清。凤阳、淮、徐饥，以瑄言发廪四十万以振。久之，迁南京刑部尚书。令诸司事不须勘者，毋出五日，狱无滞囚。暑疫，悉遣轻系者，曰："召汝则至。"囚欢呼去，无失期者。

为尚书九载，屡疏乞休。久之乃得请。家无田园，卜居南京。卒，赠太子少保，谥庄懿。

长子经，尚书，自有传。次子纮，进士，为南京史科给事中。两以灾异言事。帝并嘉纳。未几，与御史张昺阅军，为中官蒋琮诬奏，贬南京光禄署丞。仕终山东参议。

杨鼎，字宗器，陕西咸宁人。家贫力学，举乡会试第一。正统四年，殿试第二。授编修。久之，与侍讲杜宁等十人，简入东阁肄业。鼎居侍从，雅欲以功名见。尝建言修饬戎备、通漕三边二事。同辈诮其迂，鼎益自信。也先将寇京师，诏行监察御史事，募兵兖州。

景泰三年，进侍讲兼中允。五年超擢户部右侍郎。天顺初转左。陈汝言谮之，帝不听。三年冬以陪祀陵寝不谨下狱，赎杖还职。帝尝命中官牛玉谕旨，欲取江南折粮银实内帑，而以他税物充武臣俸。鼎不可。马牛刍乏，议征什二，又以民艰力沮。皆报罢。七年，尚书年富有疾，诏鼎掌部事。

成化四年，代马昂为户部尚书，而以翁世资为侍郎。六年，鼎疏言："陕西外患四寇，内患流民。然寇害止边塞，流民则疾在腹心。汉中僻居万山，襟喉川蜀，四方流民数万，急之生变，置之有后忧。请暂设监司一人，专领其事。其愿附籍者听之，不愿者资遣。兼与守臣练士马，修城池，庶可弭他日患。"诏从之。湖广频岁饥，发廪已尽，及是有秋，用鼎言，发库贮银布，易米备灾。淮、徐、临、德四仓，旧积粮百余万石，后饷乏民饥，辄请移用，粟且匮。鼎议上赎罪、中盐、折钞、征逋六事行之。由是诸仓有储蓄。寻加太子少保。

鼎居户部，持廉，然性颇拘滞。十五年秋，给事御史劾鼎非经国才，鼎再疏求去。赐敕驰驿归，命有司月给米二石，岁给役四人，终其身。大臣致仕有给赐，自鼎始也。卒，赠太子太保，谥庄敏。

子时畅，进士，累官侍讲学士。多识典故，有用世才。时敷，举人，庐墓被旌，官兵部司务。

翁世资者，莆田人。正统七年进士。除户部主事，历郎中。天顺元年拜工部右侍郎。四年命中官往苏、松、杭、嘉、湖增织彩币七千匹。世资以东南水潦，民艰食，议减其半。尚书赵荣、左侍郎霍瑄难之，世资请身任其咎，乃连署以谏。帝果怒，诘主议者。荣等委之世资，遂下诏狱，谪衡州知府。成化初，擢江西左布政使。坐事下吏，寻得白。大军征两广，转江西饷，需十万人，世资议赍直就易岭南米。民得不扰。以右副都御史巡抚山东。岁饥，发仓储五十余万石以振，抚流亡百六十二万人。召为户部右侍郎，佐鼎。久之，代薛远总督仓场，进尚书。十七年还理部事。阅二年，致仕。

黄镐，字叔高，侯官人。正统十二年，以进士试事都察院。未半岁，以明习法律授御史。

十四年按贵州。群苗尽叛,道梗塞。靖远伯王骥等自麓川还,军无纪律,苗袭其后,官军大败。镐赴平越,遇贼几死。夜跳入城,贼围之。议者欲弃城走,镐曰:"平越,贵州咽喉,无平越是无贵州也。"乃偕诸将固守。置密疏竹筒中,募土人间行乞援于朝,且劾骥等覆师状。景帝命保定伯梁宝等合川、湖军救之,围始解。城被困已九月,掘草根煮弩铠而食之,死者相枕籍,城卒全,镐功为多。复留按一年。久之,迁广东佥事,改浙江。

成化初,以大臣会荐,擢广东左参政。高、雷、廉负海多盗,镐讨平之。再迁广西左布政使。以右副都御史总督南京粮储,历吏部左、右侍郎。十六年拜南京户部尚书。

镐有才识,敏吏事,理盐政,多所厘剔,时论称之。十九年致仕,道卒。赠太子少保,谥襄敏。

胡拱辰,字共之,淳安人。正统四年进士。为黟县知县,有惠政,擢御史。疏陈时弊八事。父艰归。

景帝即位,诏科道官忧居者悉起复。拱辰至,屡疏以选将、保邦、修德、弭灾为言,出为贵州左参政。白水堡仡佬头目沈时保素梗化,拱辰言于总兵官方瑛遣将擒之。一方遂宁。至毕节,平宣慰使陇富乱,威行边徼。母忧去,御史追劾其受赇事,下浙江按臣执讯。事白,调广东。历广西、四川左、右布政使,皆有平寇功。

成化八年,拜南京右副都御史,提督操江。十一年就迁兵部右侍郎。储位虚久,与尚书崔恭等请册立,言甚切。其年复就改左副都御史总理粮储,就进工部尚书。节财省事,人皆便之。以年至乞归。

弘治中,巡按御史陈铨言:"拱辰退休十余年,生平清操如一日,乞加礼异以励臣节。"诏有司月给廪二石,岁隶四人。正德元年,年九十,遣行人赍敕存问,赉羊酒,加赐廪、隶。三年正月卒。赠太子少傅,谥庄懿。

陈俊,字时英,莆田人。举乡试第一。正统十三年进士。除户部主事。督天津诸卫军采草,奏减新增额三十五万束。豪猾侵苏、松改折银七十余万两,俊往督,不数月毕输。尚书金濂以为能,俾典诸曹章奏。历郎中。

天顺五年,两广用兵,俊督饷。时州县残破,帑藏殚虚,弛盐商越境令,引加米二斗,军兴赖以无乏。母丧,不听归,蛮平始还。初,俊为主事,奔父丧,赙者皆却之。至是文武将吏醵金赙,亦不纳。

成化初,擢南京太常少卿。四年,召拜户部右侍郎。俊练习钱谷。四方灾伤,边镇急乞饷,奏请还至,裁决咸当。尚书杨鼎深倚之。京师大饥,先后发太仓粟八十万石平粜。石值六钱,豪猾乘时射利。俊请粜以升斗为率,过一石勿与,饥民获济。寻议用兵河套,敕俊赴河南、山、陕,会巡抚诸臣画乞饷,发帑金二十万助之。俊以边庚空竭,岁又不登,而榆林道险远,转输难,乃发金于内地市易,修西安、韩城、同官径道,以利飞挽。还朝,进俸一级,历吏部左、右侍郎。

九载满,拜南京户部尚书。寻改兵部,参赞机务。先是,参赞之任,不专属兵部,自薛远后,继以俊,遂为定制。久之,就改吏部。二十一年,星变,率九卿陈时弊二十事,皆极痛切。帝多采纳。而权幸所不便者,终格不行。明年乞致仕。诏加太子少保,赐敕驰传还。卒,谥康懿。

林鹗,字一鹗,浙江太平人。景泰二年进士。授御史,监京畿乡试。陈循等讦考官,鹗邑子林挺预荐,疑鹗有私,逮挺考讯。挺实无他,得白。

英宗复辟,仿先朝故事,出廷臣为知府,鹗得镇江。召见,赐膳及道里费,谕所以擢用意。鹗感激,革弊举废,治甚有声。漕故经孟渎,险甚。巡抚崔恭议凿河,自七里港引金山上流通丹阳避之。鹗言:"道里远,多石,且坏民庐墓。请按京口闸、甘露坝故迹,浚之令通舟。春夏启闸,秋冬度坝,功力省便。"恭从其议,遂为永利。居五年,以才任治剧,调苏州。

成化初,超迁江西按察使。有犯大辟贿达官求生者,鹗执愈坚。广东寇剽赣州急。调兵御之,遁去。广信妖贼妄称天神惑众,捕戮其魁,立解散。历左、右布政使。岁饥,奏减民租十五万石。

成化六年,擢南京刑部右侍郎。母忧服除,召为刑部右侍郎。执法不挠。十二年得疾卒。

鹗事母孝谨,对妻子无惰容。不妄交与,公余辄危坐读书。殁不能具棺敛,友人为经纪其丧。鹗在苏州,先圣像剥落。鹗曰:"塑像,非古也,昔太祖于国学用木主。"命改从之。嘉靖中,御史赵大祐上其节行,赠刑部尚书,谥恭肃。

潘荣,字尊用,龙溪人。正统十三年进士。犒师广东,还,除吏科给事中。

景泰初,疏论停起复、抑奔竞数事。帝纳之。寻进右给事中。四年九月上言:"致治之要,莫切于纳谏。比以言者忤圣意,谕礼部,凡遇建言,务加审察,或假以报复,具奏罪之。此令一下,廷臣丧气,以言为讳。国家有利害,生民有得失,大臣有奸慝,何由而知?况今巨寇陆梁,塞上多事,奈何反塞言者路?望明诏台谏,知无不言,缄默者罪。并敕阁部大臣,勿搜求参驳,亏伤治体。"疏入,报闻。

天顺六年使琉球,还,迁都给事中。成化六年三月偕同官上言:"近雨雪愆期,灾异迭见。陛下降诏自责,躬行祈祷,诏大臣尽言,宜上天感格。而今乃风霾昼晦,沴气赤而复黑,岂非应天之道有未尽欤?夫人君敬天,不在斋戒祈祷而已。政令乖宜,下民失所,崇尚珍玩,费用不经,后宫无序,恩泽不均,爵滥施于贱工,赏妄及于非分,皆非敬天之道。愿陛下日御便殿,召大臣极陈缺失而厘革之,庶灾变可弭。"时万妃专宠,群小夤缘进宝玩,官赏冗滥,故荣等恳言之。帝不能用。是年迁南京太常少卿。

又七年,就擢户部右侍郎。寻改右副都御史、总督南京粮储。积奇羡数万石以备荒。十七年召为户部左侍郎,寻署部事。英国公张懋等四十三人自陈先世以大功锡爵,子孙承继,所司辄减岁禄,非祖宗报功意。荣等曰："懋等于无事时妄请增禄,若有功何以劝赏?
况频年水旱,国用未充,所请不可许。"事乃寝。中官赵阳等乞两淮
盐十万引,帝已许之。荣等言："近禁势家中盐,诏旨甫颁,而阳等辄
违犯,宜正其罪。"帝为切责阳等。

　　南京户部尚书黄镐罢,以荣代之。孝宗嗣位,谢政归。赐月廪、
岁夫如制。九年卒,年七十有八。赠太子太保。

　　夏时正,字季爵,仁和人。正统十年进士。除刑部主事。景泰
六年以郎中录囚福建,出死罪六十余人。中有减死、诏充所在宾海
卫军者,时正虑其入海岛为变,转发之山东,然后以闻。因言:"凡福
建减死囚,俱宜戍之北方。"法司是其言,而请治违诏罪。帝特宥之。
时正又言:"通番及劫盗诸狱,以待会谳,淹引时月,囚多瘐死。请令
所司断决。"诏从之,且推行之天下。

　　天顺初,擢大理寺丞。久之,以便养,迁南京大理少卿。成化五
年迁本寺卿。明年春命巡视江西灾伤。除无名税十余万石,汰诸司
冗役数万,奏罢不职吏二百余人,增筑南昌滨江堤及丰城诸县陂
岸,民赖其利。尝上奏,不具赍奏人姓名,吏科论其简恣。帝宥其罪,
录弹章示之,遂乞休归。僦居民舍,布政使张瓒为筑西湖书院居之。
家食三十年,年近九十而卒。

　　时正雅好学。闲居久,多所著述,于稽古礼文事尤详。

　　赞曰:金纯等黾勉奉公,当官称职。加之提躬清白,操行无亏,
固列卿之良也。郑辰之廉事,周瑄之治狱,皆有仁人之用心,君子
哉。

明史卷一五八

列传第四六

黄宗载　　顾佐　邵玘　陈勉　贾谅

严升　段民　吾绅　章敞　徐琦

刘戬　吴讷　朱与言　魏骥　鲁穆

耿九畴　轩輗　陈复　黄孔昭

　　黄宗载，一名垕，字厚夫，丰城人。洪武三十年进士。授行人。奉使四方，未尝受馈遗，累迁司正。

　　永乐初，以荐为湖广按察司佥事。巨奸宿猾，多谪戍铜鼓、五开间，阴持官吏短长。宗载榜数其罪，曰：“不改，必置之法。”众莫敢犯。武陵多戎籍，民家虑与为婚姻，徭赋将累己，男女至年四十尚不婚。宗载以理谕之，皆解悟，一时婚者三百余家。邻邑效之，其俗遂变。征诣文渊阁修《永乐大典》。书成，受赐还任。董造海运巨舰数十艘，事办而民不扰。车驾北征，征兵湖广，使者贪暴失期。宗载坐不举劾，谪杨青驿驿夫。

　　寻起御史，出按交址。时交址新定，州县官多用两广、云南举人及岁贡生员之愿仕远方者，皆不善抚字。宗载因言：“有司率不称职。若俟九年黜陟，恐益废弛。请任二年以上者，巡按御史及两司核实举按以闻。”帝是之。及归，行李萧然，不携交址一物。尚书黄福语人曰：“吾居此久，所接御史多矣，惟宗载知大体。”丁祖母忧，起复，改詹事府丞。

洪熙元年，擢行在吏部侍郎。少师蹇义领部事，宗载一辅以正。宣德元年奉命清军浙江。三年督采木湖、湘。英宗初，以侍郎罗汝敬巡抚陕西，坐事戴罪办事。汝敬妄引诏书复职，而吏部不言，为御史所劾。宗载及尚书郭琎俱下狱。未几，得释，迁南京吏部尚书。居九年，乞休。章四上，乃许。九年七月卒于家，年七十九。

宗载持廉守正，不矫不随，学问文章俱负时望。公卿大夫齿德之盛，推宗载云。

顾佐，字礼卿，太康人。建文二年进士。除庄浪知县。端阳日，守将集官僚校射，以佐文士，难之。持弓矢一发而中，守将大服。

永乐初，入为御史。七年，成祖在北京，命吏部选御史之才者赴行在，佐预焉。奉命招庆远蛮，督采木四川，从北征，巡视关隘。迁江西按察副使，召为应天尹。刚直不挠，吏民畏服，人比之包孝肃。北京建，改尹顺天。权贵人多不便之，出为贵州按察使。洪熙元年召为通政使。

宣德三年，都御史刘观以贪被黜，大学士杨士奇、杨荣荐佐公廉有威，历官并著风采，为京尹，政清弊革。帝喜，立擢右都御史，赐敕奖勉，命察诸御史不称者黜之，御史有缺，举送吏部补选。佐视事，即奏黜严晅、杨居正等二十人，谪辽东各卫为吏，降八人，罢三人；而举进士邓启、国子生程富、谒选知县孔文英、教官方瑞等四十余人堪任御史。帝使历政三月而后任之。居正等六人辨愬。帝怒，并诸为吏者悉戍之。既而晅自戍所潜还京，胁他贿，为佐所奏，且言晅谋害己。诏戮晅于市。帝北巡，命偕尚书张本等居守。还复赐敕，令约束诸御史。于是纠黜贪纵，朝纲肃然。

居岁余，奸吏奏佐受隶金，私遣归。帝密示士奇曰："尔不尝举佐廉乎？"对曰："中朝官俸薄，仆马薪刍资之隶，遣隶半使出资免役。隶得归耕，官得资费，中朝官皆然，臣亦然。先帝知之，故增中朝官俸。"帝叹曰："朝臣贫如此。"因怒诉者曰："朕方用佐，小人敢诬之，必下法司治。”士奇对曰：“细事不足干上怒。”帝乃以吏状付佐曰：“汝自治之。”佐顿首谢，召吏言：“上命我治汝，汝改行，吾当贷汝。”帝闻之益喜，谓佐得大体。或告佐不理冤诉。帝曰：“此必重囚教之。”命法司会鞫，果千户臧清杀无罪三人当死，使人诬佐。帝曰：“不诛清，则佐法不行。”磔清于市。

八年秋，佐有疾，乞归。不许。以南京右都御史熊概代理其事。逾年而概卒。佐疾良已，入见。帝慰劳之，令免朝贺，视事如故。

正统初，考察御史不称者十五人，降黜之。邵宗九载满，吏部已考称，亦与焉。宗奏辨，尚书郭璡亦言宗不应与在任者同考。帝遂责佐。而御史张鹏等复劾宗微过。帝以鹏朋欺，并切责佐。佐上章致仕去。赐敕奖慰，赉钞五十贯，命户部复其家。十一年九月卒。

佐孝友，操履清白，性严毅。每旦趋朝，小憩外庐，立双藤户外。百僚过者，皆折旋避之。入内直庐，独处小夹室，非议政不与诸司群坐。人称为“顾独坐”云。然持法深，论者以为病。

时雩都陈勉、峄县贾谅先后为副都御史，与佐同举台职，而兰溪邵玘官南京，与佐齐名，繁昌严升名亦亚于玘。

玘，字以先，永乐中进士。授御史。仁宗监国，知其廉直。每法司缺官，即命玘署，有重狱辄付之。历仕中外，所过人不敢犯。宣德三年，由福建按察使入为南京左副都御史。奏黜御史不职者十三人，简黜诸司庸懦不肖者八十余人，风纪大振。居二年，以疾卒官。玘负气，好侮同列，治狱颇刻深。然持身廉洁，内行修，事母以孝闻。

陈勉，与玘同年进士。仁宗初，以杨士奇荐，由广东副使擢左副都御史。信、丰诸县盗起，命勉抚之，招徕三千六百余人，乱遂定。景泰初，仕至南京右副都御史，掌院事。致仕，卒。勉外和内刚，精通法律，吏不敢欺。

贾谅，字子信。永乐中由乡举入太学，选侍皇太孙说书，擢刑科给事中。宣德四年，劾清军侍郎金痒受贿，罢之。郎中胡珏、萧翔等十一人，御史方鼎三人，以不职被劾。帝未信，命谅及张居杰密察之。得实，悉贬官。明年，又劾阳武侯薛禄朋比不敬，廷中肃然。寻拜右副都御史。偕锦衣指挥王裕、参议黄翰、中官张义等巡视四川、江西、湖广，按治豪强不少假。正统二年，江北、河南大水，命谅及工部侍郎郑辰往振。芒、砀山盗为患，谅捕获甚众。四年还至德州，卒。谅内行修，当官有风采。

严升，建文时进士。历官大理寺右少卿。清军苏、松，执法不挠。调南京佥都御史，与玘同心治事。刚果自信，尝著《神羊赋》以见志焉。

段民，字时举，武进人。永乐二年进士。选庶吉士。与章敞、吾绅辈俱读书文渊阁，又俱授刑部主事。民旋进郎中。

山东妖妇唐赛儿作乱，三司官坐纵寇诛，擢民左参政。当是时索赛儿急，尽逮山东、北京尼及天下出家妇女，先后几万人。民力为矜宥，人情始安。

车驾北征，饷舟由济宁达潞河，陆輓出居庸至塞外。民深计曲算，不下扰而事集。既还，敕与巡按御史考所过府县吏廉墨以闻。

宣德三年，召入京，命署南京户部右侍郎，逾年实授。又明年改刑部。初，二部皆以不治闻。民至，纪纲修举，宿弊以革。上元人有为侄殴者，愤甚，诣通政司告。时方令纳米赎罪，而越诉禁甚严，犯者戍辽东。民上言："依定例，卑幼之罪得赎，而尊长反远窜，揆于理有未安，请更拟。"帝是之。帝以民廉介端谨，特赐敕，令考察南京百官。八年，诏书罪囚自十恶外并减一等。有重囚三十余人，例不得赦，民亦减其罪。后有旨报决，乃复追还，而逃已数人。民自陈状，给事中年富等劾民。帝知民贤，不问。

九年二月卒于官，年五十九。贫不能殓，都御史吴讷裞以衣衾。帝闻，命有司营葬。成化间，叶盛请褒恤不果。其后百有余年，始追谥襄介。

吾绅，字叔缙，衢州人。官刑部主事，治狱有声。历郎中，拜礼部侍郎。成祖谓吕震曰："绅出自翰林，可佐卿典礼矣。"既而为震所挤，出为广东参政。寻召为南京刑部侍郎，奉敕考察两广、福建方面官。有故人官参政，素贪黩，权要多为之地。绅至，竟黜之，时称其公。复改礼部。正统六年卒于官。

绅清强有执，澹于荣利。初拜侍郎，贺者毕集，而一室萧然，了无供具，众笑而起。

章敞，字尚文，会稽人。由庶吉士授刑部主事。山西盗发，捕逮数百人。敞察其冤，留词色异者一人，余悉遣出。明日讯之，留者盗，余非也。迁郎中，改吏部。

宣德六年，擢礼部侍郎。偕徐琦使安南，命黎利权国事。利遣人白相见礼，敞曰："汝敬使者，所以尊朝廷，奚白为？"利听命，趋拜下坐。啖以声色，不为动。还致厚赆，不受，利以付贡使。及关，悉阅贡物，封其赆，付关吏。利死，子麟嗣，敞复奉诏往，却赆如初。

正统初，纂洪武以来条格，使诸司参酌，吏无能为奸。尚书胡濙宽大，敞佐以严肃。二年十二月卒。子瑾亦累官至礼部侍郎。

徐琦，字良玉。先世钱塘人，其祖谪戍宁夏，遂家焉。幼力学，通经史。永乐十三年举进士。授行人，历兵部员外郎。明敏有断，居官务持大体。宣德六年擢右通政。副敞使安南，亦不受馈。还拜南京兵部右侍郎。八年，帝以安南贡赋不如额，南征士卒未尽返，命琦复往。时黎利已死，其子麟疑未决。琦晓以祸福，麟惧，铸代身金人，贡方物以谢。帝悦，命落琦戍籍，宴赍甚厚。

正统初，与工部侍郎郑辰考察南畿有司，黜不法者三十人。时灾异屡见，琦陈弭灾十事。悉嘉纳。五年命参赞南京机务。十四年进尚书，参赞如故。有言往年分调南京军家属悉宜北徙，朝议欲行之。琦奏："安土重迁，人之情也。今骤徙数万众，人心一摇，事或叵测。"事得寝。军卫无学校，琦请天下卫所视府州县例皆立学。从之。

景泰元年，靖远伯王骥赞机务，琦专理部事。骥解任，琦仍参赞。四年三月卒,年六十八。谥贞襄。

敞、琦皆以使安南不辱命著稍。安南多宝货,后使者率从水道挟估客往以为利,交人颇轻之。

弘治时,侍讲刘戬往颁诏,由南宁乘传抵其国,交人大惊。戬依旧制,受陪臣拜谒,不交一语,越宿即行,馈遗一无所受。使人要于途,固致之,卒麾去,与敞、琦皆为交人所重。戬,字景元,安福人。

吴讷,字敏德,常熟人。父遵,任沅陵簿,坐事系京师。讷上书乞身代。事未白而父殁,讷感奋力学。

永乐中,以医荐至京。仁宗监国,闻其名,命教功臣子弟。成祖召对称旨,俾日侍禁廷,备顾问。

洪熙元年,侍讲学士沈度荐讷经明行修,授监察御史。敬慎廉直,不务矫饰。宣德初,出按浙江,以振风纪植纲常为务。时军犯逃者,往往令家人妄愬,逮系至千人。讷请严禁,即冤不得越告。从之。继按贵州,恩威并行,蛮人畏服。将代还,部民诣阙乞留。不许。五年七月,进南京右佥都御史,寻进左副都御史。

正统初,光禄丞董正等盗官物,讷发之,谪戍四十四人。右通政李畛者,奉使苏、松,行事多不谨。讷微诚之,畛不悦,诬讷稽延诏书等事。讷疏辩。互为台省所劾,俱逮下狱,既而释之。英宗初御经筵,录所辑《小学集解》上之。四年三月,以老致仕,以朱与言代。

讷博览,议论有根柢。于性理之奥,多有发明,所著书皆可垂于后。归家,布衣蔬食,环堵萧然。周忱抚江南,欲新其居,不可。家居十六而卒,年八十六。谥文恪,乡人祀之言偃祠。

朱与言,字一鹗,万安人。永乐九年进士,授湖广按察金事。宣德中迁四川副使。合州盗起,督吏目熊鼎斩六十余人,贼势遂衰。事闻,擢鼎合州同知。雅州妖人为乱,与言执送京师,境内以宁。正统元年,召为南京右副都御史,入代讷领院事。年老致仕,卒。与言刚方廉慎,为政务大体。数建白,多切时弊。家居门庭清肃,乡人有不善,惟恐与言知之。

魏骥,字仲房,萧山人。永乐中,以进士副榜授松江训导。常夜分携茗粥劳诸生。诸生感奋,多成就者。召修《永乐大典》。书成,还任。用师逵荐,迁太常博士。帝谓曰:"刘履节为御史九年,高皇帝方授是官,不轻予人也。"

宣德初,迁吏部考功员外郎,历南京太常寺少卿。正统三年召试行在吏部左侍郎。逾年实授。屡命巡视畿甸遗蝗,问民疾苦。八年改礼部,寻以老请致仕。吏部尚书王直言骥未衰,如念其老,宜令去繁就简。乃改南京吏部。复以老辞。不允。十四年进尚书。英宗北狩,骥率诸司条上时务,多施行。景泰元年,年七十七,致仕。

骥恬官务大体。在太常,山川坛获双白兔。圻内生瑞麦,皆却不进。在吏部,有进士未终制,求考功。同官将许之。骥持不可。法司因旱恤刑,有王纲者,恶逆当辟,或悯其少,欲缓之。骥曰:"此妇人之仁,天道不时,正此故也。"狱决而雨。

正统中,王振怙宠,凌公卿,独严重骥,呼"先生"。景泰初,以请老至京师。大学士陈循,骥门生也。请间曰:"公虽位冢宰,然未尝立朝。愿少待,事在循辈。"骥正色曰:"君为辅臣,当为天下进贤才,不得私一座主。"退语人曰:"渠以朝廷事为一己事,安得善终。"竟致仕去。

骥端厚祗慎。顾劲直,好别白君子小人。恒曰:"无是非之心,非人也。"家居,忧国忧民,老而弥笃。萧山故多水患,有宋时县令杨时湖堤遗迹。骥倡修螺山、石岩、毕公诸塘堰,捍江潮,兴湖利。乡人赖之。居恒布衣粝食,不殖生产。事兄教谕骐,虽耄益恭。时戴笠行田间,尝遇钱塘主簿,隶诃之。答曰"萧山魏骥也",主簿仓皇谢慰而去。

成化七年,御史梁昉言:"臣先任萧山,见致仕尚书臣魏骥里居,与里人稠处,教子孙孝弟力田,增堤浚湖,捍御灾患。所行动应礼法,倡理学,勖后进。虽在林野,有补治化。骥生平学行醇笃,心术正大,谙世事,了国体。致仕二十余年,年九十八岁,四方仰德,有如卿云,百年化育,滋此人瑞。臣读前史,有以归老赐禄毕其身者,有尊养三老五更者,有安车蒲轮召者,有赐几杖者,上齿德也。骥齿德有余,爵在上卿,可称达尊。乞下所司,酌前代故事施行。”帝览奏嘉叹,遣行人存问,赐羊酒,命有司月给米三石。使命未至而骥卒。赐祭葬如礼,谥文靖。其子完以骥遗言诣阙辞葬,乞以其金振饥民。帝怃然曰:“骥临终遗命,犹恐劳民,可谓纯臣矣。”许之。萧山民德骥不已,诣阙请祀于德惠祠,以配杨时。制曰“可”。

鲁穆,字希文,天台人。永乐四年进士。家居,褐衣蔬食,足迹不入州府。比谒选,有司馈之赆,穆曰:“吾方从仕,未能利物,乃先厉州里乎?”弗受。除御史。仁宗监国,屡上封事。汉王官校多不法,人莫敢言。穆上章劾之,不报,然直声振朝廷。

迁福建佥事。理冤滥,摧豪强。泉州人李某调官广西,其姻富民林某遣仆酖李于道,而室其妻。李之宗人诉于官,所司纳林赂,坐诉者,系狱久。穆廉得其实,立正林罪。漳民周允文无子,以侄为后,晚而妾生子,因析产与侄,属以妾子。允文死,侄言儿非叔子,逐去,尽夺其赀,妾诉之。穆召县父老及周宗族,密置妾子群儿中。咸指儿类允文,遂归其产。民呼“鲁铁面”。时杨荣当国,家人犯法,穆治之不少贷。荣顾谓穆贤,荐之朝。

英宗即位,擢右佥都御史。明年奉命捕蝗大名。还,以疾卒。命给舟归其丧。

始穆入为佥都御史,所载不过囊衣,尚书吴中赠以器用,不受。至是中为治棺衾,乃克殡。子崇志,历官应天尹,廉直有父风。

耿九畴,字禹范,卢氏人。永乐末进士。宣德六年,授礼科给事中。议论持大体,有清望。

　　正统初，大臣言两淮盐政久坏，宜得重名检者治之，于是推择为盐运司同知。痛革宿弊，条奏便宜五事，著为令。母丧去官，场民数千人诣阙乞留。十年正月，起为都转运使。节俭无他好，公退焚香读书，廉名益振，妇孺皆知其名。

　　以事见诬，逮下吏，已，得白，即留为刑部右侍郎。屡辨疑狱，无所挠屈。礼部侍郎章瑾下狱，九畴及江渊等议贬其官。瑾婿给事中王汝霖衔之，与同官叶盛、张固、林聪等论刑部不公。九畴、渊遂劾盛等，且言汝霖父永和死土木，嬉笑自如，不宜居职。时景帝新立，急于用人，置汝霖等不问，瑾如奏。凤阳岁凶，盗且起，敕往巡视招抚。奏留英武、飞熊诸卫军耕守，招来流民七万户，境内以安。

　　两淮自九畴去，盐政委弛。景泰元年仍命兼理。寻敕录诸府重凶，多所平反。十月命兼抚江北诸府。

　　三年三月代陈镒镇陕西。都指挥杨得青等私役操卒。九畴劾之。诏按治，且命诸边如得青者，具劾以闻。边将请增临洮诸卫戍，九畴言："边城士卒非乏。将帅能严纪律，赏罚明信，则人人自奋。不然，徒冗食耳。"乃不增戍。边民春夏出作田，秋冬辄徙入塞，九畴言："边将所以御寇卫民也，今使民避寇失业，安用将帅？"因禁民入徙。有被寇者，治守帅罪。

　　四年，布政使许资言："侍郎出镇，与巡按御史不相统，事多拘滞，请改授宪职便。"乃转右副都御史。大臣镇守、巡抚皆授都御史，自九畴始。有旨市羊角为灯。九畴引宋苏轼谏神宗买浙灯事，事乃寝。灾异求言，请帝延儒硕，公赏罚，择守令，简将帅。优诏报焉。

　　天顺初，议事京师。帝顾侍臣曰："九畴，廉正人也。"留为右都御史。罪人系都察院狱者不给米。九畴为言，乃日给一升，遂为令。已，上疏陈崇廉耻、清刑狱、劝农桑、节军赏、重台宪五事。帝皆嘉纳。是年六月，御史张鹏等劾石亨、曹吉祥。亨等谓九畴实使之，遂并下狱，谪江西布政使，寻调四川。

　　明年，礼部缺尚书。帝问李贤。贤曰："老成清介，无如九畴。"乃召还。既至，怜其老，改南京刑部尚书。四年卒。谥清惠。子裕，自有传。

轩𫐐，字惟行，鹿邑人。永乐末年进士。授行人司副。宣德六年用荐改御史。按福建，剔蠹锄奸，风采甚峻。

正统元年，清军浙江，劾不职官四十余人。五年言：“祖宗设御史官，为职綦重。今内外诸司有事，多擅遣御史，非制，请禁之。”立报可。是年，超擢浙江按察使。前使奢汰，𫐐力矫之。寒暑一青布袍，补缀殆遍，居常蔬食，妻子亲操井臼。与僚属约，三日出俸钱市肉，不得过一斤。僚属多不能堪。故旧至，食惟一豆。或具鸡黍，则人惊以为异。时镇守内臣阮随、布政使孙原贞、杭州知府陈复、仁和知县许璞居官皆廉，一方大治。

温、处有银场，洪武间岁课仅二千八百余两，永乐时增至八万二千两，民不堪命。帝即位，以大臣议罢之。至是参政俞士悦请复开，谓利归于上，则矿盗自绝。下三司议，𫐐力持不可，乃止。既而给事中陈傅复请，朝廷遽从之，遂致叶宗留之变。

会稽赵伯泰，宋苗裔也，奏孝宗、理宗及福王陵墓，俱为豪民侵夺。御史王琳谓福王降于元，北去，山阴安得墓？伯泰不平，复诉。帝命𫐐及巡按御史欧阳澄覆按。𫐐言福王盖衣冠之藏，伯泰言非诬。诏戍豪民于边，停琳等俸。遭亲丧，起复。十三年奏陈四事，俱切时弊，帝悉从之。

景帝立，以右副都御史镇守浙江。景泰元年命兼理两浙盐课。闽贼吴金八等流劫青田诸县，𫐐与原贞讨平之。贼首罗丕、廖宁八复自闽抵浙。𫐐等防遏有功，进秩一等。明年改督南京粮储。五年复改左副都御史，掌南院事。考黜御史不职者数人。

天顺元年二月召拜刑部尚书。数月，引疾乞归。帝召见，问曰：“昔浙江廉使考满归，行李仅一簏，乃卿耶？”𫐐顿首谢。赐白金慰遣之。明年，南京督理粮储缺官，帝问李贤，大臣中谁曾居此职者。贤以𫐐对，且称其廉，乃命以左都御史往。八年夏以老乞骸骨，不待报径归。抵家趣具浴，欠伸而卒。

轼孤峭，遇人无贤否，拒不与接。为按察使，尝饮同僚家，归抚其腹曰："此中有赃物也。"在南都，都御史张纯置酒延客。轼恶其汰，不往。彻馔遗之，亦不纳。岁时诣礼部拜表庆贺，屏居一室，撤烛端坐，事竣竟归，未尝与僚友一语。僚友闻其来，亦辄避去，不乐与之处。量颇褊隘。御史有讦人阴私者，辄奖其能。尝令御史劾南京祭酒吴节，节亦发轼私事，众颇不直轼。然清操闻天下，与耿九畴齐名，语廉吏必曰轩、耿。

陈复，福建怀安人。轼同年进士，由户部主事知杭州。廉静无私，狱讼大省。日端坐堂皇，与曹掾讲读律令而已。遭丧，部民乞留，诏起复，未几卒。轼倡僚属助之，乃克敛。吏民相率致赙，其子尽却之，称贷归。

黄孔昭，黄岩人。初名曜，后以字行，改字世显。年十四，遭父母丧，哀毁骨立。举天顺四年进士，授屯田主事。奉使江南，却馈弗受，进都水员外郎。

成化五年，文选郎中陈云等为吏所讦，尽下狱贬官，尚书姚夔知孔昭廉，调之文选。九年进郎中。故事，选郎率闭门谢客。孔昭曰："国家用才，犹富家积粟。粟不素积，岂足赡饥，才不预储，安能济用？苟以深居绝客为高，何由知天下才俊。"公退，遇客至，辄延见，访以人才，书之于册。除官，以其才高下配地繁简。由是铨叙平允。其以私干者，悉拒之。尝与尚书尹旻争，至推案盛怒。孔昭拱立，俟其怒止，复言之。旻亦信其谅直。旻暱通政谈伦，欲用为侍郎，孔昭执不可。旻卒用之，伦果败。旻欲推故人为巡抚，孔昭不应。其人入都谒孔昭，至屈膝。孔昭益鄙之。旻令推举，孔昭曰："彼所少者，大臣体耳。"旻谓其人曰："黄君不离铨曹，汝不能迁也。"

为郎中满九载，始擢右通政。久之，迁南京工部右侍郎。有官地十余区为势家所侵，奏复之。奉诏荐举方面，以知府樊莹、佥事章懋应。后皆为名臣。郎官主藏者以羡银数千进，斥退之。掘地得古鼎，急命工镌文庙二字，送之庙中。俄中贵欲献诸朝，见镌字而止。

孔昭嗜学敦行，与陈选、林鹗、谢铎友善，并为士类所宗。弘治四年卒。嘉靖中，赠礼部尚书，谥文毅。子俌，亦举进士，为文选郎中。俌子绾，以议"大礼"至礼部尚书，自有传。

赞曰：国家盛时，士大夫多以廉节自重，岂刻意励行，好为矫饰名誉哉。亦其澹嗜欲，耻营竞，介特之性然也。仁、宣之际，惩吏道贪墨，登进公廉刚正之士。宗载佐铨衡，顾佐掌邦宪，风纪为之一清。段民、吴讷、魏骥、鲁穆皭然秉羔羊素丝之节。轩、耿、孔昭矫厉绝俗，物不能干。章敞、徐琦、刘戬律己严正，异域倾心。廉之足尚也卓矣。

明史卷一五九
列传第四七

熊概 叶春　　陈镒　　李仪 丁瑄

陈泰　　李棠 曾翚　　贾铨　　王宇

崔恭　　刘孜 宋杰 邢宥　　李侃

雷复 李纲　　原杰　　彭谊　　牟俸

夏壎 子镞　　高明　　杨继宗

　　熊概，字元节，丰城人。幼孤，随母适胡氏，冒其姓。永乐九年进士。授御史。十六年擢广西按察使。峒溪蛮大出掠，布政使议请靖江王兵遏之。概不可，曰："吾等居方面，寇至无捍御，顾烦王耶？且寇必不至，戒严而已。"已而果然。久之，调广东。

　　洪熙元年正月，命以原官与布政使周干、参政叶春巡视南畿、浙江。初，夏原吉治水江南还，代以左通政赵居任，兼督农务。居任不恤民，岁以丰稔闻。成祖亦知其诬罔。既卒，左通政岳福继之，庸懦不事事。仁宗监国时，尝命概以御史署刑部，知其贤，故有是命。是年八月，干还，言有司多不得人，土豪肆恶，而福不任职。宣宗召福还，擢概大理寺卿，与春同往巡抚。南畿、浙江设巡抚自此始。

　　浙西豪持郡邑短长为不法。海盐民平康暴横甚，御史捕之，遁去。会赦还，益聚党八百余人。概捕诛之。已，悉捕豪恶数十辈，械至京，论如法，于是奸究帖息。诸卫所粮运不继，军乏食。概以便宜发诸府赎罪米四万二千余石赡军,乃闻于朝。帝悦,谕户部勿以夺擅罪概。

概用法严,奸民惮之,腾谤书于朝。宣德二年,行在都御史劾概与春所至作威福,纵兵扰民。帝弗问,阴使御史廉之,无所得。由是益任概。明年七月赐玺书奖励。概亦自信,诸当兴革者皆列以闻。时屡遣部官至江南造纸、市铜铁。概言水劳民饥,乞罢之。

五年还朝,始复姓。亡何,迁右都御史,治南院事。行在都御史顾佐疾,驿召概代领其职,兼署刑部。九年十月录囚,自朝至日宴,未暇食。忽风眩卒。赐祭,给舟归其丧。

概性刚决,巡视江南,威名甚盛。及掌台宪,声称渐损于初。

叶春者,海盐人。起家掾吏,历礼部郎中两淮盐运使,改四川右参政,与概巡抚江、浙诸府。既复奉命与锦衣指挥任启、御史赖英、太监刘宁巡视。先后凡三莅浙西,治事于乡,人无议其私者。概迁都御史,春同日进刑部右侍郎。卒于官。

陈镒,字有戒,吴县人。永乐十年进士。授御史。迁湖广副使,历山东、浙江,皆有声。

英宗即位之三月,擢右副都御史,与都督同知郑铭镇守陕西。北方饥民多流移就食。镒道出大名见之,疏陈其状,诏免赋役。正统改元,镒言陕西用兵,民困供亿,派征物料,乞悉停免。诏可。明年五月,以劳绩下敕奖励,因命巡延绥、宁夏边。所至条奏军民便宜,多所废置。所部六府饥,请发仓振。帝从辅臣请,修荒政。镒请遍行于各边,由是塞上咸有储蓄。

六年春,以镒久劳于外,命与王翱岁一更代。七年,翱调辽东,镒复出镇。岁满当代,以陕人乞留,诏仍旧任。时仓储充溢,有军卫者足支十年,无者直可支百年。镒以陈腐委弃可惜,请每岁春夏时,给官军为月饷,不复折钞。从之。

九年春进右都御史,镇守如故。秦中饥,乞蠲租十之四,其余米布兼收。时瓦剌也先渐强，遣人授罕东诸卫都督喃哥等为平章，又置甘肃行省名号。镒以闻，请严为之备。已，命与靖远伯王骥巡视甘肃、宁夏、延绥边务，听便宜处置。以灾沴濒仍，条上抚安军民二十四事，多议行。

镒尝恐襄、汉间流民啸聚为乱，请命河南、湖广、陕西三司官亲至其地抚恤之。得旨允行，而当事者不以为意。王文亦相继力言有司怠忽，恐遗祸。至成化时，乃有项忠之役，人益思镒言。

英宗北狩，景帝监国，镒合大臣廷论王振。于是振侄王山伏诛。也先将入犯，以于谦荐，出抚畿内。事宁，召还，进左都御史。

景泰二年，陕西饥，军民万余人，"愿得陈公活我。"监司以闻，帝复命之。镒至是凡三镇陕，先后十余年，陕人戴之若父母。每还朝，必遮道拥车泣。再至，则欢迎数百里不绝。其得军民心，前后抚陕者莫及也。

三年春召还，加太子太保，与王文并掌都察院。文威严，诸御史畏之若神。镒性宽恕，少风裁，誉望损于在陕时。明年秋以疾致仕。卒，赠太保，谥僖敏。天顺七年诏官其子伸为刑部照磨。

李仪，涿人。永乐间以荐举授户部主事。宣宗既平高煦，仪请去赵王护卫。尚书张本亦言："往岁孟贤谋逆，赵王未必不知。高煦亦谓与赵合谋。仪言是。"帝不听。既而言者益众。帝封其词，遣使谕王如仪指。王即献护卫，赵卒无事。仪寻出知九江府，有惠政。

英宗即位之岁，始设诸边巡抚。金都御史丁璿方督大同、宣府军储，而仪以右佥都御史巡抚其地，盛有所建置。明年请以大同东西二路分责于总兵官罗文、方政。从之。时朝议遣方政、杨洪出塞，与甘肃将蒋贵、史昭合击朵儿只伯。仪言："四裔为患，自古有之，在备御有方耳。和宁残部，穷无所归。乍臣乍叛，小为边寇，边将谨待之，将自遁，何必穷兵。万一乘虚袭我，少有失，适足为笑，乞敕政等无穷追。"不纳。

督粮参政刘琏不职，仪劾之。琏乃诬仪淫乱事。适参将石亨欲奏镇守中官郭敬罪,先咨仪。仪误缄咨牒于核饷主事文卷中,户部以闻,致亨、敬相奏讦。诏仪、琏自陈,而切责敬等。琏止停俸二岁。仪虽引罪,自负其直,词颇激,遂被劾下吏瘐死。正统二年二月也。仪居官廉谨,边人素德之。闻其死,建昭德祠以祀。

丁璿,上元人。永乐中进士。由御史擢居是职。正统五年将征麓川,命乘传往备储饷。寻言用兵便宜,遂命抚云南。麓川平,召为左副都御史,所至有声。

陈泰,字吉亨,光泽人。幼从外家曹姓,既贵,乃复故。举乡试第一,除安庆府学训导。

正统初,廷臣交荐,擢御史,巡按贵州。官军征麓川,岁取士兵二千为乡导,战失利,辄杀以冒功,泰奏罢之。再按山西。时百官俸薄,折钞又不能即得。泰上章乞量增禄廪,俾足养廉,然后治赃污,则贪风自息。事格不行。六年夏言:"连岁灾异,咎在廷臣,请敕御史给事中纠弹大臣,去其尤不职者,而后所司各考核其属。"帝从之。于是御史马谨等交章劾吏部尚书郭琏等数十人。已,复出按山东。泰素励操行,好搏击。三为巡按,惩奸去贪,威棱甚峻。

九年超擢四川按察使,与镇守都御史寇深相失。十二年八月,参议陈敏希深指,劾泰擅杖武职,殴舆夫至死。逮刑部狱,坐斩。泰奏辩。大理卿俞士悦亦具状以闻。皆不听。

景帝监国,赦复官。于谦荐守紫荆关。也先入犯,关门不守,复论死。景帝宥之,命充为事官,从总兵官顾兴祖筑关隘自效。景泰元年擢大理右少卿,守备白羊口。四月,都督同知刘安代宁远伯任礼巡备涿、易、真、保诸城,命泰以右佥都御史参其军务。三年兼巡抚保定六府。寻命督治河道。自仪真至淮安,浚渠八十里,塞决口九,筑坝三,役六万人,数月而毕。七年移抚苏、松。

天顺改元,罢巡抚官,改广东副使,以忧去。四川盗起,有言泰尝莅其地,有威名,乃复故官,往巡抚。八年进右副都御史,总督漕运兼巡抚淮、扬诸府。莅淮三年，谢政归。成化六年卒。

李棠，字宗楷，缙云人。宣德五年进士。授刑部主事，为尚书魏源所器。金濂代源，以刚严慑下。棠与辩论是非，谴诃不为动。濂亦器之，进员外郎。录囚南畿，多所平反，进郎中。景帝嗣位，超擢本部侍郎。未几，巡抚广西，提督军务。所部多寇，棠以次讨平之。正己帅下，令行政举。

景泰三年，思明土知府黄㻞老，子钧嗣。㻞庶兄竑使其子杀㻞父子，灭其家，而以他盗为乱告。棠檄右参政曾翚、副使刘仁宅按其事。翚等诱执竑父子下之狱。竑窘则遣使走京师，上书请帝废太子立己子。帝大喜，立擢竑都督同知，出其子于狱。其具《怀献太子》及《土司传》。棠既不得竟黄竑狱，郁郁累疏谢病归。不携岭表一物，以清节显。

曾翚，字时升，泰和人。宣德八年进士。治秦府永兴王葬，却有司馈遗。历刑部员外郎。尚书金濂器之，俾典奏牍。有重狱，诸郎不能决，辄以属翚。秦王讦巡抚陈镒狎妓。翚按得其情，劾藩府诬大臣，镒得白。

正统十三年进郎中。以何文渊荐，擢广西右参政。李棠檄翚及副使刘仁按黄竑父子。竑使人持千金贿于道，且拥精兵挟之。二人佯许诺，已，诱执竑下之狱。棠以闻。未几，竑以上书擢都督同知，父子俱出狱，翚等太息而已。寻以忧去。服阕，起官河南御史。清军者利得军，多枉及民，翚辨释甚众。南阳诸府多流户，众议驱逐，人情惶急，翚与巡抚抚安之。

天顺五年迁山东右布政使。民垦田无赋者，奸民指为闲田，献诸戚畹。部使者来勘，翚曰："祖制，民垦荒田，永不科税，奈何夺之？"使者奏如言，乃免。成化初，转左。河南岁饥，计开封积粟多，奏请平粜，贫民赖以济。召拜刑部左侍郎，仍食从二品俸。寻巡抚浙江，考察官吏，奏罢不职者百余人，他弊政多所厘革。还朝，久之，谢病去。

辈操行谨，所至有声。及归，生计萧然，绝迹公府，乡人以为贤。

贾铨，字秉钧，邯郸人。永乐末进士。宣德四年授礼科给事中，数有参驳。

英宗践阼，既肆赦，复命谳在京重囚，多所原宥。从铨请，推之南京。秩满，出为大理知府。王骥征麓川，馈运有劳。骥荐之。麓川平，擢云南左参政，仍知府事。寻以骥言，还治司事。正统十二年，左布政使阙，军民数万人颂铨，参赞军务侍郎侯琎等亦疏请，铨遂得擢。土官十余部，岁当贡马输差发银及海肥，八府民岁当输食盐米钞，至景泰初，皆积逋不能偿。铨等为言除之。治行闻，赐诰旌异。景泰七年，九载满，当入都，军民乞留。命还任。

天顺四年，与梁桤等举政绩卓异。户部初阙尚书，王翱欲擢铨。帝问李贤，贤曰："闻其名，未见其人也。"及是来觐，帝命贤视之，还奏貌寝。乃以为右副都御史巡抚山东，寻兼抚河南。山东岁侵，请召还清军御史。河南饥，请停征课马。皆许之。成化初，左都御史李秉督师辽东，召铨署院事。中官唐慎等从征荆、襄还，杖死淮安知事谷渊，自奏丐免。铨请罪之。乃付慎等司礼监，命法司罪其从人。未几，卒官。谥恭靖。

铨在云南，治行为一时冠。比为巡抚，清静不自表暴，吏民亦安之。

王宇，字仲宏，祥符人。童龀时，日记万言，巡抚侍郎于谦奇之。登正统四年进士，授南京户部主事。秩满当转郎中，吏部以宇才，特用为抚州知府。为政简静，而锄强遏奸，凛不可犯，一府大治。

天顺元年，所司上其治行，诏赐诰命。顷之，擢山东右布政使，命抚恤所属饥民。明年迁右副都御史，巡抚宣府。中官严顺、都督张林等令家人承纳刍粮。宇劾奏，都御史寇深为解，帝切责深。寻命兼抚大同。石亨及从子彪骄恣，大同其旧镇地，征索尤横。宇抗疏论其奸，乞置之法。疏虽不行，闻者敬惮。督饷郎中杨益不能备刍蘘，为宇所劾。户部庇之，宇并劾尚书沈固等。皆输罪。遭丧，起复为大理卿。固辞，不许。

字刚介，所至有盛名。居大理，平反为多。七年卒。

崔恭，字克让，广宗人。正统元年进士。除户部主事。出理延绥仓储，有能声。以杨溥荐，擢莱州知府。内地输辽东布，悉贮郡库，岁久朽敝，守者多破家。恭别构屋三十楹贮之，请约计岁输外，余以充本府军饷，遂放遣守者八百人。也先犯京师，遣民兵数千入援。廷议城临清，檄发役夫。恭以方春民乏食，请俟秋成。居府六年，莱人以比汉杨震。

景泰中，超迁湖广右布政使。诸司供给，率取之民。恭与僚佐约，悉罢之。公安、监利流民擅相杀，恭下令愿附籍者听，否则追秋遣归，众遂定。寻迁江西左布政使。司有广济库，官吏乾没五十万。恭白于巡抚韩雍，典守者咸获罪。定均徭法，酌轻重，十年一役，遂为定例。

天顺二年，宁王奠培不法，恭劾之。削其护卫，王稍戢。迁右副都御史，代李秉巡抚苏、松诸府。按部，进耆老言利病，为兴革。与都督徐恭浚仪真漕河，又浚常、镇河，避江险。已，大治吴淞江。起昆山夏界口，至上海白鹤江，又自白鹤江至嘉定卞家渡，迄庄家泾，凡浚万四千二百余丈。又浚曹家港、蒲汇塘、新泾诸水。民赖其利，目曹家港为"都堂浦"。初，周忱奏定耗羡则例，李秉改定以赋之轻重递盈缩。其例甚平，而难于稽算，吏不胜烦扰。恭乃罢去。悉如忱旧。

吏部缺右侍郎，李贤、王翱举恭。遂召用。置劝惩簿，有闻皆识之。翱甚倚恭，转左。父忧起复。宪宗即位，乞致仕。不允。成化五年，尚书李秉罢，商辂欲用姚夔，彭时欲用王概，而北人居言路者，谓时实逐秉，喧谤于朝。时称疾不出，侍读尹直以时、概皆己乡人，恐因此得罪，急言于辂，以恭代秉。越五月，母丧归。服除，起南京吏部，劾罢诸司不职者数人。

十一年春,命参赞机务。居三年,致仕。又二年卒。赠太子少保,谥庄敏。

刘孜,字显孜,万安人。正统十年进士。授御史,出按辽东。景帝即位,有建南迁议者。孜驰奏,乞斩言者以定人心。期满当代,朝议边务方殷,复留一岁。再按畿辅。时方筑沧州城,以孜言罢。擢山东按察使。

天顺四年,吏部举天下治行卓异,按察使惟孜一人,迁左布政使。明年春,以右副都御史巡抚江南十府。苏、松财赋,自周忱立法后,代者多纷更。孜首访忱遗迹,斟酌行之,民称便。成化元年,应天饥,方振贷,而江北饥民就食者众。孜请尽发诸县廪,全活无算。时民间多积困。濒江官田久废没,仍责输赋。苏、松、杭、嘉诸府金补富户。南京廊房既倾圮,犹征钞。上元、江宁农民代河泊所网户采鲥鱼。应天都税宣课诸司额外增税。江阴诸县民户偿纳荒租。六合、江浦官牛岁征犊。孜皆疏罢之。

召拜南京刑部尚书,以宋杰代。四年致仕,道卒。

孜廉慎,治事精审。然持法过严,时议其刻。杰为人长者。居二年,罢去,而邢宥代。

宥,文昌人。正统十三年进士。授御史,出巡福建。民十人被诬为盗,当刑呼冤。宥为缓之,果得真盗。天顺中,出为台州知府,有治绩,坐累谪晋江丞。宪宗复其职,改知苏州。奸民揽纳秋赋,置之法,得其赃万缗,以堤沙河,甓官道。大水,民饥,不待奏辄发米二十万斛以振。宥素廉介,及治苏,严而不苛。杰荐于朝,诏加浙江左参政仍理府事,赐玺书。居半岁,遂以右佥都御史代杰巡抚。开丹阳河,筑奔牛闸,省兑运冗费,民以为便。寻兼理两浙盐政,考察属吏,奏黜不职者百七十余人。居数载,引疾归。

李侃,字希正,东安人。正统七年进士。授户科给事中。景帝监国,陈简将才、募民壮、用战车三事。也先逼京师,议者欲焚城外马草。侃言敌轻剽,无持久心,乞勿焚,免复敛为民累。皆报许。时父母在容城,侃晓夜悲泣,乞假,冒险迎之。景泰初,议录扈从死事诸臣后。侃因言避难偷生者,宜严谴以厉臣节。上皇将还,与同官刘福等言礼宜从厚。忤旨,被诘,尚书胡濙为解,乃已。

再迁都给事中。军兴,减天下学校师儒俸廪。侃奏复之。户部尚书金濂违诏征租,侃论濂,下之史。石亨从子彪侵民业,侃请置重典,并严禁勋戚、中官不得豪夺细民,有司隐者同罪。帝宥亨、彪,余如其请。时给事中敢言者,林聪称首,侃亦矫抗有直声。廷议易储,诸大臣唯唯。侃泣言东宫无失德,聪与御史朱英亦言不可,时议壮之。擢詹事府丞。

天顺元年改太常丞,进太仆卿。明年复设山西巡抚,迁侃右佥都御史任之。奏言:“塞北之地,与穷荒无异。非生长其间者,未有能宁居而狎敌者也。今南人戍西北边,怯风寒,闻寇股栗,而北人戍南,亦不耐暑,多潜逃。宜令南北清勾之军,各就本土补伍,人情交便,戎备得修。”时不能用。奏发巡按李杰罪,杰亦讦侃。按杰事有验,除名。侃无赃罪,获宥。六年考察属吏,奏罢布政使王允、李正芳以下百六十人。因言:“诸臣年与臣若、不堪任事者,臣悉退之,臣亦当罢。”诏不许。侃性刚方,力振风纪,贪墨者屏迹。其年冬以母丧归,军民拥泣,至不得行。服除,遂不出,家居十余年卒。

侃事亲孝,好学安贫,殁几不能殓。弘治初,国子生江纪等言,前祭酒胡俨,都御史高明、李侃学行事功,彰著耳目,并乞赐谥。寝不行。侃二子:德恢,严州知府;德仁,河东盐运使。

雷复,字景旸,湖广宁远人。正统初进士。授行人,历官广西副使。藤县民胡赵成构瑶陷县治,复与参将范信讨斩之。成化初以大臣会荐,擢山东右布政使。七年征拜礼部右侍郎。寻改右副都御史,巡抚山西。继李侃后,端恪守法,得军民心。败寇红沙烟,再败之烟寺沟、石人村,赐敕奖劳。时山西大祲,而廷议以陕西用兵,令预征刍饷，转输榆林。复上言："自山西至榆林，道路险绝，民赍银往易，价腾踊，不免称贷，偿责多破产。今雨雪愆违，饥民疾病流离，困悴万状，而应输绫帛、药果诸物，又不下万计。乞依山东例蠲除，仍发帑振赡。"帝从之。及发金三万不足，请鬻盐四十万引，并令民入粟授散官。皆报可。十年夏卒于官。

李纲，字廷张，长清人。幼从父入都，坠车下，车辖体过，竟不伤，人咸异之。登天顺元年进士，授御史。右按南畿、浙江，劾去浙江赃吏至四百余人，时目为"铁御史"。奉敕编集陕西延绥士兵。还，迁太仆寺少卿，巡畿辅马政，尽却有司馈。按冀州，遇盗问隶人曰："太仆李公耶？是何从得金。"不启箧而去。成化十三年迁右佥都御史。转左，出督漕运，与平江伯陈锐共事。逾年卒。锐见箧中惟敝衣，挥涕曰："君子也。"为具棺敛，闻其清节于朝。帝特命赐祭葬，不为令。纲清刚似李侃，为时所重。

原杰，字子英，阳城人。正统十年进士。又二年，授南京御史，寻改北。巡按江西，捕诛剧盗，奸宄敛迹。复按顺天诸府。大水，牧官马者乏刍，马多毙，有司责偿。杰请免之，开中盐引入米振饥。疏入，为部所格，景帝卒从杰议。超擢江西按察使。发宁王奠培淫乱事，革其护卫。治行闻，赐诰旌异，迁山东左布政使。

成化二年就拜右副都御史，巡抚其地。岁凶振救，民无流移。召为户部左侍郎。时黄河迁决不常，彼陷则此淤。军民就淤垦种，奸徒指为围场屯地，献王府邀赏，王府辄据有之。杰请献者谪戍，并罪受献者。从之。江西盗起，以杰尝再莅其地得民，诏往治。捕戮六百余人，余悉解散。改左副都御史，还佐院事。

荆、襄流民数十万，朝廷以为忧。祭酒周洪谟尝著《流民图说》，谓当增置府县，听附籍为编氓，可实襄、邓户口，俾数百年无患。都御史李宾以闻。帝善之。十二年，遂命杰出抚。遍历山溪，宣朝廷德意，诸流民欣然愿附籍。于是大会湖广、河南、陕西抚、按官籍之，得户十一万三千有奇，口四十三万八千有奇。其初至，无产及平时顽梗者,驱还其乡,而附籍者用轻则定田赋。民大悦。因相地势,以襄阳所辖郧县,居竹、房、上津、商、洛诸县中,道路四达,去襄阳五百余里,山林阻深,将吏鲜至,猝有盗贼,府难遥制,乃拓其城,置郧阳府,以县附之。且置湖广行都司,增兵设戍,而析竹山置竹溪,析郧置郧西,析汉中之洵阳置白河,与竹山、上津、房咸隶新府。又于西安增山阳,南阳增南召、桐柏,汝州增伊阳,各隶其旧府。制既定,荐知邓州吴远为郧阳知府,诸县皆择邻境良吏为之。流人得所,四境乂安。将还,以地界湖广、河南、陕西,事无统纪,因荐御史吴道宏自代。诏即擢道宏大理少卿,抚治郧阳、襄阳、荆州、南阳、西安、汉中六府。郧阳之有抚治,自此始也。杰以功进右都御史。

杰数敭历于外,既居内台,不欲出。荆、襄之命,非其意也。事竣,急请还朝。会南京兵部缺尚书,以杰任之。杰疏辞。不许。遂卒于南阳,年六十一。郧、襄民为立祠,诏赠太子太保,录其子宗敏为国子生。

彭谊,字景宜,东莞人。正统中,由乡举除工部司务。尝与尚书辩事,无所阿。景帝立,用荐改御史。从尚书石璞塞沙湾决河,进秩二等。复决,再往塞之。

景泰五年,以从大学士王文巡视江、淮,擒获苏州贼,擢大理寺丞。明年二月,擢右佥都御史,提督紫荆、倒马诸关。劾都指挥胡玺纳贿纵军罪。天顺初,罢巡抚官。中朝有不悦谊者,下迁绍兴知府。岁饥,辄发廪振贷。吏白当俟朝命,谊曰:“民方急,安得循故事耶?”筑白马闸障海潮。历九载,多惠政。超擢山东左布政使,入为工部左侍郎。

成化四年,辽东巡抚张岐得罪,吏部举代者。帝曰:“辽东自王翱后,屡更巡抚,多不称,可于大臣中求之。”乃改谊右副都御史以往。镇守中官横征诸属卫。谊下令,凡文牒不经巡抚审定者,所司毋辄行,虐焰为息。十年冬,户部檄所司开黑山金场。谊奏永乐中太监王彦等开是山,督夫六千人,三阅月止得金八两,请罢之。遂止。

谊好古博学，通律历、占象、水利、兵法之属。平居谦厚简默，临事毅然有断。镇辽八年，军令振肃。年未老，四疏告归，家居四十余年卒。

牟俸，巴人。景泰初进士。授御史，巡按云南。南宁伯毛胜镇金齿，俸列其违纵罪，将吏皆耸。天顺元年，出为福建佥事。成化初，进秩副使。久之，迁江西按察使，政尚严厉，入为太仆卿。

八年，以左佥都御史巡抚山东。岁祲，请发济南仓储减价以粜，令临清关税收米麦济振。皆从之。时大饥，虽获振，饥民众，转徙益多。俸请敕邻境抚、按随所在安辑，秋成资遣复业。又乞开中淮、浙盐百万引，尽蠲州县逋课。诏如所请，更命移临清仓粟十万石振之。至七月，俸又言公私困竭，救荒靡策，乞开纳粟例，令胥吏得就选，富民授散官，且截留漕粮备振。十月复言："今救荒者止救其饥，不谋其寒。纵得食，终不免僵死，乞贷贫民布棉。"帝皆嘉纳。俸又檄发东昌、济宁仓粟十万余石为军士月粮，而以德州、临清寄库银易米振济，奏请伏专擅罪。帝特宥之。已，复以俸奏免柴夫折价银，移河南输边粟济山东，而别给银为边饷，山东输京租二十万石，给本地用。十年又饥，请发仓储出贷。抚山东五年，尽心荒政，活饥民不可胜数。

以右副都御史改抚苏、松。俸性严。以所部多巨室，欲故摧抑之，乃禁索私租，劝富家出谷备振动千计，怨谤纷然。中官汪直有事南京，或谮俸。直归，未发也。俸初在山东，与布政陈钺负气不相下。后钺从容言俸短，直信之。十四年，俸议事至京，直请执俸下诏狱。先是，所亲学士江朝宗除服还朝，俸迓之九江，联舟并下，所至，有司供张颇盛。直因谓朝宗有所关说，并下狱。词连佥事吴瑞等十余人，俱被逮。系狱半岁，谪戍湖广。

俸在江西时，共成许聪狱，人多议其深文。至是被祸，皆知为直诬，然无白其冤者。逾年，卒戍所。

夏壎,字宗成,天台人。景泰二年进士。授御史。天顺初,巡按福建,继清军江西,发镇守中官叶达恣横状,达为敛威。以荐超擢广东按察使。时用师岁久,役民守城,壎至悉遣之。

成化初,奏:"瑶、壮弗靖,用兵无功,由有司抚字乖方,贼因得诱良民为徒党。剧寇数百,胁从万千,进则驱之当前,退则杀以抒愤,害常在民,而利常在彼。况用兵不已,供敛日增,以易摇之人心,责无穷之军费,恐外患未除,内变先作。请慎选监司守令,抚绥遗民,彼被胁之众自闻风来归。"帝深纳其言。寻迁布政使,调江西。

八年,以右都副御史巡抚四川。苗、僚时为寇。壎立互知会捕法,贼为之戢。古州苗万余,居烂土久,时议逐之,壎谓非计。松潘参将尧或请益戍兵三千,又力陈不可。皆得寝。已,奏所部将校多犯法,奏请逾时,辄至遁逸。请先逮系,然后奏闻。帝可之。

壎刚介,善听断,所至民不冤。在蜀二年,民夷畏服。然厌繁剧,与时多龃龉。子镔献诗劝归,壎欣然纳焉。年未五十,即求退。章四上,得请。既归,杜门养亲,不按宾客。又五年卒。

镔举进士。弘治四年谒选入都,上书请复李文祥、邹智等官,罢大学士刘吉。忤旨,下狱,得释。久之,除南京大理评事。疏论赋敛、徭役、马政、盐课利弊,及宗藩、戚里侵渔状。不报。镔素无宦情。居官仅岁余,念母老,乞侍养,遂归。家居三十余年,竟不复出。

高明,字上达,贵溪人。幼事母以孝闻。登景泰二年进士,授御史。闻内苑造龙舟,切谏。有指挥为大臣所陷,论死,辩出之。徐州民诉有司于朝。时例,越诉者戍边。明言:"戍边,防诬诉也。今诉不诬,法止当杖。"民有为妖言者,吏贪功,诬以谋反。明按无反状,止坐妖言律。皆报许。

巡按河南,黜属吏六十人。再按畿辅,入总诸道章奏。天顺初,尚书陈汝言有罪,偕诸御史劾,下之狱。四年,御史赵明等劾天下朝觐官，触帝怒，诘草疏主名。众大惧，明独自承。都御史寇深言："频年章疏，尽出明手，幸勿以细故加罪。"帝意解，反称明能。石亨既诛，僮仆皆收。明言不宜，坐免者百人。擢大理寺丞。

宪宗立，拜南京右佥都御史。以留都春夏淫雨，请修人事以回天意。时纳马入监者至万余人，明请区别。荐郎中孙琼、陈鸿渐、梅伦、何宜，主事宋瑛，皆端方廉洁，恬于进取，宜显擢以风有位。疏下所司。

成化三年，扬州盐寇起，守兵失利，诏明讨之。造巨舰，名曰筹亭，往来江上督战，并江置逻堡候望。贼踪迹无所匿，遂平之。内官鬻私盐，据法没入，盐政大治。因条上利病十余事，多议行。仍还原任，以亲老乞终养归。

十四年，上杭盗发。诏起巡抚福建，督兵往讨。擒诛首恶，余皆减死遣戍。以上杭地接江西、广东，盗易啸聚，请析置永定县。移疾径归。久之，卒。

杨继宗，字承芳，阳城人。天顺初进士。授刑部主事。囚多疫死，为时其食饮，令三日一栉沐，全活甚众。又善辨疑狱。河间获盗，遣里民张文、郭礼送京师，盗逸。文谓礼曰："吾二人并当死。汝母老，鲜兄弟，以我代盗，庶全汝母子命。"礼泣谢，从之。文桎梏诣部，继宗察非盗，竟辨出之。

成化初，用王翱荐，擢嘉兴知府。以一仆自随，署斋萧然。性刚廉孤峭，人莫敢犯。而时时集父老问疾苦，为祛除之。大兴社学。民间子弟八岁不就学者，罚其父兄。遇学官以宾礼。师儒竞劝，文教大兴。御史孔儒清军，里老多挞死。继宗榜曰："御史杖人至死者，诣府报名。"儒怒。继宗入见曰："为治有体。公但剔奸弊，劝惩官吏。若比户稽核，则有司事，非宪体也。"儒不能难，而心甚衔之。濒行，突入府署，发箧视之，敝衣数袭而已，儒惭而去。中官过者，继宗遗以菱芡、历书。中官索钱，继宗即发牒取库金，曰："金具在，与我印券。"中官咋舌不敢受。入觐，汪直欲见之，不可。宪宗问直朝觐官执廉？直对曰："天下不爱钱者，惟杨继宗一人耳。"

九载秩满，超迁浙江按察使。数与中官张庆忤，庆兄敏在司礼，每于帝前毁继宗。帝曰："得非不私一钱之杨继宗乎？"敏惶恐，遗书庆曰："善遇之，上已知其人矣。"闻母丧，立出，止驿亭下，尽籍廨中器物付有司。惟携一仆、书数卷而还。

服除，以右佥都御史巡抚顺天。畿内多权贵庄田，有侵民业者，辄夺还之。按行关塞，武备大饬。星变，应诏陈言，历指中官及文武诸臣贪残状，且请召还中官出镇者，益为权贵所嫉。治中陈翼讦其过，权贵因中之，左迁云南副使。

孝宗立，迁湖广按察使。既至，命汲水百斛，洗涤厅事而后视事，曰："吾以除秽也。"居无何，复以佥都御史巡抚云南。三司多旧僚，相见欢然。既而出位揖之曰："明日有公事，诸君幸相谅。"遂劾罢不职者八人。未几卒。

继宗力持风节，而居心慈厚，自处必以礼。为知府，谒上官必衣绣服，朝觐谒吏部亦然。或言不可，笑曰："此朝廷法服也，此而不服，将安用之？"为浙江按察时，仓官十余人坐缺粮系狱，至鬻子女以偿。继宗欲宽之而无由。一日，送月俸至，命量之，则溢原数。较他司亦然。因悟仓吏缺粮之由，将具实以闻。众惧，请于继宗，愿捐俸代偿。由是十人者获释。尝监乡试得二卷，具朝服再拜曰："二子当大魁天下，吾为朝廷得人贺耳。"及拆卷，王华、李旻也，后果相继为状元。人服其鉴。天启初，谥贞肃。

赞曰：明初以十五布政司分治天下，诸边要害则遣侯伯勋臣镇扼之。永乐之季，敕蹇义等二十六人巡行天下，安抚军民，事竣还朝，不为经制。宣德初，始命熊概巡抚苏、松、两浙。越数年，而江西、河南诸省以次专设巡抚官。天顺初，暂罢复设，诸边亦稍用廷臣出镇或参赞军务。盖以地大物众，法令滋章，三司谨奉教条，修其常职，而兴利除弊，均赋税，击贪浊，安善良，惟巡抚得以便宜从事。熊概以下诸人，强干者立声威，恺悌者流惠爱，政绩均有可纪。于谦、周忱巡抚最为有名,而勋业尤盛,故别著焉。

明史卷一六○
列传第四八

王彰　魏源　金濂　石璞
王竑　**罗通　罗绮** 张固 **张瑄**
张鹏　李裕

王彰,字文昭,郑人。洪武二十年举于乡,补国子生。使山东平籴,以廉干称,擢吏科源士。逾年,革源士,改给事中,累迁山西左参政。

永乐五年,召为礼部侍郎。父丧,服除,改户部。陕西大疫,奉使祀西岳。新安民鬻子女偿赋。彰奏为蠲除,赎还所鬻。改右副都御史。

陕西佥事马英激肃州番为变,杀御史及都指挥。彰劾英,置极典。又劾御史陈孟旭受赇枉法,文献盗银课,及金吾指挥李严逐母不养,皆坐死。他所论劾甚众。十一年,从帝北巡。彰有母年八十余矣,命归省,赐其母冠服金币。谕之曰:"君子居官不忘亲,居家不忘君。凡所过,民安否,吏贤不肖,悉以闻。"彰还,奏事称旨。久之,进右都御史。

十九年,帝遣廷臣二十六人巡抚天下,彰与给事中王励往河南。终明世,大臣得抚乡土者,彰与叶春而已。河南水灾,民多流亡,长吏不加恤。彰奏黜贪刻者百余人,罢不急之征十余事,招复流民,发廪振贷,多所全活。还朝,命督饷北征。仁宗即位,河溢开封,命彰与都指挥李信往振恤。

宣德元年五月，命彰自良乡抵南京巡抚军民。寻以所言率常事，降敕切责，令详具利病以闻。复谕侍臣曰："两京相距数千里，驿使往来为扰，或遭水旱，小民失所，朝使还及御史巡历皆不以告，故遣彰往视。今所奏多细故。大臣如此，朕复何望。卿等当悉朕意，君臣同体，勿有所疑。"寻召还，命与都督山云巡山海至居庸诸关隘。逾二月还，奏将士擅离者，帝命逮治。遂命兵部三月一遣御史、给事中点阅。明年四月卒于官。

彰严介自持，请托皆绝，然用法过刻。其母屡以为言，不能改。时刘观为左都御史。人谓彰公而不恕，观私而不刻云。

魏源，字文渊，建昌县人。永乐四年进士。除监察御史。辨松江知府黄子威诬，奏减浙东濒海渔课。巡按陕西。西安大疫，疗活甚众。奏言："诸府仓粟积一千九十余万石，足支十年。今民疫妨农，请输钞代两税之半。"从之。凉州土寇将为变。亟请剿，乱遂息。两遭丧，俱起复。洪熙元年出为浙江按察副使。

宣德三年召署刑部右侍郎。五年，河南旱荒，民多转徙。帝以源廉正有为，命为左布政使，俾驰驿之任。时侍郎许廓往抚辑，廷议又起丁忧布政使李昌祺原官。源与廓、昌祺发仓廪，免逋赋杂役，流民渐归。雨亦旋降，岁大丰。居三年，召还，授刑部左侍郎。明年，永丰民夏九旭等据大盘山为乱。帝以源江西人，命抚之，都督任礼帅兵随其后。未至，官军擒九旭，因命二人采木四川，兼饬边务。

英宗即位，进尚书。正统二年五月命整饬大同、宣府诸边，许便宜行事。源遣都督佥事李谦守独石，杨洪副之，劾万全卫指挥杜衡戍广西。明年奏大同总兵官谭广老，帝命黄真、杨洪充左右参将协镇，诸将肃然。按行天城、朔州诸险要，令将吏分守。设威远卫，增修开平、龙门城，自独石抵宣府，增置墩堠。免屯军租一年，储火器为边备，诸依权贵避役者悉括归伍。寻以宣、大军务久弛，请召还巡抚金都御史卢睿，而荐兵部侍郎于谦为镇守参赞。朝廷以谦方抚山西、河南，不听。于是言官以临边擅易置大臣为源罪，合疏劾之。且言源为御史尝犯赃，乃冒领诰命。帝以源有劳，置不问。事竣还朝，与都御史陈智相晋于直庐。智以闻，诏两责之。

岁旱，录上疑狱，且请推行于天下，报可。旋坐决狱不当，与侍郎何文渊俱下狱。得宥，复以上辽王贵焅罪状，不言其内乱事，与三司官皆系诏狱。累月，释还职。

源在刑部久，议狱多平恕。陕西佥事计资言，武臣杂犯等罪，予半俸，谪极边。源以所言深刻，奏寝之。郎中林厚言禁刁讼、告讦及择理刑官、勘重囚务凭赃具四事，皆以源议得施行。六年以足疾命朝朔望。八年致仕，卒。

金濂，字宗瀚，山阳人。永乐十六年进士。授御史。宣德初，巡按广东，廉能最。改按江西、浙江。捕巨盗不获，坐免。盗就执，乃复官。尝言郡县吏贪浊，宜敕按察司、巡按御史察廉能者，如洪武间故事，遣使劳赉，则清浊分，循良劝。帝嘉纳之。用荐迁陕西副使。

正统元年，上书请补卫所缺官，益宁夏守兵，设汉中镇守都指挥使，多议行。三年擢金都御史，参赞宁夏军务。濂有心计，善筹画，西陲晏然。宁夏旧有五渠，而鸣沙洲七星、汉伯、石灰三渠淤，濂请浚之，溉芜田一千三百余顷。时诏富民输米助边，千石以上褒以玺书。濂言边地粟贵，请并旌不及额者，储由此充。六年诏金都御史卢睿与濂更代。明年，睿召还，濂复出镇。寻加右副都御史，与睿代者再。

八年秋拜刑部尚书，侍经筵。十一年，安乡伯张安与弟争禄，诏逮治。法司与户部相诿，言官劾濂及户部尚书王佐，右都御史陈镒，侍郎丁铉、马昂，副都御史丁璿、程富等，俱下狱。数日，释之。

福建贼邓茂七等为乱，都督刘聚、都御史张楷征之，不克。十三年十一月大发兵，命宁阳侯陈懋等为将军往讨，以濂参军务。比至，御史丁瑄已大破贼，茂七死，余贼拥其兄子伯孙据九龙山，拒官军。濂与众谋，羸师诱之出，伏精兵，入其垒，遂擒伯孙。帝乃移楷讨浙

寇,而留濂击平余贼未下者。会英宗北狩,兵事棘,召还。言者交劾
濂无功,景帝不问,加濂太子宾客,给二俸。寻改户部尚书,进太子
太保。

时四方用兵,需饷急,濂综核无遗,议上撙节便宜十六事,国用
得无乏。未几,上皇还,也先请遣使往来如初。帝坚意绝之。濂再
疏谏,不听。初,帝即位,诏免景泰二年天下租十之三。濂檄有司,
但减米麦,其折收银布丝帛者征如故。三年二月,学士江渊以为言,
命部查理。濂内惭,抵无有。给事中李侃等请诘天下有司违诏故。
濂恐事败,乃言:"银布丝帛,诏书未载,若概减免,国用何资?"于是
给事中御史劾濂失信于民,为国敛怨,且讦其阴事。帝欲宥之,而侃
与御史王允力争,遂下都察院狱。越三日释之,削宫保,改工部。吏
部尚书何文渊言理财非濂不可,乃复还户部。濂上疏自理,遂乞骸
骨,帝慰留之。东宫建,复宫保。寻复条上节军匠及僧道冗食共十
事。五年卒官,以军功追封沭阳伯,谥荣襄。

濂刚果有才,所至以严办称,然接下多暴怒。在刑部持法稍深。
及为户部,值兵兴财诎,颇厚敛以足用云。

石璞,字仲玉,临漳人。永乐九年举于乡,入国学。选授御史。
正统初,历任江西按察使。三年坐逸囚,降副使。璞善断疑狱。
民娶妇,三日归宁,失之。妇翁讼婿杀女,诬服论死。璞祷于神,梦
神示以麦字。璞曰:"麦者,两人夹一人也。"比明,械囚趣行刑。未
出,一童子窥门屏间。捕入,则道士徒也。叱曰:"尔师令尔侦事乎?"
童子首实,果二道士匿妇槁麦中。立捕,论如法。在江西数年,风纪
整肃,虽妇竖无不知石宪使者。

七年迁山西布政使。明年,以朝廷岁用物料,有司科派扰民,请
于折粮银内岁存千两,令官买办,庶官用可完,民亦不扰。从之。

工部尚书王卺以不能屈意王振,十三年致仕去。璞为振所善,
遂召为尚书。明年,处州贼叶宗留作乱,总兵官徐恭等往讨,以璞参
其军事。师未至,宗留已为其党陈鉴胡所杀。巡抚张骥招降鉴胡,

贼势稍息。璞等逗遛无功，为御史张洪等所劾，诏俟师旋以闻。

已而景帝嗣位，召还。论功，兼大理寺卿。寻出募天下义勇，还朝。会中官金英下狱，法司劾璞尝赂英，遂并下璞狱，当斩，特宥之，出理大同军饷。敌犯马营，命提督宣府军务。至则寇已退，还理部事。加太子太保，给二俸。

河决沙湾，命治之。璞以决口未易塞，别浚渠，自黑洋山至徐州，以通漕艘，而决口如故。乃命内官黎贤等偕御史彭谊助之。于沙湾筑石堤以御决河，开月河二，引水益运河以杀水势，决乃塞。璞还言："京师盗贼多出军伍，间有获者，辄云'粮饷亏减，妻孥饥冻故'。又闻两畿、山东、河南被灾穷民多事剽掠，不及今拊循，恐方来之忧甚于边患。口外守军，夜行昼伏，艰苦万状。今边疆未靖，宜增饷以作士气，乃反减其月粮，此实启盗误国之端，非节财足用之术。"帝深纳其言。沙湾复决，璞再往治之。以母忧归，起复。

六年改兵部尚书，与于谦协理部事。明年，湖广苗乱，命璞总督军务，与南和伯方瑛讨之。天顺元年以捷闻。召还，命致仕。既而论功，赐钞币。四年冬用李贤荐，召为南京左都御史。时璞已老聩，不能任事。七年为锦衣卫指挥金事门达所劾罢，归卒。

王翱，郿人。永乐中乡荐，历山东左布政使，所至有惠政。正统六年入为工部侍郎，代吴中为尚书。归家十五年卒。

罗通，字学古，吉水人。永乐十年进士。授御史，巡按四川。都指挥郭玮与清军御史汪琳中交通为奸利，通劾奏，逮治之。三殿灾，偕同官何忠等极陈时政阙失。忤旨，出为交址清化知州。

宣德元年，黎利反，王通战败，擅传檄割清化迤西界贼。贼方围清化，通与指挥打忠坚守，乘间破贼，杀伤甚众。贼将遁而檄至，通曰："吾辈杀贼多，出城必无全理，与就缚，曷若尽忠死。"乃与忠益固守。贼久攻不下，令降将蔡福说降，通登埤大骂。贼知城不可拔，引去。及还京，宣宗大奖劳之。改户部员外郎，出理宣府军饷。奏言："朝议储饷开平，令每军运一石，又当以骑士护行，计所费率二石七斗而致一石。今军民多愿输米易盐，请捐旧例五分之二，则人自乐输，饷足而兵不疲。"帝可之。

正统初，迁兵部郎中，从尚书王骥整饬甘肃边务。从破敌于兀鲁乃还，以贪淫事为骥所觉。骥遣通奏边情，即疏通罪。下狱，谪广西容山闸官。已，调东莞河泊所官。九年，都督佥事曹俭荐其有文武才，乞收用。吏部执不可。

景帝监国，以于谦、陈循荐，起兵部员外郎，守居庸关。俄进郎中。帝即位，进右副都御史。也先犯京师，别部攻居庸甚急。天大寒，通汲水灌城，水坚不得近。七日遁走，追击破之。

景泰元年召还。时杨洪督京营，命通参军务兼理院事。言："诸边报警，率由守将畏征调，饰诈以惑朝廷，遇贼数十辄称杀败数千。向者德胜等门外不知斩馘几何，而获官者至六万六千余人。辇下且然，何况塞外。且韩信起自行伍，穰苴拔于寒微，宜博搜将士中如信、苴者，与议军事。若今腰玉珥貂，皆苟全性命保爵禄之人，憎贤忌才，能言而不能行，未足与议也。"意盖诋谦与石亨辈。谦疏辨，言："概责边报不实，果有警，不奏必致误事。德胜门外官军升级，惟武清侯石亨功次册当先者万九千八百余人，及阵亡三千余人而已，安所得六万之多？通以为滥，宜将臣及亨等升爵削夺。有如韩信、穰苴者，乞即命指荐，并罢臣营务，俾专治部事。"疏下廷议。廷臣共言谦及石亨、杨洪实堪其任，又谓通志在灭贼，无他。帝两解之。寻敕谦录功，不得如从前冒滥，盖因通言而发也。给事中覃浩等言通本以知兵用，不宜理院事，乃解其兼职。

塞上军民多为寇所掠。通请榜诸边能自归者，军免戍守三年，民复徭役终身。又请悬封爵重赏。募能擒斩也先、伯颜帖木儿、喜宁者。已，又言："古之将帅务搜拔众才，如知山川形势者可使导军，能腾高越险者可使觇敌，能风角鸟占者可使备变。今军中未见其人，乞敕廷臣各举所知，命总兵官杨洪、副将孙镗同臣考验。"诏皆行之。

宣府有警，总兵官朱谦告急。廷推都督同知范广帅兵往，以通提督军务。寇退，驻师怀来、宣府，以边储不敷，召还。六月，于谦以山西近寇，请遣大臣往镇，杨洪亦乞遣重臣从雁门关护饷大同。帝以命通。通不欲行，请得与谦、洪俱。谦言国家多难，非臣子辞劳之日，奏乞躬往。帝不允，卒命通。通本谦所举，而每事牴牾，人由是不直通。

二年召还，仍赞军务。东宫改建，加太子少保。上言："贡使携马四万余匹，宜量增价酬之。价增则后来益众，此亦强中国弱外裔之一策。"帝以所贡马率不堪用，若增价正堕贼计，寝通奏。四年进右都御史，赞军务如故。

通好大言，遇人辄谈兵。自陈杀贼功，求世袭武职，为给事中王竑所劾。帝释不罪。天顺初，自陈预谋迎驾，恐为石亨等所掩，乃授其二子所镇抚。三年致仕。成化六年卒。赐祭葬如例。

罗绮，磁州人。宣德五年进士。英宗即位，授御史，按直隶、福建有能名。

正统九年参赞宁夏军务。逾年当代，军民诣镇守都御史陈镒乞留。以闻，命复任。寻擢大理右寺丞，参赞如故。常以事劾指挥任信、陈斌。二人皆王振党。十一年四月，信、斌讦绮不法事，下总兵官黄真覆核。真谓绮常詈宦官为老奴，以激怒振。召还京。法司拟赎，振改令锦衣卫再鞫。指挥同知马顺锻炼成狱，谪戍辽东。景帝立，绮诉冤，不听。寻用尚书于谦、金濂荐，召复故官，进右少卿，副李实使瓦剌。

上皇还，以劳擢刑部左侍郎。明年二月，出督云南、四川军储。已，代寇深镇守松潘。贼首卓劳纠他砦阿儿结等频为寇，绮擒斩之。土官王永、高茂林、董敏相仇杀，守将不能制，绮捣永巢诛之。又败黑虎诸塞番，斩馘三百五十。在镇七年，威名甚震。

天顺初，召为左副都御史，以功赐二品禄。御史张鹏、杨瑄劾石亨。亨谓绮与右都御史耿九畴使之，并下狱，降广东参政。绮鞅鞅

未赴。明年闰二月,绮乡人告磁州同知龙约自京还,与绮言天子仍
宠宦官,刻香木为王振形以葬,绮微笑云:"朝廷失政,致吾辈降
黜。"奏上,捕绮下吏,坐死,籍其家,陈所籍财贿于文华门示百官,
家属戍边,妇女没入浣衣局。宪宗立,赦为民,还其资产。

　　时与绮先后镇四川者,张固,字公正,新喻人。宣德八年进士。
正统初,授刑科给事中。改吏科,奉命抚裕州流民。景泰改元,给事
中李实请于四川行都司设镇守大臣,乃迁固大理右少卿,镇建昌。
有政绩。三年还理寺事。山东盗起,奉命督捕。适霖潦灾,流人载
道,固尽心振恤,盗贼乃散。还,卒于官。固在谏职敢言,大臣多被
弹劾,又劾都御史陈镒等举属吏出身掾吏者为知府。自是掾吏不得
历知府,著为例。英宗将北征,偕同官疏谏。复辟,追念之,已卒。遣
使谕祭,官其一子。子黼,仕至广西按察使。

　　张瑄,字廷玺,江浦人。正统七年进士。授刑部主事,历郎中,
有能声。

　　景泰时,赐敕为吉安知府。俗尚巫,迎神无休日。瑄遇诸途,投
神水中。俄遘危疾,父老皆言神为祟,请复之。瑄怒,不许,疾亦愈。
岁大饥,陈牒上官,不俟报,辄发廪振贷。

　　居八年,用荐擢广东右布政使。广西贼莫文章等越境陷连山,
瑄击斩之。又破阳山贼周公转、新兴贼邓李保等。既而大藤峡贼频
陷属邑,瑄坐停俸。成化初,韩雍平贼,录瑄转饷劳,赐银币,给俸如
初。瑄按行所部,督建预备仓六十二,修陂塘圩岸四千六百,增筑广
州新会诸城垣一十二。民德瑄,惟恐其去。既转左布政使,会满九
载,当赴京,军民相率乞留。巡抚陈濂等为之请,乃仍故任。

　　八年始以右副都御史巡抚福建。平贼林寿六、魏怀三等。福安、
寿宁诸县邻江、浙,贼首叶旺、叶春等负险。瑄捕诛之,余尽解散。帝
降敕劳之,改抚河南。议事入都,陈抚流民、振滞才十八事,所司多
议行。黄河水溢,瑄请振,且移王府禄米于他所,留应输榆林饷济

荒，石取直八钱输榆林，民称便。

还理院事。寻迁南京刑部侍郎。久之，进尚书。二十年，星变，被劾，帝弗问。居三年，给事御史复劾之，遂落职。孝宗立，复官，致仕。

张鹏，字腾霄，涞水人。景泰二年进士。授御史。上疏言：“怀利事君，人臣所戒。比每遇圣节，或进羊马锦绮，交错殿廷。自非贪贿，安有余财充进奉？且陛下富有四海，岂藉是足国哉？宜一切停罢，塞谄谀奔竞之途。”疏凡四事，帝颇采用。出按大同、宣府，奏：“两镇军士敝衣菲食，病无药，死无棺，乞官给医药棺椁，设义冢，俾飨厉祭，死者蒙恩，则生者劝。”帝立报可，且命诸边概行之。奏停淮、扬征赋，给牛种。

天顺元年，同官杨瑄劾石亨、曹吉祥。鹏亦偕刘泰、魏瀚、康骥论劾。俱得罪，下诏狱。诸御史多谪官，而鹏、瑄戍辽东。顷之赦免，复戍南丹。宪宗立，廷臣交荐，召复原官，寻超擢福建按察使。

成化四年，以右佥都御史巡抚广西，剿蛮寇有功。其冬罢巡抚官，命还理南京都察院事。改督漕运，兼抚淮、扬四府。寻解漕务，专理巡抚事。复还南院，进副都御史，巡抚宁夏。召还，历兵部左、右侍郎。

十八年，代陈钺为兵部尚书。守珠池宦官韦助乞往来高、肇、琼、廉，会守巡官捕寇。鹏执不可，帝竟许之。南北印马，率遣勋臣、内侍，后以灾伤止遣御史。是年，帝复欲遣内侍，鹏等执不可。帝勉从之，命俟后仍如故事。镇守大同中官汪直言小王子将大举，请发京兵援。鹏等言：“大同士马四万已足用，所请宜勿许。且京军困营造，精力销沮，猝有急，何以作威厉气，请悉停其役。”诏可。寻加太子少保。

鹏初为御史，刚直尚气节，有盛名。后敭历中外，惟事安静。群小窃柄，阁臣万安、刘吉辈专营私，鹏循职而已，不能有所匡救。二十一年，星变，鹏偕僚属言：“传奉武职至八百余人，乞悉令闲住，非军功毋滥授。四方镇守、监枪、守备内官，非正统间原设者，悉宜召还。”廷臣亦交以请，下兵部覆核。鹏畏中官，不敢坚其议，帝遂尽留之。时论皆咎鹏。奸民章瑾献珍宝，得为锦衣镇抚。理刑缺，鹏所上不允。知帝意属瑾，即推用焉。台谏劾大臣不职者多及鹏，鹏力求去，遂赐敕给驿以归。弘治四年卒。谥懿简。

李裕，字资德，丰城人。景泰五年进士。授御史。天顺中，巡按陕西，上安边八事。石彪滥报首功，诏裕核实。彪从父亨以书抵裕，裕焚之，以实闻。亨亦旋败。由是有强直声。都御史寇深遇僚属严，惟裕不为屈。

以才擢山东按察使。重囚二百余人，或经十余年未判，裕旬月间决遣殆尽。大岘山贼寨七十余，裕捕戮其魁，纵胁从，除其逋负，乱遂平。

成化初，迁陕西左布政使，入为顺天府尹。政声在著。进右副都御史，总督漕运兼巡抚江北诸府。浚白塔、孟渎二河以便漕。张秋南旺及淮安西湖旧编木捍冲激，劳费无已。裕与郎中杨恭等谋，易以石，遂为永利。淮、凤方饥，而太仆征预备马二万匹。裕论罢之。在淮六岁，每岁入计事，陈利病，多施行。父忧归，服除，留佐院事。

十九年，代戴缙为右都御史。缙附汪直，尝请复立西厂者也，在台纲纪不立。裕欲振之。御史有过，功遭篣挞，由是得谤。汪直败，偕副都御史屠滽请雪诸忤直得罪者。帝不悦，夺俸。又坐累，调南京都察院。考绩赴都，留为工部尚书。初，吏部尚书尹旻罢，耿裕代之。以持正不为万安所喜。而李孜省方贵幸用事，欲引乡人，乃协谋去耿裕，以裕代之。裕本廉介负时望，以孜省故，名颇损。其铨叙亦平。故事，考察目有四：曰老疾，曰罢软，曰贪酷，曰不谨。裕言："人材质不同。偏执类酷，迟钝类软。乞立'才力不及'一途，以寓爱惜人才之意。"帝善之，遂著为令。孝宗立，言官交章劾裕进由孜省。裕不平，为《辨诬录》，连疏乞休去。正德中卒，年八十八。

赞曰：王彰等或以性行未纯，为时訾议。综其生平，瑕瑜互见。然敭历中外，劳绩多有可纪。《书》称“与人不求备”，《春秋》之义“善善长”，则诸人固不失为国家干济材欤。

明史卷一六一
列传第四九

周新　李昌祺 萧省身　陈士启
应履平　林硕　况钟 朱胜
陈本深 罗以礼 莫愚 赵泰　彭勖
孙鼎　夏时　黄润玉　杨瓒
王懋 叶锡 赵亮　刘实　陈选
夏寅　陈壮　张昺　宋端仪

　　周新,南海人。初名志新,字日新。成祖常独呼"新",遂为名,因以志新字。洪武中以诸生贡入太学。授大理寺评事,以善决狱称。

　　成祖即位,改监察御史。敢言,多所弹劾。贵戚震惧,目为"冷面寒铁"。京师中至以其名怖小儿,辄皆奔匿。巡按福建,奏请都司卫所不得凌府州县,府卫官相见均礼,武人为之戢。改按北京。时令吏民罪徒流者耕北京闲田,监禁详拟,往复待报,多瘐死。新请从北京行部或巡按详允就遣,以免淹滞。从之。且命畿内罪人应决者许收赎。帝知新,所奏无不允。

　　还朝,即擢云南按察使。未赴,改浙江。冤民系久,闻新至,喜曰:"我得生矣。"至果雪之。初,新入境,群蚋迎马头,迹得死人榛中,身系小木印。新验印,知死者故布商。密令广市布,视印文合者捕鞫之,尽获诸盗。一日,视事,旋风吹叶坠案前,叶异他树。询左右,独一僧寺有之。寺去城远,新意僧杀人。发树,果见妇人尸。鞫实,磔僧。一商暮归,恐遇劫,藏金丛祠石下,归以语其妻。旦往求金不得,诉于新。新召商妻讯之,果商妻有所私。商骤归,所私尚匿妻所,闻商语,夜取之。妻与所私皆论死。其他发奸摘伏,皆此类也。

新微服行部,忤县令。令欲拷治之,闻廉使且至,系之狱。新从狱中询诸囚,得令贪污状。告狱吏曰:"我按察使也。"令惊谢罪,劾罢之。永乐十年,浙西大水,通政赵居任匿不以闻,新奏之。夏原吉为居任解。帝命覆视,得蠲振如新言。嘉兴贼倪弘三劫旁郡,党数千人,累败官军。新督兵捕之,列木栅诸港汊。贼陆走,追蹑之桃源,絷以献。当是时,周廉使名闻天下。

锦衣卫指挥纪纲使千户缉事浙江,攫贿作威福。新欲按治之,遁去。顷之,新赍文册入京,遇千户涿州,捕系州狱,脱走诉于纲,纲诬奏新罪。帝怒,命逮新。旗校皆锦衣私人,在道榜掠无完肤。既至,伏陛前抗声曰:"陛下诏按察司行事,与都察院同。臣奉诏擒奸恶,奈何罪臣?"帝愈怒,命戮之。临刑大呼曰:"生为直臣,死当作直鬼!"竟杀之。

他日,帝悔,问侍臣曰:"周新何许人?"对曰:"南海。"帝叹曰:"岭外乃有此人,枉杀之矣。"后帝若见人绯衣立日中,曰"臣周新已为神,为陛下治奸贪吏"云。后纪纲以罪诛,事益白。

妻有节操。新未遇时,缝纫自给。及贵,偶赴同官妻内燕,荆布如田家妇。诸妇惭,尽易其衣饰。新死无子。妻归,贫甚。广东巡抚杨信民曰:"周志新当代第一人,可使其夫人终日馁耶?"时时赒给之。妻死,浙人仕广东者会葬。

李昌祺,名祯,以字行,庐陵人。永乐二年进士。选庶吉士。预修《永乐大典》,僻书疑事,人多就质。擢礼部郎中,迁广西左布政使。坐事谪役,寻宥还。洪熙元年起故官河南。与右布政使萧省身绳豪猾,去贪残,疏滞举废,救灾恤贫,数月化大行。忧归,宣宗已命侍郎魏源代。而是时河南大旱，廷臣以昌祺廉洁宽厚，河南民怀之，请起昌祺。命夺丧赴官，抚恤甚至。正统改元，上书言三事，皆报可。四年致仕。家居二十余年，屏迹不入公府，故庐裁蔽风雨，伏腊不充。景泰二年卒。

萧省身，泰和人。与昌祺同举进士。洪熙元年，布政考满，当给诰命，奏父年八十余，愿以给父。帝嘉而许之，后遂为例。居河南十二年，治行与昌祺等。

陈士启，名雷，以字行，泰和人。永乐二年进士。选庶吉士，擢礼部郎中。尚书吕震险忮，属吏皆惮之，承奉唯谨，士启独不少徇。

十二年三月，吏部言布、按二司多缺官。帝曰：“布政、按察，吾方岳臣，方数千里地悬数人手，其简廷臣贤能者，分别用之。”于是诸曹郎、给事中出为监司者二十余人，而士启得山东右参政。尽心吏事，不为察察名。督徭赋，不峻期约。青州饥，疏请振之粟。使至，而饥民倍。士启复上疏，先出粟予民，谓使者曰：“有罪吾独任。”廷议竟从之。

坐唐赛儿乱下狱。数月，释还职。高煦谋不轨，士启自青州暮驰归语三司，密闻于朝。高煦既执，从薛禄、张本录余党，抚安人民。事竣，命清理山东军籍。宣德六年卒于官。

应履平，奉化人。建文二年进士。授德化知县。历官吏部郎中，出为常德知府。

宣宗初，擢贵州按察使。所至祛除奸蠹，数论时政。旧制，都督府遣使于外，必领内勘合，下都司，不敢辄下卫。至是军府浸横，使者挟关文四驰，历诸卫，朘军伍。宣德七年，履平抗疏言：“勘合之设，所以防诈伪。今右军府遣发至黔者，不遵故事，小人凭势横求，诈冒何从省。”宣宗善其言，都督陈政引罪。帝令诸司永守之，军府为之戢。

山云镇广西以备蛮,岁调贵州军万人,春秋更代,还多逃亡,则取原卫军以补,不逐逃者。履平奏:"贵州四境皆苗蛮,军伍虚,有急孰与战守?今卫军逃于广西,而以在卫者补。不数年,贵州军伍尽空,边衅且起。"帝乃命云严责广西诸卫,追还逃军,俟足用,即遣归,罢贵州戍卒。云,名将,镇粤有功,轻履平书生。正统元年,履平劾云弄权,擅作威福,帝令云自陈。云大惊,引罪。帝宥之。

明年,上书言四事。一,镇远六府,自湖广改属贵州,当食川盐,去蜀道远,仍食淮盐为便。一,军卫粮支于重庆,舟楫不通,易就轻赍多耗费,请以镇远秋粮输湖广者就近支给。一,停黎平诸府岁办黄白蜡。一,贵州初开,三司月俸止一石,今粮渐充裕,请增给。并从之。

时方面以公事行部者,例不给驿。履平言僦车舟必扰民,请给驿便。又以军伍不足,请令卫所官旂犯杂死及徒流者,俱送镇将立功,期满还伍;边军犯盗及土官民与官旂罪轻者,入粟缺储所赎罪。并从之。三年迁云南左布政使。时麓川用兵,屡奏劳绩。八年致仕归。

林硕,字懋弘,闽县人。永乐十年进士。授御史,出按山东。

宣德初,按浙江。为治严肃,就擢按察使。千户汤某结中官裴可烈为奸利,硕将绳以法。中官诬硕毁诏书,被逮。硕叩头言:"臣前为御史,官七品。今擢按察使,官三品。日夜淬励,思报上恩。小人不便,欲去臣,唯陛下裁察。"帝动容曰:"朕固未之信,召汝面讯耳。"立释硕,复其官,敕责可烈。硕在浙久,人怀其惠。

正统三年误引赦例出人死,佥事耿定劾之。逮讯,输赎还职。其冬迁广东布政使,未及任而卒。其后宁波知府郑珞劾可烈不法,可烈竟罢去。

况钟,字伯律,靖安人。初以吏事尚书吕震,奇其才,荐授仪制司主事。迁郎中。

宣德五年，帝以郡守多不称职，会苏州等九府缺，皆雄剧地，命部、院臣举其属之廉能者补之。钟用尚书蹇义、胡濙等荐，擢知苏州，赐敕以遣之。

苏州赋役繁重，豪猾舞文为奸利，最号难治。钟乘传至府。初视事，群吏环立请判牒。钟伴不省，左右顾问，惟吏所欲行止。吏大喜，谓太守阘易欺。越三日，召诘之曰："前某事宜行，若止我；某事宜止，若强我行；若辈舞文久，罪当死。"立捶杀数人，尽斥属僚之贪虐庸懦者。一府大震，皆奉法。钟乃蠲烦苛，立条教，事不便民者，立上书言之。

清军御史李立勾军暴，同知张徽承风指，动以酷刑抑配平人。钟疏免百六十人，役止终本身者千二百四十人。属县逋赋四年，凡七百六十余万石。钟请量折以钞，为部议所格，然自是颇蠲减。又言："近奉诏募人佃官民荒田，官田准民田起科，无人种者除赋额。昆山诸县民以死徙从军除籍者，凡三万三千四百余户，所遗官田二千九百八十余顷，应减税十四万九千余石。其他官田没海者，赋额犹存，宜皆如诏书从事。臣所领七县，秋粮二百七十七万九千石有奇。其中民粮止十五万三千余石，而官粮乃至二百六十二万五千余石，有亩征至三石者，轻重不均如此。洪、永间，令出马役于北方诸驿，前后四百余匹，期三岁遣还，今已三十余岁矣。马死则补，未有休时。工部征三梭阔布八百匹，浙江十一府止百匹，而苏州乃至七百，乞敕所司处置。"帝悉报许。

当是时，屡诏减苏、松重赋。钟与巡抚周忱悉心计画，奏免七十余万石。凡忱所行善政，钟皆协力成之。所积济农仓粟岁十万石，振荒之外，以代民间杂办及逋租。其为政，纤悉周密。尝置二簿识民善恶，以行劝惩。又置通关勘合簿，防出纳奸伪。置纲运簿，防运夫侵盗。置馆夫簿，防非理需求。兴利除害，不遗余力。锄豪强，植良善，民奉之若神。

先是，中使织造采办及购花木禽鸟者踵至。郡佐以下，动遭笞缚。而卫所将卒，时凌虐小民。钟在，敛迹不敢肆。虽上官及他省吏过其地者，咸心惮之。

钟虽起刀笔，然重学校，礼文儒，单门寒士多见振赡。有邹亮者，献诗于钟。钟欲荐之，或为匿名书毁亮。钟曰“是欲我速成亮名耳”，立奏之朝。召授吏、刑二部司务。迁御史。

初，钟为吏时，吴江平思忠亦以吏起家，为吏部司务，遇钟有恩。至是钟数延见，执礼甚恭，且令二子给侍，曰：“非无仆隶，欲籍是报公耳。”思忠家素贫，未尝缘故谊有所干。人两贤之。

钟尝丁母忧，郡民诣阙乞留。诏起复。正统六年，秩满当迁，部民二万余人，起诉巡按御史张文昌，乞再任。诏进正三品俸，仍视府事。明年十二月卒于官。吏民聚哭，为立祠。

钟刚正廉洁，孜孜爱民，前后守苏者莫能及。钟之后李从智、朱胜相继知苏州，咸奉敕从事，然敕书委寄不如钟矣。

李从智，宜宾人。

朱胜，金华人。胜廉静精敏，下不能欺。尝曰：“吏贪，吾不多受牒。隶贪，吾不行杖。狱卒贪，吾不系囚。”由是公庭清肃，民安而化之。居七年，超迁江南左布政使。

初，与钟同荐者，户部郎中罗以礼知西安，兵部郎中赵豫知松江，工部郎中莫愚知常州，户部员外郎邵旻知武昌，刑部员外郎马仪知杭州，陈本深知吉安，御史陈鼎知建昌，何文渊知温州，皆赐敕乘传行。

陈本深，字有源，鄞人。永乐初，由乡举入国子监。授刑部主事。善发奸。畿内盗杀人，亡匿，有司系无辜十八人于狱。本深以计获盗，十八人皆免。迁员外郎。

与况钟等同受敕为知府，本深知吉安。吉安多豪强，好讦讼。巨猾彭抟等十九人横闾里，本深遣人与相结。为具召与饮，伏壮士后堂，拉杀之，皆曳其尸以出，一府大惊。乐安大盗曾子良据大盘山，众万余。本深设伏大破之，斩子良。

本深为政举大纲，不屑苛细。大猾既歼，府中无事。晨起，鼓而升堂，吏无所白，辄鼓而休。间有所讼，呼至榻前，析曲直遣之，亦不受状。有抑不伸者，虽三尺童子，皆得往白。久之，民耻争讼。尤折节士人，饰治学宫，奏新先儒欧阳修、周必大、杨邦乂、胡铨、杨万里、文天祥祠庙。正统六年，满九载当迁，郡人乞留，诏予正三品俸。廨前民嫁女，本深闻鼓乐声，笑曰：“吾来时，乳下儿也。今且嫁，我尚留此耶？”遂请老。前后守吉安十八年，既去，郡人肖像祀之。

罗以礼，桂阳人。永乐十三年进士。由郎中知西安府。遭丧，补绍兴。再以丧去。代者不称职，部民追思，乞以礼于朝。诏起复视事。岁满，进秩复任。已，移知建昌。所至皆有惠爱。历三郡，凡二十七年，乃致仕。

莫愚，临桂人。由乡举，以郎中出知常州。奏请减宜兴岁进茶数，禁公差官凌虐有司，严核上官荐劾之实。皆报可。郡民陈思保年十二，世业渔。其父兄行劫，思保在舟中，有司以为从论，当斩。愚疏言：“小儿依其父兄，非为从比。令全家舟居，将举家坐耶？”宣宗命释之，谓廷臣曰：“为守能言此，可谓有仁心矣。”正统六年秩满，郡民乞留，巡抚周忱以闻。诏进二阶复任。

与愚同时为同知者，潞城赵泰，字熙和。由乡举入国子监。历事都察院，授常州同知。浚孟渎、得胜二河，作魏村闸。周忱、况钟议减苏州重粮，泰亦检常州官田租，请并减之。迁工部郎中，命塞东昌决河。忱荐为协同都运，益勤其职。亡何，疾卒。

彭勖，字祖期，永丰人。七岁，入佛寺不拜。僧强之，叱曰：“彼不衣冠而祖跣，何拜为？”

永乐十三年举进士。亲老，乞近地以养，除南雄府教授。学舍后有祠，数现光怪。学官弟子率祷祀，勖撤而焚之。满考，补建宁教授。副使王增有疾，医者许宗道诬诸生游亨魇魅，以舍旁童五郎祠为征。增怒，置亨家七人重罪，下近祠居民狱四百家。勖抗论游氏非巫者,五郎非邪神,初捐地筑城人也,事载郡志中。增愕,索图经证之,大惭悔,事得解。建宁朱子故宅,有祠无祭。勋疏请春秋祭,蠲子孙徭。又创尊贤堂,祀胡安国、蔡沈、真德秀。诸生翕然向学。

正统元年,以杨士奇荐,召授御史。时初设提学官,命督南畿学校。详立教条,士风大振。疏言:"国朝祠祭,载在礼官。修斋起梁武帝,设醮起宋徽宗,宜一切除之。禁立庵院,罢给僧尼度牒。"又言:"真定、保定、山东民逃凤阳、颍州以万计,皆守令匿灾暴敛所致,乞厚轸恤。守令课绩,宜以户口增耗为殿最。"又请设南京诸卫武学。皆报可。所至葺治先贤坟祠。母忧归,以孙鼎代。勋起复,改吏部考功郎中,出为山东副使。土木之变,数言兵事。以直不容于时,致仕归。

孙鼎,字宜铉,庐陵人。永乐间举人。历松江教授。正统八年,杨溥荐为御史,董南畿学政。置本源录,录诸生善行。行部不令人知,单舆猝至。诸生谒,辄闭门试之,即日定甲乙。诸生试归,榜已揭通衢,请托者无所措手。通州旱饥,奏蠲粮三千四百余石。英宗北狩,鼎试罢,谓诸生曰:"故事当簪花宴,今臣子枕戈之秋,不敢陷诸君不义。"设茗饮,步送诸门。既而诣阙上书,请随所用效死。不报。未几,以亲老致仕。知府张瑄疏言:"鼎孝追曾、闵,学继朱、程,宜起居论思之职。"帝不允。天顺元年卒于家。

夏时,字以正,钱塘人。永乐十六年进士。授户科给事中。

洪熙元年议改钞法。时力言其扰市肆,无裨国用,疏留中。钞果大沮,民多犯禁,议竟寝。帝思时言,命侍皇太子祀孝陵,所过有灾伤,辄白太子,发粟以振。留署南京户科。

宣德初,一日三上封事。称旨,命署尚宝司,兼理吏、礼、兵、刑四科,视七篆,无留事。命核后湖黄册,陈便宜十四事。邳、徐、济宁、临清、武清旱,以时请,遣官振之。寻擢江西佥事。

正统三年奏:"今守令多刻削无辜,伤和干纪。乞令御史、按察司官遍阅罪囚，释冤滞，逮按枉法官吏。"从之。迁参议。七年奏恤民六事，多议行。十二年以大臣荐，超擢广西左布政使。前后所上又十余疏，虽不尽用，天下壮其敢言。年未七十，致仕归，卒。其为佥事时，进知州柯暹所撰《教民条约》及《均徭册式》，刊为令，人皆便之。

时为人廉洁好义。亲殁，庐墓有异征。殁而乡人祀之，名其祠曰"孝廉"。

黄润玉，字孟清，鄞人。五岁，侍母疾，夜不就寝。十岁，道见遗金不拾。永乐初，徙南方富民实北京、润玉请代父行，官少之。对曰："父去，日益老，儿去，日益长。"官异其言，许之。

十八年举顺天乡试。授建昌府学训导。父丧除，改官南昌。宣德中，用荐擢交阯道御史。出按湖广，斥两司以下不职者至百有二十人。

正统初，诏推举提学官。以杨士奇荐，擢广西佥事，提督学政。时寇起军兴，有都指挥妄掠子女万余口，润玉劾而归之。副使李立入民死罪至数百人，亦为辨释。南丹卫处万山中，戍卒冒瘴多死，为奏徙夷旷地。

母忧归，起官湖广。论罢巡抚李实亲故二人。实愤，奏润玉不谙刑律，坐谪含山知县。以年老归。归二十年，年八十有九卒。学者称南山先生。

杨瓒，蠡县人。永乐末进士。知赵城县，课绩为山西最，超擢凤阳知府。正统十年大计天下群吏，始命举治行卓异者，瓒及王懋、叶锡、赵亮等与焉。凤阳帝乡，勋臣及诸将子孙多犯令。瓒请立户稽出入，由是始遵约束。瓒言民间子弟可造者多，请增广生员毋限额。礼部采瓒言，考取附学。天下学校之有附学生，由瓒议始。

擢浙江右布政使。与镇守侍郎孙原贞共平陶得二之乱。景泰二年，瓒以湖州诸府官田赋重，请均之民田赋轻者，而严禁诡寄之弊。诏与原贞督之，田赋称平。久之，卒官。

王懋，修武人。永乐末进士，为海丰知县。后超擢西安知府，亦有声。

叶锡，永嘉人。宣德五年进士。为吴县知县，举卓异迁。奸民讦于朝，将逮系，吴人群诣阙颂锡，乃令视事如故，抵诬者罪。寻擢宁国知府。而赵亮为庆云典史，亦在举中，同被宴赍。时人以为荣。秩满，擢知本县。

刘实，字嘉秀，安福人。宣德五年举进士。居三年，选庶吉士。正统初，授金华府通判。仍岁荒旱，请蠲租，且赎还饥民子女。义门郑氏族大，不能自给，又买马出丁，供山西邮传，困甚，亦以实言获免。母丧归，庐墓三载，起顺天府治中。

景泰时，侍臣荐其文学。召修《宋元通鉴纲目》。实为人耿介，意所不可，虽达官贵人不稍逊。然颇自是。见同曹所纂不当，辄大笑，声彻廷陛，人亦以此忌之。

天顺初，还原任。四年擢知南雄府。商税巨万，旧皆入守橐，实无所私。中官至南雄，入谮言，府僚参谒，留实折辱之，民竞前拥之出。中官惭，将召谢之，实不往。中官去，至韶州，闻韶人言南雄守且讼于朝矣，惧，驰奏，诬实毁敕，大不敬，逮下诏狱。实从狱中上书言：“臣官三十年，未尝以妻子自随，食粗衣敝，为国家爱养小民，不忍困之，以是忤朝使。”帝览书，意稍解，且释之，而实竟瘐死。

实苦节自持。正务纷遝，未尝废书，士大夫重其学行。其殁也，南雄人哀而祠之。孙丙，自有传。

陈选，字士贤，临海人。父员韬，宣德五年进士。为御史，出按四川，黜贪奖廉，雪死囚四十余人。正统末，大军征邓茂七，往抚其民，释被诬为贼者千余家。都指挥蒋贵要所部贿，都督范雄病不能治军，皆劾罢之。历广东右参政，福建右布政使。广东值黄萧养乱后，而福建亦寇盗甫息，员韬所至，拊循教养，得士民心。

选自幼端悫寡言笑，以圣贤自期。天顺四年会试第一，成进士。授御史，巡按江西，尽黜贪残吏。时人语曰："前有韩雍，后有陈选。"广寇流入赣州，奏闻，不待报，遣兵平之。

宪宗即位，尝劾尚书马昂、侍郎吴复、鸿胪卿齐政，救修撰罗伦，学士倪谦、钱溥。言虽不尽行，一时惮其风采。已，督学南畿，颁冠、婚、祭、射仪于学官，令诸生以时肄之。作《小学集注》以教诸生。按部常止宿学官，夜巡两庑，察诸生诵读。除试牍糊名之陋，曰："己不自信，何以信于人？"

成化六年迁河南副使。寻改督学政，立教如南畿。汪直出巡，都御史以下皆拜谒，选独长揖。直问何官，选曰："提学副使。"直曰："大于都御史耶？"选曰："提学何可比都御史，但忝人师，不敢自诎辱。"选词气严正，而诸生亦群集署外。直气慑，好语遣之。

久之，进按察使。决遣轻系数百人，重囚多所平反，囹圄为空。治尚简易，独于赃吏无所假。然受赂百金以上者，坐六七镮而止。或问之，曰："奸人惜财亦惜命，若尽挈所赂以货要人，即法挠矣。"历广东左、右布政使。肇庆大水，不待报，辄发粟振之。

二十一年诏减省贡献，而市舶中官韦眷奏乞均徭户六十人添办方物。选持诏书争，帝命与其半，眷由是怒选。番人马力麻诡称苏门答剌使臣欲入贡，私市易。眷利其厚贿，将许之，选立逐之去。撒马儿罕使者自甘肃贡狮子，将取道广东浮海归。云欲往满喇加更市以进。选疏言不可许，恐遗笑外番，轻中国。帝纳其言，而眷憾选甚。

先是，番禺知县高瑶没眷通番资巨万，选移檄奖之，且闻于朝。至是眷诬奏选、瑶朋比为贪墨。诏遣刑部员外郎李行会巡按御史徐同爱讯之。选有所黜吏张褧，眷意其怨选，引令诬证选。褧坚不从，执褧拷掠无异辞。行、同爱畏眷，竟坐选如眷奏，与瑶俱被征。士民数万号泣遮留，使者辟除乃得出。至南昌，病作。行阻其医药，竟卒。年五十八。

编修张元祯为选治丧，殓之。絷闻选死，哀悼，乃上书曰：

臣闻口能铄金，毁足销骨。窃见故罪人选，抱孤忠，孑处群邪之中，独立众憎之地。太监絷通番败露，知县瑶按法持之。选移文奖励，以激贪懦，固贤监司事也。都御史宋旻与同爱怯势养奸，致絷横行胸臆，秽蔑清流。勘官行颐指锻炼，竟无左证。臣本小吏，讹误触法，被选黜罢，实臣自取。絷意臣憾选，厚赂唵臣，臣虽胥役，敢昧素心。絷知臣不可诱，嗾行等逮臣致理，拷掠弥月。臣忍死吁天，终无异口。行等乃依傍絷语，文致其词，劾选勘灾不实，擅便发仓，曲庇属官，意图报谢。必如所云，是毁共姜为夏姬，诟伯夷为庄跷也。

顷年岭外地震水溢，漂民庐舍，属郡交牒报灾，老弱引领待哺，而抚、按、藩臬若罔闻知。选独抱隐忧，食不下咽。谓展转行勘，则民命垂绝，所以便宜议振，志在救民，非有他也。选故刚正，不堪屈辱，愤懑旬日，婴疾而殂。行幸其殒身，阻其医疗。讫命之日，密走报絷，小人佞毒，一至于此！臣摈黜罪人，秉耒田野，百无所图，诚痛忠良衔屈，而为圣朝累也。

不报。

员韬父子皆持操甚洁。而员韬量能容物，选务克己，因自号克庵，遇物亦稍峻。人谓员韬德性，四时皆备，选得其秋焉。尝割田百四十亩赠其族人，暨卒，族人以选子戴贫还之，戴不可而止。弘治初，主事林沂疏雪选冤，诏复官礼葬。正德中，追赠光禄卿，谥忠愍。

夏寅，字正夫，松江华亭人。正统十三年举进士。授南京吏部主事。力学，为文以宏奥称。进郎中。

成化元年考满入都，上言：“徐州旱涝，民不聊生，饥馁切身，必为盗贼，乞特遣大臣镇抚，蠲租发廪。沿途贡船，丁夫不足，役及老稚。而所载官物仅一箱，余皆私赍，乞严禁绝。淮、徐、济宁军士，赴京操练，然其地实南北要冲，宜各设文武官镇守，训兵屯田，常使两京声势联络，仓猝可以制变。”章下所司行之，唯不设文武官。

迁江西副使，提督学校。其教务先德行。进浙江右参政。处州民苦虐政，走山谷。寅檄招之，众皆解散。久之，进山东右布政使。弘治初，致仕归。

寅清直无党援。尝语人曰："君子有三惜。此生不学，一可惜。此日闲过，二可惜。此身一败，三可惜。"世传为名言。

陈壮，字直夫，其先浙江山阴人。祖坐事谪戍交阯，后调京卫，遂家焉。壮举天顺八年进士，授南京御史。编修章懋等建言得罪，抗疏救之。帝遣中官采花木，复疏谏。尚书陈翌请以马豆代百官俸，壮言饲马之物，不可养士大夫。事乃寝。

壮家素婆，常禄外一无所取。父母殁，庐墓侧，居丧一循古礼。历江西佥事，致仕归。家居十余年，弘治中，以尚书张悦荐，起官福建。居二年，又乞致仕。时倪岳为吏部，素贤之，擢河南副使。岁荒振饥，民怀其惠。佥都御史林俊谢病，举以自代。未及迁，而壮又乞致仕。巡抚孙需奏留之。又二年，竟致仕去。

张昺，字仲明，慈溪人，都御史楷孙也。举成化八年进士，授铅山知县。性刚明，善治狱。有嫁女者，及婿门而失女，互以讼于官，不能决。昺行邑界，见大树妨稼，欲伐之。民言树有神巢其巅。昺不听，率众往伐。有衣冠三人拜道左。昺叱之，忽不见。比伐树，血流出树间。昺怒手斧之，卒仆其树。巢中堕二妇人，言狂风吹至楼上。其一即前所嫁女也。有巫能隐形，淫人妇女。昺执巫痛杖之，无所苦。已，并巫失去。昺驰缚以归，印巫背鞭之，立死。乃尽毁诸淫祠。寡妇惟一子，为虎所噬，诉于昺。昺与妇期五日，乃斋戒祀城隍神。及期，二虎伏庭下，昺叱曰："执伤吾民，法当死。无罪者去。"一虎起，敛尾去。一虎伏不动，昺射杀之，以畀节妇，一县称神。铅山俗，妇人夫死辄嫁；有病未死，先受聘供汤药者。昺欲变其俗，令寡妇皆具牒受判。署二木。曰"羞"，嫁者跪之。曰"节"，不嫁者跪之。民傅四妻祝誓死守，舅姑绐令跪"羞"木下，昺判从之，祝投后园池中死。邑大旱，昺梦妇人泣拜，觉而识其里居姓氏，往诘其状。及启土，貌如生。昺哭之恸曰："杀妇者，吾也。"为文以祭，改葬焉，天遂大雨。诸异政多类此。

擢南京御史。弘治元年七月偕同官上言："迩台谏交章论事矣，而扈跸纠仪者不免锦衣捶楚之辱，是言路将塞之渐也。经筵既举矣，而封章累进，卒不能回寒暑停免之说，是圣学将怠之渐也。内幸虽斥梁芳，而赐祭仍及便辟，是复启宠幸之渐也。外戚虽罪万喜，而庄田又赐皇亲，是骄纵姻娅之渐也。左道虽斥，而符书尚揭于宫禁，番僧旋复于京师，是异端复兴之渐也。传奉虽革，而千户复除张质，通政不去张苗，是传奉复启之渐也。织造停矣，仍闻有蟒衣牛斗之织，淫巧其渐作乎？宝石废矣，又闻有戚里不时之赐，珍玩其渐崇乎？《诗》云'靡不有初，鲜克有终'，愿陛下以为戒。"帝嘉纳之。

先是，昺以雷震孝陵柏树，与同官劾大学士刘吉等十余人，给事中周纮亦与同官劾吉，吉衔之。其冬，昺、纮奉命阅军，军多缺伍，两人欲劾奏守备中官蒋琮，琮先事劾两人。章下内阁，吉修隙，拟黜之外。尚书王恕抗章曰："不治失伍之罪，而罪执法之臣，何以服天下！"再疏争，言官亦论救。乃调昺南京通政司经历，纮南京光禄寺署丞。

久之，昺用荐迁四川佥事。富豪杀人，屡以赂免。御史檄昺治，果得其情。寻进副使。守备中官某将进术士周慧于朝，昺擒慧，论徙之极边。岁余，引疾归。环堵萧然，拥经史自娱。都御史王璟以振荒至，馈昺百金。坚拒不得，授下户饥民粟以答其意。知县丁洪，昺令铅山所取士也，且夕候起居，为具蔬食。昺曰："吾诚不自给，奈何以此烦令君？"卒弗受。炊烟屡绝，处之澹如。及卒，含敛不具，洪为经纪其丧。

宋端仪，字孔时，莆田人。成化十七年进士。官礼部主事。云南缺提学官，部议属端仪，吏先期泄之。端仪曰："启事未登，已喧众口，人其谓我干乞乎！"力辞之。已，进主客员外郎，贡使以赆见，悉却不纳。

初在国学，为祭酒丘浚所知。及浚柄政，未尝一造其门。广东提学缺，部以端仪名上，浚竟沮之。浚卒，始以按察佥事督广东学校。卒官。

端仪慨建文朝忠臣湮没，乃搜辑遗事，为《革除录》。建文忠臣之有录，自端仪始也。

赞曰：明初重监司守牧之任。尚书有出为布政使，而侍郎为参政者，监司之入为卿贰者，比比也。守牧称职，增秩或至二品。天顺而后，巡抚之寄专，而监司守牧不得自展布，重内轻外之势成矣。夫赋政于外，于民最亲。李昌祺、陈本深之属，静以爱民，况钟、张昺能于其职。所谓承宣德化，为天子分忧者，非耶？周新、陈选，冤死为可哀。读张骎书，又以见公正之服人者至，而直道之终不泯也。

明史卷一六二
列传第五〇

尹昌隆 耿通 陈谔 戴纶 林长懋 陈祚 郭循 刘球 子钺 釪 陈鉴 何观 钟同 孟玘 杨集 章纶 子玄应 廖庄 倪敬 盛昶等 杨瑄 子源 盛颙等

尹昌隆，字彦谦，泰和人。洪武中进士及第。授修撰，改监察御史。

惠帝初即位，视朝晏。昌隆疏谏曰："高皇帝鸡鸣而起，昧爽而朝，未日出而临百官，故能庶绩咸熙，天下乂安。陛下嗣守大业，宜追绳祖武，兢兢业业，忧勤万几。今乃即于晏安，日上数刻，犹未临朝。群臣宿卫，疲于伺候，旷职废业，上下懈弛。播之天下，传之四裔，非社稷福也。"帝曰："昌隆言切直，礼部其宣示天下，使知朕过。"未几，以地震上言，谪福宁知县。燕兵既逼，昌隆以北来奏章动引周公辅成王为词，劝帝罢兵，许王入朝。设有蹉跌，便举位让之。若沈吟不断，进退失据，将求为丹徒布衣且不可得。成祖入京师，昌隆名在奸臣中，以前奏贷死，命传世子于北平。

永乐二年册世子为皇太子，擢昌隆左春坊左中允。随事匡谏，太子甚重之。解缙之黜，同日改昌隆礼部主事。尚书吕震方用事，性刻忮。当其独处精思,以手指刮眉尾,则必有密谋深计,官属相戒,无敢白事者。昌隆前白事,震怒不应。移时又白之,震愈怒,拂衣起。昌隆退白太子,取令旨行之。震大怒,奏昌隆假托宫僚,阴欲树结,潜蓄无君心。逮下狱。寻遇赦复官。父忧起复,谒震,震温言接之。入理前奏,复下锦衣卫狱,籍其家。帝凡巡幸,下诏狱者率舆以从,谓之随驾重囚,昌隆与焉。

后数年,谷王谋反事发。以王前奏昌隆为长史,坐以同谋,诏公卿杂问。昌隆辩不已,震折之。狱具,置极刑死,夷其族。后震病且死,号呼"尹相",言见昌隆守欲杀之云。

耿通,齐东人。洪武中举于乡。授襄阳教授。永乐初,擢刑科给事中,历左右给事。刚直敢言。尝劾都御史陈瑛,御史袁纲、覃珩朋比为蒙蔽,构陷无辜,纲、珩已下狱,瑛长官,不宜独宥。又言骁骑诸卫仓坏,工部侍郎陈寿不预修,粮至无所受,多损耗病民;工部尚书宋礼不恤下,匠役满,不即遣归,多至失所。瑛等皆被镌责。当是时,给事中敢言者,通与陈谔,举朝惮其风采。久之,擢大理寺右丞。

帝北巡,太子监国。汉王高煦谋夺嫡,阴结帝左右为谗间,宫僚多得罪者。监国所行事,率多更置。通从容谏帝:"太子事无大过误,可无更也。"数言之。帝不悦。十年秋,有言通受请托故出人罪者。帝震怒,命都察院会文武大臣鞫之午门,曰:"必杀通无赦。"群臣如旨,当通罪斩。帝曰:"失出,细故耳,通为东宫关说,坏祖法,离间我父子,不可恕,其置之极刑。"廷臣不敢争,竟论奸党,磔死。

陈谔,字克忠,番禺人。永乐中,以乡举入太学,授刑科给事中。遇事刚果,弹劾无所避。每奏事,大声如钟。帝令饿之数日,奏对如故。曰:"是天性也。"每见,呼为"大声秀才"。尝言事忤旨,命坎瘗奉天门,露其首。七日不死,赦出还职。已,复忤旨,罚修象房。贫不能雇役,躬自操作。适驾至,问为谁。谔匍匐前,具道所以。帝怜之,命复官。

历任顺天府尹,政尚严鸷,执政忌之,出为湖广按察使。改山西,坐事落职。仁宗即位,遇赦当还故官。帝以谞前在湖广颇摭楚王细故,谪海盐知县。迁荆王长史,为王府所厌苦。宣德三年迁镇江同知。致仕归,卒。

戴纶,高密人。永乐中,自昌邑训导擢礼科给事中,与编修林长懋俱侍皇太孙说书。历中允、谕德。仁宗即位,太孙为太子,迁洗马,仍侍讲读。始成祖命太孙习武事,太孙亦雅好之,时出骑射。纶与长懋以太孙春秋方富,不宜荒学问而事游败。时时进谏。纶又具疏为帝言之。他日,太孙侍,帝问:“宫臣相得者谁也?”太孙以纶对。因出纶奏付之,太孙由此怨纶。

长懋者,莆田人。以乡荐历青州教授,擢编修。仁宗初,进中允。为人刚严,累进直言,与纶善。

宣宗即位,加恩宫僚,擢纶兵部侍郎。顷之,复以谏猎忤旨,命参赞交阯军务。而长懋自南京来,后至,亦出为郁林知州。无何,坐怨望,并逮至京,下锦衣卫狱。帝临鞫之,纶抗辩,触帝怒,立箠死,籍其家。诸父河南知府贤、太仆寺卿希文皆被系。

而长懋在狱十年,英宗立,乃得释。复其官,还守郁林,有惠政。其卒也,州人立庙祀之。

陈祚,字永锡,吴人。永乐中进士。擢河南参议。十五年与布政使周文褒、王文振合疏言建都北京非便,并谪均州太和山佃户。躬耕力作,处之晏然。仁宗立,诏选用迁谪诸臣,祚在选中。会帝崩,不果用。

宣德二年命宪臣即均州群试之,祚策第一。试吏部,复第一。遂擢御史,巡按福建。方面大吏多被弹击,禁止和买,闽人德之。还奏白塔河上通邵伯湖,下注大江,苏、松舟楫,多从往来,浅狭湮塞,请开浚。从之,转漕果便。寻出按江西。

时天下承平,帝颇事游猎玩好。祚驰疏劝勤圣学。其略曰:“帝王之学先明理，明理在读书。陛下虽有圣德，而经筵未甚兴举，讲学未有程度，圣贤精微，古今治乱，岂能周知洞晰？真德秀《大学衍义》一书，圣贤格言，无不毕载。愿于听政之暇，命儒臣讲说，非有大故，无得间断。使知古今若何而治，政事若何而得，必能开广聪明，增光德业，而邪佞之以奇巧荡圣心者自见疏远，天下人民受福无穷矣。"帝见疏大怒曰："竖儒谓朕未读《大学》耶！薄朕至此，不可不诛。"学士陈特顿首曰："俗士处远，不知上无书不读也。"帝意稍解。下祚狱，逮其家人十余口，隔别禁系者五年，其父竟瘐死。其时，刑部主事郭循谏拓西内皇城修离宫，逮入面诘之。循抗辩不屈，亦下狱。英宗立，祚与循皆得释复官。

祚再按湖广。以奏辽王贵焓罪有所隐，与巡抚侍郎吴政逮至京，下狱。寻赦出。时王振用事，法务严峻，祚上言："乃者法司论狱，多违定律。如侍郎吴玺误举主事吴轩，宜坐贵举非其人律，乃坐以奏事有规避律斩。及轩自经死，狱官狱卒罪应递减，乃援不应为重罪，概杖之。一事如此，余可推矣。天时不顺，灾沴数见，未必非此。"帝是之，以其章示法司。寻改南京，迁福建按察使金事。有威惠，神祠不载祀典者悉撤去。久之，以疾归，卒。

祚天资严毅，虽子弟罕接其言笑，独重里人邢量，量博学士，隐于卜，敝屋数椽，或竟日不举火。祚数挟册就质疑，往往至暮。

郭循，字循初，庐陵人。居官有才誉。既复职，进郎中，以尚书魏源荐，擢广东参政，有剿寇功。景泰初卒。

刘球，字廷振，安福人。永乐十九年进士。家居读书十年，从学者甚众。授礼部主事。胡溇荐侍经筵，与修《宣宗实录》，改翰林侍讲。从弟玭知莆田，遗一夏布。球封还，贻书戒之。

正统六年，帝以王振言，大举征麓川。球上疏曰：

帝王之驭四裔，必宥其小而防其大，所以适缓急之宜，为天下久安计也。周伐崇不克，退修德教以待其降。至于猓犵，则命南仲城朔方以备之。汉征南越不利,即罢兵赐书通好。至于匈奴,虽已和亲,犹募民徙居塞下,入粟实边,复命魏尚守云中拒之。

今麓川残寇思任发素本羁属,以边将失驭,致勤大兵。虽渠魁未歼,亦多戮群丑,为诛为舍,无系轻重。玺书原其罪衅,使得自新,甚盛德也。边将不达圣意,复议大举,欲屯十二万众于云南,以趣其降,不降则攻之。不虑王师不可轻出,蛮性不可骤驯,地险不可用众,客兵不可久淹。况南方水旱相仍,军民交困,若复动众,纷扰为忧。臣窃谓宜缓天诛,如周、汉之于崇、越也。

至于瓦剌,终为边患。及其未即骚动,正宜以时防御。乃欲移甘肃守将以事南征,卒然有警,何以为御?臣窃以为宜慎防遏,如周、汉之于猃狁、匈奴也。

伏望陛下罢大举之议,推选智谋将帅,辅以才识大臣,量调官军,分屯金齿诸要害,结木邦诸蛮以为援,乘间进攻,因便抚谕,寇自可服。至于西北障塞,当敕边臣巡视,浚筑沟垣,增缮城堡,勤训练,严守望,以防不虞,有备无患之道也。

章下兵部。谓南征已有成命,不用球言。

八月五月,雷震奉天殿。球应诏上言所宜先者十事。其略曰:

古圣王不作无益,故心正而天不违之。臣愿皇上勤御经筵,数进儒臣,讲求至道,务使学问功至,理欲判然,则圣心正而天心自顺。夫政由己出,则权不下移。太祖、太宗日视三朝,时召大臣于便殿裁决庶政,权归总于上。皇上临御九年,事体日熟,愿守二圣成规,复亲决故事,使权归于人。

古之择大臣者,必询诸左右、大夫、国公。及其有犯,虽至大辟亦不加刑,第赐之死。今用大臣未尝皆出公论,及有小失,辄桎梏箠楚之。然未几时,又复其职,甚非所以待大臣也。自今择任大臣,宜允惬众论。小犯则置之。果不可容,下法司定罪,使自为计。勿辄系,庶不乖共天职之意。

今之太常，即古之秩宗，必得清慎习礼之臣，然后可交神明。今卿贰皆缺，宜选择儒臣，使领其职。

古者省方巡狩，所以察吏得失，问民疾苦。两汉、唐、宋盛时，数遣使巡行郡县，洪、永间亦尝行之。今久不举，故吏多贪虐，民不聊生，而军卫尤甚。宜择公明廉干之臣，分行天下。

古人君不亲刑狱，必付理官，盖恐徇喜怒而有所轻重也。迩法司所上狱，多奉敕增减轻重，法司不能执奏，及讯他囚，又观望以为轻重，民用多冤，宜使各举其职。至运砖输米诸例，均非古法，尤宜罢之。

《春秋》营筑悉书，戒劳民也。京师兴作五六年矣，曰不烦民而役军，军独非国家赤子乎？况营作多完，宜罢工以苏其力。

各处水旱，有司既不振救，请减租税，或亦徒事虚文。宜令户部以时振济，量加减免，使不致失业。

麓川连年用兵，死者十七八，军赀爵赏不可胜计。今又遣蒋贵远征缅甸，责献思任发。果擒以归，不过枭诸通衢而已。缅将挟以为功，必求与木邦共分其地。不与则致怒，与之则两蛮坐大，是减一麓川生二麓川也。设有蹉跎，兵事无已。臣见皇上每录重囚，多宥令从军，仁心若此。今欲生得一失地之窜寇，而驱数万无罪之众以就死地，岂不有乖于好生之仁哉。况思机发已尝遣人来贡，非无悔过乞免之意。若敕缅斩任发首来献，仍敕思机发尽削四境之地，分于各寨新附之蛮，则一方可宁矣。

迤北贡使日增，包藏祸心，诚为难测。宜分遣给事、御史阅视京边官军，及时训练，勿使借工各厂，服役私家。公武举之选以求良将，定召募之法以来武勇，广屯田，公盐法，以厚储蓄，庶武备无缺，而外患有防。

疏入，下廷议。言球所奏，惟择太常官宜从，令吏部推举。修撰董璘遂乞改官太常，奉享祀事。

初，球言麓川事，振固已衔之。钦天监正彭德清者，球乡人也，素为振腹心。凡天文有变，皆匿不奏，倚振势为奸，公卿多趋谒，球绝不与通。德清恨之，遂摘疏中揽权语，谓振曰："此指公耳。"振益大怒。会璘疏上，振遂指球同谋，并逮下诏狱，属指挥马顺杀球。顺深夜携一小校持刀至球所。球方卧，起立，大呼太祖、太宗。颈断，体犹植。遂支解之，瘗狱户下。璘从旁窃血裙遗球家。后其子钺求得一臂，裹裙以殓。顺有子病久，忽起捽顺发，拳且蹴之曰："老贼，令尔他日祸逾我！我，刘球也。"顺惊悸。俄而子死，小校亦死。璘，字德文，高邮人。有孝行。狱解，遂归，不复出。

球死数年，瓦剌果入寇。英宗北狩，振被杀。朝士立击顺，毙之。而德清自土木遁还，下狱论斩，寻瘐死。诏戮其尸。景帝怜球忠，赠翰林学士，谥忠愍，立祠于乡。

球二子，长钺、次钅于。皆笃学，躬耕养母。球既得恤，兄弟乃出应举，先后成进士。钺，广东参政；钅于，云南按察使。

陈鉴，字贞明，高安人。宣德二年进士。授行人。正统中，擢御史。

出按顺天。言京师风俗浇漓，其故有五：一，事佛过甚；二，营丧破家；三，服食靡丽；四，优倡为蠹；五，博塞成风。章下礼部，格不行。

改按贵州。时麓川酋思任发子思机发遁孟养，屡上书求宥罪通贡。不许，复大举远征，兵连不解，云、贵军民疲敝。苗乘机煽动，闽、浙间盗贼大起。举朝皆知其不可，惩刘球祸，无敢谏者。十四年正月，鉴抗疏言贼酋远遁，不为边患，宜专责云南守臣相机剿灭，无远劳禁旅。王振怒，欲困之，改鉴云南参议，使赴腾冲招贼。已，复摭鉴为巡按时尝请改四川播州宣慰司隶贵州，为鉴罪，令兵部劾之，论死系狱。景帝嗣位，乃得赦。寻授河南参议。致仕归，卒。

自正统中，刘球以忤王振冤死，鉴继下狱，中外莫敢言事者数年。至景帝时，言路始开，争发愤上书。有何观者，复以言得罪去。

观以善书为中书舍人。景泰二年劾尚书王直辈正统时阿附权奸，不宜在左右。中贵见权奸语，以为侵己，激帝怒，下科道参议。吏科毛玉主奏稿，力诋观，林聪、叶盛持之，乃删削奏上。会御史疏亦上，中有"观考满不迁，私憾吏部"语。帝怒，下观诏狱，杖之，谪九溪卫经历。

钟同，字世京，吉安永丰人。父复，宣德中进士及第。历官修撰，与刘球善，球上封事，约与俱，复妻劝止之。球诣复邸，邀偕行。复已他往，妻从屏间詈曰："汝自上疏，何累他人为！"球出叹曰："彼乃谋及妇人。"遂独上奏，竟死。居无何，复亦病死。妻深悔之，每哭辄曰："早知尔，曷若与刘君偕死。"同幼闻母言，即感奋，思成父志。尝入吉安忠节祠，见所祀欧阳修、杨邦乂诸人，叹曰："死不入此，非夫也。"

景泰二年举进士，明年授御史。怀献太子既薨，中外望复沂王于东宫。同与郎中章纶早朝，语及沂王，皆泣下，因与约疏请复储。五年五月，同因上疏论时政，遂及复储事，其略曰：

近得贼谍，言也先使侦京师及临清虚实，期初秋大举深入，直下河南。臣闻之不胜寒心，而庙堂大臣皆恬不介意。昔秦伐赵，诸侯自若，孔子顺独忧之，人皆以为狂。臣今者之言，何以异此。臣草茅时，闻寺人搆恶，戕戮直臣刘球，遂致廷臣箝口。假使当时犯颜有人，必能谏止上皇之行。何至有蒙尘之祸。

陛下赫然中兴，锄奸党，旌忠直，命六师御敌于郊，不战而三军之气自倍。臣谓陛下方且鞭挞四裔，坐致太平，奈何边氛甫息，疮痍未复，而侈心遽生，失天下望。伏原取鉴前车，厚自奋厉。毋徇货色，毋甘嬉游。亲庶政以总威权，敦伦理以厚风俗，辨邪正以专委任，严赏罚以彰善恶，崇风宪以正纪纲。去浮费，罢冗员，禁僧道之蠹民，择贤将以训士。然后亲率群臣，谢过郊庙，如成汤之六事自责，唐太宗之十渐即改，庶几天意可回，国势可振。

又言：

> 父有天下，固当传之于子。乃者太子薨逝，足知天命有在。臣窃以为上皇之子，即陛下之子。沂王天资厚重，足令宗社有托。伏望扩天地之量，敦友于之仁，蠲吉具仪，建复储位，实祖宗无疆之休。

又言：

> 陛下命将帅各陈方略，经旬逾时，互相委责。及石亨、柳溥有言，又不过庸人孺子之计。平时尚尔，一旦有急，将何策制之？夫御敌之方，莫先用贤。陛下求贤若渴，而大臣之排抑尤甚，所举者率多亲旧富厚之家。即长材屈抑，孰肯为言。朝臣欺谩若此，臣所以抚膺流涕，为今日妨贤病国者丑也。

疏入，帝不怿，下廷臣集议。宁阳侯陈懋、吏部尚书王直等请帝纳其言，因引罪求罢。帝慰留之。越数日，章纶亦疏言复储事，遂并下狱。明年八月，大理少卿廖庄亦以言沂王事予杖。左右言事由同倡，帝乃封巨梃就狱中杖之，同竟死。时年三十二。

同之上疏也，策马出，马伏地不肯起。同叱曰："吾不畏死，尔奚为者？"马犹盘辟再四，乃行。同死，马长号数声亦死。

英宗复位，赠同大理左寺丞，录其子启为国子生，寻授咸宁知县。请父遗骸归葬，诏给舟车路费。成化中，授次子越通政知事，给同妻罗氏月廪。寻赐同谥恭愍，从祀忠节祠，与球联位，竟如同初志。

方同下狱时，有礼部郎孟玘者，亦疏言复储事。帝不罪。而进士杨集上书于谦曰："奸人黄竑献议易储，不过为逃死计耳，公等遽成之。公国家柱石，独不思所以善后乎？今同等又下狱矣。脱诸人死杖下，而公等坐享崇高，如清议何！"谦以书示王文。文曰："书生不知忌讳，要为有胆，当进一官处之。"乃以集知安州。玘，闽人；集，常熟人也。

　　章纶,字大经,乐清人。正统四年进士。授南京礼部主事。

　　景泰初,召为仪制郎中。纶见国家多故,每慷慨论事。尝上太平十六策,反复万余言。也先既议和,请力图修攘以待其变。中官兴安请帝建大隆福寺成,将临幸,纶具疏谏。河东盐运判官济南杨浩除官未行,亦上章谏。帝即罢幸。浩后累官副都御史,巡抚延绥,纶又因灾异请求致变之由,语颇切至。

　　五年五月,钟同上奏请复储。越二日,纶亦抗疏陈修德弭灾十四事。其大者谓:"内官不可干外政,佞臣不可假事权,后宫不可盛声色。凡阴盛之属,请悉禁罢。"又言:"孝弟者,百行之本。原退朝后朝谒两宫皇太后,修问安视膳之仪。上皇君临天下十有四年,是天下之父也。陛下亲受册,是上皇之臣也。陛下与上皇,虽殊形体,实同一人。伏读奉迎还宫之诏曰:'礼惟加而无替,义以卑而奉尊。'望陛下允蹈斯言,或朔望,或节旦,率群臣朝见延和门,以展友于之情,实天下之至愿也。更请复汪后于中宫,正天下之母仪;还沂王之储位,定天下之大本。如此则和气充溢,灾沴自弭。"疏入,帝大怒。时日已暝,宫门闭。乃传旨自门隙中出,立执纶及钟同下诏狱。榜掠惨酷,逼引主使及交通南宫状。濒死,无一语。会大风扬沙,昼晦,狱得稍缓,令锢之。明年杖廖庄阙下,因封杖就狱中杖纶、同各百。同竟死,纶长系如故。"

　　英宗复位,郭登言纶与廖庄、林聪、左鼎、倪敬等皆直言忤时,宜加旌擢。帝乃立释纶。命内侍检前疏,不得。内侍从旁诵数语,帝嗟叹再三,擢礼部右侍郎。

　　纶既以大节为帝所重,而性亢直,不能谐俗。石亨贵幸招公卿饮,纶辞不往,又数与尚书杨善论事不合。亨、善共短纶,乃调南京礼部,就改吏部。

　　宪宗即位,有司以遗诏请大婚。纶言:"山陵尚新,元朔未改,百日从吉,心宁自安。陛下践阼之初,当以孝治天下,三纲五常实原于此。乞俟来春举行。"议虽不从,天下咸重其言。

成化元年，两淮饥，奏救荒四事。皆报可。四年秋，子玄应以冒籍举京闱。给事中朱清、御史杨智等因劾纶，命侍郎叶盛勘之。明年，纶及金都御史高明考察庶官，两人议不协。疏既上，纶复独奏给事中王让不赴考察，且言明刚愎自用，己言多不见从，乞与明俱罢。章并下盛等。于是让及下考诸臣连章劾纶。纶亦屡疏求罢。帝不听。既而盛等勘上玄应实冒籍。帝宥纶，而所奏他事，亦悉不问。未几，复转礼部。温州知府范奎被论调官。纶言：“温州臣乡郡，奎大行民心。解官之日，士发三万人哭泣攀辕，留十八日乃得去。请还之以慰民望。”章下所司，竟报寝。

纶性戆，好直言，不为当事者所喜。为侍郎二十年，不得迁，请老去。久之卒。居数年，其妻张氏上其奏稿，且乞恩。帝嘉叹，赠南京礼部尚书，谥恭毅，官一子鸿胪典簿。

玄应后举进士，为南京给事中。偕同官论陈钺罪，忤旨停俸。孝宗嗣位，上治本五事。仕终广东布政使。

廖庄，字安止，吉水人。宣德五年进士。八年改庶吉士，与知县孔友谅等七人历事六科。英宗初，授刑科给事中。正统二年，御史元亮请如诏书蠲边军侵没粮饷，不允。按察使龚镃亦请如诏书宥盗犯之未获者，法司亦寝不行。庄以诏书当信，上章争之。五年诏京官出修荒政，兼征民逋。庄虑使者督趣困民，请宽灾伤州县，俟秋成，从之。振荒陕西，全活甚众。还奏宽恤九事，多议行。杨士奇家人犯法，偕同官论列。或曰：“独不为杨公地乎？”曰：“正所以为杨公也。”八年命与御史张骥同署大理寺事。逾月，授左寺丞。

十一年迁南京大理少卿。逾二年，奸人陈珖者，与所亲贾福争袭指挥职。南京刑部侍郎齐韶纳珖贿，欲夺福官与之，为庄所驳。韶捶福至死，被逮，珖亦诬庄，俱征下诏狱。会韶他罪并发，弃市，庄乃得释。

景泰五年七月上疏曰：“臣曩在朝，见上皇遣使册封陛下，每遇庆节，必令群臣朝谒东厔，恩礼隆洽，群臣皆感叹，谓上皇兄弟友爱如此。今陛下奉天下以事上皇，愿时时朝见南宫，或讲明家法，或商略治道，岁时令节，俾群臣朝见，以慰上皇之心，则祖宗在天之神安，天地之心亦安矣。太子者，天下之本。上皇之子，陛下之犹子也。宜令亲儒臣，习书策，以待皇嗣之生，使天下臣民晓然知陛下有公天下之心，岂不美欤？盖天下者，太祖、太宗之天下。仁宗、宣宗继体守成者，此天下也。上皇北征，亦为此天下也。今陛下抚而有之，宜念祖宗创业之艰难，思所以系属天下之人心，即弭灾召祥之道莫过于此。"疏入，不报。明年，庄以母丧，赴京关给勘合，诣东角门朝见。帝忆庄前疏，命廷杖八十，谪定羌驿丞。

天顺初，召还。时母丧未终，复遭父丧，特予祭葬，命起复，仍官南京。天顺五年就擢礼部右侍郎，改刑部。成化初，召为刑部左侍郎。逾年卒。赠尚书，谥恭敏。

庄性刚，喜面折人过，而实坦怀无芥蒂。不屑细谨，好存谢宾客为欢狎。既官法司，或劝稍屏谢往来，远嫌疑。庄笑曰："昔人有言'臣门如市，臣心如水'，吾无愧吾心而已。"卒之日，无以为敛，众哀钱助其丧。

初，景帝时，英宗在南宫，左右为离间。及怀献太子薨，群小恐沂王复立，谗构愈甚。故钟同、章纶与庄相继力言，皆得罪，然帝颇感悟。六年七月辛巳，刑科给事中徐正请间言事。亟召入，乃言："上皇临御岁久，沂王尝位储副，天下臣民仰戴。宜迁置所封之地，以绝人望。别选亲王子育之宫中。"帝惊愕，大怒，立叱出之，欲正罪。虑骇众，乃命谪远任，而帝怒未解。已，复得其淫秽事，谪戍铁岭卫。盖帝虽怒同等所言过激，而小人之言亦未遽听也。迨英宗复辟，于谦、王文以谋立外藩，诛死，其事遂不白云。

倪敬，字汝敬，无锡人。正统十三年进士。擢御史。景泰初，畿辅饥，命出视。请蠲田租，户部持不可。再疏争，竟得请。巡按山西。时有入粟补官令，敬奏罢之。戍将侵饷者，悉按治，豪猾敛迹。再按福建。时议将复银冶，敬未行，抗疏论，得寝。既至，奏罢诸司器物滥取于民者。镇守内臣戴细保贪横，敬列其罪以闻。帝召细保还，命敬捕治其党，吏民相庆。代还，留家四月，逮治，寻复职。

六年七月，以时多灾异，偕同官吴江盛昶、江阴杜宥、芜湖黄让、安福罗俊、固始汪清上言："府库之财，不宜无故而予；游观之事，不宜非时而行。曩以斋僧，屡出帑金易米，不知栉风沐雨之边卒，趋事急公之贫民，又何以济之？近闻造龙舟，作燕室，营缮日增，嬉游不少，非所以养圣躬也。章纶、钟同直言见忤，幽锢逾年，非所以昭圣德也。愿罢桑门之供，辍宴佚之娱，止兴作之役，宽直臣之囚。"帝得疏不怿，下之礼部。部臣称其忠爱。帝报闻，然意终不释。未几，诏都御史萧维祯考察其属，谕令去之。御史罢黜者十六人，而敬等预焉；皆谪为典史，敬得广西宜山。英宗复辟，诏皆授知县，乃以敬知祥符。安远侯柳溥器敬，西征，请以自随，改都督府都事。逾年师还卒。士类惜之。

盛昶等五人，皆进士。昶隽爽负气。尝按广东，劾巡抚侍郎揭稽不职，稽坐左迁。昶后为罗江知县，擢叙州知府，并有御寇功。杜宥为英德知县。邻境多寇，创立县城。尝被围粮尽，宥死守不下。夜缒死士焚其营，贼始惊溃。移韶州通判，谢病归。黄让知安岳，迁中府都事。以挞锦衣卫隶。为门达所谮，戍广西。赦还，复冠带。贫甚，课耕自给。罗俊尝巡按四川，有廉声。仕终南雄知府。

杨瑄，字廷献，丰城人。景泰五年进士。授御史。刚直尚气节。景帝不豫，廷臣请立东宫。帝不允。瑄与同官钱璡、樊英等约疏争，会"夺门"事起，乃已。

天顺初，印马畿内。至河间，民诉曹吉祥、石亨夺其田。瑄以闻，并列二人怙宠专权状。帝语大学士李贤、徐有贞曰："真御史也。"遂遣官按核，而命吏部识瑄名，将擢用。吉祥闻之惧，诉于帝，请罪之。不许。

未几，亨西征还，适彗星见，十三道掌道御史张鹏、盛颙、周斌、费广、张宽、王鉴、赵文博、彭烈、张奎、李人仪、邵铜、郑冕、陶复及御史刘泰、魏翰、康骥将劾亨、吉祥诸违法事。先一日,给事中王铉泄于亨。亨与吉祥泣诉帝,诬鹏等为已诛内官张永从子,结党排陷,欲为永报仇。明日疏入,帝大怒,收鹏及瑄。御文华殿,悉召诸御史,掷弹章,俾自读。瑄且读且对,神色自若。至冒功滥职,帝诘之曰:"彼帅将士迎驾,朝廷论功行赏,何云冒滥?"瑄曰:"当时迎驾止数百人,光禄赐酒馔,名数具在。今超迁至数千人,非冒滥而何?"帝默然,竟下瑄、鹏及诸御史于狱。榜掠备至,诘主使者,瑄等无所引,乃坐都御史耿九畴、罗绮主谋,亦下狱。论瑄、鹏死,余遣戍。

亨等复谮诸言官。帝谕吏部,给事、御史年逾三十者留之,余悉调外。尚书王翱列上给事中何玘等十三人,御史吴祯等二十三人。诏以玘等为州判官,祯等为知县。会大风震雷,拔木发屋,须臾大雨雹。亨、吉祥家大木俱折,二人亦惧。掌钦天监礼部侍郎汤序本亨党,亦言上天示警,宜恤刑狱。于是帝感悟,戍瑄、鹏铁岭卫,余贬知县,泰、翰、骥三人复职,而玘、祯等亦得无调。瑄、鹏行半道,适承天门灾,肆赦放还。或谓当诣亨、吉祥谢,二人卒不往,复谪戍南丹。

宪宗即位,并还故官。瑄寻迁浙江副使。按行海道,禁将校私纵戍卒。修捍海塘,筑海盐堤岸二千三百丈,民得奠居。为副使十余年,政绩卓然,进按察使。西湖水旧可溉诸县田四十六万顷,时埋塞过半,瑄请浚之。设防置闸,以利灌溉,功未就,卒。海盐人祠祀之。

子源,字本清,幼习天文,授五官监候。正德元年,刘瑾等乱政,源上言:"自八月初,大角及心宿中星动摇不止。大角,天王之坐,心宿中星,天王正位也,俱宜安静,今乃动摇。其占曰:'人主不安,国有忧。'意者陛下轻举逸游,弋猎无度,以致然也。又北斗第二第三第四星,明不如常。第二曰天璇,后妃之象。后妃不得其宠则不明,广营宫室妄凿山陵则不明。第三曰天机,不爱百姓,骤兴征徭则不明。第四曰天权,号令不当则不明。伏愿陛下祗畏天戒,安居深宫,绝嬉戏，禁游畋，罢骑射，停工作，申严号令，毋轻出入，抑远宠幸，裁节赐予，亲元老大臣，日事讲习，克修厥德，以弭灾变。"疏下礼部，尚书张升等称源忠爱。报闻。

迨十月，霾雾时作，源言："此众邪之气，阴冒于阳，臣欺其君，小人擅权，下将叛上。"引譬甚切。瑾怒，矫旨杖三十，释之。又上言："自正德二年来，占得火星入太微垣帝座前，或东或西，往来不一，乞收揽政柄，思患预防。"盖专指瑾也。瑾大怒，召而叱之曰："若何官，亦学为忠臣？"源厉声曰："官大小异，忠一也。"又矫旨杖六十，谪戍肃州。行至河阳驿，以创卒。其妻斩芦获覆之，葬驿后。

杨氏父子以忠谏名天下，为士论重。而源小臣抗节，尤人所难。天启初，赐谥忠怀。

盛颙，字时望，无锡人。周斌，字国用，昌黎人。王鉴，太原人。赵文博，代州人。彭烈，峡江人。李人仪，隆昌人。邵铜，闽县人。郑冕，乐平人。皆进士，授御史。颙降束鹿知县；斌，江阴；鉴，肤施；文博，淳化；烈，江浦；人仪，襄阳；铜，博罗；冕，衡山。并有善政。

束鹿徭役苦不均，颙为立九则法，继者莫能易。母忧去。服除，民相率诣阙乞还。颙再任，益不用鞭扑。讼者，谕之，辄叩头不复辩。邻邑讼不决，亦皆赴诉，片言折之，各心厌去。郊外有隙地，争来筑室居之，遂成市，号为"清官店"。

斌在江阴，有惠政。民歌曰："旱为灾，周公祷之甘露来；水为患，周公祷之阴雨散。"天顺七年，先以荐擢开封知府。而颙等至宪宗嗣位，所司以治行闻。帝曰："诸臣直谏为权幸所排，又能称职，其悉予郡。"于是擢颙知邵武；鉴，延安；文博，卫辉；烈，河南；人仪，荆州；铜，温州；冕，衡州。颙复以任治剧，调延平。巡按御史上颙政绩，陕西、湖广守臣亦上鉴、人仪居县时治行，皆特赐封诰。

颙累迁陕西左布政使。时三边多警，岁复洊饥。颙经画馈饷无缺，军民悉安。成化十七年召为刑部右侍郎。居二年，山东旱饥，盗起，改颙左副都御史往巡抚。颙至露祷，大雨沾溉，槁禾复苏。举救荒之政，既振，余粟尚百余万石。又推行九则法于诸府，黜暴除苛，民甚德之。居三年，以老致仕。弘治中卒。

斌，历广东右布政使。初去江阴，民立生祠。及自开封迁去，民亦涕泣追送焉。鉴，初为御史，尝于左顺门面斥中官非礼。中官怒甚，因考察属都御史萧维祯去之，维祯不可而止。文博，终巡抚河南右副都御史。烈，广东左布政使。费广等无考。

赞曰：直言敢谏之士，激于事变，奋不顾身，获罪固其所甘心耳。然观尹昌隆死于吕震；耿通陷于高煦；刘球之毙，陈鉴之系，由于王振；杨瑄之戍，厄于石亨、曹吉祥；乃至戴纶谏游猎，陈祚请勤学，钟同、章纶、廖庄倡复储，倪敬等直言时事，皆用贾祸。忠臣之志抑而不伸，亦可悲夫。

明史卷一六三
列传第五一

李时勉 陈敬宗 刘铉 萨琦 邢让 李绍 林瀚 子庭㭿 庭机 孙爊 烃 谢铎 鲁铎 赵永

李时勉，名懋，以字行，安福人。成童时，冬寒以衾裹足纳桶中，诵读不已。中永乐二年进士。选庶吉士，进学文渊阁，与修《太祖实录》。授刑部主事，复与重修《实录》。书成，改翰林侍读。

性刚鲠，慨然以天下为己任。十九年，三殿灾，诏求直言。条上时务十五事。成祖决计都北京，时方招徕远人。而时勉言营建之非，及远国入贡人不宜使群居辇下，忤帝意。已，观其他说，多中时病，抵之地，复取视者再，卒多施行。寻被谗下狱。岁余得释，杨荣荐复职。

洪熙元年复上疏言事。仁宗怒甚，召至便殿，对不屈。命武士扑以金瓜，肋折者三，曳出几死。明日，改交址道御史，命日虑一囚，言一事。章三上，乃下锦衣卫狱。时勉于锦衣千户某有恩，千户适莅狱，密召医，疗以海外血竭，得不死。仁宗大渐，谓夏原吉曰："时勉廷辱我。"言已，勃然怒，原吉慰解之。其夕，帝崩。

宣宗即位已逾年，或言时勉得罪先帝状。帝震怒，命使者："缚以来，朕亲鞫，必杀之。"已，又令王指挥即缚斩西市，毋入见。王指挥出端西旁门，而前使者已缚时勉从端东旁门入，不相值。帝遥见骂曰：“尔小臣敢触先帝！疏何语？趣言之。”时勉叩头曰：“臣言谅暗中不宜近妃嫔，皇太子不宜远左右。”帝闻言，色稍霁。徐数至六事止。帝令尽陈之。对曰：“臣惶惧不能悉记。”帝意益解，曰：“是第难言耳，草安在？”对曰：“焚之矣。”帝乃太息，称时勉忠，立赦之，复官侍读。比王指挥诣狱还，则时勉已袭冠带立阶前矣。

宣德五年修《成祖实录》成，迁侍读学士。帝幸史馆，撒金钱赐诸学士。皆俯取，时勉独正立。帝及出余钱赐之。正统三年以《宣宗实录》成，进学士，掌院事兼经筵官。六年代贝泰为祭酒。八年乞致仕，不允。

初，时勉请改建国学。帝命王振往亲，时勉待振无加礼。振衔之，廉其短，无所得。时勉尝芟彝伦堂树旁枝，振遂言时勉擅伐官树入家。取中旨，与司业赵琬、掌馔金监并枷国子监前。官校至，时勉方坐东堂阅课士卷，徐呼诸生品第高下，雇僚属定甲乙，揭榜乃行。方盛暑，枷三日不解。监生李贵等千余人诣阙乞贷。有石大用者，上章愿以身代。诸生圜集朝门，呼彻声殿庭。振闻诸生不平，恐激变。及通政司奏大用章，振内惭。助教李继请解于会昌侯孙忠。忠，皇太后父也。忠生日，太后使人赐忠家。忠附奏太后，太后为言之帝。帝初不知也，立释之。继不拘检桱，时勉尝规切之。继不能尽用，然心感时勉言，至是竟得其助。大用，丰润人。朴鲁，初不为六馆所知，及是名动京师。明年中乡试，官至户部主事。

九年，帝视学。时勉进讲《尚书》，辞旨清朗。帝悦，赐予有加。连疏乞致仕，不允。十二年春乃得请。朝臣及国子生饯都门外者几三千人，或远送至登舟，候舟发乃去。

英宗北狩，时勉日夜悲恸。遣其孙骥诣阙上书，请选将练兵，亲君子，远小人，褒表忠节，迎还车驾，复仇雪耻。景泰元年得旨褒答，而时勉卒矣，年七十七。谥文毅。成化五年，以其孙颙请，改谥忠文，赠礼部侍郎。

时勉为祭酒六年，列格、致、诚、正四号，训励甚切。崇廉耻，抑奔竞，别贤否，示劝惩。诸生贫不能婚葬者，节省餐钱为赙给。督令读书,灯火达旦,吟诵声不绝,人才盛于昔时。

始,太祖以宋讷为祭酒,最有名。其后宁化张显宗申明学规,人比之讷。而胡俨当成祖之世,尤称人师。然以直节重望为士类所依归者,莫如时勉。英国公张辅暨诸侯伯奏,愿偕诣国子监听讲。帝命以三月三日往。时勉升师席,诸生以次立,讲《五经》各一章。毕事,设酒馔,诸侯伯让曰:“受教之地,当就诸生列坐。”惟辅与抗礼。诸生歌《鹿鸣》之诗,宾主雍雍,尽暮散去,人称为太平盛事。

陈敬宗,字光世,慈谿人。永乐二年进士。选庶吉士,进学文渊阁,与修《永乐大典》。书成,授刑部主事。又与修《五经四书大全》,再修《太祖实录》,授翰林侍讲。内艰归。

宣德元年起修两朝实录。明年转南京国子监司业。帝谕之曰:“侍讲,清华之选;司业,师儒之席。位虽不崇,任则重矣。”九年,秩满,迁祭酒。正统三年上书言:“旧制,诸生以在监久近,送诸司历事。比来,有因事予告者,迁延累岁,至拨送之期始赴,实长奸惰,请以肄业多寡为次第。又近有愿就杂职之例,士风卑陋,诚非细故,请加禁止。”从之。

敬宗美须髯,容仪端整,步履有定则,力以师道自任。立教条,革陋习。六馆士千余人,每升堂听讲,设馔会食,整肃如朝廷。稍失容,即令待罪堂下。僚属惮其严,诬以他事,讼之法司。周忱与敬宗善,曰:“盍具疏自理。”为属草,辞稍迁就。敬宗惊曰:“得无诳君耶?”不果上,事亦竟白。

满考,入京师,王振欲见之,令忱道意。敬宗曰:“吾为诸生师表,而私谒中贵,何以对诸生?”振知不可屈,乃贻之文锦羊酒,求书程子《四箴》,冀其来谢。敬宗书讫,署名而已。返其币,终不往见。王直为吏部尚书,从容谓曰:“先生官司成久,将荐公为司寇。”敬宗曰:“公知我者,今与天下英才终日论议,顾不乐耶?”

性善饮酒,至数斗不乱。襄城伯李隆守备南京,每留饮,声伎满左右。竟日举杯,未尝一盼。其严重如此。

十二年冬乞休，不允。景泰元年九月与尚书魏骥同引年致仕。家居不轻出。有被其容接者，莫不兴起。天顺三年五月卒，年八十三。后赠礼部侍郎，谥文定。

初，敬宗与李时勉同在翰林，袁忠彻尝相之，曳二人并列曰："二公他日功名相埒。"敬宗仪观魁梧，时勉貌稍寝，后二人同时为两京祭酒。时勉平恕得士，敬宗方严。终明世称贤祭酒者，曰南陈北李。

刘铉，字宗器，长洲人。生弥月而孤。及长，刲股疗母疾。母卒，哀毁，以孝闻。永乐中，用善书征入翰林。举顺天乡试，授中书舍人。宣德时，预修成祖、仁宗《实录》，迁兵部主事，仍供事内廷。正统中，再修《宣宗实录》，进侍讲。以学士曹鼐等荐，与修撰王振教习庶吉士。

景帝立，进侍讲学士，直经筵。三年，以高谷荐，迁国子祭酒。时以国计不足，放遣诸生，不愿归者停其月廪。铉言："养才，国家急务。今仓廪尚盈，奈何靳此？"遂得复给。又令甄别六馆生，年老貌寝，学艺疏浅者，斥为民。铉言："诸生荷教泽久，岂无片长。况离亲戚，弃坟墓，艰苦备至，一旦被斥，非朝廷育才意。乞拣年貌衰而有学者，量授之官。"帝可其奏。寻以母丧归。服阕，赴都，陈询已为祭酒。帝重铉，命与询并任。天顺初，改少詹事，侍东宫讲读。年十月卒。帝及太子皆赐祭，赙赠有加。宪宗立，赠礼部侍郎，谥文恭。

铉性介特，言行不苟。教庶吉士及课国子生，规条严整，读书至老弥笃。仲子瀚以进士使南方。濒行，阅其衣箧。比还，箧如故，乃喜曰："无玷吾门矣。"瀚官终副使，能守父训。

萨琦，字廷珪，其先西域人，后著籍闽县。举宣德五年进士。历官礼部侍郎兼少詹事。天顺元年卒。琦有文德，狷洁不苟合。名行与铉相颉颃云。

邢让,字逊之,襄陵人。年十八,举于乡,入国子监。为李时勉所器,与刘翔齐名。登正统十三年进士。改庶吉士,授检讨。

景泰元年,李实自瓦剌还,请再遣使迎上皇。景帝不许。让疏曰:"上皇于陛下有君之义,有兄之恩,安得而不迎?且令寇假大义以问我,其何辞以应。若从群臣请,仍命实赍敕以往,且述迎复之指,虽上皇还否未可必,而陛下恩义之笃昭然于天下。万一迎而不许,则我得责直于彼,以兴问罪之师,不亦善乎。"疏入,帝委曲谕解之。天顺末,父忧归。未终丧,起修《英宗实录》,进修撰。

成化二年超迁国子祭酒。慈懿太后崩,议祔庙礼,让率僚属疏谏。两京国学教官,例不得迁擢。让等以为言,由科目者,满考得铨叙。让在太学,亦力以师道自任,修《辟雍通志》,督诸生诵小学及诸经。痛惩谒告之弊,时以此见称,而谤者亦众。为人负才狭中。意所轻重,辄形于词色,名位相轧者多忌之。

五年擢礼部右侍郎。越二年,以在国子监用会馔钱事,与后祭酒陈鉴、司业张业、典籍王允等,俱得罪坐死。诸生诉阙下,请代。复诏廷臣杂治,卒坐死,赎为民。

鉴既得罪,吏部尚书姚夔请起致仕礼部侍郎李绍为祭酒。驰如之,而绍已卒。

绍字克述,安福人。宣德八年进士。改庶吉士,授检讨。大学士杨士奇卧病,英宗遣使询人才,士奇举绍等五人以对。土木之败,京师戒严,朝士多遣家南徙。绍曰:"主辱臣死,奚以家为?"卒不遣。累迁翰林学士。以李贤、王翱荐,擢礼部侍郎。成化二年以疾求解职。绍好学问,居官刚正有器局,能奖掖后进。其卒也,帝深惜之。

林瀚,字亨大,闽人。父元美,永乐末进士,抚州知府。瀚举成化二年进士。改庶吉士,授编修。再迁谕德,请急归。

弘治初,召修《宪宗实录》,充经筵讲官。稍迁国子监祭酒,进礼部右侍郎,掌监事如故。典国学垂十年,馔银岁以百数计,悉贮之官,以次营立署舍。师儒免僦居,由瀚始。历吏部左、右侍郎。

十三年拜南京吏部尚书。以灾异,率群僚陈十二事。御史王献臣自辽东逮下诏狱,儒士孙伯坚等夤缘为中书舍人。瀚疏争,忤旨。乞罢,不许。已,奏请重根本:曰保固南京,曰佑启皇储,曰抚绥百姓,曰增进贤才。

正德元年四月,吏部尚书马文升去位,言官丘濬、石介等荐瀚。帝用侍郎焦芳,乃改瀚南京兵部,参赞机务。命未至,瀚引疾乞休,因陈养正心、崇正道、务正学、亲正人四事,优诏慰留。时灾异数见,瀚及南京诸臣条时政十二事。语涉近幸,多格不行。

瀚素刚方,与守备中官不合,他内臣进贡道其地者,瀚每裁抑之,遂交谮于刘瑾。会刘健、谢迁罢政,瀚闻太息。言官戴铣等以留健、迁被征,瀚独赆送,瑾闻益恨。明年二月假铣等狱词,谪瀚浙江参政。致仕。旋指为奸党。瑾诛,复官,致仕。予月廪岁隶如故事。寻命有司岁时存问。瀚为人谦厚,而自守介然。卒年八十六。赠太子太保,谥文安。子九人,庭㭿、庭机最显。

庭㭿,字利瞻,瀚次子也。弘治十二年进士。授兵部主事。历职方郎中。吏部尚书张彩欲改为御史,固谢之,乃以为苏州知府。频岁大水,疏请停织造,罢繁征,割关课备振。再上,始报可。迁云南左参政。正德九年,以父老乞侍养。时子炫已成进士,官礼部主事,亦谒假归。三世一堂,乡人称盛事。

嘉靖初,父忧,服阕,起官江西,历湖广左、右布政使。举治行卓异,擢右副都御史,巡抚保定诸府。历工部右侍郎。应诏言郊坛大工,南城、西苑相继兴作,请以俭约先天下。又因灾伤,乞撤还采木、烧造诸使。进左,拜尚书,加太子太保。时帝方大兴土木功,庭㭿所规画多称意。会诏建沙河行宫,庭㭿议加天下田赋,为御史桑乔、给事中管见所劾。乞罢,归卒。赠少保,谥康懿。炫终通政司参议。

庭机,字利仁,瀚季子也。嘉靖十四年进士。改庶吉士,授检讨,迁司业，擢南京祭酒，累迁至工部尚书。穆宗立，调礼部，俱官陪京。时子燫已为祭酒，遂致仕归。万历九年卒，年七十有六。赠太子太保，谥文僖。子燫、烃。

燫，字贞恒，庭机长子。嘉靖二十六年进士。改庶吉士，授检讨。景恭王就邸，命燫侍讲读。三迁国子祭酒。自燫祖瀚，父庭机，三世为祭酒，前此未有也。隆庆改元，擢礼部右侍郎，充日讲官。寇犯边，条上备边七事。改吏部，调南京吏部，署礼部事。魏国公徐鹏举废长立幼，燫持不可。万历元年进工部尚书，改礼部，仍居南京。名位一与父庭机等。母丧去官。服阕，以庭机笃老侍养，家居七年，先父庭机卒。赠太子少保，谥文恪。明代三世为尚书，并得谥文，林氏一家而已。子世勤，性笃孝。芝生者三，枯篁复青。御史上其事，被旌。

烃字贞耀，庭机次子也。嘉靖四十一年进士。授户部主事，历广西副使。兄燫卒，请急归养。久之，历太仆少卿。因灾异极陈矿税之害，请释逮系诸臣。不报。终南京工部尚书致仕。林氏三世五尚书，皆内行修洁，为时所称。

谢铎，字鸣治，浙江太平人。天顺末进士。改庶吉士，授编修，预修《英宗实录》。性介特，力学慕古，讲求经世务。

成化九年校勘《通监纲目》，上言：“《纲目》一书，帝王龟鉴。陛下命重加考定，必将进讲经筵，为致治资也。今天下有太平之形，无太平之实，因仍积习，废实徇名。曰振纲纪，而小人无畏忌；曰励风俗，而缙绅弃廉耻。饬官司，而污暴益甚；恤军民，而罢敝益极。减省有制，而兴作每疲于奔命；蠲免有诏，而征敛每困于追呼。考察非不举，而幸门日开；简练非不行，而私挠日众。赏竭府库之财，而有功者不劝；罚穷谳覆之案，而有罪者不惩。以至修省祈祷之命屡颁，水旱灾伤之来不绝。禁垣被震，城门示灾，不思竦动旋转，以大答天人之望，是则诚可忧也。愿陛下以古证今，兢兢业业，然后可长治久安，而载籍不为无用矣。”帝不能从。

时塞上有警，条上备边事宜，请养兵积粟，收复东胜、河套故疆。又言："今之边将，无异晚唐债帅。败则士卒受其殃，捷则权豪蒙其赏。且克侵军饷，办纳月钱，三军方怨愤填膺，孰肯为国效命者?"语皆切时弊。秩满，进侍讲，直经筵。遭两丧，服除，以亲不逮养，遂不起。

弘治初，言者交荐，以原官召修《宪宗实录》。三年擢南京国子祭酒。上言六事，曰择师儒，慎科贡，正祀典，广载籍，复会馔，均拨历。其正祀典，请进宋儒杨时而罢吴澄。礼部尚书傅瀚持之，乃进时而澄祀如故。

明年谢病去。家居将十年，荐者益众。会国子缺祭酒，部议起之。帝素重铎，擢礼部右侍郎，管祭酒事。屡辞，不许。时章懋为南祭酒，两人皆人师，诸生交相庆。居五年，引疾归。

铎经术湛深，为文章有体要。两为国子师，严课程，杜请谒，增号舍，修堂室，扩庙门，置公廨三十余居其属。诸生贫者周恤之，死者请官定制为之殓。家居好周恤族党，自奉则布衣蔬食。正德五年卒。赠礼部尚书，谥文肃。

鲁铎，字振之，景陵人。弘治十五年会试第一。历编修。闭门自守，不妄交人。武宗立，使安南，却其馈。

正德二年迁国子监司业。累擢南祭酒，寻改北。铎屡典成均，教士切实为学，不专章句。士有假归废学者，训饬之，悔过乃已。久之，谢病归。

嘉靖初，以刑部尚书林俊荐，用孝宗朝谢铎故事，起南祭酒。逾年，复请致仕。累征不起，卒。谥文恪。

铎以德望重于时。居乡，有盗掠牛马。或绐云"鲁祭酒物也"，舍之去。大学士李东阳生日，铎为司业，与祭酒赵永皆其门生也，相约以二帕为寿。比检笥，亡有，徐曰："乡有馈干鱼者，盍以此往?"询诸庖，食过半矣，以其余诣东阳。东阳喜，为烹鱼置酒，留二人饮，极欢乃去。

永，字尔锡，临淮人。与铎同年进士，亦官编修。复与铎相继为祭酒。寻迁南京礼部侍郎。大学士杨一清重其才，欲引以自助，乃为他语挑之。永正色曰："可以缨冠污吾道乎？"遂请致仕去。人服其廉介。

赞曰：明太祖时，国学师儒，体貌优重。魏观、宋讷为祭酒，造就人才，克举其职。诸生衔命奉使，往往擢为大官，不专以科目进也。中叶以还，流品稍杂，拨历亦为具文，成均师席，不过为儒臣序迁之地而已。李时勉、陈敬宗诸人，方廉清鲠，表范卓然，类而传之，庶观者有所法焉。

明史卷一六四
列传第五二

邹缉　郑维桓　柯暹　　弋谦　黄骥
黄泽　孔友谅　　范济　聊让　郭祐
胡仲伦　华敏　贾斌　　左鼎　练纲
曹凯　许仕达　刘炜　尚褫　单宇
姚显　杨浩　张昭　贺炀　高瑶　虎臣

　　邹缉，字仲熙，吉水人。洪武中举明经，授星子教谕。建文时入为国子助教。成祖即位，擢翰林侍讲。立东宫，兼左中允，屡署国子监事。

　　永乐十九年，三殿灾，诏求直言，缉上疏曰：

　　　　陛下肇建北京，焦劳圣虑，几二十年。工大费繁，调度甚广，冗官蚕食，耗费国储。工作之夫，动以百万，终岁供役，不得躬亲田亩以事力作。犹且征求无艺，至伐桑枣以供薪，剥桑皮以为楮。加之官吏横征，日甚一日。如前岁买办颜料，本非土产，动科千百。民相率敛钞，购之他所。大青一斤，价至万六千贯。及进纳，又多留难，往复展转，当须二万贯钞，而不足供一柱之用。其后既遣官采之产所，而买办犹未止。盖缘工匠多派牟利，而不雇民艰至此。

　　　　夫京师天下根本。人民安则京师安，京师安则国本固而天下安。自营建以来，工匠小人假托威势，驱迫移徙，号令方施，庐舍已坏。孤儿寡妇哭泣叫号，仓皇暴露，莫知所适。迁移甫定，又复驱令他徙，至有三四徙不得息者。及其既去，而所空之地，经月逾时，工犹未及。此陛下所不知，而人民疾怨者也。

贪官污吏，遍布内外，剥削及于骨髓。朝廷每遣一人，即是其人养活之计。虐取苛求，初无限量。有司承奉，惟恐不及。间有廉强自守、不事干媚者，辄肆谗毁，动得罪谴，无以自明。是以使者所至，有司公行货赂，剥下媚上，有同交易。夫小民所积几何，而内外上下诛求如此。

今山东、河南、山西、陕西水旱相仍，民至剥树皮掘草根以食。老幼流移，颠踣道路，卖妻鬻子以求苟活。而京师聚集僧道万余人，日耗廪米百余石，此夺民食以养无用也。

至报效军士，朝廷厚与粮赐。及使就役，乃骄傲横恣，闲游往来。此皆奸诡之人，惧还原伍，假此规避，非真有报效之心也。

朝廷岁令天下织锦、铸钱，遣内官买马外蕃，所出常数千万，而所取曾不能一二。马至虽多，类皆驽下，责民牧养，骚扰殊甚。及至死伤，辄令赔补。马户贫困，更鬻妻子。此尤害之大者。

漠北降人，赐居室，盛供帐，意欲招其同类也。不知来者皆怀窥觇，非真远慕王化，甘去乡土。宜于来朝之后，遣归本国，不必留为后日子孙患。

至宫观祷祠之事，有国者所当深戒。古人有言，淫祀无福。况事无益以害有益，蠹财妄费者乎！

凡此数事，皆下失民心，上违天意。怨蠹之兴，实由于此。

夫奉天殿者，所以朝群臣，发号令，古所谓明堂也，而灾首及焉，非常之变也。非省躬责己，大布恩泽，改革政化，疏涤天下穷困之人，不能回上天谴怒。前有监生生员，以单丁告乞侍亲，因而获罪遣戍者，此实有亏治体。近者大赦，法司执滞常条,当赦者尚复拘系。并乞重加湔洗,蠲除租赋,一切勿征,有司百官全其廪禄,拔简贤才,申行荐举,官吏贪贼蠹政者核其罪而罢黜之。则人心欢悦,和气可臻,所以保安宗社,为国家千万年无穷之基,莫有大于此者矣。

　　且国家所恃以久长者,惟天命人心,而天命常视人心为去留。今天意如此,不宜劳民。当还都南京,奉谒陵庙,告以灾变之故,保养圣躬休息于无为,毋听小人之言,复有所兴作,以误陛下于后也。

书奏,不省。

时三殿初成,帝方以定都诏天下,忽罹火灾,颇惧,下诏求直言。及言者多斥时政,帝不怿,而大臣复希旨诋言者。帝于是发怒,谓言事者谤讪,下诏严禁之,犯者不赦。侍读李时勉、侍讲罗汝敬俱下狱,御史郑维桓、何忠、罗通、徐瑢,给事中柯暹俱左官交址,惟缉与主事高公望、庶吉士杨复得无罪。是年冬,缉进右庶子兼侍讲。明年九月卒于官。

缉博极群书,居官勤慎,清操如寒士。子循,宣德中为翰林待诏,请赠父母。帝谕吏部曰:“曩皇祖征沙漠,朕守北京,缉在左右,陈说皆正道,良臣也,其予之。”

郑维桓,慈谿人。永乐十三年进士。出知交址南清州,卒。

柯暹,池州建德人。由乡举出知交址骥州。累官浙江、云南按察使。

弋谦,代州人。永乐九年进士。除监察御史。出按江西,言事忤旨,贬岐山知县。复坐事免归。

仁宗在东宫,素知谦骨鲠。及嗣位,召为大理少卿。直陈时政,言官吏贪残,政事多非洪武之旧,及有司诛求无艺。帝多采纳。既复言五事,词太激,帝乃不怿。尚书吕震、吴中,侍郎吴廷用,大理卿虞谦等因劾谦诬罔,都御史刘观令众御史合纠谦。帝召杨士奇等言之,士奇对曰:"谦不谙大体,然心感超擢恩,欲图报耳。主圣则臣直,惟陛下优容之。"帝乃不罪谦。然每见谦,词色甚厉。士奇从容言:"陛下诏求直言,谦言不当,触怒。外廷悚惕,以言为戒。今四方朝觐之臣皆集阙下,见谦如此,将谓陛下不能容直言。"帝惕然曰:"此固朕不能容,亦吕震辈迎合以益朕过,自今当置之。"遂免谦朝参,令专视司事。

　　未几,帝以言事者益少,复召士奇曰:"朕怒谦矫激过实耳,朝臣遂月余无言。尔语诸臣,白朕心。"士奇曰:"臣空言不足信,乞亲降玺书。"遂令就榻前书敕引过曰:"朕自即位以来,臣民上章以数百计,未尝不欣然听纳。苟有不当,不加谴诃,群臣所共知也。间者,大理少卿弋谦所言,多非实事,群臣迎合朕意,交章奏其卖直,请置诸法。朕皆拒而不听,但免谦朝参。而自是以来,言者益少。今自去冬无雪,春亦少雨,阴阳愆和,必有其咎,岂无可言。而为臣者,怀自全之计,退而默默,何以为忠。朕于谦一时不能含容,未尝不自愧咎。尔群臣勿以前事为戒,于国家利弊、政令未当者,直言勿讳。谦朝参如故。"时中官采木四川,贪横。帝以谦清直,命往治之。擢谦副都御史,赐钞以行,遂罢采木之役。

　　宣德初,交址右布政戚逊以贪淫黜,命谦往代。王通弃交址,谦亦论死。正统初,释为民。土木之变,谦布衣走阙下,荐通及甯懋、阮迁等十三人,皆奇才可用。众议以通副石亨,谦请专任通,事遂寝。廷臣以谦负重名,奏留之,亦不报。景泰二年复至京,疏荐通等,不纳。罢归,未几卒。仁宗性宽大,容直言,谦以故得无罪,反责吕震等。而黄骥言西域事,帝亦诮震而行其言。

　　骥,全州人。洪武中,中乡举。为沙县教谕。永乐时擢礼科给事中,常三使西域。仁宗初,上疏言:"西域贡使多商人假托,无赖小人投为从者,乘传役人,运贡物至京师,赏赉优厚。番人慕利,贡无虚月,致民失业妨农。比其使还,多赍货物,车运至百余辆。丁男不足,役及妇女。所至辱驿官,鞭夫隶,无敢与较者。乞敕陕西行都司,惟哈密诸国王遣使入贡者，许令来京，止正副使得乘驿马，陕人庶少苏。至西域所产，惟马切边需，应就给甘肃军士。其硇砂、梧桐、碱之类，皆无益国用，请一切勿受，则来者自稀，浮费益省。"帝以示尚书吕震，且让之曰："骥尝奉使，悉西事。卿西人，雇不悉邪？骥言是，其即议行。"后迁右通政，与李琦、罗汝敬抚谕交址，不辱命。使还，寻卒。

黄泽，闽县人。永乐十年进士。擢河南左参政。南阳多流民，拊循使复业。尝率丁役至北京，周恤备至，久之，调湖广。仁宗即位，入觐，言时政，多见采。

宣宗立，下诏求言。泽上疏言正心、恤民、敬天、纳谏、练兵、重农、止贡献、明赏罚、远嬖幸、汰冗官十事。其言远嬖幸曰："刑余之人，其情幽阴，其虑险谲，大奸似忠，大诈似信，大巧似愚。一与之亲，如饮醇酒，不知其醉；如嗜甘腊，不知其毒。宠之甚易，远之甚难。是以古者宦寺不使典兵干政，所以防患于未萌也。涓涓弗塞，将为江河。此辈宜一切疏远，勿使用事。汉、唐已事，彰彰可监。"当成祖时，宦官稍稍用事，宣宗寝以亲幸，泽于十事中此为尤切。帝虽嘉叹，不能用也。其后设内书堂，而中人多通书晓文义。宦寺之盛，自宣宗始。

宣德三年擢浙江布政使。复上言平阳、丽水等七县银冶宜罢，并请尽罢诸坑冶，语甚切。帝叹息曰："民困若此，朕何由知。遣官验视，酌议以闻。"

泽在官有政绩，然多暴怒。监运使丁镒不避道，挞之，为所奏。巡按御史马谨亦劾泽。九载秩满，自出行县，敛白金三千两偿官物，且越境过家，遂逮下狱。正统六年黜为民。初，泽奏金华、台州户口较洪武时耗减，而岁造弓箭如旧，乞减免。下部议得允，而泽已罢官逾月矣。

孔友谅，长洲人。永乐十六年进士。改庶吉士，出知双流县。宣宗初。上言六事：

一曰，守令亲民之官，古者不拘资格，必得其人，不限岁月，使尽其力。今居职者多不知抚字之方，而廉干得民心者，又迁调不常，差遣不一。或因小事连累，朝夕营治，往来道路，日不暇给。乞敕吏部，择才望素优及久历京官者任之。谕戒上司，毋擅差遣，假以岁月，责成治效。至远缺佐贰，多经裁减，独员居职，或遇事赴京，多委杂职署事，因循苟且，政令无常，民不知畏。今后路远之缺，常留一正员任事，不得擅离，庶法有常守。

二曰，科举所以求贤，必名实相副，非徒夸多而已。今秋闱取士动一二百人。弊既多端，侥幸过半。会试下第，十常八九。其登第者，实行或乖。请于开科之岁，详核诸生行履。孝弟忠信、学业优赡者，乃许入式。庶浮薄不致滥收，而国家得真才之用。

三曰，禄以养廉，禄入过薄，则生事不给。国朝制禄之典，视前代为薄。今京官及方面官稍增俸禄，其余大小官自折钞外，月不过米二石，不足食数人。仰事俯育，与道路往来，费安所取资。贪者放利行私，廉者终窭莫诉。请敕户部勘实天下粮储，以岁支余，量增官俸，仍令内外风宪官，采访廉洁之吏，重加旌赏。则廉者知劝，贪者知戒。

四曰，古者赋役量土宜，验丁口，不责所无，不尽所有。今自常赋外，复有和买、采办诸事。自朝廷视之，不过令有司支官钱平买。而无赖之辈，关通吏胥，垄断货物，巧立辨验、折耗之名，科取数倍，奸弊百端。乞尽停采买，减诸不急务，则国赋有常，民无科扰。

其二事言汰冗员，任风宪，言者多及之，不具载。

宣德八年命吏部择外官有文学者六十八人试之，得友谅及进士胡端祯等七人，悉令办事六科。居二年，皆授给事中，惟友谅未授官而卒。

范济，元进士。洪武中，以文学举为广信知府，坐累谪戍兴州。宣宗即位，济年八十余矣，诣阙言八事。

其一曰,楮币之法,昉于汉、唐。元造元统交钞,后又造中统钞。久而物重钞轻,公私俱敝,乃造至元钞与中统钞兼行,子母相权,新陈通用。又令民间以昏钞赴平准库,中统钞五贯得换至元钞一贯。又其法日造万锭,共计官吏俸稍、内府供用若干,天下正税杂课若干,敛发有方,周流不滞,以故久而通行。太祖皇帝造大明宝钞,以钞一贯当白金一两,民欢趋之。迄今五十余年,其法稍弊,亦由物重钞轻所致。愿陛下因时变通,重造宝钞,一准洪武初制,使新旧兼行。取元时所造之数而增损之,审国家度支之数而权衡之,俾钞少而物多,钞重而物轻。严伪造之条,开倒换之法,推陈出新,无耗无阻,则钞法流通,永永无弊。

其二曰,备边之道,守险为要。若朔州、大同、开平、宣府、大宁,乃京师之藩垣,边徼之门户。土可耕,城可守。宜盛兵防御,广开屯田,修治城堡,谨烽火,明斥堠。毋贪小利,毋轻远求,坚壁清野,使无所得。俟其惫而击之,得利则止,毋穷追深入。此守边大要也。

其三曰,兵不在多,在于堪战。比者多发为事官吏人民充军塞上,非白面书生,则老弱病废。遇有征行,有力者得免,贫弱者备数。器械不完,糇粮不具。望风股栗,安能效死。今宜选其壮勇,勤加训练,余但令乘城击柝,趋走牙门,庶几各得其用。

其四曰,民病莫甚于勾军。卫所差官至六七员,百户差军旗亦二三人,皆有力交结及畏避征调之徒,重贿得遣。既至州县,擅作威福,追协里甲,恣为奸私。无丁之家,诛求不已;有丁之户,诈称死亡。托故留滞,久而不还。及还,则以所得财物,遍贿官吏,朦胧具覆。究其所取之丁,十不得一,欲军无缺伍难矣。自今军士有故,令各卫报都督府及兵部,府、部谍布政、按察司,令府州县准籍贯姓名,勾取送卫,则差人骚扰之弊自绝。

其五曰,洪武中令军士七分屯田,三分守城,最为善策。比者调度日繁,兴造日广,虚有屯种之名,田多荒芜。兼养马、采草、伐薪、烧炭,杂役旁午,兵力焉得不疲,农业焉得不废。愿敕边将课卒垦荒,限以顷亩,官给牛种,稽其勤惰,明赏罚以示劝惩。则塞下田可尽垦,转饷益纾,诸边富实,计无便于此者。

其六曰,学校者,风化之源,人材所自出,贵明体适用,非徒较文艺而已也。洪武中妙选师儒,教养甚备,人材彬彬可观。迩来士习委靡,立志不弘,执节不固。平居无刚方正大之气,安望其立朝为名公卿哉!宜选良士为郡县学官,择民间子弟性行端谨者为生徒,训以经史,勉以节行,俟其有成,贡于国学。磨砻砥砺,使其气充志定,卓然成材,然后举而用之,以任天下国家事无难矣。

其七曰,兵者凶器,圣人不得已而用之。汉高祖解平城之围,未闻萧、曹劝以复仇;唐太宗御突厥于便桥,未闻房、杜劝以报怨。古英君良相不欲疲民力以夸武功,计虑远矣。洪武初年尝赫然命将,欲清沙漠。既以馈运不继,旋即颁师。遂撤东胜卫于大同,塞山西阳武谷口,选将练兵,扼险以待。内修政教,外严边备,广屯田,兴学校,罪贪吏,徙顽民。不数年间,朵儿只巴献女,伯颜帖木儿、乃儿不花等相继擒获,纳哈出亦降,此专务内治,不勤远略之明效也。伏望远鉴汉、唐,近法太祖,毋以穷兵黩武为快,毋以犁庭扫穴为功。弃捐不毛之地,休养冠带之民,俾竭力于田桑,尽心于庠序。边塞绝伤痍之苦,闾里绝呻吟之声,将无幸功,士无夭阏,远人自服,荒外自归,国祚灵长于万年矣。

其八曰,官不在众,在乎得人。国家承大乱后,因时损益,以府为州,以州为县。继又裁并小县之粮不及俸者,量民数以设官。民多者县设丞簿,少者知县、典史而已。其时官无废事,民不愁劳。今藩、臬二司及府州县官,视洪武中再倍,政愈不理,民愈不宁,奸弊丛生,诈伪滋起。甚有官不能听断,吏不谙文移,乃容留书写之人,在官影射,贿赂公行,狱讼淹滞,皆官冗吏滥所致也。望断自宸衷,凡内外官吏,并依洪武中员额,冗滥者悉汰,则天工无旷,庶绩咸熙,而天下大治矣。

奏上,命廷臣议之。尚书吕震以为文辞冗长,且事多已行,不足采。帝曰:“所言甚有学识,多契朕心,当察其素履以闻。”震乃言:“济故元进士,曾守郡,坐事戍边。”帝曰:“惜哉斯人,令久淹行伍,今犹足用。"震曰:"年老矣。"帝曰:"国家用人,正须老成,但不宜任以繁剧。"乃以济为儒学训导。

聊让,兰州人。肃府仪卫司余丁也。好学有志尚,明习时务。景帝嗣位,惩王振蒙蔽,大辟言路,吏民皆得上书言事。景泰元年六月,让诣阙陈数事,其略曰:

迩岁土木繁兴,异端盛起,番僧络驿,污吏纵横,相臣不正其非,御史不劾其罪,上下蒙蔽,民生凋瘵。狡寇犯边,上皇播越。陛下枕戈尝胆之秋,可不拔贤举能,一新政治乎?昔宗、岳为将,敌国不敢呼名;韩、范镇边,西贼闻之破胆。司马光居相位,强邻戒勿犯边。今文武大臣之有威名德望者,宜使典枢要,且廷访智术才能之士,布满朝廷,则也先必畏服,而上皇可指日还矣。

大臣,阳也;宦寺,阴也。君子,阳也;小人,阴也。近日食地震,阴盛阳微,谪见天地。望陛下总揽乾纲,抑宦寺使不得预政,遏小人俾不得居位,则阴阳顺而天变弭矣。

天下治乱,在君心邪正。田猎是娱,宫室是侈,宦寺是狎,三者有一,足蛊君心。愿陛下涵养克治,多接贤士大夫,少亲宦官宫妾,自能革奢靡,戒游侠,而心无不正矣。

尧立谤木,恐人不言,所以圣;秦除谤法,恐人议己,所以亡。陛下广从谏之量,旌直言之臣,则国家利弊,闾阎休戚,臣下无所雇忌,而言无不尽矣。苏子曰:"平居无犯颜敢谏之臣,则临难必无仗节死义之士。"愿陛下恒念是言而审察之。

书奏,帝颇嘉纳之。后四年,让登进士。官知县,卒。

景泰二年,监生郭祐亦上书言兵事,略曰:"逆寇犯顺,上皇蒙尘,此千古非常之变,百世必报之仇也。今使臣之来,动以数千,务骄蹇责望于我,而我乃隐忍姑息,致贼势日张,我气日索;求和与和,求战与战,是和战之权,不在我而在贼也。愿陛下结人心,亲贤良，以固国本；广储蓄，练将士，以壮国气。正分定名，裁之以义。如桀骜侵轶，则提兵问罪。使大漠之南，不敢有匹马兰阓入，乃可保百年无虞。不然西北力罢，东南财竭，不能一日安枕矣。昨以国用耗乏，谋国大臣欲纾一时之急，令民纳粟者赐冠带。今军旅稍宁，行之如故。农工商贩之徒，不较贤愚，惟财是授。骄亲戚，夸乡里，长非分之邪心。赃污吏罢退为民，欲掩闾党之耻，纳粟纳草，冠带而归。前以冒货去职，今以输货得官，何以禁贪残，重名爵？况天下统一，藏富在民，未至大不得已，而举措如此，是以空乏启寇心也。"章下廷议，格不行。

又有胡仲伦者，云南监课提举司吏目也。缘事入都，会上皇北狩，也先欲妻以妹，上皇因遣广宁伯刘安入言于帝，仲伦上疏争之。言："今日事不可屈者有七。降万乘之尊，与谐婚媾，一也。敌假和议，使我无备，二也。必欲为姻，骄尊自大，三也。索金帛，使我坐困，四也。以送驾为名，乘机入犯，五也。逼上皇手诏，诱取边城，六也。欲求山后之地，七也。稍从其一，大事去矣。曩上皇在位，王振专权，忠谏者死，鲠直者戍，君子见斥，小人骤迁，章奏多决中旨，黑白混淆，邪正倒置。闽、浙之寇方殷，瓦剌之衅大作。陛下宜亲贤远奸，信赏必罚，通上情，达下志，卖国之奸无所投隙，仓卒之变末由发机，朝廷自此尊，天下自此安矣。"帝嘉纳焉。

又有华敏者，南京锦衣卫军余也。意气慷慨，读书通大义，愤王振乱国，与侪辈言辄裂眦怒詈。景泰三年九月上书曰："近年以来，内官袁琦、唐受、喜宁、王振专权害政，致国事倾危。望陛下防微杜渐，总揽权纲，为子孙万世法。不然恐祸稔萧蔷，曹节、侯览之害，复见于今日。臣虽贱陋，不胜痛哭流涕。谨以虐军害民十事，为陛下痛切言之。内官家积金银珠玉，累室兼箧，从何而至？非内盗府藏，则外朘民膏。害一也。怙势矜宠，占公侯邸舍，兴作工役，劳扰军民。害二也。家人外亲，皆市井无籍之子，纵横豪悍，任意作奸，纳粟补官，贵贱淆杂。害三也。建造佛寺，耗费不赀，营一己之私，破万家之产。害四也。广置田庄，不入赋税；寄户郡县，不受征徭；阡陌连亘，而民无立锥。害五也。家人中盐，虚占引数，转而售人，倍支钜万，坏国家法，豪夺商利。害六也。奏求塌房，邀接商旅，倚势赊买，恃强不偿，行贾坐敝，莫敢谁何。害七也。卖放军匠，名为伴当，俾办月钱，致内府监局营作乏人，工役烦重并力不足。害八也。家人贸置物料，所司畏惧，以一科十，亏官损民。害九也。监作所至，非法酷刑，军匠涂炭，不胜怨酷。害十也。"章下礼部，寝不行。

又有贾斌者，商河人，山西都司令史也。亦疏言宦官之害，引汉桓帝、唐文宗、宋徽、钦为戒。且献所辑《忠义集》四卷，采史传所记直谏尽忠守节之士，而宦官恃宠蠹政，可为鉴戒者附焉，乞命工刊布。礼部以其言当，乞垂鉴纳，不必刊行。帝报闻。

左鼎，字周器，永新人。正统七年进士。明年，都御史王文以御史多阙，请会吏部于进士选补。帝从之。尚书王直考鼎及白圭等十余人，晓谙刑名，皆授御史。而鼎得南京。寻改北，巡按山西。

时英宗北狩，兵荒洊臻。请蠲太原诸府税粮，停大同转饷夫，以苏其困。也先请和，抗言不可。寻以山东、河南饥，遣鼎巡视，民赖以安。律，官吏故勘平人致死者抵罪，时以给事中于泰言，悉得宽贷。鼎言："小民无知，情贷可也。官吏深文巧诋，与故杀何异？法者，天下之公，不可意为轻重。"自是论如律。

景泰四年疏言："瓦剌变作，将士无用，由军政不立。谓必痛惩前弊，乃今又五年矣。貂蝉盈座，悉属公侯；鞍马塞途，莫非将帅。民财岁耗，国币日虚。以天下之大，土地兵甲之众，曾不能振扬威武，则军政仍未立也。昔太祖定律令，至太宗，暂许有罪者赎，盖权宜也。乃法吏拘牵，沿为成例，官吏受枉法财，悉得减赎。骷髅如此，复何顾惮哉？国初建官有常，近始因事增设。主事每司二人，今有增至十人者矣。御史六十人，今则百余人矣。甚至一部有两尚书，侍郎亦倍常额，都御史以数十计，此京官之冗也。外则增设抚民、管屯官。如河南参议，益二而为四，佥事益三而为七，此外官之冗也。天下布、按二司各十余人，乃岁遣御史巡视，复遣大臣巡抚镇守。夫今之巡抚镇守，即曩之方面御史也。为方面御史，则合众人之长而不足，为巡抚镇守，则任一人之智而有余，有是理邪？至御史迁转太骤，当以六年为率。令其通达政事，然后可以治人。巡按所系尤重，毋使初任之员，漫然尝试。其余百执事，皆当慎择而久任之。"帝颇嘉纳。

未几，复言："国家承平数十年，公私之积未充。一遇军兴，抑配横征，鬻官市爵，率行衰世苟且之政，此司邦计者过也。臣请痛抑末技，严禁游惰，斥异端使归南亩，裁冗员以省虚糜，开屯田而实边，料士伍而纾饷。寺观营造，供佛饭僧，以及不急之工，无益之费，悉行停罢。专以务农重粟为本，而躬行节俭以先之，然后可阜民而裕国也。倘忽不加务，任掊克聚敛之臣行朝三暮四之术，民力已尽而征发无已，民财已竭而赋敛日增。苟纾目前之急，不恤意外之虞，臣窃惧焉。"章下户部。尚书金濂请解职，帝不许。鼎言亦不尽行。

逾月，以灾异，偕同官陈救弊恤民七事。末言："大臣不乏奸回，宜黜罢其尤，用清政本。"帝善其言，下诏甄别，而大臣辞职并慰留。给事中林聪请明谕鼎等指实劾奏，鼎、聪等乃共论吏部尚书何文渊、刑部尚书俞士悦、工部侍郎张敏、通政使李锡不职状。锡罢，文渊致仕。

鼎居官清勤，卓有声誉。御史练纲以敢言名，而鼎尤善为章奏。京师语曰："左鼎手，练纲口。"自公卿以下咸惮之。

鼎出为广东右参政。会英宗复位，以郭登言，召为左佥都御史。逾年卒。

练纲，字从道，长洲人。祖则成，洪武时御史。纲举乡试，入国子监。历事都察院。郕王监国，上中兴八策。也先将入犯，复言："和议不可就，南迁不可从，有持此议者，宜立诛。安危所倚，惟于谦、石亨当主中军，而分遣大臣守九门，择亲王忠孝著闻者，令同守臣勤王。檄陕西守将调番兵入卫。"帝悉从之。

纲有才辨，急功名。都御史陈益、尚书俞士悦皆纲同里，念纲数陈时政有声,且畏其口,遂荐之,授御史。

景泰改元,上时政五事。巡视两淮盐政。驸马都慰赵辉侵利,劾奏之。三年冬,偕同官应诏陈八事,并允行。亡何,复偕同官上言:"吏部推选不公,任情高下,请置尚书何文渊、右侍郎项文曜于理。尚书王直、左侍郎俞山素行本端,为文曜等所阂,均宜按问。"帝虽不罪,终以纲等为直。明年命出赞延绥军务,自陈名轻责重,乞授金都御史。帝曰:"迁官可自求耶?"遂寝其命。

初,京师戒严,募四方民壮分营训练,岁久多逃,或赴操不如期,廷议编之尺籍。纲等言:"召募之初,激以忠义,许事定罢遣。今展转轮操,已孤所望,况其逃亡,实迫寒馁,岂可遽著军籍。边方多故,倘更如募,谁复应之?"诏即除前令。

五年巡按福建,与按察使杨珏互讦,俱下吏。谪珏黄州知府,纲邠州判官。久之卒。

曹凯,字宗元,益都人。正统十年进士。授刑科给事中。磊落多壮节。

英宗北征,谏甚力,且曰:"今日之势,大异澶渊。彼文武忠勇,士马劲悍。今中贵窃权,人心玩愒。此辈不惟以陛下为孤注,即怀、愍、徽、钦亦何暇恤?"帝不从,乘舆果陷。凯痛哭竟日,声彻禁庭,与王竑共击马顺至死。

景泰中,迁左。给事中林聪劾何文渊、周旋,诏宥之。凯上殿力诤,二人遂下吏。时令输豆得补官,凯争曰:"近例,输豆四千石上,授指挥。彼受禄十余年,费已偿矣,乃令之世袭,是以生民膏血养无功子孙,而彼取息长无穷也。有功者必相谓曰,吾以捐躯获此,彼以输豆亦获此,是朝廷以我躯命等于荏菽,其谁不解体!乞自今惟令带俸,不得任事传袭,文职则止原籍带俸。"帝以为然,命已授者如故,未授者悉如凯议。

福建巡按许仕达与侍郎薛希琏相讦,命凯往勘。用荐,擢浙江右参政。时诸卫武职役军办纳月钱,至四千五百余人,以凯言禁止。

镇守都督李信擅募民为军，糜饷万余石，凯劾奏之。信虽获宥，诸助信募军者咸获罪。在浙数年，声甚著。

初，凯为给事，常劾武清侯石亨。亨得志，修前憾，谪凯卫经历，卒。

许仕达，歙人。正统十年进士。擢御史。景泰元年四月上疏言灾沴数见，请帝痛自修省。帝深纳之，未几，复请于经筵之余，日延儒臣讲论经史。帝亦优诏褒答。巡按福建，劾镇守中官廖秀，下之狱。秀讦仕达，下镇守侍郎薛希琏等廉问。会仕达亦劾希琏贪纵，乃命凯及御史王豪往勘。还奏，两人互有虚实，而耆老数千人乞留仕达。给事中林聪，闽人也，亦为仕达言。乃命留任，且敕希琏勿构却。仕达厉风纪，执漳州知府马嗣宗送京师。大理寺劾其擅执，帝以执赃吏不问。期满当代，耆老诣阙请留，不许。未几，即以为福建左参政。天顺中，历山东、贵州左、右布政使。

刘炜，字有融，慈谿人。正统四年进士。授南京刑科给事中。副都御史周铨以私憾挞御史。诸御史范霖、杨永与尚褫等十人共劾铨，炜与同官卢祥等复劾之。铨下诏狱，亦讦霖、永及炜、祥等。王振素恶言官，尽逮下诏狱。霖、永坐绞，后减死。他御史或戍或谪。炜、祥事白留任，而铨已先瘐死。炜累进都给事中。

景泰四年，户部以边储不足，奏令罢退官非赃罪者，输米二十石，给之诰敕。炜等言："考退之官，多有罢软酷虐、荒溺酒色、廉耻不立者，非止赃罪已也。赐之诰敕，以何为辞。若但褒其纳米，则是朝廷诰敕止直米二十石，何以示天下后世。此由尚书金濂不识大体，有此谬举。"帝立为已之。山东岁歉，户部以尚书沈翼习其地民瘼，请令往振。及往，初无方略。炜因劾翼，且言："其地已有尚书薛希琏、少卿张固镇抚，又有侍郎邹干、都御史王竑振济，而复益之以翼，所谓'十羊九牧'。乞还翼南京户部，而专以命希琏等。"从之。平江侯陈豫镇临清，事多违制。炜劾之，豫被责让。

明年，都督黄玹以易储议得帝眷，奏求霸州、武清县地。炜等抗章言："玹本蛮僚，遽蒙重任。怙宠妄干，乞地六七十里，岂尽无主者，请正其罪。"帝宥玹，遣户部主事黄冈、谢昶往勘。还奏，果民产。户部再请罪玹，帝卒宥焉。昶官至贵州巡抚，以清慎称。

炜，天顺初出为云南参政，改广东，分守惠、潮二府。潮有巨寇，招之不服，会兵进剿，诛其魁。改莅南韶。会大军征两广，以劳瘁卒官。

尚褫，字景福，罗山人。正统四年进士。除行人。上书请毋因击大臣。擢南御史。以劾周铨下狱，与他御史皆谪驿丞，得云南虚仁驿。景泰五年冬因灾异上书陈数事，中言："忠直之士，冒死陈言。执政者格以条例，轻则报罢，重则中伤，是言路虽开犹未开也。释教盛行，诱煽愚俗，由掌邦礼者畏王振势，度僧多至此，宜尽勒归农。"章下礼部，尚书胡濙恶其刺己，悉格不行。量移丰城知县，为邑豪诬构击狱，寻得释。

成化初，大臣会荐，擢湖广佥事。初有诏，荆、襄流民，许所在附籍。都御史项忠复遣还乡，督甚急，多道死。褫悯之，陈牒巡抚吴琛请进止。琛以报忠，忠怒劾褫。中朝知其意在恤民，卒申令流民听附籍，不愿，乃遣还乡。褫为佥事十年，所司上其治行，赐诰旌异。致仕卒。

单宇，字时泰，临川人。正统四年进士。除嵊县知县。驭吏严。吏欲诬奏宇，宇以闻。坐不并上吏奏，逮下狱。事白，调诸暨。

遭丧服除，待铨京师。适英宗北狩，宇愤中官监军，诸将不得专进止，致丧师，疏请尽罢之，以重将权。景帝不纳。

初，王振佞佛，请帝岁一度僧。其所修大兴隆寺，日役万人，糜帑数十万，闳丽冠京都，英宗为赐号"第一业林"，命僧大作佛事，躬自临幸，以故释教益炽。至是宇上书言："前代人君尊奉佛氏，卒致祸乱。近男女出家累百千万，不耕不织，蚕食民间。营构寺宇，遍满京邑,所费不可胜纪。请撤木石以建军营,销铜铁以铸兵仗,罢遣僧尼,归之民俗,庶皇风清穆,异教不行。疏入,为廷议所格。复知侯官。

而咸阳姚显以乡举入国学,亦上言:"曩者修治大兴隆寺,穷极壮丽,又奉僧杨某为上师,仪从侔王者。食膏粱,被组绣,藐万乘若弟子。今上皇被留贼庭,乞令前赴瓦剌,化谕也先。诚能奉驾南还,庶见护国之力。不然,佛不足信彰彰矣。"

当景泰时,廷臣谏事佛者甚众,帝卒不能从。而中官兴安最用事,佞佛甚于振,请帝建大隆福寺,严壮与兴隆并。四年三月,寺成,帝克期临幸。河东监运判官济宁杨浩切谏,乃止。

宇好学有文名,三为县,咸以慈惠闻。居侯官,久之卒。

显后为齐东知县,移武城,公廉刚正。用巡抚翁世资荐,擢太仆丞。浩初以乡举入国学,除官未行,遂抗疏,声誉籍甚。累官右副都御史,巡抚延绥。

张昭,不知何许人。天顺初,为忠义前卫吏。英宗复辟甫数月,欲遣都指挥马云等使西洋,廷臣莫敢谏。昭闻之,上疏曰:"安内救民,国家之急务;慕外勤远,朝廷之末策。汉光武闭关谢西域,唐太宗不受康国内附,皆深知本计者也。今畿辅、山东仍岁灾歉,小民绝食逃窜,妻子衣不蔽体,被荐裹席,鬻子女无售者。家室不相完,转死沟壑,未及埋瘗,已成市脔,此可为痛哭者也。望陛下用和番之费,益以府库之财,急遣使振恤,庶饥民可救。"奏下公卿博议,言云等已罢遣,宜籍记所市物俟命。帝命姑已之。

天顺三年秋,建安老人贺炀亦上书论时事,言:"今铨授县令,多年老监生。逮满九载,年几七十,苟且贪污。宜择年富有才能者,其下僚及山林抱德士,亦当推举。景泰朝,录先贤颜、孟、程、朱子孙,授以翰林博士,俾之奉祀。然有官无禄,宜班给以昭崇儒之意。黄幹、刘爚、蔡沈、真德秀配祠朱子,亦景泰间从金事吕昌之请,然未入祝辞,宜增补。预备义仓,本以振贫民,乃豪猾多冒支不偿,致廪庾空虚。乞令出粟义民,各疏里内饥民,同有司散放。"

未几,又言:"朝廷建学立师,将以陶熔士类。而师儒鲜积学,草野小夫贪缘津要,初解兔圆之册,已厕鹗荐之群。及受职泮林,猥琐贪饕,要求百故,而授业解惑,莫措一词。生徒亦往往玩愒岁月,佻达城阙,待次循资,滥升太学。侵寻老耋,幸博一官。但鏖身家之谋,无复功名之念。及今不严甄选,人材日陋,士习日非矣。"帝善其言,下所司行之。

高瑶,字庭坚,闽县人。由乡举为荆门州学训导。成化三年五月抗疏陈十事。其一言:"正统己巳之变,先帝北狩,陛下方在东宫,宗社危如一发。使非郕王继统,国有长君,则祸乱何由平,銮舆何由返。六七年间,海宇宁谧,元元乐业,厥功不细。迨先帝复辟,贪天功者遂加厚诬,使不得正其终,节惠祔祀,未称典礼。望特敕礼官集议,追加庙号,尽亲亲之恩。"章下,廷议久不决。至十二月始奏:"追崇庙号,非臣下敢擅议,惟陛下裁决。"而左庶子黎淳力争,谓不当复,且言:"瑶此言有死罪二:一诬先帝为不明,一陷陛下于不孝。臣以谓瑶此事,非欲尊郕王,特为群邪进用阶,必有小人主之者。"帝曰:"景泰往过,朕未尝介意,岂臣子所当言。淳为此奏,欲献谄希恩耶?"议遂寝。然帝终感瑶言。久之,竟复郕王帝号。

瑶后知番禺县,多异政。发中官韦眷通番事,没其赀钜万于官。眷憾甚,诬奏于朝。瑶及布政使陈选俱被逮,士民泣送者塞道。瑶竟谪戍永州。释还,卒。

黎淳,华容人。天顺元年进士第一。官至南京礼部尚书,颇有名誉。其与瑶争郕王庙号也,专欲阿宪宗意,至以昌邑、更始比景帝,为士论所薄。当成化时,言路大阻,给事、御史多获谴。惟瑶以卑官建危议,卒无罪,时皆称帝盛德云。

又有虎臣者,麟游人。成化中贡入太学。上言天下士大夫过先

圣庙,宜下舆马。从之。省亲归,会陕西大饥,巡抚郑时将请振,臣
齐奏行,陈饥歉状,词激切,大获振贷。已,上言:"臣乡比岁灾伤,人
相食,由长吏贪残,赋役失均。请敕有司审民户,编三等以定科徭。"
从之。孝宗践阼,将建棕棚万岁山,备登眺。臣抗疏切谏。祭酒费
訚惧祸及,银铛絷臣堂树下。俄官校宣臣至左顺门,传旨慰谕曰:
"若言是,棕棚已毁矣。"訚大惭,臣名遂闻都下。顷之,命授七品官,
乃以为云南碍嘉知县,卒官。

　　赞曰:明自太祖开基,广辟言路。中外臣寮,建言不拘所职。草
野微贱,奏章咸得上闻。沿及宣、英,流风未替。虽升平日久,堂陛
深严,而逢掖布衣,刀笔掾史,抱关之冗吏,荷戈之戍卒,朝陈封事,
夕达帝阍。采纳者荣显其身,报罢者亦不之罪。若仁宗之复弋谦朝
参,引咎自责,即悬鼗设铎,复何以加。以此为招,宜乎慷慨发愤之
徒扼腕而谈世务也。英、景之际,《实录》所载,不可胜书。今掇其著
者列于篇。迨宪宗季年,阉尹擅朝,事势屡变,别自为卷,得有考焉。

明史卷一六五
列传第五三

陶成 子鲁 陈敏 丁瑄
王得仁 子一夔 叶祯 伍骥
毛吉 林锦 郭绪 姜昂
子龙

陶成,字孔思,郁林人。永乐中,举于乡,除交址凤山典史。尚书黄福知其贤,命署谅江府教授,交人化之。秩满,迁山东按察司检校,用荐擢大理评事。

正统中,以刘中敷荐,超擢浙江佥事。成有智略,遇事敢任。倭犯桃渚,成密布钉板海沙中。倭至,舣舟跃上,钉洞足背。倭畏之,远去。秩满,进副使。

处州贼叶宗留、陈鉴胡、陶得二等寇兰谿,成击斩数百人。进屯武义,立木城以守。诱贼党为内应,前后斩首数百,生擒百余人。又自抵贼巢,谕降者三千余人。贼势渐衰,惟得二尚在。久之,势复炽,拥众来犯。先遣其党十余辈伪为乡民避贼者,以弊缊裹薪,阑入城。及成出战,贼持薪纵火,焚木城。官军惊溃,成与都指挥佥事崔源战死。时景泰元年五月也。事闻,赠成左参政,录其子鲁为八品官。

鲁,字自强,荫授新会丞。当是时,广西瑶流劫高、廉、惠、肇诸府,破城杀吏无虚月。香山、顺德间,土寇蜂起,新会无赖子群聚应之。鲁召父老语曰："贼气吞吾城，不早备且陷，若辈能率子弟捍御乎?"皆曰："诺"。乃筑堡砦，缮甲兵，练技勇，以孤城捍贼冲，建郭掘濠，布铁蒺藜刺竹于外，城守大固。贼来犯，辄击破之。天顺七年，秩满，巡抚叶盛上其绩，就迁知县。寻以破贼功，进广州同知，仍知县事。

成化二年从总督韩雍征大藤峡。雍在军严重，独于鲁未尝不虚己。用其策，辄有功。雍请擢鲁为佥事，专治新会、阳江、阳春、泷水、新兴诸县兵。其冬会参将王瑛破剧贼廖婆保等于钦、化二州，大获，玺书嘉劳。明年，贼首黄公汉等猖獗，偕参将夏鉴等连破之思恩、浔州。未几，贼陷石康，执知县罗绅。复偕鉴追击至六菊山，败之。两广自韩雍去，罢总督不设，帅臣观望相推诿，寇盗滋蔓。鲁奏请重臣仍开府梧州，遂为永制。秩满，课最，进副使。兵部尚书余子俊奏其抚辑劳，赉银币。

鲁治兵久。贼剽两粤，大者会剿，小者专征，所向奏捷。贼仇之次骨，劫其郁林故居，焚诰命，发先茔，戕其族党。鲁闻大恸。诏徙籍广东，补给封诰，慰劳有加，益奋志讨贼。

二十年，以征荔浦瑶功，增俸一级。又九载，课最，进湖广按察使，治兵两广如故。郁林、陆川贼黄公定、胡公明等为乱，与参将欧磐分五路进讨，大破之，毁贼巢一百三十。

弘治四年，总督秦纮遣平德庆瑶，进湖广右布政使。鲁言身居两广，而官以湖广为名，于事体非便，乃改湖广左布政使兼广东按察副使，领岭西道事。人称之为"三广公"。

十一年，总督邓廷瓒请官其子，俾统鲁所募健卒备征讨。乃授其子荆民锦衣百户。是年，鲁卒。荆民复陈父功，遂进副千户，世袭。

鲁善抚士，多智计，谋定后战。凿池公署后，为亭其中，不置桥。夜则召部下计事。以版度一人，语毕，令退。如是凡数人，乃择其长而伍用之，故常得胜算而机不泄。羽书狎至，戎装宿戒，声色不动。审贼可乘，潜师出城，中夜合围，晓辄奏凯。贼善侦，终不能得要领。历官四十五年，始终不离兵事。大小数十战，凡斩馘二万一千四百有奇,夺还被掠及抚安复业者十三万七千有奇,两广人倚之如长城。然鲁将兵不专尚武,常言:"治寇贼,化之为先,不得已始杀之耳。"每平贼,率置县建学以兴教化。

鲁初为丞,年才弱冠,知县王重勉之学。重故老儒,鲁遂请执弟子礼。每晨,授经史讲解而后视事。后重卒官,鲁执丧如父礼,且资其二子。又敬事名儒陈献章,献章亦重之。宋陆秀夫、张世杰尽节崖山,未有庙祀,特为建祠,请祠额,赐名大忠。嘉靖初,鲁殁三十载,矣,新会人思其德,颂于朝,赐祠祀之。

陈敏,陕西华亭人。宣德时,为四川茂州知州。遭丧去官,所部诸长官司及番民百八十人诣阙奏言:"州僻处边徼万山中,与松潘、叠溪诸番邻,岁被其患。自敏莅州,抚驭有方,民得安业。今以忧去职,军民失所依。乞矜念远方,还此良牧。"帝立报可。

正统中,九载满,军民复请留。进成都府同知,视茂州事。都司徐甫言,敏及指挥孙敬在职公勤,群番信服。章下都御史王翱等核实,进敏右参议,仍视州事。以监司秩莅州,前此未有也。

黑虎寨番掠近境,为官军所获。敏从其俗,与誓而遣之。既复出掠,为巡按御史陈员韬所劾。诏贳之。提督都御史寇深器其才,言敏往来恤番人,赞理军政,乞别除知州,俾敏专戎务。吏部以敏莅茂久,别除恐未悉番情,猝难驯服,宜增设同知一人佐之。报可。敏既以参议治州,其体俪监司,遂劾按察使陈泰无故杖死番人。泰亦讦敏,帝不问,而泰下狱论罪。

景泰改元,参议满九载,进右参政,视州事如前。莅州二十余年,威信大行,番民胥悦。秩渐高,诸监司郡守反位其下,同事多忌之者。为按察使张淑所劾,罢去。

丁瑄,不知何许人。正统间为御史。初,福建多矿盗,命御史柳华捕之。华令村聚皆置望楼,编民为甲,择其豪为长,得自置兵仗,督民巡徼。沙县佃人郑茂七素无赖,既为甲长,益以气役属乡民。其俗佃人输租外，例馈田主。茂七倡其党令毋馈，而田主自往受粟。田主诉于县，县逮茂七。不赴。下巡检追摄，茂七杀弓兵数人。上官闻，遣军三百捕之。被杀伤几尽，巡检及知县并遇害。茂七遂大剽略，伪称铲平王，设官属。党数万人，隐二十余县。都指挥范真、指挥彭玺等先后被杀。时福建参政交址人宋新，赂王振得迁左布政使，侵渔贪恶，民不能堪，益相率纵乱，东南骚动。

十三年八月，茂七围延平。刷卷御史张海登城抚谕。贼诉乞贳死，免三年徭役，即解散为良民。海以闻。命瑄往招讨，以都督刘聚、佥都御史张楷大军继其后。瑄既至，先令人赍敕往抚。茂七不肯降，瑄驰赴沙县图之。贼首林宗政等万余人攻后坪，欲立砦。瑄令通判倪冕等率众先据要害，而身与都指挥雍野等邀其归路，斩贼二百余级，获其渠陈阿岩。

明年二月，瑄诱贼复攻延平，督众军分道冲击。贼大败，循走。指挥刘福追之，遂斩茂七，招协从复业。未几，复擒其党林子得等。尤溪贼首郑永祖率四千人攻延平。瑄偕野等邀击，擒之，斩首五百有奇，余党溃散。

楷之监大军讨贼也，至建宁顿不进，日置酒赋诗为乐。闻瑄破贼，则驰至延平攘其功。瑄被协依违具奏。福不能平，愬之。诏责瑄具状。楷等皆获罪，瑄有功不问，功亦竟不录。茂七虽死，其从子伯孙等复炽。朝廷更遣陈懋等以大军讨，瑄乃还朝。景泰初，出为广东副使，卒。

当是时，浙、闽盗所在剽掠为民患。将帅率玩寇，而文吏励民兵拒贼，往往多斩获。闽则有张瑛、王得仁之属。浙江则金华知府石瑁擒遂昌贼苏才于兰谿，处州知府张祐击败贼众，擒斩千余人。于是帝降敕，数诘让诸将帅。都指挥邓安等因归咎于前御史柳华。时王振方欲杀朝士威众，命逮华。华已出为山东副使，闻命，仰药死。诏籍其家，男戍边，妇女没入浣衣局。而御史汪澄、柴文显亦以是得罪。

初，澄按福建，以茂七乱，檄浙江、江西会讨。寻以贼方议降，止兵毋进。既知贼无降意，复趣进兵，而贼已不可制。浙江巡按御史黄英恐得罪，具白澄止兵状，兵部因劾澄失机。福建三司亦言，贼初起，按臣柴文显匿不奏，酿成今患。遂俱下吏。狱成，诏磔文显，籍其家，澄弃市。而宋新及按察使方册等十人俱坐斩。遇赦，谪驿丞。天顺初，复官。

论者谓华所建置未为过，澄、文显罪不至死。武将不能灭贼，反罪文吏，华、文显至与叛逆同科，失刑实由王振云。华，吴县人。文显，浙江建德人。澄仁和人。

王得仁，名仁，以字行，新建人。本谢姓，父避仇外家，因冒王氏。得仁五岁丧母，哀号如成人。初为卫吏，以才荐授汀州府经历。廉能勤敏，上下爱之。秩满当迁，军民数千人乞留，诏增秩再任。居三年，推官缺，英宗从军民请，就令迁擢。数辩冤狱，却馈遗，镇守内臣苛索，政绩益著。

沙县贼陈政景，故邓茂七党也，纠清流贼蓝得隆等攻城。得仁与守将及知府刘能击败之，擒政景等八十四人，余贼惊溃。诸将议穷搜，得仁恐滥及百姓，下令招抚，辨释难民三百人。都指挥马雄得通贼者姓名，将按籍行戮，得仁力请焚其籍。贼复寇宁化，率兵往援，斩首甚众。民多自拔归，贼势益衰。

贼退屯将乐，得仁将追灭之，俄遘疾。众欲舆归就医，得仁不可，曰："吾一动，贼必长驱。"乃起坐帐中，谕将吏戮力平贼，遂卒。时正统十四年夏也。军民哀恸。丧还，哭奠者道路相属，多绘像祀之。天顺末，吏民乞建祠。有司为请，诏如广东杨信民故事，春秋致祭。

子一夔，天顺四年举进士第一。授修撰，进左谕德。成化七年，彗星见，应诏陈五事，请正宫闱，亲大臣，开言路，慎刑狱，戒妄费。语极剀挚，被旨切责。累迁工部尚书。卒，赠太子少保。正德中，谥文庄。

叶祯,字梦吉,高要人。举于乡,授浔州府同知。补凤翔,调庆
远。

两广瑶贼蜂起,列郡咸被害,将吏率缩朒观望。祯誓不与贼俱
生,募健儿日训练。峒酋韦父强数败官军,祯生絷之。其党忿,悉众
攻城,旗山守将拥兵不救。祯率健儿出战,贼却去。旋蹙祯,战相当,
祯子公荣殒焉。

顷之,贼围鸡刺诸村,祯率三百人趋赴。道遇贼人头山下,鏖
战,祯被数枪,手刃贼一人,与从子官庆及三百人皆死。时天顺三年
正月晦也。岭南素无雪,是夜大雷电,雪深尺许。贼释围去,诸村获
全。事闻,赠朝列大夫,庆西参议,守臣为立庙祀之。

伍骥,字德良,安福人。景泰五年进士。授御史。庄重寡言笑,
见义敢为。

天顺七年巡按福建。先是,上杭贼起,都指挥佥事丁泉,汶上
人,善捍御。贼屡攻城,皆为所却。已而贼转炽。骥闻,立驰入汀州,
调援兵四集。骥单骑诣贼垒。贼不意御史猝至,皆擐甲露刃。骥从
容立马,谕以祸福。贼见其至诚,感悟泣下,归附者千七百余户。给
以牛种,俾复故业。

惟贼首李宗政负固不服,遂与泉深入破之。泉力战,为贼所害。
骥吊死恤伤,激以忠义,复与贼战。连破十八砦,俘斩八百余人,四
境悉平。而骥冒瘴疠成疾,班师至上杭卒。军民哀之如父母,旦夕
临者数千人,争出财立祠。成化中以知县萧宏请,诏与泉并祀,赐祠
名褒忠。

毛吉,字宗吉,余姚人。景泰五年进士。除刑部广东司主事。司
辖锦衣卫。卫卒伺百官阴事,以片纸入奏即获罪,公卿大夫莫不惴
恐。公行请属,狃侮官司,即以罪下刑部者,亦莫敢捶挞。吉独执法
不挠,有犯必重惩之。其长门达怙宠肆虐。百官道遇率避马,吉独

举鞭拱手过,达怒甚。吉以疾失朝,下锦衣狱。达大喜,简健卒,用巨梃榜之。肉溃见骨,不死。

天顺五年擢广东佥事,分巡惠、潮二府。痛抑豪右,民大悦。及期当代,相率吁留之。

程乡贼杨辉者,故剧贼罗刘宁党也。已抚复叛,与其党曾玉、谢莹分据宝龙、石坑诸洞,攻陷江西安远,剽闽、广间。已,欲攻程乡。吉先其未至,募壮士合官军得七百人,抵贼巢。先破石坑,斩玉,次击莹,馘之,复生擒辉。诸洞悉破,凡俘斩千四百人。捷闻,宪宗进吉副使,玺书嘉劳。移巡高、雷、廉三府。

时民遭贼�␣,数百里无人烟,诸将闭城自守,或以贼告,反被挞。有自贼中逸归者,辄诬以通贼,扑杀之。吉不胜愤,以平贼为己任。按部雷州。海康知县王骐,云南太和人也,日以义激其民,贼至辄奋击。吉庄其勇节,奖励之。适报贼掠乡聚,吉与骐各率所部击败之。荐骐,迁雷州通判。未闻命,战死。赠同知,荫其子为国子生。

成化元年二月,新会告急。吉率指挥阎华、掌县事同知陶鲁,合军万人,至大磴破贼,乘胜追至云岫山,去贼营十余里。时已乙夜,召诸将分三哨,黎明进兵。会阴晦,众失期。及进战,贼弃营走上山。吉命潘百户者据其营,众竞取财物。贼驰下,杀百户,华亦马踬,为贼所杀,诸军遂溃。吉勒马大呼止军。吏劝吉避,吉曰:“众多杀伤,我独生可乎?”言未已,贼持枪趋吉。吉且骂且且战,手剑一人,断其臂。力绌,遂被害。是日,雷雨大作,山谷皆震动。又八日,始得尸,貌如生。事闻,赠按察使,录其子科入国子监。寻登进士,终云南副使。

方吉出军时,赍千金犒,委驿丞余文司出入,已用十之三。吉既死,文悯基家贫,以所余金授吉仆,使持归治丧。是夜,仆妇忽坐中堂作吉语,雇左右曰:“请夏宪长来。”举家大惊,走告按察使夏埙。埙至,起揖曰:“吉受国恩,不幸死于贼。今余文以所遗官银付吉家,虽无文簿可考,吉负垢地下矣。愿亟还官,毋污我。”言毕,仆地,顷之始苏。于是归金于官。吉死时年四十,后赐谥忠襄。

林锦,字彦章,连江人。景泰初,由乡贡授合浦训导。瑶寇弃斥,内外无备。锦条具方略,悉中机宜。巡抚叶盛异之,檄署灵山县事。城毁于贼,锦因形便,为栅以守,广设战具,贼不敢逼。满秩去官,民曰:"公去,贼复至,谁御者?"悉逃入山。盛以状闻,诏即以锦为知县。驰驿之官,民复来归。

适岁饥,诸瑶益剽掠无虚日。锦单骑诣垒,晓以祸福。瑶感悟,附县二十五部咸听命。其不服者则讨之。天顺六年破贼罗禾水,再破之黄姜岭,又大破之新庄。先后斩获千余级,还所掠人口,贼悉平,乃去栅,筑土城。

盛及监司屡荐其才。成化改元,会廉州为贼所陷,乃以锦为试知府。岁复大饥,贼四出劫掠。锦谕散千余人,诛梗化者,而绥辑其流移。境内悉平。

四年,上官交荐,请改授宪职,令专备钦、廉群盗。乃以为按察使佥事,益勤于政。十年赐敕旌异。久之,进副使。锦以所部屡有盗警,思为经久计,乃设围河营于西,设新寨营于南,而别设洪崖营以杜诸寇出没路。易灵山土城,更筑高埔,亘五百丈,卒为严邑。十四年,兵部上其抚辑功,被赉。

锦在兵间,以教化为务。灵山尚鬼,则禁淫祠,修学校,劝农桑。其治廉、钦,皆饬学宫,振起文教。为人诚实,洞见肺腑,瑶蛮莫不爱信。其行军,与士卒同甘苦,有功辄推以与人,以故士多效死,所在祠祀。

郭绪,字继业,太康人。成化十七年进士。使楚府,却其馈。授户部主事,督饷二十万于陕西给军。主者以羡告,悉还之。历迁云南参议。

初,孟密宣抚司之设也,实割木邦宣慰司地。既而孟密思揲复于界外侵木邦地二十七所。屡谕之还,不听。乃调孟养宣抚思禄兵协之。思揲始还所侵地,然多杀孟养兵。思禄仇之,发兵越金沙江夺木邦故割孟密地十有三年。两酋构怨不已。

　　巡抚陈金承诏,遣绪与副使曹玉往谕之。旬余抵金齿。参将卢和先统军距所据地二程而舍,遣官驰驿往谕,皆留不报。和惧,还军至干崖遇绪,语故,戒勿进。绪不可。玉以疾辞。绪遂单骑从数人行,旬日至南甸,峻险不可骑,乃斩棘徒步引绳以登。又旬日至一大泽。土官以象舆来,绪乘之往。行毒雾中,泥沙蹢躅。又旬日至孟赖,去金沙江仅二舍。手自为檄,使持过江,谕以朝廷招徕意。蛮人相顾惊曰:“中国使竟至此乎?”发兵率象马数万夜渡江,持长槊劲弩,环之数重。从行者惧,请勿进。绪拔刀叱曰:“明日必渡江,敢阻者斩。”

　　思禄既得檄,见譬晓祸福甚备,又闻至者才数人,乃遣酋长来听令,且致馈。绪却之,出敕谕宣示。思禄亦继至。绪先叙其劳,次白其冤状,然后责其叛。诸酋闻,咸俯伏呼万岁,请归侵地。绪诘前所留使人,乃尽出而归之。和及玉闻报驰至,则已归地纳款矣。时弘治十四年五月也。

　　越三年,擢绪四川督储参政。武宗即位,始以云南功,加俸一级。明年致仕归。

　　姜昂,字恒颓,太仓人。成化八年进士。除枣强知县。授御史。偕同官劾方士李孜省,杖午门外。以母老乞改南,寻出为河南知府。吏白事毕,退阖门读书,鞭箠悬不用。藩府人有犯,立决遣之。改知宁波,擢福建参政。请终养归,服阕而卒。

　　昂在官,日市少肉供母,而自食菜茹。子弟学书,不听用官纸笔,家居室不蔽风雨。

　　子龙,字梦宾,正德三年进士。历礼部郎中。武宗南巡,率同官谏。罚跪五日,杖几死。出为建宁同知,寻迁云南副使。备兵澜沧、姚安。滇故盗薮,龙让土酋曰:“尔世官,纵盗宁非贿乎?”酋惧,抚谕群盗,悉听命。巨盗方定者,既降而贫,为妻妾所诟,卒不忍负龙,竟仰药死。南安大盗千人，御史欲征兵，龙檄三日散尽。四川盐井剌马仁、云南晒江和歌仲仇杀数十年，龙抚谕，遂解。大候州土官猛国恃险肆暴，龙擒之。在滇四年，番、汉大治。邓川州立三正人祠，祀袁州郭绅、莆田林俊及龙。

赞曰：陶成、陈敏诸人，以监司守令著征剿功，而成及毛吉、叶祯身死王事，劳烈显著，亦可以愧戎帅之畏懦蹙缩者矣。林锦威能临制，材足绥怀，边疆皆得斯人，何忧不治。郭绪单骑入险，谕服两酋，令当洪、永间亦何至尚淹常调哉。平世秉国者，多抑边功，谓恐生事。然大帅倚内援，叙禄又多逾等，适足以长武夫玩寇之心，而无以奖劳臣致死之节。国家以赏罚驭世，曷可不公乎！

明史卷一六六

列传第五四

韩观　山云　萧授 吴亮
方瑛 陈友 李震　王信 都胜
郭铉 彭伦　欧磐　张祐

韩观，字彦宾，虹人，高阳忠壮侯成子也。以舍人宿卫，忠谨为太祖所知，授桂林右卫指挥佥事。

洪武十九年讨平柳州、融县诸蛮，累迁广西都指挥使。二十二年平富川蛮，设灵亭千户所。二十五年平宾州上林蛮。二十七年会湖广兵讨全州、灌阳诸瑶，斩千四百余人。明年捕擒宜山诸县蛮，斩其伪王及万户以下二千八百余人。以征南左副将军从都督杨文讨龙州土官赵宗寿，宗寿伏罪。移兵征南丹、奉议及都康、向武、富劳、上林、思恩、都亮诸蛮，先后斩获万余级。

观生长兵间，有勇略。性鸷悍，诛罚无所假。下令如山，人莫敢犯。初，群蛮所在蜂起，剽郡县，杀守吏，势甚炽。将士畏观法，争死斗。观得贼必处以极刑。间纵一二，使归告诸蛮，诸蛮胆落。由是境内得安。

二十九年召还，进都督同知。明年复从杨文讨平吉州及五开叛苗，与顾成讨平水西诸蛮堡，还理左府事。建文元年练兵德州，御燕师无功。成祖即位，委任如故。命往江西练军城守，兼节制广东、福建、湖广三都司。

庐陵民啸聚山泽，帝不欲用兵，遣行人许子谟赍敕招谕，命观临抚之。观至，众皆复业，赐玺书褒劳。命佩征南将军印，镇广西，节制两广官军。帝知观嗜杀，赐玺书戒之曰：“蛮民易叛难服，杀愈多愈不治。卿往镇，务绥怀之，毋专杀戮。”会群蛮复叛，帝遣员外郎李宗辅赍敕招之。观大陈兵示将发状，而遣使与宗辅俱。桂林蛮复业者六千家，惟思恩蛮未附。而庆远、柳、浔诸蛮方杀掠吏民，乃上章请讨。

永乐元年与指挥葛森等击斩理定诸县山贼千一百八十有奇，擒其酋五十余人，斩以徇。还所掠男女于民，而抚辑其逃散者。明年遣都指挥朱辉谕降宜山、忻城诸山寨。荔波瑶震恐，乞为编户。帝属观抚之，八十余洞皆归附。明年，浔、桂、柳三府蛮作乱，已抚复叛，遣朱辉以偏师破之。蛮大惧。会朝廷遣郎中徐子良至，遂来降，归所掠人畜器械。

四年大发兵讨安南，诏观画方略，转粟二十万石饷军。已，复命偕大理卿陈洽选土兵三万会太平，仍令观侦安南贼中动静。寻从大兵发凭祥，抵坡垒关，以所部营关下，伐木治桥梁，给军食。安南平，命措置交址缘途诸堡，而柳、浔诸蛮乘观出，复叛。

五年，观旋师抵柳州。贼望风遁匿。观请俟秋凉深入，且请济师。帝使使发湖广、广东、贵州三都司兵，又敕新城侯张辅遣都督朱广、方政以征交址兵协讨。十月，诸军皆集，分道进剿。观自以贵州、两广兵由柳州攻马平、来宾、迁江、宾州、上林、罗城、融县，皆破之。会兵象州，复进武宣、东乡、桂林、贵县、永福，斩首万余级，擒万三千余人，群蛮复定。捷闻，帝嘉劳之。

九年拜征夷副将军，仍佩故印，总兵镇交址。明年复命转粟给张辅军。辅再出师定交址，观皆主馈运，不为将，故功不著。

观在广西久，威震南中，蛮人慴慴奉命。继之者，自山云外，皆不能及。十二年九月卒，无子。宣德二年，保定伯梁铭奏求观南京故宅，帝许之。既闻观妻居其中，曰：“观，功臣也，虽殁，岂可夺之。”遂不许。令有司以他宅赐铭。

　　山云，徐人。父青，以百户从成祖起兵，积功至都督金事。云貌魁梧，多智略。初袭金吾左卫指挥使。数从出塞，有功。时幼军二十五所，隶府军前卫，掌卫者不任事，更命云及李玉等五人抚戢之。仁宗立，擢行在中军都督金事。

　　宣德元年改北京行都督府，命偕都御史王彰自山海抵居庸，巡视关隘，以便宜行事。帝征乐安，召辅郑王、襄王居守。

　　明年，柳、庆蛮韦朝烈特等掠临桂诸县。时镇远侯顾兴祖以不救丘温被逮，公侯大臣举云。帝亦自知之。三年正月命佩征蛮将军印，充总兵官往镇。云至，讨朝烈，破之。贼保山巅。山峻险，挂木于藤，垒石其上。官军至，辄断藤下木石，无敢近者。云夜半束火牛羊角，以金鼓随其后，驱向贼。贼谓官军至，亟断藤。比明，木石且尽，众噪而登，遂尽破之。南安、广源诸蛮悉下。是夏，忻城蛮谭团作乱，云讨擒之。四年春，讨平柳、浔诸蛮。其秋，洛容蛮出掠，遣指挥王纶破之。云上纶功，并劾其杀良民罪。帝宥纶而心重云。广西自韩观卒后，诸蛮渐横。云以广西兵少，留贵州兵为用，先后讨平浔、柳、平乐、桂林、宜山、思恩、诸蛮。九年又以庆远、郁林苗、瑶非大创不服，请济师。诏发广东兵千五百人益云。云分道剿捕，擒斩甚众。复遣指挥田真攻大藤峡贼，破之。

　　云在镇，先后大战十余，斩首万二千二百六十，降贼酋三百七十，夺还男女二千五百八十，筑城堡十三，铺舍五百，陶砖凿石，增高益厚。自是瑶、僮屏迹，居民安堵。论功，进都督同知，玺书褒劳。

　　云谋勇深沉，而端洁不苟取，公赏罚，严号令，与士卒同甘苦。临机应变，战无不捷。广西镇帅初至，土官率馈献为故事。帅受之，即为所持。云始至，闻府吏郑牢刚直，召问曰："馈可受乎？"牢曰："洁衣被体，一污不可澣，将军新洁衣也。"云曰："不受，彼且生疑，奈何？"牢曰："黩货，法当死。将军不畏天子法，乃畏土夷乎？"云是曰："善。"尽却馈献，严驭之。由是土官畏服，调发无敢后者。云所至，询问里老，抚善良，察诬枉，土人皆爱之。

英宗即位，云坠马伤股。帝遣医驰视。以病请代，优诏不许。进右都督。正统二年上言："浔州与大藤峡诸山相错，瑶寇出没，占耕旁近田。左右两江土官，所属人多田少，其狼兵素勇，为贼所畏。若量拨田州土兵于近山屯种，分界耕守，断贼出入，不过数年，贼必坐困。"报可。嗣后东南有急，辄调用狼兵，自此始也。明年冬，卒于镇。赠怀远伯，谥忠毅。长子俊，袭府军前卫指挥使。广西人思云不置，立祠肖像祀焉。

初，韩观镇广西，专杀戮。庆远诸生来迓。观曰："此皆贼觇我也。"悉斩之。云平恕。参佐有罪，辄上请，不妄杀人，人亦不敢犯。郑牢尝逮事观。观醉，辄杀人，牢辄留之，醒乃以白，牢为士大夫所重，然竟以隶终。

萧授，华容人。由千户从成祖起兵，至都指挥同知。永乐十六年擢右军都督佥事，充总兵官，镇湖广、贵州。

宣德元年，镇远邛水蛮银总作乱。指挥祝贵往抚，被杀。授遣都指挥张名破斩之。贵州宣慰所辖乖西巴香诸峒寨，山箐深险，诸蛮错居，攻剽他部，伤官军，发民冢，而昆阻比诸寨亦恃险不输赋。二年，授遣都指挥苏保会宣慰宋斌攻破昆阻比寨，穷追，斩伪王以下数百人。乖西诸蛮皆震慑归命。

水西蛮阿闭妨宜作乱，授结旁寨酋，以计诛之。而西堡蛮阿骨等与寨底、丰宁、清平、平越、普安诸苗复相聚为寇，四川筠连诸蛮应之。授且捕且抚。诸蛮先后听命，承制赦之。以丰宁酋稔恶，械送京师，伏诛。七年谕降安隆酋岑俊。已，讨辰州蛮，擒其酋八十，斩馘无算。移兵击江华苗，讨富川山贼，先后破擒之。

先是，贵州治古、答意二长官司苗数出掠。授筑二十四堡，环其地，分兵以戍，贼不得逞。久之，其酋吴不尔觇官军少，复掠清浪，杀官吏。授遣张名击破之。贼走湖广境，结生苗，势复张。授乃发黔、楚、蜀军分道捕讨。进军筸子坪，诛不尔，斩首五百九十余级。贼悉平。九年，都匀蛮为乱，引广西贼入掠。授遣指挥陈原、顾勇分道邀击,获贼首韦万良等,降下合江蔡郎等五十余寨。

英宗即位,命佩征蛮副将军印,镇守如故。念授年老,以都督金事吴亮副之。正统元年,普定蛮阿迟等叛,僭称王,四出攻掠。授遣顾勇等捣其巢,破之。而广西蒙顾十六洞与湖广逃民相聚蜂起,授督兵围之。再战,悉擒斩其酋,余党就诛。捷闻,进右都督。上言:"靖州与广西接壤,时苦苗患。永乐、宣德间,尝储粮数万石,备军兴。比年储粮少,有警,发人徒转输,贼辄先觉,以故不能得贼。乞于清浪、靖州二卫,各增储五万石,庶缓急可藉。"报可。

四年,贵州计沙贼苗金虫、苗总牌纠洪江生苗作乱,伪立统千侯、统万侯号。授督兵抵计沙,分遣都指挥郑通攻三羊洞,马晔攻黄柏山,大破之。吴亮穷追至蒲头、洪江,斩总牌,千户尹胜诱斩金虫,于是生苗尽降。授沉毅多计算,裨校皆尽其材,而驭军严整。自镇远侯顾成殁,群蛮所在屯结。官军讨之,皆无功。授在镇二十余年,规画多本于成,久益明练,威信大行,寇起辄灭,前后诸帅莫及也。论功,进左都督。是年六月召还,以老致仕。寻起视事右府。十年卒。赠临武伯,谥靖襄。

吴亮,来安人。永乐初,为旗手卫指挥金事。宣德中,署湖广都指挥金事。寻以右副总兵与王瑜督漕运。

英宗初,讨新淦贼有功,累进都督金事,副授镇湖广、贵州。破普定蛮,进都督同知。平计沙苗,进右都督。方政殁于麓川,召亮还京,命为副总兵,将兵五万往讨。至云南,贼益炽,坐金齿参将张荣败不救,逮下狱。左迁都督金事,仍佩征南副将军印,镇湖广、贵州,讨平四川都掌蛮。寻召还,视右府事。正统十一年卒。

亮姿貌魁梧,性宽简,不喜杀戮,所至蛮人怀附。好读书,至老,手不释卷。

方瑛,都督政之子。正统初,以舍人从父征麓川。父战死,瑛发愤,矢报父仇。初袭指挥使,已,论政死事功,迁都指挥同知。

六年从王骥征麓川。帅兵六千突贼垒。贼渠衣黄衣帐中。瑛直前，左右击斩数百人，蹢死者无算，遂平其地。进都指挥使。寻复从骥破贡章、沙坝、阿岭诸蛮。进都督佥事，莅后府事，充右参将，协守云南。十三年复从骥征麓川。破鬼山大寨，留镇云南。

景泰元年，廷议以瑛有将略，命都督毛福寿代，还，进都督同知。甫抵京，而贵州群苗叛，道梗，骥请瑛还讨。其年四月拜右副总兵，与保定伯梁珤、侍郎侯璡次第破走之。进右都督。复破赏改诸砦，擒伪苗王王阿同等。璡卒，都御史王来代督军务，分道击贼香炉山。瑛入自龙场，大破平之。

三年秋，来劾瑛违法事，置不问。来召还，命瑛镇守贵州。其冬，讨白石崖贼，俘斩二千五百人，招降四百六十砦。进左都督。五年，四川草塘苗黄龙、韦保作乱，自称平天大王，剽播州西坪、黄滩。瑛与巡抚蒋琳会川兵进剿，贼魁皆就缚。因分兵克中潮山及三百滩、乖西、谷种、乖立诸砦，执伪王谷蚁丁等，斩首七千余。诏封南和伯。

瑛为将，严纪律，信赏罚，临阵勇敢，善抚士。士皆乐为用，以故数有功。廷臣言宜委以禁旅，乃召还，同石亨督京营军务。明年，琳奏瑛前守贵州，边境宁，苗蛮畏服，乞遣还。帝不许。未几，湖广苗叛，拜瑛平蛮将军，率京军讨军，而使御史张鹏侦其后。还奏，瑛所过秋毫不犯，帝大喜。

七年，贼渠蒙能攻平溪卫。都指挥郑泰等击却之，能中火枪死。瑛遂进沅州，运破鬼板等一百六十余砦。与尚书石璞移兵天柱，率陈友等分击天堂诸砦，复大破之。克砦二百七十，擒伪侯伯以下一百二人。时英宗已复位。捷闻，璞召还，瑛留镇贵州、湖广。瑛讨蒙能余党，克铜鼓、藕洞一百九十五砦，覃洞、上隆诸苗各斩其渠纳款。帝嘉瑛功，进侯。天顺二年，东苗干把猪等僭伪号，攻都匀诸卫。命瑛与巡抚白圭合川、湖、云、贵军讨之，克六百余砦。边方悉定。瑛前后克砦几二千，俘斩四万余。平苗之功，前此无与比者。寻卒于镇，年四十五。帝震悼，赐谥忠襄。

瑛天姿英迈，晓古兵法。尝上练兵法及阵图，老将多称之。为人廉，谦和不伐。所至镇以安静，民思之，久而不忘。

子毅，嗣伯爵，诱祖母诬从父瑞不孝，坐夺爵闲住。卒，子寿祥嗣。正德中，历镇贵州、湖广。传爵至明亡乃绝。

陈友，其先西域人，家全椒。正统初，官千户，累迁都指挥佥事。频年使瓦剌有劳，寻复进都指挥使。九年充宁夏游击将军，与总兵官黄真击兀良哈。多获，进都督佥事。未几，出塞招答哈卜等四百人来归。

景帝即位，进都督同知，征湖广、贵州苗。寻充左参将，守备靖州。景泰二年偕王来等击贼香炉山。自万潮山入，大破之。留镇湖广。论功，进右都督。四年春奏斩苗五百余级，五年又奏斩苗三百余，而都指挥戚安等八人战死。兵部疑首功不实，指挥蔡升亦奏友欺妄。命总督石璞廉之。斩获仅三四十人，陷将士千四百人，宜罪。诏令杀贼自效。

天顺元年随瑛征天堂诸苗，大获。命充左副总兵，仍镇湖广。已，又偕瑛破蒙能余党。召封武平伯，予世券。孛来犯边，充游击将军，从安远侯柳溥等往御。率都指挥赵瑛等与战，敌败遁。再犯镇番，复击却之，俘百六十人。寻佩将军印，充总兵官，讨宁夏寇。先是，寇大入甘、凉，溥及总兵卫颖等不能御，惟友稍获。至是巡抚芮钊列诸将失事状，兵部请免友罪。诏并宥溥等，召还，进侯，卒。

传子至孙纲，弘治中，请友赠谥。诏赠沔国公，谥武僖。纲传子勋及熹。嘉靖中，吏部以友征苗功多冒滥，请停袭。帝不从。熹子大策复得嗣，至明亡乃绝。

李震，南阳人。父谦，都督佥事，震袭指挥使。正统九年从征兀良哈有功，进都指挥佥事。已，从王骥平麓川，进同知。

景帝即位，充贵州右参将。击苗于偏桥，败之。景泰二年从王来征韦同烈，破锁儿、流源诸砦，俘斩千六百人，共克香炉山，获同烈。进都指挥使，守靖州。寻坐罪征还。方瑛讨苗，乞震随军，诏许立功赎。已，从瑛大破天堂诸苗，仍充左参将。瑛平铜鼓诸贼，震亦进武冈，克牛栏等五十四砦。斩获多，进都督佥事。

天顺中，复从瑛平贵东苗干把猪。瑛卒，即以震充总兵官，代镇贵州、湖广。初，麻城人李添保以逋赋逃入苗中，伪称唐太宗后，众万余，僭王，建元武烈，剽掠远近。震进击，大破之。添保遁入贵州鬼池诸苗中，复诱群苗出掠。震擒之，送京师。寻破西堡苗。

五年春剿城步瑶、僮，攻横水、城溪、莫宜、中平诸砦，皆破之。长驱至广西西延，会总兵官过兴军，克十八团诸瑶，前后俘斩数千人。其冬命震专镇湖广，以李安充总兵，守贵州。明年夏率师由锦田、江华抵云川、桂岭、横江诸砦，破瑶，俘斩二千八百余人。七年冬，苗据赤谿涌洞长官司。震与安分道进，斩贼渠飞天侯等，破砦二百，遂复长官司。进都督同知。明年冬，广西瑶侵湖南，夜入桂阳州大掠。震遣兵分道追击，连败之，俘斩千余人。

成化改元，守备靖州。都指挥同知庄荣奏贵州黎平诸府密迩湖广五开诸卫，非大将总领不可，乃复命震兼镇贵州。未几，获贼首苗虫虾。

荆、襄贼刘千斤、石和尚为乱，震进讨。贼屡败，乘胜追及于梅溪贼巢。官军不利，都指挥以下死者三十八人，有诏切责。白圭等大军至，震自南漳进兵合击，大破之，贼遂平。论功，进右都督。

时武冈、沅靖、铜鼓、五开苗复蜂起，而贵州亦告警。震言贵州终难遥制，请专镇湖广。许之。乃还兵。由铜鼓、天柱分四道进，连破贼，直抵清水江。因苗为导，深入贼境。两月间破巢八百，焚庐舍万三千，斩获三千三百，而广西瑶劫桂阳者，亦击斩三千八百有奇。当是时，震威名著西南，苗、僚闻风畏慑，呼为“金牌李”。七年，与项忠讨平流贼李原，招抚流民九十万人，荆、襄遂定。语具《忠传》。

十一年，苗复犯武冈、靖州，湖湘大扰。震与巡抚刘敷等分五道进，破六百二十余砦，俘斩八千五百余人，获贼孥万计。论功封兴宁伯。时武靖侯赵辅、宁晋伯刘聚皆以功封，论者多訾议之，独震功最高，人无异言。

参将吴经者,与震有隙。弟千户绶为汪直腹心,经属绶谮之。会直方倾项忠,词连震,遂逮下狱,夺爵,降左都督,南京闲住。未几,直遣校慰缉事,言震阴结守备太监覃包,私通货赂。帝怒,遣直赴南京鞫包等罪,责降包孝陵司香,勒震回京。直败,震诉复爵,寻卒。

震在湖湘久,熟知苗情,善用兵。一时征苗功,方瑛后震为最。然贪功好进,事交结,竟以是败。

王信,字君实,南郑人。生半岁,父忠征北战殁,母岳氏苦节育之,后俱获旌。正统中,信袭宽河卫千户。

成化初,积功至都指挥佥事,守备荆、襄。刘千斤反,信以房县险,进据之,民兵不满千人。贼众四千突至,围其城。拒四十余日,选死士,出城五六里举炮。贼疑援至,惊走,追败之。已,白圭统大军至,以信为右参将,分道抵后岩山,贼遂灭。论功,进都指挥同知。贼党石龙复陷巫山,信与诸将共平之。而流民仍啸荆、襄、南阳间。信以为忧,言于朝,即命信兼督南阳军务。贼首李原等果乱,信复与项忠讨平之。擢署都督佥事,镇守临清。

十三年以本官佩平蛮将军印,移镇湖广。永顺、保靖二宣慰世相仇杀,信谕以祸福,兵即解。靖州及武岗蛮久不戢,守臣议剿之。信亲诣,犒以牛酒,责其无状,众稽颡服罪。

十七年疏言:“湖广诸蛮难腹心蠹,实无能为。久不靖者,由我将士利其窃发以邀功也。选精锐,慎提防,其患自息。荆、襄流通,本避徭役,滥诛恐伤天和。南亩之氓咸无蓄积。收获未竟,糇粮已空;机杼方停,布缕何在。乞选公正仁惠守令,加意抚绥。滥授冗员,无虑千百,无一矢劳,冒崇阶之赏,乞察勘削夺。”部指挥刘斌、张全智勇,力荐于朝。且云:“英雄之士,处心刚正,安肯俯首求媚。若不加意延访,则志士沉沦,朝廷安得而用之。”

二十一年,巡抚马驯等言,副总兵周贤、参将彭伦官皆都督佥事,而信反止署职,宜量进一秩以重其权。兵部言信无军功。帝特擢为都督同知。顷之,改总督漕运。帅府旧有湖,擅为利,信开以泊漕艘。势要壅水，一裁以法，漕务修举。明年卒。

信沉毅简重，好观书，被服儒雅。历大镇，不营私产，尝曰："俭足以久，死后不累子孙，所遗多矣。"故人婚丧，倾资助之。子继善、从善皆举进士。

继信总漕运者，宁津都胜、合肥郭铉。胜袭职南京羽林左卫指挥佥事，铉袭彭城卫指挥使。成化初，胜擢署都指挥佥事；而铉亦以从征荔浦功，进都指挥佥事，中武举，迁同知。胜备倭扬州，击败盐徒为乱者。尹旻等举胜将才，铉亦为张懋所举，乃命胜充参将，协同漕运，而铉代之备倭。陕西大饥，胜奉诏输米百万石往振。信卒，遂迁署都指挥使，充总兵官代之，铉代胜为参将。弘治中，胜以都督佥事带俸南京前府。时铉已镇守广西副总兵，破府江僮贼，遂以时望擢总漕运。

铉沉毅有将略。而胜无汗马勋，徒以居官廉静，故频有任使。历任五十七年，所处皆膏腴地，而自奉简淡，日食止豆腐，时因以为号。铉累进都督同知，凡军民利病多陈于朝。尝浚通州河二十里，置坝，令浅船搬运，岁省白多数万。当孝宗时，朝政整肃，文武大臣率得人。铉笠漕十三年不易。正德初，始召佐后府，寻卒。

彭伦，初职为湖广永定卫指挥使，累功至都指挥同知。

成化初，从赵辅平大藤峡贼。进都指挥使，守备贵州清浪诸处，讨破茅坪、铜鼓叛苗。贼掠乾溪，伦讨之。贼还所掠，与盟而退。伦以贼入时，道邛水诸砦，不即邀遏，乃下令，贼入境能生致者予重赏，纵者置诸法。由是诸司各约所属，凡生苗轶入，即擒之，送帐下者累累。伦大会所部目、把缚俘囚，置高竿，集健卒乱射杀之，复割裂肢体烹啖诸壮士。罪轻者截耳鼻使去，曰："以此识，再犯不赦矣。"因令诸砦树牌为界，群苗股栗不敢犯。

明年充右参将，仍镇清浪。益尽心边计，戎事毕举。妖贼石全州潜入绞洞，煽动古州苗，洪江、甘篆诸苗咸应之。伦遣兵截擒，并搜获其妻子。诸苗将攻镇远，伦大败之。斩首及坠崖死者无算。无何，邛水十四砦苗纠洪江生苗为逆。伦分五哨往，甫行，雨如注，伦曰："贼不虞我，急趋之，可得志也。"竞进夹攻，絷其魁，俘斩余党。贼尽平。

靖州苗乱，湖广总兵官李震檄伦会讨。军至邛水江，诸熟苗惊，欲窜。伦与佥事李晃计曰"苗窜必助贼"，乃急抚定之。又缘道降天堂、小坪诸苗。既抵靖州，伦将右哨，出贼背布营。贼走据高山，伦军仰攻之。贼败走。遂渡江，捣其巢，大获。乘胜攻白崖塘。崖高万仞，下临深渊，称绝险。伦会左哨同进，得径路。夜登，贼仓皇溃。追斩二千余级，俘获如之，尽夷其砦。

初，臻、剖六沿苗侵熟苗田，不输赋，又不供驿马，有司莫敢问。伦遣人谕之，顿首请如制。录功，进都督佥事。久之，御史邓庠、员外郎费瑄勘事贵州，总兵官吴经等皆被劾，独荐伦智谋老成。弘治初，经论罢，即以伦代。

伦用师，先计后战，故多功。四年以老致仕。卒，予恤如制。

欧磐，滁人。袭世职指挥使。成化中，擢广东都指挥佥事。屡剿蛮寇有功。用总督朱英荐，充广西右参将，分守柳州、庆远。与左参将马义讨融县八砦瑶，克之。师旋，余贼复出掠，被劾。帝绌磐等功，但恤死事家。瑶贼方公强乱，兵部劾总镇中官顾恒，并及磐，当谪戍，督抚奏："磐所守乃瑶、僮出没地。磐募死士，夜入贼巢，斩其渠胡公返，威震群蛮。论功，可赎罪。"帝乃宥之，还故任。二十三年，郁林陆川贼黄公定、胡公明等乱。磐偕按察使陶鲁等分五道攻破之。进都指挥同知。

弘治初，谢病解职。总督秦纮言磐多历战阵，有才有守，乞起用。诏还任。八年，府江、永安诸僮乱。总督闵圭调兵六万，分四哨往讨。磐自象州、修仁直捣陆峒，所向摧破。已，偕诸军运破山砦百八十，斩首六千有奇。进都指挥使，迁广西副总兵。思恩土官岑濬筑石城于丹良庄，截江括商利。帅府令毁之，不听。磐自田州还，督兵将毁城。濬率众拒,击败之,卒夷其城。都御史邓廷瓒等以磐功多,言于朝,进都督佥事。十五年命佩平蛮将军印,镇守湖广。

磐为将廉,能得士。久镇南邦,蛮人畏服。十八年请老。又二年卒。祭葬如制。

张祐,字天祐,广州人。幼好学能文。弘治中袭世职为广州右卫指挥使。年十九,从总督潘蕃征南海寇禤元祖,先登有功。

正德二年擢署都指挥佥事,守备德庆、泷水。瑶、僮负险者闻其威信,稍稍遁去。总督林廷选引为中军,事无大小咨焉。守备惠、潮,捣盗魁刘文安、李通宝穴,平之。迁广西右参将,分守柳、庆。总督陈金讨府江贼,命祐进沈沙口,大破之。增俸一等,擢副总兵,镇守广西。寻进署都督佥事。

古田诸瑶、僮乱。祐言:"先年征讨,率倚两江土兵,赏不酬劳。今调多失期,乞定议优赉。"从之。督都指挥沈希仪等讨临桂、灌阳诸瑶,斩首五百余级,玺书奖劳。又运破古田贼,俘斩四千七百,进署都督同知。已,复讨平洛容、肇庆、平乐诸蛮。增俸一等,荫子,世百户。

嘉靖改元,母丧,哀毁骨立,寻以疾乞休,还卫。

初,上思州土目黄镠作乱,祐购其党黄廷宝缚献之。总督张顶恶祐不白己,至劾右怀奸避难,逮系德庆狱。数上书讼冤,释令闲住。卢苏、王受乱田州。总督姚镆召至军中,待以宾礼,多所裨赞。后王守仁代镇,询抚剿之宜,祐曰:"以夷治夷,可不烦兵而下。"守仁纳之,苏、受果效顺,因命祐部分其众。事宁,守仁言:"思、田初定,宜设一副总兵镇之,请即以命祐。"报可。破封川贼盘古子,又剿广东会宁剧贼丘区长等,斩首一千二百,勒铭大隆山。

十一年,杨春贼赵林花陷高州。总督陶谐檄祐讨。深入,多所斩获。忽中危疾卒,军中为哀恸。

祐身长八尺,智识绝人。驭军有节制,与下同甘苦,不营私产。性好书,每载以自随,军暇即延儒生讲论。尝过乌蛮滩,谒马伏波祠,太息曰:"殁不俎豆基间,非夫也。"题诗而去。后田州人立祠横山祀之。

　　赞曰:苗蛮阻险自固,易动难服,自其性然。而草薙禽狝,滥杀邀功,贪货贿,兴事端,控驭乖方,绥怀无策,则镇将之过也。韩观诸人,虽功最焯著,而皆以威信震慑蛮荒。若山云、王信、张祐之廉俭有守,士君子何以过,故尤足尚云。

明史卷一六七
列传第五五

曹鼐 <small>张益</small>　　邝野　　王佐 <small>丁铉等</small>
孙祥 <small>谢泽</small>　　袁彬 <small>哈铭　袁敏</small>

曹鼐,字万钟,宁晋人。少伉爽有大志,事继母以孝闻。宣德初,由乡举授代州训导,愿授别职,改泰和县典史。七年督工匠至京师,疏乞入试,复中顺天乡试。明年举进士一甲第一,赐宴礼部。进士宴礼部,自鼐始。入翰林,为修撰。

正统元年充经筵讲官。《宣宗实录》成,进侍讲,锡三品章服。五年,以杨荣、杨士奇荐,入直文渊阁,参预机务。鼐为人内刚外和,通达政体。荣既殁,士奇常病不视事,阁务多决于鼐。帝以为贤,进翰林学士。十年进吏部左侍郎兼学士。

十四年七月,也先入寇,中官王振挟帝亲征。朝臣交章谏,不听,鼐与张益以阁臣扈从。未至大同,士卒已乏粮,宋瑛、朱冕全军没,诸臣请班师。振不许,趣诸军进。大将朱勇膝行听命,尚书邝野、王佐跪草中,至暮不得请。钦天监正彭德清言天象示警,若前,恐危乘舆。振詈曰:“尔何知!若有此,亦天命也。”鼐曰:“臣子固不足惜,主上系天下安危,岂可轻进?”振终不从。前驱败报踵至,始惧,欲还。定襄侯郭登言于鼐、益曰:“自此趋紫荆,裁四十余里,驾宜从紫荆入。”振欲邀帝至蔚州幸其第,不听,复折而东,趋居庸。

八月辛酉次土木。地高,掘地二丈不及水。瓦剌大至,据南河。明日佯却,且遣使通和。帝召鼐草诏答之。振遂令移营就水,行乱寇骑蹂阵入，帝突围不得出，拥以去。鼎、益等俱及于难。景帝立，赠鼎少傅、吏部尚书、文渊阁大学士，谥文襄，官其子恩大理评事。英宗复位，加赠太傅，改谥文忠，复官其孙荣锦衣百户。鼐弟鼎进士，历史科都给事中。

张益，字士谦，江宁人。永乐十三年进士。由庶吉士授中书舍人，改大理评事。与修《宣宗实录》成，改修撰。博学强记，诗文操笔立就，三杨雅重之。寻进侍读学士。正统十四年入文渊阁。未三月，遂蒙难以殁。景帝立，赠学士，谥文僖。曾孙琮进士。嘉靖初历官南京右都御史。

邝野，字孟质，宜章人。永乐九年进士。授监察御史。成祖在北京，或奏南京钞法为豪民沮坏，帝遣野廉视。众谓将起大狱。野执一二市豪归，奏曰："市人闻令震惧，钞法通矣。"事遂已。倭犯辽东，戍守失律者百余人，皆应死。命野按问，具言可矜状，帝为宥之。营造北京，执役者钜万，命野稽省，病者多不死。

十六年有言秦民群聚谋不轨者，擢野陕西按察副使，敕以便宜调兵剿捕。野白其诬，诏诛妄言者。宣德四年振关中饥。在陕久，刑政清简。父忧服除，擢应天府尹。蠲苛急政，市征田税皆酌其平。

正统元年进兵部右侍郎。明年，尚书王骥出督军，野独任部事。时边陲多警，将帅乏人，野请令中外博举谋略材武士，以备任使。六年，山东灾。野请宽民间孳牧马赔偿之令，以苏其力。

十年进尚书。旧例诸卫自百户以下当代者，必就试京师；道远无资者，终身不得代。野请就令各都司试之，人以为便。瓦剌也先势盛，野请为备，又与廷臣议上方略，请增大同兵，择智谋大臣巡视西北边务。寻又请罢京营兵修城之役，令休息以备缓急。时不能用。

也先入寇，王振主亲征，不与外廷议可否。诏下，野上疏言："也先入犯，一边将足制之。陛下为宗庙社稷主，奈何不自重。"不听。既扈驾出关，力请回銮。振怒，令与户部尚书王佐皆随大营。野坠马几殆，或劝留怀来城就医。野曰："至尊在行，敢托疾自便乎？"车驾次宣府，朱勇败没。野请疾驱入关，严兵为殿。不报。又诣行在申请。振怒曰："腐儒安知兵事，再言者死！"野曰："我为社稷生灵言，惧？"振叱左右扶出。野与佐对泣帐中。明日，师覆，野死，年六十五。

野为人勤廉端谨，性至孝。父子辅为句容教官，教野甚严。野在陕久，思一见父，乃谋聘父为乡试考官。父怒曰："子居实司，而父为考官，何以防闲？"驰书责之。野又尝寄父褐，复贻书责曰："汝掌刑名，当洗冤释滞，以无忝任使，何从得此褐，乃以污我。"封还之。野奉书跪诵，泣受教。景泰初，赠野少保，官其子仪为主事。成化初，谥忠肃。

王佐，海丰人。永乐中举于乡。卒业太学，以学行闻，擢吏科给事中。器宇凝重，奏对详雅，为宣宗所简注。

宣德二年超拜户部右侍郎。以太仓、临清、德州、淮、徐诸仓多积弊，敕佐巡视。平江伯陈瑄言，漕卒十二万人，岁漕艰苦，乞金南方民如军数，更番转运。诏佐就瑄及黄福议之。佐还奏，东南民力已困，议遂寝。受命治通州至直沽河道。已，赴宣府议屯田事宜。

英宗初立，出镇河南。奏言军卫收纳税粮，奸弊百出，请变其制。廷议自边卫外，皆改隶有司。寻召还，命督理甘肃军饷。正统元年理长芦盐课，三年提督京师及通州仓场，所至事无不办。

六年，尚书刘中敷得罪，召理部事，寻进尚书。十一年承诏讯安乡伯张安兄弟争禄事，坐与法司相诿，被劾下吏，获释。时军旅四出，耗费动以巨万，府库空虚。佐从容调剂，节缩有方。在户部久，不为赫赫名，而宽厚有度，政务纠纷，未尝废学，人称其君子。

土木之变，与邝野、丁铉、王永和、邓棨同死难。赠少保，官其子道户部主事。成化初。谥忠简。

丁铉，字用济，丰城人。永乐中进士。授太常博士。历工、刑、吏三部员外郎，进刑部郎中。正统三年超拜刑部侍郎。九年出理四川茶课,奏减其常数,以俟丰岁。振饥江、淮及山东、河南,民咸赖之。平居恂恂若无能,临事悉治办。从征殁,赠刑部尚书,官其子璲大理评事。后谥襄愍。

王永和,字以正,昆山人。少至孝。父病伏枕十八年,侍汤药无少懈。永乐中举于乡,历严州、饶州训导。以蹇义荐,为兵科给事中。尝劾都督王彧镇蓟州纵寇及锦衣马顺不法事。持节册韩世子妃,纠中官塞傲罪。以劲直闻。正统六年进都给事中。八年擢工部右侍郎。从征殁,赠工部尚书,官其子汝贤大理评事。后谥襄敏。

邓棨,字孟扩,南城人。永乐末年进士。授监察御史,奉敕巡按苏、松诸府。期满将代去,父老赴阙乞留,得请。旋以忧去。宣德十年,陕西阙按察使,诏廷臣举清慎有威望者。杨士奇荐棨,遂以命之。正统十年入为右副都御史。北征扈从,师出居庸关,疏请回銮,以兵事专属大将。至宣府、大同,复再上章。皆不报。及遇变,同行者语曰:“吾辈可自脱去。”棨曰:“銮舆失所,我尚何归!主辱臣死,分也。”遂死。赠右都御史,官其子瑞大理评事。后谥襄敏。

英宗之出也,备文武百官以行。六师覆于土木,将相大臣及从官死者不可胜数,英国公张辅及诸侯伯自有传,其余姓氏可考者,卿寺则龚全安、黄养正、戴庆祖、王一居、刘容、凌寿,给事、御史则包良佐、姚铣、鲍辉、张洪、黄裳、魏贞、夏诚、申祐、尹竑、童存德、孙庆、林祥凤,庶僚则齐汪、冯学明、王健、程思温、程式、逯端、俞鉴、张瑭、郑瑄、俞拱、潘澄、钱昺、马预、尹昌、罗如墉、刘信、李恭、石玉。景帝立,既赠恤诸大臣,自给事、御史以下,皆降敕褒美,录其子为国子生,一时恤典綦备云。

龚全安,兰谿人。进士,授工科给事中,累迁左通政。殁赠通政使。黄养正,名蒙,以字行,瑞安人。以善书授中书舍人,累官太常少卿。殁赠太常卿。戴庆祖,溧阳人,王一居,上元人。俱乐舞生,累官太常少卿。殁,俱赠太常卿。包良佐,字克忠,慈谿人。进士,授吏科给事中。鲍辉,字淑大,浙江平阳人。进士,授工科给事中,数有建白。张洪，安福人。黄裳，字元吉，曲江人。俱进士，授御史。裳尝言宁、绍、台三府疫死三万人，死者宜蠲租，存者宜振恤。巡视两浙盐政，请恤水灾。报可。魏贞，怀远人。进士，官御史。申祐，字天锡，贵州婺川人。父为虎啮，祐持梃奋击之，得免。举于乡，入国学，帅诸生救祭酒李时勉。旋登进士，拜四川道御史，以謇谔闻。尹竑，字太和，巴人。童存德，字居敬，兰谿人。俱进士，官御史。林祥凤，字鸣皋，莆田人。由乡举授训导，擢御史。齐汪，字源澄，天台人。以进士历兵部车驾司郎中。程思温，婺源人。程式，常熟人。逯端，仁和人。俱进士。官员外郎。俞鉴，字元吉，桐庐人。以进士授兵部职方司主事。驾北征，郎中胡宁当从，以病求代，鉴慷慨许诺。或曰："家远子幼奈何？"鉴曰："为国，臣子敢计身家！"尚书邝野知其贤，数与计事，鉴曰："惟力劝班师耳。"时不能用。张瑃，字廷玉，慈谿人。进士，授刑部主事。尹昌，吉水人。进士，官行人司正。罗如墉，字本崇，庐陵人。进士，授行人。从北征，濒行，诀妻子，誓以死报国，属翰林刘俨铭其墓。俨惊拒之，如墉笑曰："行当验耳。"后数日果死。刘容，太仆少卿。凌寿，尚宝少卿。夏诚、孙庆皆御史。冯学明，郎中。王健，员外郎。俞拱、潘澄、钱昺，皆中书舍人。马预，大理寺副。刘信，夏官正。李恭、石玉，序班。里居悉无考。

孙祥，大同人。正统十年进士。授兵科给事中。擢右副都御史，守备紫荆关。也先逼关，都指挥韩青战死，祥坚守四日。也先由间道入，夹攻之，关破。祥督兵巷战，兵溃被杀，言官误劾祥弃城遁。寇退，有司修关，得其尸战地，焚而瘗之，不以闻。祥弟祺诣阙言冤，诏恤其家。成化改元，录其子绅为大理寺右评事。

又谢泽者，上虞人。永乐十六年进士。由南京刑部主事出为广西参政。正统末，擢通政使，守备白羊口。王师败于土木，守边者无固志，泽与其子俨诀而行。受事未数日，也先兵大入，守将吕铎遁。泽督兵扼山口，大风扬沙，不辨人马。或请移他关避敌，泽不可。寇至,众溃,泽按剑厉声叱贼,遂被杀。事闻,遣官葬祭,录俨为大理评事。

袁彬,字文质,江西新昌人。正统末,以锦衣校尉扈帝北征。土木之变,也先拥帝北去,从官悉奔散,独彬随侍,不离左右。也先之犯大同、宣府,逼京师,皆奉帝以行。上下山坂,涉溪涧,冒危险,彬拥护不少懈。帝驻跸土城,欲奉书皇太后,贻景帝及谕群臣,以彬知书令代草。帝既入沙漠,所居止毳帐敝帏,旁列一车一马,以备转徙而已。彬周旋患难,未尝违忤。夜则与帝同寝,天寒甚,恒以胁温帝足。

有哈铭者,蒙古人。幼从其父为通事,至是亦侍帝。帝宣谕也先及其部下,尝使铭。也先辈有所陈请,亦铭为转达。帝独居毡庐,南望悒郁。二人时进谐语慰帝,帝亦为解颜。

中官喜宁为也先腹心。也先尝谓帝曰:“中朝若遣使来,皇帝归矣。”帝曰:“汝自送我则可,欲中朝遣使,徒费往返尔。”宁闻,怒曰:“欲急归者彬也,必杀之。”宁劝也先西犯宁夏,掠其马,直趋江表,居帝南京。彬、铭谓帝曰:“天寒道远,陛下又不能骑,空取冻饥。且至彼而诸将不纳,奈何?”帝止宁计。宁又欲杀二人,皆帝力解而止。也先将献妹于帝,彬请驾旋而后聘,帝竟辞之。也先恶彬、铭二人,欲杀者屡矣。一日缚彬至旷野,将支解之。帝闻,如失左右手,急趋救,乃免。彬尝中寒。帝忧甚,以身压其背,汗浃而愈。帝居漠北期年,视彬犹骨肉也。

及帝还京,景帝仅授彬锦衣试百户。天顺复辟,擢指挥佥事。寻进同知。帝眷彬甚,奏请无不从。内阁商辂既罢,彬乞得其居第。既又以湫隘,乞官为别建,帝亦报从。彬娶妻,命外戚孙显宗主之,赐予优渥。时召入曲宴,叙患难时事,欢洽如故时。其年十二月进指挥使,与都指挥佥事王喜同掌卫事。二人尝受中官夏时嘱,私遣百户季福侦事江西。福者,帝乳媪夫也。诏问谁所遣,二人请罪。帝曰:“此必有主使者。”遂下福吏,得二人受嘱状。所司请治时及二人罪。帝宥时，二人赎徒还职，而诏自今受属遣官者，必杀无赦。已而坐失囚，喜解职，彬遂掌卫事。帝五年秋，以平曹钦功，进都指挥佥事。

时门达恃帝宠，势倾朝野。廷臣多下之，彬独不为屈。达诬以罪，请逮治。帝欲法行，语之曰："任汝往治，但以活袁彬还我。"达遂锻炼成狱。赖漆工杨埙讼冤，狱得解。然犹调南京锦衣卫，带俸闲住。语详《达传》。

越二月，英宗崩，达得罪，贬官都匀。召彬复原职，仍掌卫事。未几，达征下狱，充军南丹。彬饯之于郊，馈以赆。成化初，进都指挥同知。久之，进都指挥使。先是，掌锦衣卫者，率张权势，罔财贿。彬任职久，行事安静。

十三年擢都督佥事，莅前军都督府。卒于官。世袭锦衣佥事。

哈铭从帝还，赐姓名杨铭，历官锦衣指挥使，数奉使外蕃为通事。孝宗嗣位，汰传奉官，铭以塞外侍卫功，独如故。以寿卒于官。

袁敏者，金齿卫知事也。英宗北征，应募从至大同。及驾还，驻万全左卫。敏见敌骑逼，请留精兵三四万人扼其冲，而车驾疾驱入关。王振不纳，六师遂覆。敏跳还，上书景帝曰："上皇曩居九重，所服者衮绣，所食者珍羞，所居者琼宫瑶室。今驾陷沙漠，服有衮绣乎？食有珍羞乎？居有宫室乎？臣闻之，主辱臣死。上皇辱至此，臣子何以为心，臣不惜碎首刳心，乞遣官一人，或就令臣赍书及服御物问安塞外，以尽臣子之义。臣虽万死，心实甘之。"命礼部议，竟报寝。

赞曰：异哉，土木之败也。寇非深入之师，国非积弱之势，徒以宦竖窃柄，狎寇弄兵，逆众心而驱之死地，遂致六师挠败，乘舆播迁，大臣百官身膏草野。夫始之不能制其不出，出不能使之早旋，枕藉疆场，无益于败。然值仓皇奔溃之时，主辱臣死，志异偷生，亦可无讥于伤勇矣。

明史卷一六八
列传第五六

陈循 _{萧镃} **王文 江渊 许彬**
陈文 万安 _{彭华} **刘珝** _{子钺}
刘吉 尹直

陈循,字德遵,泰和人。永乐十三年进士第一。授翰野修撰。习朝廷典故。帝幸北京,命取秘阁书诣行在,遂留侍焉。

洪熙元年进侍讲。宣德初,受命直南宫,日承顾问。赐第玉河桥西,巡幸未尝不从。进侍讲学士。正统元年兼经筵官。久之,进翰林院学士。九年入文渊阁,典机务。

初,廷议天下吏民建言章奏,皆三杨主之。至是荣、士奇已卒,循及曹鼐、马愉在内阁,礼部援故事请。帝以杨溥老,宜优闲,令循等预议。明年进户部右侍郎,兼学士。土木之变,人心汹惧。循居中,所言多采纳。进户部尚书,兼职如故。也先犯京师,请敕各边精骑入卫,驰檄回番以疑敌。帝皆从其计。

景泰二年,以葬妻与乡人争墓地,为前后巡按御史所不直,循辄讦奏。给事中林聪等极论循罪。帝是聪言,而置循不问。循本以才望显,及是素誉隳焉。

二年十二月进少保兼文渊阁大学士。帝欲易太子,内畏诸阁臣,先期赐循及高穀白金百两,江渊、王一宁、萧镃半之。比下诏议,循等遂不敢诤,加兼太子太傅。寻以太子令旨赐百官银帛。逾月,帝复赐循等六人黄金五十两，进华盖殿大学士，兼文渊阁如故。循子英及王文子伦应顺天乡试被黜，相与构考官刘俨、黄谏，为给事中张宁等所劾。帝亦不罪。

英宗复位，于谦、王文死，杖循百，戍铁岭卫。

循在宣德时，御史张楷献诗忤旨。循曰“彼亦忠爱也”，遂得释。御史陈祚上疏，触帝怒，循婉为解，得不死。景帝朝，尝集古帝王行事，名《勤政要典》，上之。河南江北大雪，麦苗死，请发帑市麦种给贫民。因事进言，多足采者。然久居政地，刻躁为士论所薄。其严谴则石亨辈为之，非帝意也。

亨等既败，循自贬所上书自讼，言：“天位，陛下所固有。当天与人归之时，群臣备法驾大乐，恭诣南内，奏请临朝。非特宫禁不惊，抑亦可示天下万世。而亨等徼幸一时，计不出此，卒皆自取祸败。臣服事累页，曾著微劳，实为所挤，惟陛下怜察。”诏释为民，一年卒。成化中，于谦事雪，循子引例请恤，乃复官赐祭。

同邑萧镃，字孟勤。宣德二年进士，需次于家。八年，帝命杨溥合选三科进士，拔二十八人为庶吉士，镃为首。英宗即位，授编修。正统三年进侍读。久之，代李时勉为国子监祭酒。景泰元年以老疾辞。既得允，监丞鲍相率六馆生连章乞留。帝可其奏。明年以本官兼翰林学士，与侍郎王一宁并入直文渊阁。又明年进户部右侍郎，兼官如故。易储议起，镃曰：“无易树子，霸者所禁，矧天朝乎。”不听。加太子少师。《寰宇通志》成，进户部尚书。帝不豫，诸臣议复宪宗东宫。李贤私问镃，曰：“既退，不可再也。”英宗复位，遂削籍。天顺八年卒。成化中，复官赐祭。镃学问该博，文章尔雅。然性猜忌，遇事多退避云。

王文，字千之，初名强，束鹿人。永乐十九年进士。授监察御史。持廉奉法，为都御史顾佐所称。宣德末，奉命治彰德妖贼张普祥狱。还奏称旨，赐今名。

英宗即位,迁陕西按察使。遭父忧,命奔丧,起视事。正统三年正月擢右副都御史,巡抚宁夏。五年召为大理寺卿。明年与刑部侍郎何文渊录在京刑狱,寻迁右都御史。九年出视延绥宁夏边务,劾治定边营失律都督佥事王祯、都督同知黄真等罪,边徼为肃。明年代陈镒镇守陕西。平凉、临洮、巩昌饥,奏免其租。寻进左都御史。在陕五年,镇静不扰。

景泰改元,召掌院事。文为人深刻有城府,面目严冷,与陈镒同官,一揖外未尝接谈。诸御史畏之若神,廷臣无敢干以私者,然中实柔媚。初,按大理少卿薛瑄狱,希王振指,欲坐瑄死。至是治中官金英纵家奴不法事,但抵奴罪。给事中林聪等劾文、镒畏势长奸,下诏狱。二人俱伏,乃宥之。二年六月,学士江渊上言法司断狱多枉。文及刑部尚书俞士悦求罢,且言渊尝私以事,不听,故见诬。帝两置之。

三年春,加太子太保。时陈镒镇陕西将还,文当代。诸御史交章留之,乃改命侍郎耿九畴。南京地震,江、淮北大水,命巡视。偕南九卿议上军民便宜九事。又言徐、淮间饥甚,而南京储蓄有余,请尽发徐、淮仓粟振贷,而以应输南京者输徐、淮,补其缺。皆报可。

是时,陈循最任,好刚自用。高穀与循不相能,以文强悍,思引与共政以敌之,乃疏请增阁员。循举其乡人萧维祯,穀遂举文。而文得中官王诚助,于是诏用文。寻自江、淮还朝,改吏部尚书,兼翰林院学士,直文渊阁。二品大臣入阁自文始。寻遭母丧,夺哀如前。文虽为穀所引,而穀迟重,循性明决,文反与循合而不附穀。其后以子伦故,欲倾考官,又用穀言而罢。由是两人卒不相得。

五年三月,江、淮大水,复命巡视。先是苏、松、常、镇四府粮,四石折白银一两,民以为便。后户部复征米,令输徐、淮,凡一百十余万石。率三石而致一石,有破家者。文用便宜停之,又发廪振饥民三百六十余万。时年饥多盗,文捕长洲盗许道师等二百人。欲张其功,坐以谋逆。大理卿薛瑄辨其诬。给事中王镇乞会廷臣勘实,得为盗者十六人置之法,而余得释。还进少保,兼东阁大学士。再进谨身殿大学士,仍兼东阁。

初,英宗之还也,廷臣议奉迎礼。文时为都御史,厉声曰:"公等谓上皇果还耶?也先不索土地、金帛而遽送驾来耶?"众素畏文,皆愕然不决而罢。及易储议起,文率先承命。景帝不豫,群臣欲乞还沂王东宫。文曰:"安知上意谁属?"乃疏请早选元良。以是中外喧传文与中官王诚等谋召取襄世子。

英宗复位,即日与于谦执于班内。言官劾文与谦等谋立外藩,命鞫于廷。文力辩曰:"召亲王须用金牌信符,遣人必有马牌,内府兵部可验也。"辞气激壮。逮车驾主事沈敬按问,无迹。廷臣遂坐谦、文、召敬谋未定,与谦同斩于市,诸子悉戍边。敬亦坐知谋反故纵,减死,戍铁岭。文之死,人皆知其诬。以素刻忮,且迎驾、复储之议不惬舆论,故冤死而民不思。成化初,赦其子还,寻复官,赠太保,谥毅愍。

伦,改名宗彝。成化初进士。历户部郎中,出理辽东饷。中官汪直东征,言宗彝督饷劳,擢太仆少卿。弘治中,累官南京礼部尚书。卒,谥安简。

江渊,字世用,江津人。宣德五年庶吉士,授编修。正统十二年诏与杜宁、裴纶、刘俨、商辂、陈文、杨鼎、吕原、刘俊、王玉共十人,肄业东阁,曹鼐等为之师。

郕王监国,徐有贞倡议南迁,太监金英叱出之,踉跄过左掖门。渊适入,迎问之。有贞曰:"以吾议南迁不合也。"于是渊入,极陈固守之策。遂见知于王,由侍讲超擢刑部右侍郎。也先薄京师,命渊参都督孙镗军事。

景泰元年出视紫荆、倒马、白羊诸关隘,与都指挥同知翁信督修雁门关。其秋遂以本官兼翰林学士,入阁预机务。寻改户部侍郎,兼职如故。

明年六月以天变条上三事:一厚结朵颜、赤斤诸卫,为东西藩篱;一免京军余丁,以资生业;一禁讦告王振余党,以免枉滥。诏悉从之。又明年二月改吏部，仍兼学士。是春，京师久雨雪。渊上言：
"汉刘向曰，凡雨阴也，雪又雨之阴也。仲春少阳用事，而寒气胁之，
占法谓人君刑法暴滥之象。陛下恩威溥洽，未尝不赦过宥罪，窃恐
有司奉行无状，冤抑或有未伸。且向者下明诏，免景泰二年田租之
三，今复移檄追征，则是朝廷自失大信于民，怨气郁结，良由此也。"
帝乃令法司申冤滥，诘户部违诏，下尚书金濂于狱，卒免税如诏。东
宫既易，加太子少师。四川巡抚佥都御史李匡不职，以渊言罢之。母
忧起复。初侍讲学士倪谦遭丧，渊荐谦为讲官，谦遂夺哀。至是御
史周文言渊引谦，正自为今日地。帝以事既处分，不问，而令自今群
臣遭丧无滥保。

　　五年春，山东、河南、江北饥，命同平江侯陈豫往抚。渊前后条
上运民便宜十数事。并请筑淮安月城以护常盈仓，广徐州东城以护
广运仓。悉议行。时江北洊饥，淮安粮运在涂者，渊悉追还备振，漕
卒乘机侵耗。事闻，遣御史按实。渊被劾。当削籍。廷臣以渊守便
宜，不当罪。帝宥之。

　　阁臣既不相协，而陈循、王文尤刻私。渊好议论，每为同官所
抑，意忽忽不乐。会兵部尚书于谦以病在告，诏推一人协理部事，渊
心欲得之。循等佯推等渊而密令商辂草奏，示以"石兵江工"四字，
渊在旁不知也。比诏下，调工部尚书石璞于兵部，而以渊代璞，渊大
失望。英宗复位，与陈循等俱谪从戍辽东，未几卒。

　　初，黄竑之奏易储也，或疑渊主之。丘濬曰："此易辨也，广西纸
与京师纸异。"索奏视之，果广西纸，其诬乃白。成化初，复官。

　　许彬，字道中，宁阳人。永乐十三年进士。改庶吉士，授检讨。
正统末，累迁太常少卿，兼翰林待诏，提督四夷馆。上皇将还，遣彬
至宣府奉迎，上皇命书罪己诏及谕群臣敕，遣祭土木陈亡官军，以
此受知上皇，还擢本寺卿。石亨等谋复上皇，以其谋告彬，彬进徐有
贞，语具《有贞传》。英宗复位，进礼部左侍郎，兼翰林院学士，入直
文渊阁。未几，为石亨所忌，出为南京礼部右侍郎，甫行，贬陕西参

政。至则乞休去。宪宗立,命以侍郎致仕,寻卒。

彬性坦率,好交游,不能择人,一时浮荡士多出其门。晚参大政,方欲杜门谢客,而客恶其变态,竞相腾谤,竟不安其位。

陈文,字安简,庐陵人。乡试第一,正统元年进士及第,授编修。十二年命进学东阁。秩满,迁侍讲。

景泰二年,阁臣高穀荐文才,遂擢云南右布政使。贵州比岁用兵,资饷云南,民困转输。文令商贾代输,而民倍偿其费,皆称便。税课额钞七十余万,吏俸所取给,典者侵蚀,吏或累岁不得俸。文悉按治,课日羡溢。云南产银,民间用银贸易,视内地三倍。隶在官者免役,纳银亦三之,纳者不为病。文曰:“虽如是,得无伤廉乎?”损之,复令灭隶额三之一。名誉日起,迁广东左布政使,母忧未赴。

英宗既复位,一日谓左右曰:“向侍朕编修,皙而长者安在?”左右以文对,即召为詹事。乞终制。不允。入侍东宫讲读。学士吕原卒,帝问李贤谁可代者,曰:“柯潜可。”出告王翱,翱曰:“陈文以次当及,奈何抑之?”明日,贤入见,如翱言。

七年二月进礼部右侍郎兼学士,入内阁。文既入,数挠贤以自异,曰:“吾非若所荐也。”侍读学士钱溥与文比舍居,交甚欢。溥尝授内侍书,其徒多贵幸,来谒,必邀文共饮。英宗大渐,东宫内侍王纶私诣溥计事,不召文。文密觇之。纶言:“帝不豫,东宫纳妃,如何?”溥谓:“当奉遗诏行事。”已而英宗崩,贤当草诏。文起夺其笔曰:“无庸,已有草者。”因言纶、溥定计,欲逐贤以溥代之,而以兵部侍郎韩雍代尚书马昂。贤怒,发其事。是时宪宗初立,纶自谓当得司礼,气张甚。英宗大殓,纶衰服袭貂,帝见而恶之。太监牛玉恐其轧己,因数纶罪,逐之去。溥谪知顺德县,雍浙江参政。词所连,顺天府尹王福,通政参议赵昂,南宁伯毛荣,都督马良、冯宗、刘聚,锦衣都指挥金事门达等皆坐谪。雍亦文素所不悦者也。改吏部左侍郎,同知经筵事。

成化元年进礼部尚书。罗伦论贤夺情。文内愧,阴助贤逐伦,益为时论所鄙。三年春,帝命户部尚书马昂、副都御史林聪及给事中潘礼、陈越清理京营。文奏必得内臣共事,始可刬除宿弊,因荐太监怀恩。帝从之。《英宗实录》成,加太子少保,兼文渊阁大学士。四年卒。赠少傅,谥庄靖。

文素以才自许,在外颇著绩效,士大夫多冀其进用。及居宫端,行事鄙猥。既参大政,无所建明。朝退则引宾客故人置酒为曲宴,专务请属。性卞急,遇睚眦怨必报。及贤卒,文益恣意行,名节大丧。殁后,礼部主事陆渊之、御史谢文祥皆疏论文不当得美谥。帝以事已施行,不许。

万安,字循吉,眉州人。长身魁颜,眉目如刻画,外宽而深中。正统十三年进士。改庶吉士,授编修。

成化初,屡迁礼部左侍郎。五年命兼翰林学士,入内阁参机务。同年生詹事李泰,中官永昌养子也,齿少于安。安兄事之,得其欢。自为同官,每当迁,必推安出己上。至是议简阁臣,泰复推安曰:“子先之,我不患不至。”故安得入阁,而泰忽暴病死。

安无学术,既柄用,惟日事请托,结诸阉为内援。时万贵妃宠冠后宫,安因内侍致殷勤,自称子侄行。妃尝自愧无门阀,闻则大喜。妃弟锦衣指挥通,遂以族属数过安家。其妻王氏有母至自博兴。王谓母曰:“乡家贫时,以妹为人娣,今安在?”母曰:“第忆为四川万编修者。”通心疑是安,访之则安小妇,由是两家妇日往来。通妻著籍禁内,恣出入,安得备知宫中动静,益自固。侍郎邢让、祭酒陈鉴与安同年不相能。安构狱,除两人名。

七年冬,慧见天田,犯太微。廷臣多言君臣否隔,宜时召大臣议政。大学士彭时、商辂力请。司礼中官乃约以御殿日召对,且曰:“初见,情未洽,勿多言,姑俟他日。”将入,复约如初。比见,时言天变可畏,帝曰:“已知,卿等宜尽心。”时又言:“昨御史有疏,请灭京官俸薪,武臣不免觖望,乞如旧便。”帝可之。安遂顿首呼万岁,欲出。时、辂不得已,皆叩头退。中官戏朝士曰:“若辈尝言不召见。及见，止知呼万岁耳。"一时传笑，谓之"万岁阁老。"帝自是不复召见大臣矣。

其后尹直入阁，欲请见帝计事。安止之曰："往彭公请召对，一语不合，辄叩头呼万岁，以此贻笑。今吾辈每事尽言，太监择而闻之，上无不允者，胜面对多矣。"其容悦不识大体，且善归过于人如此。

九年进礼部尚书。久之，改户部。十三年加太子少保，俄改文渊阁大学士。孝宗出阁，进吏部尚书、谨身殿大学士，寻加太子太保。时彭时已殁，商辂以忤汪直去，在内阁者刘珝、刘吉。而安为首辅，与南人相党附，珝与尚书尹旻、王越又以北人为党，互相倾轧。然珝疏浅而安深鸷，故卒不能胜安。

十八年，汪直宠衰，言官请罢西厂。帝不许。安具疏再言之，报可，中外颇以是称安。《文华大训》成，进太子太傅、华盖殿大学士。复进少傅，太子太师，再进少师。

当是时，朝多秕政，四方灾伤日告。帝崇信道教，封金阙、玉阙真君为上帝，遣安祭于灵济宫。而李孜省、邓常恩方进用，安因彭华潜与结，藉以排异己。于是珝及王恕、马文升、秦纮、耿裕诸大臣相继被逐，而华遂由詹事迁吏部侍郎，入内阁。朝臣无敢与安牴牾者。

华，安福人，大学士时之族弟，举景泰五年会试第一。深刻多计数，善阴伺人短，与安、孜省比。尝嗾萧彦庄攻李秉，又逐尹旻、罗璟，人皆恶而畏之。逾年，得风疾去。

孝宗嗣位，安草登极诏书，禁言官假风闻挟私，中外哗然。御史汤鼐诣阁。安从容言曰："此裹面意也。"鼐即以其语奏闻，谓安抑塞言路，归过于君，无人臣礼。于是庶吉士邹智，御史文贵、姜洪等交章列其罪状。先是，歙人倪进贤者，粗知书，无行，谄事安，日与讲房中术。安昵之，因令就试，得进士。授为庶吉士，除御史。帝一日于宫中得疏一小箧，则皆论房中术者，末署曰"臣安进"。帝命太监怀恩持至阁曰："此大臣所为耶？"安愧汗伏地，不能出声。及诸臣弹章入，复令恩就安读之。安数跪起求哀，无去意。恩直前摘其牙牌曰：

"可出矣。"始惶遽索马归第，乞休去。时年已七十余，尚于道上望三台星，冀复用。居一年卒，赠太师，谥文康。

初，孝穆皇太后之薨，内庭籍籍指万贵妃。孝宗立，鱼台县丞徐顼上书发其事。廷臣议逮鞫万氏戚属曾出入宫掖者。安惊惧不知所为，曰："我久不与万氏往来矣。"而刘吉先与万氏姻，亦自危。其党尹直尚在阁，共拟旨寝之。孝宗仁厚，亦置不问，安、吉得无事。

安在政府二十年，每遇试，必令其门生为考官，子孙甥婿多登第者。子翼，南京礼部侍郎。孙弘璧，翰林编修。安死无几，翼、弘璧相继死，安竟无后。

刘珝，字叔温，寿光人。正统十三年进士。改庶吉士，授编修。天顺中，历右中允，侍讲东宫。

宪宗即位，以旧宫僚屡迁太常卿，兼侍读学士，直经筵日讲。成化十年进吏部左侍郎，充讲官如故。珝每进讲，反覆开导，词气侃侃，闻者为悚。学士刘定之称为讲官第一，宪宗亦爱重之。明年诏以本官兼翰林学士，入阁预机务。帝每呼"东刘先生"，赐印章一，文曰"嘉猷赞翊"。寻进吏部尚书，再加太子少保、文渊阁大学士。《文华大训》成，加太子太保，进谨身殿大学士。

珝性疏直。自以宫僚旧臣，遇事无所回护。员外郎林俊以劾梁芳、继晓下狱，珝于帝前解之。李孜省辈左道乱政，欲动摇东宫。珝密疏谏，谋少阻。素薄万安，尝斥安负国无耻。安积忿，日夜思中珝。初，商辂之劾汪直也，珝与万安、刘吉助之争，得罢西厂。他日，珝又折王越于朝，越惭而退。已而西厂复设，珝不能有所净。至十八年，安见直宠衰，揣知西厂当罢，邀珝同奏。珝辞不与，安遂独奏。疏上，帝颇珝讶无名。安阴使人讦珝与直有连。会珝子镃与邀妓狎饮，里人赵宾戏为《刘公子曲》，或增饰秽语，杂教坊院本奏之。帝大怒，决意去珝。遣中官覃昌如安、吉赴西角门，出帝手封书一函示之。安等佯惊救。次日，珝具疏乞休。令驰驿，赐月廪、岁隶、白金、楮币甚厚。其实排珝使去者，安、吉两人谋也。

时内阁三人。安贪狡，吉阴刻。珝稍优，顾喜谭论，人目为狂躁。珝既仓卒引退，而彭华、尹直相继入内阁，安、吉之党乃益固。珝初遭母忧，庐墓三年。比归，侍父尽孝。父殁，复庐于墓。弘治三年卒，谥文和。嘉靖初，以言官请，赐祠额曰昭贤，仍遣官祭之。

子𨭉，字汝中。八岁时，宪宗召见，爱其聪敏，且拜起如礼，即命为中书舍人。宫殿门阈高，同官杨一清常提之出入。帝虑牙牌易损，命易以银。历官五十余年，嘉靖中至太常卿，兼《五》经博士，仍供事内阁诰敕房。博学有行谊，与长洲刘棨并淹贯故实，时称"二刘"。

刘吉，字祐之，博野人。正统十三年进士。改庶吉士，授编修，充经筵官。《寰宇通志》成，进修撰。天顺四年侍讲读于东宫，以忧归。

宪宗即位，召纂《英宗实录》。至京，上疏乞终制。不允，进侍读。《实录》成，迁侍读学士，直经筵。累迁礼部左侍郎。

成化十一年与刘珝同受命兼翰林学士，入阁预机务，寻进礼部尚书。孝宗出阁，加太子少保兼文渊阁大学士。十八年遭父丧，诏起复。吉三疏恳辞，而阴属贵戚万喜为之地，得不允。《文华大训》成，加太子太保，进武英殿大学士。久之，进户部尚书、谨身殿大学士，寻加少保兼太子太傅。

孝宗即位，庶吉士邹智、御史姜洪力诋万安、尹直及吉皆小人，当斥。吉深衔之。安直皆去，吉独留，委寄愈专。虑言者攻不已，乃建议超迁科道官，处以不次之位。诏起废滞，给事中贺钦、御史强珍辈十人已次第拟擢，吉复上疏荐之，部曹预荐者惟林俊一人，冀以此笼络言路，而言者犹未息。庶子张升，御史曹璘、欧阳旦，南京给事中方向，御史陈嵩等相继劾吉。吉愤甚，中升逐之。数兴大狱，智、向囚击远贬，洪亦谪官。复与中官蒋琮比，逐南御史姜绾等，台署为空。中外侧目，言者亦少衰。

初，吉与万安、刘在成化时，帝失德，无所规正，时有"纸糊三阁老，泥塑六尚书"之谣。至是见孝宗仁明，同列徐溥、刘健皆正人，而吉于阁臣居首，两人有论建，吉亦署名，复时时为正论，窃美名以自盖。

弘治二年二月旱，帝令儒臣撰文祷雨。吉等言："迩者奸徒袭李孜省、邓常恩故术，见月宿在毕，天将阴雨，遂奏请祈祷，觊一验以希进用。幸门一开，争言祈祷，要宠召祸，实基于此，祝文不敢奉诏。"帝意悟，遂已之。五月以灾异请帝修德防微，慎终如始。八月又以灾异陈七事。代王献海青，吉等言登极诏书已却四言贡献，乞勿受。明年三月偕同列上言："陛下圣质清羸，与先帝不同。凡宴乐游观，一切嗜好之事，宜悉灭省。左右近臣有请如先帝故事者，当以太祖、太宗典故斥退之。祖宗令节宴游皆有时，陛下法祖宗可也。"土鲁番使者贡狮子还，帝令内阁草敕，遣中官送之。吉等言不宜优宠太过，使番戎轻中国。事遂寝。既又言："狮子诸兽，日饲二羊，岁当用七百二十，又守视校尉日五十人，皆繁费。宜绝诸兽食，听自毙。"帝不能用。十二月，星变，又言："迩者妖星出天津，历杵臼，迫营室，其占为兵，为饥，为水旱。今两畿、河南、山西、陕西旱蝗，四川、湖广岁不登。倘明年复然，恐盗贼窃发，祸乱将作。愿陛下节用度，罢宴游，屏谗言，斥异教，留怀经史，讲求治道。沙河修桥，江西造瓷器，南海子缮垣墙，俱非急务，宜悉停止。"帝嘉纳之。帝惑近习言，颇崇祈祷事，发经牌令阁臣作赞，又令神将封号。吉等极言邪说当斥。

吉自帝初即位进少傅，兼太子太师，吏部尚书。及《宪宗实录》成。又进少师、华盖殿大学士。吉柄政久，权势烜赫。帝初倾心听信，后眷颇衰，而吉终无去志。五年，帝欲封后弟伯爵，命吉撰诰券。吉言必尽封二太后家子弟方可。帝不悦，遣中官至其家，讽令致仕，始上章引退。诏赐敕，驰驿如故事。

吉多智数，善附会，自缘饰，锐于营私，时为言路所攻。居内阁十八年，人目之为"刘绵花"，以其耐弹也。吉疑其言出下第举子，因请举人三试不第者，不得复会试。时适当会试期，举子已群集都下，礼部为请。诏姑许入式，后如令。已而吉罢，令亦不行。吉归，逾年卒。赠太师，谥文穆。

尹直，字正言，泰和人。景泰五年进士。改庶吉士，授编修。

成化初，充经筵讲官，与修《英宗实录》。总裁欲革去景泰帝号，引汉昌邑、更始为比。直辨曰："《实录》中有初为大臣，后为军民者。方居官时，则称某官某，既罢去而后改称。如汉府以谋逆降庶人，其未反时，书王书叔如故也。岂有逆计其反，而即降从庶人之号者哉！且昌邑旋立旋废，景泰帝则为宗庙社稷主七年。更始无所受命，景泰帝则策命于母后。当时定倾危难之中，微帝则京师非国家有。虽易储失德，然能不惑于卢忠、徐振之言，卒全两宫，以至今日。其功过足相准，不宜去帝号。"时不能难。既成，进侍读，历侍读学士。

六年上疏乞纂修《大明通典》，并续成《宋元纲目》。章下所司。十一年迁礼部右侍郎，辞，不许。丁父忧，服除，起南京吏部右侍郎，就改礼部左侍郎。

二十二年春，召佐兵部。占城王古来为安南所逼，弃国来求援。议者欲送之还，直曰："彼穷来归，我若驱使还国，是杀之也。宜遣大臣即询，量宜处置。"诏从之，命都御史屠滽往。贵州镇巡官奏苗反，请发兵，廷议将从之。直言起衅邀功，不可信。命官往勘，果无警。是年九月改户部兼翰林学士，入内阁。逾月，进兵部尚书，加太子太保。

直明敏博学，练习朝章，而躁于进取。性矜忌，不自检饬，与吏部尚书尹旻相恶。直初觊礼部侍郎，而旻荐他人，直以中旨得之。次日遇于朝，举笏谢。旻曰："公所谓简在帝心者。"自是怨益深。后在南部八年，郁郁不得志，属其党万安、彭华谋内召，旻辄持不可。诸朝臣亦皆畏直，幸其在南。及推兵部左、右侍郎，吏部列何琼等八人。诏用琼，而直以安、华及李孜省力，中旨召还。至是修怨，与孜省等比，陷旻父子得罪，又构罢江西巡抚闵珪，物论喧然不平。刑部郎袁清者，安私人，又幸于内侍郭闳。勘事浙江，辁轹诸大吏，吏部尚书李裕恶之。比还，即除绍兴知府。清惧，累章求改。裕极论其罪，下诏狱。安、闰以属直，为言于孜省，取中旨赦之，改知郧阳。

孝宗立，进士李文祥，御史汤鼐、姜洪、缪樗，庶吉士邹智等连章劾直。给事中宋琮及御史许斌言直自初为侍郎以至入阁，贪缘攀附，皆取中旨。帝于是薄其为人，令致仕。弘治九年表贺万寿，并以太子年当出阁，上《承华箴》，引先朝少保黄淮事，冀召对。帝却之。正德中卒，谥文和。

赞曰：《易》称内君子外小人，为泰；外君子内小人，为否。况端揆之寄，百僚具瞻者乎！陈循以下诸人，虽不为大奸慝，而居心刻忮，务逞己私，异己者忌。比则相援，忌则相轧。至万安、刘吉要结近幸，蒙耻固位，犹幸同列多贤，相与弥缝匡救，而秽迹昭彰，小人之归，何可掩哉！

明史卷一六九
列传第五七

高穀　　胡濙　　王直

　　高穀,字世用,扬州兴化人。永乐十三年进士。选庶吉士,授中书舍人。仁宗即位,改春坊司直郎,寻迁翰林侍讲。英宗即位,开经筵,杨士奇荐穀及苗衷、马愉、曹鼐四人侍讲读。正统十年由侍讲学士进工部右侍郎,入内阁典机务。

　　景泰初,进尚书,兼翰林学士,掌阁务如故。英宗将还,奉迎礼薄。千户龚遂荣投书于穀,具言礼宜从厚,援唐肃宗上皇故事。穀袖之入朝,遍示廷臣曰:“武夫尚知礼,况儒臣乎!”众善其言。胡濙、王直欲以闻。穀曰:“迎复议上,上意久不决。若进此书,使上知朝野同心,亦一助也。”都御史王文不可。已而言官奏之。诘所从得,穀对曰:“自臣所。”因抗章恳请如遂荣言。帝虽不从,亦不之罪。

　　二年进少保、东阁大学士。易储,加太子太傅,给二俸。应天、凤阳灾,命祀三陵,振贫民。七年进谨身殿大学士,仍兼东阁。内阁七人,言论多龃龉。穀清直,持议正。王文由穀荐,数挤穀。穀屡请解机务,不许。都给事中林聪忤权要论死,穀力救,得薄谴。陈循及文构考官刘俨、黄谏,帝命礼部会穀覆阅试卷。穀力言俨等无私,且曰:“贵胄与寒士竞进,已不可,况不安义命。欲因此构考官乎?”帝乃赐循、文子中式,惟黜林挺一人,事得已。

　　英宗复位,循、文等皆诛窜,穀谢病。英宗谓穀长者,语廷臣曰:“穀在内阁议迎驾及南内事,尝左右朕。其赐金帛袭衣,给驿舟以归。"寻复赐敕奖谕。

穀既去位,杜门绝宾客。有问景泰、天顺间事,辄不应。天顺四年正月卒,年七十。

穀美丰仪,乐俭素,位至台司,敝庐瘠田而已。成化初,赠太保,谥文义。

胡濙字源洁,武进人。生而发白,弥月乃黑。建文二年举进士,授兵科给事中。永乐元年迁户科都给事中。

惠帝之崩于火,或言遁去,诸旧臣多从者,帝疑之。五年遣濙颁御制诸书,并访仙人张邋遢,遍行天下州郡乡邑,隐察建文帝安在。濙以故在外最久,至十四年乃还。所至,亦间以民隐闻。母丧乞归,不许,擢礼部左侍郎。十七年复出巡江、浙、湖、湘诸府。二十一年还朝,驰谒帝于宣府。帝已就寝,闻濙至,急起召入。濙悉以所闻对,漏下四鼓乃出。先濙未至,传言建文帝蹈海去,帝分遣内臣郑和数辈浮海下西洋,至是疑始释。

皇太子监国南京,汉王为飞语谤太子。帝改濙官南京,因命廉之。濙至,密疏驰上监国七事,言诚敬孝谨无他,帝悦。

仁宗即位,召为行在礼部侍郎。濙陈十事,力言建都北京非便,请还南都,省南北转运供亿之烦。帝皆嘉纳。既闻其尝有密疏,疑之,不果召。转太子宾客,兼南京国子祭酒。

宣宗即位,仍迁礼部左侍郎。明年来朝,乃留行在礼部,寻进尚书。汉王反,与杨荣等赞亲征。事平,赉予甚厚。明年赐第长安右门外,给阍者二人,赐银章四。生辰,赐宴其第。四年命兼理詹事府事。六年,张本卒,又兼领行在户部。时国用渐广,濙虑度支不足。蠲租诏下,辄沮格。帝尝切戒之,然眷遇不少替。尝曲宴濙及杨士奇、夏原吉、蹇义,曰:"海内无虞,卿等四人力也。"

英宗即位,诏节冗费。濙因奏减上供物,及汰法王以下番僧四五百人,浮费大省。正统五年,山西灾,诏行宽恤,既而有采买物料之命。濙上疏言诏旨宜信。又言军旗营求差遣,因而扰民,宜罢之。

皆报可。行在礼部印失，诏弗问，命改铸。已，又失，被劾下狱。未几，印获，复职。九年，年七十，乞致仕，不许。英宗北狩，群臣聚哭于朝，有议南迁者。淡曰："文皇定陵寝于此，示子孙以不拔之计也。"与侍郎于谦合，中外始有固志。

景帝即位，进太子太傅。杨善使也先，淡言上皇蒙尘久，宜附进服食，不报。上皇将还，命礼部具奉迎仪。淡等议遣礼部迎于龙虎台，锦衣具法驾迎居庸关，百司迎土城外，诸将迎教场门，上皇自安定门入，进东安门，于东上北门南面坐，皇帝谒见毕，百官朝见，上皇入南城大内。议上，传旨以一轿二马迎于居庸关，至安定门易法驾，余如奏。给事中刘福等言礼太薄，帝报曰："朕尊大兄为太上皇帝，尊礼无加矣。福等顾云太薄，其意何居？礼部其会官详察之。"淡等言："诸臣意无他，欲陛下笃亲亲耳。"帝曰："昨得太上皇书，具言迎驾之礼宜从简损，朕岂得违之。"群臣乃不敢言。会千户龚遂荣为书投大学士高穀，言奉迎宜厚，具言唐肃宗迎上皇故事。穀袖之以朝，与王直等共观之。直与淡欲闻之帝，为都御史王文所阻，而给事中叶盛竟以闻。盛同官林聪复劾直、淡、穀等，皆股肱大臣，有闻必告，不宜偶语窃议。有诏索书。淡等因以书进，且言："肃宗迎上皇典礼，今日正可仿行。陛下宜躬迎安定门外，分遣大臣迎龙虎台。"帝不悦曰："第从朕命，无事纷更。"

上皇至，居南城宫。淡请帝明年正旦率群臣朝延安门，不许。上皇万寿节，请令百官拜贺延安门，亦不许。三年正月与王直并进少傅。易太子，加兼太子太师。王文恶林聪，文致其罪，欲杀之。淡不肯署，遂称疾，数日不朝。帝使兴安问疾。对曰："老臣本无疾，闻欲杀林聪，殊惊悸耳。"聪由是得释。

英宗复位，力疾入朝，遂求去。赐玺书、白金、楮币、袭衣，给驿，官其一子锦衣，世镇抚。淡历事六朝，垂六十年，中外称耆德。及归，有三弟，年皆七十余，须眉皓白，燕聚一堂，因名之曰寿恺。又七年始卒，年八十九。赠太保，谥忠安。

淡节俭宽厚，喜怒不形于色，能以身下人。在礼部久，表贺祥瑞,以官当首署名,人因谓其性善承迎。南城人龚谦多妖术,浤荐为天文生,又荐道士仰弥高晓阴阳兵法,使守边,时颇讥之。

王直,字行俭,泰和人。父伯贞,洪武十五年以明经聘至京。时应诏者五百余人,伯贞对第一。授试佥事,分巡广东雷州。复吕塘废渠,清盐法。会罢分巡官,召还为户部主事。以父丧服阕,不时起,谪居安庆。建文初,复以荐知琼州。崖州黎相仇杀,以反闻,且用兵。伯贞捕其首恶,兵遂罢。琼田岁常三获,以赋军,军不时受,俟民乏,乃急敛以要利。伯贞为立期,三输之,弊始绝。居数年,大治,流民占籍者万余。忧归,卒于家。

直幼而端重,家贫力学。举永乐二年进士,改庶吉士,与曾棨、王英等二十八人同读书文渊阁。帝善其文,召入内阁,俾属草。寻授修撰。历事仁宗、宣宗,累迁少詹事兼侍读学士。

正统三年,《宣宗实录》成,进礼部侍郎,学士如故。五年出莅部事,尚书胡濙悉以部政付之,直处之若素习者。八年正月代郭琎为吏部尚书。十一年,户部侍郎奈亨附王振,构郎中赵敏,词连直及侍郎曹义、赵新,并下狱。三法司廷鞫,论亨斩,直等赎徒。帝宥直、义,夺亨、新俸。

帝将亲征也先,直率廷臣力谏曰:"国家备边最为谨严。谋臣猛将,坚甲利兵,随处充满,且耕且守,是以久安。念今敌肆猖獗,违天悖理,陛下但宜固封疆,申号令,坚壁清野,蓄锐以待之,可图必胜,不必亲御六师,远临塞下。况秋暑未退,旱气未回,青草不丰,水泉犹塞,士马之用未充,兵凶战危,臣等以为不可。"帝不从,命直留守。王师覆于土木,大臣群请太后立皇子为皇太子,命郕王摄政。已,劝王即位,以安反侧。时变起仓卒,朝臣议屡上,皆直为首。而直自以不如于谦,每事推下之,雍容镇率而已。加太子太保。

景泰元年,也先使使议和,且请还上皇,下礼部议未决。直率群臣上言曰:"太上皇惑细人言,轻身一出,至于蒙尘。陛下宵衣旰食,征天下兵,与群臣兆姓同心戮力,期灭此朝食,以雪不共戴天之耻。

乃者天诱其衷，也先有悔心之萌，而来求成于我，请还乘舆，此转祸为福之机也。望陛下俯从其请，遣使往报，因察其诚伪而抚纳之，奉太上皇以归，少慰祖宗之心。陛下天位已定，太上皇还，不复莅天下事，陛下第崇奉之，则天伦厚而天眷益隆，诚古今盛事也。"帝曰："卿等言良然。但前后使者五辈往，终不得要领。今复遣使，设彼假送驾为名，来犯京师，岂不为苍生患。贼诈难信，其更议之。"

已而瓦剌别部阿剌使复至，胡濙等复以为言。于是帝御文华殿门，召诸大臣及言官谕以宜绝状。直对曰："必遣使，毋贻后悔。"帝不悦。于谦前为解，帝意释。群臣既退，太监兴安匍匐出呼曰："若等固欲遣使，有文天祥、富弼其人乎？"直大言曰："廷臣惟天子使，既食其禄，敢辞难乎！"言之再，声色愈厉。安语塞，乃议遣使，命李实、罗绮往。

既行，而瓦剌可汗脱脱不花及也先使先后至，将遣归。使者谓馆伴曰："中国关外十四城皆为我有。前阿剌知院使来，尚遣人偕往。今亦必得大臣同行，庶有济。"胡濙以闻，下廷议。直等固请，乃遣杨善等报之。

比实还，又也先使至，具言也先欲和状。直与宁阳侯陈懋等上疏，请更遣使赍礼币往迎上皇，不许。复上疏曰："臣等与李实语，具得彼中情事。其所需衣物资斧者，上皇言也，而奉迎车贺，也先意也。昨者脱脱不花及阿剌知院使来，皆有报使。今也先使以迎请为辞，乃不遣使与偕，是疑敌而召兵也。"又不许。

已而实自言于帝。帝第报也先书，就令杨善迎归而已。直等复上言："今北使已发，愿本上皇之心，顺臣民之愿，因彼悔心，遣使往报，以图迎复，此不待计而决者也。不然，众志难犯，违天不祥，彼将执为兵端，边事益棘，京师亦不得高枕卧矣。"帝乃命群臣择使，直与陈懋等请仍遣实。报曰："候善归议之。"御史毕銮等复上疏，力言："就令彼以诈来，我以诚往，万一不测，则我之兵力固在。"帝终不听。已而善竟奉上皇还。

二年，也先遣使入贡，且请答使。直屡疏言："边备未修，刍粮未

积，疮痍未复，宜如其请。遣使往以观虚实，开导其善。"不许。无何，
也先遣骑入塞，以报使为辞。直与群臣复请之，卒不许。直等乃上
疏言："陛下锐意治兵，为战守计，真大有为之主。然使命不通，难保
其不为寇。宜敕沿边守臣，发兵游徼，有警则入保，无事则力耕。陛
下于机务之暇，时召京营总督、总兵，询以方略，诚接而礼貌之，信
赏罚以持其后，斯战守可言也。"帝曰"善"。

　　明年正月进少傅。帝欲易太子，未发。会思明土知府黄玹以为
请。帝喜，下礼部议。胡濙唯唯，文武诸臣议者九十一人。当署名，
直有难色。陈循濡笔强之，乃署，竟易皇太子。直进兼太子太师，赐
金币加等。顿足叹曰："此何等大事，乃为一蛮酋所坏，吾辈愧死
矣。"景帝疾亟，直、濙等会诸大臣台谏，请复立沂王为皇太子，推大
学士商辂草疏。未上，而石亨、徐有贞等夺门迎上皇复位，杀王文
等。疏草留姚夔所，尝出以示郎中陆昶，叹曰："是疏不及进，天也。"
直遂乞休。赐玺书、金绮、楮币，给驿归。

　　直为人方面修髯，仪观甚伟。性严重，不苟言笑。及与人交，恂
恂如也。在翰林二十余年，稽古代言编纂纪注之事，多出其手。与
金谿王英齐名，人称"二王"，以居地目直曰"东王"，英曰"西王"。直
以次当入阁，杨士奇不欲也。及长吏部，益廉慎。时初罢廷臣荐举，
方面大吏专属吏部。直委任曹郎，严抑奔竞。凡御史巡方归者，必
令具所属贤否以备选擢，称得人。其子稷为南国子博士。考绩至部，
文选郎欲留侍直。直不可，曰："是乱法自我始也。"朝廷以直老，命
何文渊为尚书佐之。文渊去，又命王翱，部遂有二尚书。直为尚书
十四年，年益高，名德日益重。帝优礼之，免其常朝。

　　比家居，尝从诸佃仆耕耔，击鼓歌唱。诸子孙更迭举觞上寿，直
叹曰："曩者西杨抑我，令不得共事，然使我在阁。今上复辟，当不免
辽阳之行，安得与汝曹为乐哉！"天顺六年卒，年八十四。赠太保，谥
文端。

　　稷仕至翰林检讨，亦以学行称。曾孙思，自有传。

赞曰：高穀之清直，胡濙之宽厚，王直之端重，盖皆有大臣之度焉。当英、景之间，国势初更，人心观望，执政任事之臣多阿意取容。而穀、濙惓惓于迎驾之仪，直侃侃于遣使之请，皆力持正议，不随众俯仰，故能身负硕望，始终一节，可谓老成人矣。

明史卷一七〇
列传第五八

于谦 子冕 吴宁 王伟

　　于谦,字廷益,钱塘人。生七岁,有僧奇之曰:"他日救时宰相也。"举永乐十九年进士。

　　宣德初,授御史。奏对,音吐鸿畅,帝为倾听。顾佐为都御史,待寮属甚严,独下谦,以为才胜己也。扈跸乐安,高煦出降,帝命谦口数其罪。谦正词崭崭,声色震厉。高煦伏地栗,称万死。帝大悦。师还,赏赉与诸大臣等。

　　出按江西,雪冤囚数百。疏奏陕西诸处官校为民害,诏遣御史捕之。帝知谦可大任,会增设各部右侍郎为直省巡抚,乃手书谦名授吏部,超迁兵部右侍郎,巡抚河南、山西。谦至官,轻骑遍历所部,延访父老,察时事所宜兴革,即具疏言之。一岁凡数上,小有水旱,辄上闻。

　　正统六年疏言:"今河南、山西积谷各数百万。请以每岁三月,令府州县报缺食下户,随分支给。先菽秫,次黍麦,次稻。俟秋成偿官,而免其老疾及贫不能偿者。州县吏秩满当迁,预备粮有未足,不听离任。仍令风宪官以时稽察。"诏行之。河南近河处,时有冲决。谦令厚筑堤障,计里置亭,亭有长,责以督率修缮。并令种树凿井,榆柳夹路,道无渴者。大同孤悬塞外,按山西者不及至,奏别设御史治之。尽夺镇将私垦田为官屯,以资边用。威惠流行,太行伏盗皆避匿。在官九年,迁左侍郎,食二品俸。

　　初，三杨在政府，雅重谦。谦所奏，朝上夕报可，皆三杨主持。而谦每议事京师，空橐以入，诸权贵人不能无望。及是，三杨已前卒，太监王振方用事，适有御史姓名类谦者，尝忤振。谦入朝，荐参政王来、孙原贞自代。通政使李锡阿振指，劾谦以久不迁怨望，擅举人自代。下法司论死，系狱三月。已而振知其误，得释，左迁大理寺少卿。山西、河南吏民伏阙上书，请留谦者以千数，周、晋诸王亦言之，乃复命谦巡抚。时山东、陕西流民就食河南者二十余万，谦请发河南、怀庆二府积粟以振。又奏令布政使年富安集其众，授田给牛种，使里老司察之。前后在任十九年，丁内外艰，皆令归治丧，旋起复。

　　十三年以兵部左侍郎召。明年秋，也先大入寇，王振挟帝亲征。谦与尚书邝野极谏，不听。野从治兵，留谦理部事。及驾陷土木，京师大震，众莫知所为。郕王监国，命群世议战守。侍讲徐珵言星象有变，当南迁。谦厉声曰：“言南迁者，可斩也。京师天下根本，一动则大事去矣，独不见宋南渡事乎！”王是其言，守议乃定。时京师劲甲精骑皆陷没，所余疲卒不及十万，人心震恐，上下无固志。谦请王檄取两京、河南备操军，山东及南京沿海备倭军，江北及北京诸府运粮军，亟赴京师，以次经画部署，人心稍安。即迁本部尚书。

　　郕王方摄朝，廷臣请族诛王振。而振党马顺者，辄叱言官。于是给事中王竑廷击顺，众随之。朝班大乱，卫卒声汹汹。王惧欲起，谦排众直前掖王止，且启王宣谕曰：“顺等罪当死，勿论。”众乃定。谦袍袖为之尽裂。退出左掖门，吏部尚书王直执谦手叹曰：“国家正赖公耳。今日虽百王直何能为！”当是时，上下皆倚重谦，谦亦毅然以社稷安危为己任。

　　初，大臣忧国无主，太子方幼，寇且至，请皇太后立郕王。王惊谢至再。谦飏言曰：“臣等诚忧国家，非为私计。”王乃受命。九月，景帝立，谦入对，慷慨泣奏曰：“寇得志，要留大驾，势必轻中国，长驱而南。请饬诸边守臣协力防遏。京营兵械且尽，宜亟分道募民兵，令工部缮器甲。遣都督孙镗、卫颖、张轨、张仪、雷通分兵守九门要地，列营郭外。都御史杨善、给事中王竑参之，徙附郭居民入城。通

州积粮,令官军自诣关支,以赢米为之直,毋弃以资敌。文臣世如轩
轾者,宜用为巡抚。武臣如石亨、杨洪、柳溥者,宜用为将帅。至军
旅之事,臣身当之,不效则治臣罪。"帝深纳之。

十月敕谦提督各营军马。而也先挟上皇破紫荆关直入,窥京
师。石亨议敛兵坚壁老之。谦不可,曰:"奈何示弱,使敌益轻我。"
亟分遣诸将,率师二十二万,列阵九门外:都督陶瑾安定门,广宁伯
刘安东直门,武进伯朱瑛朝阳门,都督刘聚西直门,镇远侯顾兴祖
阜成门,都指挥李端正阳门,都督刘得新崇文门,都指挥汤节宣武
门,而谦自与石亨率副总兵范广、武兴陈德胜门外,当也先。以部事
付侍郎吴宁,悉闭诸城门,身自督战。下令,"临阵将不顾军先退者,
斩其将。军不顾将先退者,后队斩前队。"于是将士知必死,皆用命。
副总兵高礼、毛福寿却敌彰义门北,擒其长一人。帝喜,令谦选精兵
屯教场以便调用,复命太监兴安、李永昌同谦理军务。

初,也先深入,视京城可旦夕下,及见官军严阵待,意稍沮。叛
阉喜宁嗾使邀大臣迎驾,索金帛以万万计,复邀谦及王直、胡濙等
出议。帝不许,也先气益沮。庚申,寇窥德胜门。谦令亨设伏空舍,
遣数骑诱敌。敌以万骑来薄,副总兵范广发火器,伏起齐击之。也
先弟勃罗、平章卯那孩中炮死。寇转至西直门,都督孙镗御之,亨亦
分兵至,寇引退。副总兵武兴击寇彰义门,与都督王敬挫其前锋。寇
且却,而内官数百骑欲争功,跃马竞前。阵乱,兴被流矢死。寇逐至
土城,居民升屋,号呼投砖石击寇,哗声动天。王竑及福寿援至,寇
乃却。相持五日,也先邀请既不应,战又不利,知终弗可得志,又闻
勤王师且至,恐断其归路,遂拥上皇由良乡西去。谦调诸将追击,至
关而还。论功,加谦少保,总督军务。谦曰:"四郊多垒,卿大夫之耻
也,敢邀功赏哉!"固辞,不允。乃益兵守真、保、涿、易诸府州,请以
大臣镇山西,防寇南侵。

景泰元年三月,总兵朱谦奏敌二万攻围万全,敕范广充总兵官
御之。已而寇退,谦请即驻兵居庸,寇来则出关剿杀,退则就粮京
师。大同参将许贵奏,迤北有三人至镇,欲朝廷遣使讲和。谦曰:

"前遣指挥季铎、岳谦往,而也先随入寇。继遣通政王复、少卿赵荣,不见上皇而还。和不足恃,明矣。况我与彼不共戴天,理固不可和。万一和而彼肆无厌之求,从之则坐敝,不从则生变,势亦不得和。贵为介胄臣,而怯如此,何以敌忾,法当诛。"移檄切责。自是边将人人主战守,无敢言讲和者。

初,也先多所要挟,皆以喜宁为谋主。谦密令大同镇将擒宁,戮之。又计授王伟诱诛间者小田儿。且因谍用间,请特释忠勇伯把台家,许以封爵,使阴图之。也先始有归上皇意,遣使通款,京师稍解严。谦上言:"南京重地,抚辑须人。中原多流民,设遇岁荒,啸聚可虞。乞敕内外守备及各巡抚加意整饬,防患未然。召还所遣召募文武官及镇守中官在内地者。"

于时八月,上皇北狩且一年矣,也先见中国无衅,滋欲乞和,使者频至,请归上皇。大臣王直等议遣使奉迎,帝不悦曰:"朕本不欲登大位,当时见推,实出卿等。"谦从容曰:"天位已定,宁复有他,顾理当速奉迎耳。万一彼果怀诈,我有辞矣。"帝顾而改容曰:"从汝,从汝。"先后遣李实、杨善往,卒奉上皇以归,谦力也。

上皇既归,瓦剌复请朝贡。先是,贡使不过百人,正统十三年至三千余,赏赉不厌,遂入寇。及是又遣使三千来朝,谦请列兵居庸关备不虞,京师盛陈兵,宴之。因言和议难恃,条上安边三策。"请敕大同、宣府、永平、山海、辽东各路总兵官增修备御。京兵分隶五军、神机、三千诸营,虽各有总兵,不相统一,请择精锐十五万,分十营团操。"团营之制自此始。具《兵志》中。瓦剌入贡,每携故所掠人口至。谦必奏酬其使,前后赎还累数百人。

初,永乐中,降人安置近畿者甚众。也先入寇,多为内应。谦谋散遣之。因西南用兵,每有征行,辄选其精骑,厚资以往,已更遣其妻子,内患以息。杨洪自独石入卫,八城悉以委寇。谦使都督孙安以轻骑出龙门关据之,募民屯田,且战且守,八城遂复。贵州苗未平,何文渊议罢二司,专设都司,以大将镇之。谦曰:"不设二司,是弃之也。"议乃寝。谦以上皇虽还,国耻未雪,会也先与脱脱不花构,讲乘间大发兵，身往讨之，以复前仇，除边患。帝不许。

　　谦之为兵部也，也先势方张，而福建郑茂七、浙江叶宗留、广东黄萧养各拥众僭号，湖广、贵州、广西，瑶、僮、苗、僚所至蜂起。前后征调，皆谦独运。当军马倥偬，变在俄顷，谦日视指屈，口具章奏，悉合机宜。僚吏受成，相顾骇服。号令明审，虽勋臣宿将小不中律，即请旨切责。片纸行万里外，靡不慑息。其才略开敏，精神周至，一时无与比。至性过人，忧国忘身。上皇虽归，口不言功。东宫既易，命兼宫僚者支二俸。诸臣皆辞，谦独辞至再。自奉俭约，所居仅蔽风雨。帝赐第西华门，辞曰："国家多难，臣子何敢自安。"固辞，不允。乃取前后所赐玺书、袍、锭之属，悉加封识，岁时一省视而已。

　　帝知谦深，所论奏无不从者。尝遣使往真定、河间采野菜，直沽造干鱼，谦一言即止。用一人，必密访谦。谦具实对，无所隐，不避嫌怨。由是诸不任职者皆怨，而用弗如谦者，亦往往嫉之。比寇初退，都御史罗通即劾谦上功簿不实。御史顾曜言谦太专，请六部大事同内阁奏行。谦据祖制折之，户部尚书金濂亦疏争，而言者捃摭不已。诸御史以深文弹劾者屡矣，赖景帝破众议用之，得以尽所设施。

　　谦性故刚，遇事有不如意，辄拊膺叹曰："此一腔热血，竟洒何地！"视诸选软大臣、勋旧贵戚，意颇轻之，愤者益众。又始终不主和议，虽上皇实以是得还，不快也。徐珵以议南迁，为谦所斥。至是改名有贞，稍稍进用，尝切齿谦。石亨本以失律削职，谦请宥而用之，总兵十营，畏谦不得逞，亦不乐谦。德胜之捷，亨功不加谦而得世侯，内愧，乃疏荐谦子冕。诏赴京师，辞，不允。谦言："国家多事，臣子义不得顾私恩。且亨位大将，不闻举一幽隐，拔一行伍微贱，以裨军国，而独荐臣子，于公议得乎？臣于军功，力杜侥幸，决不敢以子滥功。"亨复大恚。都督张轨以征苗失律，为谦所劾，与内侍曹吉祥等皆素憾谦。

　　景泰八年正月壬午，亨与吉祥、有贞等既迎上皇复位，宣谕朝臣毕，即执谦与大学士王文下狱。诬谦等与黄竑构邪议，更立东宫，又与太监王诚、舒良、张永、王勤等谋迎立襄王子。亨等主其议，嗾言官上之。都御史萧惟祯定谳，坐以谋逆，处极刑。文不胜诬，辩之疾，谦笑曰："亨等意耳，辩何益？"奏上，英宗尚犹豫曰："于谦实有功。"有贞进曰："不杀于谦，此举为无名。"帝意遂决。丙戌改元天顺，丁亥弃谦市，籍其家，家戍边。遂溪教谕吾豫言谦罪当族，谦所荐举诸文武大臣并应诛。部议持之而止。千户白琦又请榜其罪，镂板示天下。一时希旨取宠者，率以谦为口实。

谦自值也先之变，誓不与贼俱生。尝留宿直庐，不还私第。素病痰，疾作，景帝遣兴安、舒良更番往视。闻其服用过薄，诏令上方制赐，至醯菜毕备。又亲幸万岁山，伐竹取沥以赐。或言宠谦太过，兴安等曰："彼日夜分国忧，不问家产，即彼去，令朝廷何处更得此人？"及籍没，家无余赀，独正室镮钥甚固。启视，则上赐蟒衣、剑器也。死之日，阴霾四合，天下冤之。指挥朵儿者，本出曹吉祥部下，以酒酹谦死所，恸哭。吉祥怒，挟之。明日复酹奠如故。都督同知陈达感谦忠义，收遗骸殡之。逾年，归葬杭州。遂，六合人。故举将才，出李时勉门下者也。皇太后初不知谦死，比闻，嗟悼累日。英宗亦悔之。

谦既死，而亨党陈汝言代为兵部尚书。未一年败，赃累巨万。帝召大臣入视，怆然曰："于谦被遇景泰朝，死无余赀，汝言抑何多也。"亨俯首不能对。俄有边警，帝忧形于色。恭顺侯吴瑾侍，进曰："使于谦在，当不令寇至此。"帝为默然。是年，有贞为亨所中，戍金齿。又数年，亨亦下狱死，吉祥谋反族诛，谦事白。

成化初，冕赦归，上疏讼冤，得复官赐祭。诰曰："当国家之多难，保社稷以无虞，惟公道之独持，为权奸所并嫉。在先帝已知其枉，而朕心实怜其忠。"天下传诵焉。弘治二年用给事中孙需言，赠特进光禄大夫、柱国、太傅，谥肃愍，赐祠于其墓曰《旌功》，有司岁时致祭。万历中，改谥忠肃。杭州、河南、山西皆世奉祀不绝。

冕，字景瞻，荫授副千户，坐戍龙门。谦冤既雪，并复冕官。自陈不愿武职,改兵部员外郎。居官有干局,累迁至应天府尹。致仕卒。无子,以族子允忠为后,世袭杭州卫副千户,奉祠。

吴宁,字永清,歙人。宣德五年进士。除兵部主事。正统中,再迁职方郎中。郕王监国,谦荐擢本部右侍郎。谦御寇城外,宁掌部事,命赴军中议方略。比还,城门弗启,寇骑充斥,宁立雨中指挥兵士,移时乃入。寇既退,畿民犹日数惊,相率南徙,或议仍召勤王兵。宁曰:“是益之使惊也,莫若告捷四方,人心自定。”因具奏行之。景泰改元,以疾乞归,后不复出。家居三十余年卒。

宁方介有识鉴。尝为谦择婿,得千户朱骥。谦疑之,宁曰:“公他日当得其力。”谦被刑,骥果归其丧,葬之。骥自有传。

王伟,字士英,攸人。年十四,随父谪戍宣府。宣宗巡边,献《安边颂》,命补保安州学生。举正统元年进士,改庶吉士,授户部主事。英宗北狩,命行监察御史事,集民壮守广平。谦引为职方司郎中。军书填委,处分多中窾会,遂荐擢兵部右侍郎。出视边,叛人小田儿为敌间,谦属伟图之。会田儿随贡使入,至阳和城,壮士从道旁突出,断其头去,使者不敢诘。

伟喜任智数。既为谦所引,恐嫉谦者目己为朋附,尝密奏谦误,冀自解。帝以其奏授谦,谦叩头谢。帝曰:“吾自知卿,何谢为?”谦出,伟问:“上与公何言?”谦笑曰:“我有失,望君面规我,何至尔邪?”出奏示之,伟大渐沮。然竟坐谦党,罢归。成化三年复官,请毁白琦所镂板。逾年,告病归卒。

赞曰:于谦为巡抚时,声绩表著,卓然负经世之才。及时遭艰虞,缮兵固圉。景帝既推心置腹,谦亦忧国忘家,身系安危,志存宗社,厥功伟矣。变起夺门,祸机猝发,徐、石之徒出力而挤之死,当时莫不称冤。然有贞与亨、吉祥相继得祸,皆不旋踵,而谦忠心义烈,与日月争光,卒得复官赐恤。公论久而后定,信夫。

明史卷一七一
列传第五九

王骥 孙瑾　　徐有贞　杨善 李实
赵荣 霍瑄 沈固　　王越

　　王骥,字尚德,束鹿人。长身伟干,便骑射,刚毅有胆,晓畅戎略。中永乐四年进士。为兵科给事中。使山西,奏免盐池逋课二十余万,寻迁山西按察司副使。

　　洪熙元年入为顺天府尹。宣德初,擢兵部右侍郎,代顾佐署都察院。久之,署兵部尚书。九年命为真。

　　正统元年奉诏议边事,越五日未奏。帝怒,执骥与侍郎邝野下之狱。寻得释。阿台、朵儿只伯数寇甘、凉,边将屡失利。侍郎柴车、徐晞,都御史曹翼相继经理边务,未能制。二年五月命骥往,许便宜行事。骥疾驱至军,大会诸将,问往时追敌鱼儿海子,先退败军者谁。佥曰“都指挥安敬”。骥先承密旨戮敬,遂缚敬斩辕门,并宣敕责都督蒋贵。诸将皆股栗。骥乃大阅将士,分兵画地,使各自防御,边境肃然。阅军甘、凉,汰三之一。定更番法,兵得休息,而转输亦省。

　　俄阿台复入寇。帝以任礼为平羌将军,蒋贵、赵安为副,骥督军。三年春,偕诸将出塞,以贵为前锋,而自与任礼帅大军后继,与贵约曰:“不捷,无相见也。”贵击敌石城,敌走兀鲁乃。贵帅轻骑二千五百人出镇夷,间道兼行,三日夜及之。擒左丞脱罗,斩首三百余,获金银印各一,驼马兵甲千计。骥与礼自梧桐林至亦集乃,擒枢密、同知、佥院十五人，万户二人，降其部落，穷进至黑泉。而赵安等出昌宁，至刁力沟，亦擒右丞、达鲁花赤三十人。分道夹击，转战千余里，朵儿只伯远遁。论功，贵、礼皆封伯，而骥兼大理卿，支二俸。寻召还，理部事。

久之，麓川之役起。麓川宣慰使思任发叛，数败王师。黔国公沐晟讨之，不利，道卒，以沐昂代。昂条上攻取策，征兵十二万人。中官王振方用事，喜功名，以骥可属，思大举。骥亦欲自效。

六年正月遂拜蒋贵平蛮将军，李安、刘聚为副，而骥总督军务，大发东南诸道兵十五万讨之。刑部侍郎何文渊、侍讲刘球先后疏谏，不纳。濒行，赐骥、贵金兜鍪、细铠、蟒绣绯衣、朱弓矢。骥请得以便宜从事。驰传至云南，部署诸将，遣参将冉保由东路趋孟定，大军由中路至腾冲，分道夹击。是年十一月与贵以二万人趋上江，围其寨，五日不下。会大风，纵火焚栅，拔之，斩首五万余级。进自夹象石，渡下江，通高黎贡山道。闰月至腾冲，长驱抵杉木笼山。贼乘高据险，筑七垒相救。骥遣参将宫聚、副将刘聚分左右翼缘岭上，而自将中军奋击之，贼大溃，乘胜至马鞍山。

逾月，抵贼巢。山陡绝，深堑环之，东南面江，壁立不可上。骥遣前军觇贼，败其伏兵。贼更自间道立栅马鞍山，出大军后。骥戒军中无动，而令都指挥方瑛以六千人突贼寨，斩首数百，复诱败其象阵。会东路军冉保等已合木邦、车里、大侯诸土军，破乌木弄、戞邦诸寨，遣别将守西峨渡，防贼轶，刻期与大军会。骥乃督诸将环攻其七门，积薪纵火。风大作，贼焚死无算，溺江死者数万人。思任发携二子走孟养。获其虎符、金牌、宣慰司印及所掠腾冲诸卫所印章三十有奇。犁其巢穴，留兵宗守之而还。

明年四月遣偏师讨维摩土司韦郎罗。郎罗走安南，俘其妻子。传檄安南，缚之以献。五月，师还。帝遣户部侍郎王质赍羊酒迎劳，赐宴奉天门，封推诚宣力武臣、特进荣禄大夫、上柱国、靖远伯，岁禄千二百石，世袭指挥同知，赐貂蝉冠玉带。贵进侯，刘聚等迁赏有差。从征少卿李蕡，郎中侯琎、杨宁皆擢侍郎，士卒赐予加等。府库为竭。

　　思任发之窜缅也，其子思机发复帅余众居者蓝，乞入朝谢罪。廷议因而抚之，王振不可。是年八月复命骥总督云南军务，帅参将冉保、毛福寿以往。未至而思机发遣弟招赛入贡，缅甸亦奏获思任发，要麓川地。朝廷不纳其贡，且敕骥图缅甸，骥因请济师。

　　八年五月复命蒋贵为平蛮将军，调土兵五万往，发卒转饷五十万人。骥初檄缅甸送思任发。缅人阳听命，持两端。是年冬，大军逼缅甸，缅人以楼船载思任发觇官军，而潜以他舟载之归。骥知缅人资木邦水利为唇齿，且虑思机发将以献其父故仇之，故终不肯献思任发。骥乃趋者蓝，破思机发巢，得其妻子部落，而思机发独脱去。

　　明年召还，加禄三百石，命与都御史陈镒巡延绥、宁夏、甘肃诸边。初，宁夏备边军，半岁一更，后边事亟，三年乃更。军士日久疲罢，又益选军余防冬，家有五六人在边者，军用重困。骥请岁一更，当代者以十月至，而代者留至来年正月乃遣归，边备足而军不劳。帝善其议，行之诸边。当是时，缅人已以思任发来献，而思机发窃驻孟养地，屡遣使入贡谢罪。中外咸愿罢兵。振意终未慊，要思机发躬入朝谢。沐斌帅师至金沙江招之，不至。谕孟养执之以献，亦不听命。于是振怒，欲尽灭其种类。

　　十三年春复命骥总督军务，宫聚为平蛮将军，帅师十五万人往。明年造舟浮金沙江，蛮人栅西岸拒守。官军联舟为浮桥以济，拔其栅，进破鬼哭山，连下十余寨，坠溺死者无算，而思机发终脱去，不可得。是时，官军逾孟养，至孟郎海。地在金沙江西，去麓川千里，自古兵力所不至，诸蛮见大军皆震怖。而大军远涉，骥虑馈饷不继，亟谋引还。时思机发虽遁匿，而思任发少子思陆复拥众据孟养。骥度贼终不可灭，乃与思陆约，立石表，誓金沙江上，曰："石烂江枯，尔乃得渡。"遂班师。

　　骥凡三征麓川，卒不得思机发。议者咎骥等老师费财，以一隅骚动天下。而会川卫训导詹英抗疏劾之，大略谓："骥等多役民夫，昪采缯，散诸土司以邀厚利。擅用腐刑，诡言进御，实充私役。师行无纪，十五万人一日起行，互相蹂践。每军负米六斗，跋陟山谷，自缢者多。抵金沙江，徬徨不敢渡，既渡不敢攻，攻而失都指挥路宣、翟亨等。俟贼解，多捕鱼户为俘，以地分木邦、缅甸，掩败为功。此何异李宓之败，而杨国忠以捷闻也。"奏下法司。王振左右之，得不问。而命英从骥军自效。英知往且获罪，匿不去。

当是时，湖广、贵州诸苗，所在蜂起，围平越及诸城堡，贵州东路闭。骥至武昌，诏还军讨苗。会英宗北狩，群臣劾王振并及骥。以骥方在军，且倚之平苗，置弗问。命佩平蛮将军印，充总兵官，侍郎侯琎总督军务。已而苗益炽，众至十余万。平越被围半岁，巡按御史黄镐死守，粮尽掘草根食之，而骥顿军辰、沅不进。景泰元年，镐草疏置竹筒中，募人自间道出，闻于朝。更命保定伯梁珤为平蛮将军，益兵二万人。侯琎自云南督之前，疾战，大破贼，尽解诸城围，而骥亦俘划平王虫富等以献。

骥还，命总督南京机务。其冬，乞世券，与之。南畿军素偷惰。骥至，以所驭军法教之。于谦弗重也，朝廷以其旧臣宠礼之。三年四月，赐敕解任，奉朝请。骥年七十余，跃马食肉，盛声伎如故。

久之，石亨、徐有贞等奉英宗复辟，骥与谋。赏稍后，上章自讼，言："臣子祥入南城，为诸将所挤，陷地几死。今论功不及，疑有蔽之者。"帝乃官祥指挥佥事，而命骥仍兵部尚书，理部事，加号奉天翊卫推诚宣力守正文臣、光禄大夫，余如故。数月请老，又三年乃卒，年八十三。赠靖远侯，谥忠毅。传子瑺及孙添。添尚嘉善长公主。

再传至孙瑾。嘉靖初，提督三千营，协守南京，还掌左府。久之，佩征蛮将军印，镇两广。广东新宁、新兴、思平间，多高山丛箐，亡命者辄入诸瑶中，吏不得问，众至万余人，流劫高要、阳江诸县。官军讨之，辄失利。三十五年春，瑾与巡抚都御史谈恺檄诸路土兵诛其魁陈以明，悉平诸巢。捷闻，加太子太保。而扶蒌、葵梅诸山峒冯天恩等，据险为寇者亦数十年。瑾复督军分道进剿，破巢二百余，复以功荫一子锦衣百户。言官劾其暴横，召还。爵传至明亡乃绝。

徐有贞，字元玉，初名珵，吴人。宣德八年进士。选庶吉士，授编修。为人短小精悍，多智数，喜功名。凡天官、地理、兵法、水利、阴阳方术之书，无不谙究。

时承平既久，边备偷惰，而西南用兵不息，珵以为忧。正统七年疏陈兵政五事，帝善之而不能用。十二年进侍讲。十四年秋，荧惑入南斗。珵私语有友人刘溥曰：“祸不远矣。”亟命妻子南还。及土木难作，郕王召廷臣问计。珵大言曰：“验之星象，稽之历数，天命已去，惟南迁可以纾难。”太监金英叱之，胡濙、陈循咸执不可。兵部侍郎于谦曰：“言南迁者，可斩也。”珵大沮，不敢复言。

景帝即位，遣科道官十五人募兵于外，珵行监察御史事，往彰德。寇退，召还，仍故官，珵急于进取，自创南迁议为内廷讪笑，久不得迁。因遗陈循玉带，且用星术，言“公带将玉矣”。无何，循果加少保，大喜，因屡荐之。而是时用人多决于少保于谦。珵属谦门下士游说，求国子祭酒。谦为言于帝，帝曰：“此议南迁徐珵邪？为人倾危，将坏诸生心术。”珵不知谦之荐之也，以为沮己，深怨谦。循劝改名，因名有贞。

景泰三年迁右谕德。河决沙湾七载，前后治者皆无功。廷臣共举有贞，乃擢左佥都御史，治之。至张秋，相度水势，条上三策：一置水门，一开支河，一浚运河。议既定，督漕都御史王竑以漕渠淤浅滞运艘，请急塞决口。帝敕有贞如竑议。有贞守便宜，言：“临清河浅，旧矣，非因决口未塞也。漕臣但知塞决口为急，不知秋冬虽塞，来春必复决，徒劳无益。臣不敢邀近功。”诏从其言。有贞于是大集民夫，躬亲督率，治渠建闸，起张秋以接河、沁。河流之旁出不顺者，为九堰障之。更筑大堰，楗以水门，阅五百五十五日而工成。名其渠曰“广济”，闸曰“通源”。方工之未成也，帝以转漕为急，工部尚书江渊等请遣中书偕文武大臣督京军五万人往助役，期三月毕工。有贞言：“京军一出，日费不赀，遇涨则束手坐视，无所施力。今泄口已合,决堤已坚,但用沿河民夫,自足集事。"议遂寝。事竣,召还,佐院事。帝厚劳之。复出巡视漕河。济宁十三州县河夫多负官马及他杂办,所司趣之亟,有贞为言免之。七年秋,山东大水,河堤多坏,惟有贞所筑如故。有贞乃修旧堤决口,自临清抵济宁,各置减水闸,水患悉平。还朝,帝召见,奖劳有加,进左副都御史。

八年正月,景帝不豫。石亨、张𫐄等谋迎上皇,以告太常卿许彬。彬曰:"此不世功也。彬老矣,无能为。徐元玉善奇策,盍与图之。"亨即夜至有贞家。闻之,大喜,曰:"须令南城知此意。"𫐄曰:"阴达之矣。"令太监曹吉祥入白太后。辛巳夜,诸人复会有贞所。有贞升屋览乾象,亟下曰:"时至矣,勿失。"时方有边警,有贞令𫐄诡言备非常,勒兵入大内。亨掌门钥,夜四鼓,开长安门纳之。既入,复闭以遏外兵。时天色晦冥,亨、𫐄皆惶惑,谓有贞曰:"事当济否?"有贞大言必济,趣之行。既薄南城,门锢,毁墙以入。上皇灯下独出问故。有贞等俯伏请登位,乃呼进舆。兵士惶惧不能举,有贞率诸人助挽以行。星月忽开朗,上皇各问诸人姓名。至东华门,门者拒弗纳,上皇曰"朕太上皇帝也",遂反走。乃升奉天门,有贞等常服谒贺,呼万岁。

景帝明当视朝,群臣咸待漏阙下。忽闻殿中呼噪声,方惊愕。俄诸门毕启,有贞出号于众曰:"太上皇帝复位矣。"趣入贺。即日命有贞兼学士,入内阁,参预机务。明日加兵部尚书。有贞谓亨曰:"愿得冠侧注从兄后。"亨为言于帝,封武功伯兼华盖殿大学士,掌文渊阁事,赐号奉天翊卫推诚宣力守正文臣,禄千一百石,世锦衣指挥使,给诰券。有贞遂诬少保于谦、大学士王文,杀之。内阁诸臣斥逐略尽。陈循素有德于有贞,亦弗救也。事权尽归有贞,中外咸侧目。而有贞愈益发舒,进见无时,帝亦倾心委任。

有贞既得志,则思自异于曹、石。窥帝于二人不能无厌色,乃稍稍裁之,且微言其贪横状,帝亦为之动。御史杨瑄奏劾亨、吉祥侵占民田。帝问有贞及李贤,皆对如瑄奏。有诏奖瑄,亨、吉祥大怨恨,日夜谋构有贞。帝方眷有贞,时屏人密语。吉祥令小竖窃听得之,故泄之帝。帝惊问曰："安所受此语？"对曰："受之有贞，某日语某事，外间无弗闻。"帝自是疏有贞。会御史张鹏等欲纠亨他罪，未上，而给事中王铉泄之亨、吉祥。二人乃泣诉于帝，谓内阁实主之。遂下诸御史狱，并逮系有贞及李贤。忽雷雹交作，大风折木。帝感悟，重违亨意，乃释有贞出为广东参政。

亨等憾未已，必欲杀之。令人投匿名书，指斥乘舆，云有贞怨望，使其客马士权为之。遂追执有贞于德州，并士权下诏狱，榜治无验。会承天门灾，肆赦。亨、吉祥虑有贞见释，言于帝曰："有贞自撰武功伯券辞云'缵禹成功'，又自择封邑武功。禹受禅为帝，武功者曹操始封也，有贞志图非望"。帝出以示法司，刑部侍郎刘广衡等奏当弃市。诏徙金齿为民。

亨败，帝从容谓李贤、王翱曰："徐有贞何大罪，为石亨辈所陷耳，其释归田里。"成化初，复冠带闲住。有贞既释归，犹冀帝复召，时时仰观天象，谓将星在吴，益自负。常以铁鞭自随，数起舞。及闻韩雍征两广有功，乃掷鞭太息曰："孺子亦应天象邪？"遂放浪山水间，十余年乃卒。

有贞初出狱时，拊士权背曰："子，义士也，他日一女相托。"金齿归，士权时往候之，绝不及婚事。士权辞去，终身不言其事，人以是薄有贞而重士权。

杨善，字思敬，大兴人。年十七为诸生。成祖起兵，预城守有劳，授典仪所引礼舍人。

永乐元年改鸿胪寺序班。善伟风仪，音吐洪亮，工进止。每朝谒引进奏时，上目属之，累进右寺丞。仁宗即位，擢本寺卿。宣德六年被劾下狱，褫冠带，逾月。

正统六年，子容诈作中官书，假金于尚书吴中。事觉，谪戍威远卫，置善不问。久之，擢礼部左侍郎，仍视鸿胪事。

十四年八月扈驾北征，及土木，师溃，善间行得脱。也先将入寇，改左副都御史，与都督王通提督京城守备。寇退，进右都御史，视鸿胪如故。景泰元年，廷臣朝正毕，循故事，相贺于朝房。善独流涕曰："上皇在何所，而我曹自相贺乎!"众愧，为之止。是年夏，李实、罗绮使瓦剌，议罢兵，未还，而也先使至，言朝廷遣使报阿剌知院，而不遣大臣报可汗及太师，事必不济。尚书王直等奏其言，廷议简四人为正副使，与偕行，帝命俟李实还议之。已而实将至，乃命善及侍郎赵荣为使，赍金银书币往。

先是袁敏者，请赍服御物问上皇安，不纳。及是，尚书胡濙等言，上皇蒙尘久，御用服食宜付善等随行，亦不报。时也先欲还上皇，而敕书无奉迎语，自赍赐也先外，善等无他赐。善乃出家财，悉市彼中所需者，携以往。

既至，其馆伴与饮帐中，诧善曰："土木之役，六师何怯也?"善曰："彼时官军壮者悉南征，王司礼邀大驾幸其里，不为战备，故令汝得志耳。今南征将士归，可二十万。又募中外材官技击，可三十万。悉教以神枪火器药弩，百步外洞人马腹立死。又用策士言，缘边要害，隐铁椎三尺，马蹄践辄穿。又刺客林立，夜度营幕若猿猱。"伴色动。善曰："惜哉，今皆置无用矣。"问："何故?"曰："和议成，欢好且若兄弟，安用此?"因以所赍遗之。其人喜，悉以语也先。

明日谒也先，亦大有所遗，也先亦喜。善因诘之曰："太上皇帝朝，太师遣贡使必三千人，岁必再赍，金币载途，乃背盟见攻何也?"也先曰："奈何削我马价，予帛多剪裂，前后使人往多不归，又减岁赐?"善曰："非削也，太师马岁增，价难继而不忍拒，故微损之。太师自度，价比前孰多也? 帛剪裂者，通事为之，事露，诛矣。即太师贡马有劣弱，貂或敝，亦岂太师意耶?且使者多至三四千人，有为盗或犯他法，归恐得罪，故自亡耳，留若奚为? 贡使受宴赐，上名或浮其人数，朝廷核实而予之。所减乃虚数，有其人者，固不减也。"也先屡称善。善复曰："太师再攻我，屠戮数十万，太师部曲死伤亦不少矣。上天好生，太师好杀，故数有雷警。今还上皇，和好如故，中国金币日至，两国俱乐，不亦美乎?"也先曰："敕书何以无奉迎语?"善曰："此欲成太师令名，使自为之。若载之敕书，是太师迫于朝命，非太师诚心也。"也先大喜,问:"上皇归将复得为天子乎?"善曰:"天位已定,难再移。"也先曰:"尧、舜如何?"善曰:"尧让舜,今兄让弟,正相同也。"其平章昂克问善:"何不以重宝来购?"善曰:"若赍货来,人谓太师图利。今不尔,乃见太师仁义,为好男子,垂史策,颂扬万世。"也先笑称善。知院伯颜帖木耳劝也先留使臣,而遣使要上皇复位。也先惧失信,不可,竟许善奉上皇还。

时举朝竞奇善功,而景帝以非初遣旨,薄其赏。迁左都御史,仍莅鸿胪事。二年,廷臣朝正旦毕,修贺朝房。善又曰:"上皇不受贺,我曹何相贺也?"三年正月加太子太保。六年衰老乞致仕,优诏不许。

善状貌魁梧,应对捷给。然无学术,滑稽,对客鲜庄语。家京师,治第郭外。圆多善果,岁时馈公卿戚里中贵,无不得其欢心。王振用事,善媚事之,至是又与石亨、曹吉祥结。天顺元年正月,亨、吉祥奉上皇复辟,善以预谋,封奉天翊卫推诚宣力武臣、特进光禄大夫、柱国、兴济伯,岁禄千二百石,赐世券,掌左军都督府事。尚书胡濙颂善迎驾功,命兼礼部尚书,寻改守正文臣。善使瓦剌,携子四人行,至是并得官。又为从子、养子乞恩,得官者复十数人。气势烜赫,招权纳贿,亨辈嫉而间之,以是渐疏外。二年五月卒。赠兴济侯,谥忠敏。

善负才辨,以巧取功名,而恄忮为士论所弃。其为序班,坐事与庶吉士章朴同系狱,久之,相狎。时方穷治方孝孺党,朴言家有孝孺集,未及毁。善从借观,密奏之。朴以是诛死,而善得复官。于谦、王文之戮,陈循之窜,善亦有力焉。子宗袭爵,后革"夺门"功,降金吾指挥使。孙增尚公主。

李实,字孟诚,合州人。正统七年进士。为人恣肆无拘检,有口辨。景泰初,为礼科给事中。也先令完者脱欢议和,实请行。擢礼部右侍郎以往,少卿罗绮为副。至则见上皇,颇得也先要领,还言也先请和无他意。及杨善往,上皇果还。是年十月进右都御史,巡抚湖广。五年召还，掌院事。初，实使谒上皇，请还京引咎自责，失上皇意。后以居乡暴横，斥为民。

赵荣，字孟仁，其先西域人。元时入中国，家闽县。舅萨琦，官翰林，从入都，以能书授中书舍人。

正统十四年十月，也先拥上皇至大同，知府霍瑄谒见，恸哭而返。也先遂犯京师，奉上皇登土城，邀大臣出迓。荣慨然请行。大学士高穀拊其背曰：“子，忠义人也。”解所佩犀带赠之，即擢大理右少卿，充鸿胪卿。偕右通政王复出城朝见，进羊酒诸物。也先以非大臣，遣之还，而邀于谦、石亨、王直、胡淡出。景帝不遣。改荣太常少卿，仍供事内阁。景泰元年七月擢工部右侍郎，偕杨善等往。敕书无奉迎语，善口辩，荣左右之，竟奉上皇归。进左侍郎。

行人王晏请开沁河通漕运，再下廷议，言不便，遣荣往勘。还，亦言不便。寻奉敕会山东、河南三司相度河道。众以荣不由科目，慢之。荣怒，多所挞辱，又自摄衣探水深浅。三司各上章言荣单马驰走，惊骇军民，杖伤县官，鬻庾米多取其直。抚、按薛希琏、张琛亦以闻。章下治河佥都御史徐有贞核奏。法司言，荣虽失大体，终为急于国事，鬻米从人所为；诸臣侮大臣，抗敕旨，宜逮治，希琏、琛亦宜罪。帝令按臣责取诸臣供状，宥之。

天顺元年进尚书。曹钦反，荣策马大呼于市曰：“曹贼作逆，壮士同我讨罪。”果有至者，即率之往。贼平，英宗与李贤言，叹荣忠，命兼大理寺卿，食其俸。七年以疾罢。成化十一年卒。赐恤如制。

霍瑄，字廷璧，凤翔人。由乡举入国学，授大同通判。正统十二年，以武进伯朱冕荐，就擢知府。也先拥英宗至城下，瑄与理饷侍郎沈固等出谒，叩马号泣。众露刃叱之，不为动。上皇命括城内金帛，瑄悉所有献之，上皇嘉叹。寇数出没大同、浑源，伺军民樵采，辄驱掠。或幸脱归，率残伤肢体。遗民相率入城，无所栖，又乏食。瑄俱为奏之。老弱听暂徙，发粟振，而所留城守丁壮除赋役。秩满当迁，镇巡诸臣乞留。诏加山西右参政，仍治府事。

英宗复位，征拜瑄工部右侍郎，而固亦以石亨荐，起为户部尚书。既而巡抚上瑄治行，赐诰旌异。初，瑄在大同，巡抚年富被逮，瑄资其家还里，为镇守太监韦力转所恶，挞之十余。至是瑄以闻，且言力转每宴辄用妓乐，服御僭侈如王者，强取部民女为妾。力转亦讦瑄违法事。帝两释焉。其年转左，赐二品服。成化初，屡为言官所劾。命致仕。卒于京师。

瑄初治郡有声，晚节不检。特以艰危时见知天子，遂久列显位。

沈固，丹阳人。永乐中，起家乡举，积官至尚书。石亨败，乞休去。

王越，字世昌，浚人。长身，多力善射，涉书史，有大略。登景泰二年进士。廷试日，旋风起，飏其卷去，更给卷，乃毕事。授御史，出按陕西。闻父讣，不俟代辄归，为都御史所劾。帝特原之。

天顺初，起掌诸道章奏，超拜山东按察使。七年，大同巡抚都御史韩雍召还，帝难其代，喟然曰："安得如雍者而任之？"李贤荐越，召见。越伟服短袂，进止便利。帝喜，擢右副都御史以行。甫至，遭母忧，夺情视事。越乃缮器甲，简卒伍，修堡砦，减课劝商，为经久计。

成化三年，抚宁侯朱永征毛里孩，以越赞理军务。其秋，兼巡抚宣府。

五年冬，寇入河套，延绥巡抚王锐请济师，诏越帅师赴之。河套者，周朔方、秦河南地，土沃，丰水草。东距山西偏头关，西距宁夏，可二千里。三面阻河，北拊榆林之背。唐三受降城在河外，故内地。明初，阻河为守，延绥亦无事。自天顺间，毛里孩等三部始入为寇。然时出没，不敢久驻。至是始屯牧其中，屡为边患。越至榆林，遣游击将军许宁出西路龙州、镇靖诸堡，范瑾出东路神木、镇羌诸堡，而自与中官秦刚按榆林城为声援。宁战黎家涧，瑾战崖窑川，皆捷，右参将神英又破敌于镇羌，寇乃退。

明年正月以捷闻，越引还。抵偏头关，延绥告警。兵部劾越擅还。诏弗罪，而令越屯延绥近地为援。寇万余骑五路入掠，越令宁等击退之。进右副都御史。是年三月，朝廷以阿罗出等扰边不止，拜抚宁侯朱永为将军，与越共图之。破敌开荒川，诸将追奔至牛家寨，阿罗出中流矢走。论功，进右都御史。

又明年，越以方西征，辞大同巡抚。诏听之，加总督军务，专办西事。然是时寇数万，而官军堪战者仅万人，又分散防守，势不敌。永、越乃条上战守二策。尚书白圭亦难之，请敕诸将守。其年，寇复连入怀远诸堡，永、越御却之。圭复请大举搜套。

明年遣侍郎叶盛至军议。时永已召还，越以士卒衣装尽坏，马死过半，请且休兵，与盛偕还。而廷议以套不灭，三边终无宁岁。先所调诸军已逾八万，将权不一，迄无成功，宜专遣大将调度。乃拜武靖侯赵辅为平虏将军，敕陕西、宁夏、延绥三镇兵皆受节制，越总督军务。比至，寇方深入环庆、固原饱掠，军竟无功。

越、辅以满都鲁、孛罗忽、阿加思兰方强盛，势未可破，乃奏言："欲穷搜河套，非调精兵十五万不可。今馈饷烦劳。公私困竭，重加科敛，内衅可虞。宜姑事退守，散遣士马，量留精锐，就粮鄜、延，沿边军民悉令内徙。其寇所出没之所，多置烽燧，凿堑筑墙，以为保障。"奏上，廷议不决。越等又奏："寇知我军大集，移营近河，潜谋北渡，殆不战自屈。但山、陕荒旱，刍粮缺供，边地早寒，冻馁相继。以时度之，攻取实难，请从防守之策，臣等亦暂还朝。"于是部科诸臣劾越、辅欺谩。会辅有疾，召还，以宁晋伯刘聚代。

明年，越与聚败寇漫天岭，进左都御史。是时三遣大将，皆以越总督军务。寇每入，小击辄去，军罢即复来，率一岁数入。将士益玩寇，而寇势转炽。其年九月，满都鲁及孛罗忽、阿加思兰留妻子老弱于红盐池，大举深入，直抵秦州、安定诸州县。越策寇尽锐西，不备东偏，乃率延绥总兵官许宁、游击将军周玉各将五千骑为左右哨，出榆林，畲红儿山，涉白盐滩，两昼夜行八百里。将至，暴风起，尘翳目。一老卒前曰："天赞我也。去而风，使敌不觉。还军，遇归寇，处下风。乘风击之，蔑不胜矣。"越遽下马拜之，擢为千户。分兵千为十覆，而身率宁、玉张两翼，薄其营，大破之。擒斩三百五十，获驼马器械无算，焚其庐帐而还。及满都鲁等饱掠归，则妻子畜产已荡尽，相顾痛哭。自是远徙北去，不敢复居河套，西陲息肩者数年。初，文臣视师者，率从大军后，出号令行赏罚而已。越始多选跳荡士为腹心将，亲与寇搏，又以间觇敌累重邀劫之，或剪其零骑，用是数有功。

十年春，廷议设总制府于固原，举定西侯蒋琬为总兵官，越提督军务，控制延绥、宁夏、甘肃三边。总兵、巡抚而下，并听节制。诏罢琬，即以越任之，三边设总制自此始。论功，加太子少保，增俸一级。纪功郎中张谨、兵科给事中郭镗等论刘聚等滥杀冒功，并劾越妄奏。越方自以功大赏薄，遂怏怏，称疾还朝。

明年与左都御史李宾同掌院事，兼督十二团营。越素以才自喜，不修小节，为朝议所齮。至是乃破名检，与群小关通。奸人韦英者，以官奴从征延绥，冒功得百户。汪直掌西厂用事，英为爪牙，越因英自结于直。内阁论罢西厂，越遇大学士刘吉、刘珝于朝，显谓之曰："汪直行事亦甚公。如黄赐专权纳赂，非直不能去。商、万在事久，是非多有所忌惮。二公入阁几日，何亦为此？"珝曰："吾辈所言，非为身谋。使直行事皆公，朝廷置公卿大夫何为？"越不能对。

兵部尚书项忠罢，越当迁，而朝命予陕西巡抚余子俊。越弥不平，请解营务，优诏不许。因自陈捣巢功，为故尚书白圭所抑，从征将士多未录，乞移所加官酬之。子俊亦言越赏不酬功，乃进兵部尚书，仍掌院事。寻加太子太保。

越急功名。汪直初东征，越望督师，为陈钺所沮。钺骤宠，心益艳之。十六年春，延绥守臣奏寇潜渡河入靖虏，越乃说直出师。诏拜保国公朱永为平虏将军，直监军，而越提督军务。越说直令永率大军由南路，己与直将轻骑循塞垣而西，俱会榆林。越至大同，闻敌帐在威宁海子，则尽选宣、大两镇兵二万，出孤店，潜行至猫儿庄，分数道。值大风雨雪晦冥，进至威宁，寇犹不觉，掩击大破之。斩首四百三十余级,获马驼牛羊六千,师不至榆林而还。永所出道迂,不见敌,无功。由是封越威宁伯,世袭,岁禄千二百石。越受封,不当复领都察院,而越不欲就西班。御史许进等颂其功,引王骥、杨善例,请仍领院事,提督团营。从之。

　　明年复与直、永帅师出大同。适寇入掠,追击至黑石崖,擒斩百二十余人,获马七百匹。进太子太傅,增岁禄四百石。明制,文臣不得封公侯。越从勋臣例,改掌前军都督府,总五军营兵,督团营如故。自是真为武人,且望侯矣。其年五月,宣府告警,命佩平胡将军印,充总兵官。复以直监督军务,率京军万人赴之。比至,寇已去,因留屯其地。至冬,而直为其侪所间,宠衰。越等再请班师,不许。陈钺居兵部,亦代直请。帝切责之,两人始惧。已,大同总兵官孙钺卒,即命越代之,而以直总镇大同、宣府悉召京营将士还。

　　明年,寇犯延绥。越等调兵援之,颇有斩获,益禄五十石。帝是时益知越、直交结状。大学士万安等以越有智计,恐诱直复进,乃请调越延绥以离之,两人势益衰。明年,直得罪,言官并劾越。诏夺爵除名,谪居安陆,三子以功荫得官者,皆削籍,且使使赍敕谕之。越闻使至,欲自裁,见敕有从轻语,乃稍自安。越既为礼法士所疾,自负豪杰,骜然自如。饮食供奉拟王者,射猎声乐自恣,虽谪徙不少衰。故其得罪,时议颇谓太过,而竟无白之者。孝宗立,赦还。

　　弘治七年,越屡疏讼冤。诏复左都御史,致仕。越年七十,耄矣,复结中官李广,以中旨召掌都察院事。给事中季源、御史王一言等交章论,乃寝。

　　十年冬,寇犯甘肃。廷议复设总制官,先后会举七人,不称旨。吏部尚书屠滽以越名上,乃诏起原官,加太子太保,总制甘、凉边务兼巡抚。越言甘镇兵弱,非籍延、宁两镇兵难以克敌,请兼制两镇,解巡抚事。从之。明年,越以寇巢贺兰山后,数扰边,乃分兵三路进剿。斩四十三级,获马驼百余。加少保,兼太子太傅。遂条上制置哈密事宜。会李广得罪死,言官连章劾广党,皆及越。越闻忧恨,其冬卒于甘州。赠太傅,谥襄敏。

越姿表奇伟,议论飙举。久历边陲,身经十余战,知敌情伪及将士勇怯,出奇制胜,动有成算。奖拔士类,笼罩豪俊,用财若流水,以故人乐为用。又尝荐杨守随、侣钟、屠滽辈,皆有名于世。睦族敦旧,振穷民恤贫,如恐不及。其胆智过绝于人。尝与朱永帅千人巡边,寇猝至,永欲走,越止之,列阵自固,寇疑未敢前。薄暮,令骑皆下马,衔枚鱼贯行,自率骁勇为殿,从山后行五十里抵城,谓永曰:"我一动,寇追击,无噍类矣,示暇以惑之也。下马行,无军声,令寇不觉耳。"

性故豪纵。尝西行谒秦王,王开筵奏妓。越语王:"下官为王吠犬久矣,宁无以相酬者?"因尽乞其妓女以归。一夕大雪,方围炉饮,诸妓拥琵琶侍。一小校诇敌还,陈敌情。未竟,越大喜,酌金卮饮之,命弹琵琶侑酒,即以金卮赐之。语毕益喜,指妓绝丽者,目之曰:"若得此何如?"校惶恐谢。越大笑,立予之。校所至为尽死力。

越在时,人多咎其贪功。及死,而将馁卒惰,冒功糜饷滋甚,边臣竟未有如越者。

赞曰:人非有才之难,而善用其才之难。王骥、王越之将兵,杨善之奉使,徐有贞之治河,其才皆有过人者。假使随流平进,以干略自奋,不失为名卿大夫。而顾以躁于进取,依附攀援,虽剖符受封,在文臣为希世之遇,而誉望因之隳损,甚亦不免削夺。名节所系,可不重哉!

明史卷一七二
列传第六〇

罗亨信　侯琎　杨宁　王来
孙原贞　孙需　张宪　朱鉴
杨信民　张骥　竺渊　耿定　王晟
邓颙　马谨　程信　白圭　子钺
张瓒　谢士元　孔镛　李时敏
邓廷瓒　王轼　刘丙

罗亨信，字用实，东莞人。永乐二年进士。改庶吉士，授工科给事中。出视浙江水灾，奏蠲三县租。进吏科右给事中，坐累谪交址为吏。居九年，仁宗嗣位，始召入为御史。核通州仓储，巡按畿内，清军山西，皆有声。宣德中，有荐其堪方面者。命食按察佥事俸，待迁。

英宗即位之三月，擢右佥都御史，练兵平凉、西宁。正统二年，蒋贵讨阿台、朵儿只伯，亨信参其军务。至鱼儿海，贵等以刍饷不继，留十日引还。亨信让之曰："公等受国厚恩，敢临敌退缩耶？死法孰与死敌？"贵不从。亨信上章言贵逗遛状。帝以其章示监督尚书王骥等。明年进兵，大破之。亨信以参赞功。进秩一等。

父丧归葬。还朝，改命巡抚宣府、大同。参将石亨请简大同民三之一为军,亨信奏止之。十年进右副都御史,巡抚如故。时遣官度二镇军田,一军八十亩外,悉征税五升。亨信言:"文皇帝时,诏边军尽力垦田,毋征税,陛下复申命之,令奈何忽为此举?塞上诸军,防边劳苦,无他生业,惟事田作。每岁自冬徂春,迎送瓦剌使臣,三月始得就田,七月又复刈草,八月以后,修治关塞,计一岁中曾无休暇。况边地硗瘠,霜早收薄,若更征税,则民不复耕,必致窜逸。计臣但务积粟,不知人心不固,虽有粟,将谁与守?"帝纳其言而止。

初,亨信尝奏言:"也先专候衅端,以图入寇。宜预于直北要害,增置城卫为备。不然,恐贻大患。"兵部议,寝不行。及土木之变,人情汹惧,有议弃宣府城者,官吏军民纷然争出。亨信仗剑坐城下,令曰:"出城者斩。"又誓诸将为朝廷死守,人心始定。也先挟上皇至城南,传命启门。亨信登城语曰:"奉命守城,不敢擅启。"也先逡巡引去。赤城、雕鹗、怀来、永宁、保安诸守将弃城遁,并按其罪。

当是时,车驾既北,寇骑日薄城下,关门左右皆战场。亨信与总兵杨洪以孤城当其冲,外御强寇,内屏京师。洪既入卫,又与朱谦共守,劳绩甚著。著兜鍪处,颠发尽秃。景帝即位,进左副都御史。明年,年七十有四矣,乞致仕。许之。归八年,卒于家。

侯琎,字廷玉,泽州人。少慷慨有志节。登宣德二年进士,授行人。

乌撒、乌蒙土官以争地相仇杀,诏遣琎及同官章聪谕解之,正其疆理而还。副侍郎章敞使交址,关门卑,前驱伛而入,琎叱曰:"此狗窦耳,奈何辱天使!"交人为毁关,乃入,及归,馈遗无所受。迁兵部主事。

正统初,从尚书柴车等出铁门关御阿台有功,进郎中。从王骥征麓川,至金齿。骥自统大军击思任发,而遣琎援大侯州。贼众三万至,督都指挥马让、卢钺击走之。遂由高黎贡山兼程夜行,会大军,压其巢。麓川平,拜礼部右侍郎,参赞云南军务,诏与杨宁二年更代。骥再征麓川,琎以功迁左。九年代还。母忧,起复,寻调兵部。

十一年复代宁镇云南。思机发衅孟养,骥复南征。琎与都督张轺分兵进抵金沙江,破之鬼哭山。玺书褒赉。

景泰初,贵州苗韦同烈叛,围新添、平越、清平、兴隆诸卫。命琎总督贵州军务讨之。时副总兵田礼已解新添、平越围,琎遂遣兵攻败都卢、水西诸贼,贵州道始通。又调云南兵,由乌撒会师,开毕节诸路,檄普安土兵援安南卫,而自率师攻紫塘、弥勒等十余寨。会贼复围平越,回师击退之。遂分哨七盘坡、羊肠河、杨老堡,解清平围,东至重安江,与骥兵会。兴隆抵镇远道皆通。捷闻,进兵部尚书。进克赏改苗,擒其渠王阿同等三十四人。别贼阿赵伪称赵王,率众掠清平,琎复讨擒之。水西苗阿忽等六族皆自乞归化,诏琎随方处置。

景泰元年八月以劳瘁卒于普定,年五十三。赐祭葬,荫其子锦衣卫世袭千户。

杨宁,字彦谧,歙人。宣德五年进士。授刑部主事。机警多才能,负时誉。

正统初,从尚书魏源巡视宣、大。四年与都督吴亮征麓川。贼款军门约降,宁曰:“兵未加而先降,诱我也,宜严兵待之。”不听,令宁督运金齿。已而贼果大至,官兵败绩。诸将获罪,宁擢郎中。复从王骥至腾冲破贼,宁与太仆少卿李蕡督战,并有功。师还,宁超拜刑部右侍郎。遭母忧,夺情。

九年,代侯琎参赞云南军务。时麓川甫平,宁以胜冲地要害,与都督沐昂筑城置卫,设戍兵控诸蛮。边方遂定。居二年,召还。

闽、浙盗起,命宁镇江西。贼至,辄击败之。暇则询民疾苦,境内向服。

景泰初,召拜礼部尚书,偕胡濙理部事。迤北可汗遣使入贡,宁言:“宜留使数日,宴劳赐予,视也先使倍厚。彼性多猜,二人必内构,边患可缓。”帝务诚信,不许。其冬,以足疾调南刑部。七年为御史庄升所劾,遣核未报。宁力诋言官,都察院再劾宁胁制言路。诏免其罪,录状示之。英宗复辟,命致仕。逾年卒。

宁有才而善交权贵。尝自叙前后战功,乞世荫。子埙方一岁,遂得新安卫副千户。

王来,字原之,慈谿人。宣德二年以会试乙榜授新建教谕。宁王府以诸生充乐舞,来请易以道士。诸王府设乐舞生始此。

六年以荐擢御史,出按苏、松、常、镇四府。命偕巡抚周忱考察属吏,敕有"请自上裁"语。来言:"贼民吏,去之惟恐不速,必请而后行,民困多矣。"帝为改敕赐之。中官陈武以太后命使江南,横甚,来数抑之。武还,诉于帝。帝问都御史顾佐:"巡按谁也?"佐以来对。帝叹息称其贤,曰"识之"。及报命,奖谕甚至。

英宗即位,以杨士奇荐,擢山西左参政。言:"流民所在成家。及招还故土,每以失产复逃去。乞请随在附籍便。"又言:"郡县官不以农业为务,致民多游惰,催征辄致已命。朝廷悯其失业,下诏蠲除,而田日荒闲,租税无出,累及良民。宜择守长贤者,以课农为职。其荒田,令附近之家通力合作,供租之外,听其均分,原主复业则还之。蚕桑可裨本业者,听其规画。仍令提学风宪官督之,庶人知务本。"从之。

来居官廉,练达政事。侍郎于谦抚山西,亟称其才,可置近侍。而来执法严,疾恶尤甚,以公事杖死县令不职者十人。逮下狱,当徒。遇赦,以原官调补广东。来自此始折节为和平,而政亦修举。正统十三年迁河南左布政使。明年改左副都御史,巡抚河南及湖广襄阳诸府。也先逼京师,来督兵勤王。渡河,闻寇退,乃引还。

景泰元年,贵州苗叛。总督湖广、贵州军务侯琎卒于军,进来右都御史代之。与保定伯梁珤,都督毛胜、方瑛会兵进讨。至靖州,贼掠长沙、宝庆、武冈。来等分道邀击,俘斩三千余人,贼遁去。已,复出掠,官军连战皆捷。贼魁韦同烈据兴隆,劫平越、清平诸卫,来与方瑛击败之。贼退保香炉山,山陡绝。胜、瑛与都督陈友三道进,来与珤大军继之。先后破三百余寨,会师香炉山下。发炮轰崖石,声动地。贼惧,缚同烈并贼将五十八人降。余悉解散。遂移军清平,且檄四川兵共剿都匀、草塘诸贼。贼望风具牛酒迎降。

贼平，班师。诏留来、珣镇抚。寻命来兼巡抚贵州。奏言："近因黔、楚用兵，暂行鬻爵之例。今寇贼稍宁，惟平越、都匀等四卫乏饷。宜召商中盐，罢纳米例。"从之。

三年十月召还，加兼大理寺卿。珣以来功大，乞加旌异。都给事中苏霖驳之，乃止。来还在道，以贵州苗复反，敕回师进讨。明年，事平。召为南京工部尚书。英宗复辟，六尚书悉罢。来归。成化六年卒于家。

孙原贞，名瑀，以字行，德兴人。永乐十三年进士。授礼部主事，历郎中。英宗初，用荐擢河南右参政。居官清慎，有吏才。

正统八年，大臣会荐，迁浙江左布政使。久之，盗大起闽、浙间，赦而再叛。景帝即位，发兵讨之。原贞尝策贼必叛，上方略，请为备。至是即命原贞参议军事，深入擒其魁。而温州余贼犹未灭，命都指挥李信为都督佥事，调军讨之。遂拜原贞兵部左侍郎，参信军务，镇守浙江。丁母忧，当去，副都御史轩輗请留之。报可。

景泰元年，原贞进兵捣贼巢。俘斩贼首陶得二等，招抚三千六百余人，追还被掠男女。捷闻，玺书奖励。请奔丧。逾月，还镇。复分兵剿平余寇。奏析瑞安地增置泰顺，析丽水、青田二县地置云和、宣平、景宁四邑，建官置戍，盗患遂息。论功，进秩一等。浙官田赋重，右布政使杨瓒请均于民田轻额者。诏原贞督之，田赋以平。三年请褒赠御贼死事武臣。指挥同知脱纲、王瑛，都指挥佥事沈鏻、崔源，皆得赠恤。六月进兵部尚书，镇守如故。未几，命考察福建庶官，因留镇焉。福州、建宁二府，旧有银冶，因寇乱罢。朝议复开，原贞执不可，乃寝。

五年冬，疏言：

四方屯军，率以营缮、转输诸役妨耕作。宜简精锐实伍，余悉归之农。苟增万人屯，即岁省支仓粮十二万石，且积余粮六万石，兵食岂有不足哉。

今岁漕数百万石,道路费不赀。如浙江粮军兑运米,石加耗米七斗,民自运米,石加八斗,其余计水程远近加耗。是田不加多,而赋敛实倍,欲民无困,不可得也。况今太仓无十数年之积,脱遇水旱,其何以济!宜量入为出,汰冗食浮费。俟仓储既裕,渐减岁漕数,而民困可苏也。

臣昔官河南,稽诸逃民籍凡二十余万户,悉转徙南阳、唐、邓、襄、樊间。群聚谋生,安保其不为盗。宜及今年丰,遣近臣循行,督有司籍为编户,给田业,课农桑,立社学、乡约、义仓,使敦本务业。生计既定,徐议赋役,庶无他日患。

时不能尽用。后刘千斤之乱,果如原贞所料。

已,复镇浙江。英宗复位,罢归。成化十年卒,年八十七。

原贞所至劳绩,在浙江尤著名。

孙需,字孚吉,成化八年进士。为常州府推官,疑狱立剖,擢南京御史。劾僧继晓,忤旨,予杖,出为四川副使。弘治中,累官右副都御史,巡抚河南。岁凶,募民筑汴河堤,堤成而饥者亦济。镇守中官刘琅贪横。奸民赴琅讼者,需以法论之遣戍。琅为跪请,执不听,琅恨次骨。大臣子横于乡,需抑之。琅与谋,改需抚陕西。寻改抚郧阳,安辑流民,占籍者九万余户。正德元年召为南京兵部右侍郎。四年就拜礼部尚书。未两月,刘瑾恶之,追论抚河南时事,罚米输边。廷推需刑部尚书,中旨令致仕。瑾诛,起南京工部尚书,就改刑部,再改吏部。十三年乞休去。嘉靖初卒,谥清简。

张宪,字廷式,与需同里,同举进士,相代为尚书。尝为浙江右布政使,后以工部右侍郎督易州山厂,公帑无毫发私。历南京礼部尚书。刘瑾勒致仕。瑾诛,起工部,卒。

朱鉴,字用明,晋江人。童时刲股疗父疾。举乡试,授蒲圻教谕。宣德二年与庐陵知县孔文英等四十三人,以顾佐荐,召于各道观政三月，遂擢御史。巡按湖广，谕降梅花峒贼萧启宁等。请复旧制，同副使、佥事按行所部，问民疾苦。湖湘俗，男女婚嫁多逾三十。鉴申明礼制，其俗遂变。三载代归。

正统五年复按广东。奏设钦州守备都指挥。奉命录囚，多所平反，招抚逋叛甚众。还朝，请天下按察司增佥事一人，专理屯田，遂为定制。

七年用荐擢山西左参政。奏减平阳采薪供边夫役。景帝监国，进布政使。寻擢右副都御史，巡抚其地。上言："也先奸诡百端，杀掠无已。复假和亲，遣使觇伺。以送驾为名，觊得开关延接。稍示抗拒，彼即有辞。其谋既深，我虑宜远。宜暂罢中贵监军之制，假总兵以生杀权，使志无所挠，计有所施。整散兵，募勇士，重悬赏格，鼓劝义旅，征勤王兵，数道并进，戮力复仇，庶大驾可还，敌兵自退。曩者江南寇发，皆以诛王振为名。夫事归朝廷则治，归宦官则乱。昔高皇帝与群臣议事，必屏去左右，恐泄事机。乞杜权幸之门，凡军国重事，属任大臣，必当有济。"景帝嘉纳之。

时瓦剌窥塞下，鉴日夜为守御计。景泰元年，敌数万骑攻雁门，都指挥李端击却之。寻犯河曲及义井堡，杀二指挥，围忻、代诸州，石亨等不能御，长驱抵太原城北，山西大震。命鉴移镇雁门，而别遣都督佥事王良镇太原。援兵渐集，敌亦靥，乃引去。时山西仍遘兵荒，鉴外伤戎备，内抚灾民，劳瘁备至。

二年十月，镇守山西都御史罗通召还，命鉴兼领其事。明年诏遣大臣行天下，黜陟有司。礼部侍郎邹干至山西，多所论劾。鉴请召干还，干因极论鉴徇护，帝是干言。其年十月召鉴佐院事。至京致仕去。

初，景帝易储，鉴贻大学士陈循书，言不可。且曰："陛下于上皇，当避位以全大义。"循大骇。英宗复位，鉴诣阙上表贺。帝曰："鉴老疾，何妄来？其速令还。"家居二十余年卒。

杨信民，名诚，以字行，浙江新昌人。乡举入国学。宣德时，除工科给事中。母忧归。营葬土石必躬异数百步，曰："吾葬吾母，而专役他人，吾不安也。"服阕，改刑科。

正统中，清军江西，还奏民隐五事，多议行。寻以王直荐，擢广东左参议。清操绝俗，尝行田野，访利弊为更置。性刚负气，按察使郭智不法，信民劾之下狱。黄翰代智，信民复发其奸。已，又劾佥事韦广，广遂讦信民，因与翰俱被逮。军民哗然，诣阙下乞留信民。诏复信民官，而翰、广鞫实，除名。

景帝监国，于谦荐之，命守备白羊口。会广东贼黄萧养围广州急，岭南人乞信民，乃以为右佥都御史巡抚其地。士民闻而相庆曰："杨公来矣。"时广州被围久，将士战辄败，禁民出入，樵采绝，而乡民避贼来者拒不纳，多为贼所害，民益愁苦归贼。信民至，开城门，发仓廪，刻木锲给民，得出入。贼见木锲曰"此杨公所给也"，不敢伤。避贼者悉收保，民若更生。信民益厉甲兵，多方招抚，降者日至。乃使使持檄入贼营，谕以恩信。萧养曰："得杨公一言，死不恨。"克日请见。信民单车诣之，隔濠与语。贼党望见，欢曰："果杨公也。"争罗拜，有泣下者。贼以大鱼献，信民受之不疑。

萧养且降，而都督董兴大军至，贼忽中变。夜有大星陨城外，七日而信民暴疾卒。时景泰元年三月乙卯也。军民聚哭，城中皆缟素。贼闻之，亦泣曰："杨公死，吾属无归路矣。"未几，兴平贼，所过村聚多杀掠。民仰天号曰："杨公在，岂使吾曹至是！"讣闻，赐葬祭，录其子玖为国子生。广东民赴京请建祠，许之。成化中，赐谥恭惠。久之，从选人卢从愿请，命有司岁以其忌日祭焉。

张骥，字仲德，安化人。永乐中举于乡，入国学。宣德初授御史。出按江西，虑囚福建，有仁廉声。

正统八年，吏部尚书王直等应诏，博举廷臣公廉有学行者，骥与焉。迁大理右寺丞，巡抚山东。先是，济南设抚民官，专抚流民，后反为民扰，骥奏罢之。俗遇旱，辄伐新葬冢墓，残其肢体，以为旱所由致，名曰"打旱骨桩"，以骥言禁绝。还朝，进右少卿。已，命巡视济宁至淮、扬饥民。骥立法捕蝗，停不急务，蠲逋发稟，民赖以济。

十三年冬，巡抚浙江。初，庆元人叶宗留与丽水陈鉴胡，聚众盗福建宝丰诸银矿，已而群盗自相杀，遂为乱。九年七月，福建参议竺渊往捕，被执死。宗留僭称王。时福建邓茂七亦聚众反，势甚张。宗留、鉴胡附之，流剽浙江、江西、福建境上。参议耿定，金事王晟及都督金事陈荣，指挥刘真，都指挥吴刚、龚礼，永丰知县邓颙，前后败殁。遂昌贼苏牙、俞伯通剽兰溪，又与相应，远近震动。骥至，遣金华知府石瑁击斩牙等，抚定其余党。而鉴胡方以争忿杀宗留，专其众，自称大王，国号太平，建元泰定，伪署将帅，围处州，分掠武义、松阳、龙泉、永康、义乌、东阳、浦江诸县。未几，茂七死，鉴胡势孤。骥命丽水丞丁宁率老人王世昌等赍榜入贼巢招之，鉴胡遂偕其党出降。惟陶得二不就抚，杀使者，入山为乱如故。时十四年四月也。骥既招降鉴胡，而别贼苏记养等掠金华，亦为官军所获，贼势乃益衰。

其秋，景帝嗣位，召骥还，卒于道。骥所至，咸有建树，山东、两浙民久而思之。鉴胡至京，帝宥不诛。更遇赦，释充留守卫军。也先入犯，鉴胡乘间亡，被获，伏诛。

竺渊，奉化人。耿定，和州人。王晟，郓城人。邓颙，乐昌人。俱进士。颙兵溃被执，不屈死。诏为营葬。渊等赠官，录一子。

马谨，字守礼，新乐人。宣德二年进士。事父母孝，遭丧，亲负土以葬。

正统中，以御史按浙江。时修备倭海船，征材于严、衢诸郡。谨恐军士藉势肆斩伐，请禁饬之，报可。所至，贪猾屏迹。疏振台、处、宁、绍四府饥。吏部验封郎中缺人久，帝令推择。会谨九载满，尚书郭琎荐谨廉直，遂用之。十年荐擢湖广右布政使。

正统末，湖南叛苗掠靖州。命谨同御史侯爵抚谕，参将张善率兵继之。谨等至，招数千人复业，其出掠者击败之。寻与善破淇溪诸寨。景泰初,复与善大破腊婆诸洞。已,同参将李震击破青龙渡、马杨山诸贼,追奔至鸡心岭,先后斩首千四百有奇。师还,靖州贼复出掠,捣其巢,斩获如前。武冈、城溪诸贼结广西蛮,据青肺山,复与震攻破之。获贼杨光拳等五百六十人,斩首倍之。扶城诸砦,闻风款附。

谨出入行间三岁,冲冒锋镝,与诸将同,而运筹转饷功尤多。转左布政使。录功,进秩一等。六年五月,迁右副都御史,仍支二品俸。巡抚河南,抚流民三万一千余户。天顺初,废巡抚官,谨亦罢归,久之卒。

谨性廉介,杨士奇党称为“冰霜铁石”。

程信,字彦实,其先休宁人,洪武中戌河间,因家焉。信举正统七年进士,授吏科给事中。

景帝即位,荐起薛瑄等三人。也先犯京师,信督军守西城,上言五事。都督孙镗击也先失利,欲入城,信不纳,督军从城上发箭炮助之。镗战益力,也先遂却。

景泰元年请拓畿辅饥民,复河间学官、生徒因用兵罢遣者,皆报可。进左给事中。以天变上中兴固本十事。其言敬天,则请帝敦孝友之实以答天心。帝嘉纳之。

明年二月出为山东右参政,督饷辽东。巡抚寇深奏盗粮一石以上者死,又置新斛视旧加大,属信钩考,信立碎之,曰:“奈何纳人于死!”深由是不悦信。寻以忧去。服阕,起四川参政。理松潘饷,偕侍郎罗绮破黑虎诸寨。

天顺元年,信入贺。时方录景泰间进言者,特擢信太仆卿。京卫马旧多耗,信定期征之。三营大将石亨、孙镗、曹钦并以“夺门”功有宠,庇诸武臣,为言太仆苛急,请改隶兵部。信言:“高皇帝令太仆马数,勿使人知。若隶兵部,马登耗,太仆不得闻。脱有警,马不给,谁任其咎?”帝是之,乃隶太仆如故。

明年,改左佥都御史,巡抚辽东。都指挥夏霖恣不法,佥事胡鼎发其四十罪,信以闻,下霖锦衣狱。门达言信不当代奏,帝责令陈状。时寇深方掌都察院,修前隙,劾信。征下诏狱,降南京太仆少卿。五年召为刑部右侍郎。母忧归。

成化元年起兵部,寻转左。四川戎县山都掌蛮数叛,陷合江等九县。廷议发大军讨之。以襄城伯李瑾充总兵官,太监刘恒为监督,进信尚书,提督军务。至永宁,分道进。都督芮成由戎县,巡抚贵州都御史陈宜、参将吴经由芒部,都指挥崔旻由普市、冰脑,南宁伯毛荣由李子关,巡抚四川都御史汪浩、参将宰用由渡船铺,左右游击将军罗秉忠、穆义由金鹅池,而信与瑾居中节制。转战六日,破龙背、豹尾诸寨七百五十余。明年至大坝,焚寨千四百五十。前后斩首四千五百有奇,俘获无算。按诸九姓不奉化者迁泸州卫,于渡船铺增置关堡。改大坝为太平川长官司,分山都掌地,设官建治控制之。帝降玺书嘉劳。录功,进兼大理寺卿,与白圭同莅兵部。言官劾信上首功不实。信四疏乞休,不许。信欲有为,而阻于圭,不自得,数称疾。

六年春旱,应诏言兵事宜更张者四,兵弊宜申理者五。大略言:延绥、两广岁遭劫掠,宜择大臣总制;四言流民多聚荆、襄,宜早区画;京军操练无法,功次升赏未当。语多侵圭。圭奏寝之。改南京兵部,参赞机务。明年致仕,逾年卒。赠太子少保,谥襄毅。

信有才力,识大体。征南蛮时,制许便宜从事。迄班师,未尝擅赏戮一人。曰:“刑赏,人主大柄也,不得已而假之人。幸而事集,辄自专,非人臣所宜。”在南京,守备臣欲预钱谷讼狱事,信曰:“守备重臣,所以谨非常也。若此,乃有司职耳。”论者韪之。子敏政,见《文苑传》。

白圭,字宗玉,南宫人。正统七年进士。除御史,监朱勇军,讨兀良哈有功。巡按山西,辨疑狱百余。从车驾北征,陷土木。脱还,景帝命往泽州募兵,寻迁陕西按察副使,擢浙江右布政使。福建贼郑怀冒流剽处州,协诸将平之。

天顺二年，贵州东苗干把猪等僭号，攻劫都匀诸处。诏进右副都御史，赞南和侯方瑛军往讨。圭以谷种诸夷为东苗羽翼，先剿破百四十七砦。遂会兵青崖，复破四百七十余砦，乘胜攻六美山。干把猪就擒，诸苗震詟。湖广灾，就命圭巡抚。

四年召为兵部右侍郎。明年，孛来寇庄浪。圭与都御史王竑赞都督冯宗军务，分兵巡边。圭败之固原州。七年进工部尚书。

成化元年，荆、襄贼刘千斤等作乱。敕抚宁伯朱永为总兵官，都督喜信、鲍政为左右参将，中官唐慎、林贵奉监之，而以圭提督军务，发京军及诸道兵会讨。

千斤，名通，河南西华人。县门石狻猊重千斤，通只手举之，因以为号。正统中，流民聚荆、襄间，通窜入为妖言，潜谋倡乱。石龙者，号石和尚，聚众剽掠，通与共起兵，伪称汉王，建元德胜，流民从者四万人。圭等至南漳，贼迎战，败之，乘胜逼其巢。通奔寿阳，谋走陕西。圭遣兵扼其道，通乃退保大市，与苗龙合。官军又破之雁坪，斩通子聪及其党苗虎等。贼退保后岩山，据险下木石如雨。诸军四面攻，圭往来督战，士皆蚁附登。贼大败，擒通及其众三千五百余人，获贼子女万一千有奇，焚其庐舍，夷险阻而还。石龙与其党刘长子等逸去，转掠四川，运陷巫山、大昌。圭等分兵蹙之，长子缚龙以降，余寇悉平。录功，加圭太子少保，增俸一级。遭父忧，葬毕，视事。

三年改兵部尚书，兼督十二团营。六年，阿罗出等驻牧河套，陕西数被寇。圭言镇巡官偷肆宜治，延绥巡抚王锐、镇守太监秦刚、总兵官房能俱获罪去。圭乃议大举搜河套，发京兵及他镇兵十万屯延绥，而以输饷责河南、山西、陕西民，不给，则预征明年赋，于是内地骚然。而前后所遣三大将朱永、赵辅、刘聚，皆畏怯不任战，卒以无功。十年卒官，年五十六。赠少傅，谥恭敏。

圭性简重，公退即闭阁卧，请谒皆不得通。在贵州时，有愤中官虐而欲刺之者，误入圭所。圭拥衾问之，其人惊曰："乃吾公耶？"即自刎，不殊，仆于地。圭呼烛起视，傅以善药，遣之，人服其量。

次子钺，字秉德。进士及第，授编修。累官太子少保，礼部尚书。习典故，以词翰称。卒，赠太子太保，谥文裕。

张瓒，字宗器，孝感人。正统十三年进士。授工部主事，迁郎中，历知太原、宁波二府，有善政。

成化初，市舶中官福住贪恣，瓒禁戢其下，住诬瓒于朝，瓒遂列住罪。住被责，其党多抵法。大臣会荐，迁广东参政，转浙江左布政使。

十年冬，以右副都御史巡抚四川。播州致仕宣慰杨辉言，所属夭坝干、湾溪诸寨及重安长官司为生苗窃据，请王师进讨。诏瓒谕还侵地，不服则征之。瓒率兵讨定，请设安宁宣抚司，即授辉子友为宣抚以镇。诏可，赐敕将劳。以母老乞归，母已卒。

会松、茂番寇边，诏起复视事。先是，佥事林璧言："松茂暴为大镇。都御史寇深、侍郎罗绮尝假便宜，专制其地，故有功。今惟设两参将，以副使居中调度。事权轻，临敌禀令制府，千里请战，谋泄机缓，未有能获利者。宜别置重臣弹压，或即命瓒兼领，专其责成。"十二年七月命瓒兼督松茂、安绵、建昌军务。瓒至军，审度形势，改大坝旧设副使于安绵，而令副总手兵尧或军松潘，参将孙昺军威、叠，为夹攻计。乘间修河西旧路，作浮梁，治月城，避偏桥栈道，军获安行，转饷无阻。十四年六月攻白草坝、西坡、禅定数大砦，斩获亡算。徇茂州、叠溪，所过降附。抵曲山三砦，攻破之。再讨平白草坝余寇。先后破灭五十二砦，贼魁撒哈等皆歼。他一百五砦悉献马纳款，诸番尽平。留兵戍要害，增置墩堡，乃班师。帝嘉其功，征拜户部左侍郎，辞归终制。

十五年起左副都御史，总督漕运，兼巡抚江北诸府。十八年，岁大祲，疏请振济。发银五万两，复敕瓒移淮安仓粮分振，而瓒已卒。

瓒功名著西蜀。其后抚蜀者如谢士元辈，虽有名，不及瓒。惟夭坝干之役，或言杨辉溺爱庶长子友，欲官之，诈言生苗为乱，瓒信而兴师，其功不无矫饰云。

谢士元，字仲仁，长乐人。景泰五年进士。授户部主事。督通州仓，陈四弊，屡与监仓宦官忤。天顺七年擢建昌知府。地多盗，为军将所庇。士元以他事持军将，奸发辄得。民怀券讼田宅，士元叱曰："伪也，券今式，而所讼乃二十年事。"民惊服，讼为衰止。考满，进从三品俸，治府事如故，以忧去。

服阕，起知广信。永丰有银矿，处州民盗发之，聚数千人。将士惮其骁犷，不敢剿。士元素勒兵趋之，贼遮刺士元，伤左股。裹创力战，获其魁，塞矿穴而还。入觐，改永平。遭丧不赴。

服阕，擢四川右参政，进右布政使。弘治元年就擢右副都御史，巡抚其地。土番大小娃者，将煽乱，士元托行边，驰诣其地。贼恐，罗拜道左，徐慰遣之。岁大祲，流民趋就食。士元振恤有方，全活者数万。明年，坐事下狱。事白，遂致仕。

孔镛，字韶文，长洲人。景泰五年进士。知都昌县。分户九等以定役，设仓水次，便收敛，民甚赖之。以弟铭尚宁府郡主，改知连山。瑶、僮出没邻境，县民悉窜。镛往招之，民惊走。镛炊饭民舍，留钱偿其直以去。民乃渐知亲镛，相率还。镛慰劳振恤，俾复故业，教以战守，道路渐通，县治遂复。都御史叶盛征广西，以镛从。诸将妄杀者，镛辄力争，所全活甚众。

成化元年，用叶盛等荐，擢高州试知府。前知府刘海以瑶警，闭城门自护。乡民避瑶至者辄不纳，还为瑶戕。又疑民阴附贼，辄戮之。贼缘是激众怒，为内应，城遂陷。镛至，开门纳来者，流亡日归。城不能容，别筑城东北居之。附郭多暴骸，民以疫死，复为义冢瘗焉。

时贼屯境内者凡十余部，而其魁冯晓屯化州，郑公长屯茅峒，屡招不就。镛一日单骑从二人直抵茅峒。峒去城十里许，道遇贼徒，令还告曰："我新太守也。"公长骤闻新守至，亟呼其党擐甲迎。及见镛坦易无骑从,气大沮。镛徐下马,入坐庭中,公长率其徒弛甲罗拜。镛谕曰:"汝曹故良民,迫冻馁耳。前守欲兵汝,吾今奉命为汝父母。汝,我子也。信我,则送我归,赉汝粟帛。不信,则杀我,即大军至,无遗种矣。"公长犹豫,其党皆感悟泣下。镛曰:"馁矣,当食我。"公长为跪上酒馔。既食,曰:"日且暮,当止宿。"夜解衣酣寝。贼相顾骇服。再宿而返。见道旁裸而悬树上者累累,询之,皆诸生也,命尽释之。公长遣数十骑拥还,城中人望见,皆大惊,谓知府被执,来给降也,尽登陴。镛止骑城外,独与羸卒入,取谷帛,使载归。公长益感激,遂焚其巢,率党数千人来降。

公长既降,诸贼次第纳款,惟晓恃险不服。镛选壮士二百人,乘夜抵化州。晓仓皇走匿,获其妻子以归,抚恤甚厚,晓亦以五百人降。已,与佥事陶鲁败贼廖婆保。他贼先后来犯,多败去。境内大定。上官交荐,擢按察副使,分巡高、雷二府。益招剧贼梁定、侯大六、邓辛酉等,给田产,分处内地为官,备他盗。广西贼犯信宜、岑溪,皆击败之。治绩闻,赐诰命旌异。遭丧,服除,改广西。瑶、僮闻镛至,悉远遁。

十四年,兵部上其功,赉银币,寻进按察使。荔浦贼来寇,总督朱英以兵属镛,击平之,进食二品禄。

已,迁左布政使。旋以右副都御史巡抚贵州。清平部苗阿溪者,桀骜多智,其养子阿赖尤有力,横行诸部中。宁臣皆纳溪赂,骄不可制。镛行部至清平,询得溪所昵者二人。遂以计擒溪,磔之,并讨平鸡背苗,郡蛮震慑。

镛居官廉。历仕三十余年,皆在边陲,触瘴成疾。乞骸骨,不许。弘治二年召为工部右侍郎,道卒,年六十三。

平乐李时敏者,为信宜知县。尝与镛共平瑶乱有功,迁知化州。粤人以孔、李并称。

邓廷瓒,字宗器,巴陵人。景泰五年进士。知淳安县,有惠政。

丁母忧,服除,迁太仆寺丞。

　　贵州新设程番府,地在万山中,蛮僚杂居,吏部难其人,特擢廷瓒为知府。至则悉心规画,城郭、衢巷、学校、坛庙、廨舍,以次兴建,榜谕诸僚受约束。政平令和,巡抚陈俨上其治行。帝令久任。九载秩满,始迁山东左参政,寻进右布政使。

　　弘治二年以右副都御史巡抚贵州。廷瓒自令至守,淹常调者逾三十年。至是去知府止三岁,遂得开府。以生母忧归。服阕,还原任。都匀苗乜富架、长脚等作乱,敕廷瓒提督军务,同湖广总兵官顾溥、贵州总兵官王通等讨之。副使吴倬遣熟苗诈降富架,诱令入寇,伏兵擒其父子。官军乘胜连破百余寨,生系长脚以归,群蛮震慑。廷瓒言:“都匀、清平旧设二卫、九长官司,其人皆世禄,自用其法,恣虐,激变苗民,乱四十余年。今元凶就除,非大更张不可。请改为府县,设流官与土官兼治,庶可久安。”因上善后十一事,帝悉从之。遂设府一,曰都匀;州二,曰独山、麻哈;县一,曰清平。苗患自此渐戢。论功,进右都御史。

　　八年召掌南京都察院事。甫数月,命提督两广军务兼巡抚。越二年,进左。廷瓒治尚简易,于吏事但总大纲,结群蛮以恩信,不轻用兵,而兵出必成功。郁林、云炉、大桂诸蛮及四会饥民作乱,以次讨平,两广遂无事。十三年复召掌南院。未行,卒。赠太子少保,谥襄敏。

　　廷瓒有雅量,待人不疑,时多称其长者。至所设施,动中机宜,其在贵州平苗功为尤伟云。

　　王轼,字用敬,公安人。天顺八年进士。授大理右评事,迁右寺正。录囚四川,平反百余人,擢四川副使。岁凶,请官银十万两为籴费。以按嘉定同知盛崇仁赃罪,被讦下吏。事白,还职,改陕西。

　　弘治初,擢四川按察使。三年迁南京右佥都御史,提督操江。八年进右副都御史,总理南京粮储,旋命巡抚贵州。明年入为大理卿,诏与刑部裁定条例颁天下。

十三年,拜南京户部尚书。寻命兼左副都御史,督贵州军务,讨普安贼妇米鲁。时镇守中官杨友、总兵官曹恺、巡抚钱钺共发兵讨鲁,大败于阿马坡。都指挥吴远被执,普安几陷。友等请济师,乃以命轼。轼未至,而友等遣人招贼。贼扬言欲降,益拥众攻围普安、安南卫城,断盘江道,势愈炽。又乘间劫执友。右布政使闾钲,按察使刘福,都指挥李宗武、郭仁、史韬、李雄、吴达等死焉。

轼至,以便宜调广西、湖广、云南、四川官军、土兵八万人,合贵州兵,分八道进,使致仕都督王通将一军。十五年正月,参将赵晟破六坠砦。贼遁,过盘江。都指挥张泰等渡江追击,指挥刘怀等遂进解安南卫围,而恺、通及都指挥李政亦各破贼砦。贼还攻平夷卫及大河、抚勒诸堡,都御史陈金以云南兵御之。贼遁归马尾笼寨,官军聚攻益急,土官凤英等格杀米鲁,余党遂平。用兵凡五月,破贼砦千余,斩首四千八百有奇,俘获一千二百。捷闻,帝大喜,嘉劳。召还京,风赉有加,录功,加太子少保。已,改南京兵部,参赞机务。连乞致仕不允。武宗立,遇疾复请。诏加太子太保,赐敕乘传归。卒,赠太保,谥襄简。

刘丙,字文焕,南雄知府实孙也。成化末,登进士。选庶吉士,改御史,巡按云南。云南诸司吏,旧不得给由,父满子代,丙请如例考入官。流戍金发,必经兵部,多淹延致死,丙请属之抚、按。土官无后者,请录其弟侄,勿令妻妆冒冠服。俱著为例。后督两淮盐课,中官请引二万为织造费,部议许之,丙执不可,得减四之三。历福建、四川副使,俱督学校,三迁四川左布政使。

正德六年,以右副都御史巡抚湖广。所部镇溪千户所、筸子坪长官司与贵州铜仁,四川酉阳、梅桐诸土司,犬牙相错。弘治中,筸溪苗龙麻阳与铜仁苗龙童保聚众攻剽,土官李椿等实纵之,而筸子百夫长龙真与通谋。后遂四出劫掠,远近骚然,先后守臣莫能制。丙将讨之,贼入连山深箐,为拒守计。丙率师破其数寨。贼走据天生崖及六龙山。贵州巡抚沈林兵继至,连攻破之。前后擒童保等二百人,斩首八百九十余级。都指挥潘勋又破镇、篁诸寨,擒麻阳等百六十人,斩首级如前,余贼远遁。玺书奖励。

丙操履清介,敢任事。所至严明,法令修举。迁工部右侍郎,采木入山。越二载,犯风痹得疾,卒。诏赠尚书,谥恭襄。

赞曰:英、景间,瓦剌逼西陲,边圉孔棘,而黄萧养、叶宗留之徒劫掠岭南、浙、闽境上。其后荆、襄流民啸聚,则以刘通、石龙为之魁。他若都匀、松、茂、黔、楚诸苗、瑶,叛者数起。罗亨信、侯琎诸人,保固封圻,诛虣禁乱,讨则有功,抚则信著,宣力封疆,无忝厥任矣。孔镛以知府服叛瑶,其才力有过人者,韩愈言柳中丞行事适机宜,风采可畏爱。不如是,恶能以有为哉。

明史卷一七三

列传第六一

杨洪 子俊 从子能 信 石亨 从子彪
从孙后 郭登 朱谦 子永 孙晖等
孙镗 赵胜 范广

　　杨洪，字宗道，六合人。祖政，明初以功为汉中百户。父璟，战死灵璧。洪嗣职，调开平。善骑射，遇敌辄身先突阵。初，从成祖北征，至斡难河，获人马而还。帝曰："将才也。"令识其名，进千户。宣德四年命以精骑二百，专巡徼塞上。继命城西猫儿峪，留兵戍之。败寇于红山。

　　英宗立，尚书王骥言边军怯弱，由训练无人，因言洪能。诏加洪游击将军。洪所部才五百，诏选开平、独石骑兵益之，再进都指挥金事。时先朝宿将已尽，洪后起，以敢战著名。为人机变敏捷，善出奇捣虚，未尝小挫。虽为偏校，中朝大臣皆知其能，有毁之者，辄为曲护，洪以是得展其才。

　　尚书魏源督边事，指挥杜衡、部卒李全皆讦奏洪罪。帝从源言，谪衡广西，执全付洪自治。寻命洪副都督金事李谦守赤城、独石。谦老而怯，故与洪左。洪每调军，谦辄阴沮之。洪尝励将士杀敌，谦笑曰："敌可尽乎？徒杀吾人耳。"御史张鹏劾罢谦，因命洪代，洪益自奋。朝廷亦厚待之，每奏捷，功虽微必叙。

　　洪初败兀良哈兵，执其部长朵乐帖木儿。既代谦任，复败其兵于西凉亭。帝赐敕嘉奖。又敕宣大总兵谭广等曰:"此即前寇延绥,为指挥王祯所败者,去若军甚迩,顾不能扑灭,若视洪等愧不?"

三年春,击寇于伯颜山。洪马蹶伤足,战益力,擒其部长也陵台等四人。追至宝昌州,又擒阿台答剌花等五人。寇大败,遁去。玺书慰功,遣医视,进都指挥同知,赐银币。寻以谭广老,命充右参将佐之。洪建议加筑开平城,拓龙门所,自独石至潮河川,增置墩台六十。寻进都指挥使。与兀良哈兵战三岔口,又尝追寇至亦把秃河。再迁都督同知。九年,兀良哈寇延绥,洪与内臣韩政等出大同,至黑山迤北,邀破之克列苏。进左都督,军士蒙赏者九千九百余人。洪尝请给旗牌,不许,乃自制小羽箭、木牌,令军中。有司论其专擅,帝不问。十二年充总兵官,代郭玹镇宣府。自宣德以来,迤北未尝大举入寇,惟朵颜三卫众乘间扰边,多不过百骑,或数十骑。他将率畏懦,洪独以敢战至大将。诸部亦惮之,称为"杨王"。瓦剌可汗脱脱不花、太师也先皆尝致书洪,并遗之马。洪闻于朝,敕令受之而报以礼。嗣后数有赠遗,帝方倚任洪,不责也。帝既北狩,道宣府,也先传帝命趣开门。城上人对曰:"所守者主上城池。天已暮,门不敢开。且洪已他往。"也先乃拥帝去。

景帝监国,论前后功,封昌平伯。也先复令帝为书遣洪,洪封上之。时景帝已即位,驰使报洪:"上皇书,伪也。自今虽真书,毋受。"于是洪一意坚守。也先逼京师,急诏洪将兵二万入卫。比至,寇已退。敕洪与孙镗、范广等追击余寇,至霸州破之,获阿归等四十八人,还所掠人畜万计。及关,寇返斗,杀官军数百人,洪子俊几为所及。寇去,以功进侯,命率所部留京师,督京营训练,兼掌左府事。朝廷以洪宿将,所言多采纳。尝陈御寇三策,又奏请简汰三千诸营将校,不得以贫弱充伍,皆从之。

景泰元年,于谦以边警未息,宜令洪等条上方略。洪言四事,命兵部议行。都督宫聚、王喜、张斌先坐罪系狱,洪与石亨荐三人习战,请释令立功。诏已许,而言官劾其党邪挠政。帝以国家多事,务得人,置不问。上皇还,洪与石亨俱授奉天翊卫宣力武臣,予世券。

明年夏,佩镇朔大将军印,还镇宣府。从子能、信充左右参将,其子俊为右都督,管三千营。洪自以一门父子官极品,手握重兵,盛满难居,乞休致,请调俊等他镇。帝不许。八月,以疾召还京,逾月卒。赠颖国公,谥武襄。妾葛氏自经以殉,诏赠淑人。

洪久居宣府,御兵严肃,士马精强,为一时边将冠,然未尝专杀。又颇好文学,尝请建学宣府,教诸将子弟。

子杰嗣,上言:"臣家一侯三都督,苍头得官者十六人,大惧不足报称。乞停苍头杨钊等职。"诏许之,仍令给俸。杰卒,无子,庶兄俊嗣。

俊,初以舍人从军。正统中累官署都指挥佥事,总督独石、永宁诸处边务。景帝即位,给事中金达奉使独石,劾俊贪侈,乃召还。也先犯京师,俊败其别部于居庸,进都督佥事。寻充右参将,佐朱谦镇宣府。太监喜宁数诱敌入寇,中朝患之,购擒斩宁者赏黄金千两,白金二万两,爵封侯。宁为都指挥江福所获,而俊冒其功。廷臣请如诏。帝以俊边将,职所当为,不允。加右都督,赐金币。

俊恃父势横恣,尝以私憾杖都指挥陶忠至死。洪惧,奏俊轻躁,误边事,乞令来京,随臣操练。许之。既至,言官交劾,下狱论斩。诏令随洪立功。未几,冒擒喜宁功事觉,诏追夺冒升官军,别赏福等,而降俊官,令剿贼自效。俄充游击将军,巡徼真、保、涿、易诸城,还督三千营训练。

景泰三年,俊上疏曰:"也先既弑其主,并其众,包藏祸心,窥伺边境,直须时动耳。闻其妻孥辎重,去宣府才数百里。我缘边宿兵不下数十万,宜分为奇正以待,诱使来攻。正兵列营大同、宣府,坚壁观变,而出奇兵倍道捣其巢。彼必还自救,我军夹攻,可以得志。"疏下廷议,于谦等以计非万全,遂寝。团营初设,命俊分督四营。

明年复充游击将军,送瓦剌使归。至永宁,被酒,杖都指挥姚贵八十,且欲斩之,诸将力解而止。贵诉于朝,宣府参政叶盛亦论俊罪。以俊尝溃于独石,斥为败军之将。俊上疏自理,封还所赐敕书,以明己功。言官劾其跋扈，论斩，锢之狱。会杰卒，杰母魏氏请暂释俊营杰葬事。乃宥死，降都督佥事。旋袭洪职。家人告俊盗军储，再论死，输赎还爵。久之，又以阴事告俊。免死夺爵，命其子珍袭。

俊初守永宁、怀来，闻也先谷奉上皇还，密戒将士毋轻纳。既还，又言是将为祸本。及上皇复位，张轨与俊不协，言于朝。遂征下诏狱，坐诛。夺珍爵，戍广西。宪宗立，授龙虎卫指挥使。

能，字文敬。沉毅善骑射。从洪屡立功，为开平卫指挥使，进都指挥佥事。景泰元年进同知，充游击将军，沿边巡徼。寇犯蔚州，畏不进，复与纪广御寇野狐岭，败伤右膝。为御史张昊所劾。宥之。寻命与石彪各统精兵三千，训练备调遣。再加都督佥事，累进左副总兵，协守宣府。巡抚李秉劾其贪惰，弗问。五年召还，总神机营。天顺初，以左都督为宣府总兵官，与石彪破寇磨儿山，封武强伯。也先已死，孛来继兴，能欲约兀良哈共袭劫之，与以信炮。兵部劾其非计。帝以能志在灭贼，置不罪。寇犯宣府，能失利，复为兵部所劾，帝亦宥之。是年卒。无子，弟伦袭羽林指挥使。

信，字文实。幼从洪击敌兴州。贼将方跃马出阵前，信直前擒之，以是知名。累功至指挥佥事。正统末，进都指挥佥事，守柴沟堡。也先犯京师，入卫，进都指挥同知。

景泰改元，守怀来，寇入不能御。护饷永宁，闻炮声奔还。皆被劾。朝议以方用兵，不问。累进都督佥事，代能为左副总兵，协镇宣府。上言：“鹿角之制，临阵可捍敌马，结营可卫士卒，每队宜置十具。遇敌团牌拒前，鹿角列后，神铳弓矢相继迭发，则守无不固，战无不克。”从之。

天顺初，移镇延绥，进都督同知。明年破寇青阳沟，大获。封彰武伯，佩副将军印，充总兵官，镇守如故。延绥设总兵官佩印，自信始也。顷之，破寇高家堡。三年与石彪大破寇于野马涧。明年，寇二万骑入榆林，信击却之，追奔至金鸡峪，斩平章阿孙帖木儿，还所掠人畜万计。其冬,代李文镇大同。

宪宗即位,信自陈前后战功,予世券。成化元年冬御寇延绥无功,召还,督三千营。毛里孩据河套,命佩将军印,总诸镇兵往御。寇既渡河北去,已,复还据套,分掠水泉营及朔州,信等屡却之。寇遂东入大同,因诏信还镇大同。六年,信与副将徐恕、参将张瑛分道出塞,败寇于胡柴沟,获马五百余匹。玺书奖励。

信在边三十年,镇以安静,人乐为用。然性好营利。代王尝奏其违法事,诏停一岁禄。十三年冬卒于镇。赠侯,谥武毅。

洪父子兄弟皆佩将印,一门三侯伯。其时称名将者,推杨氏。昌平侯既废,能以流爵弗世。而信独传其子瑾,弘治初领将军宿卫。三传至曾孙炳。隆庆时,协守南京。召掌京营戎政,屡加少师。卒,谥恭襄。传子至孙崇猷。李自成陷京师,被杀。

石亨,渭南人。生有异状,方面伟躯,美髯及膝。其从子彪魁梧似之,须亦过腹。就饮酒肆,相者曰:“今平世,二人何乃有封侯相?”亨嗣世父职,为宽河卫指挥佥事。善骑射,能用大刀,每战辄摧破。

正统初,以获首功,累迁都指挥佥事。败敌黄牛坡,获马甚众。三年正月,敌三百余骑饮马黄河,亨追击至官山下,多所斩获。进都指挥同知。寻充左参将,佐武进伯朱冕守大同。六年上言:“边饷难继,请分大同左右、玉林、云川四卫军,垦净水坪迤西旷土,官给牛种。可岁增粮万八千石。”明年又言:“大同西路屯堡,皆临极边。玉林故城去右卫五十里,与东胜单于城接,水草便利。请分军筑垒,防护屯种。”诏皆允行。寻以败敌红城功,进都指挥使。敌犯延安,追至金山败之,再迁都督佥事。亨以国制搜将才未广,请仿汉、唐制,设军谋宏远、智识绝伦等科,令人得自陈,试验擢用,不专保举。报可。

十四年,与都督佥事马麟巡徼塞外。至箭豁山,败兀良哈众,进都督同知。是时,边将智勇者推杨洪,其次则亨。亨虽偏将,中朝倚之如大帅,故亨亦尽力。其秋,也先大举寇大同,亨及西宁侯宋瑛、武进伯朱冕等战阳和口，瑛、冕战没，亨单骑奔还。降官，募兵自效。

郕王监国，尚书于谦荐之。召掌五军大营，进右都督。无何，封武清伯。也先逼京师，命偕都督陶瑾等九将，分兵营九门外。德胜门当敌冲，特以命亨。于谦以尚书督军。寇薄彰义门，都督高礼等却之。转至德胜门外，亨用谦令，伏兵诱击，死者甚众。既而围孙镗西直门外，以亨救引却。相持五日，寇敛众遁。论功，亨为多，进侯。

景泰元年二月命佩镇朔大将军印，帅京军三万人，巡哨大同。遇寇，败之。其秋，予世袭诰券。易储，加亨太子太师。于谦立团营，命亨提督，充总兵官如故。

八年，帝将郊，宿斋宫，疾作不能行礼，召亨代。亨受命榻前，见帝病甚，遂与张轨、曹吉祥等谋迎立上皇。上皇既复辟，以亨首功，进爵忠国公。眷顾特异，言无不从。其弟侄家人冒功锦衣者五十余人，部曲亲故窜名“夺门”籍得官者四千余人。两京大臣，斥逐殆尽。纳私人重贿，引用太仆丞孙弘，郎中陈汝言、萧瑺、张用瀚、郝璜、龙文、朱铨，员外郎刘本道为侍郎。时有语曰“朱三千，龙八百”。势焰熏灼，嗜进者竞走其门。既以私憾杀于谦、范广等，又以给事中成章、御史甘泽等九人尝攻其失，贬黜之。数兴大狱，构陷耿九畴、岳正，戍杨瑄、张鹏，谪周斌、盛颙等。又恶文臣为巡抚，抑武臣不得肆，尽撤还。由是大权悉归亨。

亨无日不进见，数预政事。所请或不从，艴然见于辞色。即不召，必假事以入，出则张大其势，市权利。久之，帝不能堪，尝以语阁臣李贤。贤曰：“惟独断乃可。”帝然之。一日语贤曰：“阁臣有事，须燕见。彼武臣，何故频见？”遂敕左顺门，非宣召毋得纳总兵官。亨自此稀燕见。

亨尝白帝立碑于其祖墓。工部希亨指，请敕有司建立，翰林院撰文。帝以永乐以来，无为功臣祖宗立碑故事，责部臣，而令亨自立。初，帝命所司为亨营第。既成，壮丽逾制。帝登翔凤楼见之，问谁所居。恭顺侯吴瑾谬对曰：“此必王府。”帝曰：“非也。”瑾曰：“非王府，谁敢僭逾若此？”帝颔之。亨既权侔人主，而从子彪亦封定远侯,骄横如亨。两家蓄材官猛士数万,中外将帅半出其门。都人侧目。

三年秋,彪谋镇大同,令千户杨斌等奏保。帝觉其诈,收斌等拷问得实,震怒,下彪诏狱。亨惧,请罪,帝慰谕之。亨请尽削弟侄官,放归田里,帝亦不许。及鞫彪,得绣蟒龙衣及违式寝床诸不法事,罪当死。遂籍彪家,命亨养病。亨尝遣京卫指挥裴瑄出关市木,遣大同指挥卢昭追捕亡者。至是事觉,法司请罪亨,帝犹置不问。法司再鞫彪,言彪初为大同游击,以代王增禄为己功,王至跪谢。自是数款彪,出歌姬行酒。彪凌侮亲王,罪亦当死。因劾亨招权纳贿,肆行无忌,与术士邹叔彝等私讲天文,妄谈休咎,宜置重典。帝命锢彪于狱,亨闲住,罢朝参。时方议革"夺门"功,穷治亨党,由亨得官者悉黜,朝署一清。

明年正月,锦衣指挥逯杲奏亨怨望,与其从孙后等造妖言,蓄养无赖,专伺朝廷动静,不轨迹已著。廷臣皆言不可轻宥,乃下亨诏狱,坐谋叛律斩,没其家赀。逾月,亨瘐死,彪、后并伏诛。

彪骁勇敢战,善用斧。初以舍人从军。正统末,积功至指挥同知。也先逼京师,既退,追袭余寇,颇有斩获,进署都指挥佥事。

景泰改元,诏予实授,充游击将军,守备威远卫。敌围土城,彪用炮击死百余人,遁去。塞上日用兵,彪勇冠流辈,每战必捷,以故一岁中数迁,至都督佥事。

恃亨势,多纵家人占民产,又招纳流亡五十余户,擅越关置庄垦田,为给事中李侃、御史张奎所劾,请并罪亨。景帝皆宥不问,但令给还民产,遣流亡户复业而已。

三年冬,充右参将,协守大同。尝憾巡抚年富抑己不得逞。及英宗复辟,召彪还。亨方得志,彪遂诬奏富罪,致之狱。未几,进都督同知,再以游击将军赴大同备敌。与参将张鹏等哨磨儿山。寇千余骑来袭,彪率壮士冲击,斩把秃王,搴其旗,俘斩百二十人。追至三山墩,又斩七十二人。以是封定远伯,游击如故。

天顺二年命偕高阳伯李文赴延绥御寇,以疾召还,寻充总兵官。明年,寇二万骑入掠安边营。彪与彰武伯杨信等御之,连战皆捷,斩鬼力赤,追出塞,转战六十余里,生擒四十余人,斩首五百余级,获马驼牛羊二万余,为西北战功第一。捷闻,进侯。彪本以战功起家,不藉父兄荫,然一门二公侯,势盛而骄,多行不义。谋镇大同,与亨表里握兵柄,为帝所疑,遂及于祸。

后,天顺元年进士,助亨筹画。都督杜清出亨门下,后造妖言,有"土木掌兵权"语,盖言杜也。事觉,后伏诛,清亦流金齿。

郭登,字元登,武定侯英孙也。幼英敏。及长,博闻强记,善议论,好谈兵。洪熙时,授勋卫。

正统中,从王骥征麓川有功,擢锦衣卫指挥佥事。又从沐斌征腾冲,迁署都指挥佥事。十四年,车驾北征,扈从至大同,超拜都督佥事,充参将,佐总兵官广宁伯刘安镇守。朱勇等军覆,仓猝议旋师。登告学士曹鼐、张益曰"车驾宜入紫荆关",王振不从,遂及于败。当是时,大同军士多战死,城门昼闭,人心汹汹。登慷慨奋励,修城堞,缮兵械,拊循士卒,吊死问伤,亲为裹创傅药,曰:"吾誓与此城共存亡,不令诸君独死也。"。八月,也先拥帝北去,经大同,使袁彬入城索金币。登闭城门,以飞桥取彬入。登与安及侍郎沈固、给事中孙祥、知府霍瑄等出谒,伏地恸哭,以金二万余及宋瑛、朱冕、内臣郭敬家资进帝,以赐也先等。是夕,敌营城西。登谋遣壮士劫营迎驾,不果。明日,也先拥帝去。

景帝监国,进都督同知,充副总兵。寻令代安为总兵官。十月,也先犯京师,登将率所部入援,先驰蜡书奏。奏至,敌已退。景帝优诏褒答,进右都督。登计京兵新集,不可轻用,上用兵方略十余事。

景泰元年春,侦知寇骑数千,自顺圣川入营沙窝。登率兵蹑之,大破其众,追至栲栳山,斩二百余级,得所掠人畜八百有奇。边将自土木败后,畏缩无敢与寇战。登以八百人破敌数千骑,军气为之一振。捷闻，封定襄伯，予世券。

四月，寇骑数千奄至，登出东门战。佯北，诱之入土城。伏起，敌败走。登度敌且复至，令军士赍毒酒、羊豕、楮钱，伪为祭冢者，见寇即弃走。寇至，争饮食之，死者甚众。六月，也先复以二千骑入寇，登再击却之。越数日，奉上皇至城外，声言送驾还。登与同守者设计，具朝服候驾月城内，伏兵城上，俟上皇入，即下月城闸。也先及门而觉，遂拥上皇去。

时镇守中官陈公忌登。会有发公奸赃者，公疑登使之，遂与登构。帝谓于谦曰："大同，吾藩篱也。公与登如是，其何以守！"遣右监丞马庆代公还，登愈感奋。初，也先欲取大同为巢穴，故数来攻。及每至辄败，有一营数十人不还者，敌气慑，始有还上皇意。上皇既还，代王仕壥颂登功，乞降敕奖劳。兵部言登已封伯，乃止。

二年，登以老疾乞休，举石彪自代，且请令其子嵩宿卫。帝以嵩为散骑舍人，不听登辞。是进边患甫息，登悉心措置，思得公廉有为者与俱。遂劾奏沈固废事，而荐尚书杨宁、布政使年富。又言大同既有御史，又有巡按御史，金都御史任宁宜止巡抚宣府。帝悉从之，以年富代固，而征还固及宁。其秋，以疾召还。登初至大同，士卒可战者才数百，马百余匹。及是马至万五千，精卒数万，屹然成巨镇。登去，大同人思之。

初，英宗过大同，遣人谓登曰："朕与登有姻，何拒朕若是？"登奏曰："臣奉命守城，不知其他。"英宗衔之。及复辟，登惧不免，首陈八事，多迎合。寻命掌南京中府事。明年召还。言官劾登结陈汝言获召，鞫实论斩。宥死，降都督佥事，立功甘肃。

宪宗即位，诏复伯爵，充甘肃总兵官。奏边军偿马艰甚，至鬻妻子，乞借楚、庆、肃三王府马各千匹，官酬其直。从之。用朱永等荐，召掌中府事，总神机营兵。成化四年复设十二团营。命登偕朱永提督。八年卒。赠侯，谥忠武。

登仪观甚伟，髯垂过腹。为将兼智勇，纪律严明，料敌制胜，动合机宜。尝以意造"搅地龙"、"飞天纲"，凿深堑，覆以土木如平地。

敌入围中,发其机,自相撞击,顷刻皆陷。又仿古制造偏箱车、四轮车,中藏火器,上建旗帜,钩环联络,布列成阵,战守皆可用。其军以五人为伍,教之盟于神祠,一人有功,五人同赏,罚亦如之。十伍为队,队以能挽六十斤弓者为先锋。十队领以一都指挥,令功无相挠,罪有专责,一时称善。

登事母孝,居丧秉礼。能诗,明世武臣无及者。无子,以兄子嵩为子。登谪甘肃,留家京师,嵩窘其衣食。登妾缝纫自给,几殆,弗顾。登还,欲黜之,以其婿于会昌侯,侯尝活己,隐忍不发。及卒,嵩遂袭爵。后以非登嫡嗣,止嵩身,子参降锦衣卫指挥使。

朱谦,夏邑人。永乐初,袭父职,为中都留守左卫指挥佥事。洪熙时,隶阳武侯薛禄,征北有功,进指挥使。宣德元年进万全都指挥佥事。

正统六年与参将王真巡哨至伯颜山,遇寇击走之。次闵安山,遇兀良哈三百骑,又败之。追至莽来泉,寇越山涧遁去,乃还。时谦已迁都指挥同知,乃以为都指挥使。

八年充右参将,守备万全左卫。明年与杨洪破兀良哈兵于克列苏,进都督佥事。所部发其不法事。帝方防秋,宥之。复以北征功,进都督同知。

帝北狩,也先拥至宣府城下,令开门。谦与参将纪广、都御史罗亨信不应,遂去。进右都督。与杨洪入卫,会寇已退,追袭之近畿。战失利,洪劾之,兵部并劾洪不救。景帝俱弗问。洪入总京营,廷议欲得如洪者代之,佥举谦。乃进左都督,充总兵官,镇守宣府。

景泰元年四月,寇三百骑入石峰口,复由故道去,降敕切责。逾月,复入犯。谦率兵御之,次关子口。寇数千骑突至,谦拒以鹿角,发火器击之,寇少却,如是数四。谦军且退,寇复来追。都督江福援之,亦失利。谦卒力战,寇不得入。六月复有二千骑南侵。谦遣都指挥牛玺等往御,战南坡。谦见尘起,率参将纪广等驰援。自巳至午,寇败遁。论功,封抚宁伯。是时,寇气甚骄,屡扰宣府、大同,意二城且旦夕下。而谦守宣府,郭登守大同,数挫其众。也先知二人难犯,始一意归上皇。八月,上皇还,道宣府,谦率子永出见,厚犒其使者。既而谦谬报寇五千骑毁墙入。察之,则也先贡使也。诏切责之,谦惶恐谢。明年二月,卒于镇。赠侯。子永袭。

谦在边久,善战。然勇而寡谋,故其名不若杨洪、石亨、郭登之著。成化中,谥武襄。

永,字景昌。伟躯貌,顾盼有威。初见上皇于宣府,数目属焉。景泰中,嗣爵奉朝请。英宗复辟,睹永识之曰:"是见朕宣府者耶?"永顿首谢。即日召侍左右,分领宣威营禁军。天顺四年,宣、大告警,命帅京军巡边。七年统三千营,寻兼神机营。宪宗立,改督团营,领三千营如故。

成化元年,荆、襄盗刘通作乱。命永与尚书白圭往讨。进师南漳,击斩九百有奇。会疾留南漳,而圭率大军破贼。永往会,道遇余贼,俘斩数百人。其秋复进讨石龙、冯喜,皆捷。论功,进侯。

毛里孩犯边,命佩将军印,会彰武伯杨信御之。会遣使朝贡,乃班师。六年,阿罗出寇延绥。复拜将军,偕都御史王越,都督刘玉、刘聚往讨,击败之苏家寨。寇万骑自双山堡分五道至,战于开荒川。寇少却,乘势驰之,皆弃辎重走。至牛家寨,遇都指挥吴瓒兵少,寇围之。指挥李镐、滕忠至,复力战。聚及都指挥范瑾、神英分据南山夹击,寇乃大败。斩首一百有六,获马牛数千,阿罗出中流矢遁。时斩获无多,然诸将咸力战追敌,边人以为数十年所未有。论功,予世侯。

阿罗出虽少挫,犹据河套。明年正月,寇屡入,永所部屡有斩获。三月复以万余骑分掠怀远诸堡。永与越等分兵为五,设伏败之,追至山口及滉忽都河,寇败走。而游击孙钺、蔡瑄别破他部于鹿窖山。捷闻,玺书奖劳。永等再请班师,皆不许。寇复以二万余骑入掠,击退之。岁将尽,乃召永还,留越总制三边。

十四年加永太子太保。明年冬,拜靖虏将军,东伐,以中官汪直监督军务。还，进爵保国公。又明年正月，延绥告警。命永为将军，越提督军务，直仍监督，分道出塞。越与直选轻骑出孤店关，俘寇于威宁海子。而永率大军由南路出榆林，不见寇，道回远，费兵食巨万，马死者五千余匹。于是越得封伯，直荫锡逾等，而永无功，赏不行。久之，进太子太傅。十七年二月，复偕直、越出师大同，御亦思马，获首功百二十，遂赐袭世公。

十九年秋，小王子入边，宣、大告急。越与直已得罪，以永为镇朔大将军，中官蔡新监其军，督诸将周玉、李玙等击败之。还，仍督团营。或投匿名书言永图不轨，永乞解兵柄，不许。其冬，手敕加太傅、太子太师。弘治四年监修太庙成，进太师。

永治军严肃，所至多奏功。前后八佩将军印，内总十二团营兼掌都督府，列侯勋名无与比。九年卒。追封宣平王，谥武毅，子晖嗣。给事中王廷言永功不当公，朝议止予袭一世，后皆侯。诏可。

晖，字东阳。长身美髯，人称其威重类父。又屡从父塞下，历行阵，时以为才。弘治五年授勋卫。年垂五十，始嗣爵，分典神机营。十三年更置京营大帅，命晖督三千营兼领右府事。

火筛入大同，平江伯陈锐等不能御，命晖佩大将军印代之。比至，寇已退，乃还。明年春，火筛连小王子，大入延绥、宁夏。右都御史史琳请济师。复命晖佩大将军印，统都督李俊、李澄、杨玉、马仪、刘宁五将往，而以中官苗逵监其军。至宁夏，寇已饱掠去，乃与琳、逵率五路师捣其巢于河套。寇已徙帐，仅斩首三级，获马驼牛羊千五百以归。未几，寇入固原，转掠平凉、庆阳，关中大震。两镇将婴城不敢战，而晖等畏怯不急赴。比至，斩首十二人，还所掠生口四千，遂以捷闻。

是役也，大帅非制胜才，师行纡回均无纪律，边民死者遍野，诸郡因转输饷军，费八十余万，他征发称是，先后仅获首功十五级。廷臣连章劾三人罪。帝不问。已而上捣巢有功将士万余人，尚书马文升、大学士刘健持之，帝先入逵等言，竟录二百十人，署职一级，余皆被责。及班师，帝犹遣中官赍羊酒迎劳。言官极论晖罪，终不听，以晖总督团营，领三千营右府如故。

武宗即位，寇大入宣府，复命晖偕逯、琳帅师往。寇转掠大同，参将陈雄击斩八十余级，还所掠人口二千七百有奇。晖等奏捷，列有功将士二万余人，兵部侍郎阎仲宇、大理丞邓璋往勘，所报多不实。终以遂故，众咸给赐。刘瑾用事，晖等更奏录功太薄，请依成化间白狐庄例。兵部力争，不纳，竟从晖言，得擢者千五百六十三人，晖加太保。正德六年卒。

子麒，袭侯。尝充总兵官，镇两广。与姚镆平田州，诛岑猛，加太子太保。嘉靖初，召还。久之，守备南京，卒。子岳嗣，亦守备南京。隆庆中卒。四传至孙国弼。天启中，杨涟劾魏忠贤，国弼亦乞速赐处分。忠贤怒，停其岁禄。崇祯时，总督京营。温体仁柄国，国弼抗疏劾之。诏捕其门客及缮疏者下狱，停禄如初。及至南京，进保国公。乃与马士英、阮大铖相结，以讫明亡。

孙镗，字振远，东胜州人。袭济阳卫指挥同知。用朱勇荐，进署指挥使。正统末，擢指挥佥事，充左参将，从总兵官徐恭讨叶宗留。败贼金华，复破之乌龙岭。

英宗北狩，景帝召镗还，超擢都督佥事，典三千营。也先将入犯，进右都督，充总兵官，统京军一万御之紫荆关。将发，寇已入，遂营都城外。寇薄德胜门，为于谦等所却，转至西直门。镗与大战，斩其前锋数人，寇稍北，镗逐之，寇益兵围镗。镗力战不解。高礼、毛福寿来援，礼中流矢。会石亨兵至，寇乃退。诏镗副杨洪追之。战于涿州深沟，颇有斩获。师还，仍典营务。

景泰初，杨洪劾镗下狱。石亨请赦镗，江渊亦言城下之役，惟镗战最力，乃释之。

三年冬充副总兵，协郭登镇大同。登节制严，镗不得逞，欲与分军，且令子百户宏侮登。帝械宏，竟以镗故贳之。召还，典三千营如故。英宗复辟，以"夺门"功封怀宁伯，寻予世券。

天顺初，甘肃告警，诏镗充总兵官，帅京军往讨。将陛辞，病宿朝房。夜二鼓，太监曹吉祥、昭武伯曹钦反。其部下都指挥马亮告变于恭顺侯吴瑾，瑾趋语镗。镗草奏，叩东长安门，自门隙投入内廷，始得集兵缚吉祥，守皇城诸门。镗走太平侯张瑾家，邀兵击贼，瑾不敢出。镗仓猝复走宣武街，急遣二子辅、轵呼征西将士，绐之曰：“刑部囚反狱，获者重赏。”众稍聚至二千人，始语之故。时已黎明，遂击钦。钦方攻东长安门，不得入，转攻东安门。镗兵追及，贼稍散。轵斫钦中膊，轵亦被杀。钦知事不成，窜归其家，犹督众拒镗力战，至晡始定。论功第一，进爵世侯，仍典三千营。赠轵百户，世袭。

镗粗猛善战，然数犯法。初贿太监金英，得迁都督。事觉，论斩，景帝特宥之。天顺末，以受将士贿，屡被劾。不自安，求退。诏解营务及府军前卫事，犹掌左府。

宪宗即位，中官牛玉得罪。镗坐与玉婚，停禄闲住。寻陈情，予半禄。已，复自陈功状，给禄如故。成化七年卒。赠渌国公，谥武敏。

子辅请嗣，吏部言“夺门”功，例不得世传。帝以镗捕反者，予之。傅子至孙应爵，正德中总督团营。四传至曾孙世忠。万历中镇守湖广，总督漕运凡二十年。又三传至孙维藩。流贼陷京师，被杀。

镗之冒“夺门”功封伯爵也，都督董兴及曹义、施聚、赵胜等皆乘是时冒封，予世券。兴、义、聚自有传。

赵胜，字克功，迁安人。袭职为永平卫指挥使。正统末，御寇西直门，进都指挥佥事。天顺初，与孙镗等预“夺门”功，超迁都督佥事。又与镗击反者曹钦，进同知。孛来犯甘肃，胜与李杲充左右参将，从白圭西征至固原，击寇，却之。宪宗立，典鼓勇营训练。成化改元，山西告警，拜将军。次雁门，寇已退，乃还。明年复出延绥御寇。会方纳款，遂旋师。寻典耀武营。四年充总兵官，镇辽东。七年召典五军营，已，改三千营。乩加思兰犯宣府，诏胜为将军，统京兵万人御之，亦以寇遁召还。久之，进左都督，加太子太保。十九年封昌宁伯。

胜初与李杲并有名。后屡督大师，未见敌，无功，夤缘得封，名大损。后加太保，营万贵妃茔，坠崖石间死。赠侯，谥壮敏。弘治初，孙鉴乞袭爵。吏部言胜无功，不当傅世，乃授锦衣卫指挥使。

范广，辽东人。正统中嗣世职，为宁远卫指挥佥事，进指挥使。十四年，积功迁辽东都指挥佥事。

广精骑射，骁勇绝伦。英宗北狩，廷议举将材，尚书于谦荐广。擢都督佥事，充左副总兵，为石亨副。也先犯京师，广跃马陷阵，部下从之，勇气百倍。寇退，又追败之紫荆关。录功，命实授。俄进都督同知，出守怀来。寻召还。

景泰元年二月，亨出巡边。时都督卫颖统大营，命广协理。三月，寇犯宣府。敕兵部会诸营将遴选将材，佥举广。命充总兵官偕都御史罗通督兵巡哨，驻居庸关外。数月还京，副石亨提督团营军马。

亨所为不法，其部曲多贪纵，广数以为言。亨衔之，谮罢广，止领毅勇一营。广又与都督张轨不相能。及英宗复辟，亨轨恃“夺门”功，诬广党附于谦，谋立外藩，遂下狱论死。子升戍广西，籍其家，以妻孥第宅赐降丁。明年春，轨早朝还，途中为拱揖状。左右怪问之，曰：“范广过也。”遂得疾不能睡，痛楚月余而死。成化初，廷臣讼广冤。命子升仍袭世职。

广性刚果。每临阵，身先士卒，未尝败衄，一时诸将尽出其下。最为于谦所信任，以故为侪辈所忌。

赞曰：杨洪、石亨辈，遭时多事，奋爪牙之力，侯封世券，照耀一门，酬庸亦过厚矣。洪知盛满可惧，而亨邪狠粗傲，怙宠而骄，其赤族宜哉！朱谦勇不及郭登，登乃无后，而谦子永，进爵上公，子孙世侯勿绝。孙镗、范广善战略相等，而广以冤死。所遇有幸有不幸，相去岂不远哉！

明史卷一七四
列传第六二

史昭 刘昭 李达 **巫凯** 曹义 施聚
许贵 子宁 **周贤** 子玉 **欧信**
王玺 **鲁鉴** 子麟 孙经 **刘宁**
周玺 庄鉴 **彭清** **姜汉** 子奭
孙应熊 **安国** **杭雄**

　　史昭，合肥人。永乐初，积功至都指挥佥事。八年充总兵官，镇凉州。土军老的罕先与千户虎保作乱，虎保败，老的罕就抚。昭上书言其必叛状。未至，而老的罕果叛。昭与都指挥满都等击平之。移镇西宁。

　　仁宗立，进都督佥事。上言西宁风俗鄙悍，请设学校如中土。报可。宣德初，昭以卫军守御，不暇屯种，其家属愿力田者七百七十余人，请俾耕艺，收其赋以足军食。从之。五年，曲先卫都指挥使散即思邀劫西域使臣，昭率参将赵安偕中官王安、王瑾讨之。长驱至曲先，散即思望风遁，擒其党答答不花等，获男女三百四十人，马驼牛羊三十余万，威震塞外。捷闻，玺书慰劳，赏赉加等。

　　七年春，以征西将军镇宁夏。孛的达里麻犯边，遣兵击之，至阔台察罕，俘获甚众。进都督同知。

　　正统初，昭以宁夏孤悬河外，东抵绥德二千里，旷远难守，请于花马池筑哨马营，增设烽堠，直接哈剌兀速之境。边备大固。寻进右都督。时阿台、朵儿只伯数寇边。诏昭与甘肃守将蒋贵、赵安进剿。并无功，被诏切责，贬都督佥事。三年复右都督。八年以老召还。明年卒。

昭居宁夏十二年，老成持重，兵政修举，亦会敌势衰弱，边境得无事。兵部尚书王骥、宁夏参将王荣尝举其过。朝议以昭守边久，习兵事，不易也。而与昭并为边将最久，有勋绩可称者，都督同知刘昭镇西宁二十年，都指挥李达镇洮州至四十年，并为蕃汉所畏服。

刘昭，全椒人。永乐五年以都指挥同知使朵甘、乌思藏，建驿站。还至灵藏，番贼邀劫，昭败之。进都指挥使，镇河州。宣德二年，副陈怀讨平松潘寇。累进都督同知，移西宁，复镇河州，兼辖西宁。罕东酋剌儿加邀杀中官使西域者，夺玺书金币去。命昭副甘肃总兵官刘广讨之。剌儿加请还所掠书币，贡马赎罪。帝以穷寇不足深治，命昭等还。

李达，定远人。累官都督佥事。正统中，致仕。

巫凯，句容人。由庐州卫百户积功至都指挥同知。永乐六年以从英国公张辅平交址功，迁辽东都指挥使。十一年召帅所部会北京。明年从征沙漠，命先还。凯言诸卫兵宜以三之二守御，而以其一屯粮，开原市马悉给本卫乘操。从之。

宣宗立，以都督佥事佩征虏前将军印，代朱荣镇辽东。时中国人自塞外脱归者，令悉送京师，俟亲属赴领。凯言远道往来，恐致失所，阻远人慕归心。乃更令有马交少壮者送京师，余得自便。敌掠西山，凯击败之，尽得所掠者，降敕褒勉。

帝尝遣使造舟松花江招诸部。地远，军民转输大困，多逃亡。会有警，凯力请罢其役，而逃军入海西诸部者已五百余人。既而造舟役复兴，中官阮尧民、都指挥刘清等董之。多不法，致激变。凯劾尧民等,下之吏。

英宗登极,进都督同知,上言边情八事。请厚恤死事者家,益官吏折俸钞,岁给军士冬衣布棉,军中口粮刍粟如旧制,且召商实边。俱允行。未几,为兵部尚书王骥所劾。朝廷知凯贤,令凯自陈。并谕廷臣,文武官有罪得实始奏,诬者罪不贷。凯由是得行其志。正统三年十二月有疾,命医驰视,未至而卒。

凯性刚毅,饶智略,驭众严而有恩。在辽东三十余年,威惠并行,边务修饬。前后守东陲者,曹义外皆莫及。

义,字敬方,仪真人。以燕山左卫指挥佥事累功至都督佥事,副凯守辽东。凯卒,代为总兵官。凯,名将,义承其后,廉介有守,辽人安之。兀良哈犯广宁前屯,诏切责,命王翱往饬军务,劾义死罪。顷之,义获犯边孛台等,诏戮于市。自是义数与兀良哈战。正统九年,会朱勇军夹击,斩获多,进都督同知,累官左都督。义在边二十年,无赫赫功,然能谨守边陲。其麾下施聚、焦礼等皆至大将。英宗复辟,特封义丰润伯,聚亦封怀柔伯。居四年,义卒,赠侯,谥庄武。继室李氏殉,诏旌之。

施聚,其先沙漠人,居顺天通州。父忠为金吾右卫指挥使,从北征,阵殁,聚嗣职。宣德中,备御辽东,累擢都指挥同知。以义荐,进都指挥使。义与兀良哈战,聚皆从。也先逼京师,景帝诏聚与焦礼俱入卫。聚恸哭,即日引兵西。部下进牛酒,聚挥之曰:"天子安在?吾属何心飨此。"比至,寇已退,乃还。聚以勇敢称,官至左都督。值英宗推恩,得封伯。后义二年卒,赠侯,谥威靖。义三传至栋,聚四传至瑾,吏部皆言不当复袭,世宗特许之。传爵至明亡。

许贵,字用和,江都人,永新伯成子也。袭职为羽林左卫指挥使。安乡伯张安举贵将才,试骑射及策皆最,擢署都指挥同知。寻以武进伯朱冕荐,擢山西行都司,督操大同诸卫士马。

正统末，守备大同西路。也先入寇，从石亨战阳和后口，败绩，贵力战得还。英宗北狩，边城悉残破，大同当敌冲，人心尤恟惧。贵以忠义激战士。敌来，击败之。进都指挥使。景泰元年春，充右参将。敌寇威远，追败之蒲州营，夺还所掠人畜。敌万骑逼城下，御却之。再迁都督同知。大同乏马，命求民间，得八百余匹。所司不给直，贵为请，乃予之。

尝募死士入贼垒，劫马百余，悉畀战士，士皆乐为用。分守中官韦力转淫虏，众莫敢言，贵劾奏之。三年，疾还京。英宗复辟，命理左府事，寻调南京。

松潘地杂番苗，密迩董卜韩胡，旧设参将一人。天顺五年，守臣告警，廷议设副总兵，以贵镇守。未抵镇而山都掌蛮叛，诏便道先翦之。贵分两哨直抵其巢，连破四十余砦，斩首千一百级，生擒八百余人，余贼远遁。贵亦感岚气，未至松潘卒。帝为辍朝一日，赐赙及祭葬如制。

子宁，字志道。正统末，自以舍人从军有功，为锦衣千户。贵殁，嗣指挥使。用荐擢署都指挥佥事，守御柴沟堡。

成化初，充大同游击将军。寇入犯，与同官秦杰等御之小龙州涧，擒其右丞把秃等十一人。改督宣府操练，移延绥。地逼河套，寇数入掠孤山堡。宁提孤军奋击之，三战皆捷，寇渡河走。明年复以三千骑入沙河墩，与总兵官房能御之。寇退，复掠康家岔。宁出塞百五十里，追与战，获马牛羊千余而还。

时能守延绥，无将略，巡抚王锐请济师。诏大同巡抚王越帅众赴。越遣宁出西路，破敌黎家涧。进都指挥同知。复遣宁与都指挥陈辉追寇，获马骡六百。朝廷以阿罗出复入河套，频扰边，命越与朱永御，而以宁才，擢都督佥事，佩靖虏副将军印，代能充总兵官。宁起世胄，不十年至大将，同列推让不及，父友多隶部下，亦不以为骤。逾月，寇大入，永遣宁及游击孙钺御之。至波罗堡，相持三日夜，寇乃解去。亡失多，宁以力战得出，卒被赏。至冬，贼入安边，宁追击有功。

七年，又与诸将孙钺、祝雄等败寇于滉忽都河，玺书褒奖迤北开元王把哈孛罗屡欲降，内惧朝廷见罪，外畏阿罗出仇之，傍徨不决。宁请抚慰以固其心，卒降之。明年，参将钱亮败绩于师婆涧，士卒死者十三四，宁与越等俱被劾。帝不罪。时满都鲁等屡犯延绥，宁帅镇兵力战。寇不得志，乃出西路，直犯环庆、固原。宁将轻骑夜袭之鸭子湖，夺马畜而还。又明年，寇入榆林涧，与巡抚余子俊败之。满都鲁等大入西路，留其家红盐池。越乘间与宁及宣府将周玉袭破其巢。进署都督同知。与子俊筑边墙，增营堡，寇患少衰。

十八年，寇分数道入，宁蹙之边墙，获级百二十。予实授。时越方镇大同，命宁与易镇。至则与镇守太监汪直不协。巡抚郭镗以闻，调直南京。小王子大入。宁知敌势盛，欲持重俟隙，乃敛兵守，而别遣将刘宁、董升与周玺相掎角。寇大掠，焚代王别堡。王趣战，使众哭于辕门。宁愤，与镗等营城外。寇以十余人为诱，太监蔡新部骑驰击。宁将士争赴之，遇伏大败，死者千余人，宁奔夏米庄，镗、新驰入城。会玺等来援，寇乃退。宋还，阵亡家妇子号呼诟詈，掷以瓦砾，宁大丧气。已而寇复入，刘宁、宋澄、庄鉴等御之。十战，少利，寇退。宁等掩其败，更以捷闻。巡按程春震发之，与镗、新俱下狱。镗降六官，新以初任降三官，宁降指挥同知闲住。

弘治中，用荐署都指挥使，分领操练。十一年十二月卒。赠都督佥事。

宁束发从军，大小百十余战，身被二十七创。性沉毅，守官廉，待士有恩，不屑干进。刘宁、神英、李杲皆出麾下。子泰，自有传。

周贤，滁人，袭宣府前卫千户。景泰初，累功至都指挥佥事，守备西猫儿峪，助副总兵孙安守石八城。寻充右参将，代安镇守。兀良哈入寇，总兵官过兴令宣府副将杨信及贤合击。贤不俟信，径击败之。信被劾，都御史李秉言信缓师，贤亦弃约。帝两宥之。

天顺初，总兵官杨能奏贤擢都督佥事。寇驻塞下，能檄贤与大军会，失期，征下狱。以故官赴宁夏，隶定远伯石彪。寇二万骑入安边营。彪率贤等击之，连战皆捷，追至野马涧、半坡墩，寇大败。而贤追不已，中流矢卒。诏赠都督同知。贤初下吏，自以不复得用，及复释，感激誓死报，竟如其志。

子玉，字廷璧，当嗣指挥使。以父死事，超二官为万全都司都指挥同知，督理屯田。进都指挥使，充宣府游击将军。

成化九年，会昌侯孙继宗等奉诏举将才，玉为首。诏率所部援延绥，从王越袭红盐池。进署都督佥事，还守宣府。寇入马营、赤城，击败之。兵部言宣府诸大帅无功，玉所部三千人能追敌出境，请加一秩酬其劳，乃予实授。寻充宣府副总兵。

十三年佩征朔将军印，镇宣府。破敌红崖，追奔至水磨湾。进署都督同知。十七年五月，寇复入犯，参将吴俨、少监崔荣追出塞，至赤把都，为所遮，兵分为三，皆被围。俨、荣走据北山，困甚。守备张澄率兵进，力战，解二围。抵北山下，俨、荣已夜遁。澄拔其众而还，死者过半。澄所部七百人，亦多战死。诏录澄功，治俨等罪。玉先以葛谷堡、赤城频受掠，凡三被论，至是复以节制不严见劾。帝皆置不问。

十九年，小王子犯大同，败总兵官许宁。入顺圣川大掠，以六千骑寇宣府。玉将二千人前行，巡抚秦纮兵继进，至白腰山击败之。指挥曹洪邀击至西阳河，都指挥孙成亦败寇七马房。时寇乘胜，气甚锐，竟为玉等所挫，一时称其功。未几，寇复入，玉伏兵败之。朱永至大同，复会玉军击败之鹁鸽峪。进署右都督。

余子俊筑边墙，玉不为力，且与纮不相能。子俊恶之，奏与宁夏神英易镇。久之，复移镇甘肃。孝宗嗣位，实授右都督。

玉督边墙工峻急，部卒张伏兴等以瓦石投之。兵部言，悍卒渐不可长，遂戮伏兴，戍其党。

土鲁番贡狮子，愿献还哈密城及金印，赎所留使者。玉为之奏，帝命与巡抚王继经画。既果来归，玉等皆受赉。七年，病归，寻卒。

谥武僖。

玉初为偏裨,及镇宣府,甚有名。后莅甘肃,部下屡失事,又侵屯田。死后事发,子袭职,降二等。

欧信,嗣世职金吾右卫指挥使。景泰三年以广东破贼功,擢都指挥同知。已,命守备白羊口,迁大宁都指挥使。

天顺初,以都督佥事充参将,守备广东雷、廉诸府。巡抚叶盛荐其廉勇,进都督同知,代副总兵翁信。两广瑶僮陷开建,杀官吏,帝趣进兵。信破贼化州之马里村,再破之石城,击斩海南卫反者邵瑄。

时所在盗群起,将吏不能定。广西参将范信守浔、梧,瑶尽在境内,阴纳瑶赂,纵使越境流劫,约毋犯己。于是雷、廉、高、肇、悉被寇。帝命广西总兵官陈泾及信合剿。时有斩馘,而贼势不衰,朝廷犹倚范信。会泾以罪征,乃擢范信都督佥事充副总兵,镇广东,而命信佩征蛮将军印,代泾镇广西。

成化元年,贼掠英德诸县,信讨斩五百余人,夺还人口。韩雍督师,令信等分五哨,攻破大藤峡。已而余贼复入浔州,信被劾获宥,召还,理前府事。

七年春,充总兵官,镇守辽东,累败福余三卫。言者谓信已老,请召还。巡抚彭谊奏:“官军耆老五千余人,皆言信忠谨有谋勇,累立战功,威镇边陲。年六旬,骑射胜壮士,不宜召回。”乃留镇如故。久之,陈钺代谊。钺贪功,信不能违,十四年为巡按王崇之所劾。其冬,乃召归。寻遣中官汪直等往按,直右钺,归罪信等。下狱,镌一官闲住,饮恨而卒。

范信既徙广东,贼势愈盛,劫掠不止,乃语人曰:“今贼仍犯广东,亦我遣之耶。”而是时都督颜彪佩征夷将军印,讨贼久无功,滥杀良民报捷。岭南人咸疾之。

王玺,太原左卫指挥同知也。成化初,擢署都指挥佥事,守御黄河七墅。巡抚李侃荐于朝。阿鲁出寇延绥,命充游击将军赴援,战孤山堡，败之。寇再入，战漫天岭、刘宗坞及漫塔、水磨川，皆有功。进都指挥同知，充副总兵，镇守宁夏。九年以将才与周玉同荐。十二年擢署都督佥事，充总兵官，镇守甘肃。

黄河以西，自庄浪抵肃州南山，其外番人阿吉等二十九族所居也。洪武间，立石画界，约樵牧毋越疆。岁久湮废，诸番往往阑入，而中国无赖人又潜与交通为边患。玺请"复画疆域，召集诸番，谕以界石废，恐官军欺凌诸部，今复立之，听界外驻牧，互市则入关。如此，番人必听命，可潜消他日忧"。帝称善，从之。

十七年进署都督同知。时玺以都督佥事为总兵官，而鲁鉴以署都督同知为参将，玺恐难于节制，乞解兵柄，故有是命。

初，哈密为土鲁番所扰，使其将牙兰守之。都督罕慎寄居苦峪口，近赤斤、罕东，数相攻，罕慎势穷无援。朝议敕玺筑城苦峪，别立哈密卫以居之。玺遣谍者间牙兰。牙兰不听，得其所羁掠九十余人以归，具悉虚实。十七年召集赤斤、罕东将士，犒以牛酒，令助罕慎。罕慎合二卫兵，夜袭哈密及剌木等八城，遂复其地，仍令罕慎居之。事闻，奖劳，赉金币。已，罕东入寇，玺御却之，请兴师以讨。帝念其帝助罕慎，第遣使责谕。明年，北寇杀哨卒，玺率参将李俊及赤斤兵击之于狼心山、黑河西，多所斩获。

二十年移镇大同。玺有复哈密功，官不进，陈于朝，乃实授都督同知。

玺习韬略，谙文事，勇而有谋。廷臣多称之。在边二十余年，为番人所惮。弘治元年卒。赐祭葬，赠恤有加。

鲁鉴，其先西大通人。祖阿失都巩卜失加，明初率部落归附，太祖授为百夫长，俾统所部居庄浪。传子失加，累官庄浪卫指挥同知。正统末，鉴嗣父职。久之，擢署都指挥佥事。

成化四年，固原满四反，鉴以土兵千人从征。诸军围石城，日挑战，出则先驱，入则殿后，最为贼所惮。贼平，进署都督同知。寻充左参将，分守庄浪。命其子麟为百户，统治土军。十七年坐寇入境，戴罪立功。寻充左副总兵,协守甘肃。寇犯永昌,被劾。鉴疏辨,第停其俸两月。俄命充总兵官,镇守延绥。自陈往功,予实授。

孝宗立,复疾,致仕。弘治初,命麟袭指挥使,加都指挥佥事。已,进同知,充甘肃游击将军。

鲁氏世守西陲,有捍御功,至鉴官益显,其世业益大,而所部土军生齿又日盛。麟既移甘肃,帝以土军非鉴不能治,特起治之,且命有司建坊旌其世绩。鉴乃条上边务四事,多议行。鉴有材勇,遇敌辄冒矢石,数被伤不为沮,故能积功至大将。十五年以旧创疾发卒。赠右都督,赐恤如制。

时麟已由甘肃参将擢左副总兵,豪健如其父,而恭顺不如。先为游击时,寇入永昌,失律,委罪副将陶祯,下御史按,当戍边,但贬一秩,游击如故。暨为副将,调韦州御寇。寇大入不能击,遣都指挥杨琳邀之孔坝沟。琳大败,不救,连被劾。麟自诉,止停俸二月。时已授麟子经官,令约束土军。而麟奏经幼,土人不受要束,乞归治之。不俟报,径归。帝用刘大夏言,从其请。

武宗立,甘肃巡抚毕亨荐经及麟谋勇,令率所部协战守。正德二年,经既袭指挥使,自陈尝随父有功,乃以为都指挥佥事。未几,麟卒。赠都督佥事,赐祭葬。故事,都指挥无恤典,以经乞,破例予之。

经积战功,再迁都指挥使充左参将,分守庄浪。复自陈功阀,兵部执不可。帝特命为署都督佥事。世宗立,乞休。巡抚许凤翔言经力战被创,疾行愈,且世将敢战,知名异域,今边患棘,不宜听其去。帝乃谕留,且劳以银币。寻充副总兵分守如故。嘉靖六年冬,以都督同知充总兵官,镇守延绥。大学士杨一清言:“经守庄浪二十余载,屡立战功,其部下土军非他人所能及。虽其子瞻已为指挥佥事,奉命统辖,然年尚少。今陕西总兵官张凤乃延绥世将,若调凤延绥,而改经陕西,自可弹压庄浪,无西顾患。”帝立从之。居二年,竟以疾致仕。

久之,命瞻以本官守备山丹。经奏言:“自臣高祖后,世守兹土。

今臣家居，瞻又移他镇，土军皇皇，不欲别附。若因此生他患，是隳先业而负世恩也，乞令守故业。"可。

二十二年，宣、大有警，诏经简壮士五千赴援。至而边患已息，乃遣还。以经力疾趋召，厚赍之。明年瞻卒。经以次子及孙皆幼，请得自辖土军。诏许之。

经骁勇，奉职寡过，继祖父为大帅，保功名，称良将。三十五年卒。赐恤如制。

刘宁，字世安，其先山阳人。袭世职，为永宁卫指挥使。勇敢善战。自以冗散无所见，会延绥用兵，疏请效死。尚书白圭许之。屡以功迁都指挥使，充宣府游击将军。

周玺字廷玉，迁安人。嗣职为开平卫指挥使。负气习兵书，善骑射。以征北功，擢署都指挥佥事充右参将，分守阳和，敕部兵三千训肄听调。成化十六年从王越征威宁海子，累进都指挥使。

时边寇无虚岁。十八年分道入掠，玺与游击董升战黑石崖，宁战塔儿山，皆有功。玺进署都督佥事，迁大同副总兵。宁进都督佥事，改左参将，分守阳和。

十九年秋，亦思马因大入，大同总兵官许宁分遣玺守怀仁，宁与董升营西山，自将中军，击之夏米庄，败绩。宁、升被围数重，几陷。亟发巨炮击之，敌多死，围乃解。玺闻中军失利，亟还兵援。夜遇敌，乘胜前，锐甚。玺厉将士曰："今日有进无退。"大呼陷阵，敌少却。久之，短兵接，臂中流矢，拔镞战益急，与子鹏及麾下壮士击杀数十人。会宁兵至，中军溃卒亦稍集，敌乃退，许宁等亦还。无何复入掠。宁将兵三千，遇之聚落站西，连战败之。复败之白登、柳林，又追败之小鹁鸽谷。而大同西路参将庄鉴亦邀其归路，战于牛心山，敌遂遁。时诸将多失利，许宁以下获罪，而玺以功予实授，宁超迁都督同知，庄鉴以所部无失亡，亦赍银币。

鉴,辽东人。天顺中,袭定辽右卫指挥使。骁猛有胆决。遇贼
辄奋,数有功,累官都督佥事,掌左府。弘治十一年,佩镇朔将军印,
镇宣府。以才与大同总兵官张俊易镇。兵部侍郎熊绣奏其经画功,
进都督同知。

玺寻以右副总兵分守代州,兼督偏头诸关,而改宁左副总兵,
协守大同。二人并著功北边,称名将。玺以偏头去太原远,请改分
守为镇守,又以镇守不当听节制,乞易总兵衔。宪宗皆曲从之。弘
治初,移镇陕西,讨平扶风诸县附籍回回。三年佩征西将军印,镇守
宁夏,甫一岁卒。且死,召诸子曰:"吾佩印分阃,分已足,独未尝大
破敌,抱恨入地矣。"连呼"杀贼"而瞑。子鹏,累官锦衣卫指挥佥事。

玺殁后三年,而宁佩平羌将军印,镇甘肃。其冬,寇犯凉州,宁
与战抹山墩,擒斩五十余,相持至暮,收辎重南行。寇复来袭,擒其
长一人。明日,参将颜玉来援,副将陶祯兵亦至,寇乃遁。俘其稚弱,
获马驼牛羊二千,进右都督。明年,与巡抚许进袭破土鲁番于哈密,
进左都督,增俸百石,以疾还京。十三年,大同告警,命宁为副总兵,
从平江伯陈锐御之。锐无将略,与宁不协,止毋战,寇遂得志去,坐
停半俸闲住。寻以参将赞画朱晖军务,亦无功。宁自陈哈密功,乞
封伯,诏还全俸。

宁有瞻智,为大同副将时,入贡者数万人怀异志。宁率二十骑
直抵其营,众骇愕。有部长勒马引弓出。宁前下马,与诸部长坐,举
策指画,宣天子威德。一人语不逊,宁掴其面,奋臂起,其长叱之退。
宁复坐与语,呼酒欢饮,皆感悟,卒如约。尝仿古番上法,以五十八
人为队,队伍重为阵,建五色帜。又各建五巨帜于中军,中帜起,五
阵各视其色应之,循环无端,每战用是取胜。晚再赴大同,已老病,
帅又怯懦,故无成功,然孝宗朝良将称宁。十七年卒,赠广昌伯。

彭清,字源洁,榆林人。初袭绥德卫指挥使,以功擢都指挥佥
事。弘治初,充右参将,分守肃州。寇入犯,率兵蹑之,获马驼器仗
及所掠人畜而还。寻与巡抚王继恢复哈密有功。

　　清虽位偏校，而好谋有勇略，名闻中朝，尤为尚书马文升所器。尝引疾乞休，文升力言于朝，慰留之。八年，甘肃有警，以文升荐，擢左副总兵，仍守甘肃。未几，巡抚许进乞移清凉州。而是时哈密复为土鲁番所据，文升方密图恢复，倚清成功，言"肃州多故，而清名著西域，不可易"，乃寝。

　　文升既得杨嚣策，锐欲捣哈密袭牙兰，乃发罕东、赤斤暨哈密兵，令清统之为前锋，从许进潜往。行半月，抵其城下，攻克之。牙兰已先遁，乃抚安哈密遗种，全师而还。是役也，文升授方略，拟从间道往，而进仍由故道，牙兰遂逸去，斩获无几。然番人素轻中国，谓不能涉其地，至是始知畏。清功居多，稍迁都指挥使。

　　十年，总兵官刘宁罢，擢清都督金事代之。其冬，土鲁番归哈密忠顺王陕巴，且乞通贡，西域复定。屡辞疾，请解兵柄，不允。十五年卒。

　　清御士有恩，久镇西陲，威名甚著，番夷惮之。性廉洁，在镇遭母及妻妹四丧，贫不能归葬。卒之日，将士及庶民妇竖皆流涕。遗命其子不得受赙赠，故其丧亦不能归。帝闻之，命抚臣发帑钱，资送归里，赐祭葬如制。

　　姜汉，榆林卫人。弘治中，嗣世职，为本卫指挥使。御史胡希颜荐其材勇，进都指挥金事，充延绥游击将军。十八年春，寇犯宁夏兴武营，汉帅所部驰援，遇于中沙墩，击败之。赐敕奖劳。武宗嗣位，寇大举犯宣、大，汉偕副总兵曹雄、参将王戬分道援，有功。寻代雄为副总兵，协守延绥。正德三年移守凉州，明年冬，擢署都督金事，充总兵官，镇宁夏。

　　汉驭军严整，得将士心。甫数月而安化王寘鐇谋逆，置酒召汉及巡抚安惟学等宴。酒半，其党何锦等率众入，即座上执汉。汉奋起，怒骂不屈，遂杀之。子奭逃免。贼平，讼于朝。诏赐祭葬。有司为立祠，春秋祭之。嘉靖时，复从巡抚张珩请，赐额"悯忠"。

　　奭当嗣职，帝以汉死事，特进一官，为都指挥金事。十一年，回

贼魏景阳作乱,华阴诸县悉被害,巡抚萧翀檄奭讨之,获景阳。进署
都指挥同知,充右参将守肃州。嘉靖二年,擢右副总兵,分守凉州,
进署都督佥事,充总兵官,镇甘肃。

　　回贼犯甘州,奭与战张钦堡,败走之。未几,西海贼八千骑犯凉
州,奭率游击周伦等袭击于苦水墩,大败之,斩首百余级,歼其长,
还所掠人口千二百、畜产二千。都指挥张锦亦战死。录功,进署都
督同知。吉囊他部寇庄浪,奭与遇分水岭,再胜之,遂至平岭。敌骑
大集,奭伏兵诱之,复斩其长一人,获首功七十,予实授。十六年春,
寇大入甘州,不能御,贬二秩戴罪。寻以永昌破敌功,复署都督佥
事。其冬,坐前罪罢。久之,以荐擢副总兵,协守大同,为总督翁万
达劾罢,卒。

　　子应熊,嗣指挥使,擢宣府西路参将。二十七年春,俺答寇大
同,总兵周尚文战曹家庄,应熊从万达自怀来鼓噪扬尘而西。寇不
测众寡,遂遁。累进都督佥事,充总兵官,镇守宁夏。三十二年,套
寇数万骑屯贺兰山,遣精骑掠红井。应熊戒将士固守以缀敌,而潜
师攻敌营,斩首百四十级,进都督同知。越二年,套寇数万踏冰西
渡,由宁夏山后直抵庄凉。应熊等掩击,获首功百余,进右都督。御
史崔拣劾其纵寇,褫职逮问,充为事官,赴塞上立功。四十年秋,寇
六万余骑犯居庸岔道口,应熊被围于南沟,中五枪坠马,参将胡镇
杀数人夺之归。其冬,复为右都督,充总兵官,镇守大同。以招徕塞
外人口,增俸一级。

　　四十二年,寇大举犯畿辅,诏应熊等入援,诸镇兵尽集,见敌势
盛,不敢击。给事中李瑜遂劾应熊及宣、大总督,江东、保定总兵官
祝福坐视胡镇被围,一卒不发。帝怒,降敕严责。会寇将遁,应熊御
之密云,颇有斩获。寇退,帝令江东第诸将功,以应熊为首,诏增其
祖职二级。已,录防秋劳,进左都督。总督赵炳然劾其纵寇互市,残
害朔州,坐戍边。穆宗立,赦还。

　　子显祚袭职,累官署都督佥事,总兵官,历镇山西、宣府。子弼,

亦至都督佥事,为援辽总兵官。姜氏为大将,著边功,凡五世。

安国,字良臣,绥德卫人。初为诸生,通《春秋》子史,知名里中。后袭世职,为指挥佥事。

正德三年中武会举第一,进署指挥使,赴陕西三边立功。刘瑾要贿,国同举六十人咸无赀,瑾乃编之行伍,有警听调,禁其擅归。六十人者悉大窘,侪于戍卒,不聊生。而边臣惮瑾,竟无有收恤之者。寘镭反,肆赦,始放还。通政丛兰请收用,瑾怒,讽给事中张瓒等劾诸人皆庸才,悉停其加官。瑾诛,始以故官分守宁夏西路。寻进署都指挥佥事,充右参将,擢右副总兵,协守大同,徙延绥。

十一年冬,寇二万骑分掠偏头关诸处,国偕游击杭雄驰败之岢岚州,斩首八十余级,获马千余匹。寇遂遁。

初,寇大入白羊口,帝遣中官张忠、都督刘晖、侍郎丁凤统京军讨之,比至,已饱掠去。忠、晖耻无功,纪功御史刘澄甫攘国等功归之,大行迁赏,忠等悉增禄,予世荫。尚书王琼亦加少保,荫子锦衣。国时以署都督佥事为宁夏总兵官,仅予实授,意不平,不敢自列,乃具疏力辞,为部卒重伤者乞叙录。琼请再叙国功,始进都督同知。

当是时,佞幸擅朝,债帅风大炽,独国以材武致大将。端谨练戎务,所至思尽职,推将材者必归焉。在镇四年卒。特谥武敏。

杭雄,字世威,世为绥德卫总旗。雄承荫,数先登,积首功,六迁至指挥使。

正德七年进署都指挥佥事,剿贼四川,寻守备西宁。用尚书杨一清荐,擢延绥游击将军。从都御史彭泽经略哈密,偕副将安国破敌岢岚,进都督佥事,改参将,擢都督同知,统边兵操于西内。武宗幸宣府、大同,雄扈从,即拜大同总兵官。

嘉靖初,汰传奉官,雄当贬,以方守边,命署都督佥事,镇守如故。小王子万余骑入沙河堡,雄战却之。未几,复大入,不能御,求罢不许。移延绥,召佥书后军都督府。

　　三年秋，土鲁番侵甘肃，诏尚书金献民视师，以雄佩平虏大将
军印，充总兵官，提督陕西、延绥、宁夏、甘肃四镇军务。列侯出征，
始佩大将军印，无授都督者，至是特以命雄。甫至，寇已破走，而雄
亦得荫锦衣千户。既班师，复出镇宁夏。吉囊大入，总督王宪檄雄
等破之，进都督同知。寇八千骑乘冰犯宁夏。雄及副总兵赵镇御之，
前锋陷伏中，雄等皆败。总督王琼劾之，夺官闲住，明年卒。

　　雄敢战。尝以数骑行边，敌麇至。乃下马积鞍为垒，跪而射之。
敌退，解衣，腋凝血，乃知中飞矢。武宗在大同，见雄毡帷敝甚，曰：
"老杭穷乃尔。"寇至，帝将亲击。雄叩马谏曰："主人畜犬，不使吠
盗，奚用犬为。愿听臣等效力。"帝笑而止。少役延绥巡抚行台，既
贵，每至台议事，不敢正席坐，曰："此当年役所也。"正德、嘉靖间，
西北名将，马永而下称雄云。

　　赞曰：时平，则将略无由见。或绾符出镇，守疆御侮，著有劳效，
以功名终，亦足尚矣。许贵、周贤、鲁鉴、姜汉家世为将，勋阀相承，
而贤与汉死事尤烈。彭清、杭雄之清节，斯又其最优者欤。

明史卷一七五
列传第六三

卫青 子颖　董兴　何洪 刘雄
刘玉　仇钺　神英 子周
曹雄 子谦　冯祯　张俊 李铉
杨锐 崔文

　　卫青，字明德，松江华亭人。以苏州百户降成祖，积功至都指挥金事，莅中都留守司事，改山东备倭。

　　永乐十八年二月，蒲台妖妇林三妻唐赛儿作乱。自言得石函中宝书神剑，役鬼神，剪纸作人马相战斗。徒众数千，据益都益卸石栅寨。指挥高凤败殁，势遂炽。其党董彦升等攻下莒、即墨，围安丘。总兵官安远侯柳升帅都指挥刘忠围赛儿寨。赛儿夜劫官军。军乱，忠战死，赛儿遁去。比明，升始觉，追不及，获贼党刘俊等及男女百余人。而贼攻安丘益急，知县张㫤、丞马㧑死战，贼不能下，合莒、即墨众万余人以攻。青方屯海上，闻之，帅千骑昼夜驰至城下。再战，大败之，城中亦鼓噪出，杀贼二千，生擒四千余，悉斩之。时城中旦夕不能支，青救稍迟，城必陷。比贼败，升始至，青迎谒。升怒其不待己，捽之出。是日，鳌山卫指挥王真亦以兵百五十人歼贼诸城，贼遂平。而赛儿卒不获。帝赐书劳青，切责升。尚书吴中等劾升，且言升娼青功。于是下升狱，而擢青山东都指挥使，真都指挥同知，鸼、扨左右参议,赏赉有差。

青还备倭海上。寻坐事系狱。宣德元年,帝念其功,释之,俾复职。时京师营缮役繁,调及防海士卒。青以为言,得番代。英宗立,进都督佥事,寻卒。

青有孝行,善抚士卒,居海上十余年,海滨人思之,请于朝,立祠以祀。

次子颖,正统初,袭济南卫指挥使。景帝立,奉诏入卫,再迁至都指挥同知。以石亨荐,擢署都督佥事,管五军营右哨。论黄花镇、白羊口及西直门御寇功,累进都督同知。景泰三年协镇宣府。逾年,召还。天顺元年,以“夺门”功,封宣城伯,予世券,出镇甘肃。孛来入犯,不能御,为有司所劾,诏不问。亨败,颖以守边故得无夺。宪宗即位,廷议以颖不胜任,乃召还。会尽革“夺门”世爵,颖以天顺间征西番马吉思、冬沙诸族功自诉,诏如故。成化二年为辽东总兵官,寻引疾罢。给事中陈钺等劾之,下狱,寻宥之。弘治中卒。赠侯,谥壮勇。

传子至孙锌。嘉靖时,督神机营,屡加太保兼太子太师。四传至时泰。崇祯时,掌后府。京师陷,怀铁券,阖门十七人皆赴井死。

董兴,长垣人。初为燕山右卫指挥使,累迁署都指挥同知。正统中,新建伯李玉等举兴将才,进署都指挥使,京营管操。复用荐,擢署都督佥事,充右参将,从宁阳侯陈懋讨邓茂七,破余党于建宁,进都督同知。

南海贼黄萧养围广州,安乡伯张安、都指挥王清战死,贼众攻城益急。诏拜兴左副总兵,调江西、两广军往讨,而以侍郎孟鉴赞理军务。兴用天文生马轼自随。兴果锐,不能戢下,轼戒之。景泰元年二月,师至广州,贼舟千余艘,势甚炽,而征兵未至,诸将请济师。轼曰:“广民延颈久矣,即以狼兵往击,犹拉朽耳。”兴从之。既而兵大集,进至大洲击贼,杀溺死者万余人,余多就抚。萧养中流矢死,函首以献，俘其父及子等，余党皆伏诛。论功，进右都督，留镇广东。给事中黄士俊劾兴宽纵，降其官。明年复职。

久之，召还，分督京营。与曹吉祥结姻，冒“夺门”功，封海宁伯。未几，充总兵官，镇辽东，予世券。议革“夺门”者爵，兴以守边得免。吉祥诛，乃夺兴爵，仍右都督，发广西立功。以锦衣李贵荐，复爵，总兵宣府，再予世券。宪宗嗣位，罢还。已，停世袭。家居十余年卒。

何洪，全椒人。嗣世职，为成都前卫指挥使。正统中，从征麓川，景泰末，从征天柱、铜鼓，皆有功。屡迁都指挥使，掌四川都司事，与平东苗。宪宗即位，论功，擢都督佥事。巡抚汪浩乞留洪四川，许之。

德阳人赵铎反，自称赵王，汉州诸贼皆归之。连番众，数陷城，杀将吏。遣其党何文让及僧悟升掠安岳诸县。洪斩悟升，生擒文让。铎将逼成都，官军分三路讨。洪偕诸指挥宁用趋彰明，贼引去。追至梓潼朱家河，力战，贼少却。洪乘胜陷阵，后军不继，为贼所围，左右跳荡，杀贼甚众，力竭而死。

洪勇敢，善抚士，号令严，蜀将无及之者。既死，官军夺气。而四川都指挥佥事临淮刘雄亦战死。雄刚劲，遇敌辄前，尝捕贼汉州，生擒七十余人。及铎乱，追之罗江大水河，手馘数人，贼连败。千户周鼎伤，雄前救之，径奔贼阵，丛刺死。诏赠洪都督同知，予祭葬，子节袭都指挥佥事。雄赠都指挥同知，赐祭，命子袭职，超二官。

洪虽死，绵竹典史萧让帅乡兵击铎，破之。官兵频进击，其党稍散去。铎势孤，帅余贼趋彰明。千户田仪等设伏梓潼，而参将周贵直捣其巢。贼大败，夜奔石子岭。仪亟进，斩铎，贼尽平，成化元年五月也。

刘玉，字仲玺，磁州人。生有膂力，给侍曹吉祥家。从征麓川，授副千户，积功至都指挥佥事。天顺元年以“夺门”功进都督佥事，寻充右参将，守备浔州。庆远蛮剽博白及广东之宁川，玉偕左参将范信邀击，败之。俄命分守贵州。从方瑛讨东苗，歼干把猪。讨西堡苗,絷其魁楚得。先后斩首千级,毁其巢而还。旋改右副总兵,镇守贵州。吉祥诛,玉下吏当斩。以道远不与谋,免死,谪海南副千户。

六年,帝将以谷登为甘肃副总兵。李贤言登不任,玉老成。乃复以为都督佥事、右副总兵,镇守凉州。咎喕族叛,会兵平之,进都督同知。

成化四年,满俊乱固原,白圭举玉为总兵官,统左右参将夏正、刘清讨之,兵分为七。玉与总督项忠抵石城,贼已数败。会毛忠死,玉亦被围,中流矢,力战得出。相持两月,大小百十战,竟平之。进左都督,掌右府事。自诉前西堡功,命增俸百石,掌耀武营。六年充左副总兵,从朱永出延绥。五月,河套部入犯,玉帅众御却之。逾年卒。赠固原伯,谥毅敏。

玉虽起仆隶,勇决过人,善抚士,所至未尝衄。满俊之叛,据石城险,屡败官军,玉战最力。及论功,祗赐秩一级,时惜其薄。子文,袭指挥使。

仇钺,字廷威,镇原人。初以佣卒给事宁夏总兵府,大见信爱。会都指挥佥事仇理卒,无嗣,遂令钺袭其世职,为宁夏前卫指挥同知。理,江都人,故钺自称江都仇氏。再以破贼功,进都指挥佥事。

正德二年用总制杨一清荐,擢宁夏游击将军。五年,安化王寘鐇及都指挥何锦、周昂,指挥丁广反。钺时驻城外玉泉营,闻变欲遁去。顾念妻子在城中,恐为所屠灭,遂引兵入城。解甲觐寘鐇,归卧家称病,以所将兵分隶贼营。锦等信之,时时就问计。钺亦谬输心腹。而阴结壮士,遣人潜出城,令还报官军旦夕至。钺因绐锦、广,宜急出兵守渡口,遏东岸兵,忽使渡河。锦、广果倾营出,而昂独守城。寘鐇以袆牙召钺,钺称病亟。昂来视,钺方坚卧呻吟。伏卒猝起,捶杀昂。钺乃被甲横刀,提其首,跃马大呼,壮士皆集,径驰诣寘鐇第,缚之。传寘鐇令,召锦等还,而密谕其部曲以擒寘鐇状,众遂大溃。锦、广单骑走贺兰山,为逻卒所获,举事凡十八日而败。

先是,中朝闻变,议以神英为总兵官,而命钺为副。俄传钺降败,欲追救还。大学士杨廷和曰:"钺必不从贼,令知朝廷擢用,志当益坚。不然,弃良将资敌人耳。"乃不追。事果定。而刘瑾昵陕西总兵官曹雄,尽以钺功归之,钺竟无殊擢。巡按御史阎睿讼其功,诏夺俸三月。瑾诛,始进署都督佥事,充宁夏总兵官。寻论功,封咸宁伯,岁禄千石,予世券。明年冬,召掌三千营。

七年二月拜平贼将军,偕都御史彭泽讨河南盗刘惠、赵镂,以中官陆訚监其军。未至而参将冯祯战死洛南,贼势益炽。已,闻官军将至,遂奔汝州。又闻官军扼要害,乃走宝丰,复由舞阳、遂平转掠汝州东南,败奔固始,抵颖州,屯朱皋镇。永顺宣慰彭明辅等击之,贼仓猝渡河,溺死者二千人。余众走光山,钺追及之。命诸将神周、姚信、时源、金辅左右夹击,贼大败,斩首千四百有奇。湖广军亦破其别部贾勉儿于罗田。贼沿途溃散。自六安陷舒城,复还光山,至商城。官军追之急,贼复南攻六安。将陷,时源等涉河进,败之七里冈。贼趋庐州,至定远西又败。还至六安,分其众为二。刘惠与赵镂二弟镨、镐帅万余人,北走商城。而镂道遇其徒张通及杨虎遗党数千人,势复振,掠凤阳,陷泗、宿、睢宁、定远。于是泽与钺计,使神周追镂,时源、金辅追惠,姚信追勉儿。勉儿、镂复合,周信连败之宿州,追奔至应山,其众略尽。镂薙发怀度牒,潜至江夏饭村店,军士赵成执送京师,伏诛。源、辅追刘惠,连战皆捷。惠窘走南召,指挥王谨追及于土地岭,射中惠左目,自缢死。勉儿数为都指挥朱忠、夏广所败,获之项城丁村。余党邢本道、刘资及杨寡妇等先后皆被擒。凡出师四月,而河南贼悉平。

赵镂,一名风子,文安诸生也。刘七等乱起,镂挈家匿渚中,贼驱之登陆;将污其妻女。镂素骁健,有膂力,手格杀二贼,贼聚执之,遂入其党为之魁。贼专事淫掠,镂稍有智计,定为部伍,劝其党无妄杀,移檄府县,约官吏师儒毋走避,迎者安堵。由是横行中原,势出刘六等上。尝攻钧州五日,以马文升方家居,舍之去。有司遣人赍招抚榜至,镂具疏附奏言:"今群奸在朝,舞弄神器,浊乱海内,诛戮谏臣,屏弃元老,举动若此,未有不亡国者。乞陛下睿谋独断,枭群奸之首以谢天下,即枭臣之首以谢群奸。"其杰黠如此。

　　钺既平河南贼,移师会陆完,共灭刘七等于江北。论功,进世侯,增禄百石,仍督三千营。

　　八年,大同有警,命充总兵官,统京军御之。钺上五事,中请遣还京操边军,停京军出征,以省公私之扰,尤切时弊,时不能用。钺既至,值寇犯万全沙河。击之,斩首三级,而军士亡者二十余人,寇亦引去。奏捷蒙赉,朝论耻之。

　　帝诏诸边将入侍豹房。钺尝一入,后辄力辞。十年冬,称疾解营务。诏给军三十人役其家。世宗立,再起督三千营,掌前府事。未上卒,年五十七,谥武襄。

　　子昌以病废,孙鸾嗣侯。世宗时,怙宠通边,磔死,爵除。

　　神英,字景贤,寿州人。天顺初,袭父职,为延安卫指挥使,守备宁塞营,屡将骑兵,从都督张钦等征讨有功。

　　成化元年,尚书王复行边,荐英有谋勇,进都指挥佥事。以从征满四功,迁都指挥使,充延绥右参将。屡败乩加思兰兵,进署都督佥事。巡抚余子俊筑边墙,命英董役,工成受赉。久之,充总兵官,镇守宁夏,移延绥,复移宣府。弘治改元,移大同。十一年,马市开,英违禁贸易,寇掠蔚州又不救,言官连劾,召还闲住。寻起督果勇营。尝充右参将,从朱晖御寇延绥。武宗立,寇犯宣府,与李俊并充左参将,帅京军以援。寻以都督同知金书左府,剿近畿剧贼,进右都督。

　　正德五年,给事中段豸劾英老,命致仕。当是时,刘瑾窃政。总兵官曹雄等以附瑾得重权。英素习瑾,厚贿之。因自陈边功,乞叙录,特诏予伯爵。吏、兵二部持之,下廷议。而廷臣希瑾指,无不言当封者,遂封泾阳伯,录八百石。未几,寘锸反,命充总兵官讨之。未至,贼已灭。其秋,瑾败,为言官所劾。诏夺爵,以右都督致仕。越二年卒。

　　子周,输粟为指挥佥事。累官都指挥使,充延绥右参将。正德六年命以所部兵讨河南流贼，数有功，再进都督同知。贼平，遂以副总兵镇山西。九年秋，寇大入宁武关，蹂忻、定襄、宁化。周拥兵不战，军民死者数千。诏巡抚官执归京师。周潜结贵近，行至易州，伪称病，自陈战功。帝乃宥周罪，尽削其秩，为总旗，而输粟指挥如故。已，夤缘江彬入豹房，骤复都督，赐国姓，典兵禁中。遂与彬相倚为声势，纳贿不赀。彬败，周亦下狱，伏诛。

曹雄，西安左卫人。弘治末，历官都指挥佥事，为延绥副总兵。武宗即位，用总督杨一清荐，擢署都督佥事，充总兵官，镇固原。以瑾同乡，自附于瑾。瑾欲广树党，日相亲重。

正德四年，雄上言：“故事，布、按二司及兵备道臣文移达总兵官者，率由都司转达。今边务亟，征调不时，都司远在会城，往返千里，恐误军机。乞如巡抚大同例，径呈总兵官便。”兵部尚书曹元希瑾意，覆如其言。既复受瑾属，奏雄镇守未佩印，宜如各边例，特赐印以重其权。乃进雄署都督同知，以延绥总兵官吴江所佩征西将军印佩之，而别铸靖虏将军印予江。及总督才宽御寇沙窝为所杀，雄拥兵不救，佯引罪，乞解兵柄，令子谥齐奏诣京师。瑾异谥貌，妻以从女，而优诏褒雄，令居职如故，纠者反被责。

寘鐇反宁夏，雄闻变，即统兵压境上。令都指挥黄正以兵三千入灵州，固士卒心，约邻境刻期讨。密焚大、小二坝积草，与守备史镛等夺河西船，尽泊东岸。贼党何锦惧，急帅兵出守大坝，以防决河。雄乃令镛潜通书仇钺，俾从中举事，贼遂成擒。是役也，功虽成于钺，而居外布置，贼不内顾，雄有劳焉。捷闻，瑾以平贼功归之，进左都督，谥亦官千户。雄不安，引咎自劾，推功诸将，降旨慰劳。未几，瑾败，言官交劾，降指挥佥事，寻征下狱，以党逆论死，籍其家。诏宥之，与家属永戍海南，遇赦不原。

雄长子谦，读书能文，有机略，好施予。故参政李岑、主事孔琦家贫甚。雄请周恤其妻子，以劝廉吏，谦意也。御史高胤先被逮，无行赍。谦为治装，并恤其家。受业杨一清，闻一清将起用，贻书止之曰："近日关中人材，连茹而起，实山川不幸。独不留三五辈为后日地耶。"时陕人率附瑾以进，故谦云然。雄下狱，谦亦被系，为怨家箠死。

冯祯，绥德卫人。起家卒伍，累功为本卫指挥佥事。弘治末，擢署都指挥佥事，守备偏头关。寻充参将，分守宁夏西路，以勇敢闻。寘鐇反，驰奏告变。事平，进署都指挥同知已，擢副总兵，协守延绥。

正德六年七月，盗起中原。诏以所部千五百人入讨。至阜城，遇贼。祯令军中毋顾首级、贪虏获，遂大败贼。逐北数十里，俘斩八百六十有奇。进解曹州围，执其魁朱谅。录功，进都督佥事。

明年春，刘惠、赵镃乱河南，连陷鹿邑、上蔡、四平、遂平、舞阳、叶，纵掠南顿、新蔡、商水、襄城，复还驻西平。祯偕副总兵时源，参将神周、金辅击败之。贼奔入城，官军塞其门。乘夜焚死千余人，斩首称是，余贼溃而西。巡抚邓璋等朝崇王于汝宁，宴饮连日。贼招散亡，势复振，陷鄢陵、荥阳、汜水、巩。围河南府三日，诸军始集。贼屯洛南，觇官军饥疲，迎战。右哨金辅不敢渡洛，祯及源、周方阵，而后哨参将姚信所部京军先驰，失利遽遁。阵乱，贼乘之。祯下马殊死斗，援绝死焉。赠洛南伯，赐祭葬，授其子大金都督佥事。后贼平，论功，复荫一子世百户。明年是日，祯死所风霾大作，又明年，亦如之。伊王秦闻，敕有司建祠，岁以死日致祭。寻用给事中李铎言，岁给米二石，帛二匹，赡其家。

张俊，宣府前卫人。嗣世职，为本卫指挥使。累擢大同游击将军。弘治十二年以功进都指挥同知。

火筛入大同左卫，大掠八日。俊遣兵三百邀其前，复分兵三百为策应，而亲御之荆东庄。依河结营，击却三万余骑。帝大喜，立擢都督佥事。未几，总兵官王玺失事被征，即命俊代之。其冬，以寇入戴罪，寻移镇宣府。中官苗逵督师延绥，檄大同、宣府卒为探骑。俊持不遣,遂遂劾俊。帝宥俊,而命发卒如遂言。

武宗初立,寇乘丧大入,连营二十余里。俊遣诸将李稽、白玉、张雄、王镇、穆荣各帅三千人,分扼要害。俄,寇由新开口毁垣入,稽遽前迎敌,玉、雄、镇、荣各帅所部拒于虞台岭。俊急帅三千人赴援,道伤足,以兵属都指挥曹泰。泰至鹿角山,被围。俊力疾,益调兵五千人,持三日粮,驰解泰围,复援出镇。又分兵救稽、玉,稽、玉亦溃围出。独雄、荣阻山涧,援绝死。诸军已大困,收兵还。寇追之,行且战,仅得入万全右卫城,士马死亡无算。俊及中官刘清、巡抚李进皆征还。御史郭东山言,俊扶病驰援,劝惩不宜偏废,乃许赎罪。

正德五年,起署都督同知,典神威营操练。明年六月,贼杨虎等自山西十八盘还,破武安,掠威、曲周、武城、清河、故城、景州,转入文安,与刘六等合。都指挥桑玉屡败,佥事许承芳请济师。乃命俊弃副总兵,与参将王琼统京军千人讨之。往来近畿数月,不能创贼。已,朝议调边军协守,贼遂连败。明年三月,刘六、刘七、齐彦名、庞文宣等败奔登、莱海套。陆完檄俊军莱州,合诸将李铉等邀之。贼遂北走,转掠宝坻、香河、玉田,俊急偕许泰、却永遏之。帝喜,劳以白金。贼由武清西去。未几,得疾召还。后贼平,实授都督同知。久之,卒。

俊为边将,持廉,有谋勇,其殁也,家无赢资。

李铉,大同右卫人。世指挥同知,累功进都指挥佥事,充参将,协守大同。山东盗起,诏改游击将军,寻充副总兵,与俊等邀贼,复与刘晖部将傅铠、张椿等数立功。贼平,进都指挥同知,充总兵官,镇凤阳诸府。寻以江西盗猖獗,擢署都督佥事,与都御史俞谏同提督军务。贼王浩八据裴源山,恃高发矢石,官军几不支。铉下马持刀,督将士殊死斗,贼乃走。追数十里,擒之。复以次讨平刘昌三、湖浩三等。移驻余干,将击遗贼之未下者,疽发背,卒于军。诏赠右都督,荫子都指挥佥事。

杨锐,字进之,萧县人。嗣世职,为南京羽林前指挥使。正德初,以才擢掌龙江右卫事,督造漕舟于淮安。

宁王宸濠有异谋,王琼以安庆居要害,宜置戍,乃进锐署都指挥佥事,守备其地。锐与知府张文锦治战舰,日督士肄水战。十四年六月丙子,宸濠反。东下,焚彭泽、湖口、望江。己丑,奄至安庆城下,舟五十余艘。锐、文锦与指挥崔文、同知林有禄、通判何景旸、怀宁知县王诰等御之江浒。已,收兵入城,被围。锐、文军城西,文锦、有禄军城北,景旸、诰军东南。城西尤要冲。锐昼夜拒战,杀伤贼二百余,斩其间谍,乃稍却。

七月丁酉,贼悉兵至,号十万,舳舻相衔六十余里。宸濠乘黄舰,泊黄石矶,身自督战。江西佥事潘鹏在贼军,安庆人也,宸濠令谕降。呼锐及文锦语,众心颇摇。吏黄洲者,以大义责数之,鹏惭而退。既复持伪檄至,其家僮见,遥呼之,锐腰斩以徇。将射鹏,鹏遁去,众心乃定。贼怒,围城数周,攻益急,锐等殊死战。贼云楼数十瞰城中,城中亦造飞楼射贼,夜缒人焚贼楼。贼置天梯,广二丈,高于城,版蔽之,前后有门,伏兵其中,轮转以薄城。城上束苇沃膏,燃其端,梯稍近即投之,须臾尽焚,贼多死。时军卫卒不满百,乘城皆民兵。老弱妇女馈饷,人运石一二,数日积如山。贼攻城,城上或投石,或沸汤沃之,贼辄伤。锐等射书贼营,谕令解散,有亡去者。乃募死士夜劫贼营,贼大惊扰,比晓稍定。宸濠惭愤,谓其下曰:“安庆且不克,安望南都。”会闻伍文定等破南昌,遂解围去。文出城袭击,又破之,旬有八日而围解。

事闻,武宗大喜,擢锐参将,分守安徽池、太、宁国及九江、饶、黄。锐荐郑岳、胡世宁,帝即召用。世宗立,论功,擢部督佥事,荫子世千户。再迁佥事左府,改南京右府。充总兵官,镇辽东。改督漕运,镇淮安。嘉靖十年为巡按御史李循义劾罢,逾年卒。

崔文,世为安庆卫指挥使,守城劳亚于锐。世宗录其功,超三阶为都指挥使,荫子世百户。江、淮多盗,廷议设总兵官,督上下江防,擢文都督佥事任之。改莅南京前府,专督操江。久之,卒。

赞曰:卫青等当承平时,不遑窃发,列城扰攘,赖其戡定。虽所敌非坚,然勇敢力战,功多可纪。或遂身膏原野,若何洪、刘雄、冯祯辈,壮节有足惜者。钺以心计定乱,锐以城守摧逆,干城之寄,克称庙谟。神英、曹雄亦有劳绩,而以附阉损名,且获罪,为将者其以趹驰为戒哉。

明史卷一七六
列传第六四

李贤　吕原 _{子黉}　岳正　彭时
商辂　刘定之

李贤，字原德，邓人。举乡试第一，宣德八年成进士。奉命察蝗灾于河津，授验封主事。少师杨士奇欲一见，贤竟不往。

正统初，言："塞外降人居京师者盈万，指挥使月俸三十五石，实支仅一石，降人反实支十七石五斗，是一降人当京官十七员半矣。宜渐出之外，省冗费，且消患未萌。"帝不能用。时诏文武臣诰敕，非九年不给。贤言："限以九年，或官不能满秩，或亲老不待，不得者十八九，无以劝臣下。请仍三年便。"从之。迁考功郎中，改文选。扈从北征，师覆脱还。

景泰二年二月上正本十策，曰勤圣学，顾箴警，戒嗜欲，绝玩好，慎举措，崇节俭，畏天变，勉贵近，振士风，结民心。帝善之，命翰林写置左右，备省览。寻又陈车战火器之利，帝颇采纳。是冬，擢兵部右侍郎，转户部。也先数贡马，贤谓輂金帛以强寇自弊，非策。因陈边备废驰状，于谦请下其章厉诸将。转吏部，采古二十二君行事可法者，曰《鉴古录》，上之。

英宗复位，命兼翰林学士，入直文渊阁，与徐有贞同预机务。未几，进尚书。贤气度端凝，奏对皆中机宜，帝深眷之。山东饥，发帑振多不足，召有贞及贤议，有贞谓颁振多中饱。贤曰："虑中饱而不贷，坐视民死，是因噎废食也。"遂命增银。

　　石亨、曹吉祥与有贞争权,并忌贤。诸御史论亨、吉祥,亨、吉祥疑出有贞、贤意,诉之帝,下二人狱。会有风雷变,得释,谪贤福建参政。未行,王翱奏贤可大用,遂留为吏部左侍郎。逾月,复尚书,直内阁如故。亨知帝向贤,怒,然无可如何,乃佯与交驩。贤亦深自匿,非宣召不入,而帝益亲贤,顾问无虚日。

　　孛来近塞猎。亨言传国玺在彼,可掩而取,帝色动。贤言衅不可启,玺不足宝,事遂寝。亨益恶贤。时帝亦厌亨、吉祥骄横,屏人语贤曰:"此辈干政,四方奏事者先至其门,为之奈何?"贤曰:"陛下惟独断,则趋附自息。"帝曰:"向尝不用其言,乃怫然见辞色。"贤曰:"愿制之以渐。"当亨、吉祥用事,贤顾忌不敢尽言,然每从容论对,所以裁抑之者甚至。

　　及亨得罪,帝复问贤"夺门"事。贤曰:"迎驾则可,'夺门'岂可示后。天位乃陛下固有,夺即非顺。且尔时幸而成功,万一事机先露,亨等不足惜,不审置陛下何地。"帝悟曰:"然。"贤曰:"若郕王果不起,群臣表请陛下复位,安用扰攘为。此辈又安所得邀升赏,招权纳贿安自起。老成者旧依然在职,何至有杀戮降黜之事,致干天象。《易》曰'开国承家,小人勿用',正谓此也。"帝曰:"然。"诏自今章奏勿用"夺门"字,并议革冒功者四千余人。至成化初,诸被革者诉请。复以贤言,并夺太平侯张瑾、兴济伯杨宗爵,时论益大快之。

　　帝既任贤,所言皆见听。于谦尝分遣降人南征,陈汝言希宦官指,尽召之还。贤力言不可。帝曰:"吾亦悔之。今已就道,后当听其愿去者。"帝忧军官支俸多,岁入不给。贤请汰老弱于外,则费省而人不觉。帝深纳焉。时岁有边警,天下大水,江南北尤甚。贤外筹边计,内请宽百姓,罢一切征求。帝用其言,四方得苏息。七年二月,空中有声,帝欲禳之,命贤撰青词。贤言君不恤民,天下怨叛,厥有鼓妖。因请行宽恤之政,又请罢江南织造,清锦衣狱,止边臣贡献,停内外采买。帝难之。贤执争数四,同列皆惧。贤退曰:"大臣当知无不言,可卷舌偷位耶?"终天顺之世,贤为首辅,吕原、彭时佐之,然贤委任最专。

初，御史刘濬劾柳溥败军罪，触帝怒。贤言御史耳目官，不宜谴。石亨谮贤曲护。帝浸疏贤，寻悟，待之如初。每独对，良久方出。遇事必召问可否，或遣中官就问。贤务持大体，尤以惜人才、开言路为急。所荐引年富、轩𫐐、耿九畴、王竑、李秉、程信、姚夔、崔恭、李绍等，皆为名臣。时劝帝延见大臣，有所荐，必先与吏、兵二部论定之。及入对，帝访文臣，请问王翱；武臣，请问马昂。两人相左右，故言无不行，而人不病其专，惟群小与为难。

曹钦之反也，击贤东朝房，执将杀之，逼草奏释己罪。赖王翱救，乃免。贤密疏请擒贼党。时方扰攘，不知贤所在。得疏，帝大喜。裹伤入见，慰劳之，特加太子太保。贤因言，贼既诛，急宜诏天下停不急务，而求直言以通闭塞。帝从之。

门达方用事，锦衣官校恣横为剧患，贤累请禁止，帝召达诚谕之。达怙宠益骄，贤乘间复具陈达罪，帝复召戒达。达衔次骨，因袁彬狱陷贤，贤几不免，语载《达传》。

帝不豫，卧文华殿。会有间东宫于帝者，帝颇惑之，密告贤。贤顿首伏地曰：“此大事，愿陛下三思。”帝曰：“然则必传位太子乎？”贤又顿首曰：“宗社幸甚。”帝起，立召太子至。贤扶太子令谢。太子谢，抱帝足泣，帝亦泣，谗竟不行。

宪宗即位，进少保、华盖殿大学士，知经筵事。是年春，日黭无光，贤偕同官上言：“日君象。君德明，则日光盛。惟陛下敬以修身，正以御下，刚以断事，明以察微，持之不息，则天变自弭，和气自至。”翌日又言：“天时未和，由阴气太盛。自宣德至天顺间，选宫人太多，浣衣局没官妇女愁怨尤甚，宜放还其家。”帝从之，中外欣悦。五月大雨雹，大风飘瓦，拔郊坛树。贤言：“天威可畏，陛下当凛然加省，无狎左右近幸。崇信老成，共图国是。”有司请造卤簿。贤言：“内库尚有未经御者，今恩诏甫颁，方节财用，奈何复为此。”帝即日寝之。每遇灾变，必与同官极陈无隐，而于帝初政，申诫尤切。

门达既窜，其党多投匿名书构贤。贤乞罢，有诏慰留。吴后废，言官请诛牛玉，语侵贤，又有造蜚语构贤者。帝命卫士宿贤家，护出入。成化二年三月遭父丧，诏起复。三辞不许，遣中官护行营葬。还至京，又辞。遣使宣意，遂视事。其年冬卒，年五十九。帝震悼，赠太师，谥文达。

贤自以受知人主，所言无不尽。景帝崩，将以汪后殉葬，用贤言而止。惠帝少子幽禁已六十年，英宗怜欲赦之，以问贤。贤顿首曰："此尧、舜用心也，天地祖宗实式凭之。"帝意乃决。帝尝祭山川坛，以夜出未便，欲遣官代礼。贤引祖训争之，卒成礼而还。尝言内帑余财，不以恤荒济军，则人主必生侈心，而移之于土木祷祠声色之用。前后频请发帑振贷恤边，不可胜计。故事，方面官敕三品京官保举。贤患其营竞，令吏部每缺举二人，请帝简用。并推之例始此。

自三杨以来，得君无如贤者。然自郎署结知景帝，超擢侍郎，而所著书顾谓景帝为荒淫。其抑叶盛，挤岳正，不救罗伦，尤为世所惜云。

吕原，字逢原，秀水人。父嗣芳，万泉教谕。兄本，景州训导。嗣芳老，就养景州，与本相继卒。贫不能归葬，厝于景，原时至墓恸哭。久之，奉母南归，家益贫。知府黄懋奇原文，补诸生，遣入学，举乡试第一。

正统七年，进士及第，授编修。十二年，与侍讲裴纶等十人同选入东阁肄业，直经筵。景泰初，进侍讲，与同官倪谦授小内侍书于文华殿东庑。帝至，命谦讲《国风》。原讲《尧典》，皆称旨。问何官，并以中允兼侍讲对。帝曰："品同耳，何相兼为"进二人侍讲学士，兼中允。寻进左春坊大学士。

天顺初，改通政司右参议，兼侍讲。徐有贞、李贤下狱之明日，命入内阁预机务。石亨、瑛吉祥用事，贵倨，独敬原。原朝会衣青袍，亨笑曰："行为先生易之。"原不答。寻与岳正列亨、吉祥罪状，疏留中。二人怒，摘救谕中语，谓阁臣谤讪。帝大怒，坐便殿，召对，厉声曰："正大胆敢尔，原素恭谨，阿正何也？"正罢去，原得留。李贤既复官入阁柄政，原佐之。未几，彭时亦入，三人相得甚欢。贤通达，遇事立断。原济以持重,庶政称理。其年冬,进翰林院学士。

六年遭母丧,水浆不入口三日。诏葬毕即起视事。原乞终制。不允。乃之景州,启父兄殡归葬,舟中寝苦哀毁。体素丰,至是赢瘠。抵家甫襄事而卒,年四十五。赠礼部左侍郎,谥文懿。

原内刚外和,与物无竞。性俭约,身无纨绮。归装惟赐衣数袭,分禄恤宗姻。

子愍,字秉之。以荫补国子生,供事翰林,迁中书舍人。疏乞应试,所司执故事不许。宪宗特许之,遂举顺天乡试。舍人得赴试自愍始。累迁礼部郎中。好学能文,谙掌故。琉球请岁一入贡,回回贡使乞道广东归国,皆以非制格之。以荐进南京太仆寺少卿。故事,太仆马数,不令他官知。以是文籍磨灭,登耗无稽。愍曰:“他官不与闻,是也;当职者,可贸贸耶?”议请三年一校勘,著为例。累迁南京太常卿,辑《典故因革》若干卷。正德初,致仕归。

岳正,字季方,漷县人。正统十三年会试第一,赐进士及第,授编修,进左赞善。

天顺初,改修撰,教小内侍书。阁臣徐有贞、李贤下狱,帝既用吕原预政,顷之,薛瑄又致仕,帝谋代者。王翱以正荐,遂召见文华殿。正长身美须髯,帝遥见,色喜。既登陛,连称善。问年几何,家安在,何年进士,正具以对。复大喜曰:“尔年正强仕,吾北人,又吾所取士,今用尔内阁,其尽力辅朕。”正顿首受命。趋出,石亨、张轨遇之左顺门,愕然曰“何自至此?”比入,帝曰:“朕今日自择一阁臣。”问为谁,帝曰:“岳正。”两人阳贺。帝曰:“但官小耳,当与吏部左侍郎兼学士。”两人曰:“陛下既得人,俟称职,加秩未晚。”帝默然,遂命以原官入阁。

正素豪迈,负气敢言。及为帝所拔擢,益感激思自效。掌钦天监侍郎汤序者,亨党也,尝奏灾异,请尽去奸臣。帝问正,正言:“奸臣无指名。即求之,人人自危。且序术浅,何足信也。”乃止。有僧为妖言，锦衣校逻得之，坐以谋反。中官牛玉请官逻者，正言："事纵得实，不过坐妖言律，逻者给赏而已，不宜与官。"僧党数十人皆得免。或为匿名书列曹吉祥罪状，吉祥怒，请出榜购之。帝使正撰榜格，正与吕原入见曰："为政有体，盗贼责兵部，奸宄责法司，岂有天子出榜购募者？且事缓之则自露，急之则愈匿，此人情也。"帝是其言，不问。亨从子彪镇大同，献捷，下内阁问状。使者言捕斩无算，不能悉致，皆枭置林木间。正按地图指诘之，曰："某地至某地，皆沙漠，汝枭置何所？"其人语塞。

时亨、吉祥恣甚，帝颇厌之。正从容言："二人权太重，臣请以计间之。"帝许焉。正出见吉祥曰："忠国公常令杜清来此何为者？"吉祥曰："辱石公爱，致诚款耳。"正曰："不然，彼使伺公所为耳。"因劝吉祥辞兵柄。复诣亨，谕令自戢。亨、吉祥揣知正意，怒。吉祥见帝，免冠，泣请死。帝内愧，慰谕之，召正责漏言。

会承天门灾，正极言亨将为不轨，且言："陈汝言，小人。今既为尚书，可用卢彬为侍郎。二人者俱谲悍，若同事必相龃龉，乘其隙可并去之。"徐有贞再下狱，复云："用有贞则天变可弭。"帝皆不纳。及敕谕廷臣，命正视草。正草敕曰："乃者承天门灾，朕心震惊，罔知所措。意敬天事神，有未尽欤？祖宗成宪有不遵欤？善恶不分，用舍乖欤？曲直不辨，刑狱冤欤？征调多方，军旅劳欤？赏赉无度，府库虚欤？请谒不息，官爵滥欤？贿赂公行，政事废欤？朋奸欺罔，附权势欤？群吏弄法，擅威福欤？征敛徭役太重，而闾阎靡宁欤？谗谄奔竞之徒幸进，而忠言正士不用欤？抑有司阘茸酷暴，贪冒无厌，而致军民不得其所欤？此皆伤和致灾之由，而朕有所未明也。今朕省愆思咎，怵惕是存。尔群臣休戚惟均，其洗心改过，无蹈前非，当行者直言无隐。"

敕下，举朝传诵。而亨、吉祥构蜚语，谓正卖直谤讪。帝怒，命仍授内侍书。明日，谪钦州同知。道漷，以母老留旬日，陈汝言令巡校言状，且言正尝夺公主田。遂逮系诏狱，杖百，戍肃州。行至涿，夜宿传舍。手挛急，气奔且死。涿人杨四醉卒酒，脱正挛，劀其中，

且厚赂卒，乃得至戍所。亨、吉祥既诛，帝谓李贤曰："岳正固尝言
之。"贤曰："正有老母，得放归田里，幸甚。"乃释为民。

宪宗立，御史吕洪等请复正与杨瑄官，诏正以原官直经筵，纂
修《英宗实录》。初，正得罪，都督佥事季铎乞得其宅，至是敕还正。
正还朝，自谓当大用，而贤欲用为南京祭酒，正不悦。忌者伪为正劾
贤疏草，贤嗤之。

成化元年四月，廷推兵部侍郎清理贴黄，以正与给事中张宁名
并上。诏以为私，出正为兴化知府，而宁亦补外。正至官，筑堤溉田
数千顷，节缩浮费，经理预备仓，欲有所兴革。乡士大夫不利其所
为，腾谤言。正亦厌吏职，五年入觐，遂致仕。又五年卒，年五十五。
无子，大学士李东阳、御史李经，其婿也。

正博学能文章，高自期许，气屹屹不能下人。在内阁才二十八
日，勇事敢言，便殿论奏，至唾溅帝衣。有规以信而后谏者，慨然曰：
"上顾我厚，惧无以报称，子乃以谏官处我耶？"英宗亦悉其忠，其在
戍所，尝念之曰："岳正倒好，只是大胆。"正闻自为像赞，述帝前语，
末言："臣尝闻古人之言，盖将之死而靡憾也。"其自信不回如此。然
意广才疏，欲以纵横之术离散权党，反为所噬，人皆迂而惜之。嘉靖
中，追赠太常寺卿，谥文肃。

彭时，字纯道，安福人。正统十三年进士第一，授修撰。明年，
郕王监国，令同商辂入阁预机务。闻继母忧，力辞，不允，乃拜命。释
褐逾年参大政，前此未有也。寻进侍读。

景泰元年以兵事稍息，得请终制。然由此忤旨。服除，命供事
翰林院，不复与阁事。易储，迁左春坊大学士。《寰宇通志》成，迁太
常寺少卿。俱兼侍读。

天顺元年，徐有贞既得罪，岳正、许彬相继罢。帝坐文华殿召见
时，曰："汝非朕所擢状元乎？"时顿首。明日仍命入阁，兼翰林院学
士。阁臣自三杨后，进退礼甚轻。为帝所亲擢者，唯时与正二人。而
帝方向用李贤，数召贤独对。贤雅重时，退必咨之。时引义争可否，

或至失色。贤初小忤，久亦服其谅直，曰："彭公，真君子也。"

慈寿皇太后上尊号，诏告天下。时欲推恩，贤谓一年不宜再赦。时曰："非赦也，宜行优老典。朝臣父母七十与诰敕，百姓八十给冠带，是'老吾老以及人之老'也。"贤称善，即奏行之。

帝爱时风度，选庶吉士。命贤尽用北人，南人必若时者方可。贤以语时。俄中官牛玉宣旨，时谓玉曰："南士出时上者不少，何可抑之。"已，选十五人，南六人与焉。

门达构贤，帝惑之，曰："去贤，行专用时矣。"或传其语，时矍然曰："李公有经济才，何可去？"因力直之。且曰："贤去，时不得独留。"语闻，帝意乃解。

帝大渐，口占遗命，定后妃名分，勿以嫔御殉葬，凡四事，付阁臣润色。时读竟，涕下，悲怆不自胜。中官复命，帝亦为陨涕。

宪宗即位，议上两宫尊号。中官夏时希周贵妃旨，言钱后久病，不当称太后。而贵妃，帝所生母，宜独上尊号。贤曰："遗诏已定，何事多言。"时曰："李公言是也。朝廷所以服天下，在正纲常。若不尔，损圣德非小。"顷之，中官复传贵妃旨："子为皇帝，母当为太后，岂有无子而称太后者？宣德间有故事。"贤色变，目时。时曰："今日事与宣德间不同。胡后表让位，退居别宫，故在正统初不加尊。今名分固在，安得为比？"中官曰："如是何不草让表？"时曰："先帝存日未尝行，今谁敢草？若人臣阿意顺从，是万世罪人也。"中官厉声怵以危语。时拱手向天曰："太祖、太宗神灵在上，孰敢有二心。钱皇后无子，何所规利而为之争？臣义不忍默者，欲全主上圣德耳。若推大孝之心，则两宫并尊为宜。"贤亦极言之，议遂定。及将上宝册，时曰："两宫同称则无别，钱太后宜加两字，以便称谓。"乃尊为慈懿皇太后，贵妃为皇太后。越数日，中官覃包至内阁曰："上意固如是。但迫于太后，不敢自主，非二公力争，几误大事。"时阁臣陈文默无语，闻包言，甚愧。礼成，进吏部右侍郎，兼学士，同知经筵。

成化改元，进兵部尚书，兼官如故。明年秋，乞归省。三年二月诏趣还朝。《英宗实录》成，加太子少保，兼文渊阁大学士。

　　四年,慈懿太后崩,诏议山陵。时及商辂、刘定之言:"太后作配先帝,正位中宫,陛下尊为太后,诏示天下。先帝全夫妇之伦,陛下尽母子之爱,于义俱得。今梓宫当合葬裕陵,主当祔庙,此不易之礼。比闻欲别卜葬地,臣等实怀疑惧。窃谓皇上所以迟疑者,必以今皇太后万寿后,当与先帝同尊,自嫌二后并配,非祖宗制。考之于古,汉文帝尊所生母薄太后,而吕后仍祔长陵。宋仁宗追尊生母李宸妃,而刘后仍祔太庙。今若陵庙之制稍有未合,则有乖前美,贻讥来叶。"于是诸大臣相继言之。旁犹重违太后意,时偕朝臣伏文华门泣请。帝与太后皆感动,始从时议。"

　　彗见三台,时等言:"外廷大政固所当先,宫中根本尤为至急。谚云'子出多母'。今嫔嫱众多,维熊无兆。必陛下爱有所专,而专宠者已过生育之期故也。望均恩爱,为宗社大计。"时帝专宠万贵妃,妃年已近四十,时故云然。又言:"大臣黜陟,宜断自宸衷,或集群臣金议。不可悉委臣下,使大权旁落。"帝虽不能从,而心嘉其忠。

　　都御史项忠讨满四不利,朝议命抚宁侯朱永将京军往赴。永故难其行,多所邀请。时恶其张大,且度军可无行,第令整装待。会忠驰奏,已围贼石城。帝遣中官怀恩、黄赐偕兵部尚书白圭、程信等至阁议。时曰:"贼四出攻剽,锋诚不可当。今入石城自保,我军围甚固,此困兽易擒耳。"信曰:"安知忠不退师?"时曰:"彼部分已定,何故自退?且今出师,度何时到?"信曰:"来春。"时曰:"如此,益缓不及事。事成败,冬月决矣。"信忿,出危言曰:"忠若败,必斩一二人,然后出师。"众危之,问时何见。曰:"观忠疏曲折,知其能。若闻别遣禁军,将退避不敢任,贼不可知矣。"时惟商辂然其言。至冬,贼果平,人乃大服。改吏部尚书。

　　五年得疾在告。逾三月,帝趣赴阁视事,免朝参。是冬,无雪。疏言:"光禄寺采办,各城门抽分,搭克不堪。而献珍珠宝石者,倍估增直,渔竭帑藏。乞革其弊,以惠小民。"帝优诏褒纳。畿辅、山东、河南旱,请免夏税盐钞,及太仆寺赔课马。京师米贵,请发仓储五十万石平粜。并从之。时以旧臣见倚重,遇事争执无所避。而是时帝怠于政,大臣希得见。万安同在阁,结中贵戚婉,上下壅隔,时颇怀忧。

七年,疾复作,乞致仕。帝慰留之,不得去。冬,彗复见,时言政本七事:一,毋惑佛事,靡金钱;二,传旨专委司礼监,毋令他人,以防诈伪;三,延见大臣议政事;四,近幸赐予太多,工匠冒官无纪,而重囚死徙者,法不蔽罪,宜戒淫刑僭赏;五,虚怀受谏,勿恶切直;六,戒廷臣毋依违,凡政令失当,直言论奏;七,清理牧马草地,减退势要庄田。皆切中时弊。

宁晋伯刘聚为从父太监永诚请封谥,且乞祠额,礼部执故事却之。帝特赐额曰“褒功”,命内阁拟封谥。时等言:“即予永诚,将来守边内臣皆援此陈乞,是变祖宗法自今日始。”或言宋童贯封王,时曰:“贯封王在徽宗末年,岂盛世事耶?”乃寝。

时每因灾变上言,或留中,或下所司,多阻隔,悒悒不得志。五年以后,凡七在告,帝辄命医就视,数遣内臣赐赉。十一年正月,以秩满进少保。逾月卒,年六十。赠太师,谥文宪。

时立朝三十年,孜孜奉国,持正存大体,公退未尝以政语子弟。有所论荐,不使其人知。燕居无惰容,服御俭约,无声乐之奉,非其义不取,有古大臣风。

商辂,字弘载,淳安人。举乡试第一。正统十年,会试、殿试皆第一。终明之世,三试第一者,辂一人而已。除修撰,寻与刘和俨等十人进学东阁。辂丰姿环伟,帝亲简为展书官。

郕王监国,以陈循、高穀荐入内阁,参机务。徐珵倡南迁议,辂力沮之。其冬,进侍读。景泰元年遣迎上皇于居庸,进学士。

三年,锦衣指挥卢忠令校尉上变,告上皇与少监阮浪、内使王瑶图复位。帝震怒,捕二人下诏狱,穷治之。忠筮于术者同寅,寅以大义折之,且曰:“此大凶兆,死不足赎。”忠惧,佯狂以冀免。辂及中官王诚言于帝曰:“忠病风,无足信,不宜听妄言,伤大伦。”帝意少解。乃并下忠狱,坐以他罪,降为事官立功。杀瑶,锢浪于狱,事得不竟。

太子既易，进兵部左侍郎，兼左春坊大学士如故，赐第南薰里。塞上腴田率为势豪侵据，辂请核还之军。开封、凤阳诸府饥民流济宁、临清间，为有司驱逐。辂忧其为变，请招垦畿内八府闲田，给粮种，民皆有所归。钟同、章纶下狱，辂力捄得无死。《寰宇通志》成，加兼太常卿。

景帝不豫，群臣请建东宫，不许。将继奏，辂援笔曰："陛下宣宗章皇帝之子，当立章皇帝子孙。"闻者感动。以日暮，奏未入，而是夜石亨辈已迎复上皇。明日，王文、于谦等被收，召辂与高穀入便殿，温旨谕之，命草复位诏。亨密语辂，敕文毋别具条款。辂曰："旧制也，不敢易。"亨辈不悦，讽言官劾辂朋奸，下之狱。辂上书自愬《复储疏》在礼部，可覆验，不省。中官兴安稍解之，帝愈怒。安曰："向者此辈创议南迁，不审置陛下何地。"帝意渐释，乃斥为民。然帝每独念"辂，朕所取士，尝与姚夔侍东宫"，不忍弃之。以忌者，竟不复用。

成化三年二月召至京，命以故官入阁。辂疏辞，帝曰："先帝已知卿枉，其勿辞。"首陈勤学、纳谏、储将、防边、省冗官、设社仓、崇先圣号、广造士法，凡八事。帝嘉纳之。其言纳谏也，请召复元年以后建言被斥者。于是罗伦、孔公恂等悉复官。

明年，彗星见，给事中董旻、御史胡深等劾不职大臣，并及辂。御史野诚诋辂曾与易储，不宜用，帝不听，辂因求罢。帝怒，命廷鞫诸言者，欲加重谴。辂曰："臣尝请优容言者，今论臣反责之，如公论何。"帝悦，旻等各予杖复职。寻进兵部尚书。久之，进户部。《宋元通鉴纲目》成，改兼文渊阁大学士。皇太子，加太子少保，进吏尚书。十三年进谨身殿大学士。

辂为人，平粹简重，宽厚有容，至临大事，决大义，毅然莫能夺。

仁寿太后庄户与民争田，帝欲徙民塞外。辂曰："天子以天下为家，安用皇庄为。"事遂寝。乾清宫门灾，工部请采木川、湖。辂言宜少缓，以存警畏，从之。

悼恭太子毙,帝以继嗣为忧。纪妃生皇子,六岁矣,左右畏万贵妃,莫敢言。久之,乃闻于帝。帝大喜,欲宣示外廷,遣中官至内阁谕意。辂请敕礼部拟上皇子名,于是廷臣相率称贺。帝即命皇子出见廷臣。越数日,帝复御文华殿,皇子侍,召见辂及诸阁臣。辂顿首曰:"陛下践祚十年,储副未立,天下引领望久矣。当即立为皇太子,安中外心。"帝颔之。是冬,遂立皇子为皇太子。

初,帝召见皇子留宫中,而纪妃仍居西内。辂恐有他患,难显言,偕同官上疏曰:"皇子聪明岐嶷,国本攸系,重以贵妃保护,恩逾己出。但外议谓皇子母因病别居,久不得见。宜移就近所,俾母子朝夕相接,而皇子仍藉抚育于贵妃,宗社幸甚。"由是纪妃迁永寿宫。逾月,妃病笃,辂请曰:"如有不讳,礼宜从厚。"且请命司礼监奉皇子,过妃宫问视,及制衰服行礼。帝皆是之。

帝将复郕王位号,下廷议。辂极言王有社稷功,位号当复,帝意遂决。帝建玉皇阁于宫北,命内臣执事,礼与郊祀等,辂等争罢之。黑眚见,疏弭灾八事,曰:番僧国师法王,毋滥赐印章;四言常贡外,勿受玩好;许诸臣直言;分遣部使虑囚,省冤狱;停不急营造;实三边军储;守沿边关隘;设云南巡抚。帝优诏褒纳。

中官汪直之督西厂也,数兴大狱。辂率同官条直十一罪,言:"陛下委听断于直,直又寄耳目于群小如韦瑛辈。皆自言承密旨,得颛刑杀,擅作威福,贼虐善良。陛下若谓摘奸禁乱,法不得已,则前此数年,何以帖然无事。且曹钦之变,由逯杲刺事激成,可为惩鉴。自直用事,士大夫不安其职,商贾不安于途,庶民不安于业,若不亟去,天下安危未可知也。"帝愠曰:"用一内竖,何遽危天下,谁主此奏者?"命太监怀恩传旨,诘责厉甚。辂正色曰:"朝臣无大小,有罪请旨逮问,直擅抄没三品以上京官。大同、宣府,边城要害,守备俄顷不可缺,直一日械数人。南京,祖宗根本地,留守大臣,直擅收捕。诸近侍在帝左右,直辄易置。直不去,天下安得无危?"万安、刘珝、刘吉亦俱对,引义慷慨,恩等屈服。辂顾同列谢曰:"诸公皆为国如此,辂复何忧。"会九卿项忠等亦劾直,是日遂罢西厂。直虽不视厂事,宠幸如故。谮辂尝纳指挥杨晔贿,欲脱其罪。辂不自安,而御史戴缙复颂直功,请复西厂,辂遂力求去。诏加少保,赐敕驰传归。辂既去,士大夫益俯首事直,无敢与抗者矣。

钱溥尝以不迁官,作《秃妇传》以讥辂。高瑶请复景帝位号,黎淳疏驳,极诋辂。辂皆不为较,待之如平时。万贵妃重辂名,出父像,属为赞,遗金帛甚厚。辂力辞,使者告以妃意。辂曰:“非上命,不敢承也。”贵妃不悦,辂终不顾。其和而有执如此。

及谢政,刘吉过之,见其子孙林立,欢曰:“吉与公同事历年,未尝见公笔下妄杀一人,宜天之报公厚。”辂曰:“正不敢使朝廷妄杀一人耳。”居十年卒,年七十三。赠太傅,谥文毅。

子良臣,成化初进士,官翰林侍讲。

刘定之,字主静,永新人。幼有异禀。父授之书,日诵数千言。不令作文,一日偶见所为《祀灶文》,大异之。举正统元年会试第一,殿试及第,授编修。

京城大水,应诏陈十事,言:“号令宜出大公,裁以至正,不可苟且数易。公卿侍从,当数召见,察其才能心术而进退之。降人散处京畿者,宜渐移之南方。郡县职以京朝官补,使迭相出入,内外无畸重。荐举之法,不当拘五品以上。可仿唐制,朝臣迁秩,举一人自代,吏部籍其名而简用之。武臣子孙,教以韬略。守令牧养为先务,毋徒取干办。群臣遭丧,乞永罢起复以教孝。僧尼蠹国当严绝。富民输粟授官者,有犯宜追夺。”疏入留中。十三年,弟寅之与乡人相讦,辞连定之,下狱,得白。秩满,进侍讲。

景帝即位,复上言十事,曰:

> 自古如晋怀、愍,宋徽、钦,皆因边塞外破,藩镇内溃,救援不集,驯致播迁。未有若今日以天下之大,数十万之师,奉上皇于漠北,委以与寇者也。晋、宋遭祸乱,弃故土,偏安一隅,尚能夺于既衰,以御方张之敌。未有若今日也先乘胜直抵都城,以师武臣之众,既不能奋武以破贼,又不能约和以迎驾,听其自

来而自去者也。国势之弱,虽非旦夕所能强,岂可不思自强之术而力行之。臣愚敢略陈所见。

近日京军之战,但知坚壁持重,而不能用奇制胜。至前败而后不救,左出而右不随。谓宜仿宋吴玠、吴璘三叠阵法,互相倚恃,迭为救护。至铁骑冲突,必资刀斧以制之。郭子仪破安禄山八万骑,用千人执长刀如墙而进。韩世忠破兀术拐子马,用五百人执长斧,上揕人胸,下斫马足。是刀斧挥霍便捷,优于火枪也。

紫荆、居庸二关,名为关塞,实则坦途。今宜增兵士,缮亭障,塞蹊隧。陆则纵横掘堑,名曰“地纲”。水则潴泉令深,名曰“水柜”。或多植榆柳,以制奔突,或多招乡勇,以助官军。此皆古所尝为,已有明效。

往者奉使之臣,充以驿人驵夫,招衅启戎,职此之故。今宜择内蕴忠悃,外工专对,若陆贾、富弼其人者,使备正介之选,庶不失辞辱国。

臣于上皇朝,乞徙漠北降人,知谋短浅,未蒙采纳。比乘国衅,奔归故土,寇掠畿甸者屡见告矣。宜乘大兵聚集时,迁之南方。使与中国兵民相错杂,以牵制而变化之。且可省俸给,减漕轮,其事甚便。

天下农出粟,女出布,以养兵也。兵受粟于仓,受布于库,以卫国也。向者兵士受粟布于公门,纳月钱于私室。于是手不习击刺之法,足不习进退之宜。第转货为商,执技为工,而以工商所得,补纳月钱。民之膏血,兵之气力,皆变为金银以惠奸宄。一旦率以临敌,如驱羊拒狼,几何其不败也。今宜痛革其弊,一新简练之政,将帅踵旧习者诛毋赦。如是而兵威不振者,未之有也。

守令朘民,犹将帅之剥兵也。宜严纠考,慎黜陟。犯赃者举主与其罚,然后贪墨者寡,荐举者慎,民安而邦本固矣。

古贩缯屠狗之夫,俱足助成帝业。今于谦、杨善亦非出自将门。然将能知将，宜令各举所知，不限门阀。公卿侍从，亦令举勇力知谋之士，以备将材。庶搜罗既广，御侮有人。

昔者汉图恢复，所恃者诸葛亮。南宋御金，所恃者张浚。彼皆忠义夙著，功业久立。及街亭一败，亮辞丞相。符离未捷，浚解都督。何则？赏罚明则将士奋也。昨德胜门下之战，未闻摧陷强寇，但迭为胜负，互杀伤而已。虽不足罚，亦不足赏。乃石亨则自伯进侯，于谦则自二品迁一品。天下未闻其功，但见其赏，岂不怠忠臣义士之心乎？可令仍循旧秩，勿躐新阶，他日勋名著而爵赏加，正未为晚。夫既与不忍夺者，姑息之政；既进不肯退者，患失之心。上不行姑息之政，下不怀患失之心，则治平可计日而望也。

向者御史建白，欲令大臣入内议政，疏寝不行。夫人主当总揽威权，亲决机务。政事早朝未决者，日御便殿，使大臣敷奏。言官察其邪正而纠劾之，史官直书简册，以示惩劝。此前代故事，祖宗成法也，愿陛下遵而行之。若仅封章入奏，中旨外传，恐偏听独任，致生奸乱，欲治化之成难矣。

人主之德，欲其明如日月以察直枉，仁如天地以覆群生，勇如雷霆以收威柄。故司马光之告君，以仁明武为言，即《中庸》所谓知仁勇也。知仁勇非学而能之哉？夫经莫要于《尚书》、《春秋》，史莫正于《通鉴纲目》。陛下留心垂览。其于君也，既知禹、汤、文、武之所以兴，又知桀、纣、幽、厉之所以替，而趋避审矣。于驭内臣也，既知有吕强、张承业之忠，又知有仇士良、陈弘志之恶；于驭廷臣也，既知有萧、曹、房、杜之良，又知李林甫、杨国忠之奸，而用舍当矣。如是则于知仁勇之德，岂不大有助哉。苟徒如向儒臣进请，诵述其善，讳避其恶，是犹恐道路之有陷井，闭目而过之，其不至于冥行颠仆者几何。

今天下虽遭大创，尚如金瓯之未缺。诚能本圣学以见之政治，臣见国势可强，双耻可雪，兄弟之恩可全，祖宗之制可复，亦何惮而不为此。

书奏,帝优诏答之。

　　三年迁洗马。也先使者乞遣报使,帝坚不许。定之疏引故事以请,帝下廷议,竟不果遣。久之,迁右庶子。天顺改元,调通政司左参议,仍兼侍讲,寻进翰林学士。宪宗立,进太常少卿,兼侍读学士,直经筵。

　　成化二年十二月以本官入直文渊阁,进工部右侍郎,兼翰林学士。江西、湖广灾,有司方征民赋。定之言国储充积,仓庾至不能容,而此张口待哺之氓,乃责其租课,非圣主恤下意。帝感其言,即命停征。四年进礼部左侍郎。万贵妃专宠,皇后希得见,储嗣未兆。郧王女及笄未下嫁。定之因久旱,并论及之。且请经筵兼讲太祖御制诸书,斥异端邪教,勿令害政耗财。帝留其疏不下。五年卒官。赠礼部尚书,谥文安。

　　定之谦恭质直,以文学名一时。尝有中旨命制元宵诗,内使却立以俟。据案伸纸,立成七言绝句百首。又尝一日草九制,笔不停书。有质宋人名字者,就列其世次,若谱系然,人服其敏博。

　　赞曰:英宗之复辟也,当师旅饥馑之余,民气未复,权奸内讧,柱石倾移,朝野多故,时事亦孔棘矣。李贤以一身捭挂其间,沛然若有余。奖厉人材,振饬纲纪。追宪、孝子世,名臣相望,犹多贤所识拔。伟哉宰相才也。彭时、商辂侃侃守义,尽忠献纳,粹然一出于正。其于慈懿典礼,非所谓善成君德者欤。辂科名与宋王曾、宋庠埒,德望亦无愧焉。吕原、岳正、刘定之虽相业未优,而原之行谊,正之气慨,定之之建白,咸有可称,故以时次,并列于篇。

明史卷一七七
列传第六五

王翱　年富　王竑　李秉
姚夔　王复　林聪　叶盛

　　王翱，字九皋，盐山人。永乐十三年，初会试贡士于行在。帝时欲定都北京，思得北士用之。翱两试皆上第，大喜。特召赐食，改庶吉士，授大理寺左寺正，左迁行人。

　　宣德元年以杨士奇荐，擢御史。时官吏有罪，不问重轻，许运砖还职。翱请犯赃吏但许赎罪，不得复官，以惩贪黜。帝从之。五年巡按四川。松潘蛮窃发，都督陈怀驻成都，相去八百余里，不能制。翱上便宜五事：请移怀松潘；而松茂军粮于农隙齐力起运，护以官军，毋专累百姓，致被劫掠；吏不给由为民蠹，令自首毋隐；州县土司遍设社学；会川银场岁运米八千余石给军，往返劳费，请令有罪者纳粟自赎。诏所司议详运粮事，而迁蠹吏北京，余悉允行。

　　英宗即位，廷议遣文武大臣出镇守。擢翱右佥都御史，偕都督武兴镇江西，惩贪抑奸，吏民畏爱。正统二年召还院。四年，处州贼流劫广信，命翱往捕，尽俘以还。是年冬，松潘都指挥赵谅诱执国师商巴，掠其财，与同官赵得诬以叛。其弟小商巴怒，聚众剽掠。命翱及都督李安军二万征之。而巡按御史白其枉，诏审机进止。翱至，出商巴于狱，遣人招其弟，抚定余党，而劾诛谅，戍得，复商巴国师。松潘遂平，六年代陈鉴镇陕西，军民之借粮不能偿者，核免之。

　　七年冬，提督辽东军务。翱以军令久弛，寇至，将士不力战，因诸将庭谒,责以失律罪,命左右曳出斩之。皆惶恐叩头,愿郊死赎。翱乃躬行边,起山海关抵开原,缮城垣,浚沟堑。五里为堡,十里为屯,使烽燧相接。练将士,室鳏寡。军民大悦。又以边塞孤远,军饷匮,缘俗立法,令有罪得收赎。十余年间,得谷及牛羊数十万,边用以饶。

八年以九载满,进右副都御史。指挥孙璟鞭杀戍卒,其妻女哭之亦死。他卒诉璟杀一家三人。翱曰:“卒死法,妻死夫,女死父,非杀也。”命璟偿其家葬埋费,璟感激。后参将辽东,追敌三百里,事李秉为名将。

十二年与总兵曹义等出塞,击兀良哈,擒斩百余人,获畜产四千六百,进右都御史。十四年,诸将破敌广平山,进左。脱脱不花大举犯广宁,翱方阅兵,寇猝至,众溃。翱入城自保。或谓城不可守,翱手剑曰:“敢言弃城者斩。”寇退,坐停俸半载。

景泰三年召还掌院事。易储,加太子太保。浔、梧瑶乱,总兵董兴、武毅推委不任事,于谦请以翁信、陈旺易之,而特遣一大臣督军务,乃以命翱。两广有总督自翱始。翱至镇,将吏耆服,推诚抚谕,瑶人向化,部内无事。明年召入为吏部尚书。初,何文渊协王直掌铨,多私,为言官攻去。翱代,一循成宪。

天顺改元,直致仕,翱始专部事。石亨欲去翱,翱乞休。已得请,李贤力争乃留。及贤为亨所逐,亦以翱言留,两人相得欢甚。帝每用人必咨贤,贤以推翱,以是翱得行其志。

帝眷翱厚,时召对便殿,称先生不名。而翱年几八十,多忘,尝令郎谈伦随入。帝问故,翱顿首曰:“臣老矣,所聆圣谕,恐遗误,令此郎代识之,其人诚谨可信也。”帝喜。吏部主事曹恂已迁江西参议,遇疾还,翱以闻。命以主事回籍。恂怒,伺翱入朝,捽翱胸,掴其面,大声诟詈。事闻,下诏狱。翱具言恂实病,得斥归,时服其量。

五年加太子少保。成化元年进太子太保,雨雪免朝参。屡疏乞归,辄慰留,数遣医视疾。三年,疾甚,乃许致仕。未出都卒,年八十有四。赠太保,谥忠肃。

翱在铨部,谢绝请谒,公余恒宿直庐,非岁时朔望谒先祠,未尝归私第。每引选,或值召对,侍郎代选。归虽暮,必至署阅所选,惟恐有不当也。论荐不使人知,曰:"吏部岂快恩怨地耶。"自奉俭素。景帝知其贫,为治第盐山。孙以荫入太学,不使应举,曰:"勿妨寒士路。"婿贾杰官近畿,翱夫人数迎女,杰恚曰:"若翁典铨,移我官京师,反手尔,何往来不惮烦也。"夫人闻之,乘间请翱。翱怒,推案,击夫人伤面。杰卒不得调。其自辽东还朝也,中官同事者重翱,贶明珠数颗,翱固辞。其人曰:"此先朝赐也,公得毋以赃却我乎。"不得已,纳而藏焉。中官死,召其从子还之。为都御史时,夫人为娶一妾,逾半岁语翱。翱怒曰:"汝何破我家法。"即日具金币返之。妾终不嫁,曰:"岂有大臣妾嫁他人者。"翱卒,妾往奔丧,其子养之终身。李贤尝语人曰:"皋陶言九德,王公有其五:乱而敬,扰而毅,简而廉,刚而塞,强而义也。"然性颇执。尝有诏举贤良方正、经明行修及山林隐逸士。至者率下部试,翱黜落,百不取一二。性不喜南士。英宗尝言:"北人文雅不及南人,顾质直雄伟,缓急当得力。"翱由是益多引北人。晚年徇中官郭聪嘱,为都御史李秉所劾,翱自引伏,盖不无小损云。子孙世官锦衣千户。

年富,字大有,怀远人。本姓严,讹为年。以会试副榜授德平训导。年甫逾冠,严重如老儒。

宣德三年课最,擢吏科给事中。纠正违失,务存大体。帝以六科任重,命科择二人掌其事,乃以富与贾铨并掌刑科。都御史顾佐等失入死罪十七人,富劾之。帝诘责佐等。

英宗嗣位,上言:"永乐中,招纳降人,縻以官爵,坐耗国帑,养乱招危,宜遣还故土。府军前卫幼军,本选民间子弟,随侍青宫。今死亡残疾,佥补为扰。请于二十五所内,以一所补调,勿更累民。军民之家,规免税徭,冒僧道者累万,宜悉遣未度者复业。"议多施行。

迁陕西左参政,寻命总理粮储。陕西岁织绫绢氀毼九百余匹。永乐中,加织驼毼五十匹,富请罢之。官吏诸生卫卒禄廪,率以边饷减削，富请复其旧。诸边将校占垦腴田有至三四十顷者，富奏每顷输赋十二石。都督王祯以为过重，疏争之。廷议减三之二，遂为定额。又会计岁用，以筹军饷，言：“臣所部岁收二税百八十九万石，屯粮七十余万石。其间水旱流移，蠲逋负，大率三分减一，而岁用乃至百八十余万，入少出多。今镇守诸臣不量国计，竞请益兵，饷何由给。请减冗卒，汰驽马，杜侵耗之弊。”帝可其奏。三边士马，供亿浩繁。军民疲远输，豪猾因缘为奸利。富量远近，定征科，出入慎钩考，宿弊以革，民困大苏。富遇事，果敢有为，权势莫能挠，声震关中。然执法过严，侥幸者多不悦，以是屡遭诬谤。陕西文武将吏恐失富，咸上章陈其劳，乃得停俸留任。

九载满，迁河南右布政使。复有言富苛虐者，帝命核举主，将坐之。既知举富者，少师杨溥也，意乃解。富至河南，岁饥，流民二十余万，公剽掠。巡抚于谦委富辑之，皆定。土木败后，边境道阻，部檄富转馈，无后期者，进左。

景泰二年春，以右副都御史巡抚大同，提督军务。时经丧败，法弛，弊尤甚。富一意拊循，奏免秋赋，罢诸州县税课局，停太原民转饷大同。武清侯石亨、武安侯郑宏、武进伯朱瑛，令家人领官库银帛，籴米实边，多所干没。富首请按治。诏宥亨等，抵家人罪。亨所遣卒越关抵大同，富复劾亨专擅。亨输罪。已，削襄垣王府菜户，又杖其厨役之署教授事者。又劾分守中官韦力转、参将石彪及山西参政林厚罪。是时，富威名重天下，而诸豪家愈侧目，相与撼富罪。于谦方当事，力保持之。帝亦知富深，故得行其志。林厚力诋富，帝曰：“厚怨富，诬富耳。朕方付富边事，岂轻听人言加辱耶。”削厚官。

六年，母忧，起复。七年，富上言：“诸边镇守监枪内官增于前，如阳和、天城，一城二人，扰民殊甚，请减汰。”事格不行。又言：“高皇帝定制，军官私罪收赎，惟笞则然。杖即降授，徒流俱充军，律明甚。近犯赃者，轻皆复职，重惟立功。刑不足惩，更无顾惮。此皆法官过也。”下廷议，流徒输赎如故，惟于本卫差操，不得领军。英国公张懋及郑宏各置田庄于边境，岁役军耕种，富劾之，还军于伍。

天顺元年革巡抚官，富亦罢归。顷之，石彪以前憾劾富，逮下诏狱。帝问李贤，贤称富能祛弊。帝曰："此必彪为富抑，不得逞其私耳。"贤曰："诚如圣谕，宜早雪之。"谕门达从公问事。果无验，乃令致仕。

明年，以廷臣荐，起南京兵部右侍郎，未上，改户部，巡抚山东。道闻属邑蝗，驰疏以闻。改左副都御史，巡抚如故。官吏习富威名，望之詟服，豪猾屏迹。

四年春，户部缺尚书，李贤举富，左右巧阻之。帝语贤曰："户部非富不可，人多不喜富，此富所以为贤也。"特召任之。富酌赢缩，谨出纳，躬亲命计，吏不能欺。事关利害者，僚属或不敢任，富曰："第行之，吾当其责，诸君毋署名可也。"由是部事大理。丁父忧，夺哀如初。

宪宗立，富以陕西频用兵，而治饷者非人，请黜左布政孙毓，用右布政杨璿、参政娄良、西安知府余子俊。吏部尚书王翱论富侵官，请下于理。富力辩曰："荐贤为国，非有所私也。"因乞骸骨。帝慰留之。为黜毓。顷之，病痁卒。赐谥恭定。

富廉正强直，始终不渝，与王翱同称名臣。初，英宗尝谕李贤曰："户部如年富不易得。"贤对曰："若他日继翱为吏部，非富不可。"然性好疑，尤恶干请。属吏黠者，故反其意尝之。欲事行，故言不可；即不行，故言可。富辄为所卖。

王竑，字公度，其先江夏人。祖俊卿，坐事戍河州，遂著籍。竑登正统四年进士。十一年授户科给事中，豪迈负气节，正色敢言。

英宗北狩，郕王摄朝午门，群臣劾王振误国罪。读弹文未起，王使出待命。众皆伏地哭，请族振。锦衣指挥马顺者，振党也，厉声叱言者去。竑愤怒，奋臂起，捽顺发呼曰："若曹奸党，罪当诛，今尚敢尔！"且骂且啮其面，众共击之，立毙，朝班大乱。王恐，遽起入，竑率群臣随王后。王使中官金英问所欲言，曰："内官毛贵、王长随亦振党，请置诸法。"王命出二人。众又捶杀之，血渍廷陛。当是时竑名震天下,王亦以是深重竑。且召诸言官,慰谕甚至。

王即帝位,也先犯京师,命竑与王通、杨善守御京城,擢右金都御史,督毛福寿、高礼军。寇退,诏偕都指挥夏忠等镇守居庸。竑至,简士马,缮厄塞,劾将帅不职者,壁垒一新。

景泰元年四月,浙江镇守中官李德上言:"马顺等有罪,当请命行诛,诸臣乃敢擅杀。非有内官拥护,危矣。是皆犯阙贼臣,不宜用。"章下廷议。于谦等奏曰:"上皇蒙尘,祸由贼振,顺等实振腹心。陛下监国,群臣共请行戮,而顺犹敢呵叱。是以在廷文武及宿卫军士忠愤激发,不暇顾忌,捶死三人。此正《春秋》诛乱贼之大义也。向使乘舆播迁,奸党犹在,国之安危殆未可知。臣等以为不足问。"帝曰:"诛乱臣,所以安众志。廷臣忠义,朕已知之,卿等勿以德言介意。"八月,竑以疾还朝。寻命同都督金事徐恭督漕运,治通州至徐州运河。明年,尚宝司检顺牙牌不得,顺子请责之竑,帝许焉。诸谏官言:"顺党奸黑暗重,廷臣共除之,遑问牙牌。且非竑一人事,若责之竑,忠臣惧矣。"乃寝前旨。是年冬,耿九畴召还,敕竑兼巡抚淮、扬、庐三府,徐、和二州,又命兼理两淮盐课。

四年正月以灾伤叠见,方春盛寒,上言:"请敕责诸臣痛自修省,省刑薄敛,罢无益之工,严无功之赏,散财以收民心,爱民以植邦本。陛下益近亲儒臣,讲道论德,进君子,退小人,以回天意。"且引罪乞罢。帝纳其言,遂下诏修省,求直言。

先是,凤阳、淮安、徐州大水,道殣相望,竑上疏奏,不待报,开仓振之。至是山东、河南饥民就食者坌至,廪不能给。惟徐州广运仓有余积,竑欲尽发之,典守中官不可。竑往告曰:"民旦夕且为盗。若不吾从,脱有变,当先斩若,然后自请死耳。"中官惮竑威名,不得已从之。竑乃自劾专擅罪,因言"广运所储仅支三月,请令死罪以下,得于被灾所入粟自赎"。帝复命侍郎邹干赍帑金驰赴,听便宜。竑乃躬自巡行散振,不足,则令沿淮上下商舟,量大小出米,全活百八十五万余人。劝富民出米二十五万余石,给饥民五十五万七千家。赋牛种七万四千余,复业者五千五百家,他境流移安辑者万六百余家。病者给药,死者具槽,所鬻子女赎还之,归者予道里费。人忘其饥,颂声大作。初帝闻淮、凤饥,忧甚。及得竑发广运自劾疏,喜曰:"贤哉都御史,活我民矣。"尚书金濂、大学士陈循等皆称竑功。是年十月,就进左副都御史。时济宁亦饥,帝遣尚书沈翼赍帑金三万两往振。翼散给仅五千两,余以归京库。竑劾翼奉使无状,请仍易米备振,从之。

明年二月上言:"比年饥馑荐臻,人民重困。顷冬春之交,雪深数尺,淮河抵海冰冻四十余里,人畜僵死万余,弱者鬻妻子,强者肆劫夺,衣食路绝,流离载途。陛下端居九重,大臣安处廊庙,无由得见。使目击其状,未有不为之流涕者也。陛下嗣位以来,非不敬天爱民,而天变民穷特甚者,臣窃恐圣德虽修而未至,大伦虽正而未笃,贤才虽用而未收其效,邪佞虽屏而未尽其类,仁爱施而实惠未溥,财用省而上供未节,刑罚宽而冤狱未伸,工役停而匠力未息,法制颁而奉行或有更张,赋税免而有司或仍牵制。有一于此,皆足以干和召变。伏望陛下修厥德以新厥治。钦天命,法祖宗,正伦理,笃恩义,戒逸乐,绝异端,斯修德有其诚矣;进忠良,远邪佞,公赏罚,宽赋役,节财用,戒聚敛,却贡献,罢工役,斯图治有其实矣。如是而灾变不息,未之有也。"帝褒纳之,敕内外臣工同加修省。

六年,霍山民赵玉山自称宋裔,以妖术惑众为乱,竑捕获之。先后劾治贪浊吏,革粮长之蠹民者,民大称便。

英宗复辟,革巡抚官,改竑浙江参政。数日,石亨、张轨追论竑击马顺事,除名,编管江夏。居半岁,帝于宫中得竑疏,见"正伦理,笃恩义"语,感悟。命遣官送归田里,敕有司善视之。

天顺五年,孛来寇庄浪,都督冯宗等出讨。用李贤荐,起竑故官,与兵部侍郎白圭参赞军务。明年正月,竑与宗击退孛来于红崖子川。圭等还,竑仍留镇。至冬,乃召还。明年春,复令督漕抚淮、扬。淮人闻竑再至,欢呼迎拜,数百里不绝。

宪宗即位,给事中萧斌、御史吕洪等,共荐竑及宣府巡抚李秉堪大用。下廷议,尚书王翱、大学士李贤请从其言。帝曰:"古人君梦卜求贤,今独不能从舆论所与乎?"即召竑为兵部尚书,秉为左都御史。命下,朝野相庆。

时将用兵两广,竑举韩雍为总督。雍新得罪,众难之。竑曰:"天子方弃瑕录用,雍有罪不当用,竑非罪废者耶?"卒用雍。条上进剿事宜,且言将帅征讨,毋得奏携私人,妄冒首功。又请复京营旧额,禁势家豪帅擅役禁军。于是命竑同给事中、御史六人简阅十二管军士。竑以择兵不若择将,共奏罢营职八十余人,而慎简材武补之。

兵部清理贴黄缺官,竑偕诸大臣举修撰岳正、都给事中张宁,为李贤所沮,竟出二人于外,并罢会举例。竑愤然曰:"吾尚可居此耶?"即引疾求退。帝方向用竑,优诏慰留,日遣医视疾。竑请益切。九月命致仕去。竑为尚书一年,谢病者四月,人以未竟其用为惜。既去,中外荐章百十上,并报寝。

初,竑号其室曰"戆庵"。既归,改曰"休庵"。杜门谢客,乡人希得见。时李秉亦罢归,日出入里闬,与故旧谈笑游燕。竑闻之曰:"大臣何可不养重自爱。"秉闻之,亦笑曰:"所谓大臣,岂以立异乡曲,尚矫激为贤哉?"时两称之。竑居家二十年,弘治元年十二月卒,年七十五。正德间,赠太子少保,谥庄毅。淮人立祠祀之。

李秉,字执中,曹县人。少孤力学,举正统元年进士,授延平推官。沙县豪诬良民为盗而淫其室,秉捕治豪。豪诬秉,坐下狱。副使侯轼直之,论豪如法,由是知名。征入都察院理刑,将授御史,都御史王文荐为李院经历,寻改户部主事。宣府屯田为豪占,秉往视,归田于民,而请罢科索,边人赖之。两淮盐课弊觉,逮数百人。秉往核,搜得伪印,逮者以白。

景帝立,进郎中。景泰二年命佐侍郎刘琏督饷宣府,发琏侵牟状。即擢右佥都御史代琏,兼参军务。宣府军民数遭寇,牛具悉被掠。朝廷遣官市牛万五千给屯卒。人予直,市谷种。琏尽以畀京军之出守者,一不及屯卒,更停其月饷,而征屯粮甚急。秉尽反琏政,厚恤之。军卒自城守外，悉得屯作。凡使者往来及宦官镇守供亿科敛者，皆奏罢，以官钱给费。寻上边备六事，言：“军以有妻者为有家，月饷一石，无者减其四。即有父母兄弟而无妻，概以无家论，非义。当一体增给。”从之。时宣府亿万库颇充裕，秉益召商中盐纳粮，料饬戎装，市耕牛给军，军愈感悦。

三年冬，命兼理巡抚事。顷之，又命提督军务。秉尽心边计，不恤嫌怨。劾都指挥杨文、杨鉴，都督江福贪纵，罪之。论守独石内官弓胜田猎扰民，请征还。又劾总兵官纪广等罪，广讦秉自解。帝召秉还，以言官交请，乃命御史练纲、给事中严诚往勘，卒留秉。时边民多流移，秉广行招徕，复业者奏给月廪。瘗土木、鹞儿岭暴骸，乞推行诸塞。军家为寇所杀掠无依者，官为养赡，或资遣还乡。厘诸弊政，所条奏百十章，多允行。谍报寇牧近边，廷议遣杨俊会宣府兵出剿。秉曰：“塞外原诸部牧地，非犯边也。掩杀幸功，非臣所敢闻。”乃止。诸部质所掠男妇求易米，朝议成丁者予一石，幼者半之。诸部概乞一石，镇将不可。秉曰：“是轻人重粟也。”如其言予之。自请专擅罪，帝以为识体。

天顺初，罢巡抚官，改督江南粮储。初，江南苏、松赋额不均。陈泰为巡抚，令民田五升者倍征，官田重者无增耗，赋均而额不亏。秉至，一守其法。寻坐举知府违例被逮，帝以秉过微，宥之。复任，请浒墅关税悉征米备荒。又发内官金保监淮安仓科索罪。

御史李周等左迁，秉疏救。帝怒，将罪之。会廷议复设巡抚，大臣荐秉才，遂命巡抚大同。都指挥孙英先以罪贬职还卫，总兵李文妄引诏书，令复职。秉至，即斥之。裨将徐旺领骑卒操练，秉以旺不胜任，解其官。未几，天城守备中官陈例久病，秉请易以罗付。帝责秉专擅，征下诏狱。指挥门达并以前举知府、救御史及斥孙英等为秉罪。法司希旨，斥为民。居三年，用阁臣荐，起故官，莅南京都察院。宪宗立，进右副都御史，复抚宣府。数月，召拜左都御史。

成化改元，掌大计，黜罢贪残，倍于其旧。明年秋，命整饬辽东抵大同边备。至即劾镇守中官李良、总兵武安侯郑宏失律罪，出都指挥裴显于狱，举指挥崔胜、傅海等，击敌凤凰山。捷闻，玺书嘉劳。秉乃往巡宣府、大同，更将帅，申军令而还。未几，命为总督，与武清伯赵辅分五道出塞，大捷。帝劳以羊酒，赐麒麟服，加太子少保。

三年冬，吏部尚书王翱致仕，廷推代者，帝特擢秉任之。秉锐意澄仕路。监生需次八千余人，请分别考核，黜庸劣者数百人，于是怨谤纷起。左侍郎崔恭以久次当得尚书，而秉得之，颇不平。右侍郎尹旻尝学于秉，秉初用其言，既而疏之。侍读彭华附中贵，数以私干秉，秉不听。胥怨秉。御史戴用请两京堂上官及方面正佐，如正统间例，会廷臣保举；又吏部司属与各部均升调，不得久擅要地，且骤迁。语侵吏部，吏部持之。帝令两京官四品以上，吏部具缺，取上裁。而御史刘璧、吴远、冯徽争请仍归吏部。帝怒，诘责言者。会朝觐考察，秉斥退者众，又多大臣乡故，众怨交集。而大理卿王概亦欲去秉代其位，乃与华谋，嗾同乡给事中萧彦庄劾秉十二罪，且言其阴结年深御史附己以揽权。帝怒，下廷议。恭、旻辄言"吾两人谏之不听"，刑部尚书陆瑜等附会二人意为奏。帝以秉徇私变法，负任使，落秉太子少保致仕。所连鲍克宽、李冲调外任，丘陵、张穆、陈民弼、孙遇、李龄、柳春皆罢。命彦庄指秉所结御史，不能对。久之，以璧等三人名上，遂俱下诏狱，出之外。陵等实良吏有名，以谗黜，众议不平。陵尤不服，连章讦彦庄。廷讯，陵词直。帝恶彦庄诬罔，谪大宁驿丞。

方秉之被劾也，势汹汹，且逮秉。秉谓人曰："为我谢彭先生，秉罪惟上所命。第毋令入狱，入则秉必不出，恐伤国体。"因具疏引咎，略不自辨。时天下举子方会试集都下，奋骂曰："李公天下正人，为奸邪所诬。若罪李公，愿罢我辈试以赎。"及帝薄责秉，乃已。秉行，官属饯送，皆歔欷，有泣下者。秉慷慨揖诸人，登车而去。秉去，恭遂为尚书。

秉诚心直道，夷险一节，与王竑并负重望。家居二十年，中外荐疏十余上，竟不起。弘治二年卒。赠太子太保。后谥襄敏。

子聪、明、智，孙邦直，皆举乡试。聪，南宫知县，以彦庄劾罢归。

明,建宁府同知。智,南阳府知府。邦直,宁波府同知,彦庄谪后,署大宁县,以科敛为盗所杀。

姚夔,字大章,桐庐人。孝子伯华孙也。正统七年进士,乡、会试皆第一。明年授吏科给事中,陈时政八事。又言:"预备仓本振贫民。而里甲虑贫者不能偿,辄隐不报。致称贷富室,倍称还之。收获甫毕,遽至乏绝。是贫民遇凶年饥,丰年亦饥也。乞敕天下有司,岁再发廪,必躬勘察,先给其最贫者。"帝立命行之。

景帝监国,诸大臣议劝即位,未决。以问诸言官,夔曰:"朝廷任大臣,正为社稷计,何纷纷为?"议遂定。也先薄京城,请急征宣府、辽东兵入卫。景泰元年超擢南京刑部右侍郎。四年就改礼部,奉敕考察云南官吏。还朝,留任礼部。

景帝不豫,尚书胡濙在告,夔强起之,偕群臣疏请复太子。不允。明日,夔欲率百官伏阙请,而石亨辈已奉上皇复位,出夔南京礼部。英宗雅知夔,及闻复储议,驿召还,进左侍郎。天顺二年改吏部。知府某以贪败,贿石亨求复,夔执不可,遂止。七年代石瑁为礼部尚书。

成化二年,帝从尚书李宾言,令南畿及浙江、江西、福建诸生,纳米济荒得入监。夔奏罢之。四年以灾异屡见,疏请"均爱六宫,以广继嗣。乞罢西山新建塔院,斥远叱哩之徒。勤视经筵,裁决庶政。亲君子,远小人,节用度,爱名器,服食言动,悉遵祖宗成宪,以回天意。"且言"今日能守成化初政足矣"。帝优旨答之。他所请十事,皆立报可。

慈懿太后崩,中旨议别葬,阁臣持不可,下廷议。夔言:"太后配先帝二十余年,合葬升祔,典礼具在。一有不慎,违先帝心,损母后之德。他日有据礼议改者,如陛下孝德何。"疏三上,又率群臣伏文华门哭谏。帝为固请周太后,竟得如礼。后孝宗见夔及彭时疏,谓刘健曰:"先朝大臣忠厚为国乃如此。"

彗星见,言官连劾夔,夔求去,不允。帝信番僧,有封法王、佛子者,服用僭拟无度。奸人慕之,竞为其徒。夔力谏,势稍减。

五年代崔恭为吏部尚书。雨雪失时,陈时弊二十事。七年加太子少保。彗星见,复偕群臣陈二十八事,大要以绝求请,禁采办,恤军匠,减力役,抚流民,节冗费为急。帝多采纳。明年九月,南畿、浙江大水。夔请命廷臣共求安民弭患之术。每遇灾异,辄请帝振恤,忧形于色。明年卒,赠少保,谥文敏。

夔才器宏远,表里洞达。朝议未定者,夔一言立决。其在吏部,留意人才,不避新故。初,王翱为吏部,专抑南人,北人喜之。至夔,颇右南人,论荐率能称职。

子璧,由进士历官兵部郎中。项忠劾汪直,璧预其谋。直构忠,运璧下狱,谪广西思明同知,谢病归。

夔从弟龙,与夔同举进士,除刑部主事,累官福建左布政使。右布政使刘让同年不相能。让粗暴,龙亦乏清操。成化初入觐,王翱两罢之。

王复,字初阳,固安人。正统七年进士。授刑科给事中。声容宏伟,善敷奏。擢通政参议。

也先犯京师,邀大臣出迎上皇。众惮行,复请往。乃迁右通政,假礼部侍郎,与中书舍人赵荣偕。敌露刃夹之,复等不为慑。还仍莅通政事,再迁通政使。天顺中,历兵部左、右侍郎。

成化元年,延绥总兵官房能奏追袭河套部众,有旨奖劳。复以七百里趋战非宜,且恐以侥幸启衅,请敕戒谕,帝是之。进尚书。锦衣千户陈珏者,本画工。及卒,从子锡请袭百户。复言:“袭虽先帝命,然非军功,宜勿许。”遂止。

毛里孩扰边,命复出视陕西边备。自延绥抵甘肃,相度形势,上言:“延绥东起黄河岸,西至定边营,接宁夏花马池,萦纡二千余里。险隘俱在内地,而境外乃无屏障,止凭墩堡以守。军反居内,民顾居外。敌一入境,官军未行,民遭掠已尽矣。又西南抵庆阳,相去五百余里,烽火不接,寇至,民犹不知。其迤北墩堠,率皆旷远,非御边长策。请移府谷、响水等十九堡，置近边要地。而自安边营接庆阳，自定边营接环州，每二十里筑墩台一，计凡三十有四。随形势为沟墙，庶息响相闻，易于守御。”

其经略宁夏，则言：“中路灵州以南，本无亭燧。东西二路，营堡辽绝，声闻不属，致敌每深入。亦请建置墩台如延绥，计为台五十有八。”

其经略甘肃，则言：“永昌、西宁、镇番、庄浪俱有险可守。惟凉州四际平旷，敌最易入。又水草便利，辄经年宿留。远调援军，兵疲锐挫，急何能济。请于甘州五卫内，各分一千户所，置凉州中卫，给之印信。其五所军伍，则于五卫内余丁选补。且耕且练，斯战守有资，兵威自振。”又言：“洪武间建东胜卫，其西路直达宁夏，皆列烽堠。自永乐初，北寇远遁，因移军延绥，弃河不守。诚使兵强粮足，仍准祖制，据守黄河，万全计也。今河套未靖，岂能遽复，然亦宜因时损益。延绥将校视他镇为少，调遣不足，请增置参将二人，统军九千，使驻要地，互相援接，实今日急务。”奏上，皆从之。

复在边建置，多合机宜。及还朝，言者谓治兵非复所长。特命白圭代之，改复工部。谨守法度，声名逾兵部。时中官请修皇城西北回廊，复议缓其役。给事中高斐亦言灾沴频仍，不宜役万人作无益。帝皆不许。中官领腾骧四卫军者，请给胖袄鞋袴。复执不可，曰：“朝廷制此，本给征行之士，使得刻日戒途，无劳缝纫。京军则岁给冬衣布棉，此成宪也，奈何渝之。”大应法王劄实巴死，中官请造寺建塔。复言：“大慈法王但建塔，未尝造寺。今不宜创此制。”乃止命建塔，犹发军四千人供役云。十四年加太子少保。

复好古嗜学，守廉约，与人无城府，当官识大体。居工部十二年，会灾异，言官言其衰老，乞休。不许。居二月，汪直讽言官更劾复及邹干、薛远。乃传旨，并令致仕归。久之，卒。赠太子太保，谥庄简。

林聪，字季聪，宁德人。正统四年进士。授吏科给事中。景泰元年进都给事中。时方多故，聪慷慨论事，无所讳。中官金英家人犯法，都御史陈镒、王文治之，不罪英。聪率同列劾镒、文畏势纵奸，并及御史宋瑛、谢琚，皆下狱。已而复职。聪又言瑛、琚不任风纪，二人竟调外。中官单增督京营有宠，朝士稍忤者辄遭辱。家奴白昼杀人，夺民产，侵商税。聪发其奸，下诏狱，获宥。增自是不敢肆。

三年春，疏言：“臣职在纠察刑狱。妖僧赵才兴之疏族百口，律不当坐，而抄提至京。叛人王英，兄不知情，家口律不当逮，而俱配流所。虽终见原，然其始受害已不堪矣。湖广巡抚蔡锡以劾副使邢端，为所讦，系狱经年，而端居职如故。侍郎刘琏督饷侵隐，不为无罪，较沈固、周忱乾没万计，孰为轻重？琏下狱追征，而固、忱不问。犯人徐南与子中书舍人颐，俱坐王振党当斩，乃论南大辟，颐止除名。皆刑罚之失平者。”帝是之。端下狱，琏得释，南亦减死，除名。

东宫改建，聪有异论，迁春坊司直郎。四年春，学士商辂言聪敢言，不宜置之散地，乃复为吏科都给事中。上言夺情非令典，请永除其令。帝纳之。初，正统中，福建银场额重，民不堪。聪恐生变，请轻之。时弗能用，已果大乱。及是复极言其害，竟得减免。

五年三月以灾异偕同官条上八事，杂引五行诸书，累数千言。大略以绝玩好，谨嗜欲，为崇德之本，而修人事，在进贤退奸。武清侯石亨、指挥郑伦身亨厚禄，而多奏求田地，百户唐兴多至一千二百余顷，宜为限制。余如罢斋醮，汰僧道，慎刑狱，禁私役军士，省轮班工匠，皆深中时弊。帝多采纳。

先是，吏部尚书何文渊以聪言下狱，致仕去。及是，吏部除副使罗篪为按察使，参政李辂、佥事陈永为布政使。聪疏争之，并言山西布政使王瑛老，宜罢。篪等遂还故官，瑛致仕。御史白仲贤以久次，擢广东按察使。聪言仲贤奔竞，不当超擢，乃迁镇江知府。兵部主事吴诚夤缘得吏部，聪劾之，遂改工部。诸司惮聪风裁，聪所言，无敢不奉行者，吏部尤甚。内阁及诸御史亦并以聪好论建，弗善也。

其年冬，聪甥陈和为教官，欲得近地便养，聪为言于吏部。御史黄溥等遂劾聪挟制吏部；并前劾仲贤为私其乡人参政方员，欲夺仲贤官予之；与吴诚有怨，辄劾诚；福建参政许仕达嘱聪求进，聪举仕达堪巡抚。并劾尚书王直阿聪。章下廷讯，坐专擅选法，论斩。高穀、胡濙力救。帝亦自知聪，止贬国子学正。

英宗复辟，超拜左佥都御史，出振山东饥，活饥民百四十五万。还进右副都御史，捕江、淮盐盗。以便宜，擒戮渠魁数人，余悉解散，而奏籍指挥之受盗略者。母忧起复，再辞。不许。天顺四年，曹钦反。将士妄杀，至割乞儿首报功，市人不敢出户。聪署院事，急令获贼者必生致，滥杀为止。锦衣官校恶钦杀指挥逯杲，悉捕钦姻识。千万龚遂荣及外舅贺三亦在系中。人知其冤，莫敢直，聪辨出之。其他湔雪者甚众。七年冬，以刑部囚自缢，诸给事中劾纪纲废弛，与都御史李宾俱下狱。寻释。

成化二年，淮南、北饥，聪出巡视。奏贷漕粮及江南余粮以振，民德之如山东。明年偕户部尚书马昂清理京军，进右都御史。七年代王越巡抚大同。岁余，遇疾致仕。再岁，以故官起掌南院。前掌院多不乐御史言事，聪独奖励之。或咎聪，聪曰："己既不言，又禁他人言，可乎？"

十三年秋，召拜刑部尚书，寻加太子少保。聪以旧德召用，持大体，秉公论，不严而肃，时望益峻。十一年偕中官汪直、定西侯蒋琬按辽东失事状。直庇巡抚陈钺，聪不能争，论者惜焉。十八年乞归不得，卒于位，年六十八。赠少保，谥庄敏。

聪为谏官，严重不可犯。实恂恂和易，不为崭绝不行。以故不肖者畏之，而贤者多乐就焉。景泰时，士大夫激昂论事，朝多直臣，率聪与叶盛为之倡。

叶盛，字与中，昆山人。正统十年进士。授兵科给事中。师覆土木，诸将多遁还，盛率同列请先正扈从失律者罪，且选将练兵，为复仇计。郕王即位，例有赏赉，盛以君父蒙尘辞。不许。

也先迫都城，请罢内府军匠备征操。又请令有司储粮料给战士，遣散卒取军器于天津，以张外援。三日间，章七八上，多中机宜。

寇退，进都给事中。言："劝惩之道，在明赏罚。敢战如孙镗，死事如谢泽、韩青，当赏。其他守御不严，赴难不力者，皆当罚。"大臣陈循等议召还镇守居庸都御史罗通，并留宣府都督杨洪掌京营。盛言："今日之事，边关为急。往者独石、马营不弃，驾何以陷土木？紫荆、白羊不破，寇何以薄都城？今紫荆、倒马诸关，寇退几及一月，尚未设守御。宣府为大同应援，居庸切近京师，守之尤不可非人。洪等既留，必求如洪者代之，然后可以副重寄而集大功。"帝是之。寻命出安集陈州流民。

景泰元年还朝，言："流民杂五方，其情不一。虽幸成编户，而斗争仇杀时时有之，宜专官绥抚。"又言："畿辅旱蝗相仍，请加宽恤。"帝多采纳。京卫武臣及其子弟多骄惰不习兵。盛请简拔精壮，备操守京城。勋戚所置市廛，月征税。盛以国用不足，请籍其税佐军饷。皆从之。明年，上弭灾防患八事。帝以兵革稍息，颇事宴游。盛请复午朝故事，立报可。当是时，帝虚怀纳谏，凡六科联署建请，多盛与林聪为首。廷臣议事，盛每先发言，往复论难。与议大臣或不悦曰，"彼岂少保耶"，因呼为"叶少保"。然物论皆推盛才。

擢右参政，督饷宣府。寻以李秉荐，协赞都督金事孙安军务。初，安尝领独石、马营、龙门卫、所四城备御。英宗既北狩，安以四城远在塞外，势孤，奏弃之内徙。至是廷议命安修复。盛与辟草莱，葺庐舍，庀战具，招流移，为行旅置暖铺，请帑金买牛千头以赋屯卒，立社学，置义冢，疗疾扶伤。两岁间，四城及赤城、雕鹗诸堡次第皆完，安由是进副总兵。而守备中官弓胜害安，奏安疾宜代。帝以问盛，言："安为胜所持，故病。今诸将无逾安者。"乃留安，且遣医视疾。已又劾胜，卒调之他镇。

英宗复位，盛遭父忧，奔丧。天顺二年召为右金都御史，巡抚两广。乞终制，不许。泷水瑶凤弟吉肆掠，督诸将生擒之。时两广盗蜂起，所至破城杀将。诸将怯不敢战，杀平民冒功，民相率从贼。盛以蛮出没不常，请自今攻劫城池者始以闻，余止类奏。疏至兵部，驳不行。盛与总兵官颜彪破贼砦七百余所。彪颇滥杀，谤者遂以咎盛。

六年命吴祯抚广西,而盛专抚广东。

宪宗立,议事入都,给事中张宁等欲荐之入阁。以御史吕洪言遂止,而以韩雍代抚广东。初,编修丘濬与盛不相能。大学士李贤入濬言,及是草雍敕曰:"无若叶盛之杀降也。"盛不置辨。稍迁左金都御史,代李秉巡抚宣府。请量减中盐米价,以劝商裕边。复举官牛官田之法,垦田四千余顷。以其余积市战马千八百匹,修堡七百余所,边塞益宁。

成化三年秋,入为礼部右侍郎,偕给事毛弘按事南京。还改吏部。出振真定、保定饥,议清庄田,分养民间种马,置仓涿州、天津,积粟备荒,皆切时计。

满都鲁诸部久驻河套,兵部尚书白圭议以十万众大举逐之,沿河筑城抵东胜,徙民耕守。帝壮其议。八年春,敕盛往会总督王越,巡抚马文升、余子俊、徐廷璋详议。初,盛为谏官,喜言兵,多所论建。既往来三边,知时无良将,边备久虚,转运劳费,搜河套复东胜未可轻议。乃会诸臣上疏,言守为长策。"如必决战,亦宜坚壁清野,伺其惰归击之,令一大创,庶可遏再来。又或乘彼入掠,遣精卒进捣其巢,令彼反顾,内外夹击,足以有功。然必守固,而后战可议也。"帝善其言,而圭主复套。师出,竟无功。人以是服盛之先见。

八年转左侍郎。十年卒,年五十五。谥文庄。

盛清修积学,尚名检,薄嗜好,家居出入常徒步。生平慕范仲淹,堂寝皆设其像。志在君民,不为身计,有古大臣风。

赞曰:天顺、成化间,六部最称得人。王翱等正直刚方,皆所谓名德老成人也。观翱与李秉、年富之任封疆,王竑之击奸党、活饥民,王复之筹边备,姚夔之典秩宗,林聪、叶盛之居言路,所表见,皆自卓卓。其声实茂著,系朝野重望,有以哉。

明史卷一七八
列传第六六

项忠　韩雍　余子俊 _{阮勤}
朱英　秦纮

项忠，字荩臣，嘉兴人。正统七年进士。授刑部主事，进员外郎。从英宗陷于瓦剌，令饲马，乘间挟二马南奔。马疲，弃之，徒跣行七昼夜，始达宣府。

景泰中，由郎中迁广东副使。按行高州，谍报贼携男女数百剽村落。忠曰："贼无携家理，必被掠良民也。"戒诸将毋妄杀。已，讯所俘获，果然，尽释之。从征泷水瑶有功，增俸一秩。

天顺初，历陕西按察使。母忧归，部民诣阙乞留，诏起复。时陕西连岁灾伤，忠发廪振，且请轻罪纳米，民赖以济。

七年以大理卿召，民乞留如前，遂改右副都御史，巡抚其地。洮、岷羌叛，忠疏言："羌志在劫掠，尽诛则伤仁，遽抚则不威，请听臣便宜从事。"报可。乃发兵据险，扬声进讨，众尽降。西安水泉。卤不可饮，为开龙首渠及皂河，引水入城。又疏郑、白二渠，溉泾阳、三原、醴泉、高陵、临潼五县田七万余顷，民祠祀之。

陕西数苦兵。成化元年上言："三边大将遇敌逗留，虽云才怯，亦由权轻。士卒畏敌不畏将，是以战无成功，宜许以军法从事。庙堂举将才，逾年不闻有一人应诏。陕西风土强劲，古多名将，岂无其人，但格于不能答策耳。今天下学校生徒善答策者百不一二，奈何责之武人。"帝善其言，而所司守故事不能用。

　　毛里孩寇延绥，诏忠偕彰武伯杨信御之，无功。明年，信议大举搜河套，敕忠提督军务。忠方赴延绥，而寇复陷开城，深入静宁、隆德六州县，大掠而去。兵部劾忠，帝特宥之，搜套师亦不出。又明年，召理院事。

　　四年，满俊反。满俊者，亦名满四。其祖巴丹，自明初率所部归附，世以千户畜牧为雄长。仍故俗，无科徭。其地在开城县之固原里，接边境。俊犷悍，素藏匿奸盗，出边抄掠。会有狱连俊，有司迹逋至其家，多要求。俊怒，遂激众为乱。守臣遣俊侄指挥琦往捕。俊杀其从者，劫琦叛，入据石城。石城，即唐吐番石堡。城称险固，非数万人不能克者也。山上有城砦，四面峭壁，中凿五石井以贮水，惟一径可缘而上。俊自称招贤王，有众四千，都指挥刑端等御之，败绩。不再月，众至二万，关中震动。乃命忠总督军务，与监督军务太监刘祥、总兵官都督刘玉帅京营及陕西四镇兵讨之。师未行，而巡抚陈价等先以兵三万进讨，复大败。贼因官军器甲，势益张。朝议欲益兵。忠虑京军脆弱不足恃，且更遣大将挠事权，因上言："臣等调兵三万三千余人，足以灭贼。今秋深草寒，若更调他军，恐往复需时，贼得远遁。且边兵不能久留，益兵非便。"大学士彭时、商辂主其议，京军得毋遣。

　　忠遂与巡抚都御史马文升分军七道，抵石城下，与战，斩获多。伏羌伯毛忠乘胜夺其西北山，几破，忽中流矢死。玉亦被围。诸军欲退，忠斩一千户以徇。众力战，玉得出，乃列围困之。适有星孛于台斗，中朝多言占在秦分，师不利。忠曰："李晟讨朱泚，荧惑守岁，此何害。"日遣兵薄城下，焚刍草，绝汲道。贼窘欲降，邀忠与文升相见。忠偕刘玉单骑赴之，文升亦从数十骑至，呼俊、琦谕以速降。贼遥望罗拜，忠直前挟琦以归。俊气沮，犹豫不出。忠命缚木为桥，人负土囊填濠堑，击以铜炮，死者益众。贼倚爱将杨虎狸为谋主，夜出汲被擒，忠贯其死，谕以购贼赏格。示之金，且赐金带钩，纵归，使诱俊出战，伏兵擒焉。急击下石城，尽获余寇。毁其城，凿石纪功。增一卫于固原西北西安废城，留兵戍之而还。

初,石城未下,天甚寒,士卒颇困。忠虑贼奔突,乘冻渡河与套寇合,日夜治攻具,身当矢石不少避,大小三百余战。彭时、商辂知忠能办贼,不从中制,卒用殄贼。论功,进右都御史,与林聪协掌院事。

白圭既平刘通,荆、襄间流民屯结如故。通党李胡子者名原,伪称平王,与小王洪、王彪等掠南漳、房、内乡、渭南诸县。流民附贼者至百万。六年冬,诏忠总督军务,与湖广总兵官李震讨之。忠乃奏调永顺、保靖土兵。而先分军列要害,多设旗帜钲鼓,遣人入山招谕。流民归者四十余万,彪亦就擒。时白圭为兵部,遣锦衣百户吴绶赞以将王信军。绶欲攘功,不利贼瓦解。纵流言,圭信之,止土兵毋调。忠疏争,且劾绶罪,帝为召绶还,而听调土兵如故。合二十五万,分八道逼之,流民归者又数万。贼潜伏山砦,伺间出劫。忠命副使余洵、都指挥李振击之,遇于竹山。乘溪涨半渡截击,擒李原、小王洪等,贼多溺死。忠移军竹山,捕余孽。复招流民五十万,斩首六百四十,俘八百有奇,家口三万余人。户选一丁,戍湖广边卫,余令归籍给田。疏陈善后十事,悉允行。

忠之下令逐流民也,有司一切驱逼。不前,即杀之。民有自洪武中占籍者,亦在遣中。戍者舟行多疫死。给事中梁璟因星变求言,劾忠妄杀。白圭亦言流民既成业者,宜随所在著籍,又驳忠所上功次互异。帝皆不听。进忠左都御史,荫子绶锦衣千户,诸将录功有差。

忠上疏言:"臣先后招抚流民复业者九十三万余人,贼党遁入深山,又招谕解散自归者五十万人。俘获百人,皆首恶耳。今言皆良家子,则前此屡奏猖獗难御者,伊谁也?贼党罪固当死,正因不忍滥诛,故令丁壮谪发遣戍。其久附籍者,或乃占山四十余里,招聚无赖千人,争斗劫杀。若此者,可以久居故不遣乎?臣揭榜晓贼,谓已杀数千,盖张虚势怵之,非实事也。且圭固尝身任其事,今日之事又圭所遗。先时,中外议者谓荆、襄之患何日得宁。今幸平靖,而流言沸腾,以臣为口实。昔马援薏苡蒙谤,邓艾槛车被征。功不见录,身更不保。臣幸际圣明,愿赐骸骨,勿使臣为马、邓之续。"帝温诏答之。

八年召还,与李宾协掌院事。后二年拜刑部尚书,寻代圭为兵部。

汪直开西厂,恣横,忠屡遭侮不能堪。会大学士商辂等劾直,忠亦倡九卿劾之。奏留中,而西厂遂罢,直深恨之。未几,西厂复设,直以吴绶为腹心,绶挟前憾,伺忠益急。忠不自安,乞归治病。未行,而绶嗾侦事者诬忠罪。给事中郭镗、御史冯贯等复交章劾忠,事连其子经、太监黄赐、兴宁伯李震、彰武伯杨信等。诏法司会锦衣卫廷鞫,忠抗辩不少屈。然众知出直意,无敢为之白者,竟斥为民,赐与震等亦得罪。直败,复官,致仕。家居二十六年,至弘治十五年乃卒,年八十二。赠太子太保,谥襄毅。

忠倜傥多大略,练戎务,强直不阿,敏于政事,故所在著称。

子经,经子锡,锡子治元,皆举进士。经,江西参政。锡,南京光禄寺卿。治元,员外郎。

韩雍,字永熙,长洲人。正统七年进士。授御史。负气果敢,以才略称。禄囚南畿。砀山教谕某笞膳夫,膳夫逃匿,父诉教谕杀其子,取他尸支解以证。既诬服,雍踪迹得之,白其冤。出巡河道。已,巡按江西,黜贪墨吏五十七人。庐陵、太和盗起,捕诛之。

十三年冬,处州贼叶宗留自福建转犯江西。官军不利,都督佥事陈荣、指挥刘真遇伏死。诏雍及镇守侍郎杨宁督军民协守。会福建巡按御史汪澄牒邻境会讨贼邓茂七,俄以贼议降,止兵。雍曰:"贼果降,退未晚也。"趣进,贼已叛,澄坐得罪死。人以是服雍识。

景泰二年擢广东副使。大学士陈循荐为右佥都御史,代杨宁巡抚江西。岁饥,奏免秋粮。劾奏宁王不法事,王府官皆得罪。时雍年甫三十,赫然有才望,所规画措置,咸可为后法。

天顺初,罢天下巡抚官,改山西副使。宁王以前憾劾其擅乘肩舆诸事,下狱,夺官。起大理少卿。寻复为右佥都御史,佐寇深理院事。石亨既诛，锦衣指挥刘敬坐饭亨直房，用朋党律谕死。雍言：“律重朋党，谓阿比乱朝政也。以一饭当之，岂律意。且亨盛时，大臣朝夕趋门，不坐，独坐敬何也？”深叹服，出之。母忧。起复。四年，巡抚宣府、大同。七年议事入觐，帝壮其貌，留为兵部右侍郎。

宪宗立，坐学士钱溥累，贬浙江左参政。广西瑶、僮流剽广东，残破郡邑殆遍。成化元年正月大发兵，拜都督赵辅为总兵官，以太监卢永、陈瑄监其军。兵部尚书王竑曰：“韩雍才气无双，平贼非雍莫可。”乃改雍左佥都御史，赞理军务。

雍驰至南京，集诸将议方略。先是，编修丘濬上书大学士李贤，言贼在广东者宜驱，在广西者宜困。欲宿兵大藤峡，扼其出入，蹂其禾稼，期一二年尽贼。贤善之，献于朝，诏录示诸将。诸将主其说，请令游击将军和勇率番骑趋广东，而大军直趋广西，分兵扑灭。雍曰：“贼已蔓延数千里，而所至与战，是自敝也。当全师直捣大藤峡。南可援高、肇、雷、廉，东可应南、韶，西可取柳、庆，北可断阳峒诸路。首尾相应，攻其腹心，巢穴既倾，余迎刃解耳。舍此不图，而分兵四出，贼益奔突，郡邑益残，所谓救火而嘘之也。”众曰善。辅亦知雍才足办贼，军谋一听雍。

雍等遂倍道趋全州。阳峒苗掠兴安，击破之。至桂林，斩失机指挥李英等四人以徇。按地图与诸将议曰：“贼以修仁、荔浦为羽翼，当先收二县以孤贼势。”乃督兵十六万人，分五道，先破修仁贼，穷追至力山。擒千二百余人，斩首七千三百级。荔浦亦定。

十月至浔州，延问父老，皆曰：“峡，天险，不可攻，宜以计困。”雍曰：“峡延广六百余里，安能使困。兵分则力弱，师老则财匮，贼何时得平。吾计决矣。”遂长驱至峡口。儒生、里老数十人伏道左，愿为向导。雍见即骂曰：“贼敢绐我！”叱左右缚斩之，左右皆愕。既缚，而袂中利刃出。推问，果贼也。悉支解刳肠胃，分挂林箐中，累累相属。贼大惊曰：“韩公天神也。”

雍令总兵官欧信等为五哨，自象州、武宣攻其北；身与辅督都指挥白全等为八哨，自桂平、平南攻其南；参将孙震等为二哨，从水路入；而别分兵守诸隘口。贼魁侯大狗等大惧，先移其累重于桂州横石塘，而立栅南山，多置滚木、礌石、镖枪、药弩拒官军。

十二月朔，雍等督诸军水陆并进，拥团牌登山，殊死战。连破石门、林峒、沙田、古营诸巢，焚其室庐积聚，贼皆奔溃。伐木开道，直抵横石塘及九层楼诸山。贼复立栅数重，凭高以拒。官军诱贼发矢石，度且尽，雍躬督诸军缘木攀藤上。别遣壮士从间道先登，据山顶举炮。贼不能支，遂大败。先后破贼三百二十四砦，生擒大狗及其党七百八十人，斩首三千二百有奇，坠溺死者不可胜计。峡有大藤如虹，横亘两崖间，雍斧断之，改名断藤峡，勒石纪功而还。分兵击余党，郁林、阳江、洛容、博白次第皆定。

帝大喜，赐敕嘉劳，召辅等还，迁雍左副都御史，提督两广军务。雍乃散遣诸军，以省馈饷，而遗孽侯郑昂等遂乘虚陷浔州及洛容、北流二县。雍被劾引罪，帝宥之。雍益发兵扑讨。时诸贼所在蜂起，思恩、浔、宾、柳城悉被扰掠。流劫至广东，钦、化二州皆应时破殄。

四年春，雍以两广地大事殷，请东西各设巡抚，帝可之。命陈濂抚广东，张鹏抚广西，而雍专理军事。寻以忧归。明年，两广盗复起，佥事陶鲁言：“两广地势错互，当如臂指相使，不可离析。近贼犯广西，臣与广东三司议调兵，匝月未决，盗贼无所惮。乞仍命大臣总督便。”会佥事林锦、巡按御史龚晟亦以为请。乃罢两巡抚，而起复雍右都御史，总督如故。又明年正月，雍疏辞新命，乞终制，不许。雍抵任，遣参将张寿、游击冯升等分道讨贼，忻州八砦蛮及诸山瑶、僮掠州县者，皆摧破之。蛮民素慑雍威，寇盗寝息。

九年，柳、浔诸蛮复叛，参将杨广等俘斩九百人。方更进，而贼破怀集县。兵部劾雍奏报不实。广西镇守中官黄沁素憾雍抑己，因讦雍，且言其贪欲纵酒，滥赏妄费。帝遣给事中张谦等往勘，而广西布政使何宜、副使张敩衔雍素轻己，共酝酿其罪。谦还奏，事虚实交半，竟命致仕去。

雍洞达闿爽，重信义。抚江西时，请追谥文天祥、谢枋得。诏谥天祥忠烈、枋得文节。有雄略,善断,动中事机。临战,率躬亲矢石,不目瞬。自奉尊严,三司皆长跪白事。军门设铜鼓数十,仪节详密。裨将以下,绳柙无所假。两地镇守宦官素骄恣,亦慑息无敢肆。疾恶严,坦中不为崖岸,挥斥财帛不少惜。故虽令行禁止,民得安堵,而谤议亦易起。为中官所龃龉,公论皆不平。两广人念雍功,尤惜其去,为立祠祀焉。家居五年卒,年五十七。正德间,谥襄毅。

初以军功予一子锦衣百户,雍以授其弟睦。至是,录一子国子生。

余子俊,字士英,青神人。父祥,户部郎中。子俊举景泰二年进士,授户部主事,进员外郎。在部十年,以廉干称。出为西安知府。岁饥,发廪十万石振贷。区画以偿,官不损而民济。

成化初,所司上治行当旌者,知府十人,而子俊为首。以林聪荐,为陕西右参政,岁余擢右布政使。六年转左,调浙江。甫半载,拜右副都御史,巡抚延绥。

先是,巡抚王锐请沿边筑墙建堡,为久远计,工未兴而罢。子俊上疏言:"三边惟延庆地平易,利驰突。寇屡入犯,获边人为导,径入河套屯牧。自是寇顾居内,我反屯外,急宜于沿边筑墙置堡。况今旧界石所在,多高山陡崖。依山形,随地势,或铲削,或垒筑,或挑堑,绵引相接,以成边墙,于计为便。"尚书白圭以陕民方困,奏缓役。既而寇入孤山堡,复犯榆林,子俊先后与朱永、许宁击败之。

是时,寇据河套,岁发大军征讨,卒无功。八年秋,子俊言:"今征套士马屯延绥者八万,刍茭烦内地。若今冬寇不北去,又须备来年军资。姑以今年之数约之,米豆需银九十四万,草六十万。每人运米豆六斗、草四束,应用四百七万人,约费行资八百二十五万。公私烦忧至此,安得不变计。臣前请筑墙建堡,诏事宁举行。请于明年春夏寇马疲乏时,役陕西运粮民五万,给食兴工,其两月毕事。"圭犹持前议阻之。帝是子俊言,命速举。

子俊先用军功进左副都御史。明年,又用红盐池捣巢功,进右都御史。寇以捣巢故远徙,不敢复居套。内地患稍息,子俊得一意兴役。东起清水营,西抵花马池,延袤千七百七十里,凿崖筑墙,掘堑其下,连比不绝。每二三里置敌台崖砦备巡警。又于崖砦空处筑短墙,横一斜二如箕状,以瞭敌避射。凡筑城堡十一,边墩十五,小墩七十八,崖砦八百十九,役军四万人,不三月而成。墙内之地悉分屯垦,岁得粮六万石有奇。十年闰六月,子俊具上其事,因以母老乞归,慰留不许。

初,延绥镇治绥德州,属县米脂、吴堡悉在其外。寇以轻骑入掠,镇兵觉而追之,辄不及,往往得利去。自子俊徙镇榆林,增卫益兵,拓城置戍,攻守器毕具,遂为重镇,寇抄渐稀,军民得安耕牧焉。

十二年十二月移抚陕西。子俊知西安时,以居民患水泉咸苦,凿渠引城西、潏河入灌,民利之。久而水溢无所泄。至是,乃于城西北开渠泄水,使经汉故城达渭。公私益便,号余公渠。又于泾阳山引水,溉田千余顷。通南山道,直抵汉中,以便行旅。学校、公署圮者悉新之。奏免岷、河、洮三卫之戍南方者万有奇。易置南北之更戍者六千有奇,就戍本土。岷州栗林羌为寇,子俊潜师设伏击走之。

十三年召为兵部尚书。奏申明条例十事,又列上军功赏格,由是中外有所遵守。缅甸酋卜剌浪欲夺思洪发贡章地,设词请于朝。子俊言不宜许,乃谕止之。贵州巡抚陈俨等以播州苗窃发,请调湖广、广西、四川兵五万,合贵州兵会剿。子俊言贼在四川,而贵州请讨,是邀功也,奏寝其事。初,子俊论陈钺掩杀贡夷罪,帝以江直故宥之。钺多方构子俊于直,会母忧归,得免。

子俊之筑边墙也,或疑沙土易倾,寇至未可恃。至十八年,寇入犯,许宁等逐之。寇扼于墙堑,散漫不得出,遂大衄,边人益思子俊功。

服阕,拜户部尚书,寻加太子太保。二十年命兼左副都御史,总督大同、宣府军务。其冬还朝。明年正月,星变,陈时弊八事,帝多采纳。未几,复出行边。

初,子俊巡历宣、大,请以延绥边墙法行之两镇,因岁歉而止。

比复出,锐欲行之。言东起四海冶,西抵黄河,延袤千三百余里,旧有墩百七十,应增筑四百四十,墩高广皆三丈,计役夫八万六千,数月可成。诏明年四月即工。然是时,岁比不登,公私耗敝,骤兴大役,上下难之。子俊又欲责成于边臣,而己不亲其事,谤议由是起。至冬,疏请还京。帝入蜚语,命改左都御史,巡抚大同。中官韦敬谗子俊假修边多侵耗,又劾子俊私恩怨,易将帅。兵部侍郎阮勤等为白。帝怒,让勤等。而给事、御史复交章劾,中朝多欲倾子俊。工部侍郎杜谦等往勘,平情按之。还奏易置将帅如勤等言,所费无私。然为银百五十万,米菽二百三十万,耗财烦民,不得无罪。遂落太子太保,致仕去,时二十二年二月也。

明年正月,兵部缺尚书。帝悟子俊无罪,复召任之,仍加太子太保。孝宗嗣位,以先朝老臣,待之弥厚。弘治元年疏陈十事,已,又上边防七事,帝多允行。明年,疾亟,犹手削奏稿,陈救荒弭盗之策,甫得请而卒,年六十一。赠太保,谥肃敏。

子俊沉毅寡言,有伟略。凡奏疏公移,必自属草,每夜分方寝。尝曰:“大臣谋国,当身任利害,岂得远怨市恩为自全计。”故榆林始事,怨讟丛起,子俊持之益坚,竟以成功,为数世利。性孝友,居母忧时,令子寰毋会试,曰:“虽无律令,吾心不忍也。”当荫子,移以荫弟。

子寰,举进士,终户部员外郎。寔,就武荫为锦衣千户,终指挥同知。曾孙承勋、承业,皆进士。承勋,翰林修撰。承业,云南佥事。

阮勤,本交阯人,其父内徙,占籍长子。勤举景泰五年进士。历台州知府。清慎有惠政,赐诰旌异。以右副都御史巡抚陕西。筑墩台十四所,治垣堑三十余里。岁饥,奏免七府租四十余万石。入为侍郎,调南京刑部。蛮酋人著声中国者,勤为最。

朱英,字时杰,桂阳人。五岁而孤。力学,举正统十年进士,授御史。浙、闽盗起,简御史十三人与中官分守诸府,英守处州。而叶宗留党四出剿掠,处州道梗。英间道驰至,抚降甚众,戮贼首周明松等,贼散去乃还。

景泰初,御史王豪尝以勘陈循争地事,忤循,为所讦。至是,循草诏,言风宪官被讦者,虽经赦宥,悉与外除。于是豪当改知县,英言:"若如诏书,则凡遭御史抨击之人,皆将挟仇诬讦,而御史愈缄默不言矣。"章下法司,请如英言,乃复豪职。未几,出为广东右参议。过家省母,橐中惟赐金十两。抵任,抚凋瘵流亡。立均徭法,十岁一更,民称便。

天顺初,两广贼愈炽,诸将多滥杀冒功。巡抚叶盛属英督察。参将范信诬宋泰、永平二乡民为贼,屠戮殆尽,又欲屠进城乡。英驰讯,悉纵去。信忿,留师不还。英密请于盛,檄信班师,一方始靖。潮州贼罗刘宁等流劫远近,屡挫官兵。英会师破灭之。还所掠人口数千,别置一营以处妇女,人莫敢犯。

官参议十年,进右参政。遭母忧。成化初服阕,补陕西。大军讨满四,英主馈饷有功。历福建、陕西左、右布政使,皆推行均徭法。十年以右副都御史巡抚甘肃,先后陈安边二十八事。其请徙居戎、安流离、简贡使,于时务尤切。明年冬,两广总督吴琛卒,廷议以英前在广东有威信,遂以代琛。

自韩雍大征以来,将帅喜邀功,利俘掠,名为"雕剿"。英至,镇以宁静,约饬将士,毋得张贼声势,妄请用师。招抚瑶、僮效顺者,定为编户,给复三年。于是马平、阳朔、苍梧诸县蛮悉望风附。而荔波贼李公主有众数万,久负固,亦遣子纳款。为置永安州处之,俾其子孙世吏目。自是归附日众,凡为户四万三千有奇,口十五万有奇。帝甚嘉之。

镇守中官与督抚、总兵官坐次,中官居中,总督居总兵官左。时总兵官陈政以伯爵欲抑英居右,英不可,奏乞裁定。命解英总督,止为巡抚,居政下。尚书余子俊言英招徕功多,当增秩褒赏,乃反削其事权,恐无以镇诸蛮。乃擢英右都御史仍总督,位次如故。

田州酋黄明叅其知府岑溥祖母,欲杀溥。溥出走思恩,明因肆屠戮。英将进讨,檄溥族人恩城知州岑钦杀明雪耻。钦遂诛明并其族属,传首军门。

英淳厚,然持法无所假借。与市舶中官韦眷忤,眷撼奏英专权玩贼。浔州知府史芳以事见责,亦讦英奸贪欺罔。按皆无验,乃镌芳二官,谕眷协和共事。

十六年,交址攻老挝,议者恐其内寇,诏问英处置之宜。英对言彼不过瓯脱耳,谕之当自悔惧。帝从其言,果上表谢。浔、梧、高、廉贼起,偕政等分道击之,再战,俘斩甚众。十九年,桂林平乐蛮攻城杀将,英、政复分兵十二道击破之。

明年入掌都察院事,寻加太子少保。又明年正月,星变,疏陈八事:请禁边将节旦献马;镇守中官、武将不得私立庄田,侵夺官地;烧丹符咒左道之人,当置重典;四方分守监枪内官勿进贡品物;罢撤仓场、马房、上林苑增设内侍;召还建言得罪诸臣;清内府收白粮积弊;治奸民投献庄田及贵戚受献者罪。权幸皆不便,执政多持之不行,英造内阁力争,竟不能尽从也。时流民集京师者多,英请人给米月三斗,幼者半之,报许。其年秋卒。赠太子太保。

英为总督承韩雍、吴琛后。雍虽有大功,恢廓自奉,赠遗过侈,有司困供意,公私耗竭。而琛务谨廉,至英益持清节,仅携一苍头之官。先后屡赐玺书、金币,英藏玺书,贮金币于库。其威望不及雍,而惠泽过之。在甘肃积军储三十万两,广四十余万,皆不以闻。或问之,答曰:"此边臣常分,何足言。"人服其知大体。正德中,追谥恭简。

子守孚,进士,刑部郎中。

秦纮,字世缨,单人。景泰二年进士。授南京御史。劾治内官傅锁儿罪。谏止江南采翠毛、鱼鲵等使。权贵忌之,蜚语闻。会考察,坐谪湖广驿丞。

天顺初,以御史练纲荐,迁雄县知县。奉御杜坚捕天鹅暴横,纮执杖其从者,坐下诏狱。民五千诣阙讼,乃调知府谷。宪宗即位,迁葭州知州,调秦州。母丧去官,州人乞借纮,服阕还故任。寻擢巩昌知府,改西安,迁陕西右参政。岷州番乱,提兵三千破之,进俸一级。

成化十三年擢右佥都御史,巡抚山西,奏镇国将军奇涧等罪。奇涧父庆成王钟镒为奏辩,且诬纮。帝重违王意,逮纮下法司治,事皆无验。而内官尚亨籍纮家,以所得敝衣数事奏。帝叹曰:"纮贫一至此耶?"赐钞万贯旌之。于是夺奇涧等三人爵,王亦削禄三之一,而改纮抚河南。寻复调宣府。

小王子数万骑寇大同,长驱入顺圣川,掠宣府境。纮与总兵官周玉等邀击,遁去。寻入掠兴宁口,连战却之,追还所掠,玺书劳焉。进左佥都御史,巡抚如故。未几,召还理院事,迁户部右侍郎。万安逐尹旻,诬纮旻党,降广西右参政。进福建左布政使。

弘治元年以王恕荐,擢左副都御史,督漕运。明年三月进右都御史,总督两广军务。奏言:"中官、武将总镇两广者,率纵私人扰商贾,高居私家,擅理公事,贼杀不辜,交通土官为奸利。而天下镇守官皆得擅执军职,受民讼,非制,请严禁绝。总镇府故有赏功所,岁储金钱数万,费出无经,宜从都御史勾稽。广、潮、南、韶多盗,当设社学,编保甲,以绝盗源。"帝悉从其请。恩城知州岑钦攻逐田州知府岑溥,与泗城知州岑应分据其地。纮入田州逐走钦,还溥于府,留官军戍之,乱遂定。复遣将讨平黎贼陵水,瑶贼德庆。

纮之初莅镇也,劾总兵官安远侯柳景贪暴,逮下狱。景亦讦纮,勘无左证,法司当景死。景连姻周太后家,有奥援,讦纮不已。诏并逮纮,廷鞫卒无罪。诏宥景死,夺爵闲住,而纮亦罢归。大臣王恕等请留纮,不纳。廷臣复连章言纮可大用。居数月,起南京户部尚书。十一年引疾去。

十四年秋,寇大入花马池,败官军孔霸沟,直抵平凉。言者谓纮有威名,虽老可用。诏起户部尚书兼右副都御史,总制三边军务。纮驰至固原,按行败所。躬祭阵亡将士,掩其骼。奏禄死事指挥朱鼎等五人,恤军士战殁者家。劾治败将杨琳等四人罪,更易守将。练壮士,兴屯田。申明号令,军声大振。

初，寇未入河套，平凉、固原皆内地无患。自孛来住牧后，固原当兵冲，为平、庆、临、巩门户，而城隘民贫，兵力单弱，商贩不至。纮乃拓治城郭，招徕商贾，建改为州，而身留节制之。奏言："固原主、客兵止万八千人，散守城堡二十四。势分力弱，宜益兵。旧临、巩、秦州诸军岁赴甘、凉备御。及他方有警，又调兵甘、凉，或发京军征讨。夫京师天下本，边将手握重兵。而一遇有事辄请京军，非强干弱枝之道。请自今京兵毋轻发，临、巩、甘、凉诸军亦宜各还本镇。但选知兵宿将一二人各守其地，人以成为家，军以将为命，自乐趋役，而有战心，计之得者也。"

纮见固原迤北延袤千里，闲田数十万顷，旷野近边，无城堡可依。议于花马池迤西至小盐池二百里，每二十里筑一堡，堡周四十八丈，役军五百人。固原迤北诸处亦各筑屯堡，募人屯种，每顷岁赋米五石，可得五十万石。规画已定，而宁夏巡抚刘宪为梗。纮乃奏曰："窃见三边情形，延绥、甘、凉地虽广，而士马精强。宁夏怯弱矣，然河山险阻。惟花马池至固原，军既怯弱，又墩台疏远，敌骑得长驱深入，故当增筑墩堡，韦州豫望城诸处亦然。今固原迤南修筑将毕，惟花马池迤北二百里，当筑十堡。而宪危言阻众，且废垂成之功。乞令宪制三边，而改臣抚宁夏，俾得终边防，于事为便。"帝下诏责宪，宪引罪，卒行纮策。修筑诸边城堡一万四千余所，垣堑六千四百余里，固原屹为重镇。纮又以意作战车。名"全胜车"，诏颁其式于诸边。在事三年，四镇晏然，前后经略西陲者莫及。

十七年加太子少保，召还视部事。以年老连章力辞，乞致仕。诏赐敕乘传归，月廪岁隶如制。明年九月卒，年八十。赠少保，谥襄毅。

纮廉介绝俗，妻孥菜羹麦饭常不饱。性刚果，勇于除害，不自顾虑，士大夫识与不识称为伟人。在两广被逮时，方议讨后山贼。治军事毕，从容就道，仪卫驺从不贬损。既逾岭，始囚服就系。谓官校曰："两广蛮夷杂处，总制体尊，遽就拘执，损国威。今既逾岭，真囚矣。"其严重得体如此。正德五年，刘瑾乱政。纮家奴憾纮妇弟杨瑾，以纮所遗火炮投缉事校尉，诬瑾畜违禁军器。刘瑾怒，归罪于纮。籍其家,无所得。言官张九叙、涂敬等复希瑾意劾纮,士类嗤之。

　　赞曰:项忠、韩雍皆以文学通籍,而亲提桴鼓,树勋戎马之场。其应机决胜,成画远谋,虽宿将殆无以过,岂不壮哉。赏不酬劳,谣诼继起,文法吏从而绳其后,功名之士所为发愤而太息也。余子俊尽心边计,数世赖之。朱英廉威名粤峤,秦纮经略著西陲,文武兼资,伟哉一代之能臣矣。

明史卷一七九
列传第六七

罗伦 涂棻 　章懋 从子拯 　黄仲昭
庄昶　邹智　舒芬 崔桐　马汝骥

罗伦,字彝正,吉安永丰人。五岁尝随母入园,果落,众竞取,伦独赐而后受。家贫樵牧,挟书诵不辍。及为诸生,志圣贤学,尝曰:"举业非能坏人,人自坏之耳。"知府张瑄悯其贫,周之粟,谢不受。居父母丧,逾大祥,始食盐酪。

成化二年,廷试,对策万余言。直斥时弊,名震都下。擢进士第一,授翰林修撰。逾二月,大学士李贤奔丧毕,奉诏还朝。伦诣贤沮之,不听。乃上疏曰:

臣闻朝廷援杨溥故事,起复大学士李贤。臣窃谓贤大臣,起复大事,纲常风化系焉,不可不慎。曩陛下制策有曰:"朕夙夜拳拳,欲正大纲,举万目,使人伦明于上,风俗厚于下。"窃谓明人伦,厚风俗,莫先于孝。在礼,子有父母之丧,君三年不呼其门。子夏问:"三年之丧,金革无避,礼欤?"孔子曰:"鲁公伯禽有为为之也。今以三年之丧从其利者,吾弗知也。"陛下于贤,以为金革之事起复之欤? 则未之有也。以大臣起复之欤? 则礼所未见也。

夫为人君,当举先王之礼教其臣;为人臣,当守先王之礼事其君。昔宋仁宗尝起复富弼矣,弼辞曰:"不敢遵故事以遂前代之非,但当据《礼经》以行今日之是。"仁宗卒从其请。孝宗尝起复刘珙矣，珙辞曰：“身在草土之中，国无门庭之寇，难冒金革之名，私窃利禄之实。”孝宗不抑其情。此二君者，未尝以故事强其臣。二臣者，未尝以故事徇其君。故史册书之为盛事，士大夫传之为美谈。无他，君能教臣以孝，臣有孝可移于君也。自是而后，无复礼义。王黼、史嵩之、陈宜中、贾似道之徒，皆援故事起复。然天下坏乱，社稷倾危，流祸当时，遗讥后代。无他，君不教臣以孝，臣无孝可移于君也。陛下必欲贤身任天下之事，则贤身不可留，口实可言。宜降温诏，俾如刘珙得以言事。使贤于天下之事知必言，言必尽。陛下于贤之言闻必行，行必力。贤虽不起复，犹起复也。苟知之而不能尽言，言之而不能力行，贤虽起复无益也。

且陛下无谓庙堂无贤臣，庶官无贤士。君，盂也；臣，水也。水之方圆，盂实主之。臣之直佞，君实召之。陛下诚于退朝之暇，亲直谅博洽之臣，讲圣学君德之要，询政事得失，察民生利病，访人才贤否，考古今盛衰，舍独信之偏见，纳逆耳之苦言，则众贤群策毕萃于朝，又何待违先王之《礼经》，损大臣之名节，然后天下可治哉。

臣伏见比年以来，朝廷以夺情为常典，缙绅以起复为美名，食稻衣锦之徒，接踵庙堂，不知此人于天下之重何关耶。且妇于舅姑，丧亦三年，孙于祖父母，服则齐衰。夺情于夫，初无预其妻。夺情于父，初无干其子。今或舍馆如故，妻孥不还，乃号于天下曰“本欲终丧，朝命不许”，虽三尺童子，臣知其不信也。为人父者所以望其子之报，岂拟至于此哉。为人子者所以报其亲之心，岂忍至于此哉。枉己者不能直人，忘亲者不能忠君。陛下何取于若人，而起复之也。

今大臣起复，群臣不以为非，且从而赞之。群臣起复，大臣不以为非，且从而成之。上下成俗，混然同流，率天下之人为无父之归，臣不忍圣明之朝，致纲常之坏，风俗之弊，一至此极也。愿陛下断自圣衷，许贤归家持服。其他已起复者，仍令奔丧，未起复者，悉许终制。脱有金革之变，亦从墨衰之权，使任军事于外，尽心丧于内。将朝廷端则天下一，大臣法则群臣效，人伦由是明，风俗由是厚矣。

疏入，谪福建市舶司副提举。御史陈选疏救，不报。御史杨琅复申救，帝切责之。尚书王翱以文彦博救唐介事讽贤，贤曰："潞公市恩，归怨朝廷，吾不可以效之。"亡何，贤卒。明年以学士商辂言召复原职，改南京。居二年，引疾归，遂不复出。

伦为人刚正，严于律己。义所在，毅然必为，于富贵名利泊如也。里居倡行乡约，相率无敢犯。衣食粗恶，或遗之衣，见道殣，解以覆之。晨留客饮，妻子贷粟邻家，及午方炊，不为意。以金牛山人迹不至，筑室著书其中，四方从学者甚众。十四年卒，年四十八。嘉靖初，从御史唐龙请，追赠左春坊谕德，谥文毅。学者称一峰先生。

方伦为提举时，御史丰城涂棐巡按福建。司礼中官黄赐，延平人也，请见，棐不可。泉州知府李宗学以受赇为棐所按，讦棐自解，赐从中主其奏。棐、宗学俱被征，词连伦，当并逮。镇抚司某曰："罗先生可至此乎？"即日鞫成上之。伦得免，棐亦复官。

棐，天顺四年进士。成化中尝言："祖宗朝，政事必与大臣面议。自先帝幼冲，未能裁决，柄国者虑其缺遗，假简易之辞，以便宣布。凡视朝奏事，谕旨辄曰'所司知之'。此一时权宜，非可循为定制。况批答多参以中官，内阁或不与，尤乖祖制。乞复面议，杜蔽壅之弊。"宪宗不能用。终广东副使。

章懋，字德懋，兰谿人。成化二年会试第一，成进士，改庶吉士。明年冬，授编修。

宪宗将以元夕张灯，命词臣撰诗词进奉。懋与同官黄仲昭、检讨庄昶疏谏曰："顷谕臣等撰鳌山烟火诗词，臣等窃议，此必非陛下本怀，或以两宫圣母在上，欲备极孝养奉其欢心耳。然大孝在乎养志，不可徒陈耳目之玩以为养也。今川东未靖，辽左多虞，江西、湖广赤地数千里,万姓嗷嗷,张口待哺,此正陛下宵旰焦劳,两宫母后同忧天下之日。至翰林官以论思为职,鄙俚之言岂宜进于君上。伏读宣宗皇帝御制《翰林箴》有曰'启沃之言,唯义与仁。尧、舜之道,邹、鲁以陈'。张灯岂尧、舜之道,诗词岂仁义之言。若谓烟火细故不足为圣德累,则舜何必不造漆器,禹何必不嗜旨酒,汉文何必不作露台。古帝王慎小谨微必矜细行者,正以欲不可纵,渐不可长也。伏乞将烟火停止,移此视听以明目达聪,省此赀财以振饥恤困,则灾寝可销,太平可致。"帝以元夕张灯,祖宗故事,恶懋等妄言,并杖之阙下,左迁其官。修撰罗伦先以言事被黜,时称"翰林四谏"。

懋既贬临武知县,未行,以给事中毛弘等论救,改南京大理左评事。逾三年,迁福建佥事。平泰宁、沙、尤贼,听福安民采矿以杜盗源,建议番货互通贸易以裕商民,政绩甚著。满考入都,年止四十一,力求致仕。吏部尚书尹旻固留之,不可。

既归,屏迹不入城府。奉亲之暇,专以读书讲学为事,弟子执经者日益进。贫无供具,惟脱粟菜羹而已。四方学士大夫高其风,称为枫山先生。家居二十余年,中外交荐,部檄屡起之,以亲老坚不赴。

弘治中,孝宗登用群贤。众议两京国学当用名儒,起谢铎于北监。及南监缺祭酒,遂以懋补之。懋方遭父忧不就。时南监缺司叶且二十年,诏特以罗钦顺为之,而虚位以待懋。十六年,服阕,懋复固辞。不允,始莅任。六馆士人人自以为得师。监生尤樾母病,例不得归省,昼夜泣。懋遣之归,曰:"吾宁以违制获罪。"

武宗立,陈勤圣学、隆继述、谨大婚、重诏令、敬天戒五事。正德元年乞休,五疏不允。复引疾恳辞,明年三月始得请。五年起南京太常卿,明年又起为南京礼部右侍郎,皆力辞不就。言者屡陈懋德望,请加优礼,诏有司岁时存问。世宗嗣位,即家进南京礼部尚书,致仕。其冬,遣行人存问,而懋已卒,年八十六。赠太子少保,谥文懿。

懋为学,恪守先儒训。或讽为文章,曰:"小技耳,予弗暇。"有劝以著述者,曰:"先儒之言至矣,芟其繁可也。"通籍五十余年,历俸仅满三考。难进易退,世皆高之。

生三子,兼令业农。县令过之,诸子释耒跪迎,人不知其贵公子也。子省懋于南监,徒步往,道为巡检所笞,已知而请罪,懋慰遣之。晚年,三子一孙尽死。年八十二生少子接,后以荫为国子生。

从子拯,字以道。幼从懋学,登弘治十五年进士,为刑部主事。正德初,忤刘瑾,下诏狱,谪梧州府通判。瑾诛,擢南京兵部郎中。嘉靖中,累官工部尚书。桂萼欲复海运,延公卿议得失,拯曰:"海运虽有故事,而风涛百倍于河。且天津海口多淤,自古不闻有浚海者。"议遂寝。南北郊议起,拯言不可,失帝意。寻坐郊坛祭器缺供,落职归。久之复官。致仕,卒。

黄仲昭,名潜,以字行,莆田人。祖寿生,翰林检讨,有学行。父嘉,束鹿知县,以善政闻。

仲昭性端谨,年十五六即有志正学。登成化二年进士,改庶吉士,授编修。与章懋庄昶同以直谏被杖,谪湘潭知县。在道,用谏官言,改南京大理评事。两京诸司隶卒率放还而取其月钱,为故事,惟仲昭与罗伦不取。御史纵子弟取赂,刑部曲为地,仲昭驳正之,有群掠民妇转鬻者,部坐首恶一人,仲昭请皆坐。连遭父母丧,不离苦块者四年。服除,以亲不逮养,遂不出。

弘治改元,御史姜洪疏荐,史部尚书王恕檄有司敦趣。比至,恕迓之大门外,揖让升堂,相向再拜,世两高之。除江西提学佥事,诲士以正学。久之再疏乞休,日事著述。学者称未轩先生。卒年七十四。

仲昭兄深,御史。深子乾亨,行人。使满剌加,殁于海。乾亨子如金,广西提学副使;希雍,苏州同知。仲昭孙懋,南京户部侍郎。

庄昶,字孔旸,江浦人。自幼豪迈不群,嗜古博学。举成化二年进士,改庶吉士,授翰林检讨。与编修章懋、黄仲昭疏谏内廷张灯,忤旨廷杖二十,谪桂阳州判官。寻以言官论救,改南京行人司副。居三年,母忧去。继丁父忧,哀毁,丧除不复出。卜居定山二十余年,学者称定山先生。巡抚王恕尝欲葺其庐,辞之。

昶生平不尚著述,有自得,辄见之于诗。荐章十余上,部檄屡趣,俱不赴。大学士丘濬素恶昶,语人曰:"率天下士背朝廷者,昶也。"弘治七年有荐昶者,奉诏起用。昶念濬当国,不出且得罪,强起入都。大学士徐溥语郎中邵宝曰:"定山故翰林,复之。"濬闻曰:"我不识所谓定山也。"乃复以为行人司副。俄迁南京吏部郎中,得风疾。明年乞身归,部臣不为奏。又明年京察,尚书倪岳以老疾罢之。居二年卒,年六十三。天启初,追谥文节。

邹智,字汝愚,合州人。年十二能文。家贫,读书焚木叶继晷者三年。举成化二十二年乡试第一。

时帝益倦于政,而万安、刘吉、尹直居政府,智愤之。道出三原,谒致仕尚书王恕,慨然曰:"治天下,在进君子退小人。方今小人在位,毒痛四海,而公顾屏弃田里。智此行非为科名,欲上书天子,别白贤奸,拯斯民于涂炭耳。"恕奇其言,笑而不答。明年登进士。改庶吉士。遂上疏曰:

陛下于辅臣,遇事必咨,殊恩异数必及,亦云任矣。然或进退一人,处分一事,往往降中旨,使一二小人阴执其柄,是既任之而又疑之也。陛下岂不欲推诚待物哉?由其进身之初,多出私门,先有以致陛下之厌薄。及与议事,又唯诺惟谨,伈伈俔俔,若有所不敢,反不如一二俗吏足以任事。此陛下所为疑也,臣窃以为过矣。昔宋仁宗知夏竦怀诈则黜之,知吕夷简能改过则容之,知杜衍、韩琦、范仲淹、富弼可任则不次擢之,故能北拒契丹,西臣元昊。未闻一任一疑,可以成天下事也。顾陛下察孰为竦,孰为夷简,而黜之容之,孰为衍、琦、仲淹、弼而擢之,日与讲论治道,不使小人得参其间,则天工亮矣。

臣又闻天下事惟辅臣得议，惟谏官得言。谏官虽卑，与辅臣等。乃今之谏官以躯体魁梧为美，以应对捷给为贤，以簿书刑狱为职业，不畏天变，不恤人穷。或以忠义激之，则曰："吾非不欲言，言出则祸随，其谁吾听？"呜呼，既不能尽言效职，而复引过以归于上，有人心者固如是乎。臣顾罢黜浮冗，广求风节之臣。令仗下纠弹，入阁参议。或请对，或轮对，或非时召对，霁色接之，温言导之，使得毕诚尽蕴，则天听开矣。

臣又闻汲黯在朝，淮南寝谋，君子之有益人国也大矣。以陛下之聪明，宁不知君子可任，而故屈抑之哉？乃小人巧谗间以中伤之耳。今硕德如王恕，忠鲠如强珍，亮直刚方如章懋、林俊、张吉，皆一时人望，不宜贬锢，负上天生才之意。陛下诚召此数人，置要近之地，使各尽其平生，则天心协矣。

臣又闻高皇帝制阍寺，惟给扫除，不及以政。近者旧章日坏，邪径日开，人主大权尽出其手。内倚之为相，外倚之为将，藩方倚之为镇抚，伶人贱工倚之以作奇技淫巧，法王佛子倚之以恣出入宫禁，此岂高皇帝所许哉！愿陛下以宰相为股肱，以谏官为耳目，以正人君子为腹心，深思极虑，定宗社长久之计，则大纲正矣。

然其本则在陛下明理何如耳。窃闻侍臣进讲无反覆论辩之功，陛下听讲亦无从容沃心之益。如此而欲明理以应事，臣不信也。顾陛下念义理之难穷，惜日月之易迈，考之经史，验之身心，使终岁无间，则圣学明而万事毕治，岂特四事之举措得其当已耶。

疏入，不报。

智既慷慨负奇，其时御史汤鼐、中书舍人吉人、进士李文祥亦并负意气，智皆与之善。因相与品核公卿，裁量人物。未几，孝宗嗣位，弊政多所更。智喜，以为其志且得行，乃复因星变上书曰：

伏读明诏云"天下利弊所当兴革，所在官员人等条具以闻"。此殆陛下知前日登极诏书为奸臣所误，禁言官毋风闻挟私言事，物论嚣然，故复下此条自解耳。夫不曰："朕躬有过，朝政有阙"，而曰"利弊当兴革"；不曰"许诸人直言无隐"，而曰"官员人等条具以闻"。陛下所以求言者，已不广矣。今欲兴天下之利，革天下之弊，当求利弊之本原而兴且革之，不当毛举细故，以为利弊在是也。

本原何在？阁臣是已。少师安持禄怙宠，少保吉附下罔上，太子少保直挟诈怀奸，世之小人也。陛下留之，则君德必不就，朝政必不修，此弊所当革者也。致仕尚书王恕忠亮可任大事，尚书王竑刚颜可寝大奸，都御史彭韶方正可决大疑，世之君子也。陛下用之，则君德开明，朝政清肃，此利所当兴也。

然君子所以不进，小人所以不退，大抵由宦官权重而已。汉元帝尝任萧望之、周堪矣，卒制于弘恭、石显。宋孝宗尝任刘俊卿、刘珙矣，卒间于陈源、甘升。李林甫、牛仙客与高力士相附和，而唐政不纲。贾似道、丁大全与董宋臣相表里，而宋室不振。君子小人进退之机，未尝不系此曹之盛衰。愿陛下鉴既往，谨将来，揽天纲，张英断。凡所以待宦官者，一以高皇帝为法，则君子可进，小人可退，而天下之治出于一矣。

以陛下聪明冠世，岂不知刑臣不可委信，然而不免误用者，殆正心之学未讲也。心发于天理，则耳目聪明，言动中节，何宦官之能惑。发于人欲，则一身无主，万事失纲，投间抵隙，蒙蔽得施。虽有神武之资，亦将日改月化而寝失其初。欲进君子退小人，兴天下之利，革天下之弊，岂可得哉。

帝得疏，颔之。居无何，安、直相继罢斥。而吉任寄如故，衔智刺骨。

蒱常朝当侍班，智告之曰："祖宗盛时，御史侍班，得面陈政务得失，立取进止。自后惟退而具疏，此君臣情意所由隔也。君幸值维新之日，盍仿先朝故事行之。"及恕赴召至京，智往谒曰："后世人臣不获时见天子，故事多苟且。愿公且勿受官，先请朝见，取时政不善者历陈之，力请除革，而后拜命，庶其有济。若先受官，无复见天子之日矣。"蕭与恕亦未能用其言。

会刘概狱起,吉使其党魏璋入智名,遂下诏狱。智身亲三木,仅属喘息,慷慨对薄曰:"智见经筵以寒暑辍讲,午朝以细事塞责,纪纲废驰,风俗浮薄,生民憔悴,边备空虚,私窃以为忧。与蕭等往来论议诚有之,不知其他。"谳者承吉意,意谪广东石城所史目,事具《汤蕭传》。

智至广东,总督秦纮檄召修书,乃居会城。闻陈献章讲道新会,往受业,自是学益粹。弘治四年十月得疾遽卒,年二十有六。同年生吴廷举为顺德知县,殓而归其丧。天启初,追谥忠介。

舒芬,字国裳,进贤人。年十二,献《驯雁赋》于知府祝瀚,遂知名。正德十二年举进士第一,授修撰。

时武宗逾微行,畋游无度。其明年,孝贞皇后崩甫逾月,欲幸宣府。托言往视山陵,罢沿道兵卫。芬上言:"陛下三年之内当深居不出,虽释服之后,固俨然茕疚也。且自古万乘之重,非奔窜逃匿,未有不严侍卫者。又等威莫大于车服,以天子之尊下同庶人,舍大辂衮冕而赢车亵服是御,非所以辨上下,定礼仪。"不听。

孝贞山陵毕,迎主祔朝,自长安门入。芬又言:"孝贞皇后作配茂陵,未闻失德。祖宗之制,既葬迎主,必入正门。昨孝贞之主,顾从陛下驾由旁门入,他日史臣书之曰"六月己丑,车驾至自山陵,迎孝贞纯皇后主入长安门",将使孝贞有不得正终之嫌,其何以解于天下后世。昨祔庙之夕,疾风迅雷甚雨,意者圣祖列宗及孝贞皇后之灵,儆告陛下也。陛下宜即明诏中外,以示改过。"不报。遂乞归养,不许。

又明年三月,帝议南巡。时宁王宸濠久蓄异谋,与近幸相结,人情惶惧。言官伏阙谏,忤旨被责让。芬忧之,与吏部员外郎夏良胜、礼部主事万潮、庶吉士汪应轸要诸曹连章入谏,众许诺。芬遂偕编修崔桐,庶吉士江晖、王廷陈、马汝骥、曹嘉及应轸上疏曰:"古帝王所以巡狩者,协律度,同量衡,访遗老,问疾苦,黜陟幽明,式序在位，是以诸侯畏焉，百姓安焉。若陛下之出，不过如秦皇、汉武，侈心为乐而已，非能行巡狩之礼者也。博浪、柏谷，其祸亦可鉴矣。近者西北再巡，六师不摄，四民告病。哀痛之声，上彻苍天，传播四方，人心震动。故一闻南巡诏书，皆鸟惊兽散。而有司方以迎奉为名，征发严急，江、淮之间萧然烦费。万一不逞之徒，乘势倡乱，为祸非细。且陛下以镇国公自命，苟至亲王国境，或据勋臣之礼以待陛下，将北向朝之乎，抑南面受其朝乎？假令循名责实，深求悖谬之端，则左右宠幸无死所矣。尚有事堪痛哭不忍言者：宗藩蓄刘濞之衅，大臣怀冯道之心，以禄位为故物。以朝署为市厘，以陛下为弈棋，以革除年间为故事。特左右宠幸知术短浅，无能以此言告陛下耳。使陛下得闻此言，虽禁门之外，亦将警跸而出，尚敢轻骑慢游哉。”

　　疏入，陆完迎谓曰：“上闻有谏者辄恚，欲自引决。诸君且休，勿归过君上，沽直名。”芬等不应而出。有顷，良胜、潮过芬，扼腕恨完。芬因邀博士陈九川至，酌之酒曰：“匹夫不可夺志，君辈可遂已乎？”明日遂偕诸曹连疏入。帝大怒，命跪阙下五日，期满复杖之三十。芬创甚，几毙，舁至翰林院中。掌院者惧得罪，命摽出之，芬曰：“吾官此，即死此耳。”竟谪福建市舶副提举，裹创就道。

　　世宗即位，召复故官。嘉靖三年春，昭圣太后寿旦，诏免诸命妇朝贺。芬言：“前者兴国太后令旦，命妇朝贺如仪。今遇皇太后寿节，忽行传免，恐失轻重之宜。乞收成命，以彰圣孝。”帝怒，夺俸三月。时帝欲尊崇本生，芬偕其僚连章极谏。及张璁、桂萼、方献夫骤擢学士，芬及同官杨维聪、编修王思奏与同列，拜疏乞罢。未几，复偕同官杨慎等伏左顺门哭争。帝怒，下狱廷杖，夺俸如初。旋遭母丧归，卒于家，年四十四。世称“忠孝状元”。

　　芬丰神玉立，负气峻厉，端居竟日无倦容，夜则计过自讼。以倡明绝学为己任。其学贯串诸经，兼通天文律历，而尤精于《周礼》。尝曰：“《周礼》视《仪礼》、《礼记》，犹蜀之视吴、魏也。贾氏谓《仪礼》为本，《周礼》为末，妄矣。朱子不加是正，何也？”疾革，其子请所言，惟以未及表章《周礼》为恨。学者称梓溪先生。万历中，追谥文节。先是,修撰罗伦以谏谪福建提举,逾六十年而芬继之。与伦同乡同官,所谪地与官又同,福建士大夫遂祀芬配伦云。

崔桐,字来凤,海门人。乡试第一,与芬同进士及第。授编修。即谏南巡,并跪阙下,受杖夺俸。嘉靖中,以侍读出为湖广右参议,累擢国子祭酒,礼部右侍郎。

马汝骥字仲房,绥德人。正德十二年进士。改庶吉士。偕芬等谏南巡,罚跪受杖。教习期满,当授编修,特调泽州知州。惩王府人虐小民,比王有所属,辄投其书椟中不视。陵川知县贪,汝骥欲黜之。巡按御史为曲解,汝骥不听,竟褫其官。世宗立,召复编修,寻禄直谏功,增秩一等。预修《武宗实录》,进修撰。历两京国子司业,擢南京右通政,就改国子祭酒,召拜礼部右侍郎。尚书严嵩爱重汝骥,入阁称之,帝特加侍读学士。汝骥行己峭厉,然性故和易,人望归焉。卒赠尚书,谥文简。应轸等自有传。

赞曰:词臣以文学侍从为职,非有言责也。激于名义,侃侃廷诤,抵罪谪而不悔,岂非皎然志节之士欤。夺情之典不始李贤,然自罗伦疏传诵天下,而朝臣不敢以起复为故事,于伦理所神,岂浅鲜哉。章懋等引宣宗箴,明国家设官意,不为彰君之过。邹智指列贤奸,矫拂偷末。舒芬危言耸切,有爰盎揽辔之风。况夫清修峻节,行无瑕尤,若诸子者,洵足以矫文士浮夸之习矣。

明史卷一八〇
列传第六八

张宁　　王徽　王渊等　　毛弘

丘弘　　李森　　魏元　康永韶等

强珍　　王瑞　张稷　　李俊

汪奎　从子舜民　崔升等　　汤鼐　吉人　刘概

董杰　　姜绾　余浚等　　姜洪　欧阳旦

畅亨　　曹璘　　彭程　　庞泮　吕献

叶绅　　胡献　武衢等　　张弘至

屈伸　　王献臣　吴一贯　余濂

　　张宁，字靖之，海盐人。景泰五年进士。授礼科给事中。七年夏，帝从唐瑜等奏，考核南京大小诸臣。宁言：“京师尤根本地，不可独免。”又言：“京卫带俸武职，一卫至二千余人，通计三万余员。岁需银四十八万，米三十六万，并他折俸物，动经百万。耗损国储，莫甚于此。而其间多老弱不娴骑射之人。莫若简可者，补天下都司、卫所缺官，而悉汰其余。”议格不行。

　　帝得疾，适遇星变，诏罢明年元会，百官朝参如朔望。宁言：“四方来觐，不得一睹天颜，疑似之际，必至讹言相惊，愿勉循旧典，用慰人心。"帝疾不能从,而"夺门"之变作。

天顺中,曹、石窃柄。事关礼科者,宁辄裁损,英宗以是知宁。朝鲜与邻部毛怜卫仇杀,诏宁同都指挥武忠往解。宁辞义慷慨,而忠骁健,张两弓折之,射雁一发坠,朝鲜人大惊服,两人竟解其仇而还。中官覃包邀与相见,不往。寻擢都给事中。

宪宗初御经筵,请日以大学衍义进讲。是年十月,皇太后生辰,礼部尚书姚夔仍故事,设斋建醮,会百官赴坛行香。宁言无益,徒伤大体,乞禁止。帝嘉纳之。未几,给事中王徽以牛玉事劾大学士李贤,得罪。宁率六科论救,由是浸与内阁忤。会王竑等荐宁堪金都御史清军职贴黄,与岳正并举。得旨,会举多私,皆予外任。宁出为汀州知府,以简静为治,期年善政具举。

宁才高负志节,善章奏,声称籍甚。英宗尝欲重用之,不果。久居谏垣,不为大臣所喜。既出守,益郁郁不得志,以病免归。家居三十年,言者屡荐,终不复召。

无子。有二妾,宁没,剪发誓死,楼居不下者四十年。诏旌为"双节"。

王徽,字尚文,应天人。天顺四年进士。除南京刑科给事中。宪宗即位数月,与同官王渊、朱宽、李翔、李钧疏陈四事。末言:"自古宦官贤良者少,奸邪者多。若授以大权,致令败坏,然后加刑,是始爱而终杀之,非所以保全之也。愿法高皇帝旧制,毋令预政典兵,置产立业。家人义子,悉编原籍为民。严禁官吏与之交接,惟厚其赏赉,使得丰足,无复他望。此国家之福,亦宦官之福也。"

其冬,帝入万妃谮,废吴后,罪中官牛玉擅易中宫,谪之南京,徽复与渊等劾之曰:

> 陛下册立中宫,此何等事,而贼臣牛玉乃大肆奸欺。中宫既退,人情咸谓玉必万死。顾仅斥陪京,独全首领,则凡侍陛下左右者将何所忌惮哉。内阁大臣,身居辅弼,视立后大事漠然不以加意。方玉欺肆之初,婚礼未成,礼官畏权,辄为阿附。及

玉事发之后，国法难贷，刑官念旧，竟至苟容。而李贤等又坐视成败，不出一言，党恶欺君，莫此为甚。请并罪贤等，为大臣不忠者戒。

臣等前疏请保全宦官，正欲防患于未萌。乃处置之道未闻，牛玉之祸果作。然往不可谏，来犹可追，臣等不敢远引，请以近事征之。正统末，有王振矣，讵意复有曹吉祥。天顺初，有吉祥矣，讵意复有牛玉。若又不思预防，安知后不有甚于牛玉者哉。

夫宦者无事之时似乎恭慎，一闻国政，即肆奸欺。将用某人也，必先卖之以为己功。将行某事也，必先泄之以张己势。迨趋附日众，威权日盛，而祸作矣。此所以不可预闻国政也。内官在帝左右，大臣不识廉耻，多与交结。馈献珍奇，伊优取媚，即以为贤，而朝夕誉之。有方正不阿者，即以为不肖，而朝夕谗谤之，日加浸润，未免致疑。由是称誉者获显，谗谤者被斥，恩出于内侍，怨归于朝廷，此所以不可许其交结也。内官弟侄授职任事，倚势为非，聚奸养恶，广营财利，奸弊多端。身虽居内，心实在外。内外交通，乱所由起，此所以不可使其子侄在外任职营立家产也。

臣等职居言路，不为苟容，虽死无悔，惟陛下裁察。

诏谓妄言邀誉，欲加罪。诸给事、御史交章论救，乃并谪州判官。徽得贵州普安，渊茂州，宽潼川，翔宁州，钧绥德。奏盖钧笔也。侍郎叶盛、编修陈章相继请留，不纳。最后御史杨琅言尤切，几得罪。

徽至普安，与学校教士，始有举于乡者。却土官陇畅及白千户赇，治甚有声。居七年。弃官归，言者屡荐，终以宦官恶之不复录。徽尝曰："今仕者以刚方为刻，怠缓为宽。学者以持正为滞，恬软为通。为文以典雅为肤浅，怪异为古健。"其论治，尝诵张宣公语"无求办事之人，当求晓事之人"，时皆服其切中。

弘治初，吏部尚书王恕荐起陕西左参议。逾年，谢病还，卒，年八十三。子韦，见《文苑传》。

王渊，浙江山阴人。天顺元年进士，除南京吏科给事中，素伉直，终顺天府治中。

朱宽，蒲田人，李翔，大足人，皆天顺元年进士。李钧，永新人，景泰二年进士。宽为南京礼科给事中，翔兵科，钧工科。既被谪，宽进表入京，道卒。翔、钧皆以判官终。

毛弘，字士广，鄞人。登天顺初进士。六年授刑科给事中。成化三年夏，偕六科诸臣上言："比塞上多事，正陛下宵衣旰食时。乃闻退朝之暇，颇事逸游。炮声数闻于外，非禁城所宜有。况灾变频仍，两畿水旱，川、广兵革之余，公私交困。愿省游戏宴饮之娱，停金豆、银豆之赏，日御经筵，讲求正学，庶几上解天怒，下慰人心。"御史展毓等亦以为言，皆嘉纳。

帝从学士商辂请，改元后建言罢官者悉录用。弘请断自践阼而后，召还给事中王徽等，不许。慈懿太后崩，诏别葬。弘偕魏元等疏谏，未得请。朝罢，弘倡言曰："此大事，吾辈当以死谏，请合大小臣工伏阙固争。"众许诺。有退却者，给事中张宾呼曰："君辈独不受国恩乎，何为首鼠两端。"乃伏哭文华门，竟得如礼。

弘在垣中所论列最多，声震朝宁。帝颇厌苦之，尝曰："昨日毛弘，今日毛弘。"前后所陈，或不见听，而弘慷慨论议无所屈。钦天监正谷滨受赇当除名，命输赎贬秩。正一真人张元吉有罪论死，诏系狱。弘等皆固争，终不听。三迁至都给事中。得疾，暴卒。

丘弘，字宽叔，上杭人。天顺末进士。授户科给事中。数陈时政。成化四年春，偕同官上言："洪武、永乐间，以畿辅、山东土旷人稀，诏听民开垦，永不科税。迩者权豪怙势，率指为闲田，朦胧奏乞。如嘉善长公主求文安诸县地，西天佛子扎实巴求静海县地，多至数十百顷。夫地逾百顷，古者百家产也。岂可徇一人之私情，而夺百家恒产哉。"帝纳其言,诏自今请乞,皆不许,著为令。扎实巴所乞地,竟还之民。弘再迁,至都给事中。

六年夏,山东、河南大旱,弘请振。因言:"四方告灾,部臣拘成例,必覆实始免。上虽蠲租,下鲜实惠。请自今遇灾,抚按官勘实,即与蠲除。"从之。

万贵妃有宠,中官梁芳、陈喜争进淫巧,奸人屠宗顺辈日献奇异宝石,辄厚酬之,糜帑藏百万计,有因以得官者。都人仿效,竞尚侈靡,僭拟无度。弘偕同官疏论宗顺等罪,请追还帑金,严禁侈俗。事下刑部,尚书陆瑜因请置宗顺等于理,没其赀以振饥民。帝不许,但命僭侈者罪无赦,然竟不能禁也。

京师岁歉米贵,而四方游僧万数,弘请驱逐,以省冗食。又请发太仓米,减价以粜,给贫民最甚者。帝悉从之。复言:"在京百兽房及清河寺诸处,所育珍禽野兽,日饲鱼肉米菽,乞并纵放,以省冗费。"报闻。明年使琉球,道卒。

弘与毛弘同居言路,皆敢言,人称:"二弘"云。

李森,字时茂,历城人。天顺元年进士。授户科给事中。负气敢言。

宪宗立,上疏请禁朝觐官科敛征求为民害者。吏部尚书王翱请从其言,帝为下诏禁止。顷之,言:"近有无功而晋侯、伯、都督者,有无才德而位九列者,有以画、弈、弹琴、医、卜技能而得官职者。名爵日轻,廪禄日费,是玩天下之公器,弃国家之大柄也。自今宜择人授,毋令匪才竞进。"且请严军官黜陟,核逃伍虚粮。皆报可。御史谢文祥以劾姚夔下狱,森偕同官救之,不纳。

明年夏,日食,琼山县地震,森疏陈十事。未几,以贵幸侵夺民产,率诸给事言:"昔奉先帝敕,皇亲强占军民田者,罪毋赦,投献者戍边。一时贵戚莫敢犯。比给事中丘弘奏绝权贵请乞,陛下亦既俯从。乃外戚锦衣指挥周彧求武强、武邑田六百余顷,翊圣夫人刘氏求通州、武清地三百余顷,诏皆许之,何其与前敕悖也!彼溪壑难厌,而畿内膏腴有限,小民衣食皆出于此,一旦夺之,何以为生。且本朝百年来户口日滋,安得尚有闲田不耕不稼。名为奏求,实豪夺而已。"帝善其言,而已赐者仍不问。山西灾,山东及杭、绍、嘉、湖大水,森等请蠲振,帝并从之。

时帝未有储嗣,而万贵妃专宠,后宫莫得进。言者每劝上普恩泽,然未敢显言妃妒也。惟森抗章为言,帝心愠。森已再迁左给事中,会户科都给事中缺,吏部列森名上,诏予外任。部拟兴化知府,不允,乃出为怀庆通判。未几,投劾归,不复出。

魏元,字景善,朝城人。天顺元年进士。授礼科给事中。成化初,万贵妃兄弟骄横,元疏劾之。四年,慈懿太后崩,将别葬。元偕同官三十九人抗章极谏,御史康永韶亦偕同官四十一人争之,伏哭文华门,竟得如礼。

其年九月,彗星见。元率诸给事上言:

入春以来,灾异迭至,近又彗星见东方,光拂台垣,皆阴盛阳微之证。臣闻君之与后,犹天之与地,不可得而参贰也。传闻宫中乃有盛宠,匹耦中宫。尚书姚夔等向尝言之,陛下谓:"内事朕自裁置"。屏息倾听,将及半载,而昭德宫进膳未闻少减,中宫未闻少增。夫宫闱虽远,而视听犹咫尺,衽席之微,谪见玄象,不可不惧。且陛下富有春秋,而震位尚虚。岂可以宗社大计一付之爱专情一之人,而不求所以固国本安民心哉。愿明伉俪之义,严嫡妾之妨。俾尊卑较然,各安其分。本支百世之基,实在于此。

四方旱涝相仍,民困日棘,荆、襄流民告变。陛下作民父母,初无徽惕,仅循故事,付部施行。而户部尚书马昂,凡有奏报,遇上意喜,则曰"移所司处置";遇上意怒,则曰"事窒难行";微有利害,即乞圣裁。首鼠依违,民更何望。惟亟罢征税,发内帑,遣官振赡,庶可少慰人心。

陛下崇信异教,每遇生愍之辰,辄重糜赀财,广建斋醮。而

西僧扎实巴等，至加法王诸号，赐予骈蕃。出乘棕舆，导用金吾
仗，缙绅避道，奉养过于亲王。悖理乱纪，孰甚于此。乞革夺名
号，遣还其国，追录横赐，用振饥民。仍敕寺观，永不得再请斋
醮，以蠹国用。

天下之财，不在官则在民。今公私交困，由玩好太多，赏赉
无节。或营立塔寺，或购市珍奇。一物之微，累价巨万，国帑安
得不绌。愿屏绝淫巧，停罢宴游，诸银场及不急务悉为禁止。

至两京文武大臣，不乏奸贪，争为蒙蔽。陛下勿谓其位高
而不忍遽去，勿谓其旧臣而姑且宽容。宜令各自陈免，用全大
体。其贪位不去者，则言官纠劾。而臣等滥居言路，无补于时，
亦望罢归，为不职戒。

帝优诏褒答之，然竟不能用。

元屡迁都给事中，出为福建右参政。巡视海道，严禁越海私贩。
巨商以重宝赂，元怒叱出之。母忧归，庐墓三年，服除，起江西参政，
卒。

康永韶，字用和，祁门人。举于乡，入国学，选授御史。成化初，
巡按畿辅，劾尚书马昂抑市民地。四年偕同官胡深、郑己等争慈懿
太后山陵事。彗星见，复偕同官上言八事，大旨与元前疏相类。两
京大臣考察庶寮，去留多不当。永韶等复劾大臣行私，且摘刑部主
事余志等十二人罪，为志所讦，俱下诏狱。永韶谪顺昌知县，再调福
清、惠安。久之，有荐其知天文者，中旨召还，授钦天监正，进太常少
卿，掌监事。永韶为御史有直声，及是乃更迎合取宠，占候多隐讳，
甚者以灾为祥。陕西大饥，永韶言："今春星变当有大咎，赖秦民饥
死，足当之，诚国家无疆福"帝甚悦，中旨擢礼部右侍郎，仍掌监事。
坐历多讹字，落职归。

胡深，定远卫人。天顺末进士。既争慈懿太后山陵事，复与同
官陈宏、郑己、何纯、方升、张进禄上疏请斥奸邪，痛诋学士商辂，尚
书程信、姚夔、马昂。帝不纳。翌日，给事中董旻、陈鹤、胡智亦劾辂

等,疏呈御前。故事,谏官弹章非大廷宣读则封进,未有不读而面呈者。帝不悦,曰:"大臣进退有体,旻等敢不循旧章乱朝仪耶?"辂等乞休,帝惟听昂去。夔愤甚,连疏求去。深、旻等复合辞攻,而诋夔甚力。帝怒,下深等九人狱。先是,御史林诚亦尝劾辂,不纳,引病去,帝并属诚吏。毛弘等皆论救,辂亦请宽之,乃各杖二十,复其官。未几,深坐按陕时杖杀诉冤者,谪黔阳丞,稍迁郁林知州,卒。

郑已,山海卫人。成化二年进士。巡按陕西,请蠲边地逋赋,分别边兵,令壮者战守,老弱耕牧,章下所司。定西侯蒋琬镇甘肃,已欲按其罪,语泄,为所劾,戍宣府。已性矜傲,时论不甚惜。

董旻,乐平人。成化二年进士。历史科都给事中。为吏所讦,下诏狱。谪石臼知县。孝宗时,卒官四川参议。

强珍,字廷贵,沧州人。成化二年进士。除泾县知县。请减额赋,民德之。擢御史。

初,辽东巡抚陈钺启衅召敌,敌至,务为蔽欺。巡按御史王崇之劾钺,钺大恐。谋之汪直,诬逮崇之下诏狱,输赎,调延安推官。及直、钺用兵,方论功而敌大入,中官韦朗、总兵官缑谦等匿不以闻。珍往巡按,请正钺罪。兵部尚书余子俊等奏钺累犯重辟,不当贷。帝弗从。未几,指挥王全等诱杀朵颜卫人,珍发其状,全等俱获罪。直方自矜有大功,闻珍疏怒。适巡边还,钺郊迎五十里,诉珍诬己,直益怒,奏珍所劾皆妄。诏遣锦衣千户萧聚往勘,械赴京。比至,直先榜掠,然后奏闻,坐奏事不实,当输赎。诏特谪戍辽东,而责兵部及言官先尝劾钺者。居三年,直败,复珍官,致仕。

弘治初,起山东副使,擢大理少卿。明年,以右佥都御史巡抚宣府。时缑谦已罢,珍奏留谦才力可用。给事中言谦数失机,珍不应奏保,遂改南京右通政。寻以母老乞休,久之卒。

王瑞,字良璧,望江人。成化五年进士。授史科给事中。尝于交华殿抗言内宠滋甚，词气鲠直。帝震怒，同列战栗，瑞无惧色。十五年疏请天下进表官各陈地方利病，帝恶其纷扰，杖之。

湖广、江西抚、按官以所部灾伤盗起，请免有司朝觐。瑞等言："岁侵民困，由有司不职，正当加罪，乃为请留。正官既留，则人才进退，何由审辩？是朝觐、考察两大典。皆从此废坏矣。"帝然其言，即命吏部禁之。进都给事中，言："三载黜陟，朝廷大典。今布、按二司贤否，由抚、按牒报，其余由布、按评覆。任情毁誉，多至失真。举劾谬者，请连坐。

十九年冬，瑞以传奉冗员淆乱仕路，率同官奏曰："祖宗设官有定员，初无幸进之路，近始有纳粟冠带之制，然止荣其身，不任以职。今幸门大开，鬻贩如市。恩典内降，遍及吏胥。武阶荫袭，下逮白丁。或选期未至，超越官资；或外任杂流，骤迁京职。以至厮养贱夫、市井童稚，皆得攀援，妄窃名器，逾滥至此，有识寒心。伏睹英庙复辟，景泰幸用者卒皆斥，陛下临御，天顺冒功者一切革除。乞断自宸衷，悉皆斥汰，以存国体。"御史宝应张稷等亦言："比来末流贱伎妄厕公卿，屠狗贩缯滥居清要。文职有未识一丁，武阶亦未挟一矢。白徒骤贵，间岁频迁，或父子并坐一堂，或兄弟分踞各署。甚有军匠逃匿，易姓进身；官吏犯赃，隐罪希宠。一日而数十人得官，一署而数百人寄俸。自古以来，有如是之政令否也？"帝得疏，意颇动，居三日，贬李孜省、凌中等四人秩，夺黄谦、钱通等九人官。人心快之。

明年正月，太监尚铭罢斥，而其党李荣、萧敬等犹用事。瑞等复奏劾之，不从。

瑞居谏垣十余年，迁湖广右参议，谢病归，卒。

李俊，字子英，岐山人。成化五年进士。除吏科给事中，屡迁都给事中。十五年，帝以李孜省为太常寺丞，俊偕同官言："孜省本赃吏，不宜玷清班，奉郊庙百神祀。"会御史亦有言，乃改上林监副。

时汪直窃柄，陷马文升、牟俸遣戍。帝责言官不纠，杖俊及同官二十七人，御史王濬等二十九人。当是时，帝耽于燕乐，群小乱政，屡致灾谴。至二十一年正月朔申刻，有星西流，化白气，声如雷。帝颇惧，诏求直言，俊率六科诸臣上疏曰：

今之弊政最大且急者，曰近幸干纪也，大臣不职也，爵赏太滥也，工役过烦也，进献无厌也，流亡未复也。天变之来，率由于此。

夫内侍之设，国初皆有定制。今或一监而丛一二十人，或一事而参五六七辈；或分布藩郡，享王者之奉；或总领边疆，专大将之权；或依凭左右，援引险邪；或交通中外，投献奇巧。司钱谷则法外取财，贡方物则多端责赂，兵民坐困，官吏蒙殃。杀人者见原，偾事者逃罪。如梁芳、韦兴、陈喜辈，不可枚举。惟陛下大施刚断，无令干纪，奉使于外者悉为召还，用事于内者严加省汰，则近幸戢而天意可回矣。

今之大臣，其未进也，非夤缘内臣则不得进；其既进也，非依凭内臣则不得安。此以财贸官，彼以官鬻财，无怪其渔猎四方，而转输权贵也。如尚书殷谦、张鹏、李本、侍郎艾福、杜铭、刘俊，皆既老且懦。尚书张鎣、张瑄，侍郎尹直，大理卿田景旸，皆清论不惬。惟陛下大加黜罚，勿为姑息，则大臣知警而天意可回矣。

夫爵以待有德，赏以待有功也。今或无故而爵一庸流，或无功而赏一贵幸。祈雨雪者得美官，进金宝者射厚利。方士献炼服之书，伶人奏曼延之戏。掾史胥徒皆叨官禄，俳优僧道亦玷班资。一岁而传奉或至千人，数岁而数千人矣。数千人之禄，岁以数十万计。是皆国之命脉，民之脂膏，可以养贤士，可以活饥民，诚可惜也。方士道流如左通政李孜省、太常少卿邓常恩辈，尤为诞妄，此招天变之甚者。乞尽罢传奉之官。毋令污玷朝列，则爵赏不滥而天意可回矣。今都城佛刹迄无宁工，京营军士不复遗力。如国师继晓假术济私，糜耗特甚，中外切齿。愿陛下内惜资财，外惜人力，不急之役姑赐停罢，则工役不烦而天意可回矣。

近来规利之徒，率假进奉以耗国财。或录一方书，市一玩器，购一画图，制一簪珥，所费不多，获利十倍。愿陛下洞烛此弊，留府库之财为军国之备，则进献息而天意可回矣。

陕西、河南、山西赤地千里。尸骸枕籍，流亡日多，崔苻可虑。愿体天心之仁爱，悯生民之困穷，追录贵幸盐课，暂假造寺资财，移振饥民，俾苟存活，则流亡复而天意可回矣。

夫天下譬之人身。人主，元首也；大臣，股肱也；谏官，耳目也；京师，腹心也；藩郡，躯干也。大臣不职则股肱痿痹，谏官缄默则耳目涂塞，京师不戢则腹心受病，藩郡灾荒则躯干削弱，元首岂能宴然而安哉？伏望陛下听言必行，事天以实，疏斥群小，亲近贤臣，咨治道之得失，究前代之兴亡，以圣贤之经代方书，以文学之臣代方士；必有正谊足以广圣学，谠论足以究天变，而手足便利，耳目聪明，腹心安泰，躯干强健，元首于是乎大明矣。

帝优诏答之。降孜省上林丞，常恩本寺丞，继晓革国师为民，令巡按御史追其诰敕。制下，举朝大悦。五月，俊出为湖广布政司参议。弘治中，屡官山西参政，卒。

汪奎，字文灿，婺源人。成化二年进士。为秀水知县，擢御史。二十一年，星变，偕同官疏陈十事，言："建言贬谪诸臣，效忠于国，宜复其职。妖僧继晓结中官梁芳，耗竭内藏，乞治芳罪，斩继晓都市。传奉官顾贤等皆中官恒从子而冒锦衣，李孜省小吏而授通政，宜尽斥以清仕路。尚书殷谦、李本，侍郎杜铭、尹直，皆素乏清誉，尚书张鹏、张蓥、张瑄，侍郎杜谦、艾福、马显、刘俊，大理卿宋钦，巡抚都御史鲁能、马驯，皆老懦无能，侍郎谈伦奔竞无耻，巡抚赵文博粗鄙妄为，大理卿田景旸素行不谨，宜令致仕。镇守、守备内官视天顺间逾数倍，作威福，凌虐有司，浙江张庆、四川蔡用得逮治四品以下官，尤伤国体，宜悉撤还。内外坐营、监枪内官增置过多，皆私役军士，办纳月钱，多者至二三百人。武将亦皆私役健丁，行伍惟存老弱。勋戚、内官奏乞盐利，满载南行，所至张钦赐黄旗，商旅不行，边储亏损。并宜严禁。陕西、山西、河南频年水旱，死徙大半，山、陕之民仅存无几，宜核被灾郡县，概与蠲除。给事张善吉先坐罪谪官，考绩至京，昏夜乞怜，得授兹职，大玷清班，宜罢斥。山、陕、河、洛饥民多流郧、襄，至骨肉相啖，请大发帑庾振济，消弭他变。

当是时，帝以灾变求言，奎疏入，虽触帝忌，未加谴。无何，有御史失仪，奎当面纠，退朝乃奏。帝以其急缓，杖之于廷。居数月，复出为夔州通判，讨平云阳剧贼。

孝宗立，量移叙州同知。以荐，擢成都知府。岁饥多盗，振救多复业。三迁广西左布政使。弘治十四年以右副都御史巡抚贵州。未浃岁，普安贼妇米鲁作乱，被劾致仕。正德六年卒。

从子舜民，字从仁。成化十四年进士。授行人，擢御史，出按甘肃。劾中官将帅失事，陈边计，章数十上。先是，奎杖阙下，舜民扶掖之，帝闻而怒。至是，奏狱情词不当，贬蒙化卫经历。

弘治初，迁知东莞，未上，擢江西佥事。善谳狱，剖析如流。其清军法，后人遵守之。改云南屯田副使。田为势要夺者，厘而归之官。麓川遗孽思禄渡金沙江，据孟密，承檄抚定之。母忧归。服除，适淮、扬大饥，以故官奉命振济。用便宜发粟，奏停不急务，活饥民百二十万人，流冗复业者八千余户。进福建按察使盗。窃福清县库，或诬其怨家，已成狱。舜民廉得真盗，脱三十人于死，抵诬者罪。岁旱，祷不应。躬莅福州狱，释枉系轻罪者，所部有司皆清狱，遂大雨。历河南左、右布政使。正德二年以右副都御史抚治郧阳。甫一月，罢天下巡抚官，改莅南京都察院，道卒。

奎性简静，不苟取与，以笃实见称。而舜民好学砥行，矫矫持风节，尤负时望。

方星变求言时，九卿各条奏数事，率有所避，无甚激切者，唯奎

与李俊等言最直。而武选员外郎崔升、彭纲，主事苏章，户部主事周
轸，刑部主事李旦皆有言。升、章言宦官妖僧罪，请亟诛窜，而尚书
王恕今伊、傅，不宜置南京。纲斥李孜省、继晓、请诛之以谢天下。轸
亦请诛梁芳、李孜省，并汰内侍，罢方书。旦陈十事，且言：“神仙、佛
老、外戚、女谒，声色货利，奇技淫巧，皆陛下素所惑溺，而左右近习
交相诱之。”言甚切。帝以方修省，皆不罪。后以吏盗鬻旧赐外蕃故
敕事，下纲、章吏，贬之外。而密谕吏部尚书尹旻出旦等，且书六十
人姓名于屏，俟奏迁则贬远恶地。旦乃与给事中卢瑀、秦升、童枢同
日俱谪。部臣见远谪者多，有应迁者辄故迟之，升、轸遂得免。

崔升，字廷进，本乐安人。父为彰德库大使，因家焉。成化五年
进士。由工部主事改兵部。稍卷延安知府，四川参政。守官廉，居
常服布袍，家童拾马矢给爨。家居三十年，年八十八卒。子铣，自有
传。

彭纲，清江人。与苏章、周轸、秦升、童枢皆成化十一年进士。贬
永宁知州，改汝州。凿渠溉田数千亩。再迁云南提学副使。苏章，
余干人。贬姚安通判，再迁延平知府。有政绩。终浙江参政。周轸，
莆田人，副使瑛从子。后进郎中，终山东运使。李旦，字启东，献县
人。成化十七年进士。贬镇远通判，未几卒。

卢瑀，鄞县人。成化五年进士。为刑科给事中，疏蠲淮、扬逋课
十余万，清西北勒市战马宿弊。尝触帝怒，杖之。迁工科都给事中，
与升、枢皆因星变陈言，获谴。瑀贬长沙通判。终广平知府。秦升，
南昌人，贬广安州同知。童枢，兰溪人，贬兴国州同知，终袁州知府。

是时，崔升以请召王恕被忤旨，而工部主事王纯亦以谏罢王恕
杖谪官。纯，仙居人。成化十七年进士。贬思南推官。弘治中，屡
迁湖广提学佥事。

汤鼐，字用之，寿州人。成化十一年进士。授行人，擢御史。
孝宗嗣位，首劾大学士万安阘茸误国。明日，宣至左顺门。中
官森列，令跪。鼐曰：“令鼐跪者，旨耶，抑太监意耶？”曰：“有旨。”鼐

始跪。及宣旨，言疏已留中。鼐大言："臣所言国家大事，奈何留中？"已而安斥，鼐亦出畿辅印马，驰疏言："陛下视朝之余，宜御便殿，择侍臣端方谨厚若刘健、谢迁、程敏政、吴宽者，日与讲学论道，以为出治之本。至如内阁尹直、尚书李裕、都御史刘敷、侍郎黄景，奸邪无耻，或夤缘中官进用，或依附佞幸行私。不早驱斥，必累圣明。司礼中官李荣、萧敬曩为言官劾罢，寻夤缘复入。遂摭言官过，贬窜殆尽，致士气委靡。宜亟正典刑，勿为姑息。诸传奉得官者，请悉编置瘴乡，示天下戒。且召致仕尚书王恕、王竑，都御史彭韶，佥事章懋等，而还建言得罪诸臣，以厉风节。"报闻。

弘治元年正月，鼐又劾礼部尚书周洪谟，侍郎倪岳、张悦，南京兵部尚书马文升，因言："少傅刘吉，与万安、尹直奸贪等耳。安、直斥，而吉独进官，不以为耻。请大申黜陟，明示劝惩。"又劾李荣、萧敬，而荐谪降进士李文祥为台谏。尚书王恕以盛暑请辍经筵，鼐极言不可，语侵恕。

当是时，帝更新庶政，言路大开。新进者争欲以功名自见。封章旁午，颇伤激讦，鼐意气尤锐。其所抨击，间及海内人望，以故大臣多畏之，而吉尤不能堪。使人啖御史魏璋曰："君能去鼐，行佥院事矣。"璋欣然，日夜伺鼐短。未几，而吉人之狱起。

吉人者，长安人，成化末进士，为中书舍人。四川饥，帝遣郎中江汉往振。人言汉不胜任，宜遣四使分道振，且择才能御史为巡按，庶荒政有裨。因荐给事中宋琮、陈琼、韩鼎，御史曹璘、郎中王沂、洪钟，员外郎东思诚，评事王寅，理刑知县韩福及寿州知州刘概可使，而巡按则鼐足任之。璋遂草疏，伪署御史陈景隆等名，言吉人抵抗成命，私立朋党。帝怒，下人诏狱，令自引其党。人以鼐、玲、思诚、概、福对。璋又嗾御史陈璧等言："玲、福、思诚非其党，其党则鼐、概及主事李文祥、庶吉人邹智、知州董杰是也。"概尝馈鼐白金，贻之书，谓夜梦一人骑牛几堕，鼐手挽之得不仆，又见鼐手执五色石引牛就道。因解之曰："人骑牛谓朱，乃国姓；意者国将倾，赖鼐扶之，而引君当道也。"鼐、概等自相标榜，诋毁时政，请并文祥、智、杰逮治。"疏上,吉从中主之,悉下诏狱,欲尽置之死。

刑部尚书何乔新、侍郎彭诏等持之,外议亦汹汹不平。乃坐概妖言律斩;蒯受贿,戍肃州;人欺罔,削籍;智、文祥、杰皆谪官。吏部尚书王恕奏曰:"律重妖言,谓造作符谶类耳。概书词虽妄,良以蒯数言事不避利害,因推诩之。今当以妖言,设有如造亡秦谶者,更何以罪之?"帝得疏意动,命姑系狱。既而热审,乔新等言:"概本不应妖言律。且概五岁而孤,无兄弟,母系孙氏守节三十年,曾被旌,老病且贫。概死,母必不全,祈圣恩矜恤。"乃减概死,戍海州。

概,济宁人。成化二十年进士。除寿州知州,毁境内淫祠几尽,三年教化大行。弘治初上言:"刑赏予夺,人主大柄,后世乃有为女子、小人、强臣、外戚所攘窃者,由此辈心险术巧,人主稍加亲信,辄堕计中。爱者,乘君之喜而游言以扬之;恶者,乘君之怒而微言以中之,使贤人君子卒受暧昧而去。卿相缺人,则迁延饵引,待有交通请属软美易制之人,然后荐用。其刚正不阿者,辄媒孽而放弃之,俟其气衰虑易,不至大立异同,乃更收录。巧计既行,刑赏予夺虽名人主独操,实一出于其所簸弄。迨党立势成,复恐一旦败露,则又极意以排谏诤之士,务使其君孤立于上,耳无闻,目无见,以图便其私,不至其身与国俱败不止。故夫刑赏予夺,必由大臣奏请,台谏集议,而后可行。或有矫诬,穷治不轻贷,则谗佞莫能间,而权不下移矣。"考绩赴都,遂遇祸,竟卒于戍所。

蒯既戍,无援之者,久之始释归。

董杰,泾县人。成化末进士。蒯之论暑月辍讲也,杰方谒选,亦抗疏争,由是知名。授沔阳知州,甫数月,逮系诏狱,谪四川行都司知事,历迁河南左布政使。所在尽职业为民所怀。正德六年,江西盗起,巡抚王哲兵败召还,擢杰右副都御史代之。未几卒。

璋既为吉心腹,果擢大理寺丞。坐事下狱,黜为九江同知,悒悒死。

姜绾,字玉卿,弋阳人。成化十四年进士。由景陵知县擢南京御史。弘治初,陈治道十事。又言午朝宜论大政,毋泛陈细故,皆报闻。

二年二月,南京守备中官蒋琮以庐场事下绾覆按,琮嘱绾求右己。绾疏言:"琮以守奋重臣与小民争利,假公事以适私情,用揭帖而抗诏旨,扬言阴中,胁以必从。其他变乱成法,厥罪有十。以内官侵言官职,罪一。妒害大臣,妄论都御史秦纮,罪二。怒河闸官失迎侯,欲奏罢之,罪三。受民词不由通政,罪四。分遣腹心,侵渔国课,罪五。按季收班匠工银,罪六。擅收用罢闲都事,罪七。官僚忤意,辄肆中伤,罪八。妄奏主事周琦罪,欺罔朝廷,罪九。保举罢斥内臣,窃天子威柄,罪十。"事下南京三法司。既,复特遣官覆治以奏。

先是,御史余浚劾中官陈祖生违制垦后湖田,湖为之淤。奏下南京主事卢锦勘报。锦故与祖生有隙。而给事中方向尝率同官缪樗等劾祖生及文武大臣不职状,又因雷震孝陵柏,劾大学士刘吉等十一人,而诋祖生益力。祖生衔向切骨。时向方监后湖黄册,祖生遂揭向、锦实侵湖田。诏下法司勘。勘未上,而琮为绾所劾。于是琮、祖生及吉合谋削锦籍,谪向官,复逮绾及同官孙纮、刘逊、金章、纪杰、曹玉、谭肃、徐礼、余浚,给事中缪樗,赴京论鞫,皆谪为州判官。

绾谪判桂阳,量移宁国同知,迁庆远知府。斩剧贼韦七旋、韦万妙。其党纠贼数万攻城,绾坚守,檄民兵夹击,破走之,东兰诸州蛮悉归侵地。总督刘大夏奇其材,荐为右江兵备副使。思恩知府岑浚逐田州知府岑猛,绾献策总督潘蕃。蕃令与都指挥金堂合诸路兵大破贼,思恩平。绾条二府形势,请改设流官,比中土,廷议从之。绾引疾还。俄起河南按察使,寻复以疾归,卒于家。

余浚慈溪人。成化十七年进士。孝宗初,疏请永除纳粟入监令。又劾浙江镇守中官张庆、广工镇守中官韦眷,因荐王恕堪内阁,马文升、彭韶、张悦、阮勤、黄孔昭堪吏部。后湖之勘,自浚启之。贬平度州判官,终知府。

方向,字与义,桐城人。成化十七年进士。谪云南多罗驿丞,历官琼州知府。入觐时，仆私市一珠，索而投诸海。

缪樗，字全之，溧阳人。成化十一年进士。孝宗初，陈时政八事。因劾大学士尹直等，时号敢言。终营州判官。

孙纮，字文冕，鄞人。成化十四年进士。谪胶州判官，迁广德知州，卒官。纮少贫，佣书市肉以养母。既通籍，终身不食肉。

刘逊，安福人。成化十四年进士。谪澧州判官，迁武冈知州。岷王不检下，逊裁抑之，又欲损其岁禄。王怒，奏于朝，征下诏狱，贬四川行都司断事，历湖广副使。刘瑾徵贿不得，坐缺军储被逮，已而释之。再坐断狱稽延，罚米百石。先是，荣王乞辰州、常德田二千顷、山场八百里、民舍市廛千余间，逊与巡抚韩重持勿予。至是，瑾悉予之。部议补逊琼州副使。瑾勒令致仕。瑾诛，起官，历福建按察使。

金章等无他表见。

姜洪，字希范，广德人。成化十四年进士。除卢氏知县。单骑劝农桑。民姜仲礼愿代父死罪，与奏免之。征拜御史。

孝宗即位，陈时政八事。历诋太监肃敬，内阁万安，刘吉，学士尹直，侍郎黄景、刘宣，都御史刘敷，尚李裕、李敏、杜铭，大理丞宋经，而荐致仕尚书王恕、王竑、李秉、去任侍郎谢铎，编修张元祯，检讨陈献章，佥事章懋，评事黄仲昭，御史强珍、徐镛、于大节，给事中王徽、萧显、贺钦，员外林俊，主事王纯及现任尚书余子俊、马文升，巡抚彭韶，侍郎张悦，詹事杨守陈。且言指挥许宁、内官怀恩，并拨出曹辈，足副任使。他所陈，多斥近幸，疏辞几万言。帝嘉纳之。为所斥者憾不置。

弘治元年出按湖广，与督漕都御史秦纮争文移，被劾，所司白洪无罪。刘吉欲中之，再下礼部会议，遂贬夏县知县。御史欧阳旦请召还洪及畅亨等，不纳。迁桂林知府。瑶、僮侵扰古田，请兵讨平之，擢云南参政。土官陶洪与八百媳妇约为乱，洪乘间翦灭。历山东左参政。正德二年迁山西布政使。刘瑾索贺印钱，不应。四年二月，中旨令致仕。瑾诛，起山东左布政使。七年以右副都御史巡抚山西,未满岁卒。

洪性廉直,身后丧不能举。天启初,追谥庄介。

欧阳旦,安福人。成化十七年进士。由休宁知县擢御史。尝请逐刘吉,罢皇庄。历湖广金事、浙江副使,终南京右副都御史。

畅亨,字文通,河津人。成化十四年进士。由长垣知县擢御史,巡按浙江。岁饥,奏罢上供绫纱等物。弘治元年二月,景宁县屏风山异兽万余,大如羊,白色,衔尾浮空去。亨请罢温、处银课,而置镇守中官张庆于法。章下所司,银课得减,责庆陈状。庆因讦亨考察不公,停亨俸三月。亨又劾金事邹滂,滂亦讦亨。庆等构之,逮亨,谪泾阳知县。给事中庞泮上疏争,不听。

曹璘,字廷晖,襄阳人。成化十四年进士。授行人。久之,选授御史。

孝宗嗣位,疏言:"梓宫发引,陛下宜衰绖杖履送至大明门外,拜哭而别,率宫中行三年丧。贵妃万氏有罪,宜告于先帝,削其谥,迁葬他所。"帝纳其奏,而戒勿言贵妃事。顷之,请进用王恕等诸大臣,复先朝言事于大节等诸臣官,放遣宫中怨女,罢撤监督京营及镇守四方太监。又言:"梁芳以指挥袁辂献地建寺,请令袭广平侯爵。以数亩地得侯,勋臣谁不解体,宜亟为革罢。"疏奏,帝颇采焉。

弘治元年七月上言:"近日星陨地震,金木二星昼现,雷击禁门,皇陵雨雹,南京内园灾,狂夫叫阍,景宁白气飞腾,而陛下不深求致咎之由,以尽弭灾之实。经筵虽御,徒为具文。方举辄休,暂行遽罢,所谓'一日暴之,十日寒之'者。愿日御讲殿与儒臣论议,罢斥大学士刘吉等,以消天变。臣昨冬曾请陛下墨衰视政,今每遇节序,辄渐御黄衮,从官朱绯。三年之间,为日有几,宜但御浅服。且陛下方谅阴,少监郭镛乃请乃请选妃嫔。虽拒勿纳,镛犹任用,何以解臣民疑。祖宗严自宫之禁,今此曹干进纷纭,当论罪。朝廷特设书堂,令翰林官教习内使。本非高皇帝制。词臣多夤缘以干进,而内官亦且假儒术以文奸,宜速罢之。诸边有警,辄命京军北征,此辈骄惰久,不足用。乞自今勿遣,而以出师之费赏边军。"帝得疏,不喜,降旨谯让。

已,出按广东,访陈献章于新会,服其言论,遂引疾归。居山中读书,三十年不入城市。

彭程,字万里,鄱阳人。成化末进士。弘治初,授御史,巡视京城。降人杂处畿甸多为盗,事发则投戚里、奄竖为窟穴。程每先机制之,有发辄得。巡盐两浙,代还,巡视光禄。

五年上疏言:"臣适见光禄造皇坛器。皇坛者,先帝修斋行法之所。陛下即位,此类废斥尽,何复有皇坛烦置器。光禄金钱,悉民膏血。用得其当,犹恐病民,况投之无用地。顷李孜省、继晓辈倡邪说,而先帝笃信之者,意在远希福寿也。今二人已伏重辟,则祸患之来,二人尚不能自免,岂能福寿他人。倘陛下果有此举,宜遏之将萌。如无,请治所司逢迎罪。"帝初无皇坛造器之命,特光禄姑为备。帝得程奏大怒,以为暴扬先帝过,立下锦衣狱。给事中丛兰亦巡视光禄,继上疏论之。帝宥兰,夺光禄卿胡恭等俸,付程刑部定罪。尚书彭韶等拟赎杖还职。帝欲置之死,命系之。韶等复疏救,程子尚三上章乞代父死,终不听。

是时巡按陕西御史嵩县李兴亦坐酷刑系狱。及朝审,上兴及程罪状。诏兴斩,程及家属戍隆庆。文武大臣英国公张懋等合疏言:"兴所毙多罪犯,不宜当以死。程用谏为职,坐此戍边,则作奸枉法者何以处之。"尚书王恕又特疏救。乃减兴死,杖之百,偕妻子戍宾州,程竟无所减。程母李氏年老无他子,叩阙乞留侍养。南京给事中毛珵等亦奏曰:"昔刘禹锡附王叔文当窜远方,裴度以其母老为请,得改连州。陛下圣德,非唐中主可比,而程罪亦异禹锡。祈少矜怜,全其母子。"不许。子尚随父戍所,遂举广西乡试。明年,帝念程母老,放还。其后,刘瑾乱政,追论程巡盐时稍亏额课,勒其家偿。程死久矣,止遗一孙女。鬻产不足,则并女鬻之,行道皆为流涕。

庞泮,字元化,天台人。成化二十年进士。授工科给事中。弘治中,中旨取善击铜鼓者,泮疏谏。屡迁刑科都给事中。副使杨茂元被逮,泮率同列救之,茂元得薄谴。

九年四月,帝以岷王劾武冈知州刘逊,命逮之,泮率同官吕献等言:"锦衣天子亲军,非不轨及妖言重情不可轻遣。逊所坐微,而王奏牵左证百人,势虽尽逮。宜敕抚、按官体勘。"疏入,忤旨,下泮等四十二人及御史刘绅等二十人诏狱。六科署空,吏部尚书屠滽请令中书代收部院封事。御史张淳奉使还,耻独不与,抗疏论之。考功郎中储瓘亦谏,滽等复率九卿救之。帝乃释泮等,皆停俸三月。

中官何鼎以直言下狱,杨鹏、戴礼夤缘入司礼监。泮等言:"鼎狂直宜容。鹏等得罪先朝,俾参机密,害非小。"会御史黄山、张泰等亦以为言。帝怒,诘外廷何由知内廷事,令对状,停泮等俸半岁。威宁泊王越谋起用,中官蒋琮、李广有罪,外戚周彧、张鹤龄纵家奴杀人,泮皆极论,直声甚著。

十一年擢福建右参政。中官夺宋儒黄干宅为僧庵,泮改为书院以祀干。迁河南右布政使。中旨取洛阳牡丹,疏请罢之。转广西左布政使,致仕。

吕献,浙江新昌人。成化二十年进士。授刑科给事中。坐事,杖阙廷。弘治时,诏选驸马。李广受富人金,阴为地,为献所发,有直声。正德中,终南京兵部右侍郎。

叶绅,字廷缙,吴江人。成化末进士。除户科给事中,改吏科,历礼科左给事中。

弘治十年,太子年七岁,犹未出阁,绅请择讲官教喻。寻以修省,陈八事。斥中官李广,又劾尚书徐琼、童轩、侯瓒,侍郎郑纪、王宗彝,巡抚都御史刘璱、张诰、张岫二十人,乞赐罢斥。而末言"去大奸",则专劾李广八大罪:"诳陛下以烧炼,而进不经之药,罪一。为

太子立寄坛,而与暖疏之说,罪二。拨置皇亲,希求恩宠,罪三。盗
引玉泉,经绕私第,罪四。首开幸门,大肆奸贪,罪五。太常崔志端、
真人王应袆辈称广为教主真人,广即代求善官,乞赐玉带,罪六。假
果户为名,侵夺畿民土地,几至激变,罪七。四方输纳上供,威取势
逼,致民破产,罪八。内而皇亲驸马事之如父,外而总兵镇守称之为
公。陛下奈何养此大奸于肘腋,而不思驱斥哉!御史张缙等亦以为
言。帝曰:"姑置之。"逾数月,广竟得罪,饮鸩死。

　　绅又极陈大臣恩荫葬祭之滥。下所司议,颇有减损。擢尚宝少
卿,卒。

　　胡献,字时臣,扬州兴化人。弘治九年进士。改庶吉士,授御史。
逾月,即极论时政数事,言:"屠滽为吏部尚书,王越、李惠为都御
史,皆交通中官李广得之。广得售奸,由陛下议政不任大臣,而任广
辈也。祖宗时,恒御内阁商决章奏,经筵日讲悉陈时政得失,又不时
接见儒臣,愿陛下追复旧制。京、通二仓总督、监督内臣,每收米万
石勒白金十两。以岁运四百万石计之,人四千两。又各占斗级二三
百人,使纳月钱。夫监督仓储,自有户部,焉用中官,愿赐罢遣。京
操军士自数千里至,而总兵、坐营等官各使分属办纳月钱,乞严革
以苏其困。陛下遇灾修省,去春求言,谏官及郎中王云凤、主事胡爟
皆有论奏,留中不报,云凤寻得罪。如此,则与不修省何异。愿断自
圣心,凡利弊当兴革者,即见施行。东厂校尉,本以缉奸,迩者但为
内戚、中官泄愤报怨。如御史武衢忤寿宁侯张鹤龄及太监杨鹏,主
事毛广忤太监韦泰,皆为校尉所发,推求细事,诬以罪名,举朝皆知
其枉,无敢言者。臣亦知今日言之,异日必为所陷,然臣弗惧也。"

　　疏入,鹤龄与泰各疏辨。会给事中胡易劾监库中官贺彬贪黩八
罪,彬亦讦易。帝遂下献、易诏狱,谪献蓝山丞。久之,释易。献未
赴官,迁宜阳知县。马文升数荐于朝,迁南都察院经历。武宗即位,
擢广西提学佥事,迁福建提学副使,未任卒。

武衢,沂水人。成化二十年进士。以御史谪云南通海主簿,终汾州知州。毛广,平湖人。成化二十年进士。其事迹无考。胡易,宁都人。弘治三年进士。为吏科给事中。华昶劾程敏政,法司白昂、闵珪据旧章令六科共鞫。东厂劾易等皆昶同僚,不当与讯。得旨下诏狱。昂、珪请罪,皆停俸。比昶狱成,易等犹被系,大臣以为言,始令复职。

当弘治时,言官以忤内臣得罪者,又有任仪、车梁。

任仪,阆中人。成化二十三年进士,为御史。弘治三年秋,诏修斋于大兴隆寺。理刑知县王岳骑过之,中使捽辱岳,使跪于寺前。仪不平,劾中使罪。姓名偶误,乃并仪下吏。出为中部知县,终山西参政。

车梁,山西永宁人。弘治三年进士,为御史。十五年条列时政,中言东厂锦衣卫所获盗,先严刑具成案,然后送法司,法司不敢平反。请自今径送法司,毋先刑讯。章下,未报。主东厂者言梁从父郎中霆先以罪为东厂所发,挟私妄言,遂下梁诏狱。给事御史交章论救,乃得释,终汉阳知府。

张弘至,字时行,华亭人,南安知府弼子也。举弘治九年进士,改庶吉士,授兵科给事中。

十二年冬,陈初政渐不克终八事:“初汰传奉官殆尽,近匠官张广宁等一传至百二十余人,少卿李纶、指挥张玘等再传至百八十余人。异初政者一。初追戮继晓,逐番僧、佛子,近斋醮不息。异初政者二。初去万安、李裕辈,朝弹夕斥,近被劾数十疏,如尚书徐琼者犹居位。异初政者三。初圣谕有大政召大臣面议,近上下否隔。异初政者四。初撤增设内官,近已还者复去,已革者复增。异初政者五。初慎重诏旨,左右不敢妄干,近陈情乞恩率俞允。异初政者六。初令兵部申旧章,有妄乞升武职者奏治,近乞升无违拒。异初政者七。初节光禄供亿,近冗食日繁,移太仓银赊市廛物。异初政者八。”

帝下所司。

边将王杲、马升、奏恭、陈瑛失机论死,久系。弘至请速正典刑。亲王之藩者,所次舍率营席殿,并从官幕次,俱饰绒毯、锦帛,因弘至言多减省。孝宗晚年,从廷臣请,遣官核腾骧四卫虚冒弊,以太监宁瑾言而止。弘至抗章争,会兵部亦以为言,乃卒核之。

武宗立,以户科右给事中奉使安南。还迁都给事中,母忧归卒。

屈伸,字引之,任丘人。成化末进士。选庶吉士,授礼科给事中。

弘治九年诏度僧,礼部争不得。伸极陈三不可,不纳。京师民讹言寇近边,兵部请榜谕。伸言:“若榜示,人心愈惊。昔汉建始中,都人讹言大水至,议令吏民上城避之。王商不从,顷之果定。今当以为法。”事遂寝。寇犯大同,游击王杲匿败绩状。伸率同官发之,并劾罪总兵官王玺等。

屡迁兵科都给事中。泰宁卫部长大掠辽阳,部议令守臣遗书,称朝廷宽大不究已往,若还所掠,则予重赏。伸等言:“在我示怯弱之形,在彼无创艾之意,非王者威攘之道。前日犯边不以为罪,今日归俘反以为功,诲以为盗之利,启无赖心,又非王者怀柔之道。”帝悟,书不果遣。

已,劾镇守中官孙振、总兵官蒋骥、巡抚陈瑶偾事罪,帝不问。广宁复失事,瑶等以捷闻。伸及御史耿明等交章劾其欺罔,乃按治之。

太监苗逵、成国公朱晖等捣巢获三级,及寇大入固原,不敢救,既而斩获十二级,先后以捷闻。伸等数劾之。及班师,又极论曰:“晖等西讨无功,班师命甫下,将士已入国门,不知奉何诏书。且此一役糜京帑及边储共一百六十余万两,而首功止三级。是以五十万金易一无名之首也,乃所上有功将士至万余人。假使馘一渠魁如火筛,或斩级至千百,将竭天下财不足供费,而报功者不知几万万也。晖、逵及都御史史琳、监军御史王用宜悉置重典。”帝不听。

云南有镇守中官,复遣监丞孙叙镇金腾,伸等极言不可。锦衣

指挥孙銮坐罪闲住，中旨复之，令掌南镇抚事。伸等力争，乃命止带
俸。中旨令指挥胡震分守天津，伸力争，不听。镇守河南中官刘琅
乞皂隶，帝命予五十人。故事，尚书仅十二人，伸等力争，诏止减二
十人。自后中官咸援例陈乞，祖制遂坏。

伸居谏垣久，持议侃侃不挠，未及迁而卒。

王献臣，字敬止，其先吴人，隶籍锦衣卫。弘治六年举进士。授
行人，擢御史。巡大同边，请亟正诸将姚信、陈广闭营避寇及马升、
王杲、秦恭丧师罪，悉蠲大同、延绥旱伤逋赋，以宽军民。帝多从之。
尝令部卒导从游山，为东厂辑事者所发，并言其擅委军政官。征下
诏狱，罪当输赎。特命杖三十，谪上杭丞。

十七年，复以张天祥事被逮。天祥者，辽东都指挥佥事斌孙也。
斌以罪废，天祥入粟得祖官。有泰宁卫部十余骑射伤海西贡使，天
祥出毛喇关掩杀他卫三十八人以归，指为射贡使者。巡抚张璚等奏
捷，献臣疑之。方移牒驳勘，会斌妇弟指挥张茂及子钦与天祥有却，
诈为前屯卫文书呈献臣，具言劫营事。献臣即以闻。未报，而献臣
被征。帝命大理丞吴一贯、锦衣指挥杨玉会新按臣余濂勘之，尽得
其实。斌等皆论死，天祥毙于狱。

天祥叔父洪屡讼冤，帝密令东厂廉其事，还奏所勘皆诬。帝信
之，欲尽反前狱，召内阁刘健等，出东厂揭贴示之，命尽逮一贯等会
讯阙下。健等言东厂揭贴不可行于外。既退。复争之。帝再召见，
责健等。健对曰：“狱经法司谳，皆公卿士大夫，言足信。”帝曰：“法
司断狱不当，身且不保，言足信乎？”谢迁曰：“事当从众，若一二人
言，安可信？”健等又言众证远，不可悉逮。帝曰：“此大狱，逮千人何
恤。苟功罪不明，边臣孰肯效力者？”健等再四争执，见帝声色厉，终
不敢深言东厂非。一贯等既至，帝亲御午门鞫之，欲抵一贯死。闵
珪、戴珊力救，乃谪嵩明州同知，献臣广东驿丞，濂云南布政司照
磨，茂父子论死，而斌免，洪反得论功。武宗立，献臣迁永嘉知县。

吴一贯，字道夫，海阳人。成化十七年进士。由上高知县擢御史。弘治中，历按浙江、福建、南畿，以强干闻。擢大理右寺丞。畿辅、河南饥，请发粟二十万石以振，又别请二万石给京邑及昌平民。既谪官，正德初，迁江西副使。讨华林贼有功，进按察使。行军至奉新，卒，士民立忠节祠祀焉。

余濂，字宗周，都昌人。弘治六年进士。武宗时，终云南副使。

孝宗励精图治，委任大臣，中官势稍绌。而张天祥及满仓儿事皆发自东厂，廷议犹为所挠云，满仓儿事，具《孙磐传》。

赞曰：御史为朝廷耳目，而给事中典章奏，得争是非于廷陛间，皆号称言路。天顺以后居其职者，振风裁而耻缄默。自天子、大臣、左右近习无不指斥极言。南北交章，连名列署。或遭谴谪，则大臣抗疏论救，以为美谈。顾其时门户未开，名节自励，未尝有承意指于政府，效搏噬于权珰，如末季所为者。故其言有当有不当，而其心则公。上者爱国，次亦爱名。然论国事而至于爱名，则将惟其名之可取，而事之得失有所不顾，于匡弼之道或者其未善乎。

明史卷一八一
列传第六九

徐溥　丘濬　刘健　谢迁
李东阳　王鏊　刘忠

　　徐溥，字时用，宜兴人。祖鉴，琼州知府，有惠政。溥，景泰五年进士及第。授编修。宪宗初，擢左庶子，再近太常卿兼学士。成化十五年拜礼部右侍郎，寻转左，久之改吏部。孝宗嗣位，兼文渊阁大学士，参预机务。旋进礼部尚书。

　　弘治五年，刘吉罢，溥为首辅，屡加少傅、太子太傅。溥承刘吉恣睢之后，镇以安静，务守成法，与同列刘健、李东阳、谢迁等协心辅治，事有不可，辄共争之。钦天监革职监正李华为昌国公张峦择葬地，中旨复官。溥等言："即位以来，未尝有内降。幸门一开，末流安底。臣等不敢奉诏。"八年，太皇太后召崇王来朝，溥等与尚书倪岳谏，帝为请乃已。占城奏安南侵扰，帝欲遣大臣往解。溥等言："外国相侵，有司檄谕之足矣，无劳遣使。万一抗令，则亏损国体，问罪兴师，后患滋大。"于是罢不遣。

　　是年十二月，诏撰三清乐章。溥等言："天至尊无对。汉祀五帝，儒者犹非之，况三清乃道家妄说耳。一天之上，安得有三大帝。且以周柱下史李耳当其一，以人鬼列天神，矫诬甚矣。郊祀乐章皆太祖所亲制，今使制为时俗词曲以享神明，亵渎尤甚。臣等诵读儒书，邪说俚曲素所不习，不敢以非道事陛下。国家设文渊阁，命学士居之，诚欲其谟谋政事，讲论经史，培养本原，匡弼阙失，非欲其阿谀顺旨，惟言莫违也。今经筵早休，日讲久旷，异端乘间而入。此皆臣等无状，不足以启圣心，保初政。忧愧之至，无以自容。数月以来，奉中旨处分未当者封还，执奏至再至三。愿陛下曲赐听从，俾臣等竭驽钝，少有裨益，非但乐章一事而已。"奏入，帝嘉纳之。

帝自八年后，视朝渐晏，溥等屡以为言。中官李广以烧炼斋醮宠。十年二月，溥等上疏极论曰："旧制，内殿日再进奏，事重者不时上闻，又常面召儒臣，咨防政事。今奏事日止一次，朝参之外，不得一望天颜。章奏批答不时断决，或稽留数月，或竟不施行。事多壅滞，有妨政体。经筵进讲，每岁不过数日，正士疏远，邪说得行。近闻有以斋醮修炼之说进者。宋徽宗崇道教，科仪符箓最盛，卒至乘舆播迁。金石之药，性多酷烈。唐宪宗信柳泌以殒身，其祸可鉴。今龙虎山上清宫、神乐观、祖师殿及内府番经厂皆焚毁无余，彼如有灵，何不自保。天厌其秽，亦已明甚。陛下若亲近儒臣，明正道，行仁政，福祥善庆，不召自至，何假妖妄之说哉！自古奸人蛊惑君心者，必以太平无事为言。唐臣李绛有云："忧先于事，可以无忧。事至而忧，无益于事。"今承平日久，溺于晏安。目前视之，虽若无事，然工役繁兴，科敛百出，士马罢敝，闾阎困穷，愁叹之声上干和气，致荧惑失度，太阳无光，天鸣地震。草木兴妖，四方奏报殆无虚月，将来之患灼然可忧。陛下高居九重，言官则畏罪缄默。臣等若复不言，谁肯为陛下言者。"帝感其言。

三月甲子，御文华殿，召见溥及刘健、李东阳、谢迁，授以诸司题奏曰："与先生辈议。"溥等拟旨上，帝应手改定。事端多者，健请出外详阅。帝曰："盖就此面议。"既毕，赐茶而退。自成化间，宪宗召对彭时、商辂后，至此始再见，举朝诩为盛事。然终溥在位，亦止此一召而已。

寻以灾异求言，廷臣所上封事，经月不报，而言官论救何鼎忤旨待罪者久，溥等皆以为言。于是悉下诸章，而罢诸言官弗问。溥时年七十，引年求退。不许，诏风雨寒暑免朝参。

十一年，皇太子出阁，加少师兼太子太师，进华盖殿大学士。以目疾乞归。帝眷留，久之乃许，恩赉有加。逾年卒，赠太师，谥文靖。

溥性凝重有度，在内阁十二年，从容辅导。人有过误，辄为掩复，曰："天生才甚难，不忍以微瑕弃也。"屡遇大狱及逮系言官，委曲调剂。孝宗仁厚，多纳溥等所言，天下阴受其福。尝曰："祖宗法度所以惠元元者备矣，患不能守耳。"卒无所更置。性至孝，尝再庐墓。自奉甚薄，好施予。置义田八百亩赡宗族，请籍记于官，以垂永久，帝为复其徭役。

丘濬，字仲深，琼山人。幼孤，母李氏教之读书，过目成诵。家贫无书，尝走数百里借书，必得乃已。举乡试第一，景泰五年成进士。改庶吉士，授编修。濬既官翰林，见闻益广，尤熟国家典故，以经济自负。

成化元年，两广用兵，濬奏记大学士李贤，指陈形势，缕缕数千言，贤善其计，闻之帝，命录示总兵官赵辅、巡抚都御史韩雍。雍等破贼，虽不尽用其策，而濬以此名重公卿间。秩满，进侍讲。与修《英宗实录》，进侍讲学士。《续通鉴纲目》成，擢学士，迁国子祭酒。时经生文尚险怪，濬主南畿乡试，分考会试皆痛抑之。及是，课国学生尤谆切靠诚，返文体于正。寻进礼部右侍郎，掌祭酒事。

濬以真德秀《大学衍义》于治国平天下条目未具，乃博采群书补之。孝宗嗣位，表上其书，帝称善，赉金币，命所司刊行。特进礼部尚书，掌詹事府事。修《宪宗实录》，充副总裁，弘治四年，书成，加太子太保，寻命兼文渊阁大学士参预机务。尚书入内阁者自濬始，时年七十一矣。濬以《衍义补》所载皆可见之行事，请摘其要者奏闻，下内阁议行之。帝报可。

明年，濬上言："臣见成化时慧星三见，遍扫三垣，地五六百震。迩者慧星见天津，地震天鸣无虚日，异鸟三鸣于禁中。春秋二百四十年，书慧孛者三，地震者五，飞禽者二。今乃屡见于二十年之间，甚可畏也。愿陛下体上天之仁爱，念祖宗之艰难，正身清心以立本而应务，谨好尚不惑于异端，节财用不至于耗国，公任使不失于偏听,禁私谒,明义理,慎俭德,勤政务,则承风希宠、左道乱政之徒自不敢肆其奸,而天灾弭矣。"因列时弊二十二事。帝纳之。六年以目疾免朝参。

潆在位,尝以宽大启上心,忠厚变士习。顾性褊隘,尝与刘健议事不合,至投冠于地。言官建白不当意,辄面折之。与王恕不相得,至不交一言。六年大计群吏,恕所奏罢二千人。潆请未及三载者复任,非贪暴有显迹者勿斥,留九十人。恕争之不得,求去。太医院判刘文泰尝往来潆家,以失职讦恕,恕疑文泰受潆指,而言者哗然言疏稿出潆手。恕竟坐罢,人以是大不直潆。给事中毛珵,御史宋真、周津等交章劾潆不可居相位,帝不问。逾年,加少保。八年卒,年七十六。赠太傅,谥文庄。

潆廉介,所居邸第极湫隘,四十年不易。性嗜学,既老,右目失明,犹披览不辍。议论好矫激,闻者骇愕。至修《英宗实录》,有言于谦之死当以不轨书者。潆曰:"己巳之变,微于公社稷危矣。事久论定,诬不可不白。"其持正又如此。正德中,以巡按御史言赐祠于乡,曰"景贤"。

刘健,字希贤,洛阳人。父亮,三原教谕,有学行。健少端重,与同邑阎禹锡、白良辅游,得河东薛瑄之传。举天顺四年进士,改庶吉士,授编修。谢交游,键户读书,人以木强目之。然练习典故,有经济志。

成化初,修《英宗实录》,起之忧中,固辞,不许。书成,进修撰,三迁至少詹事,充东宫讲官,受知于孝宗。既即位,进礼部右侍郎兼翰林学士,入内阁参预机务。弘治四年进尚书兼文渊阁大学士,累加太子太保,改武英殿。十一年春,进少傅兼太子太傅,代徐溥为首辅。

健学问深粹,正色敢言,以身任天下之重。清宁宫灾,太监李广有罪自杀,健与同列李东阳、谢迁疏言:"古帝王未有不遇灾而惧者。向来奸佞荧惑圣听,贿赂公行,赏罚失当,灾异之积,正此之由。

今幸元恶殄丧,圣心开悟,而余慝未除,宿弊未革。伏愿奋发励精,进贤黜奸,明示赏罚。凡所当行,断在不疑,毋更因循,以贻后悔。"帝方喜纳其言,而广党蔡昭等旋取旨予广祭葬、祠额。健等力健、仅寝祠额。南北言官指挥时政,频有所论劾、一切皆不问。国子生江瑢劾健、东阳杜抑言路。帝慰留健、东阳,而下瑢于狱,二人力救得释。

十三年四月,大同告警,京师戒严。兵部请甄别京营诸将,帝召健及东阳,迁至平台面议去留。乃去遂安伯陈韶等三人,而召镇远侯顾溥督团营。时帝视朝颇晏,健等以为言,颔之而已。

十四年秋,帝以军兴缺饷,屡下廷议。健等言:"天下之财,其生有限。今光禄岁供增数十倍,诸方织作务为新巧,斋醮日费巨万。太仓所储不足饷战士,而内府取入动四五十万。宗藩、贵戚之求土田夺盐利者,亦数千万计。土木日兴,科敛不已。传奉冗官之俸薪,内府工匠之饩廪,岁增月积,无有穷期,财安得不匮。今陕西、辽东边患方殷,湖广、贵州军旅继动,不知何以应之。望陛下绝无益之费,躬行节俭,为中外倡,而令群臣得毕献其诚,讲求革弊之策,天下幸甚。"

明年四月,以灾异陈勤朝讲、节财用、罢斋醮、公赏罚数事。及冬,南京、凤阳大水,廷臣多上言时务,久之不下。健等因极陈急政之失,请勤听断以振纪纲,帝皆嘉纳。《大明会典》成,加少师兼太子太师、吏部尚书、华盖殿大学士。与东阳、迁同赐蟒衣。阁臣赐蟒自健等始。

帝孝事两宫太后甚谨,而两宫皆好佛、老。先是,清宁宫成,命灌顶国师设坛庆赞,又遣中官赍真武像,建醮武当山,使使诣泰山进神袍,或白昼散灯市上。帝重违太后意,曲从之,而健等谏甚力。十五年六月诏拟《释迦哑塔像赞》,十七年二月诏建延寿塔朝阳门外,除道士杜永祺等五人为真人,皆以健等力谏得寝。

是年夏,小王子谋犯大同,帝召见阁臣。健请简京营大帅,因言京军怯不任战,请自今罢其役作以养锐气。帝然之。退复条上防边事宜,悉报允。未几,边警狎至,帝惑中官苗逵言锐欲出师。健与东阳、迁委曲阻之,帝意犹未回。兵部尚书刘大夏亦言京军不可动,乃止。

帝自十三年召对健等后,阁臣希得进见。及是在位久,益明习政事,数召见大臣,欲以次革烦苛,除宿弊,尝论及理财,东阳极言盐政弊坏,由陈乞者众,因而私贩数倍。健进曰:“太祖时茶法始行,驸马欧阳伦以私贩坐死,高皇后不能救。如伦事,孰敢为陛下言者。”帝曰:“非不敢言,不肯言耳。”遂诏户部核利弊,具议以闻。

当是时,健等三人同心辅政,竭情尽虑,知无不言。初或有从有不从,既乃益见信,所奏请无不纳,呼为先生而不名。每进见,帝辄屏左右。左右间从屏间窃听,但闻帝数数称善。诸进退文武大臣,厘饬屯田、盐、马诸政,健翊赞为多。

未几,帝疾大渐,召健等入乾清宫。帝力疾起坐,自叙即位始末甚详,令近侍书之。已,执健手曰:“先生辈辅道良苦。东宫聪明,但年尚幼,好逸乐,先生辈常劝之读书,辅为贤主。”健等欷歔顿首受命而出。翌日帝崩。

武宗嗣位,健等厘诸弊政,凡孝宗所欲兴罢者悉以遗诏行之。刘瑾者,东宫旧竖也,与马永成、谷大用、魏彬、张永、丘聚、高凤、罗祥等八人俱用事,时谓之“八党”曰导帝游戏,诏条率沮格不举。京师淫雨自六月至八月。健等乃上言:“陛下登极诏出,中外欢呼,想望太平。今两月矣,未闻汰冗员几何,省冗费几何。诏书所载,徒为空文。此阴阳所以失调,雨旸所以不若也。如监局、仓库、城门及四方守奋内臣增置数倍,朝廷养军匠费巨万计,仅足供其役使,宁可不汰。文武臣旷职债事、虚糜廪禄者,宁可不黜。画史、工匠滥授官职者多至数百人,宁可不罢。内承运库累岁支银数百余万,初无文簿,司钥库贮钱数百万,未知有无,宁可不勾校。至如纵内苑珍禽奇兽,放遣先朝宫人,皆新政所当先,而陛下悉牵制不行,何以慰四海之望。”帝虽温诏答之,而左右宦竖日恣,增益且日众。享祀郊庙,带刀被甲拥驾后。内府诸监局金书多者至百数十人,光禄日供骤益数倍。健等极陈其弊，请勤政、讲学，报闻而已。

正德元年二月，帝从尚书韩文言，畿甸皇庄令有司征课，而每庄仍留宦官一人、校尉十人。健等言“皇庄既以进奉两宫，自宜悉委有司，不当仍主以私人，反失朝廷尊亲之意”，因备言内臣管庄扰民。不省。

吏、户、兵三部及都察院各有疏争职掌为近习所挠。健等拟旨，上不从，令再拟。健等力谏，谓：“奸商谭景清之沮坏盐政，北征将士之无功授官，武臣神英之负罪玩法，御用监书纂之滥收考较，皆以一二人私恩，坏百年定制。况今政令维新，而地震天鸣，白虹贯日，恒星昼见，太阳无光。内贼纵横，外寇猖獗，财匮民穷，怨谤交作。而中外臣仆方且乘机作奸，排忠直犹仇雠，保奸回如骨肉。日复一日，俞甚于前，祸变之来恐当不远。臣等受知先帝，叨任腹心。迩者旨从中下，略不与闻。有所拟议，竟从改易。似此之类，不可悉举。若复顾惜身家，共为阿顺，则罔上误国，死有余辜。所拟四疏，不敢更易，谨以原拟封进。”不报。

居数日，又言：“臣等遭逢先帝，临终顾命，倦倦以陛下为托，痛心刻骨，誓以死报。即位诏书，天下延颈，而朝令夕改，迄无宁日。百官庶府，仿效成风，非惟废格不行，抑且变易殆尽。建言者以为多言，干事者以为生事，累章执奏谓之渎扰，厘剔弊政谓之纷更，忧在于民生国计，则若罔闻知，事涉于近幸贵戚，则牢不可破。臣等心知不可，义当尽言。比为盐法、赏功诸事，极陈利害，拱俟数日，未蒙批答。若以臣等言是，宜赐施行，所言如非，即当斥责。乃留中不报，视之若无。政出多门，咎归臣等。宋儒朱子有言“一日立乎其位，则一日业乎其官；一日不得乎其官，则不敢一日立乎其位。”若冒顾命之名而不尽辅导之实，既负先帝，又负陛下，天下后世其谓臣何。伏乞圣明矜察，特赐退休。”帝优旨慰留之，疏仍不下。

越五日，健等复上疏，历数政令十失，指斥贵戚、近幸尤切。因再申前请。帝不得已，始下前疏，命所司详议。健知志终不行，首上章乞骸骨，李东阳、谢迁继之，帝皆不许。既而所司议上，一如健等指。帝勉从之,由是诸失利者咸切齿。

六月庚午复上言:"近日以来,免朝太多,奏事渐晚,游戏渐广,经筵日讲直命停止。臣等愚昧,不知陛下宫中复有何事急于此者。夫滥赏妄费非所以崇俭德,弹射钓猎非所以养仁心,鹰犬狐兔田野之物不可育于朝廷,弓矢甲胄战斗之象不可施于宫禁。今圣学久旷,正人不亲,直言不闻,下情不达,而此数者杂交于前,臣不胜忧惧。"帝曰:"朕闻帝王不能无过,贵改过。卿等言是,朕当行之。"健等乃录廷臣所陈时政切要者,请置坐隅朝夕省览:曰无单骑驰驱,轻出宫禁,曰无频幸监局,泛舟海子,曰无事鹰犬弹射,曰无纳内侍进献饮膳。疏入,报闻。

先是,孝宗山陵毕,健等即请开经筵。帝初勉应之,后数以朝谒两宫停讲,或云择日乘马。健等陈谏甚切至。八月,帝既大婚,健等又请开讲。命俟九月,至期又命停午讲。健等以先帝故事,日再进讲,力争不得。

当是时,健等恳切疏谏者屡矣,而帝以狎近群小,终不能改。既而遣中官崔杲等督织造,乞盐万二千引。所司执奏,给事中陶谐、徐昂,御史杜旻、邵清、杨仪等先后谏,健等亦言不可。帝召健等至暖阁面议,颇有所诘问,健等皆以正对。帝不能难,最后正色曰:"天下事岂皆内官所坏,朝臣坏事者十常六七,先生辈亦自知之。"因命盐引悉如杲请。健等退,再上章言不可。帝自愧失言,乃俞健等所奏。于是中外咸悦,以帝庶几改过。

健等遂谋去"八党",连章请诛之。言官亦交论群阉罪状,健及迁、东阳持其章甚力。帝遣司礼诣阁曰:"朕且改矣,其为朕曲赦若曹。"健等言:"此皆得罪祖宗,非陛下所得赦。"复上言曰:"人君之于小人,不知而误用,天下尚望其知而去之。知而不去则小人愈肆,君子愈危,不至于乱亡不已。且邪正不并立,今举朝欲决去此数人,陛下又知其罪而故留之左右,非特朝臣疑惧,此数人亦不自安。上下相猜,中外不协,祸乱之机始此矣。"不听。健等以去就争。谨等八人窘甚,相对涕泣。而尚书韩文等疏复入,于是帝命司礼王岳等诣阁议，一日三至，欲安置瑾等南京。迁欲遂诛之，健推案哭曰："先帝临崩，执老臣手，付以大事。今陵土未干，使若辈败坏至此，臣死何面目见先帝！"声色俱厉。岳素刚正疾邪。慨然曰："阁议是。"其侪范亨、徐智等亦以为然。是夜，八人益急，环泣帝前。帝怒，立收岳等下诏狱，而健等不知，方倚岳内应。明日，韩文倡九卿伏阙固争，健逆谓曰："事且济，公等第坚持。"顷之，事大变，八人皆宥不问，而瑾掌司礼。健、迁遂乞致仕，赐敕给驿归，月廪、岁夫如故事。

健去，瑾憾不已。明年三月辛未诏列五十三人为奸党，榜示朝堂，以健为首。又二年削籍为民，追夺诰命。瑾诛，复官，致仕。后闻帝数巡游，辄叹息不食曰："吾负先帝。"世宗立，命行人赍敕存问，以司马光、文彦博为比，赐赉有加。及年跻九十，诏抚臣就第致束帛、饩羊、上尊，官其孙成学中书舍人。嘉靖五年卒，年九十四。遗表数千言，劝帝正身勤学，亲贤远佞。帝震悼，赐恤甚厚，赠太师，谥文靖。

健器局严整，正己率下。朝退，僚寀私谒，不交一言。许进辈七人欲推焦芳入吏部，健曰："老夫不久归田，此座即焦有，恐诸公俱受其害耳。"后七人果为芳所挤。东阳以诗文引后进，海内士皆抵掌谈文学，健若不闻，独教人治经穷理。其事业光明俊伟，明世辅臣鲜有比者。

孙望之，进士。

谢迁，字于乔，余姚人。成化十年乡试第一。明年举进士，复第一。授修撰，累迁左庶子。

弘治元年春，中官郭镛请豫迁妃嫔备六宫。迁上言："山陵未毕，礼当有待。祥禫之期，岁亦不远。陛下富于春秋，请俟谅阴既终，徐议未晚。"尚书周洪谟等如迁议，从之。帝居东宫时，迁已为讲官，及是，与日讲，务积诚开帝意。前夕必正衣冠习诵，及进讲，敷词祥切，帝数称善。进少詹事兼侍讲学士。

八年诏同李东阳入内阁参预机务。迁时居忧，力辞，服除始拜命。进詹事兼官如故。皇太子出阁。加太子少保、兵部尚书兼东阁大学士。上疏劝太子亲贤远佞，勤学问，戒逸豫，帝嘉之，尚书马文升以大同边警，饷馈不足，请加南方两税折银。迁曰："先朝以南方赋重，故折银以宽之。若复议加，恐民不堪命。且足国在节用，用度无节，虽加赋奚益。"尚书倪岳亦争之，议遂寝。

孝宗晚年慨然欲厘弊政。而内府诸库及仓场、马坊中官作奸骫法，不可究诘。御马监、腾骧四卫勇士自以禁军不隶兵部，率空名支饷，其弊尤甚。迁乘间言之，帝令拟旨禁约。迁曰："虚言设禁无益，宜令曹司搜剔弊端，明白奏闻。然后严立条约，有犯必诛，庶积蠹可去。"帝俞允之。

迁仪观俊伟，秉节直亮。与刘健、李东阳同辅政，而迁见事明敏，善持论。时人为之语曰："李公谋，刘公断，谢公尤侃侃。"天下称贤相。

武宗嗣位，屡加少傅兼太子太傅。数谏，帝弗听。因天变求去甚力，帝辄慰留。及请诛刘瑾不克，遂与健同致仕归，礼数俱如健。而瑾怨迁未已。焦芳既附瑾入内阁，亦憾迁尝举王鏊、吴宽自代，不及已，乃取中旨勒罢其弟兵部主事迪，斥其子编修丕为民。

四年二月，以浙江应诏所举怀才抱德士余姚周礼、徐子元、许龙，上虞徐文彪，皆迁同乡，而草诏由健，欲因此为二人罪。矫旨谓余姚隐士何多，此皆徇私援引，下礼等诏狱，祠连健、迁。瑾欲逮健、迁，籍其家，东阳力解。芳从旁厉声曰："纵轻贷，亦当除名。"旨下，如芳言，礼等咸戍边。尚书刘宇复劾两司以上访举失实，坐罚米，有削籍者。且诏自今余姚人毋选京官，著为令。其年十二月，言官希瑾指，请夺健、迁及尚书马文升、刘大夏、韩文、许进等诰命，诏并追还所赐玉带服物，同时夺诰命者六百七十五人。当是时，人皆为迁危，而迁与客围棋、赋诗自若。瑾诛，复职，致仕。

世宗即位，遣使存问，起迪参议，丕复官翰林。迁乃遣子正入谢，劝帝勤学、法祖、纳谏，优旨答之。嘉靖二年复诏有司存问。六年，大学士费宏举迁自代，杨一清欲阻张璁，亦力举迁。帝乃遣行人赉手敕即家起之，命抚、按官敦促上道。迁年七十九矣，不得已拜命。比至，而璁已入阁，一清以官尊于迁无相下意。迁居位数月，力求去。帝待迁愈厚，以天寒免朝参，除夕赐御制诗，及以病告则遣医赐药饵，光禄致酒饩，使者相望于道。迁竟以次年三月辞归。十年卒于家，年八十有三。赠太傅，谥文正。

迪仕至广东布政使。丕乡试第一，弘治末进士及第。历官吏部左侍郎，赠礼部尚书。

李东阳，字宾之，茶陵人，以戍籍居京师。四岁能作径尺书，景帝召试之，甚喜，抱置膝上，赐果钞。后两召讲《尚书》大义，称旨，命入京学。天顺八年，年十八，成进士，选庶吉士，授编修。累迁侍讲学士，充东宫讲官。

弘治四年，《宪宗实录》成，由左庶子兼侍讲学士，进太常少卿，兼官如故。五年，旱灾求言。东阳条摘《孟子》七篇大义，附以时政得失，累数千言，上之。帝称善。阁臣徐溥等以诏敕繁，请如先朝王直故事，设官专领。乃擢东阳礼部右侍郎兼侍读学士，内阁专典诰敕。八年以本官直文渊阁参预机务，与谢迁同日登用。久之，进太子少保。礼部尚书兼文渊阁大学士。

十七年，重建阙里庙成，奉命往祭。还上疏言：

臣奉使遄行，适遇亢旱。天津一路，夏麦已枯，秋禾未种，挽舟者无完衣，荷锄者有菜色。盗贼纵横，青州尤甚。南来人言，江南、浙东流亡载道，户口消耗，军伍空虚，库无旬日之储，官缺累岁之俸。东南财赋所出，一岁之饥已至于此。北地峇窊，素无积聚，今秋再歉，何以堪之。事变之生，恐不可测。臣自非经过其地，则虽久处官曹，日理章疏，犹不得其详，况陛下高居九重之上耶？

臣访之道路，皆言冗食太众，国用无经，差役频烦，科派重迭。京城土木繁兴，供役军士财力交殚，每遇班操，宁死不赴。势家巨族，田连郡县，犹请乞不已。亲王之蕃。供亿至二三十万。游手之徒,托名皇亲仆从,每于关津都会大张市肆,网罗商税。国家建都于北,仰给东南,商贾惊散,大非细故。更有织造内官,纵群小掊击,闸河官吏莫不奔骇,齎贩穷民所在骚然,此又臣所目击者。

夫闾阎之情,郡县不得而知也。郡县之情,庙堂不得而知也。庙堂之情,九重亦不得而知也。始于容隐,成于蒙蔽。容隐之端甚小,蒙蔽之祸甚深。臣在山东,伏闻陛下以灾异屡见,敕群臣尽言无讳,然诏旨频降,章疏毕陈,而事关内廷、贵戚者,动为掣肘,累岁经时,俱见遏罢。诚恐今日所言,又为虚文。乞取从前内外条奏,详加采择,断在必行。

帝嘉叹,悉付所司。

是时,帝数召阁臣面议政事。东阳与首辅刘健等竭心献纳,时政阙失必尽言极谏。东阳工古文,阁中疏草多属之。疏出,天下传诵。明年,与刘健、谢迁同受顾命。

武宗立,屡加少傅兼太子太傅,刘瑾入司礼,东阳与健、迁即日辞位。中旨去健、迁而东阳独留。耻之,再疏恳请,不许。初,健、迁持议欲诛瑾,词甚厉,惟东阳少缓,故独留。健、迁濒行,东阳祖饯泣下。健正色曰:"何泣为? 使当日力争,与我辈同去矣。"东阳默然。

瑾既得志,务摧抑缙绅。而焦芳入阁助之虐,老臣、忠直士放逐殆尽。东阳悒悒不得志,亦委蛇避祸。而焦芳嫉其位己上,日夕构之瑾。先是,东阳奉命编《通鉴纂要》。既成,瑾令人摘笔画小疵,除誊录官数人名,欲因以及东阳。东阳大窘,属芳与张彩为解,乃已。

瑾凶暴日甚,无所不讪侮,于东阳犹阳礼敬。凡瑾所为乱政,东阳弥缝其间,亦多所补救。尚宝卿崔璇、副使姚祥、郎中张玮以违制乘肩舆,从者妄索驿马,给事中安奎、御史张彧以核边饷失瑾意,皆荷重校几死。东阳力救,璇等谪戍,奎、彧释为民。

三年六月壬辰,朝退,有遗匿名书于御道数瑾罪者,诏百官悉跪奉天门外。顷之,执庶僚三百余人下诏狱。次日,东阳等力救,会瑾亦廉知其同类所为,众获宥。后数日,东阳疏言宽恤数事,章下所司。既而户部覆奏，言粮草亏折，自有专司，巡抚官总领大纲，宜从轻减。瑾大怒，矫旨诘责数百言，中外骇叹。瑾患盗贼日滋，欲戍其家属并邻里及为之囊橐者。或自陈获盗七十人，所司欲以新例从事。东阳言，如是则百年之案皆可追论也，乃免。刘健、谢迁、刘大夏、杨一清及平江伯陈熊辈几得危祸，皆赖东阳而解。其潜移默夺，保全善类，天下阴受此庇，而气节之士多非之。侍郎罗玘上书劝其早退，至请削门生籍，东阳得书，俯首长叹而已。

焦芳既与中人为一，王鏊虽持正，不能与瑾抗，东阳乃援杨廷和共事，差倚以自强。已而鏊辞位，代者刘宇、曹元皆瑾党，东阳势益孤。东阳前已加少师兼太子太师，后瑾欲加芳官，诏东阳食正一品录。四年五月，《孝宗实禄》成，编纂诸臣当序迁，所司援《会典》故事。诏以刘健等前纂修《会典》多糜费，皆夺升职，东阳亦坐降俸。居数日，乃以《实录》功复之。

五年春，外旱，下诏恤刑。东阳等因上诏书所未及者数条，帝悉从之。而法司畏瑾，减死者止二人。其秋，瑾诛，东阳乃上疏自列曰："臣备员禁近，与瑾职掌相关，凡调旨撰敕，或被驳再三，或径自改窜，或持回私室，假手他人，或递出眷黄，逼令落稿，真假混淆，无从别白。臣虽委曲匡持，期于少济，而因循隐忍，所损亦多。理宜黜罢。"帝慰留之。

实镨平，加特进左柱国，荫一子尚宝司丞，为御史张芹所劾。帝怒，夺芹俸。东阳亦乞休辞阴，不许。时焦芳、曹元已罢，而刘忠、梁储入，政事一新。然张永、魏彬、马永成、谷大用等犹用事，帝嬉游如故。皇子未生，多居宿于外，又议大兴豹房之役，建寺观禁中。东阳等忧之，前后上章切谏，不报。七年，东阳等以京师及山西、陕西、云南、福建相继地震，而帝讲筵不举，视朝久旷，宗社祭享不亲，禁门出入无度，谷大用仍开西厂，屡上疏极谏，帝亦终不听。

九载秩满，兼支大学士俸。河南贼平，荫子世锦衣千户。再疏力辞，改荫六品文官。其冬，帝欲调宣府军三千入卫，而以京军更番戍边。东阳等力持不可，大臣、台谏皆以为言。中官旁午索草敕，帝坐乾清宫门趣之，东阳等终不奉诏。明日竟出内降行之，江彬等遂以边兵入豹房矣。东阳以老疾乞休，前后章数上，至是始许。赐敕、给廪隶如故事。又四年卒，年七十。赠太师，谥文正。

东阳事父淳有孝行。初官翰林时，常饮酒至夜深，父不就寝，忍寒待其归，自此终身不夜饮于外。为文典雅流丽，朝廷大著作多出其手。工篆隶书，碑版篇翰流播四裔。奖成后进，推挽才彦，学士大夫出其门者，悉粲然有所成就。自明兴以来，宰臣以文章领袖缙绅者，杨士奇后，东阳而已。立朝五十年，清节不渝。既罢政居家，请诗文书篆者填塞户限，颇资以给朝夕。一日，夫人方进纸墨，东阳有倦色。夫人笑曰："今日设客，可使案无鱼菜耶？"乃欣然命笔，移时而罢。其风操如此。

王鏊，字济之，吴人。父琬，光化知县。鏊年十六，随父读书，国子监诸生争传诵其文。侍郎叶盛、提学御史陈选奇之，称为天下士。成化十年乡试，明年会试，俱第一。廷试第三，授编修。杜门读书，避远权势。

弘治初，迁侍讲学士，充讲官。中贵李广导帝游西苑，鏊讲文王不敢盘于游田，反复规切，帝为动容。讲罢，谓广曰："讲官指若曹耳。"寿宁侯张峦故与鏊有连，及峦贵，鏊绝不与通。东宫出阁，大臣请选正人为宫僚，鏊以本官兼谕德。寻转少詹事，擢吏部右侍郎。

尝奏陈边计，略言："昨火筛入寇大同，陛下宵旰不宁，而缘边诸将皆婴城守，无一人敢当其锋者，此臣所不解也。臣窃谓今日火筛、小王子不足畏，而嬖幸乱政，功罪不明，委任不专，法令不行，边圉空虚，深可畏也。比年边将失律，往往令戴罪杀贼。副总兵姚信拥兵不进，亦得逃罪。此人心所以日懈，士气所以不振也。望陛下大奋乾刚，时召大臣，咨询边将勇怯，有罪必罚，有功必赏，专主将之权。起致仕尚书秦纮为总制，节制诸边，提督右都御史史琳坐镇京营，遥为声援。厚恤沿边死事之家，召募边方骁勇之士，用间以携其部曲。分兵掩击，出奇制胜，寇必不敢长驱深入。"从之。又言：

“宜仿前代制科，如博学宏词之类，以收异材。六年一举，尤异者授以清要之职，有官者加秩。数年之后，士类濯磨，必以通经学古为高，脱去谫闻之陋。”时不能用。寻以父忧归。

正德元年四月起左侍郎，与韩文诸大臣请诛刘瑾等“八党”。俄瑾入司礼，大学士刘健、谢迁相继去，内阁止李东阳一人。瑾欲引焦芳，廷议独推鏊。瑾迫公论，命以本官兼学士与芳同入内阁。逾月，进户部尚书文渊阁大学士。明年加少傅兼太子太傅。

景帝汪后薨，疑其礼。鏊曰：“妃废不以罪，宜复故号，葬以妃，祭以后。”乃命辍朝，致祭如制。宪宗废后吴氏之丧，瑾议欲焚之以灭迹，曰“不可以成服”。鏊曰：“服可以不成，葬不可薄也。”从之。尚宝卿崔璇等三人荷校几死，鏊谓瑾曰：“士可杀，不可辱。今辱且杀之，吾尚何颜居此。”李东阳亦力救，璇等得遣戍。瑾衔尚书韩文，必欲杀之，又欲以他事中健、迁，鏊前后力救得免。或恶杨一清于瑾，谓筑边墙糜费。鏊争曰：“一清为国修边，安得以功为罪。”瑾怒刘大夏，逮至京，欲坐以激变罪死。鏊争曰：“岑猛，但迁延不行耳，未叛何名激变？”

时中外大权悉归瑾，鏊初开诚与言，间听纳。而芳专媚阿，瑾横弥甚，祸流缙绅。鏊不能救，力求去。四年，疏三上，许之。赐玺书、乘传、有司给廪隶，咸如故事。家居十四年，廷臣交荐不起。

世宗即位，遣行人存问。鏊疏谢，因上讲学、亲政二篇。帝优诏报闻，官一子中书舍人。嘉靖三年复诏有司存问。未几卒，年七十五。赠太傅，谥文恪。

鏊博学有识鉴，文章尔雅，议论明畅。晚著性善论一篇，王守仁见之曰：“王公深造，世未能尽也。”少善制举义，后数典乡试，程文魁一代。取士尚经术，险诡者一切屏去。弘、正间，文体为一变。

刘忠，字司直，陈留人。成化十四年进士。改庶吉士，授编修。弘治四年，《宪宗实录》成，迁侍讲，直经筵，寻兼侍东宫讲读。又九年进侍读学士。

　　武宗即位，以宫寮擢学士，掌翰林院，仍直经筵。正德二年，刘瑾用事，日导帝游戏，乱祖宗旧章。忠上言戒逸游、崇正学数事。已，因进讲与杨廷和傅经义，规帝阙失，而指斥近幸尤切。帝谓瑾曰："经筵，讲书耳，浮词何为？"瑾素恶两人，因讽吏部尚书许进出之南京。南京诸部惟右侍郎一人，进特请用为礼部左侍郎。命下，外议籍籍，进患之，甫两月，即擢忠本部尚书。其冬，就改吏部。时留都一御史，素骄横，一即中，张彩所曠也，秩满，皆署下考。疾吏胥诡名寄籍，督诸曹核汰千人。大计京官，所黜多于前。又疏请不时纠劾，以示劝惩，无待六年考黜。诏可之。忠在南京正直有风采。然是时，瑾方以严苛折辱士大夫，而忠操绳墨待下，纠劾过峻。时论遂谓忠附会瑾意，颇归怨焉。

　　五年二月改吏部尚书兼翰林学士，专典制诏。两疏乞休，不报。瑾诛，以本官兼文渊阁大学士，入阁预机务。甫数日，以平宁夏功，加少傅兼太子太傅。故事，阁臣加官无遽至三孤者。忠无功骤得，不自安，连疏固辞，不许。瑾虽诛，张永、魏彬辈擅政，大臣复争与交欢，忠独无所顾。永尝遣廖鹏谒忠，忠仆隶遇之，又却其馈，由是与永辈左。前后乞休疏七八上，皆慰留。明年命典会试。甫毕，帝以试录文义多舛，召李东阳示之。忠知为中官所掎，乞省墓。诏乘传还。抵家，再上章乞致仕，报许。给月廪、岁隶终其身。

　　世宗即位，屡荐不起。遣行人存问，忠奏谢，因有所献纳，帝褒其忠爱。嘉靖二年卒，年七十二。赠太保，谥文肃。

　　赞曰：徐溥以宽厚著，邱濬以博综闻。观其指事陈言，恳恳焉为忧盛危明之计，可谓勤矣。刘健、谢迁正色直道，蹇蹇匪躬。阉竖乱政，秉义固净。志虽不就，而刚严之节始终不渝。有明贤宰辅，自三杨外，前有彭、商，后称刘、谢，庶乎可以道事君者欤。李东阳以依违蒙诟，然善类赖以扶持，所全不少。大臣同国休戚，非可以决去为高，远蹈为洁，顾其志何如耳。王鏊、刘忠持正不阿，奉身早退。此诚明去就之节，乌能委蛇俯仰以为容悦哉。

明史卷一八二
列传第七〇

王恕 子承裕　马文升　刘大夏

　　王恕，字宗贯，三原人。正统十三年进士。由庶吉士授大理左评事，进左寺副。尝条刑罚不中者六事，皆议行之。迁扬州知府，发粟振饥不待报，作资政书院以课士。天顺四年以治行最，超迁江西右布政使，平赣州寇。宪宗嗣位，诏大臣严核天下方面官，乃黜河南左布政使侯臣等十三人，而以恕代臣。

　　成化元年，南阳、荆、襄流民啸聚为乱，擢恕右副都御史抚治之。会丁母忧，诏奔丧两月即起视事。恕辞，不许。与尚书白圭共平大盗刘通，复讨破其党石龙。严束所部毋滥杀，流民复业。移抚河南。论功，进左副都御史，稍迁南京刑部右侍郎。父忧，服除，以原官总督河道。浚高邮、邵伯诸湖，修雷公、上下句城、陈公四塘水闸。因灾变，请讲求弭灾策。帝为赐山东租一年，畿辅亦多减免。旋改南京户部左侍郎。

　　十二年，大学士商辂等以云南远在万里，西控诸夷，南接交址，而镇守中官钱能贪恣甚，议遣大臣有威望者为巡抚镇压之，乃改恕左副都御史以行，就进右都御史。初，能遣指挥郭景奏事京师，言安南捕盗兵阑入云南境，帝即命景赍敕戒约之。旧制，使安南必由广西，而景直自云南往。能因景遗安南王黎灏玉带、宝绦、蟒衣、珍奇诸物。灏遣将率兵送景还，欲遂通云南道。景惧后祸，始先行白守关者。因脱归，扬言安南寇至，关吏戒严。黔国公沐琮遣人谕其帅，始返。而诸臣畏能，匿不奏。能又频遣景及指挥卢安、苏本等交通干崖、孟密诸土官，纳其金宝无算。恕皆廉得之。遣骑执景，景惧自杀，因劾能私通外国，罪尝死。诏遣刑部郎中潘蕃往按之。能又以其间，驿进黄鹦鹉。恕请禁绝，且尽发能贪暴状，言："昔交址以镇守非人，致一方陷没，今日之事殆又甚焉。陛下何惜一能，不以安边徼。"能大惧，急属贵近请召恕还。而是时商辂、项忠诸正人方以忤汪直罢，遂改恕掌南京都察院，参赞守备机务。能事立解，蕃勘上得实，置不问。

恕居云南九月，威行徼外，黔国以下咸惕息奉令。疏凡二十上，直声动天下。当是时，安南纳江西叛人王姓者为谋主，潜遣谍入临安，又于蒙自市铜铸兵器，将伺间袭云南。恕请增设副使二员，以饬边备，谋遂沮。

还南京数月，迁兵部尚书，参赞如故。考选官属，严拒请托，同事者咸不悦。而钱能归，屡谮恕于帝。帝亦衔恕数直言，遂命兼右副都御史巡抚南畿。旧制，应天、镇江、太平、宁国、广德官田征半租，民田全免。其后，民田率归豪右，而官田累贫民。恕乃量减官田耗，稍增之民田。常州时有羡米，乃奏以六万石补夏税，又补他府户口盐钞六百万贯，公私便焉。所部水灾，奏免秋粮六十余万石。周行振贷，全活二百余万口。江南岁输白粮，民多至破产，而光禄概以给庖人、贱工，又中官暴横，四方输上供物，监收者率要羡入。织造缯彩及采花卉禽鸟者，络绎道路。恕先后论列，皆不纳。

中官王敬挟妖人千户王臣南行采药物、珍玩，所至骚然，长吏多被辱。至苏州，召诸生写妖书，诸生大哗。敬奏诸生抗命。恕亟疏言："当此凶岁，宜遣使振济，顾乃横索玩好。昔唐太宗讽梁州献名鹰，明皇令益州织半臂褙子，进琵琶杆拨镂牙合子诸物，李大亮、苏颋不奉诏。臣虽无似，有慕斯人。"因尽列敬等罪状。敬亦诬奏恕并及常州知府孙仁，仁被逮。仁，新淦人，由进士历知府，为人方峻，敬至不为礼，以是见忤。恕抗章救，三疏劾敬。会中官尚铭亦发敬奸状，乃下敬等狱，戍其党十九人，而弃臣市，传首南京。仁亦得释归，后积官至巡抚宁夏右副都御史。

二十年，复改恕南京兵部尚书。时钱能亦守备南京，语人曰："王公，天人也，吾敬事而已。"恕坦怀待之，能卒敛戢。林俊之下狱也，恕言："天地止一坛，祖宗止一庙，而佛至千余寺。一寺立，而移民居且数百家，费内帑且数十万，此舛也。俊言当，不宜罪。"帝得疏不怿。恕侃侃论列无少避。先后应诏陈言者二十一，建白者三十九。皆力阻权幸。天下倾心慕之，遇朝事有不可，必曰"王公胡不言也？"则又曰"公疏且至矣"。已，恕疏果至。时为谣曰："两京十二部，独有一王恕。"于是贵近皆侧目，帝亦颇厌苦之。

二十二年，起用传奉官，恕谏尤切，帝愈不悦。恕先加太子少保，会南京兵部侍郎马显乞罢，忽附批落恕宫保致仕，朝野大骇。恕数为巡抚，历侍郎至尚书，皆在留都。以好直言，终不得立朝。既归，名益高，台省推荐无虚月。工部主事仙居王纯比恕汲黯，至予杖，谪思南推官。

孝宗即位，始用廷臣荐，召入为吏部尚书，寻加太子太保。先是，中外劾大学士刘吉者，必荐恕，吉以是大患。凡恕所推举，必阴挠之。弘治元年闰正月，言官劾两广总督宋旻、漕运总督丘霁等三十七人，宜降黜，中多素有时望者。吉竟取中旨允之，章不下吏部。恕以不得其职，拜疏乞去，不许。陕西缺巡抚，恕推河南布政使萧祯。诏别推，恕执奏曰："陛下不以臣不肖，任臣铨部。倘所举不效，臣罪也。今陛下安知祯不才而拒之，是必左右近臣意有所属。臣不能承望风指，以固禄位。且陛下既以祯为不可用，是臣不可用也，愿乞骸骨。"帝乃卒用祯。

时言官多称恕贤且老，不当任剧职，宜置内阁参大政。最后，南京御史吴泰等复言之。帝曰："朕用蹇义、王直故事，官恕吏部，有谋议未尝不听，何必内阁也。"恕尝侍经筵，见帝困热暑，请依故事大寒暑暂停，仍进讲义于宫中。进士董杰、御史汤鼐、给事中韩重等遂交章论驳，恕待罪请解职，优诏不许。恕上言："臣蒙国厚恩，日夕思报。人见陛下任臣过重，遂望臣太深，欲臣尽取朝政更张之，如宋司马光故事。无论臣才远不及光，即今亦岂元祐时。且六卿分职，各有攸司，臣岂敢越而谋之。但杰等责臣良是，臣无所逃罪，惟乞放还。"帝复优诏勉留之。恕感激眷遇，益以身任国事。方以疾在告，闻帝颇擢用宦官，至有赐蟒衣给庄田者，具疏切谏。中官黄顺请起复匠官潘俊供役，恕言不可以小臣坏重典。再执奏，竟报许。

刘吉既憾恕，吉所陷寿州知州刘概及言官周纮、张昺、汤鼐、姜绾等，恕又抗章力救，吉是以益恨，乃合私人魏璋等共排之。恕先后推用罗明、熊怀、强珍、陈寿、丘蠙、白思明等，咸讽璋等纠驳。恕知志不得行，连章求去。帝辄慰留，且以其老特免午朝，遇大风雨雪，早朝亦免。

徽王见沛乞归德州田，已得旨。恕言王国懿亲，不当争尺寸地，使小民失业，帝婉辞报焉。卢沟桥成，中官李兴乞进文思院副使潘俊等官。恕言："营造常职，安得禄功。成化季始有此事，陛下初政幸已革汰，奈何复行。且山陵大工未闻升职，援例奏乞，将何词拒之。"帝纳其言。已，修京城河桥，帝复从兴请授四人官，许五人冠带。恕执奏，不从，再疏争曰："臣职掌铨选，义当尽言，而再疏莫回天听，以为业已许之不可易。夫事求其当，设未当，虽十易何害。不然，流弊有不可救者。"报闻。先后以灾异条七事，以星变陈二十事，咸切时弊。寿宁伯张峦请勋号、诰券。恕言："钱、王两太后正位中宫数十年，钱承宗、王源始邀封爵。今皇后立甫三年，峦已封伯，遽有此请，累圣德，不可许。"通政经历高禄，峦妹婿也，超迁本司参议。恕言："天下之官以待天下之士，勿私贵戚，妨公议。"中旨以次等御医徐生超补院判，恕请选上考者，不纳。文华殿中书舍人杜昌等夤缘迁秩，御医王玉自陈乞进官，恕皆力争寝之。

是时刘吉已罢，而丘浚入阁，亦与恕不相能。初，浚以礼部尚书掌詹事，与恕同为太子太保。恕长六卿，位浚上。及浚入阁，恕以吏部弗让也，浚由是不悦。恕考察天下庶官，已黜而浚调旨留之者九十余人。恕屡争不能得，因力求罢，不许。太医院判刘文泰者，故往来浚家以求迁官，为恕所沮，衔恕甚。恕里居日，尝属人作传，镂板以行。浚谓其沽直谤君,上闻罪且不小。文泰心动,乃自为奏草,示除名都御史吴祯润色之。讦恕变乱选法,且传中自比伊、周,于奏疏留中者,概云不报,以彰先帝拒谏,无人臣礼,欲中以奇祸。恕以奏出浚指,抗言:"臣传作于成化二十年,致仕在二十二年,非有望于先帝也。且传中所载,皆足昭先帝纳谏之美,何名彰过。文泰无赖小人,此必有老于文学多阴谋者主之。"帝下文泰锦衣狱,鞫之得实,因请逮浚、恕及祯对簿。帝心不悦恕,乃贬文泰御医,责恕沽名,焚所镂版,置浚不问恕再疏请办理,不从,遂力求去。听驰驿归,不赐敕,月廪、岁隶亦颇减。廷论以是不直浚。及浚卒,文泰往吊,浚妻叱之出曰:"以若故,使相公龁王公,负不义名,何吊为!"

恕扬历中外四十余年,刚正清严,始终一致。所引荐耿裕、彭韶、何乔新、周经、李敏、张悦、倪岳、刘大夏、戴珊、章懋等,皆一时名臣。他贤才久废草泽者,拨擢之恐后。弘治二十年间,众正盈朝,职业修理,号为极盛者,恕力也。武宗嗣位,遣行人赍敕存问,赉羊酒,益廪隶。且谕以谠论无隐。恕陈国家大政数事,帝优诏报之。正德三年四月卒,年九十三。平居食啖兼人,卒之日小减。闭户独坐,忽有声若雷,白气弥漫,瞰之暝矣。讣闻,辍朝。赠特进左柱国太师,谥端颜。五子、十三孙,多贤且显。

少子承裕,子天宇。七岁能诗,弱冠著《太极动静图说》。恕官吏部,令日接宾客,以是周知天下贤才,选用无不当。举弘治六年进士。恕致政,承裕即告归侍养。起授兵科给事中,出理山东、河南屯田。减登、莱粮额,三亩征一斗,还青州彰德军田先赐王府者三百六十余顷。武宗立,屡迁吏科都给事中。以言事忤刘瑾,罚米输塞上。再迁太仆卿。嘉靖六年累官南京户部尚书。清逋税一百七十万石,积羡银四万八千余两。帝手书"清平正直"褒之。在部三年,致仕,卒。赠太子少保,谥康僖。

马文升,字负图,钧州人。貌瑰奇多力。登景泰二年进士。授御史。历按山西、湖广，风裁甚著。还领诸道章奏。母丧除，超迁福建按察使。成化初，召为南京大理卿，以父丧归。

满四之乱，陕西巡抚陈价下吏，即家起文升右副都御史代价。驰至军，与总督项忠讨平之。事具《忠传》。录功进左副都御史，巡抚如故。文升数条奏便宜，务选将练兵，修安边营至铁鞭城烽堠，剪除剧贼。西固番族不即命者悉灭之。修茶政，易番马八千有奇，以给士卒。振巩昌、临洮饥民，抚安流移。绩甚著。是时，孛罗忽、满都鲁、乩加思兰比岁犯边。文升请驻兵韦州，而设伏诸堡待之。遂败寇黑水口，擒其平章迭烈孙，又败之汤羊岭，斩首二百，名其岭曰："得胜坡"，勒石纪之而还。文升军功甚盛，奏捷不为夸张，中亦无主之者，以是赏薄。至九年冬，总制王越以大捷奏，文升亦遣子玙报功。廷臣勘奏不实，坐停俸三月。

十一年春，代越总制三边军务，寻入为兵部右侍郎。明年八月整饬辽东军务。巡抚陈钺贪而狡，将士小过辄罚马，马价腾踊。文升上边计十五事，因请禁之，钺由是嗛文升。文升还部转左。十四年春，钺以掩杀冒功激变，中官汪直欲自往定之。帝令礼太监怀恩等七人诣内阁会兵部议。恩欲遣大臣往抚，以沮直行。文升疾应曰："善。"恩入白，帝即命文升往。直不悦，欲令其私人王英与俱，文升谢绝之。疾驰至镇，宣玺书抚慰，无不听抚者。又请前以乜先乱失授官玺书者十余人，得袭官。事定，直欲攘其功，请于帝，挟王英驰至开原，再下令招抚。文升乃推功与直，然直内渐。文升又与直抗礼，奴视其左右，直益不喜。而陈钺益诡事直，得直欢，日夜谮文升，思中之未有以发也。文升还，赐牢醴。明年春，以辽东屡失事，遣直偕定西侯蒋琬、尚书林聪等按之。会余子俊劾钺，钺疑出文升意，倾之益急。直因奏文升行事乖方，禁边人市农器，致怨叛。乃下文升诏狱，谪戍重庆卫。直既倾文升，则与钺大发兵徼功，钺以是骤迁至尚书。

十九年，直败，文升复官。明年起为左副都御史巡抚辽东。文升凡三至辽，军民闻其来皆鼓舞。益禁抑中官、总兵，使不得朘削，众益大喜。

二十一年,进右都御史,总督漕运。淮、徐、和饥,移江南粮十万石、盐价银五万两振之,是年冬,召为兵部尚书。明年,以李孜省谮,调南京。

孝宗即位,召拜左都御史。弘治元年上言:"宪宗朝,岳镇海渎诸庙,用方士言置石函,周以符篆,贮金书道经、金银钱、宝石及五谷为厌胜具,宜毁。"从之。又上言十五事,悉议行。帝耕耤田,教坊以杂戏进。文升正色曰:"新天子当使知稼穑艰难,此何为者?"即斥去。御史徐瑈、贺霖失承旨下狱。文升言初政不宜辄罪言官,遂得释。寻命提督十二团营。

明年,代余子俊为兵部尚书,督团营如故。承平既久,兵政废驰,西北部落时伺塞下。文升严核诸将校,黜贪懦者三十余人。奸人大怨,夜持弓矢其门,或作谤书谢入东长安门内。帝闻,诏锦衣缉捕,给骑士十二,卫文升出入。文升乞休,优诏不许。

小王子以数万骑牧大同塞下,势汹汹。文升以疾在告,帝使中官挟医视,因就问计。方升谓彼才败于他部,无能为。请密为备,而扬声逼之,必徙去。已而果然。遭继母忧,诏起复,再疏辞,不许。西北别部野乜克力,其长曰亦剌思王,曰满哥王,曰亦剌因王,各遣使款肃州塞,乞贡且互市。巡抚许进、总兵官刘宁为请,文升言互市可许,入贡不可许,乃却之。

土鲁番既袭执陕巴,而令牙兰据守哈密,僭称可汗,侵沙州,迫罕东诸部附己。文升议,此寇桀骜,不大创终不知畏,宜用汉陈汤故事袭斩之。察指挥杨翥熟番情,召询以方略。翥备陈罕东至哈密道路,请调罕东兵三千为前锋,汉兵三千继之,持数日粮,间道兼程进,可得志。文升喜,遂请于帝,敕发罕东、赤斤、哈密兵,令副总兵彭清将之,隶巡抚许进往讨,果克之,语详进传。

团营军不足,请于锦衣及腾骧四卫中选补。已得请矣,中官宁瑾阻之。文升及兵科蔚春等言诏旨宜信,不纳。陕西地大震。文升言:"此外寇侵凌之兆。今火筛方跳梁,而海内民困财竭,将懦兵弱。

宜行仁政以养民,讲武备以固圉。节财用,停斋醮,止传奉冗员,禁奏乞闲地,日视二朝,以勤庶政。且撤还陕西织造内臣,振恤被灾者家。"帝纳其言,内臣立召还。

文升为兵部十三军,尽心戎务,于屯田、马政、边备、守御、数条上便宜。国家事当言者,即非职守,亦言无不尽。尝以太子年及四龄,当早谕教。请择醇谨老成知书史如卫圣杨夫人者,保抱扶持,凡言语动止悉导之以正。若内廷曲宴,钟鼓司承应,元宵鳌山,端午竞渡诸戏,皆勿令见。至于佛、老之教,尤宜屏绝,恐惑眩心志。山东久旱,浙江及南畿水灾,文升请命所司振恤,练士卒以备不虞。帝皆深纳之。民困赋役,文升极陈其害,谓:"今民田十税四五,其输边塞者粮一石费银一两以上,丰年用粮八九石方易一两。若丝绵布帛之输京师者,交纳之费过于所输,南方转漕通州至有三四石致一石者。中州岁役五六万人治河,山东、河南修塞决口夫不下二十万,苏、松治水亦如之。湖广建吉、与、岐,雍四王府,江西益、寿二府,山东衡府,通计役夫不下百万。诸王之国役夫供应亦四十万。加以湖广征峦,山、陕防边,供馈饷给军旅者又不知凡几。赋重役繁,未有甚于此时者也。宜严敕内外诸司,省烦费,宽力役,毋擅有科率,王府之工宜速竣,庶令困敝少苏。更乞崇正学,抑邪术,以清圣心;节财用,省工作,以培邦本。"诏下所司详议。他所论奏者甚众。在班列中最为耆硕,帝亦推心任之。自太子太保屡加至少保兼太子太傅,岁时赐赉,诸大臣莫敢望也。

吏部尚书屠滽罢,廷推文升。御史魏英等言兵部非文升不可,帝亦以为然。乃命倪岳代滽,而加文升少傅以慰之。岳卒,以文升代。南京、凤阳大风雨坏屋拔木,文升请帝减膳撤乐,修德省愆,御经筵,绝游宴,停不急务,止额外织造,振饥民,捕盗贼。已,又上吏部职掌十事。帝悉褒纳。一品九载满,加少师兼太子太师。帝以将考察,特召文升及都御史戴珊、史琳至暖阁,谕以秉公黜陟。又以文升年高重听,再呼告之,命左右掖之下阶。始文升为都御史,王恕在吏部,两人皆以正直任天下事。疏出,天下传诵。恕去,人望皆归文升。迨为吏部，年已八十，修髯长眉，遇事侃侃不少衰。

孝宗崩，文升承遗诏，请汰传奉官七百六十三人，命留太仆卿李纶等十七人，余尽汰之。正德元年，御用监中官王瑞复请用新汰者七人，文升不奉诏。给事中安奎刺得瑞纳贿状，劾之。瑞恚，诬文升抗旨，更下廷议，旨是文升，帝终不听。文升因乞归，不许。

是时，朝政已移于中官，文升老，日怀去志。会两广缺总督，文升推兵部侍郎熊绣。绣怏怏不欲出，其乡人御史何天衢遂劾文升徇私欺罔。文升连疏求去，许之。赐玺书、乘传，月廪岁隶有加。家居，非事未尝入州城。语及时事，辄颦蹙不答。居大三年，刘瑾乱政，坐文升前用雍泰为朋党，除其名。五年六月卒，年八十五。瑾诛，复官，赠特进光禄大夫、太傅，谥端肃。

文升有文武才，长于应变，朝端大议往往待之决。功在边镇，外国皆闻其名。尤重气节，厉廉隅，直道而行。虽遭谗诟，屡起屡仆，迄不少贬。子瑢，以乡贡士待选吏部，文升使请外，曰："必大臣子而京秩，谁当外者？"卒后逾年，大盗赵镦等剽河南，至钧州，以文升家在，舍之去。攻泌阳，毁焦芳家，束草若芳像裂之。嘉靖初，加赠文升左柱国、太师。

刘大夏，字时雍，华容人。父仁宅，由乡举知瑞昌县。流民千余家匿山中，逻者索赂不得，诬民反，众议加兵。仁宅单骑招之，民争出诉，遂罢兵，擢广西副使。

大夏年二十举乡试第一。登天顺八年进士，改庶吉士。成化初，馆试当留，自请试吏。乃除职方主事，再迁郎中。明习兵事，曹中宿弊尽革。所奏覆多当上意，尚书倚之若左右手。汪直好边功，以安南黎灏败于老挝，欲乘间取之。言于帝，索永乐间讨安南故版。大夏匿弗予，密告尚书余子俊曰："兵衅一开，西南立糜烂矣。"子俊悟，事得寝。朝鲜贡道故由鸦鹘关，至是请改由鸭绿江。尚书将许之，大夏曰："鸭绿道径，祖宗朝岂不知，顾纡回数大镇，此殆有微意。不可许。"乃止。中官阿九者，其兄任京卫经历，以罪为大夏所答。宪宗入其谮，捕系诏狱，令东厂侦之无所得。会怀恩力救，乃杖二十而释之。十九年，迁福建右参政，以政绩闻。闻父讣，一宿即行。

弘治二年服阕，迁广东右布政使。田州泗城不靖，大夏往谕，遂顺命。后山贼起，承檄讨之。令获贼必生致，验实乃坐，得生者过半。改左，移浙江。

六年春，河决张秋，诏博选才臣往治。吏部尚书王恕等以大夏荐，擢右副都御史以行。乃自黄陵冈浚贾鲁河，复浚孙家渡、四府营上流，以分水势。而筑长堤起胙城历东明、长垣抵徐州，亘三百六十里。水大治，更名张秋镇曰"安平镇"。孝宗嘉之，赐玺书褒美，语详《河渠志》。召为左副都御史，历户部左侍郎。

十年，命兼左佥都御史，往理宣府兵饷。尚书周经谓曰："塞上势家子以市籴为私利，公毋以刚贾祸。"大夏曰："处天下事，以理不以势，俟至彼图之。"初，塞上籴买必粟千石、刍万束乃得告纳，以故，中官、武臣家得操利权。大夏令有刍粟者，自百束十石以上皆许，势家欲牟利无所得。不两月储积充羡，边人蒙其利。明年秋，三疏移疾归，筑草堂东山下，读书其中。越二年，廷臣交荐，起右都御史，总制两广军务。敕使及门，携二僮行。广人故思大夏，鼓舞称庆。大夏为清吏治，捐供亿，禁内外镇守官私役军士，盗贼为之衰止。

十五年，拜兵部尚书，屡辞乃拜命。既召见，帝曰："朕数用卿，数引疾何也？"大夏顿首言："臣老且病，窃见天下民穷财尽，脱有不虞，责在兵部，自度力不办，故辞耳。"帝默然。南京、凤阳大风拔木，河南、湖广大水，京师苦雨沉阴。大夏请凡事非祖宗旧而害军民者，悉条上厘革。十七年二月又言之。帝命事当兴革者，所司具实以闻，乃会廷臣条上十六事，皆权幸所不便者，相与力尼之。帝不能决，下再议。大夏等言："事属外廷，悉蒙允行。稍涉权贵，复令察核。臣等至愚，莫知所以。"久之，乃得旨："传奉官疏名以请；幼匠、厨役减月米三斗，增设中官，司礼监核奏；四卫勇士，御马监具数以闻。余悉如议。"织造、斋醮皆停罢，光禄省浮费巨万计，而勇士虚冒之弊亦大减。制下，举朝欢悦。先是，外戚、近幸多干恩泽，帝深知其害政,备然欲振之。因时多灾异,复宣谕群臣,令各陈缺失。大夏乃复上数事。

其年六月,再陈兵政十害,且乞归。帝不许。令弊端宜革者更详具以闻。于是,大夏举南北军转漕番上之苦,及边军困敝、边将侵克之状,极言之。帝乃召见大夏于便殿,问曰:“卿前言天下民穷财尽。祖宗以来征敛有常,何今日至此?”对曰:“正谓不尽有常耳。如广西岁取铎木,广东取香药,费固以万计,他可知矣。”又问军,对曰:“穷与民等。”帝曰:“居有月粮,出有行粮,何故穷?”对曰:“其帅侵克过半,安得不穷。”帝太息曰:“朕临御久,乃不知天下军民困,何以为人主!”遂下诏严禁。尝是时,帝方锐意太平,而刘健为首辅,马文升以师臣长六卿,一时正人充布列位。帝察知大夏方严,且练事,尤亲信。数召见决事,大夏亦随事纳忠。

大同小警,帝用中官苗逵言,将出师。内阁刘健等力谏,帝犹疑之,召问大夏曰:“卿在广,知苗逵延绥捣巢功乎?”对曰:“臣闻之,所俘妇稚十数耳。赖朝廷威德,全师以归。不然,未可知也。”帝默然良久,问曰:“太宗频出塞,今何不可?”对曰:“陛下神武固不后太宗,而将领士马远不逮。且淇国公小违节制,举数十万众委沙漠,奈何易言之。度今上策惟守耳。”都御史戴珊亦从旁赞决,帝遂曰:“微卿曹,朕几误。”由是,师不果出。

庄浪土帅鲁麟为甘肃副将,求大将不得,恃其部众强,径归庄浪。廷臣惧生变,欲授以大帅印,又欲召还京,处之散地。大夏请奖其先世忠顺,而听麟就闲。麟素贪虐失众心,兵柄已去无能为,竟怏怏病死。

帝欲宿兵近地为左右辅。大夏言:“保定设都司统五卫,祖宗意尝亦如此。请遣还操军万人为西卫,纳京东兵密云、蓟州为东卫。”帝报可。中官监京营者恚失兵,揭飞语宫门。帝以示大夏曰:“宫门岂外人能至,必此曹不利失兵耳。”由是,间不得行。

帝尝谕大夏曰:“临事辄思召卿,虑越职而止。后有当行罢者,具揭帖以进。”大夏顿首曰:“事之可否,外付府部,内咨阁臣可矣。

揭贴滋弊，不可为后世法。"帝称善。又尝问："天下何时太平？"对曰："求治亦难太急。但用人行政悉与大臣面议，当而后行，久之天下自治。"尝乘间言四方镇守中官之害。帝问状，对曰："臣在两广见诸文武大吏供亿不能敌一镇守，其烦费可知。"帝曰："然祖宗来设此久，安能遽革。第自今必廉如邓原、麦秀者而后用，不然则已之。"大夏顿首称善。大夏每被召，跪御榻前。帝左右顾，近侍辄引避。尝对久，惫不能兴，呼司礼太监李荣掖之出。一日早朝，大夏固在班，帝偶未见，明日谕曰："卿昨失朝耶？恐御史纠，不果召卿。"其受眷深如此。特赐玉带、麒麟服，所赍金币、上尊，岁时不绝。

未几，孝宗崩，武宗嗣位，承诏请撤四方镇守中官非额设者。帝止撤均州斋元。大夏复议上应撤者二十四人，又奏减皇城、京城守视中官，皆不纳。顷之，列上传奉武臣尝汰者六百八十三人，报可。大汉将军薛福敬等四十八人亦当夺官，福敬等故不入侍以激帝怒。帝遽命复之，而责兵部对状，欲加罪。中官宁瑾顿首曰："此先帝遗命，陛下列之登极诏书，不宜罪。"帝意乃解。中官韦兴者，成化末得罪久废，至是夤缘守均州。言官交谏，大夏等再三争，皆不听。正德元年春，又言："镇守中官，如江西董让、蓟州刘琅、陕西刘云、山东朱云贪残尤甚，乞按治。"帝不悦。大夏自知言不见用，数上章乞骸骨。其年五月，诏加太子太保，赐敕驰驿归，给廪隶如制。给事中王翊、张衿请留之，吏部亦请如翊、衿言，不报。

大夏忠诚恳笃，遇知孝宗，忘身徇国，于权幸多所裁抑。尝请严核勇士，为刘瑾所恶。刘宇亦憾大夏，遂与焦芳谮于瑾曰："籍大夏家，可当边费十二三年。"九月，假田州岑猛事，逮系诏狱。瑾欲坐以激变律死，都御史屠滽持不可，瑾谩骂曰："即不死，可无戍耶？"李东阳为婉解，且瑾诇大夏家实贫，乃坐戍极边。初拟广西，芳曰"是送若归也"，遂改肃州。大夏年已七十三，布衣徒步过大明门下，叩首而去。观者叹息泣下，父老携筐送食，所至为罢市、焚香祝刘尚书生还。比至戍所，诸司惮瑾，绝馈问，儒学生徒传食之。遇团操，辄荷戈就伍。所司固辞，大夏曰："军，固当役也。"所携止一仆。或问何不挈子姓，曰："吾宦时，不为子孙乞恩泽。今垂老得罪，忍令同死戍所耶？"大夏既遣戍，瑾犹摭他事罚米输塞上者再。

五年夏，赦归。瑾诛，复官，致仕。清军御史王相请复廪隶，录其子孙。中官用事者终嗛之，不许。大夏归，教子孙力田谋食。稍赢，散之故旧宗族。预自为圹志，曰："无使人饰美，俾怀愧地下也。"十一年五月卒，年八十一。赠太保，谥忠宣。

大夏尝言："居官以正己为先。"不独当戒利，亦当远名。"又言："人生盖棺论定，一日未死，即一日忧责未已。"其被逮也，方锄菜园中，入室携数百钱，跨小驴就道。赦归，有门下生为巡抚者，枉百里谒之。道遇扶犁者，问熟为尚书家，引之登堂，即大夏也。朝鲜使者在鸿胪寺馆遇大夏邑子张生，因问起居曰："吾国闻刘东山名久矣。"安南使者入贡曰："闻刘尚书戍边，今安否？"其为外国所重如此。

赞曰：王恕砥砺风节，马文升练达政体，刘大夏笃棐自将，皆具经国之远猷，蕴畜君之正志。绸缪庶务，数进谠言，迹其居心行己，磊落光明，刚方鲠亮，有古大臣节概。历事累朝，享有眉寿，朝野属望，名重远方，《诗》颂老成，《书》称黄发，三臣者近之矣。恕昧远名之戒，以作传见疏。而文升、大夏被遇孝宗之朝，明良相契，荃宰一心。迨至宦竖乘权，耆旧摈斥，进退之际所系讵不重哉！

明史卷一八三
列传第七一

何乔新　彭韶　周经　耿裕
倪岳　闵珪　戴珊

何乔新,字廷秀,江西广昌人。

父文渊,永乐十六年进士,授御史,历按山东、四川。乌蒙奸民什伽私其知府禄昭妻,惧诛,诬昭反,诏发军讨。文渊檄止所调军,而白其诬。宣德五年用顾佐荐,赐敕知温州府。居六年,治最,增俸赐玺书。以胡濙荐,擢刑部右侍郎,督两淮盐课。正统三年,两议狱不当,与尚书魏源下狱,皆得释。朝议征麓川,文渊疏谏曰:"麓川徼外弹丸地,不足烦大兵。若遣云南守将屯金齿,令三司官抚谕之,远人获更生,而朝廷免调兵转饷,策之善者也。"帝下其议,廷臣多主用兵。于是西南骚动,仅乃克之,而失亡多。其冬,以疾乞归。景帝即位,起吏部左侍郎,寻进尚书,左王直理部事。东宫建。加太子太保。灾异见,给事中林聪等劾文渊憸邪。左庶子周旋疏言其枉,聪并劾旋。御史曹凯复廷争之,遂与旋俱下狱。聪疏有"嘱内臣"语,太监与安请诘主名。聪不敢坚对,乃释文渊命致仕。英宗复位,削其加官。而景泰中易储诏书、"父有天下传之子",语出文渊,或传朝命逮捕,惧而自缢。

时乔新已登景泰五年进士,官南京礼部主事,奔丧归里。里人故侍郎揭稽尝受业文渊,而与乔新兄弟不协,奏文渊死实诸子迫之自经,又逼嫁父所爱妾。乔新亦讦稽为巡抚时,尝荐黄珐,且代草易储疏。皆被征比对簿。父妾断指，为诸郎讼冤，狱得少解。帝亦以事经赦，释不问。已，复丁母忧。服除，改刑部主事，历广东司郎中。锦衣卫卒犯法，捕治不少贷。都指挥袁彬有所嘱，执不从。彬怒，使人招摭无所得。由是名大起。

　　成化四年迁福建副使。所属寿宁银矿，盗采者聚众千余人，所过剽掠，募兵击擒其魁。福宁豪尤氏杀人，出入随兵甲，拒捕者二十年。福清薛氏时出诸番互市，事觉，谋作乱。皆捕杀之。福安、宁德银矿久绝，有司责课，民多破产。乔新以为言，减三之二。兴化民自洪武初受牛于官，至是犹岁课其租，奏免之。清流归化里介沙县、将乐间，恃险不供赋，白都御史置归化县，其民始奉要束。迁河南按察使。岁大饥，故事，振贷迄秋止，乔新曰：“止于秋，谓秋成可仰也，今秋可但已乎？”振至明年麦熟乃止。都御史原杰以招抚流民至南阳，引乔新自助。初，项忠驱流民过当，民闻杰至，益窜山谷。乔新躬往招之，附籍者六万余户。迁湖广右布政使。荆州民苦徭役，验丁口贫富，列为九等，民便之。

　　十六年擢右副都御史，巡抚山西。边地军民每出塞伐木捕兽，乔新言：“此辈苟遇敌，必输情求生，皆贼导也。宜毋听阑出，犯者罪守将。”诏可。敌犯塞，皆参将支玉伏兵灰沟营，击斩甚众，进左副都御史。岁饥，奏免杂办及户口盐钞十之四。劾金事尚敬、刘源稽狱，请敕天下断狱官，淹半载以上者悉议罪。帝称善，亟从之。召拜刑部右侍郎。山西大饥，人相食，命往振，活三十余万人，还流冗十四万户。还朝，会安宁宣抚使杨友欲夺嫡弟播州宣慰使爱爵，诬爱有异谋。乔新往勘，与巡抚刘璋共白爱诬。友夺官安置他府，播人遂安。

　　孝宗嗣位，万安、刘吉等忌乔新刚正，出为南京刑部尚书。沿江芦州率为中官占夺，托言备进奉费，乔新奏还之民。初，乔新之出，中官汪恩不平。一日以事诣阁言：“新君践阼，当用正人，胡为出何公？”安等默然。既而刑部尚书杜铭罢，群望属乔新，而吉代安为首辅，终忌之，久不补。弘治改元，用王恕荐，始召乔新代铭。奏言：

"旧制遣官勘事及逮捕,必赍精微批文,卦所在官司验视乃行。近止用驾贴不合符,宜复旧制,以防矫诈。"帝立报许。时吉仇正人,频兴大狱,乔新率据法直之。吉愈衔恨,数摭他事夺俸。二年夏,京城大水,乔新请恤被灾者家,又虑刑狱失平,条上律文当更议者数事,吉悉格不行。大理丞阙,御史邹鲁觊迁,而乔新荐郎中魏绅。会乔新外家与乡人讼,鲁即诬乔新受赇曲庇。吉取中旨下其外家诏狱,乔新乃拜疏乞归。顷之,穷治无验,鲁坐停俸,乔新亦许致仕。

乔新性兼介,观政工部时,尝使淮西。巢令阎徽少学于文渊,以金币馈。乔新却之,阎曰:"以寿吾师耳。"乔新曰:"子欲寿吾亲,因他人致之则可,因吾致之则不可。"卒不受。福建市舶中官死,镇守者分其资遗三司,乔新独固辞。不得,输之于库。既家居,杨爱遣使厚致赠,且献良材可为椁者,乔新坚却之。

乔新年十一时,侍父京邸。修撰周旋过之,乔新方读《通鉴续编》。旋问曰:"书法何如《纲目》?"对曰:"吕文焕降元不书叛,张世杰溺海不书死节,曹彬、包拯之卒不书其官,而纪羲、轩多采怪妄,似未有当也。"旋大惊异。比长,博综群籍,闻异书辄借钞,积三万余帙,皆手较仇,著述甚富。与人寡合,气节友彭韶,学问友丘浚而已。

罢归后,巡后,巡按江西御史陈诠奏:"乔新始终全节,中间只以受亲馈遗之嫌,勒令致仕,进退黯昧,诚为可惜。乞行勘,本官如无疾则行取任用,有疾则加慰劳,以存故旧之恩,全进退之节。"不许。后中外多论荐,竟不复起。十五年卒,年七十六。

江西巡抚林俊为彭韶及乔新请谥,吏部覆从之。有旨令上乔新致仕之由,给事中吴世忠言:"乔新学行、政事莫不优,忠勤刚介,老而弥笃。御史邹鲁挟私诬劾,一辞不辨,恬然退归,杜门著书,人事寡接,士大夫莫不高其行。若必考退身之由,疑旌贤之典,则如宋蒋之奇尝诬奏欧阳修矣,胡纮辈尝诬奏朱熹矣,未闻以一人私情废万世公论也。"事竟寝。正德十一年,广昌知县张杰复以为言,乃赠太子太保,予荫。明年赐谥文肃。

乔新五世孙源，万历初，为刑部右侍郎，亦有清节。

彭韶，字凤仪，莆田人。天顺元年进士。授刑部主事，进员外郎。成化二年疏论佥都御史张岐憸邪，宜召王竑、李秉、叶盛，忤旨，下诏狱。给事中毛弘等救之，不听，卒输赎。寻迁郎中。

锦衣指挥周彧，太后弟也，奏乞武强、武邑民田不及赋额者，籍为闲田。命韶偕御史季琮覆勘。韶等周视径归，上疏自劾曰："真定田，自祖宗时许民垦种，即为恒产，除租赋以劝力农。功臣、戚里家与国咸休，岂尝与民争尺寸地。臣诚不忍夺小民衣食，附益贵戚，请伏奉使无状罪。"疏入，诏以田归民，而责韶等邀名方命，复下诏狱。言官争论救，得释。当是时，韶与何乔新同官，并有重名，一时称何、彭。

迁四川副使。安岳扈氏焚灭刘某家二十一人，定远曹氏杀其兄一家十二人，所司以为疑狱，久不决。韶一讯得实，咸伏辜。进按察使，尽撤境内淫祠。王府祭葬旧遣内官，公私烦费，奏罢之。云南镇守太监钱能进金灯，扰道路，韶劾之，不报。

十四年春，迁广东左布政使。中官奉使纷沓，镇守顾恒、市舶韦眷、珠池黄福，皆以进奉为名，所至需求，民不胜扰。韶先后论奏。最后，梁芳弟锦衣镇抚德以广东其故乡，归采禽鸟花木，害尤酷。韶抗疏极论，语侵芳。芳怒，构于帝，调之贵州。

二十年擢右副都御史，巡抚应天。明年正月，星变，上言："慧星示灾，见于岁暮，遂及正旦。岁暮者，天道之终。正旦者，岁事之始。此天心仁爱，欲陛下善始善终也。陛下嗣位之初，家礼正，防微周，俭德昭，用人慎。乃迩年以来，进奉贵妃，加于嫡后，褒宠其家，几与先帝后家埒，此正家之道未终也。监局内臣数以万计，利源兵柄尽以付之，犯法纵奸，一切容贷，此防微之道未终也。四方镇守中官，争献珍异，动称敕旨，科扰小民，此持俭之道未终也。六卿并加师保，监寺兼领崇阶，及予告而归，廪食舆夫滥加庸鄙。爵赏一轻，人谁知劝，此用人之道未终也。惟陛下慎终如始，天下幸甚。"时方召为大理卿，帝得疏不悦，命仍故官巡抚顺天、永平二府。均大兴、宛平、昌平诸县徭役，劾奏镇守中官陶弘罪。

孝宗即位，召为刑部右侍郎。嘉兴百户陈辅缘盗贩为乱，陷府城大掠，遁入太湖。遣韶巡视。韶至，贼已灭，乃命兼佥都御史，整理盐法。寻进左侍郎。韶以商人苦抑配，为定折价额，蠲宿负。悯灶户煎办、征赔、折阅之困，绘八图以献，条利病六事，悉允行。弘治二年秋，还朝。明年，改吏部。与尚书王恕甄人才，核功实，仕路为清。彗星见，上言宦官太盛，不可不亟裁损。因请午朝面议大政，毋只具文。已，又言滥授官太多，乞严杜幸门，痛为厘正。帝是其言，然竟不能用。

四年秋，代何乔新为刑部尚书。故安远侯柳景赃败至数千两，征仅十一，以其母诉免。韶执奏曰："昔唐宣宗元舅郑光官租不入，京兆尹韦澳械其庄吏。宣宗欲宽之，澳不奉诏。景无元舅之亲，赃非负租之此，独蒙宥除，是臣等守法愧于澳也。"不从。御史彭程以论皇坛器下狱，韶疏救，因极陈光禄冗食滥费状，乃命具岁办数以闻。荆王见潚有罪，奏上，淹旬不下。内官王明、苗通、高永杀人，减死遣戍。昌国公张密建坟逾制，役军至数万。畿内民冒充陵庙户及勇士旗校，辄免徭役，致见户不支，流亡日众。韶皆抗疏极论，但下所司而已。

韶莅部三年，昌言正色，秉节无私，与王恕及乔新称三大老，而为贵戚、近习所疾，大学士刘吉亦不之善。韶志不能尽行，连章乞休，乃命乘传归。月廪、岁隶如制。明年，南京地震，御史宗彝等言韶、乔新、强珍、谢铎、陈献章、章懋、彭程俱宜召用，不报。又明年，卒，年六十六。谥惠安，赠太子少保。

韶嗜学，公暇手不释书。正德初，林俊言韶谥不副行，乞如魏骥、吴讷、叶盛，改谥文。竟不行。

周经，字伯常，刑部尚书瑄子也。天顺四年进士。改庶吉士，授检讨。成化中，历侍读、中允，侍孝宗于东宫。讲《文华大训》，太子起立,阁臣以为劳,议请坐听。经与诸讲官皆不可,乃已。

　　孝宗立,进太常少卿兼侍读。弘治二年擢礼部右侍郎。中官请修黄村尼寺,奉祀孝穆太后。土鲁番贡狮子不由甘肃,假道满剌加,浮海至广东。经倡议毁其寺,却贡不与通。改吏部,进左侍郎。通政经历沈禄者,皇后姑婿也。尚书王恕在告,中官传旨擢禄本司参议。经言非面承旨,又无御札,不敢奉诏,复与恕疏争之。事虽不能止,朝论韪焉。灵寿奸民献地于中官李广,户部持不得。经倡九卿疏争,卒罪献地者。尝上言:"外戚家无功求迁,无劳乞赏,兼斋醮游宴,滥费无纪,致帑藏殚虚,宜大为撙节。近例,预备仓积粟多者,守令赐诰敕,不次迁官,遂致剥下干进。请如洪武闲例,悉出官帑平籴,毋夺民财,考绩毋专以积粟为能。至清军之弊,洪熙以前在旗校,宣德以后在里胥。弊在旗校者,版籍犹存,若里胥则并版籍而淆乱之,宜考故册洗奸弊。灾伤民,乞省恤。惜薪司薪炭约支数年,灾荒郡县,宜尽与停免,四方颜料杂办亦然。此救民急务也。"帝多采纳之。

　　八年,文武大臣以灾异陈时政,经为具奏草,而斥戏乐一事,语尤切直。帝密令中官廉草奏者,尚书耿裕曰:"疏首吏部,裕实具草。"经曰:"疏草出经手,即有罪,罪经。"世两贤之。

　　明年,代叶淇为户部尚书。时孝宗宽仁,而户部尤奸蠹所萃,挟势行私者不可胜纪。少不如意,谗毁随之。经悉按祖宗成宪,无所顾。宽逋缓征,裁节冗滥,四方告灾,必覆奏蠲除。每委官监税课,入多者与下考,苛切之风为之少衰。

　　奏御赵瑄献雄县地为东宫庄。经等劾瑄违制,下诏狱。而帝复从镇抚司言遣官勘实,经等复争之曰:"太祖、太宗定制,闲田任民开垦。若因奸人言而籍之官,是土田予夺,尽出奸人口,小民无以为生矣。"既而勘者及巡抚高铨言闲田止七十顷,悉与民田错。于是从经言仍赋之民,治瑄罪。中官何鼎劾外戚张鹤龄下狱,经疏救之,忤旨切责。

　　雍王祐橒乞衡州税课司及衡阳县河泊所,经言不可许。帝纳之,命自今四方税课,王府不得请。中官织造者,请增给两浙监课二万引,经等言:"盐筴佐边,不宜滥给。且祖宗朝织染诸局供御有常数,若曰取用有加,则江南、两浙已例外增造。若曰工匠不足,则仰食公家不下余人,所为何事。是知供用未必缺,而徒导陛下以劳民伤财之事也。"帝不从。经恐岁以为常,再疏请断其后,乃命岁予五千引。

先是,仓场监督内官依成化末年例裁减。十一年秋,帝复增用少监莫英等三人。经上疏力争,帝以已遣不听。内灵台请锦衣余丁百人供洒扫,经等谏,不纳。经曰:"祖宗设内台,其地至密。今一旦增百人,将必有漏泄妄言者。"帝悟,立已之。

崇王见泽乞河南退滩地二十余里,经言不宜予。兴王祐杬前后乞赤马诸河泊所及近湖地千三百余顷,经三疏争之,竟不许。帝以肃宁诸县地四百余顷赐寿宁侯张鹤龄,其家人因侵民地三倍,且殴民至死,下巡抚高铨勘报。铨言可耕者无几,请仍赋民,不许。时王府、勋戚庄田例亩征银三分,独鹤龄奏加征二分,且概加之沙碛地。经抗章执奏,命侍郎许进偕太监朱秀覆核。经言:"地已再勘,今复遣使,徒滋烦忧。昔太祖以刘基故减青田赋,征米五合,欲使基乡里子孙世世颂基。今兴济笃生皇后,正宜恤民减赋,俾世世戴德,何乃使小民衔怨无已也。"顷之,进等还言此地乃宪庙皇亲柏权及民恒产,不可夺。帝竟予鹤龄,如其请加税,而命偿权直,除民租额。经等复谏曰:"东宫、亲王庄田征税自有例,鹤龄不宜独优。权先帝妃家,亦戚畹也,名虽偿直,实乃夺之。天下将谓陛下惟厚椒房亲,不念先朝外戚。"帝终不纳。

大同缺战马,马文升请太仓银以市。经言:"粮马各有司存。祖训六部毋相压,兵部侵户部权,非祖训。"帝为改拨太仆银给之。给事中鲁昂请尽括税役金钱输太仓,经曰:"不节织造、赏赉、斋醮、土木之费,而欲括天下财,是舜也。"内官传旨索太仓银三万两为灯费,持不与。

经刚介方正,好强谏,虽重忤旨不恤,宦官、贵戚皆惮而疾之。

太监李广死,帝得朝臣与馈遗簿籍,大怒。科道因劾诸臣交通状,有及经者,经上疏曰:"昨科道劾廷臣奔竞李广,阑入臣名。虽蒙恩不问,实含伤忍痛,无以自明。夫人奔竞李广,冀其进言左右,图宠眷耳。陛下试思广在时,曾言及臣否。且交结馈遗簿籍具在,乞检曾否有臣姓名。更严鞫广家人,臣但有寸金、尺帛,即治臣交结之罪,斩首市曹,以为奔竞无耻之戒。若无干涉,亦乞为臣洗雪,庶得展布四体,终事圣明。若令含污忍垢,即死填沟壑,目且不瞑。"帝慰答之。十三年,星变,自陈乞休。报许。赐敕驰驿,加太子太保,以侣钟代。廷臣争上章留之,中外论荐者至八十余疏,咸报寝。

武宗即位,言官复荐,召为南京户部尚书,遭继母忧未任。正德三年,服阕。经婿兵部尚书曹元方善刘瑾,言经虽老尚可用,乃召为礼部尚书。固辞不许,强赴召。受事数月即谢病去。五年三月卒,年七十一。赠太保,谥文端。

子曾,进士。浙江右参政。

耿裕,字好问,刑部尚书九畴子也。景泰五年进士。改庶吉士,授户科给事中,改工科。天顺初,以九畴为右都御史,改裕检讨。九畴坐劾石亨贬,裕亦谪泗州判官。终父丧,补定州。

成化初,召复检讨,历国子司业、祭酒。侯伯年幼者皆肄业监中,裕采古诸侯、贵戚言行可法者为书授之,帝闻而称善。历吏部左右侍郎。坐尚书尹旻累,停俸者再。已,代旻为尚书。大学士万安与裕不协,而李孜省私其同乡李裕,欲使代裕,相与谋中之。坐以事,调侍郎黎淳南京,而夺裕俸。言官复交劾,宥之。裕入谢,既出,帝怒曰:"吾再宽裕罪,当再谢。今一谢,以夺俸故,意鞅鞅耶?"孜省等因而倾之,遂调南京礼部,而以李裕代。逾年,孝宗嗣位,转南京兵部参赞机务。

弘治改元,召拜礼部尚书。时公私侈靡,耗费日广。裕随事救正,因灾异条上时事及申理言官,先后陈言甚众,大要归于节俭。给事中郑宗仁疏节光禄供应,裕等请纳其奏。巡视光禄御史田斎以供费不足累行户,请借太仓银偿之。裕等言。疑有侵盗弊,请敕所司禁防,帝皆从之。南京守备中官请增奉先殿日供品物,裕等不可。帝方践阼,斥番僧还本土,止留乳奴班丹等十五人。其后多潜匿京师,转相招引,斋醮复兴。言官以为言,裕等因力请驱斥。帝乃留百八十二人,余悉逐之。礼部公廨火,裕及侍郎倪岳、周经等请罪,被劾下狱。已,释之,停其俸。

初,撒马儿罕及土鲁番皆贡狮子,甘肃镇守太监傅惪先图形以进,巡按御史陈瑶请却之。裕等乞从瑶请,而治惪违诏罪,帝不从。后番使再至,留京师,频有宣召。裕等言:"番人不道,因朝贡许其自新。彼复潜称可汗,兴兵犯顺。陛下优假其使,适遇倔强之时,彼将谓天朝畏之,益长桀骜。且狮子野兽,无足珍异。"帝即遣其使还。

寻代王恕为吏部尚书,加太子太保,御用监匠人李纶等以内降得官,裕言:"先有诏,文官不由臣部推举传乞除授者,参送法司按治。今除用纶等,不信前诏,不可。"给事中吕献等皆论奏,裕亦再疏争,终不听。

裕为人坦夷谅直,谙习朝章。秉铨数年,无爱憎,亦不徇毁誉,铨政称平。自奉淡泊。两世贵盛,而家业萧然,父子并以名德称。九年正月卒,年六十七。赠太保,谥文恪。

倪岳,字舜咨,上元人。父谦,奉命祀北岳,母梦绯衣神入室,生岳,遂以为名。谦终南京礼部尚书,谥文僖。

岳,天顺八年进士。改庶吉士,授编修。成化中,历侍读学士,直讲东宫。二十二年擢礼部右侍郎,仍直经筵。弘治初,改左侍郎。岳好学,文章敏捷,博综经世之务。尚书耿裕方正持大体,至礼文制度率待岳而决。六年,裕改吏部,岳遂代为尚书。

诏召国师领占竹于四川,岳力谏,帝不从。给事中夏昂、御史张祯等相继争之,事竟寝。时营造诸王府,规制宏丽,逾永乐、宣德之旧,岳请颁成式。又以四方所报灾异,礼部于岁终类奏,率为具文,乃详次其月日,博引经史征应。劝帝勤讲学,开言路,宽赋役,慎刑罚,黜奸贪,进忠直,汰冗员,停斋醮,省营造,止滥赏。帝颇采纳焉。

左侍郎徐琼与后家有连,谋代岳。九年,南京吏部缺尚书,廷推琼。诏加岳太子太保往任之,而琼果代岳。寻改岳南京兵部参赞机务。还,代屠滽为吏部尚书,严绝请托,不徇名誉,铨政称平。

岳状貌魁岸,风采严峻,善断大事。每盈廷聚议,决以片言,闻者悦服。同列中,最推逊马文升,然论事未尝苟同。前后陈请百余事,军国弊政剔抉无遗。疏出,人多传录之。论西北用兵害尤切,其略云:

近岁毛里孩、阿罗忽、孛罗出、虮加思兰大为边患。盖缘河套之中,水草甘肥,易于屯牧,故贼频据彼地,拥众入掠。诸将怯懦,率婴城自守。苟或遇敌,辄至挫衄。既莫敢折其前锋,又不能邀其归路。敌进获重利,退无后忧,致兵锋不靖,边患靡宁。命将徂征,四年三举,绝无寸功。或高卧而归,或安行以返。析圭担爵,优游朝行,辇帛舆金,充牣私室。且军旅一动,辄报捷音,赐予滥施,官秩轻授。甚至妄杀平民,谬称首级。敌未败北,辄以奔遁为辞。功赏所加,非私家子弟即权门厮养。而什伍之卒,转饷之民,则委骨荒城,膏血野草。天怒人怨,祸几日深,非细故也。

京营素号冗怯。留镇京师,犹恐未壮根本,顾乃轻于出御,用亵天威。临阵辄奔,反堕边军之功,为敌人所侮。且延绥边也,去京师远,宣府、大同亦边也,去京师近。彼有门庭之喻,此无陛楯之严,可乎?顷兵部建议:令宣府出兵五千,大同出兵一万,并力以援延绥,而不虑其相去既远,往返不逮,人心苦于转移,马力疲于奔轶。夫声东击西者,贼寇之奸态也。捣虚批亢者,兵家之长策也。精锐既尽乎西,老弱乃留于北,万一北或有警,而西未可离,首尾衡决,远近坐困,其可为得计哉。

至于延绥士马屯集,粮糗不赀,乃以山西、河南之民任飞刍转粟之役。徒步千里,夫运而妻供,父辇而子荷,道路愁怨,井落空虚。幸而得至,束刍百钱,斗粟倍直,不幸遇贼,身且毙矣,他尚何云。输将不足则有轻赍,轻赍不足又有预征。水旱不可先知,丰歉未能逆卜,征如何其可预也。又令民输刍粟补官,而媚权贵私亲故者,或出空牒以授,仓庾无升合之入。至若输粟给盐,则豪右请托,率占虚名鬻之,而商贾费且倍蓰。官爵日轻,盐法日沮,而边储之不充如故也。

又朝廷出帑藏给边,岁为银数十万。山西、河南输轻赍于边者,岁不下数十万。银日积而多则银益贱,粟日散而少则粟益贵。而不知者,遂于养兵之中,寓养狙之术。或以茶盐,或以银布,名为准折粮价,实则侵克军需。故朝廷有糜廪之虞,军士无果腹之乐。至兵马所经,例须应付。居平,人日米一斗,马日刍一束,追逐,一日之间或一二堡,或三四城,岂能俱给哉?而典守者巧为窃攘之谋,凡所经历悉有开支,罔上行私,莫此为甚。

及访御敌之策,则又论议纷纭。有谓复授降之故险,守东胜之旧城,使声援交接,掎角易制。夫欲复城河北,即须塞外屯兵。出孤远之军,涉荒漠之地,辎重为累,馈饷惟艰。彼或抄掠于前,蹑袭于后。旷日持久,军食乏绝。进不得城,退不得归,一败而声威大损矣。又有谓统十万之众。裹半月之粮,奋扬武威,扫荡窟穴,使河套一空。事非不善也。然帝王之兵,以全取胜;孙、吴之法,以逸待劳。今欲鼓勇前行,穷搜远击,乘危履险,觊万一之幸。赢粮远随则重不及事,提兵深入则孤不可援。且其间地方千里,无城郭之居,委积之守。彼或往来迁徙,罢我驰驱。我则情见势屈,为敌所困。既失坐胜之机,必蹈覆没之辙。其最无策者,又欲弃延绥勿守,使兵民息肩,不知一民尺土皆受之祖宗,不可忽也。向失东胜,故今日之害萃于延绥。而关、陕震动。今弃延绥,则他日之害钟于关、陕,而京师震动。贼愈近而祸愈大矣。

因陈重将权、增城堡、广斥堠、募民壮、去客兵、明赏罚、严间谍、实屯田、复边漕数事。时兵部方主用兵,不能尽用也。

十四年十月卒,年五十八。赠少保,谥文毅。明世父子官翰林,俱谥文,自岳始。

闵珪,字朝瑛,乌程人。天顺八年进士。授御史。出按河南,以风力闻。成化六年擢江西副使,进广东按察使。久之,以右佥都御史巡抚江西。南、赣诸府多盗,率强宗家仆。珪请获盗连坐其主,法司议从之。尹直辈谋之李孜省,取中旨责珪不能弭盗,左迁广西按察使。

孝宗嗣位,擢右副都御史,巡抚顺天。入为刑部右侍郎,进右都御史,总督两广军务,与总兵官毛锐讨古田僮。副总兵马俊、参议马铉自临桂深入,败死,军遂退。诏停俸讨贼。珪复进兵,连破七寨,他贼悉就抚。

弘治七年,迁南京刑部尚书,寻召为左都御史。十一年,东宫出阁,加太子少保。十三年代白昂为刑部尚书,再加太子太保。以灾异与都御史戴珊共陈时政八事,又陈刑狱四事,多报可。

珪久为法官,议狱皆会情比律,归于仁恕。宣府妖人李道明聚众烧香,巡抚刘聪信千户黄珍言,株连数十家,谓道明将引北寇攻宣府。及逮讯无验,珪乃止坐道明一人,余悉得释,而抵珍罪,聪亦下狱贬官。帝之亲鞫吴一贯也,将置大辟,珪进曰:"一贯推案不实,罪当徒。"帝不允,珪执如初。帝怒,戴珊从旁解之。帝乃霁威,令更拟。珪终以原拟上,帝不悦,召语刘大夏。对曰:"刑官执法乃其职,未可深罪。"帝默然久之,曰:"朕亦知珪老成不易得,但此事太执耳。"卒如珪议。

正德元年六月,以年逾七十再疏求退,不允。及刘瑾用事,九卿伏阙固谏,韩文被斥,珪复连章乞休。明年二月诏加少保,赐敕驰传归。六年十月卒,年八十二。赠太保,谥庄懿。

从孙如霖,南京礼部尚书。如霖曾孙洪学,吏部尚书。洪学从弟梦得,兵部戎政尚书。他为庶僚者复数人。

戴珊,字廷珍,浮梁人。父晊,由乡举官嘉兴教授,有学行。富人数辈遣其奴子入学,晊不可。赂上官强之,执愈坚,见忤,坐他事去。

珊幼嗜学,天顺末,与刘大夏同举进士。久之,擢御史,督南畿学政。成化十四年迁陕西副使,仍督学政。正身率教,士皆爱慕之。历浙江按察使,福建左、右布政使,终任不携一土物。

弘治二年,以王恕荐擢右副教御史,抚治郧阳。蜀盗野王刚流劫竹山、平利。珊合川、陕兵,檄副使朱汉等讨擒其魁,余皆以胁从论,全活甚众。入历刑部左、右侍郎,与尚书何乔新、彭韶共事。晋府宁化王钟铆淫虐不孝,勘不得实,再遣珊等勘之,遂夺爵禁铟。进南京刑部尚书。久之,召为左都御史。

十七年,考察京官,珊廉介下苟合。给事中吴蒉、王盖自疑见黜,连疏诋吏部书马文升,并言珊纵妻子纳贿。珊等乞罢,帝慰留之。御史冯允中等言:“文升、珊历事累朝,清德素著,不可因浮词废计典。”乃下蒉、盖诏狱,命文升、珊即举察事。珊等言:“两人逆计当黜,故先劾臣等。今黜之,彼必曰是挟私也。苟避不黜,则负委任,而使诈谖者得志。”帝命上两人事迹,皆黜之。已,刘健等因召对,力言盖罪轻,宜调用。帝方响用文升、珊、卒不纳。

帝晚年召对大臣,珊与大夏造膝宴见尤数。一日,与大夏侍坐。帝曰:“时当述职,诸大臣皆杜门。如二卿者,虽日见客何害。”袖出白金赉之,曰:“少佐而廉”且属勿廷谢,曰:“恐为他人忌也。”珊以老疾数求退,辄优诏勉留,遣医赐食,慰谕有加。珊感激泣下,私语大夏曰:“珊老病子幼,恐一旦先朝露,公同年好友,何惜一言乎?”大夏曰:“唯唯。”后大夏燕对毕,帝问珊病状,言珊实病,乞悯怜听其归。帝曰:“彼属卿言耶?主人留客坚,客则强留。珊独不能为朕留耶?且朕以天下事付卿辈,犹家人父子。今太平未兆,何忍言归。”大夏出以告珊,珊泣曰:“臣死是官矣。”帝既崩,珊以新君嗣位不忍言去,力疾视事。疾作,遂卒。赠太子太保,谥恭简。

赞曰:孝宗之为明贤君,有以哉。恭俭自饬,而明于任人。刘、谢诸贤居政府,而王恕、何乔新、彭韶等为七卿长,相与维持而匡弼之。朝多君子,殆比隆开元、庆历盛时矣。乔新、韶虽未究其用,而望著朝野。史称宋仁宗时，国未尝无嬖幸，而不足以累治世之体，朝未尝无小人，而不足以胜善类之气。孝宗初政，亦略似之。不然，承宪宗之季，而欲使政不旁挠，财无滥费，滋培元气，中外乂安，岂易言哉。

明史卷一八四
列传第七二

周洪谟　杨守陈　_{弟守址　子茂元}
_{茂仁}　张元祯　_{陈音}　傅瀚　张昇
吴宽　傅珪　刘春　吴俨
顾清　刘瑞

周洪谟,字尧弼,长宁人。正统十年,进士及第。授编修。博闻强记,善文词,熟国朝典故,喜谈经济。

景泰元年疏劝帝亲经筵,勤听政,因陈时务十二事。再迁侍读。天顺二年掌南院事。宪宗嗣位,复陈时务,言人君保国之道有三:曰力圣学,曰修内治,曰攘外侮。力圣学之目一:曰正心。修内治之目五:曰求真才,去不肖,旌忠良,罢冗职,恤漕运。攘外侮之目六:曰选将帅,练士卒,讲阵法,治兵器,足馈饷,靖边陲。帝嘉纳焉。

成化改元,廷议讨四川山都掌峦,洪谟上方略六事,诏付军帅行之。进学士。寻为南京祭酒。上言南监有红板仓二十间,高皇后积粟以养监生妻孥者,宜修复,帝允行之。母丧服阕,改北监。十一年,言士风浇浮,请复洪武中学规。帝嘉纳,命礼部榜谕。崇信伯费淮入监习礼,久不至。洪谟劾之,夺冠带,以儒巾赴监,停岁禄之半,学政肃然。先圣像用冕旒十二,而舞佾豆笾数不称,洪谟请备天子制。又言:"古者鸣球琴瑟为堂上之乐,笙镛柷敔为堂下之乐,而干羽则舞于两阶。今舞羽居上，乐器居下，非古制，当改。"尚书邹干驳止之，洪谟再疏争。帝竟俞其议。

迁礼部右侍郎。久之，转左。以蔡传所释璇玑玉衡，后人遵用其制，考验多不合，宜改制，帝即属洪谟。洪谟易以木，旬日而就。十七年进尚书。二十年加太子少保。二十一年，星变，有所条奏，帝多采纳。

弘治元年四月，天寿山震雷风雹，楼殿瓦兽多毁。洪谟复力劝修省，帝深纳之。洪谟矜庄寡合，与万安同乡，安居政府时颇与之善。至是，言官先后谕奏，致仕归。又三年卒，年七十二。谥文安。

洪谟尝言："士人出仕，或去乡数千里，既昧土俗，亦拂人情，不若就近选除。王府官终身不迁，乖祖制，当稍变更。都掌蛮及白罗罗羿子数叛，宜特设长官司，就择其人任之，庶无后患。"将殁，犹上安中国、定四裔十事。其好建白如此。

杨守陈，字维新，鄞人。祖范，有学行，尝诲守陈以精思实践之学。举景泰二年进士，改庶吉士，授编修。成化初，充经筵讲官，进侍讲。《英宗实录》成，迁洗马。寻进侍讲学士，同修《宋元通鉴纲目》。母忧服阕，起故官。孝宗出阁，为东宫讲官。时编文华大训，事涉宦官者皆不录。守陈以为非，备列其善恶得失。书成，进少詹事。

孝宗嗣位，宫僚悉迁秩，执政拟守陈南京吏部右侍郎，帝举笔去"南京"字。左右言刘宣见为右侍郎，帝乃改宣左，而以守陈代之。修《宪宗实录》，充副总裁。弘治改元正月，上疏曰：

孟子言"我非尧、舜之道不敢陈于王前"。夫尧、舜之道何道？《书》曰"人心惟危，道心惟微，惟精惟一，允执厥中"，此尧、舜之得于内者深，而为出治之本也。询四岳，辟四门，明四目，达四聪，此尧、舜之资于外者博，而为致治之纲也。臣昔忝宫僚，伏睹陛下朗读经书，未尝勤睿间以究圣贤奥旨。儒臣略陈训诂，未尝进详说以极帝王要道。是陛下得于内者未深也。今视朝，所接见者，大臣之丰采而已。君子、小人之情状，小臣、远臣之才行，何由识？退朝所披阅者，百官之章奏而已。诸司之典则，群吏之情弊，何由见？宫中所听信者，内臣之语言而已。百官之正议，万姓之繁言，何由闻？恐陛下资于外者未博也。

愿遵祖宗旧制，开大小经筵，日再御朝。大经筵及早朝，但如旧仪。若小经筵，必择端方博雅之臣，更番进讲。凡所未明，辄赐清问。凡圣贤经旨，帝王大道，以及人臣贤否，政事得失，民情休戚，必讲之明而无疑，乃可行之笃而无弊。若夫前朝经籍，祖宗典训，百官章奏，皆当贮文华殿后，陛下退朝披览。日令内阁一人、讲官二人居前殿右厢，有疑则询，必洞晰而后已。一日之间，居文华殿之时多，处乾清宫之时少，则欲寡心清，临政不惑，得于内者深而出治之本立矣。午朝则御文华门，大臣台谏更番侍直。事已具疏者用揭贴，略节口奏，陛下详问而裁决之。在外文武官来觐，俾条列地方事，口陈大要，付诸司评议。其陛辞赴任者，随其职任而戒谕之。有大政则御文华殿，使大臣各尽其谋，勿相推避。不当则许言官驳正。其他具疏进才，召阁臣面议可否，然后批答。而于奏事、辞朝诸臣，必降词色，详询博访，务竭下情，使贤才常接于目前，视听不偏于左右，合天下之耳目以为聪明，则资于外者博而致治之纲举矣。

若如经筵、常朝只循故事，凡百章奏皆付内臣调旨批答，臣恐积弊未革，后患滋深。且今积弊不可胜数。官鲜廉耻之风，士多浮竞之习。教化凌夷，刑禁驰懈。俗侈而财滋乏，民困而盗日繁。列卫之城池不修，诸郡之仓库鲜积。甲兵朽钝，行伍空虚。将骄惰而不知兵，士疲弱而不习战。一或有警，何以御之？此臣所以朝夕忧思，至或废寝忘食者也。

帝深嘉纳。后果复午朝，召大臣面议政事，皆自守陈发之。寻以史事繁，乞解部务。章三上，乃以本官兼詹事府，专事史馆。二年卒。谥文懿，赠礼部尚书。

弟守址。子茂元、茂仁。守址，字维立，成化初，乡试第一，入国学。祭酒邢让下狱,率六馆生伏阙讼冤。十四年,进士及第。授编修。秩满,故事无迁留都者。会从兄守随为李孜省所逐,欲并逐守址,乃以为南京侍读。

弘治初,召修《宪宗实录》,直经筵,再迁侍讲学士。给事中庞泮等以救知州刘逊悉下狱,吏部尚书屠滽奏遣他官摄之。守址贻书,极诋滽失。十年大计京官。守址时掌院事,言:"臣与掌詹事府学士王鏊,俱当听部考察。但臣等各有属员。进与吏部会考所属,则坐堂上,退而听考,又当候阶下。我朝优假学士,庆成侍宴,班四品上,车驾临雍,坐彝伦堂内,视三品,此故事也。今四品不与考察,则学士亦不应与。臣等职讲读撰述,称否在圣鉴,有不待考察者。"诏可。学士不与考察,自守址始。修《会典》,充副总裁。寻迁南京吏部右侍郎。尝署兵部,陈时弊五事。改署国子监。考绩入都,《会典》犹未成,仍留为总裁。事竣,迁左侍郎还任,进二秩。武宗立,引年乞休,不待报竟归,诏加尚书致仕。刘瑾乱政,夺其加官。瑾败乃复,久之卒。

守址博极群书,师事兄守陈,学行相埒。其为解元、学士、侍郎,皆与兄同。又对掌两京翰林院,人尤艳称之。守陈卒,守址为位哭奠者三年。

茂元,字志仁。成化十一年进士。授刑部主事。历郎中,出为湖广副使,改山东。弘治七年,河决张秋,诏都御史刘大夏治之,复遣中官李兴、平江伯陈锐继往。兴威虐,絷辱按察使。茂元摄司事,奏言:"治河之役,官多而责不专。有司供亿,日费百金。诸臣初祭河,天色阴晦,帛不能燃。所焚之余,宛然人面,具耳目口鼻,观者骇异。鬼神示怪,夫岂偶然。乞召还兴、锐等,专委大夏,功必可成。且水者阴象,今后戚家威权太盛,假名姓肆贪暴者,不可胜数,请加禁防,以消变异。画工、艺士,宜悉放遣。山东既有内臣镇守,复令李全镇临清,宜撤还。"疏入,下山东抚、按勘,奏言:"焚帛之异诚有之,所奏供亿,多过其实。"于是兴、锐连章劾茂元妄,诏遣锦衣百户胡节逮之。父老遮道诉节，乞还杨副使。及陛见，茂元长跪不伏，帝怒，置之诏狱。节遍叩中官，备言父老诉冤状，中官多感动。会言者交论救，部拟赎杖还职，特谪长沙同知。谢病归。久之，起安庆知府，迁广西左参政。正德四年，刘瑾遣御史孙迪校勘钱谷，索贿不予。瑾又恶茂元从父守随，遂勒致仕。瑾诛，起官江西，寻迁云南左布政使。以右副都御史巡抚贵州，改莅南京都察院，终刑部右侍郎。

茂仁，字志道，成化末进士。历刑部郎中。辽东镇守中官梁玘被劾，偕给事中往按，尽发其罪。终四川按察使。

张元祯，字廷祥，南昌人。五岁能诗，宁靖王召见，命名元征。巡抚韩雍器之曰“人瑞也”，乃易元祯。举天顺四年进士，改庶吉士，授编修。

宪宗嗣位，疏请行三年丧，不省。其年五月，疏陈三事：“一，勤讲学。愿不废寒暑，所讲必切于修德为治之实，不必以乱亡忌触为讳。讲退，更拟神静味，验之于身心政化。讲官，令大臣公举刚明正大之人，不拘官职大小。一，公听政。请日御文华殿，午前进讲，午后听政。天下章奏，命诸臣详议面陈可否，陛下亲临决其是非。暇则召五品以下官，随意问以时事得失利病，令下情得以毕达。一，广用贤。请命给事中、御史，各陈两京堂上官贤否。如有不尽，亦许在京五品官指陈之，以为进退。又令共荐有德望者，以代所去之位，则大臣皆得其人。于是命之各言其所属及方面郡县官之贤否，付内阁吏部升黜之。中外群臣，有刚正敢言者，举为台谏，不必论其言貌、官职、出身。但不宜委之堂上官，恐惮其刚方，而荐柔媚者以充数，所举之人感其推荐，不敢直斥其非。是以古者大臣不举台谏。”疏入，以言多窒碍难行，寝之。预修《英宗实录》，与执政议不合，引疾家居，讲求性命之学。阅二十年，中外交荐，皆不赴。

弘治初，召修《宪宗实录》，进左赞善。上言：“人君不以行王道为心，非大有为之主也。陛下毓德青宫，已负大有为之望。迩者颇崇异端，嬖近习，以蛊此心；殖货利，耽玩好，以荒此心；开幸门，塞言路,以昧此心。则不能大为为矣。愿定圣志,一圣学,广圣智。"疏反覆累万言,帝颇纳之。《实录》成,迁南京侍讲学士,以养母归。久之,召为《会典》副总裁。至则进学士,充经筵日讲官,帝甚倾向。元祯体清癯,长不逾中人,帝特设低几听之。数月,以母忧去。服阕,迁南京太常卿。已,修《通鉴纂要》,复召为副总裁。以故官兼学士,改掌詹事府。帝晚年德益进。元祯因请讲筵增讲《太极图》、《通书》、《西铭》诸书。帝亟取观之,喜曰:"天生斯人,以开朕也。"欲大用之,未几晏驾。

武宗立,擢吏部左侍郎兼学士入东阁,专典诰敕。元祯素有盛誉。林居久,晚乃复出。馆阁诸人悉后辈,见元祯言论意态,以为迂阔,多姗笑之。又名位相轧,遂腾谤议,言官交章劾元祯。元祯七疏乞休,刘健力保持之。健去,元祯亦卒。天启初,追谥文裕。

陈音,字师召,莆田人。天顺末进士。改庶吉士,授编修。成化六年三月,以灾异陈时政,言:"讲学莫先于好问。陛下虽间御经筵,然势分严绝,上有疑未尝问,下有见不敢陈。愿引儒臣赐坐便殿,从容咨论,仰发圣聪。异端者,正道之反,法王、佛子、真人,宜一切罢遣。"章下礼部。越数日,又奏:"国家养士百年,求其可用,不可多得。如致仕尚书李秉,在籍修撰罗伦、编修张元祯、新会举人陈献章皆当世人望,宜召还秉等,而置献章台谏。言官多缄默,愿召还判官王徽、评事章懋等,以开言路。"忤旨切责。

司礼太监黄赐母死,廷臣皆往吊,翰林不往。侍讲徐琼谋于众,音大怒曰:"天子侍从臣,相率拜内竖之室,若清议何!"琼愧沮。秩满,进侍讲。汪直党韦瑛夜帅逻卒入兵部郎中杨士伟家,缚士伟,考掠及其妻子。音与比邻,乘墉大呼曰:"尔擅辱朝臣,不畏国法耶!"其人曰:"尔何人,不畏西厂!"音厉声曰:"我翰林陈音也。"久之,迁南京太常少卿。刘吉父丧起复,音贻书劝其固辞,吉不悦。后吏部拟用音,吉辄阻之曰"腐儒",以故十年不得调。尝与守备中官争事,为所劾,事卒得直。弘治五年,吉罢,始进本寺卿。越二年卒。

音负经术,士多游其门者。然性健忘,世故琐屑事皆不解。世多以不慧事附之以为笑,然不尽实也。

傅瀚,字曰川,新喻人。天顺八年进士。选庶吉士,除检讨。嗜学强记,善诗文。再迁左谕德,直讲东宫。孝宗嗣位,擢太常少卿兼侍读,历礼部左、右侍郎,寻命兼学士入东阁,专典诰敕,兼掌詹事府事。

弘治十三年代徐琼为礼部尚书。保定献白鹊,疏斥之。陕西巡抚熊翀以鄠县民所得玉玺来献,以为秦玺复出也。瀚率同列言:“秦玺完毁,具载简册。今所进玺,形色、篆纽皆不类,盖后人仿为之。且帝王受命在德不在玺,太祖制六玺,列圣相承,百三十余载,天休滋至,受命之符不在秦玺明矣。请姑藏内府。”帝是其言,薄赏得玺者。

京师星变、地震、雨雹,四方多变异。瀚条上军民所不便者,请躬行节俭以先天下。光禄寺通行户物价至四万余两。瀚言由供亿之滥,愿敦俭素,俾冗费不生。所条奏,率傅正议。十五年卒,赠太子太保,谥文穆。

张昇,字启昭,南城人。成化五年进士第一。授修撰,历谕德。弘治改元,迁庶子。

大学士刘吉尝国,昇因天变,疏言:“陛下即位,言者率以万安、刘吉、尹直为言,安、直被斥,吉独存。吉乃倾身阿佞,取悦言官,昏暮款门,祈免纠劾,许以超迁。由是谏官缄口,奸计始遂。贵戚万喜依凭宫壶,凶焰炽张,吉与缔姻。及喜下狱,犹为营救。父存则异居各爨,父殁则夺情起官。谈笑对客,无复戚容。盛纳艳姬,恣为淫黜。”且历数其纳贿、纵子等十罪。吉愤甚,风科道劾昇诬诋,调南京工部员外郎。吉罢,复故官,历礼部左、右侍郎。十五年,代傅瀚为尚书。

孝宗崩,真人陈应循、西番灌顶大国师那卜坚参等以被除,率其徒入乾清宫,昇请置之法。诏夺真人、国师、高士等三十余人名号,逐之。升在部五年,遇灾异,辄进直言。亦数为言者所攻,然自守谨饬。

武宗嬉游怠政,给事中胡煜、杨一瑛、张袚皆以为言,章下礼部。升因上疏,请亲贤远佞,克谨天戒。帝是之而不能用,升遂连疏乞休,不允。正德二年,秦府镇国将军诚泐请袭封保安王,升执不可。忤刘瑾,谢病。诏加太子太保,乘传归,月米、岁夫如制。卒于家。

吴宽,字原博,长洲人。以文行有声诸生间。成化八年,会试、廷试皆第一,授修撰。侍孝宗东宫,秩满进右谕德。孝宗即位,以旧学迁左庶子,预修《宪宗实录》,进少詹事兼侍读学士。

弘治八年,擢吏部右侍郎。丁继母忧,吏部员缺,命虚位待之。服满还任,转左,改掌詹事府,入东阁,专典诰敕,仍侍武宗东宫。宦竖多不欲太子近儒臣,数移事间讲读。宽率其僚上疏曰:"东宫讲学,寒暑风雨则止,朔望令节则止,一年不过数月,一月不过数日,一日不过数刻。是进讲之时少,辍讲之日多,岂容复以他事妨诵读。古人八岁就傅,即居宿于外,欲离近习,亲正人耳。庶民且然,矧太子天下本哉?"帝嘉纳之。

十六年,进礼部尚书,余如故。先是,孝庄钱太后崩,廷议孝肃周太后万岁后,并葬裕陵,祔睿庙,礼皆勿适。至是,孝肃崩,将祔庙,帝终以并祔为疑,下礼官集议。宽言《鲁颂闷宫》、《春秋》考仲子之宫皆别庙,汉、唐亦然。会大臣亦多主别庙,帝乃从之。时词臣望重者,宽为最,谢迁次之。迁既入阁,尝为刘健言,欲引宽共政,健固不从。他日又曰:"吴公科第,年齿、闻望皆先于迁,迁实自愧,岂有私于吴公耶?"及迁引退,举宽自代,亦不果用。中外皆为之惜,而宽甚安之,曰:"吾初望不及此也。"年七十,数引疾,辄慰留,竟卒于官。赠太子太保,谥文定。授长子奭中书舍人,补次子奂国子生,异数也。

宽行履高洁,不为激矫,而自守以正。于书无不读,诗文有典则，兼工书法。有田数顷，尝以周亲故之贫者。友人贺恩疾，迁至邸，旦夕视之。恩死，为衣素一月。

傅珪，字邦瑞，清苑人。成化二十三年进士。改庶吉士。弘治中，授编修，寻兼司经局校书。与修《大明会典》成，迁左中允。武宗立，以东宫恩，进左谕德，充讲官，纂修《孝宗实录》。时词臣不附刘瑾，瑾恶之。谓《会典》成于刘健等，多所糜费，镌与修者官，降珪修撰。俄以《实录》成，进左中允，再迁翰林学士，历吏部左、右侍郎。

正德六年代费宏为礼部尚书。礼部事视他部为简，自珪数有执争，章奏遂多。帝好佛，自称大庆法王。番僧乞田百顷为法王下院，中旨下部，称大庆法王与圣旨并。珪佯不知，执奏："孰为大庆法王，敢与至尊并书，大不敬。"诏勿问，田亦竟止。

珪居闲类头木讷者。及当大事，毅然执持，人不能夺，卒以此忤权幸去。教坊司臧贤请易牙牌，制如朝士，又请改铸方印，珪格不行。贤日夜腾谤于诸阉间，冀去珪，流寇扰河南，太监陆訚谋督师，下廷议，莫敢先发。珪厉声曰："师老民疲，贼日炽，以冒功者多，偾事者漏罚，失将士心。先所遣已无功，可复遗耶？今贼横行郊圻肘腋间，民嚣然思乱，祸旦夕及宗社。吾侪死不偿责，诸公安得首鼠两端。"由是议罢。疏上，竟遣訚，而中官皆憾珪。御史张羽奏云南灾，珪因极言四方灾变可畏。八年五月，复奏四月灾，因言："春秋二百四十二年，灾变六十九事。今自去秋来，地震天鸣，雹降星殒，龙虎出见，地裂山崩，凡四十有二，而水旱不与焉，灾未有若是甚者。"极陈时弊十事，语多斥权幸，权幸益深嫉之。会户部尚书孙交亦以守正见忤，遂矫旨令二人致仕。两京言官交章请留，不听。

珪归三年，御史卢雍称珪在位有古大臣风，家无储蓄，日给为累，乞颁月廪、岁录，以示优礼。又谓珪刚直忠谠，当起用。吏部请如雍言，不报。而珪适卒，年五十七。遗命毋请恤典。抚、按以为言，诏荫其子中书舍人。嘉靖元年录先朝守正大臣，追赠太子少保，谥文毅。

刘春,字仁仲,巴人。成化二十三年进士及第。授编修,屡迁翰林学士。正德六年擢吏部右侍郎,进左。八年代傅珪为礼部尚书。淮王祐棨、郑王祐枔皆由旁支袭封,而祐棨称其本生为考,祐枔并欲追封入庙。交城王秉枫由镇国将军嗣爵,而进其妹为县主。春皆据礼驳之,遂著为例。

帝崇信西僧,常袭其衣服,演法内厂。有绰吉我些儿者,出入豹房,封大德法王,遣其徒二人还乌思藏,请给国师诰命如大乘法王例,岁时入贡,且得赍茶以行,春持不可。帝命再议,春执奏曰:"乌思藏远在西方,性极顽犷。虽设四王抚化,其来贡必有节制,使不为边患。若许其赍茶,给之诰敕,万一假上旨以诱羌人,妄有请乞,不从失异俗心,从之则滋害。"奏上,罢赍茶,卒与诰命。春又奏:"西番俗信佛教,故祖宗承前代旧,设立乌思藏诸司,及陕西洮、岷,四川松潘诸寺,令化导番人,许之朝贡。贡期、人数皆有定制。比缘诸番僻远,莫辨真伪。中国逃亡罪人,习其语言,窜身在内,大多创寺请额。番贡日增,宴赏繁费。乞严其期限,酌定人数,每寺给勘合十道,缘边兵备存勘合底簿,比对相同,方许起送。并禁自后不得滥营寺宇。"报可。广东布政使罗荣等入觐,各言镇守内臣入贡之害。春列上累朝停革贡献诏旨,且言四方水旱盗贼,军民困苦状,乞罢诸镇守臣。不纳。

春掌礼三年,慎守彝典。宗藩请封、请婚及文武大臣祭葬、赠谥,多所裁正。遭忧,服阕起南京起吏部尚书。寻以礼部尚书专典诰敕,掌詹事府事。十六年卒。赠太子太保,谥文简。

刘氏世以科第显。春父规,御史。弟台,云南参政。子彭年,巡抚贵州右副都御史。彭年子起宗,辽东苑马寺卿。起宗子世赏,广东左布政使。台子鹤年,云南布政使,以清誉闻。鹤年孙世曾,巡抚云南右副都御史,有征缅功。皆由进士。

吴俨,字克温,宜兴人。成化二十三年进士。改庶吉士,授编修,历侍讲学士,掌南京翰林院。正德初,召修《孝宗实录》,直讲筵。刘瑾窃柄,闻俨家多资,遣人啗以美官。俨峻拒之,瑾怒。会大计群吏,中旨罢俨官。瑾诛,复职历礼部左、右侍郎,拜南京礼部尚书。

十二年,武宗北巡,俨抗疏切谏。明年复偕诸大臣上疏曰:"臣等初闻驾幸昌平,曾具疏极论,不蒙采纳。既闻出居庸,幸宣、大,宰辅不及知,群臣不及从,三军之士不及卫,京师内外人心动摇。徐、淮以南,荒馑千里,去冬雨雪为灾,民无衣食,安保其不为盗,所御之寇尚远隔阴山,而不虞之祸或猝起于肘腋,臣所大惧也。"不报。

十四年,卒官。赠太子少保,谥文肃。

顾清,字士廉,松江华亭人。弘治五年举乡试第一。明年,成进士,改庶吉士,授编修。与同年生毛澄、罗钦顺、汪俊,相砥以名节。进侍读。

正德初,刘瑾窃柄,清邑子张文冕为谋主,附者立尊显。清绝不与通,瑾衔之。四年摘《会典》小误,挫诸翰林,清降编修。又以诸翰林未谙政事,调外任及两京部属,清得南京兵部员外郎。会父忧,不赴。瑾诛,还侍读,擢侍读学士掌院事。寻迁少詹事,充经筵日讲官,进礼部右侍郎。时澄已为尚书,清协恭守职,前后请建储宫,罢巡幸,疏凡十数上。世宗嗣位,为御史李献所劾,罢归。

清学端行谨,恬于进取。家居,荐者相继,悉报寝。嘉靖六年诏举老成堪用内阁者,廷推及清,乃以为南京礼部右侍郎。上言:"锦衣职侍卫,祖宗朝非机密不遣。正德间,营差四出,海内骚然,陛下所亲见。近乃遣千户勘杨州高沦争私财事。囚其女妇,惨毒备加。请自今悉付所司,停旗校无遣。"从之。

屡疏引疾,诏进尚书致仕。时方进表入都,道卒。谥文僖。

刘瑞,字德符,内江人。父时敩,官山东佥事,以廉惠称。瑞举弘治九年进士,选庶吉士,授检讨。好学洁修,遇事辄有论建。清宁宫灾,请罢醮坛。时召内阁讲官延访治道,又言:"故阉李广门下内臣,宜悉治罪。前太监汪直,先帝罪人,今来觊用,当斥远之。副使杨茂元、郎中王云凤以直言获罪,宜召复其官。京师之万春宫,兴济真武庙、寿宁侯第,在外之兴、岐、衡、雍、汝、泾诸府,土木繁兴,宜悉罢不急者。都匀之捷。邓廷瓒冒其功,贺兰之征,王越启其衅,请追正欺罔之罪。"报闻。阙时庙成,遣大学士李东阳祭告。瑞请更定先师封谥,不果行。

武宗即位,疏陈端治本九事。请召祭酒章懋,侍郎王鏊,都御史林俊、雍泰,而超擢参政王纶、副使王云凤、佥事胡献、知府杨茂元、照磨余濂。由是,诸臣多获进用。

刘瑾用事,瑞即谢病。贫不能还乡,依从母子李充嗣于澧州。瑾榜瑞为奸党,又以前荐雍泰除其名,罚米输塞上。坐是益困,授徒自给。

瑾诛,以副使督浙江学校,召为南京太仆少卿。嘉靖二年,由南太常卿就迁礼部右侍郎。因灾变偕同官条上六事,且言斋醮无益且妨政,织造多费且病民。帝多纳用之。大礼议起,瑞偕九卿合疏。极言大宗、小宗之义,凡数千言。四年卒官。赠尚书。隆庆初,谥文肃。

赞曰:周洪谟等以词臣历卿贰。或职事拳拳,或侃侃建白,进讲以启沃为心,守官以献替自效。于文学侍从之选,均无愧诸。

明史卷一八五
列传第七三

李敏 叶淇　贾俊 刘璋　黄绂
张悦 张鎣　侣钟　曾鉴
梁璟 王诏　徐恪　李介 子昆
黄珂　王鸿儒　丛兰
吴世忠

李敏,字公勉,襄城人。景泰五年进士。授御史。天顺初,奉敕抚定贵州蛮。还,巡按畿内。以蓟州饷道经海口,多覆溺,建议别开三河达蓟州,以避其险,军民利之。

成化初,用荐超迁浙江按察使。再任湖广。历山西、四川左、右布政使。十三年擢右副都御史,巡抚大同。敌骑出没塞下,掩杀守墩军,敏伏壮士突擒之。修治垣堑,敌不敢犯。十五年召为兵部右侍郎。逾四年,病归。河南大饥,条上救荒数事。诏以左副都御史巡抚保定诸府。二十一年改督漕运,寻召拜户部尚书。

先是,敏在大同,见山东、河南转饷至者,道远耗费,乃会计岁支外,悉令输银。民轻赍易达,而将士得以其赢治军装,交便之。至是,并请畿辅、山西、陕西州县岁输粮各边者,每粮一石征银一两,以十九输边,依时值折军饷,有余则召籴以备军兴。帝从之。自是北方二税皆折银,由敏始也。崇文门宣课司税,多为势要所侵渔。敏因马文升言请增设御史主事监视。御史陈瑶斥敏聚敛，敏再疏求去。帝慰留之。贵戚请隙地及鹰房、牧马场千顷，敏执不可，事得寝。

当宪宗末，中官、佞幸多赐庄田。既得罪，率辞而归之官，罪重者夺之，然不以赋民。敏请召佃，亩科银三分，帝从之，然他庄田如故也。会京师大水，敏乃极陈其害，言："今畿辅皇庄五，为地万二千八百余顷，勋戚、中官庄三百三十有二，为地三万三千一百余顷。官校招无赖为庄头，豪夺畜产，戕杀人，污妇女，民心痛伤，灾异所由生。皇庄始正统间，诸王未封，相闲地立庄。王之藩，地仍归官，其后乃沿袭。普天之下，莫非王土，何必皇庄。请尽革庄户，赋民耕，亩概征银三分，充各宫用度。无皇庄之名，而有足用之效。至权要庄田，亦请择佃户领之，有司收其课，听诸家领取。悦民心，感和气，无切于此。"时不能用。

南京御史与守备太监蒋琮相讦，御史咸逮谪，而琮居职如故。敏再疏力争，皆不听。弘治四年得疾乞休，帝为遣医视疗。已，复力请，乃以叶淇代，诏敏乘传归。未抵家卒。赠太子少保，谥恭靖。

敏生平笃行谊，所得录赐悉以分昆弟、故人。里居时，筑室紫云山麓，聚书数千卷，与学者讲习。及巡抚大同，疏籍之于官，诏赐名紫云书院。大同孔庙无雅乐，以敏奏得颁给如制云。

叶淇，字本清，山阳人。景泰五年进士。授御史。天顺初，石亨谮之下吏，考讯无验，出为武陟知县。成化中累官大同巡抚。孝宗立，召为户部侍郎。弘治四年代李敏为尚书，寻加太子少保。哈密为土鲁番所陷，守臣请给其遗民廪食，处之内地，淇曰："是自贻祸也。"寝其奏。奸民献大名地为皇庄。淇议归之有司。内官龙绶请开银矿，淇不可。帝从之。已，绶请长芦盐二万引，鬻于两淮以供织造费。淇力争，竟不纳。

淇居户部六年，直亮有执，能为国家惜财用。每廷议用兵，辄持不可。惟变开中之制，令淮商以银代粟，盐课骤增至百万，悉输之运司，边储由此萧然矣。九年四月乞休，归卒。赠太子太保。

从子赟，历官刑部右侍郎，以清操闻。

贾俊，字廷杰，束鹿人。以乡举入国学。天顺中，选授御史。历巡浙江、山西、陕西、河南、南畿，所至有声。

成化十三年自山东副使超拜右佥都御史，巡抚宁夏。在镇七年，军民乐业，召为工部右侍郎。二十一年奉敕振饥河南。寻转左，数月拜尚书。时专重进士，举人无至六卿者，俊独以重望得之。及孝宗践阼，尚书王恕、李敏、周洪谟、余子俊、何乔新，都御史马文升，皆一时民誉，俊参其间，亦称职。

诸王府第，茔墓悉官予直，而仪仗时缮修。内官监欲频兴大工，俊言王府既有禄米、庄田，请给半直；仪仗非甚敝，不得烦有司；公家所宜营，惟仓库、城池，余皆停罢。帝报可。弘治四年，中官奏修沙河桥，请发京军二万五千及长陵五卫军助役。内府宝钞司乞增工匠。浙江及苏松诸府方罹水灾而织造锦绮至数万匹。俊皆执奏，并得寝。

工部政务与内府监局相表里，而内官监专董工役，职尤相关。俊不为所挠，工役大省。太庙后殿成，加太子少保。足疾，致仕。诏许乘传归，给夫廪如制。逾年卒。

俊廉慎，居工部八年，望孚朝野。

代之者刘璋，字廷信，延平人。天顺初进士。历官中外有声。居工部，亦数有争执，名亚于俊。

黄绂，字用章，其先封丘人。曾祖徙平越，遂家焉。绂登正统十三年进士，除行人，历封南京刑部郎中。刚廉，人目之曰"硬黄"。大猾谭千户者，占民芦场，莫敢问，绂夺还之民。

成化九年迁四川左参议。久之，进左参政。按部崇庆，旋风起舆前，不得行。绂曰："此必有冤，吾当为理。"风遂散。至州，祷城隍神，梦若有言州西寺者。寺去州四十里，倚山为巢，后临巨塘。僧夜杀人沉之塘下，分其赀。且多藏妇女于窟中。绂发吏兵围之，穷诘，得其状，诛僧毁其寺。仓吏倚皇亲乾没官粮巨万，绂追论如法，威行部中。历四川、湖广左、右布政使。奏闭建昌银矿。两京工兴，湖广当输银二万，例征之民，绂以库羡充之。荆王奏徙先垄，绂恐为民扰，执不可。

二十二年，擢右副都御史，巡抚延绥。劾参将郭镛，都指挥郑印、李铎、王琼等抵罪，计捕奸豪张纲。申军令，增置墩堡，边政一新。出见士卒妻衣不蔽体，叹曰："健儿家贫至是，何面目临其上。"亟豫给三月饷，亲为拊循。会有诏毁庵寺，绂因尽汰诸尼，以给壮士无妻者。及绂去，多携子女拜送于道。

弘治三年，拜南京户部尚书。言官以绂进颇骤，频有言。帝不听，就改左都御史，焚差历簿于庭曰："事贵得人耳，资劳久近，岂立官意哉。"

绂历官四十余年。性卞急，不能容物。然操履洁白，所至有建树。六年乞休，未行卒。

张悦，字时敏，松江华亭人。举天顺四年进士，授刑部主事，进员外郎。

成化中出为江西佥事，改督浙江学校。力拒请托，校士不糊名，曰："我取自信而已。"迁四川副使，进按察使。遭丧，服阕补湖广。王府承奉张通从恣，悦绳以法。及入觐，中官尚铭督东厂，众竞趋其门，悦独不往。铭衔甚，伺察无所得。铭败，召拜左佥都御史。

孝宗立，迁工部右侍郎，转吏部左侍郎。王恕为尚书，悦左右之，尝两摄选事。弘治六年夏，大旱，求言。陈遵旧章、恤小民、崇俭素、裁冗食、禁滥罚数事，又上修德、图治二疏，并嘉纳。俄迁南京右都御史，就改吏部尚书。九年复改兵部。参赞机务。以年至，累疏乞休。诏加太子少保。驰传归。卒赠太子太保，谥庄简。

时与悦同里而先为南京兵部尚书者张鏊，字廷器，正统十三年进士。景泰初,擢御史。历江西副使按察使。陕西左布政使。成化三年以右副都御史巡抚宁夏。宁夏城,土筑,鋐始甃以砖。道河流,溉灵州屯田七百余顷。以父丧去。服除,起抚河间诸府,改大同,历刑部左、右侍郎。十八年擢本部尚书。明年加太子少保。又明年,再以忧归。弘治元年起南京兵部尚书,卒官,赠太子太保,谥庄懿。

侣钟,字大器,郓城人。成化二年进士。授御史,巡盐两淮。按浙江还,掌诸道章奏。汪直讽钟劾马文升,钟不可,被谮仗阙下。以都御史王越荐,擢大理寺丞,再迁右少卿。

寇入大同,廷议遣大臣巡视保定诸府,乃以命钟。居数月,即擢右副都御史巡抚其地。河间濒海民地为势家所据,钟夺还之。召为刑部右侍郎。丁内艰,偾运艘载母柩南还。督漕总兵官王信奏之,逮下吏。会当路方逐尹旻党,而钟与旻为同乡,乃贬二秩为曲靖知府。改徽州,复入为大理寺左少卿。

弘治三年,以右副都御史巡抚苏、松诸府,尽心荒政。召为户部侍郎总督仓场,寻改吏部。十一年迁右都御史。居二年,进户部尚书。

十五年,上天下会计之数,言:"常入之赋,以蠲免渐减,常出之费,以请乞渐增,入不足当出。正统以前军国费省,小民输正赋而已。自景泰至今,用度日广,额外科率。河南、山东边饷,浙江、云南、广东杂办,皆昔所无。民已重困,无可复增。往时四方丰登,边境无调发,州县无流移。今太仓无储,内府殚绌,而冗食冗费日加于前。愿陛下惕然省忧,力加损节,且敕廷臣共求所以足用之术。"帝乃下廷臣议。议上十二事,其罢传奉冗官,汰内府滥收军匠,清腾骧四卫勇士,停寺观斋醮,省内侍、画工、番僧供应,禁王府及织造滥乞盐引,令有司征庄田租,皆权幸所不便者。疏留数月不下,钟乃复言之。他皆报可,而事关权幸者终格不行。

奸商投外戚张鹤龄,乞以长芦旧引十七万免追盐课,每引纳银五分,别用价买各场余盐如其数,听鬻贩,帝许之。后奸民援例乞两淮旧引至百六十万，钟等力持，皆不听。自此盐法大坏，奸人横行江湖，官司无如何矣。

东厂侦事者发钟子瑞受金事，钟屡疏乞休，命驰驿归。正德时，刘瑾撼钟在部时事，至罚米者三。又数年卒。

曾鉴，字克明，其先桂阳人，以戍籍居京师。天顺八年进士。授刑部主事。通州民十余人坐为盗，狱已具，鉴辨其诬。已，果获真盗。成化末，历右通政，累迁工部左侍郎。弘治十三年进尚书。

孝宗在位久，海内乐业，内府供奉渐广，司设监请改造龙毯、素毯一百有奇。鉴等言：“毯虽一物，然征毛氄于山、陕，采绵纱诸料于河南，召工匠于苏、松，经累岁，劳费百端，祈赐停止。”不听。内府针工局乞收幼匠千人，鉴等言：“往年尚衣监收匠千人，而兵仗局效之，收至二千人。军器局、司设监又效之，各收千人。弊源一开，其流无已。”于是命减其半。太监李兴请办元夕烟火，有诏裁省，因鉴奏尽罢之。十六年，帝纳诸大臣言召还织造中官，中官邓璋以请，帝又许之。鉴等极言，乃命减三之一。其冬，言诸省方用兵，且水旱多盗贼，乞罢诸营缮及明年烟火、龙虎山上清宫工作。帝皆报从。

正德元年，雷震南京报恩寺塔，守备中官傅容请修之。鉴言天心示儆，不宜重兴土木以劳民力，乃止。御马监太监陈贵奏迁马房，钦天监官倪谦覆视，请从之。给事中陶谐等劾贵假公营私，并劾谦阿附，不听。鉴执奏，谓马房皆由钦天监相视营造，其后任意增置者，宜令拆毁改正，葺以己资，庶牧养无妨而民不劳。报可。内织染局请开苏、杭诸府织造，上供锦绮为数二万四千有奇。鉴力请停罢，得减三分之半。太监许镛等各赍敕于浙江诸处抽运木植，亦以鉴言得寝。

孝宗末，阁部大臣皆极一时选，鉴亦持正。及与韩文等请诛宦官不胜，诸大臣留者率巽顺避祸，鉴独守故操。有诏赐皇亲夏儒第，帝嫌其隘，欲拓之。鉴力争，不从。明年春，中官黄准守备凤阳，从其请，赐旗牌。鉴等言大将出征及诸边守将，乃有旗牌，内地守备无故事，乃寝。其年闰正月致仕。旋卒。赠太子太保。

梁璟，字廷美，崞县人。天顺八年进士。授兵科给事中。

成化时，屡迁都给事中。项忠征荆、襄，驱流民复业。璟劾其纵兵逼迫，较贼更惨，语具《忠传》。延绥用兵，令山西预征刍粟，民相率逃亡。璟疏陈其困，得宽减。畿辅八府旧止设巡抚一人，驻蓟州以御边，不能兼顾。璟请顺天、永平二府分设一巡抚，以蓟州边务属之，令巡抚陈濂专抚保定六府兼督紫荆诸关。朝议从之，遂为定制。已，与同官韩文、王诏等奏请起致仁尚书王竑、李秉，而斥都御史王越，并及宫闱隐事，被挞文华殿。武靖伯赵辅西征不敢战，称病求还，复谋典营府事。璟等极论其罪，乃令养疾归。

九载秩满，擢陕西左参政，分守洮、岷。西番入寇，督兵斩其魁。内艰服阕，还原任，历左、右布政使。先后在陕十五年，多政绩。

孝宗嗣位，迁右副都御史，巡抚湖广。弘治二年，民饥，请免征两京漕粮八十九万余石，从之。帝登极诏书已罢四方额外贡献，而提督武当山中官复贡黄精、梅笋、茶芽诸物。武当道士先止四百，至是倍之，所度道童更倍，咸衣食于官，月给油蜡、香楮，洒扫夫役以千计。中官陈喜又擢道士三十余人，各领护持敕，所至张威虐。璟皆奏请停免，多见采纳。外艰服除，再抚四川。七年召拜南京吏部右侍郎。久之，就进户部尚书。致仕归，卒。

王诏，字文振，赵人。生有异姿，学士曹鼐奇之，妻以女。天顺末，登进士，授工科给事中。睿皇后崩，值秋享太庙，时议谓不当以卑废尊。诏言《礼》有丧不祭，无已，则移日俟释服。议虽不行，识者是焉。勘牧马草场，劾会昌侯孙继宗、抚宁侯朱永侵占罪。时方面官缺，令京卿三品保举。诏言恐长奔竞风，不听。累迁都给事中。八年七月敕修隆善寺工竣，授工匠三十人官尚宝少卿，任道逊等以书碑偕进秩。诏上疏力谏，不省。已偕梁璟等论及宫闱事，帝大怒，召至文华殿面诘之。诏仰呼曰："臣等言虽当，然区区犬马之诚，知为国而已。"乃杖而释之。出为湖广右参政。原杰经略荆、襄，诏襄理功为多。以父忧去。服除再任，迁右布政使。

弘治元年转贵州左布政使。其冬，以右副都御史巡抚云南。土官好争袭，所司入其贿，变乱曲直，生边患。诏不通苞苴，一断以法，且去弊政之不便者。诸夷归命，边徼宁戢。有故官不能归者，妻子多鬻为奴。诏为资遣，得归者甚众。洪武中，尚书吴云继王祎死事，后祔谥忠文，岁祀之，而不及云。诏以为请，乃谥云忠节，与祎并礼。四年召拜南京兵部右侍郎，未上，卒。

徐恪，字公肃，常熟人。成化二年进士。授工科给事中。中官欲出领抽分厂，恪等疏争。中官怒，请即遣恪等，将摭其罪，无所得乃已。出为湖广左参议，迁河南右参政。陕西饥，当转粟数万石，恪以道远请输直，上下称便。

弘治初，历迁左、右布政使。徽王府承奉司违制置吏，恪革之。王奏恪侵侮，帝赐书诫王。河徙逼开封，有议迁藩府三司于许州者，恪言非便，遂寝。四年拜右副都御史，巡抚其地。奏言："奏项梁、唐庞勋、元方谷珍辈往往起东南。今东南民力已竭，加水旱洊臻，去冬彗扫天津，直吴、越地。乞召还织造内臣，敕抚按诸臣加意拊循，以弭异变。"帝不从。故事，王府有大丧，遣中官致祭，所过扰民。成化末，始就遣王府承奉。及帝即位，又复之。恪请如先帝制，并条上汰冗官、清赋税、禁科扰、定赎例、革抽分数事，多议行。户部督逋急，恪以灾变请缓其事。御史李兴请于郧阳别设三司，割南阳、荆州、襄阳、汉中、保宁、夔州隶之。恪陈五不可，乃止。

恪素刚正。所至，抑豪右，祛奸弊。及为巡抚，以所部多王府，持法尤严，宗人多不悦。平乐、义宁二王遂讦恪减录米、改校尉诸事。勘无验，坐恪入王府误行端礼门，欲以平二王忿。帝知恪无他，而以二王幼，降敕切责，命湖广巡抚韩文与恪易任。吏民罢市，泣送数十里不绝。属吏以羡金赆，挥之去。至则值岐王之国，中使携盐数百艘，抑卖于民，为恪所持阻不行。其党密构于帝。居一岁，中旨改南京工部右侍郎。恪上疏曰："大臣进用,宜出廷推,未闻有传奉得者。臣生平不敢由他途进,请赐罢黜。"帝慰留,乃拜命。势要家滥索工匠者,悉执不予。十一年考绩入都,得疾,遂致仕,卒。

李介,字守贞,高密人。成化五年进士。选庶吉士,改御史,巡盐两浙,还掌河南道事。以四方灾伤,陈时政数事,帝多采用之。介敢言,遇事不可,辄率同列论奏。忤帝意,两挞于庭。九载满,擢大理丞,进少卿。

弘治改元,迁右佥都御史,巡抚宣府。寻召佐院事。历兵部左、右侍郎。十年夏,北寇谋犯大同,命介兼左佥都御史,往督军饷,且经略之。比至,寇已退,乃大修戎备。察核官田牛具钱还之军,以其资偿军所逋马价,边人感悦。先后条上便宜二十事。卒,赠尚书。

子昆,字承裕。弘治初进士。历礼部主事。中官何鼎建言下狱,台谏救之,咸被责。昆复论救,弗听。父忧归,起改兵部主事。帝将建延寿塔于城外,昆复疏谏。正德初,群小用事。请黜邪枉,进忠直,杜宦戚请乞,节中外侈费,皆不报。进员外郎,忤尚书刘宇,贬知解州。屡迁陕西左布政使。十年以右副都御史巡抚甘肃。与总督彭泽经略哈密,兵部尚书王琼劾译处置失宜,语连昆,下吏。法司言昆设谋遏强寇,功不可掩。琼不从,谪浙江副使。世宗立,琼得罪。复官,巡抚顺天。寻召为兵部右侍郎,嘉靖初,改左。大同军乱,杀巡抚张文锦。昆奉命往抚,承制曲赦之,还请收恤文锦。帝方恶其激变,不从。遇疾归,久之卒。

黄珂,字鸣玉,遂宁人。成化二十年进士。授龙阳知县。治行闻,擢御史,出按贵州。金达长官何礭谋不轨,计擒之,改设流官。贼妇米鲁乱,奏劾巡抚钱钺、总兵官焦俊等,皆得罪。改按畿辅,历山西按察使。

正德四年擢右佥都御史巡抚延绥。安化王寘鐇反,传檄四方,用讨刘瑾为名。他镇畏瑾，不敢以闻。珂封上其檄，因陈便宜八事，而急令副总兵侯勋、参将时源分兵扼河东，贼遂不敢出。亦不刺寇边，珂偕总兵官马昂督军战，败之木瓜山。六年复寇边，珂檄副总兵王勋等七将分据要害夹击，复败之。屡赐玺书、银币。

是年秋，入为户部右侍郎，总督仓场。河南用兵，出理军饷。主客兵十余万，追奔转战，迁止无常。珂随方转输，军兴无乏，录功增俸一级。改刑部，进左侍郎，已改佐兵部。宁王宸濠谋复护卫，珂执议独坚。九年擢南京右都御史，寻就拜工部尚书。以年至乞休归，卒。赠太子少保，谥简肃。

王鸿儒，字懋学，南阳人。少工书，家贫为府书佐。知府段坚爱其书，留署中，亲教之。遣入学校为诸生，遂举乡试第一。成化末，登进士，授南京户部主事。累迁郎中，擢山西佥事，进副使，俱督学政。居九年，士风甚盛。孝宗尝语刘大夏曰："藩臬中若王鸿儒，他日可大用也。"

正德改元，谢病归。刘瑾擅政，收召名流。四年夏，起为国子祭酒，以父丧去。再起南京户部侍郎，历吏部右侍郎，寻转左。十四年迁南京户部尚书。甫履任，宸濠反，命督军饷。疽发于背，遂卒，谥文庄。

鸿儒为学，务穷理致用，为世所推。在吏部，清正自持，门无私谒。

弟鸿渐，乡试亦第一。以进士累官山东右布政使，以廉静称。

丛兰，字廷秀，文登人。弘治三年进士。为户科给事中。中官梁芳、陈喜、汪直、韦兴，先以罪摈斥，复夤缘还京。兰因清宁宫灾，疏陈六事，极论芳等罪，诸人遂废。寻言："吏部遵诏书，请擢用建言忤误诸臣，而明旨不尽从，非所以示信。失仪被纠，请免送诏狱。畿内征徭繁重，富民规免，他户代之，宜厘正。"章下所司。进兵科右给事中。都督佥事吴安以传奉得官，兰请罢之。时命拨团营军八千人修九门城濠,兰言:"臣顷简营军,诏许专事训练,无复差拨,命下未几,旋复役之,如前诏何。"遂罢遣。迁通政参议。小王子犯大同,命经略紫荆、倒马诸关塞蹊隧可通敌骑者百十所。

正德三年,进左通政。明年冬出理延绥屯田。安化王寘鐇反,兰奏陈十事,中言:"文武官罚米者,鬻产不能偿。朝臣谪戍,刑官妄引新例锻炼成狱,没其家赀。校尉遍行边塞,势焰薰灼,人不自保。"刘瑾大恶之,矫旨严责。给事中张瓒、御史汪赐等遂希旨劾兰。瑾方忧边事,置不问。数月,瑾诛,进通政使。俄擢户部右侍郎,督理三边军饷。

六年,陕西巡抚都御史蓝章以四月寇乱,移驻汉中。会河套有警,乃命兰兼管固、靖等处军务。兰上言:"陕西起运粮草,数为大户侵牟,请委官押送。每镇请发内帑银数万,预买粮草。御史张彧清出田亩,请蠲免子粒,如弘治十八年以前科则。灵州盐课,请照例开中,召商籴粮。军士折色,主者多克减,乞选委邻近有司散给。"从之。

是年冬,南畿及河南岁侵,命兰往振。未赴而河北贼自宿迁渡河,将逼凤阳。乃命兰以本官巡视庐、凤、滁、和,兼理振济。河南白莲贼赵景隆自称宋王,掠归德,兰遣指挥石坚、知州张思齐等击斩之。九月,贼平,论功赉金币,增俸一级,召还理部事。部无侍郎缺,乃命添注。明年,大同有警,命巡视居庸、龙泉诸关。寻兼督宣、大军饷,进右都御史,总制宣、大、山东军务。令内地皆筑堡,寇至收保如塞下。寇五万骑自万全右卫趋蔚州大掠,又三万骑入平虏南城,以失事停半岁俸。

十年夏,改督漕运,寻兼巡抚江北。中官刘允取佛乌思藏,道兰境,入谒,辞不见。允需舟五百余艘、役夫万余人,兰驰疏极陈其害。不报。居四年,以事忤兵部尚书王琼,解漕务,专任巡抚。宁王宸濠反,兰移镇瓜州。十五年迁南京工部尚书。

世宗即位,御史陈克宅劾兰附江彬。帝以兰素清谨,释勿问。兰遂乞休去。卒,赠太子少保。

吴世忠,字懋贞,金溪人。弘治三年进士。授兵科给事中。两畿及山东、河南、浙江民饥,有诏振恤,所司俟勘覆。世忠极言其弊,因条上兴水利、复常平二事,多施行。已,请恤建文朝殉难诸臣,乞赐爵谥,崇庙食,且录其子孙,复其族属,为忠义劝。章下礼官,寝不行。尚书王恕被讦求去,上疏请留之。寿宁侯张鹤龄求勘河间赐地,其母金夫人复求不已。帝命遣使,世忠言:“侯家仰托肺腑,岂宜与小民争尺寸。命部勘未已,内臣继之。内臣未已,大臣又继之。剥民敛怨,非国家福,尤非外戚之福。”不听。

大同总兵官神英、副总兵赵昶等,因马市令家人以违禁彩缯易马,番人因阑入私易铁器。既出塞,复潜兵掠蔚州,陷马营,转剽中东二路。英等拥兵不救,巡抚刘瓛、镇守中官孙振又不以实闻。十一年,事发,世忠往勘。上疏备陈大同边备废弛,士卒困苦之状。因极言英、瓛等贪利畏敌,荡无法度。英落职,瓛、振召还,昶及游击刘淮、参将李屿等俱逮问。已而瓛改大理少卿,昶以大理丞吴一贯覆谳仅镌级。世忠复极论瓛罪,且诋一贯,帝皆不问。阙里文庙灾,陈八事,不能尽用。

寇犯延绥、大同,世忠言:“国初设七十二卫,军士不下百万。近军政日坏,精卒不能得一二万人。此兵足忧也。太仓之储,本以仆军。近支费日广,移用日多。倘与师十万,犒赐无所取给。此食足忧也。正统己巳之变尚有石亨、杨洪,迩所用李杲、阮兴、赵昶、刘淮之属,先后皆败。今王玺、马升又以失事告。此将帅足忧也。国家多事,大臣有以镇之。迩者忠正多斥,贪庸获存。既鲜匡济之才,又昧去就之节,安能慑强敌壮国势乎。此任人足忧也。政多舛乖,民日咨怨。京军敝力役,京民苦催科,畿甸觊恩尤切。愿使不乐其生至此,临难谁与死守。此民心足忧也。天变屡征,火患频发。云南地震压万余家,大同马灾踣二千匹,此天意足忧也。愿顺好恶以收人心,肃念虑以回天意,遣文武重臣经略宣、大,以饬边防。策免诸臣不肖者,而起素有才望,如何乔新、刘大夏、倪岳、戴珊、张敷华、林俊诸人，以任国事。则贼将望风远遁，而边境可无忧矣。"帝以言多诋毁，切责之。寻乞大同增置台堡，以闲田给军耕垦，不征其税。江西岁饥盗起，请简巡抚，黜有司贪残者。又请筑京师外城。所司多从其议。再迁吏科左给事中，擢湖广参议，坐事降山东佥事。

　　正德四年闰九月召为光录少卿，旋改尚宝司卿。其年冬，与通政丛兰等出理边屯，世忠往蓟州。明年奏言："占种盗卖，积弊已久。若一一究问，恐人情不安，请量为处分。"从之。刘瑾败，言官劾其尝请清核屯田，助瑾为虐。世忠故方鲠，朝议宽之，得免。再迁大理少卿。八年擢右佥都御史巡抚延绥。寇在河套，逐之失利，乃引疾归。

　　赞曰：明至英宗以后，幸门日开。传奉请乞，官冗役繁，用度浸汰，盛极孽衰，国计坐绌。李敏诸人斤斤为国惜财，抵抗近幸，以救纾民。然涓滴之助，无补漏卮。国家尝承平殷阜之世，侈心易萌。近习乘之，縻费日广。《易》曰"节以制度，不伤财，不害民"，又曰："不节若，则嗟若"，此恭俭之主所为凛凛也。

明史卷一八六
列传第七四

韩文 顾佐 陈仁 　张敷华
杨守随 弟守隅 　许进 子诰 赞
论 　雍泰 张津 　陈寿 　樊莹
熊绣 　潘蕃 　胡富 　张泰
吴文度 张鼐 冒政 　王璟 　朱钦

　　韩文，字贯道，洪洞人，宋宰相琦后也。生时，父梦紫衣人抱送文彦博至其家，故名之曰文。成化二年举进士，除工科给事中。核韦州军功，劾宁晋伯刘聚，都御史王越、马文升等滥杀妄报。寻劾越荐李秉、王竑，语颇涉宫闱，帝怒，挞之文华殿庭。已，进右给事中，出为湖广右参议。中贵督太和山，干没公费。文力遏之，以其羡易粟万石，备振贷。九溪土酋与邻境争地相攻，文往谕，皆服。阅七年，转左。

　　弘治改元，王恕以文久淹，用为山东左参政。居二年，用倪岳荐，擢云南左布政使。以右副都御史巡抚湖广，移抚河南，召为户部右侍郎。母丧除，起改吏部，进左。十六年拜南京兵部尚书。岁侵，米价翔踊。文请预发军饷三月，户部难之。文曰："救荒如救焚，有罪，吾自当之。"乃发廪十六万石，米价为平。明年召拜户部尚书。

　　文凝厚雍粹，居常抑抑。至临大事，刚断无所挠。武宗即位，赏

赉及山陵、大婚诸费,需银百八十万两有奇,部帑不给。文请先发承
运库,诏不许。文言:"帑藏虚,赏赉自京边军士外,请分别给银钞,
稍益以内库及内府钱,并暂借勋戚赐庄田税,而敕承运库内官核所
积金银,著之籍。且尽罢诸不急费。"帝不欲发内帑,命文以渐经画
文持大体,务为国惜财。真人陈应循、大国师那卜坚参等落职,文请
没其资实国帑。旧制,监局、仓库内官不过二三人,后渐添注,或一
仓十余人,上林苑、林衡署至三十二人,文力请裁汰。淳安公主赐田
三百顷,复欲夺任丘民业,文力争乃止。

　　孝宗时,外戚庆云、寿宁侯家人及商人谭景清等奏请买补残盐
至百八十万引,文条盐政夙弊七事,论残盐尤切。孝宗嘉纳,未及行
而崩,即入武宗登极诏中,罢之。侯家复奏乞,下部更议,文等再三
执奏,弗从,竟如侯请。正德元年,内阁及言官复论之,诏下廷议。文
言:"盐法之设,专以仆备边。今山、陕饥,寇方大入,度支匮绌,飞挽
甚难。奈何坏祖宗法,忽边防之重。"景清复陈乞如故,文等劾其桀
悍,请执付法官。帝不得已,始寝前命。

　　荣王乞霸州庄田,崇王请自征庄田租,勿令有司与,文皆持却
之。保定巡抚王璟请革皇庄,廷议从之,帝命再议。文请命巡抚官
召民佃,亩征银三分输内库,而尽撤中官管庄者,大学士刘健等亦
力言内臣管庄扰民。乃命留中官各一人、校尉十人,余如文议。中
旨索宝石、西珠,文请屏绝珍奇,以养俭德。报可。帝将大婚,取户
部银四十万两,文连疏请得免四之一。

　　文司国计二年,力遏权幸,权幸深疾之。而是时青宫旧奄刘瑾
等八人号"八虎",日导帝狗马、鹰兔、歌舞、角抵,不亲万几。文每退
朝,对僚属语及,辄泣下。郎中李梦阳进曰:"公大臣,义共国休戚,
徒泣何为。谏官疏劾诸奄,执政持甚力。公诚及此时率大臣固争,
去'八虎'易易耳"。文将须昂肩,毅然改容曰:"善。纵事勿济,吾年
足死矣,不死不足报国。"即偕诸大臣伏阙上疏,略曰:"人主辨奸为
明,人臣犯颜为忠。况群小作朋,逼近君侧,安危治乱胥此焉关。臣
等伏睹近岁朝政日非,号令失当。自入秋来,视朝渐晚。仰窥圣容,

日渐清削。皆言太监马永成、谷大用、张永、罗祥、魏彬、邱聚、刘瑾、高凤等造作巧伪,淫荡上心。击球走马,放鹰逐犬,俳优杂剧,错陈于前。至导万乘与外人交易,狎昵媟亵,无复礼体。日游不足,夜以继之,劳耗精神,亏损志德。遂使天道失序,地气靡宁,雷异星变,桃李秋华,考厥占候,咸非吉征。此辈细人,惟知蛊惑君上以便己私,而不思赫赫天命。皇皇帝业,在陛下一身。今大婚虽毕,储嗣未建。万一游宴损神,起居失节,虽齑粉若辈,何补于事。高皇帝艰难百战,取有四海。列圣继承,以至陛下,先帝临崩顾命之语,陛下所闻也。奈何姑息群小,置之左右,以累圣德。窃观前古奄宦误国,为祸尤烈,汉十常侍、唐甘露之变,其明验也。今永成等罪恶既著,若纵不治,将来益无忌惮,必患在社稷。伏望陛下奋乾刚,割私爱,上告两宫,下谕百僚,明正典刑,以回天地之变,泄神人之愤,潜削祸乱之阶,永保灵长之业。"疏入,帝惊泣不食。瑾等大惧。

时内阁刘健、谢迁等方持言官章不肯下,文疏复入。帝遣司礼太监李荣、王岳等诣阁议。一日三至,健等持益坚。岳素刚直,独曰:"阁议是。"是夜,八人者环泣帝前。帝怒,立收岳下诏狱,而外廷固未之知也。明日,文倡九卿科道再诣阙固争。俄有旨,宥八人不问。健、迁仓皇致仕去。八人各分据要地,瑾掌司礼,时事遂大变。

瑾恨文甚,日令人伺文过。逾月,有以伪银输内库者,遂以为文罪。诏降一级致仕,郎中陈仁谪钧州同知。给事中徐昂乞留文原官,中旨谓显有嘱托,落文职,以顾佐代,并除昂名。二年三月榜奸党姓名,自刘健、谢迁外,尚书则文为首,余若张敷华、杨守随、林瀚等凡五十三人,列于朝堂。文子高唐知州士聪,刑部主事士奇,皆削籍。文出都门,乘一蓝舆,行李一车而已。瑾恨未已,坐以遗失部籍,逮文及侍郎张缙下诏狱。数月始释,罚米千石输大同。寻复罚米者再,家业荡然。

瑾诛,复官,致仕。世宗即位,遣行人赍玺书存问,赉羊酒。令有司月给廪四石,岁给役夫六人终其身。复加太子太保,荫一孙光录寺署丞。嘉靖五年卒,年八十有六。赠太傅,谥忠定。

士聪，举人。罢官后，不复仕。士奇进士，终湖广参政。少子士贤，亦由举人为开封同知。孙廷玮，进士，行太仆卿。

顾佐，字良弼，临淮人。成化五年进士。授刑部主事，历郎中。按锦衣指挥牛循，中官顾雄、钟钦罪，无所挠。出为河间知府。弘治中，再迁大理少卿，擢右佥都御史巡抚山西。宗室第宅，官为缮，费不赀，佐请悉令自营治。正统末，权发太原、平阳民戍边，后久不代，佐奏令更代。入为左副都御史，勘罢辽东总兵官李杲、太盐任良、巡抚张玉。历户部左、右侍郎，出理陕西军食。善区画，储蓄余三年。正德改元，代韩文为尚书。刘瑾憾文，掊摭万端。部有故册逸，欲以为文罪，逼佐上其事。佐不可，坐事夺俸三月。佐乃再疏乞归，从之。瑾憾不置，三罚米输塞上，至千余石。家贫，称贷以偿。卒，赠太子太保。

陈仁，字子居，莆田人。成化末进士。弘治中，官户部郎中。阙里先圣庙灾，疏请修省。陕西进古玺，仁抗疏斥其伪。诏召番僧领占竹于四川，仁疏谏。又请复建文忠臣方孝孺等官。多格不行。正德初，瑾以赝银事坐尚书文罪，仁并谪。后瑾诛，累擢至浙江右布政使。

张敷华，字公实，安福人。父洪，御史，死土木难。敷华少负气节。年七岁，里社树为祟，麾群儿尽伐之。景泰初，录死事后，入国学。举天顺八年进士，选庶吉士。成化元年，与刘大夏愿就部曹。除兵部主事，历郎中。廉重不挠，名等于大夏。

十一年出为浙江参议。景宁矿盗起，至数千人。敷华谕散之，执其魁十二人。居浙十余年，历布政使。弘治初，迁湖广。岁饥，令府县大修学官，以佣直资饿者。擢右副都御史，巡抚山西。中道奔丧，服阕还故官。部内赋输大同，困于折价。敷华请太原以北可通车者仍输米，民便之。改抚陕西，制婚娶、丧葬之式，纳民于礼。妖僧据终南山为逆,廷议用兵,尚书马文升曰:"张都御史能办此。"敷华果以计缚僧归。迁南京兵部右侍郎。

十二年改右都御史,总督漕运连兼巡抚淮、扬诸府。高邮湖堤圮,浚深沟以杀水势。又筑宝应堤。民利赖焉。改掌南京都察院。与吏部尚书林瀚、佥都御史林俊、祭酒章懋,称"南都四君子",就迁刑部尚书。

正德元年召为左都御史。其冬,大臣与言官请去刘瑾等,内阁力主之。帝犹豫,敷华乃上言:"陛下宴乐逸游,日狎憸壬,政令与诏旨相背,行事与成宪交乖,致天变上干,人心下拂。今给事中刘蒇,御史朱廷声、徐钰等连章论列,但付所司。英国公懋与臣等列名上请,但云'朕自处置'。臣窃叹惑,请略言时政之弊。如四十万库藏已竭,而取用不已。六七岁童子何知,而招为勇士。织造已停,传奉已革,寻复如故。盐法、庄田方遣官清核,而奏乞之疏随闻。中官监督京营、镇守四方者,一时屡有更易。政令纷拿,弊端滋蔓。夫国家大事,百人争之不足,数人坏之有余。愿陛下审察。"疏入,不报。

既而朝事大变,宦官势益张。至除夕朝罢,忽傅旨与杨守随俱致仕。敷华即日就道。至徐州洪,坐小艇,触石几溺死。瑾恨未已,欲借湖广仓储湿烂,坐以赃罪。修撰康海过瑾曰:"吾秦人爱张公如父母,公忍相薄耶?"瑾意稍解,独坐敷华奸党,与守随等榜名朝堂。明年六月病且革,衣冠揖家庙,就榻而卒。瑾诛后二年,赠太子少保,谥简肃。

敷华性刚介。弘治时,刘大夏常荐之,帝曰:"敷华诚佳,但为人太峻耳。"为部郎奉使,盗探其囊,得七金而已。

孙鳌山,官御史。

杨守随,字维贞,鄞人,侍郎守陈从弟也。举成化二年进士,授御史。巡视漕运,核大同军饷,巡按江西,所至以风采见惮。

六年疏陈六事,言:"郕王受命艰危时,削平祸乱,功甚大。殁乃谥以'戾',公论不平。此非先帝意,权奸逞私憾者为之也。亟宜改易，彰陛下亲亲之仁。尚书李秉效忠守法，一时良臣，为萧彦庄诬劾致仕，乞即召还。律令犯公罪者不罢，近御史朱贤、娄芳等并除名，乞复其官，且戒所司毋法外加罪，一以律令从事。西征之役，以数万甲兵讨出没不常之寇，千里转输，旷日持久，恐外患未平，内地先敝，乞速班师，戒边臣慎封守。近例，军官犯罪未结正者，遇赦即原，致此曹迁延，以希幸免。自今众证明白者，即据律定案，毋使逃罪。虽遇赦免，亦不得管军。在外官俸、兵饷，有逾年不给者，由郡县蓄积少也。请于起运外，量加存留，以济乏匮。"疏奏，时不能从。太常少卿孙广安母丧起复，守随与给事中李和等连章论之，乃令守制。

八年冬，以灾异陈时政九事。廷议四方灾伤，停遣刷卷御史。会昌侯孙继宗请并停在京者，守随言："继宗等任情作奸，恐罪及，假此祈免。"帝置继宗不问，而刷卷如故。山东饥，廷议吏纳银免考，授冠带。守随极言不可，帝即罢之。擢应天府丞，未上，母忧归。服除无缺，添注视事。初，李孜省授太常寺丞，因守随言改上林监副，憾之。至是谮于帝，中旨责守随不当添注，调南宁知府。

弘治初，召为应天府尹，勘南京守备中官蒋琮罪。琮嗾其党郭镛劾守随按给事方向狱不公，谪广西右参政。久之，进按察使。八年召为南京右佥都御史，提督操江。历两京大理卿。九载满，进工部尚书，仍掌大理寺。刑部狱送寺覆谳者多加刑，主事朱玺论其非。守随言："自永乐间，寺已设刑具。部囚多未得实，安得不更讯。"帝乃寝玺奏。孝宗崩，中官张瑜等以误用御药下狱，守随会讯杖之。

正德元年四月，守随奏："每岁热审，行于京师而不行于南京，五岁一审录，详于在京而略于在外，皆非是。请更定其制"。报可。中官李兴擅伐陵木论死，令家人以银四十万两求变其狱。守随持之坚，狱不得解。廷臣之争余盐也，中旨诘是何大事。守随语韩文曰："事诚有大于是者。"文遂偕九卿伏阙论"八党"。文等既逐，守随愤，独上章极论之曰：

　　　陛下嗣位以来，左右近臣，不能祗承德意，尽取先朝良法而更张之，尽诬先朝硕辅而刬汰之。天下嗷嗷，莫措手足，致古今罕见之灾,交集数月以内。陛下独不思其故乎?

内臣刘瑾等八人,奸险佞巧,诬罔恣肆,人目为"八虎",而瑾尤甚,日以荒纵导陛下。或在西海擎鹰搏兔,或于南城蹑峻登高,禁内鼓钲震于远迩,宫中火炮声彻昼夜。淆杂尊卑,陵夷贵贱,引车骑而供执鞭之役,列市肆而亲商贾之为。致陛下日高未朝,漏尽不寝。此数人者,方且窃搅威权,诈传诏旨,放逐大臣,刑诛台谏,邀阻封章,广纳货赂。传奉冗员,多至千百,招募武勇,收及孩童。紫绶金貂尽予爪牙之士,蟒衣玉带滥授心腹之人。附己者进官,忤意者褫职。内外臣僚,但知畏瑾,不知畏陛下。向也二三大臣受遗夹辅,今则有潜交默附,漏泄事机者矣。向也南北群僚,矢心痛疾,今则有画策主文,依附时势者矣。而且数易边境将帅之臣,大更四方镇守之职,志欲何为?

夫太阿之柄不可授人。今陛下于兵刑财赋之区,机务根本之地,悉以委之。或掌团营,或主两厂,或典司礼,或督仓场,大权在手,彼复何惮。于是大行杀戮,广肆诛求。府藏竭于上,财力匮于下,武勇疲于边。上下胥逭,神人共愤。陛下犹不觉悟,方且谓委任得人,何其舛也。伏望大备乾纲,立置此曹重典,远鉴延熹之失,毋使臣蹈蕃、武已覆之辙。

疏入,帝不省。瑾辈深衔之,传旨致仕。守随去,李兴遂以中旨免死矣。

瑾憾未释。三年四月坐覆谳失出,逮赴京系狱,罚米千石输塞上。逾年,复坐庇乡人重狱,除名,追毁诰命,再罚米二百石。守随家立破。瑾诛,复官。又十年卒,年八十五。赠太子少保,谥康简。

从弟守隅,由进士历官江西参政,有政绩。宁府录米,石征银一两,后渐增十之五。守隅入请于王,裁减如旧。瑾恶守随,并罢守隅官。瑾死后,起官四川,终广西布政使。

许进,字季升,灵宝人。成化二年进士。除御史。历按甘肃、山东，皆有声。陈钺激变辽东，为御史强珍所劾，进亦率同官论之。汪直怒，构珍下狱，摘进他疏讹字，迁杖之几殆。满三考，迁山东副使。辩疑狱，人称神明。分巡辽东，坐累，征下诏狱。孝宗嗣位，释还。

弘治元年擢右佥都御史巡抚大同。小王子久不通贡，遣使千五百余人款关，进以便宜纳之。请于朝，诏许五百人至京师。已而屡盗边，进被劾，不问。三年复窥边，进等整军待之。新宁伯谭祐以京军援，乃遁去。又乞通贡，进再为请，帝许之。当是时，大同士马盛强，边防修整。贡使每至关，率下马脱弓矢入馆，俯首听命，无敢哗者。会进与分守中官石岩相讦，岩征还，进亦谪兖州知府。

七年迁陕西按察使。土鲁番阿黑麻攻陷哈密，执忠顺王陕巴去，使其将牙兰守之。尚书马文升谓复哈密非进不可，乃荐为右佥都御史，巡抚甘肃。明年莅镇，告诸将曰：“小丑陆梁，谓我不敢深入耳。堂堂天朝不能发一镞塞外，何以慰远人。”诸将难之。乃独与总兵官刘宁谋，厚结小列秃，使以四千骑往，杀数百人，小列秃中流矢卒。小列秃故与土鲁番世相仇，及死，其子卜六阿歹益愤。进复厚结之，使断贼道，无令东援牙兰，而重犒赤斤、罕东及哈密遗种之居苦峪者，令出兵助讨。十一月，副将彭清以精骑千五百出嘉峪关前行，宁与中官陆闿统二千五百骑继之。越八日，诸军俱会，羽集乜川。薄暮大风扬沙，军士寒栗僵卧。进出帐外劳军，有异鸟悲鸣，将士多雨泣。进慷慨曰：“男儿报国，死沙场幸耳，何泣为？”将士皆感奋。夜半风止，大雨雪。时番兵俱集，惟罕东兵未至，众欲待之。进曰：“潜师远袭，利在捷速，兵已足用，不须待也。”及明，冒雪倍道进。又六日奄至哈密城下。牙兰已先遁去，余贼拒守。官军四面并进，拔其城，获陕巴妻女。贼退保土剌。土剌，华言大台也。守者八百人，诸军再战不下。问其俘，则皆哈密人为牙兰所劫者，进乃令勿攻。或欲尽歼之，进不可，遣使抚谕即下。于是探牙兰所向，分守要害，而疏请怀辑罕东诸卫为援，散土鲁番党与孤其势，遂班师。录功，加右副都御史。明年移抚陕西，历户部右侍郎，进左。十三年，火筛大举犯大同，边将屡败。敕进与太监金辅、平江伯陈锐率京军御之,无功。言官劾辅等玩寇,并论进,致仕去。

武宗即位,乃起为兵部左侍郎,提督团营。正德元年代刘大夏为尚书。七月应诏陈时政八事,极言内监役京军,守皇城内侍横索月钱诸弊,多格不行。又以帝狎比群小,请崇圣学,以古荒淫主为戒,不纳。中官王岳奏官校王缙等缉事捕盗功,各进一秩。进言:"边将出万死馘一贼,始获晋级。此辈乃冒滥得之,孰不解体?"又言:"团营军非为营造设,宜悉令归伍。"居兵部半岁,改吏部,明年加太子少保。

进以才见用,能任人,性通敏。刘瑾弄权,亦多委蛇徇其意,而瑾终不悦。方进督团营时,与瑾同事。每阅操,谈笑指挥,意度闲雅,瑾及诸将咸服。一日操毕,忽呼三校前,各杖数十。瑾请其故,进出权贵请托书示之。瑾阳称善,心不喜。至是,欲去进用刘宇代。焦芳以干请不得,亦因挤进。三年八月,南京刑部郎中阙,迁无实授员外郎,进循故事以署事主事二人上。瑾以为非制,令对状。进不引咎,三降严旨谯责。不得已请罪,乃令致仕。未几,坐用雍泰削其籍。二子诰、赞在翰林,俱输赎调外任。寻与刘健等六百七十五人,并追夺诰命。瑾又摘进在大同时籍军出雇役钱,失勾校,欲籍其家。会瑾诛得解,复官致仕。未闻命卒,年七十四。嘉靖五年谥襄毅。

子诰、赞、诗、词、论。诗,工部郎中。词,知府。

诰,字廷纶,进次子也。弘治十二年进士。授户科给事中。出视延绥军储,论丁粮、丁草之害,帝褒纳之。寻劾监督中官苗逵贪肆罪,进刑科右给事中。正德元年,父进为兵部尚书。故事,大臣子不得居言职,遂改翰林检讨。及进忤刘瑾削籍,并谪诰全州判官。父丧归。久之,荐起尚宝丞,复引疾归,家居授徒讲学。嘉靖初,起南京通政参议,改侍讲学士,直经筵,太常卿掌国子监。请于太学中建敬一亭,刻御制敬一《箴注》、程子《四箴》、范浚《心箴》于石,帝悦从之。帝将正文庙祀典,诰请用木主。文华殿东室旧有释像,帝命撤去。诰所撰《道统书》言宜崇祀五帝、三王,以周公、孔子配,帝即采用其言。十一年擢吏部右侍郎。其冬，拜南京户部尚书，弟赞亦长户部。兄弟并司两京邦计，缙绅以为荣。卒官，赠太子太保，谥庄敏。

诰官祭酒时，诸生旅榇不能归者三十余，皆为葬之，衣食不继者并周恤。然颇善傅会。时有白鹊之瑞，诰献论，司业陈寰献颂，并宣付史馆。给事中张裕、谢存儒，御史冯恩皆劾诰、裕至比之祝钦明。帝怒，下裕狱，谪福建布政司照磨，存儒亦调边方。恩诋诰学术迂邪，诰求罢。帝曰："恩所诋乃指前日去土偶用木主事也，尔以是介意邪？"其为帝眷宠如此。

赞，字廷美，进第三子也。弘治九年进士。授大名推官。亦以辩疑狱知名，召拜御史。正德元年改编修。刘瑾逐进，赞亦出为临淄知县。累迁浙江左布政使。

嘉靖六年，入为光禄卿，历刑部左、右侍郎。知州金辂谪戍，赂武定侯郭勋。勋遣人篡取之，指挥王臣不与。缚臣以归，掠取其赇。事觉，赞等请论如律。帝怜勋，谕法司毋刑辂等，辂等遂不承。尚书高友玑在告，坐畏缩，被劾去。赞请如常讯，具得勋纳赇状，乃再夺其禄。

八年，进尚书。诏许六部历事监生发廷臣奸弊。有詹瓐者，讦吏部侍郎徐缙，下都御史汪鋐讯。瓐语塞，已论罪，瓐复讦缙及通政陈经等。再下鋐讯，鋐力斥其妄。会太常卿彭泽欲倾缙代之，伪为缙书抵张孚敬求解，复甚孚敬劾缙赇己。缙疏辩，诏法司会锦衣卫讯。赞等卒论瓐诬罔，而缙行贿事莫能白，坐除名。帝方嘉瓐能奉诏言事，竟宥瓐罪。于是无赖子率持朝士阴事，索赏财，妄构事端入奏，诸司为惕息。军人童源讦中官张永造茔，犯天寿山龙脉，复嗾永弟容仆王谦等发容违法事。奸人张雄又为谦草奏，诋赞与兄诰及汪鋐、廖道南、史道，内臣黄锦辈数十人受容重赂，源亦上疏助之。鞫得实，源等并戍极边，告讦始少衰。

十年改赞户部尚书。驰驿归省母，母先卒。服未阕，诏以为吏部尚书，服除始入朝，帝以赞醇谨，虚位待。及至，论列不当意。诏选宫僚，阁臣多引私党，言官劾罢十余人，帝以属吏部。赞乃举霍韬、毛伯温、顾璘、吕楠、邹守益、徐阶、任瀚、薛蕙；周铁、赵时春等，诏璘、楠、蕙仍故官，余俱用之。屡加少保兼太子太保。九庙灾，自陈免。居半岁，帝难其代，复起赞任之。请发内帑，借百官俸，括富民财，开鬻爵之令，以济边需。时议内地筑墩堡，赞谓非计。帝以借俸、括财非盛世事，已之，墩堡议亦寝。翟銮、严嵩柄政，多所请托。郎中王与龄劝赞发之。嵩辩之强，帝眷嵩，反切责赞，除与龄籍。赞自是慑嵩不敢抗，亦颇以贿闻矣。銮罢，帝谋代者。嵩以赞柔和易制，引之。诏以本官兼文渊阁大学士参预机务。政事一决于嵩，赞无所可否。久之加少傅。以年逾七十，数乞休。帝责其忘君爱身，落职闲住。归三年卒。后复官，赠少师，谥文简。

　　论，字廷议，进少子也。嘉靖五年进士。授顺德推官，入为兵部主事，改礼部。好谈兵。幼从父历边境，尽知厄塞险易，因著《九边图论》上之。帝喜，颁边臣议行，自是以知兵闻。累迁南京大理寺丞。会廷推顺天巡抚，论名列第二。帝曰"是上《九边图论》者"，即拜右佥都御史，任之。白通事以千余骑犯黄崖口，论督将士败之。再犯大木谷，复为官军所却。录功，进右副都御史。岁余，以病免。俺答薄都城，起故官抚山西。录防秋功，进兵部右侍郎，召理京营戎政。以筑京师外城转左。

　　三十三年出督宣、大、山西军务。奸人吕鹤初与丘富以左道惑众。富叛降俺答，为之谋主。鹤遣其党阑出塞外，引寇入犯，为侦卒所获。论遣兵捕鹤，并诛其党。以功进右都御史，再以功进兵部尚书，荫子锦衣世千户。翁万达为总督，筑大同边墙六百里，里建一墩台于墙内。后以兵少墙不能守，尽撤而守台。论言："兵既守台，则寇攻墙不得用其力。及寇入墙，率震骇逃散。请改筑于墙外，每三百步建一台，俾矢石相及。去墙不得越三十步，高广方四丈五尺，其颠损三之一，上置女墙、营舍，守以壮士十人。下筑月城，穴门通出人。度工费不过九万金，数月而足。"诏立从之。寇万骑犯山西，论督军遮破之朔州川。其犯宣府、龙门者,亦为将士所败,先后俘斩五百三十有奇。加太子太保,荫子如初。

三十五年,兵部尚书杨博以父丧去,召论代之。当是时,严嵩父子用事,将帅率以贿进。南北用兵,帝责中枢甚急。丁汝夔、王邦瑞、赵锦、聂豹,咸不得善去。论时已老,重自顾念。一切将帅黜陟,兵机进止,悉听世蕃指挥,望由此损,俺答子辛爱愤总督杨顺纳其逃妾,拥众围大同右卫城数重,城中析屋而爨。帝闻,深以为忧,密问嵩。嵩意欲弃之而难于发言,则请降谕问本兵。论请复右卫军马,岁办五十万金,故为难词,冀以劝帝。帝顾亟措饷发兵,易置文武将吏,右卫围亦寻解。给事中吴时来劾杨顺,因言论雷同附和,日昏酣,置边警度外。帝遂削论籍。嵩微为之解,亦不能救也。

三十八年复起故官,督蓟、辽、保定军务。把都儿犯蓟西,论厚集精锐以待。至则为游击胡镇所破。分掠沙儿岭、燕子窝,又却,乃遁去。事闻,厚赉银币。寻又奏密云、昌平二镇防秋,须饷银三十余万。给事中郑茂言论奏请过多,请察其侵冒弊,诏论回籍听勘。给事中邓栋往核,具得虚冒状,夺官闲住。未几卒,年七十二。隆庆初,复官,谥恭襄。

曾孙浩然,由世荫历官太子太保,左都督。浩然子达胤,锦衣指挥。李自成陷京师,不屈死。其从兄佳胤,弘农卫指挥。崇祯十四年贼破灵宝,持刀赴斗,死焉。

雍泰,字世隆,咸宁人。成化五年进士。除吴县知县。太湖涨没田千顷,泰作堤为民利,称雍公堤。民妾亡去,妾父讼其夫密杀女匿尸湖石下。泰诘曰:“彼密杀汝女,汝何以知匿所。且此非两月尸,必汝杀他人女,冀得赂耳。”一考而服。

召为御史,巡盐两淮。灶丁无妻者,泰为婚匹。出知凤阳府。父忧去,服阕起知南阳。余子俊督师,荐为大同兵备副使,擢山西按察使。泰刚廉,所至好搏击豪强。太原知府尹珍途遇弗及避,泰召至,踞而数之。珍不服，泰竟笞珍。珍诉于朝，且告泰非罪杖人死，逮下诏狱。王恕请宽泰罪，会事经赦，乃降湖广参议。弘治四年转浙江右布政使，复以母忧去。

十二年起右副都御史，巡抚宣府。官马死，军士不能偿，泰言于朝，以官帑市。边军贫，有妻者辄鬻，泰请官为资给。尚书周经因令贫者给聘财，典卖者收赎，军尽欢。参将王杰有罪，泰劾之，下泰逮问。泰又请按千户八人，帝以泰屡抑武臣，方诏都察院行勘。而参将李稽坐事畏泰重劾，乞受杖，泰取大杖决之。稽乃奏泰凌虐，帝遣给事中徐仁偕锦衣千户往按。杰复使人走登闻鼓下，讼泰妄逮将校至八十六人，并及其婿纳赂事。法司核上，褫为民。

武宗立，给事中潘铎等荐泰有敢死之节，克乱之才。吏部尚书马文升遂起泰南京右副都御史，提督操江，固辞不赴。正德三年春，许进为吏部，复起前官。七月擢南京户部尚书。刘瑾，泰乡人也，怒泰不与通，甫四日即令致仕。谓进私泰，遂削二人籍，而追斥马文升及前荐泰者尚书刘大夏、给事中赵士贤、御史张津等为民，其他罚米输边者又五十余人。泰归，居韦曲别墅，不入城市。瑾诛，复官，致仕。年八十卒。卒时榻下有声若霆者。

泰奉身俭素。贵宾至，不过二肉。为尚书，无绯衣。及卒，家人始制以敛。天启中，追谥端惠。

张津，字广汉，博罗人。成化末进士，除建阳知县。筑城郭，遏矿盗，建朱熹、蔡元定诸贤祠，置祭田畀其子孙。忧归，补大冶，征授御史。弘治十四年冬，吏部缺尚书，廷臣推马文升、闵珪，而津偕同官文森、曾大有请用用致仕尚书周经、两广总督刘大夏。忤旨下诏狱。给事御史论救，得释。已，言：“陛下延访大臣，而庶官不预，非所以明目达聪也。乞命卿佐侍徙及考满朝觐诸外僚，咸得以时进见，通达下情。”武宗初，巡按广西，劾总镇中官韦经擅移官帑。预平富贺贼，被赉，出为泉州知府。坐尝举泰，勒为民。刘瑾败，起宁波知府，迁山东左参政，擢右佥都御史，提督操江，进右副都御史，巡

抚应天诸府。所部水旱，请停织造。车驾北巡，疏谏，不报。浙孝丰
奸民据深山拒捕，积二十年莫能制。津托别事赴浙，悉缚之。加户
部右侍郎，巡抚如故。帝自宣府还，复欲北幸，津疏切谏，不报。卒，
赠南京户部尚书。

陈寿，字本仁，其先新淦人。祖志弘，洪武间代兄戍辽东，遂籍
宁远卫，寿少贫甚，得遗金，坐守至夜分，还其主。从乡人贺钦学，登
成化八年进士，授户科给事中。视宣、大边防，劾去镇守中官不检
者。又尝劾万贵妃兄弟及中官梁芳、僧继晓，系诏狱。得释，屡迁都
给事中。

弘治元年，王恕为吏部，擢寿大理丞。刘吉憾恕，讽御史劾寿不
习刑名，冀以罪恕。竟调寿南京光禄少卿，就转鸿胪卿。

十三年冬，以右佥都御史巡抚延绥。火筛数盗边，前镇巡官俱
得罪去。寿至，搜军实，广间谍，分布士马为十道，使互相应援，军势
始振。明年，诸部大入，先以百余骑来诱。诸将请击之，寿不可。自
出帐，拥数十骑，据胡床指麾饮食。寇望见，疑之，引去。诸道袭击，
斩获甚多。朝廷方遣苗逵等重兵至，而寿已奏捷。孝宗嘉之，加禄
一等。逵欲乘胜捣巢。驻延绥久，战马三万匹日费刍菽不赀。寿请
出牧近塞，就水草，众有难色。寿跨马先行，众皆从之，省费数十万。
当战捷时，或劝注子弟名籍，寿曰："吾子弟不知弓槊，宁当与血战
士同受赏哉。"竟不许。

十六年以右副都御史掌南院。正德初，刘瑾矫诏逮南京科道戴
铣、薄彦徽等，寿抗章论救。瑾怒，令致仕。寻坐延绥仓储亏损，罚
米二千三百石、布千五百匹。贫不能偿，上章自诉。瑾廉知寿贫，特
免之。中官廖堂镇陕西贪暴，杨一清以寿刚果，九年正月起抚其地。
堂初奉诏制毡幄百六十间，赢金数万，将遗权幸。寿檄所司留备振，
复戒谕堂勿假贡献名有所科取。堂怒，将倾之。寿四疏乞休，不得。
堂爪牙数十辈散府县渔利，寿命捕之，皆逃归，气益沮。其秋，拜南
京兵部侍郎，陕人号呼拥舆，移日不得行。逾年，乞骸骨，就进刑部

尚书,致仕。

寿为给事中,言时政无隐,独不喜劾人,曰:"吾父戒吾勿作刑官,易枉人。言官枉人尤甚,吾不敢妄言也。"嘉靖改元,诏进一品阶,遣有司存问,时年八十有三。寿廉,历官四十年,无家可归。寓南京,所居不蔽风雨。其卒也,尚书李充嗣、府尹寇天叙为之敛。又数年,亲旧赙助,始得归葬新淦。

樊莹,字廷璧,常山人。天顺末,举进士,引疾归义。久之,授行人,使蜀不受馈,土官作却金亭识之。

成化八年擢御史。山东盗起,奉命捕获其魁。清军江北,所条奏多著为例。改按云南。交址诱边氓为寇,驰檄寝其谋。出知松江府。运夫苦耗折,莹革民夫,令粮长专运,而宽其纲,用以优之。赋役循周忱旧法,稍为变通,民困大苏。忧归,起知平阳。

弘治初,诏大臣举方面官。侍郎黄孔昭以莹应,尚书王恕亦器之,擢河南按察使。黄河为患,民多流移。莹巡振,全活甚众。河南田赋多积弊,巡抚都御史徐恪欲考本末,众难之。莹曰:"视万犹千,视千犹百耳,何难。"属以属莹部吏钩考,旬日间,宿蠹一清。四年迁应天府尹。守备中官蒋琮与言官讦奏,所蔓引多至罪黜。莹承命推鞫,初若不为异者,琮大喜。后奏其伤孝陵山脉事,琮遂下狱,充净军。

七年,迁南京工部右侍郎,寻改右副都御史巡抚湖广。锦田贼结两广瑶、僮为寇,莹谕散余党,戮首恶十八人。岁余,以疾乞休。家居七年,中外交荐,起故官抚治郧阳,旋改南京刑部右侍郎。

十六年,云南景东卫昼晦七日,宜良地震如雷,曲靖大火数发,贵州亦多灾异,命莹巡视。至则劾镇巡官罪,黜文武不职者千七百人。廉知景东之变,乃指挥吴勇侵官帑,图脱罪,因云雾晦冥虚张其事,劾罪之。还进本部尚书。

武宗践阼,致仕归。刘瑾以会勘隆平侯争袭事,连及莹,削籍。明年又坐减松江官布,罚米五百石输边。莹素贫,至是益窘。瑾败,复官，赠太子少保，谥清简。三年十一月卒，年七十五。

莹性诚悫，农月坐篮舆戴笠，子孙异行田间，曰："非徒视稼，欲子习劳也。"其后人率教，多愿朴力学者。

熊绣，字汝明，道州人，其先以戍籍自丰城徙焉。绣举成化二年进士，授行人。奉使楚府，巡茶四川，力拒馈遗。擢御史，巡按陕西。左布政于璠以官帑银馈苑马卿邵进，绣发其罪。璠遁赴京讦绣，帝并下绣吏，谪知清丰，璠；进亦除名。久之，凤翔阙知府，擢绣任之。

弘治初，迁山东左参政，进右布政使。七年以右副都御史巡抚延绥。榆林初仅小堡，屯兵备冬。景泰中，始移巡抚、总兵官居之，遂为西北巨镇，城隘弗能容，绣因请增筑千二百余丈。莅镇数年，练兵积粟，边政修举。历兵部左、右侍郎，尚书刘大夏深倚信之。腾骧四卫勇士额三四万人，率虚籍。岁糜钱谷数十万，多入奄人家。廷臣屡请稽核，辄被挠。十八年命绣清厘，未竟而孝宗崩。朝政渐变，绣力持不顾，得诡冒者万四千人。御马太监宁瑾等疏请复旧，给事御史交章劾瑾，大夏亦力争。武宗不得从之，而宥瑾等不问。

正德元年擢右都御史，总督两广军务兼巡抚事。既抵镇，尽裁幕府供亿，秋毫无所取。二年与总兵官伏羌伯毛锐讨平贺县僮。刘瑾以前汰勇士事深疾绣，伺察无所得。召掌南京都察院事，寻以中旨罢之。已，复摭延绥仓储渑烂为绣罪，罚米五百石，责绣躬输于边。绣家遂破。

十年闰四月卒，无子。巡抚秦金颂其清节于朝，赠刑部尚书。太仆少卿何孟春以绣承继孙幼且贫，无以为养，请如主事张凤翔孔琦例，赐月廪，且乞予谥。遂谥庄简，给其孙米月一石。

潘蕃，字迁芳，崇德人。初冒钟姓，既显始复。成化二年举进士，授刑部主事。历郎中。云南镇守中官钱能为巡抚王恕所劾，诏蕃按，尽得其实。出为安庆知府，改郧阳。时府治初设，陕、洛流民毕聚。蕃悉心抚循，皆成土著。累迁山东、湖广左右布政使。

弘治九年以右副都御史巡抚四川,兼提督松潘军务。宣布威
信,蛮人畏服,单车行松、茂莫敢犯。迁南京兵部右侍郎,就改刑部。

十四年进右都御史,总督两广。帐下士旧不下万人,蕃汰之,才
给使令而已。黎寇符南蛇乱海南,聚众数万。蕃令副使胡富调狼土
兵讨斩之,平贼巢千二百余所。论功,进左都御史。已,又平归善剧
贼古三仔、唐大鬃等。思恩知府岑浚与田州知府岑猛相仇杀,攻陷
田州,猛穷乞援。蕃谕浚罢兵,不从,乃与镇守太监韦经、总兵官伏
羌伯毛锐集兵十余万,分六哨讨之。浚死,传首军门,斩级四千七
百,尽平其地。迥军讨平南海县丰湖贼褐元祖。捷闻,玺书嘉劳。蕃
奏,思恩宜设流官,猛构兵失地,宜降同知,俾还守旧土。兵部尚书
刘大夏议,猛世济凶恶,不宜归旧治,请两府皆设流官,而降猛为行
户,徙之福建。帝从之。正德改元之正月召为南京刑部尚书。逾年,
致仕。

初,蕃去两广,岑猛据田州不肯徙,知府谢湖畏猛悍,亦逗遛。
事闻,逮湖诏狱。湖委罪蕃及韦经、毛锐,经复委罪于尚书大夏。刘
瑾方恶大夏,遂并逮四人。大夏以不从蕃言为罪,而蕃亦坐不能抚
猛,俱谪戍肃州。三年九月也。既而瑾从户部郎中庄祥言,遣太监
韦霦核广东库藏,奏应解赃罚诸物多朽敝,梧州贮盐利军赏银六十
余万两不以时解。逮问蕃及前总督大夏、前左布政使仁和沈锐等八
百九十九人,罚米输边。锐廉介,已迁南京刑部右侍郎,乞休归,至
是夺职。瑾诛,蕃以原官致仕。逾六年,卒。锐至嘉靖初,始复职致
仕。

方蕃解官归,无屋,税他人宅居之。与乡人饮,露坐花下,醉则
任所之。其风致如此。

胡富,字永年,绩溪人。成化十四年进士。授南京大理评事。弘
治初,历福建佥事。福宁系囚二百余人,富一讯皆定,囹圄顿空。以
忧去,起补山东,迁广东副使。四会瑶乱,剿擒五百余人。泷水瑶出
没无时,富度其所经地,得荒田三千余顷,招僮户耕牧其中。瑶畏僮

不敢出扰，居民得田作。符南蛇围儋州，富与参议刘信往觇。贼突
至，杀信，富手斩剧贼一人，贼乃退。还益兵讨平之。历陕西左、右
布政使。

正德初，入为顺天府尹。三年进南京大理寺卿，就迁户部右侍
郎。五年正月坐大理时勘事迟缓，勒致仕，亦瑾意也。瑾败，起故官。
七年拜本部尚书。南都仓储仅支一年，富在部三载，有六年积。上
十余事，率权贵所不便，格不行，遂引年归。嘉靖元年卒。赠太子少
保，谥康惠。

张泰，字叔亨，广东顺德人。成化二年进士。除知沙县。时经
邓茂七之乱，泰抚绥招集，流亡尽复。入为御史，偕同官谏万贵妃干
政，廷杖几毙。出督京畿学校，以忧去，家居十余年。

弘治五年起故官，按云南。孟密土舍思揲构乱，以兵遏木邦宣
慰使罕挖法于孟乃砦。守臣抚谕，拒不听。泰与巡抚张诰集兵示必
讨，思揲惧，始罢兵。滇池溢，为民灾，泰锅堤以弭其患。还朝，乞罢
织造内臣，减皇庄及贵戚庄田被灾税赋，给畿省灾民牛种。诏止给
牛种，余不行。寇入永昌，甘肃游击鲁麟委罪副总兵陶祯，而总兵官
刘宁疏言守臣不和，诏泰往勘。泰奏镇守太监傅德、故总兵官周玉
侵据屯田，巡抚冯续减削军饷，寇数入莫肯为御，失士卒六百余、马
驼牛羊二万皆不以闻。帝怒，下之吏。德降内使。锢南京，续编氓
口外。泰又言甘州膏腴地悉为中官、武臣所据，仍责军税；城北草湖
资戍卒牧马，今亦被占。请悉归之军，且推行于延、宁二镇，诏皆从
之。迁太仆少卿，改大理。

初，蓟州民田多为牧马草场所侵，又侵御马监及神机营草场、
皇庄，贫民失业，草场亦亏故额。孝宗屡遣给事中周旋，侍郎顾佐、
熊翀等往勘，皆不能决。至是命泰偕锦衣官会巡抚周季麟复勘。泰
密求得永乐间旧籍，参互稽考，田当归民者九百三十余顷，而京营
及御马监牧地咸不失故额。奏入，驳议者再，尚书韩文力持之，留中
未下。及武宗嗣位，文再请，始出泰奏，流亡者咸得复业。

寻迁右副都御史督储南京。奏厘革十二事，多报可。正德二年召为工部右侍郎，逾年迁南京右都御史。泰清谨。刘瑾专权，朝贵争赂遗。泰奏表至京，惟馈土葛，瑾憾之。其年十月令以南京户部尚书致仕。明年七月卒，摭他事罚米数百石。瑾诛，予葬祭如制。

吴文度，字宪之，晋江人，从父客江宁，遂家焉。登成化八年进士，除龙泉知县，征授南京御史。偕同官孙需等论妖僧继晓，被廷杖。寻迁汀州知府。瑶弗靖，设方略绥抚，瑶承赋如居民。弘治中历江西左参政，山西、可南左、右布政使。正德元年迁右副都御史，巡抚云南。师宗州贼阿本等作乱。谕不从，乃遣参议陈一经等督军二万攻之，别遣兵截盘江，据贼巢背，先后俘斩千人。入户部侍郎。三年冬进南京右都御史。方文度召自云南，刘瑾以地产金宝，屡责贿。文度无以应，瑾深衔之。会工部尚书李鐩致仕，廷推文度及南京户部侍郎王珩，遂改文度南京户部尚书，与珩俱致仕。命下，举朝骇异。既归，所居屋仅数椽。瑾诛，未及用而卒。珩，赵人。起家进士，亦以清操闻。

张鼐，字用和，历城人。成化十一年进士。授襄陵知县，入为御史。宪宗末年数笞言官，鼐力谏。又尝劾妖僧继晓、方士邓常恩等。帝心恶之。出按江西。盗贼多强宗佃仆，鼐与巡抚闵珪交奏其事。尹直等构之，乃贬珪而坐鼐尹旻党，谪郴州判官。

弘治初，擢河南从事，进参议，以协治黄陵冈迁副使。十五年进按察使。鼐官河南久，屡遭河患，督治有方，民为立祠。是年秋擢右金都御史巡抚辽东。时军政久弛，又许余丁纳资助驿递，给冠带，复其身，边人竞援例避役。鼐言不可，因条上定马制、核屯粮、清隐占、稽客户、减军伴数事，悉允行。寻劾分守中官刘恭贪虐罪，筑边墙自山海关迄开原叆阳堡凡千余里。辽抚自徐贯后，历张岫、张玉、陈瑶、韩重四人，多得罪去，至鼐称能。

武宗立，移抚宣府。正德改元，召还寻进右副都御史署院事。有知县犯赃尝褫职，卒杀人当抵死。刘瑾纳重贿，欲宽之，玠执不可，出为南京右都御史。焦芳子黄中欲强市其居，卑通政魏讷，玠不从，芳父子亦怨之。会瑾遣给事中王翊等核辽东军饷，还奏刍粟多浥烂，遂以为守臣罪，逮玠及继任巡抚马中锡、邓章，前参政冒政，参议方矩，郎中王荩、刘绎，下诏狱，令其家人输米辽东。玠坐输二千石，以力不办，系辽东。久之，总兵官毛伦等具奏诸人苦状，请得折价，瑾勉从之。阅三年事始竟，皆斥为民。瑾诛，复官。玠前卒，世宗初予恤。

冒政，泰州人。玠同年进士，历官右副都御史，巡抚宁夏。守官廉，刘瑾觊贿不得，遂假辽东事逮之，罚米至三千石。瑾诛，复职致仕。久之，卒。

王璟，字廷采，沂人。成化八年进士。为登封知县。历两京御史。

弘治十四年以南京鸿胪卿拜右佥都御史，理两浙盐政。振荒浙江，奏行荒政十事，多所全活。十七年冬巡抚保定。武宗立，太监夏绶乞于真定诸府岁加韦场税，少监傅琢请履亩核静海、永清、隆平诸县田，太监张峻欲税宁晋小河往来客货，诏皆许之。又以庄田故，遣缇骑逮民鲁堂等二百余人，畿南骚动。璟抗疏切谏，尚书韩文等力持之，管庄内臣稍得召还。

正德元年四月引疾致仕，命驰传归。三年坐累夺官闲住。六年起抚山西。制火枪万余，枪藏箭六，皆傅毒药，用以御寇。寇不敢西。累迁右都御史。已，迁左，以张纶为右都御史代之。后陈金以太子太保左都御史入院，位璟上，人号璟"中都御史"焉。时群小用事，大臣靡然附之，璟独守故操。再进太子太保。世宗立，致仕，卒赠少保，谥恭靖。

初，璟自保定巡抚归，其后兵科给事中高涝勘沧州盐山牧地，劾六十一人，及璟与前巡抚都御史高铨，铨即涝父也。诏去职者勿问,璟、铨并获免。

铨,江都人,累官南京户部尚书。正德二年廷推左都御史,瑾勒令致仕。寻坐事逮下狱,后坐隆平侯家袭爵事除名,罚米五百石。后瑾益事操切,每遣使勘核,多务苛急承瑾意,澐遂并铨在劾中。澐后官至光禄少卿,以劾父不齿于人。瑾诛,铨复官致仕,卒。赠太子少保。

朱钦,字懋恭,邵武人。师吴与弼,以学行称。举成化八年进士,授宁波推官。治最,征授御史。出督漕运,按河南,清军广西,并著风节。

弘治中,迁山东副使,历浙江按察使。十五年入觐。吏部举天下治行卓异者六人,钦与焉。从都御史林俊又举钦自代,乃稍迁湖广左布政使。

武宗立,以右副都御史巡抚山东。中官王岳被谪,道死。钦上言:“岳谪守祖陵,罪状未暴,赐死道路,不厌人心。臣知岳为刘瑾辈所恶,必瑾潜毁以致此。望陛下察岳非辜,惩瑾谗贼。”疏至,瑾屏不奏,衔之。钦以山东俗淫酗,严禁市酤,令济南推官张元魁察之,犯者罪及邻。比有惧而自缢者,其母欲奏诉,元魁与知府赵璜赂之乃已。瑾使侦事校尉发之,俱逮下诏狱,勒钦致仕,璜除名,元魁谪戍。瑾憾钦未已,摭前湖广时小故,下巡按御史逮问。俄坐山东勘地事,斥为民。又坐修曲阜先圣庙会计数多,罚输米六百石塞下。又坐抚山东时,以民夫给事尚书秦纮家,再下巡按御史逮问。瑾诛,乃复官。十五年卒,年七十七。与弼之门以宦学显者,钦为称首。

赞曰:武宗初,刘、谢受遗辅政,韩文、张敷华等为列卿长,当路多正人,国事有赖。“八虎”潜伏左右,虽未敢显与朝士为难,固腹心之蠹也。夫以外攻内,势所甚难。况相权之轻,远异前代,虽抱韩琦之忠,初无书敕之柄。区区争胜于笔舌间,此难必之刚明之主,而以

望之武宗,庸有济乎。一击不胜,反噬必毒,消长之机,间不容发。宦
竖之贻祸烈也,吁可畏哉!

明史卷一八七
列传第七五

何鉴　马中锡　陆完　洪钟
陈镐　蒋昪　　陈金　俞谏　周南
孙禄　　马昊

　　何鉴,字世光,浙江新昌人。成化五年进士。授宜兴知县。征拜御史,巡宣府、大同。劾巡抚郑宁以下数十人不职,按裨将孟玺等罪。还巡太仓。总督太监卒犯法,逮治之,为所构,下锦衣狱。得释,再按江北。凤阳皇陵所在,近境取寸木法皆死,陵军多倚禁虐民。鉴请以山麓为限,他樵采勿禁,遂著为令。出为河南知府。振累岁饥,条行荒政十事。历四川左、右布政使。

　　弘治六年,以右副都御史巡抚江南,兼理杭、嘉、湖三府税粮。苏、松水灾,用便宜发漕米十五万石振之。与侍郎徐贯疏吴淞、白茆诸渠,泄水入海,水患以除。后巡抚山东,迁刑部侍郎。母忧去。

　　十八年还朝。时承平久,生齿日繁。孝宗览天下户籍数乃视国初反减,咎所司溺职,欲厘正之。敕鉴以故官兼左佥都御史往河南、湖广、陕西阅实户口。得户二十三万五千有奇,口七十三万九千有奇,因疏善后十事及军民利病以闻。会孝宗已崩,武宗悉采纳之。

　　正德二年拜南京兵部尚书参赞机务。鉴前抚江南,尝按千户张文冕罪,文冕亡去。至是构于刘瑾,而瑾亦谦鉴不与通,遂坐以事连罚米。贫不能偿,奏诉获免。

六年正月，召为刑部尚书。时大盗并起，刘宠、刘宸、杨虎、刘惠、齐彦名、朱谅等乱畿辅，方四、曹甫、蓝廷瑞、鄢本恕等蹯四川，汪澄二、罗光权、王浩八、王钰五等扰江西，皆称王，四方告急无虚日。兵部尚书王敞不能亦贼。帝既命洪钟、陈金、马中锡督师分讨，其年五月，罢敞，以鉴代之。鉴乃选将练兵，录民间材武士，令乡聚悉树栅浚沟，团结相救。河南、山西兵守黄河，断太行。京操班军，留守所在城邑。每漕艘运卒一人屯河滨，护运道，通行旅。文武大吏轶贼，请敕峻责之，而褒县令能击贼者。以中锡玩寇，奏遣陆完代还，调边将从完讨贼。贼连为边军所破，奔迸四出。会中官谷大用、伏羌伯毛锐率师驻临清，贼遂谋以十二月朔伺帝省牲南郊，乘间犯驾，先一日趋霸州。鉴立奏闻，夜设备。厥明，帝召问鉴。鉴请早出安人心，遂成礼而还。贼知有备，西掠保定诸州县以去。河南巡抚邓璋请济师，鉴言：“山东贼不及万，官军奚啻十倍。缘势要私人营充头目，挠律攘功，失将士心。请尽遣若属还。都指挥以下失事，即军前行戮。益调边军助璋。”帝悉从之。寻以捷书屡闻，加鉴太子少保。

明年正月，贼突霸州，京师戒严。鉴令边兵亟邀贼，贼遁去。贼渠杨虎、朱谅死，其党分扰山东、河南。鉴以山东贼刘宠、刘宸、齐彦名等，责边将许泰、邻永、刘晖、李铉；以河南贼刘惠、赵镫、邢老虎等，责边将冯祯、时源、神周、金辅。未几，毛锐败绩，与大用俱召还。鉴乃请用彭泽，与仇钺同办河南贼，而以山东贼专委陆完。五月，河南贼平。七月，山东余贼亦平。陈金、洪钟亦以次平江西、四川诸贼。帝喜，加鉴太子太保，荫子锦衣世百户。鉴乃上言：“群盗荡平，民罹兵久，乞量免田租，多方振赡。黜贪残长吏，停不急工役。还民故业，贷以牛种，复其家三年。有讦旧事及怙恶者，并置于理。”帝悉报可。

先是，七月中，鉴以群盗未尽，请留边将刘晖戍山东，时源戍河南，邻永戍畿辅，李铉戍淮、扬，各假总兵之职，俟事宁始罢。仇钺言，边军久劳，风土不习，人马俱病。今贼已渐平，请留三之一讨贼，余悉遣还。廷议，二人议俱是，请四将各千人镇压，他将许泰、神周、金辅、温恭辈俱统所部还边镇。帝许之，命延绥军径远，辽东、宣府、大同军过阙劳赐。

帝时好弄兵。群小宠幸者言，边军慭健过京军远甚，宜留之京营，帝以为然。至十一月，三镇军毕至，遂命留之，以京军往代。鉴力阵不可，廷臣集议，复极言其害，帝竟不从。自是，边军于大内团操，号为"外四家军"，而江彬进用矣。

八年，宣府送迤北降人脱脱太等至京，命充御马监勇士。鉴等上言："汉、魏徙氐、羌于关中，郭钦、江统皆劝晋武早绝乱阶。苻坚处鲜卑于汉南，苻融亦虑其窥测虚实。今使降人出入禁中，假宠逾分，且生慢侮。万一北寇闻之，潜使黠贼伪降，以为间谍，宁不为将来患哉。"帝不听。

宁王宸濠谋复护卫，鉴力遏之。都督白玉以失事罢，厚赂豹房诸幸臣求复，鉴执不从。诸幸臣嗾洞事者发鉴家僮取将校金钱，言官遂交章劾鉴，致仕去。阅九年卒，年八十。

马中锡，字天录，故城人。父伟，为唐府长史，以直谏忤王，械送京师，而尽缧其家人。中锡以幼免，乃奔诉巡按御史。御史言于王，释其家。复奉母走京师诉冤，父竟得白，终处州知府。

中锡举成化十年乡试第一，明年成进士，授刑科给事中。万贵妃弟通骄横，再疏斥之，再被杖。公主侵畿内田，勘平还之民。又尝劾汪直违恣罪。历陕西督学副使。

弘治五年召为大理右少卿。南京守备太监蒋琮与兵部郎中娄性、指挥石文通相讦，连数百人，遣官按，不服。中锡偕司礼太监赵忠等往，一讯得实。性除名，琮下狱抵罪。擢右副都御史，巡抚宣府。劾罢贪鄙总兵官马仪，革镇守以下私役军士，使隶尺籍。　寇尝犯边，督军败之。引疾归，中外交荐。

武宗即位，起抚辽东。还屯田于军，而劾镇守太监朱秀置官店、擅马市诸罪。正德元年入历兵左右侍郎。刘瑾初得志，其党朱瀛冒边功至数百人。尚书阎仲宇许之，中锡持不可。瑾大恚，中旨改南京工部。明年勒致仕。其冬，逮系诏狱，械送辽东，责偿所收腐粟。逾年事竣，斥为民。瑾诛，起抚大同。中锡居官廉，所至革弊任怨，以故有名。

六年三月，贼刘六等起，吏部尚书杨一清建议遣大臣节制诸道兵。乃荐中锡为右都御史提督军务，与惠安伯张伟统禁兵南征。

刘六名宠，其弟七名宸，文安人也，并骁悍善骑射。先是，有司患盗，召宠、宸及其尝杨虎、齐彦名等协捕，频有功。会刘瑾家人梁洪征贿于宠等不得，诬为盗，遣宁杲、柳尚义绘形捕之，破其家。宠等乃投大盗张茂。茂家高楼重屋，复壁深窖，素招亡命为逋逃主。宦官张忠与邻，茂结为兄，夤缘马永成、谷大用、于经辈得出入豹房，侍帝蹴鞠，而乘间为盗如故。后数为河间参将袁彪所败。茂窘，求救于忠。忠置酒私第，招茂、彪东西坐。酒酣，举觞属彪字茂曰："彦实吾弟也，自今毋相厄。"又举觞属茂曰："袁公善尔，尔慎毋犯河间。"彪畏忠，唯唯而已。已，茂为宁杲所擒，宠等相率诣京谋自首。忠与永成为请于帝，且曰："必献万金乃赦。"宠、宸不能办，逃去。既而瑾诛，有诏许自首。宠等乃出诣官。兵部奏赦之，令捕他盗自效。宠等惮要束，未几复叛。党日众，所至陷城杀将吏。

中锡等受命出师，败贼于彰德，既又败之河间，进左都御史。然贼方炽，诸将率畏懦莫敢尝其锋，或反与之结。参将桑玉尝遇贼文安村中。宠、宸窘蹙，跳民家楼上，欲自刭。而玉素受贼赂，故缓之。有顷，彦名持大刀至，杀伤数十人，大呼抵楼下。宠、宸知救至，出，射杀数人。玉大败。参将宋振御贼枣强，不发一矢，城遂陷，死者七千人。

当是时，宠、宸等自畿辅犯山东、河南，南下湖广，抵江西。复自南而北，直窥霸州。杨虎等由河北入山西，后东抵文安，与宠等合，破邑百数，纵横数千里，所过若无人。中锡虽有时望，不习兵。伟亦纨袴子，见贼强，诸将怯，度不能破贼，乃议招抚。谓盗本良民，由酷吏宁杲与中官贪黩所激，若推诚待之，可毋战降也。遂下令：贼所在勿捕，过勿邀击，饥渴则食饮之，降者待以不死。贼闻，欲就抚，相戒毋焚掠,犹豫未定。而朝廷以京军弱,议发边兵。中锡欲战,则兵未集,欲抚,则贼时向背,终不得要领。既建议主抚,不能变。会宠等闻边兵且至,退屯德州桑园。中锡肩舆入其营,与酒食,开诚慰谕之。众拜且泣,送马为寿。宠慷慨请降,宸乃仰天咨嗟曰:“骑虎不得下。今奄臣柄国,人所知也。马都堂能自主乎?”遂罢会。而是时方诏悬赏格购贼。宠等侦知之,益疑惧,径去,焚掠如故。独至故城,戒毋犯马都堂家。由是,中锡谤大起,谓其以家故纵贼。言官交劾之,下诏切责。中锡犹坚持其说以请。兵部尚书何鉴谓贼诚解甲则贳死,即不然,毋为所诳。既而宠等终不降,乃遣侍郎陆完督师,而召中锡、伟还。

初,中锡受命讨贼,大学士杨廷和谓杨一清曰:“彼文士耳,不足任也。”竟无功,与伟同下狱论死。中锡死狱中,伟革爵。十一年,巡按御史卢雍追讼中锡冤,谓:“贼实听抚,佥事许承芳忌之,潜请益兵,疑贼心。及贼再受约,方至军门,而槛车已就道矣。”朝廷乃复中锡官,赐祭,予荫。

陆完,字全卿,长洲人。为诸生。中官王敬至苏,以事庭曳诸生。诸生竞起击之,完不与。恶完者中之,敬遂首列完名上闻。巡抚王恕极论敬罪,完乃得免。举成化二十三年进士。谒选,恕方为吏部,曰:“是尝击奄人者,当为御史。”入台,果有声。

正德初,历江西按察使。宁王宸濠雅重之,时召预曲宴,以金罍为赠。三年冬,擢右佥都御史,巡抚宣府。刘瑾恶完赴阙后期,命以试职视事。明年夏,复改南院,督江防军。完以都御史试职非故事,惧甚,贿瑾,召为左佥都御史。五年春,拜兵部侍郎。瑾败,言者劾其党附,帝不问。

明年,霸州贼刘六、刘七等起,奉杨虎为首。惠安伯张伟、右都御史马中锡师出无功,逮系论死。八月,诏完兼右佥都御史提督军务,统京营、宣府、延绥军讨之。行及涿州,忽传贼且逼京师,命还军入卫。会副总兵许泰、游击郤永等败杨虎等于霸州,贼南走,京师始解严。指挥贺勇等再败贼信安，副总兵冯桢复大败之阜城，分兵追击。贼东围沧洲。会刘六、刘七中流矢，乃解而南，陷山东县二十。杨虎兵亦北残威县、新河。于是完频请济师。益发辽东、山西诸镇兵逐贼。贼益南，围济宁，焚运舟，转寇曹州。桢、泰、永击斩二千余人，获其魁朱琼。录功，进完右都御史，诸将皆增秩。中官谷大用、张忠意贼旦暮平，乃自请督师。诏以大用总督军务，伏羌伯毛锐充总兵官，忠监神枪，统京军五千人，会完讨贼。

时刘六等纵横沂、莒间，而杨虎陷宿迁，执淮安知府刘祥、灵璧知县陈伯安，连陷虹、永城、虞城、夏邑及归德州。边兵追及，贼退至小黄河渡口。百户夏时设伏毙之，虎溺死。余贼奔河南，推刘惠为首，大败副总兵白玉军，攻陷沈丘，杀都指挥王保，执都指挥潘珅，北陷鹿邑。有陈翰者，与宁龙谋奉惠为奉天征讨大元帅，赵镜副之。翰自为侍谋军国重务元帅府长史，与龙立东西二厂治事。分其军为二十八营，以应列宿，营各置都督，聚众至十三万。欲牵制官军，于是惠、镜扰河南，刘六及齐彦名等扰山东，党分为二。已而六复转而北，永败之潍县。远趋霸州，帝将出郊省牲，闻之惧，急召完赴援，完击破之文安。贼南至汤阴，完又督诸将追败之，先后俘斩千人。

当是时，六等众号数万，然多胁从，精锐不过千余人。自兵部下首功令，官军追贼，贼辄驱良民前行，急则弃所掠逸去。官军所杀皆良民，以故捷书屡奏，而贼势不衰。

明年正月，六等复突霸州，京师戒严。诏完及大用、锐还御近畿，贼乃西掠博野，攻蠡县、临城。大用、锐与遇于长垣，大败。廷议召二人还，别命都御史彭泽同咸宁伯仇钺办河南贼，以畿辅、山东贼委完。完遣永追败刘六于宋家庄。贼南犯滕县，副总兵刘晖大败之，贼遂奔登、莱海套。完师次平度，檄永、玉与游击温恭三道进攻，命副总兵张俊、李铉及泰、晖分军邀其奔逸。贼走，连战皆大败之，贼乃变服易马而遁，先后擒斩二千六百余人。贼止三百人北走，沿途招聚，势复张。剽香河、宝坻、玉田，转攻武清。激击王杲败没，巡抚宁杲兵亦败，畿辅复震动。而贼转南至冠县，晖袭败之，指挥张勋又败之平原。贼南奔邳州,渡河抵固始。会河南贼已平,刘六等势益衰,遂走湖广。夺舟至夏口,遇都御史马炳然,杀之。复登陆,焚汉口,为指挥满弼等追及,刘六中流矢,与子仲淮赴水死。

刘七、齐彦名率五百人舟行,自黄州顺流抵镇江。南京告急,完疾趋而南。帝命彭泽、仇钺会完军进剿。大兵尽集江南、北,贼犹乘潮上下肆掠。操江武靖伯赵弘泽、都御史陈世良遇之,败绩,死者无算。七月,贼治舟孟渎。完等至镇江,留钺防守,令恭以骑驻江北,晖、永以舟趋江阴,完率都指挥孙文、傅铠趋福山港。贼惧,抵通州。飓风大作,弃舟走保狼山。完命同知罗玮夜导军登山南麓之。彦名中枪死,七中矢亦赴水死,余贼尽平。还朝。进完太子少保左都御史,荫子锦衣世百户。明年代何鉴为兵部尚书。

完有才智,急功名,善交权势。刘晖、许泰、江彬皆其部将,后并宠幸用事,完遂得其力。

时宸濠已萌异志。闻完为兵部,致书盛陈旧好,欲复护卫及屯田。完答书,令以祖制为词。宸濠遂遣人辇金制钜万,寓所善教坊臧贤家,遍遗用事贵人,属钱宁为内主。比奏下,完遂为覆请,而以屯田属户部,请付廷议。内阁拟旨上,并予之。举朝哗然。六科给事中高湀、十三道御史汪赐等力争,章并下部,久不覆。南京给事中徐文溥继言之,完乃请纳谏官言,帝竟不许。十年改吏部尚书。

宸濠反,就执。中官张永至南昌,搜其籍,得完平日交通事,上之。帝大怒。还至通州,执完,收其母妻之女,封识其家。比还京,反缚之竿,揭姓名于首,杂俘囚中,列凯旋前部以入,将置极刑。值武宗崩,世宗立,法司覆奏完交外潘而遗金不却,处护卫而执奏不坚,当斩。完复乞哀,下廷臣覆谳。以平贼功,在八议之列,遂得减死,戍福建靖海卫。毋年九十余,竟死狱中。

初,完尝梦至一山曰“大武”。及抵戍所,有山如其名,叹曰:“吾戍已久定,何所逃乎!”竟卒于戍所。

洪钟,字宣之,钱塘人。成化十一年进士。为刑部主事,迁郎中,

奉命安辑江西、福建流民。还言福建武平、上杭、清流、永定,江西安
远、龙南,广东程乡皆流移错杂,习斗争,易乱,宜及平时令有司立
乡社学,教之《诗书》礼让。

弘治初,再迁四川按察使。马湖土知府安鳌恣淫虐,土人怨之
刺骨,有司利其金置不问,迁延二十年。佥事曲锐请巡按御史张鸾
按治,钟赞决,捕鳌送京师,置极刑。安氏自唐以来世有马湖,至是
改流官,一方始靖。历江西、福建左、右布政使。

十一年擢右副都御史,巡抚顺天。整饬蓟州边备,建议增筑塞
垣。自山海关西北至密云古北口、黄花镇直抵居庸,延亘千余里,缮
复城堡二百七十所,悉城缘边诸县,因奏减防秋兵六千人,岁省挽
输犒赉费数万计,所部潮河川去京师二百里,居两山间,广百余丈,
水涨成巨浸,水退则坦然平陆,寇得长驱直入。钟言:“关以东三里
许,其山外高内庳,约余二丈,可凿为两渠,分杀水势,而于口外斜
筑石堰以束水。置关堰内,守以百人,使寇不得驰突,可免京师北顾
忧,且得屯种河堨地。”兵部尚书马文升等请从之。比兴工,凿山,山
石崩,压死者数百人。御史弋福、给事中马予聪等劾钟,巡抚张煊等
请罢役,不听。未几,工成,侍郎张达偕司礼中官往视。还言石洞仅
泄小水,地近边垣多沙石,不利耕种。给事中屈伸等劾钟欺妄三罪,
诸言官及兵部皆请逮钟。帝以钟为国缮边,不当罪,停俸三月。

正德元年由巡抚贵州召督漕运兼巡抚江北。明年就进右都御
史。苏、松、浙江运舟由下港口及孟渎河溯大江以达瓜洲,远涉二百
八十余里,往往遭风涛。钟言:“孟渎对江有夹河,可抵白塔河口。旧
置四闸,径四十里。至宜陵镇再折而北,即抵扬州运河。开浚为便。”
从之。改掌南京都察院,就迁刑部尚书。四年冬,加太子少保兼左
都御史,掌院事。

五年春,湖广岁饥盗起。命钟以本官总制军务,陕西、河南、四
川亦隶焉。沔阳贼杨清、丘仁等僭称天王、将军,出没洞庭间。围岳
州,陷临湘,官军屡失利。钟及总兵官毛伦橄都指挥潘勋、柴奎,布
政使陈镐,副使蒋升击破之于麻穰滩,擒斩七百四十余人,贼遂平。

初,钟掌院事,刘瑾方炽。及瑾诛,言官劾钟徇瑾挞御史。朝议以钟讨贼,置不问。

时保宁贼蓝廷瑞自称顺天王,鄢本恕自称刮地王,其党廖惠称扫地王,众十万余,置四十八总管,延蔓陕西、湖广之境。廷瑞与惠谋据保宁、本恕谋据汉中,取郧阳,由荆、襄东下。巡抚林俊方议遏通江,而惠已至,攻陷其城,杀参议黄瓒、佥事钱朝凤等遁去。适官军自他郡还,贼疑援兵至,亦遁。俊益发罗、回及石砫土兵助朝凤进剿,参议公勉仁亦会。龙滩河涨,贼半渡,罗、回奋击之,擒斩八百余人,坠崖溺水甚众。俊后遣知府张敏、何珊等追之,获惠,余众奔陕西西乡。钟乃下令招抚,归者万余人。既而贼收散亡,陷营山,杀佥事王源,纵掠蓬、剑二州。

钟赴四川,与俊议多不合,军机牵制,贼益炽。已,乃檄陕西、湖广、河南兵分道进,湖广兵先追及于陕西石泉。廷瑞走汉中,都指挥金冕围之。陕西巡抚蓝章方驻汉中,廷瑞遣其党何虎诣章,乞还川就抚。章以廷瑞本川贼,恐急之必致死,陕且受患,遂令冕护之出境。廷瑞既入川,求降,钟等令至东乡听抚。贼意在缓师,迁延累月,依山结营,要求营山县或临江市屯其众,遣官为质。钟令汉中通判罗贤入其营。本恕来谒,约既定,会官军有杀其樵采者,贼复疑惧,遂杀贤,剽如故。官军为七垒守之,贼不得逸,其党渐溃。廷瑞以所掠女子诈为己女,结婚于永顺土舍彭世麟,翼得间逸去。世麟密白钟,钟授方略使图之。及期,廷瑞、本恕暨其党王金珠等二十八人咸来会。伏发悉就擒,惟廖麻子得脱。其众闻变,惊溃渡河。钟遣兵追击,俘斩七百余人,以功进太子太保。

未几,廖麻子及其党曹甫掠营山、蓬州。七年,总兵官杨宏,副使张敏、马昊、何珊等合击之。贼势蹙,钟乃议招抚。敏以单骑诣甫营,甫听命,遂赴军门受约束,归散其党。而麻子忿甫背己,杀之,并其众,转掠川东。官军不敢击,潜蹑贼后,馘良民为功,土兵虐尤甚。时有谣曰:“贼如梳,军如篦,土兵如剃。”巡按御史王纶、纪功御史汪景芳劾钟纵兵不戢。纶复奏钟乐饮纵游,致贼自合州渡江陷州县。诏召钟还,以彭泽代,钟遂乞归。嘉靖三年卒,谥襄惠。

陈镐,会稽人。成化二十三年进士。既平贼,就迁右副都御史,巡抚湖广。蒋升,祁阳人,镐同年进士。

陈金,字汝砺,应城人,徙武昌。祖坦,夔州知府。父琳,广西佥事。金举成化八年进士,除婺源知县,擢南京御史。

弘治初,出按浙江,还因灾异劾文武大僚十九人,侍郎丁永中、南京大理卿吴道宏、南宁伯毛文等多罢去。寻迁山西副使,历云南左布政使,讨平竹子箐叛苗。

十三年就拜右副都御史,巡抚其地。孟养酋思录与孟密酋思撰构兵积年。金奉诏发缅甸、干崖陇川、南甸诸部兵,聚粮十二万,为征讨计,而遣参议郭绪往抚之。思禄惧,遂罢兵修贡,金以功赉银币。贵州兵败贼妇米鲁,米鲁退攻平夷卫及大河、扼勒诸堡。金发兵连破之,增俸一等,召为南京户部右侍郎。

正德改元,给事中周玺等劾不职大臣,金与焉。诏不问。金以母老乞归,不允。寻以右都御史总督两广军务。时内臣韦霦等建议,请输两广各司所贮银于京师。金疏不可,诏留二十余万。马平、洛容僮猖獗,金偕总兵官毛锐发兵十三万征之,俘斩七千余人,进左都御史。断藤峡苗时出剽。金念苗嗜鱼盐,可以利縻也,乃立约束,令民与苗市,改峡曰永通。苗性贪而黠,初阳受约,既乃不予直,杀掠益甚。浔州人为语曰:"永通不通,来葬江中,谁其作者?噫,陈公!"盖咎金失计也。

三年十月迁南京户部尚书。明年冬,召为左都御史,未闻命,以母丧归。六年二月,江西盗起。诏起金故官,总制军务。南畿、浙江、福建、广东、湖广文武将吏俱隶焉。许便宜从事,都指挥以下不用命者专刑戮。当是时,抚州则东乡贼王钰五、徐仲三、傅杰一、揭端三等,南昌则姚源贼汪澄二、王浩八、殷勇十、洪瑞七等,瑞州则华林贼罗光权、陈福一等,而赣州大帽山贼何积钦等又起,官军累年不能克。金以属郡兵不足用,奏调广西狼土兵。明年二月先进兵东乡,遣参议徐蕃等分屯要害,而令副总兵张勇,土官岑塱、岑猛各统官兵、目兵击贼熟塘。进战南燎,追败之赤岸荫岭。擒仰三,馘钰五等,克栅二百六十五,斩首万一千六百余级,俘七百五十余人。五月移师姚源,令参政董朴、吴廷举等分营余干、安仁、贵溪、鄱阳、乐平遏贼,而亲统大军捣其巢,勇十重创死。会张勇以目兵至,毒弩射杀瑞七、成七等,俘斩共五千余人。七月乘胜斩光权。华林贼尽平。又督副使王秩等击大帽山贼,获积钦,俘斩千七百余人。半岁间,剿贼几尽。遂即东乡立县,并立万年县,招降人居之。前后每奏捷,辄赐玺书嘉劳,赉银币。加太子少保,荫子锦衣世百户。

金累破剧贼,然所用目兵贪残嗜杀,剽掠甚于贼,有巨族数百口阖门罹害者。所获妇女率指为贼属,载数千艘去。民间谣曰:“土贼犹可,土兵杀我。”金亦知民患之,方倚其力,不为禁。又不能持廉,军资颇私人。功虽多,士民皆深怨焉。

东乡之役,塱兵纵弩射,矫捷若飞,贼大窘。塱兵要赏千金,金靳不予,乃纵贼使逸。桀黠者多不死,尚数千人。金急欲成功,遂下令招抚。其破姚源贼也,金喜,谓功在旦夕,与将吏置酒高会。贼觇诸要害无守者,乃悉所有赂目兵,乘暮遁去。时贼绝爨已三日,自分必死,沿途弃稚弱,散妇女。及抵贵溪,始得一饱食,遂转掠冲、徽间。金知失策,亦下令招降。贼首王浩八等故伪降以缓官兵,攻剽如故,卒不能尽贼。纪功给事中黎奭及两京言官交章劾金。乃召金还,以俞谏代。金遂请终丧去。

十年再起,督两广军务。府江贼王公珣等为乱,金集诸道兵偕总兵官郭勋等分六路讨之,斩公珣,大有所俘获。加少保太子太保,荫子如初。复以饶平捷,诏子先受荫者进一秩。金承召还朝,道得疾归,诏强起之。十四年冬入掌都察院事。世宗立,请老,命乘传还。久之,卒。

俞谏,字良佐,桐庐人。父荩,举进士,官御史,按江西,治外戚王氏、万氏宗族恣横罪。坐事，谪澧州判官。大筑陂堰，溉田可万顷。累迁郧阳知府。

谏举弘治三年进士，授长清知县，擢南京御史。迁河南佥事，擒嵩贼吕梅。历江西参议，平大帽山贼。迁广东副使，中道召为大理少卿。

正德六年擢右佥都御史，治水苏、杭诸府，修治圩塘，民享其利。寻进右副都御史，提督操江。八年春，姚源降贼王浩八叛，诏以谏代陈金督江西、浙江、福建诸军讨之。时浩人众万余，屯浙江开化，为同知伍文定等所败，遁还江西德兴，以所执都指挥白弘、江洪为质，求抚于按察使王秩。秩受之，为传送姚源。浩八奔据贵溪裴源山，余众复集，连营十里。谏令秩与副使胡世宁、参政吴廷举列屯要害，断其归路，而躬与都督李铉乘夜冒雨潜进，大破之，俘斩数千人，遂擒浩八。其党溃走玉山。谏与南赣巡抚周南、江西巡抚任汉复击斩七百余人。余贼奔姚源，谏督廷举等进剿，逼擒之。

谏惩金失，一意用兵，而任汉懦。先为布政使，尝赞金主抚。虽亟上首功，追贼缓，余党复起。先是，东乡贼为金所败乞降，隶世宁，号新兵，而剽掠如故。既惧罪复叛，遣参将桂勇等讨擒之。万年虽立县，贼尚众，吏胥多贼党，官府动息必知之。副使李情治峻急。众欲叛，畏铉在余干不敢发。会铉卒，王垂七、胡念二等遂作乱。杀情及饶州通判陈达、秦碧，指挥邢世臣等，焚廨舍。谏发兵擒之，乱乃定。言官劾谏及汉、南。兵部请召汉还，命谏兼领巡抚。明年击临川贼，斩其魁，而遣参将李隆击新淦贼。贼踞万山中，僭称王且八年。隆等深入，悉就擒，俘斩千七百余人。录功，进谏右都御史，巡抚如故。剧贼徐九龄者，初啸聚建昌、醴源，已，出没江、湖间，积三十年，黄州、德安、九江、安庆、池州、太平咸被其害。谏讨斩之，群盗悉平。宁王宸濠讽御史张鳌山劾谏，十一年召还，遂乞致仕。

嘉靖改元，用荐起故官，总督漕运。青州矿盗王堂等起颜神镇，流劫东昌、兖州、济南。都指挥杨纪及指挥杨浩等击之，浩死，纪仅免。诏责山东将吏，于是诸臣分道逐贼，贼不复屯聚，流劫金乡、鱼台间。突曹州,欲渡河不得,复掠考城并河西岸,至东明、长垣。河南及保定守臣咸告急。贼党王友贤等转掠祥符、封丘,南抵徐州。廷议以诸道巡抚权位相埒,乃命谏与都督鲁纲并提督两畿、山东、河南军务,以便宜节制诸道兵讨之。贼复流至考城。官军方欲击,而河南降贼张进引三百骑驰至。中都留守颜恺与俱前,方战,进忽三麾其旗先却。贼乘之,官军大溃,将士死者八百余人。谏等连营进,贼始灭。其秋,召掌都察院事。逾年卒官,赠太子太保,谥庄襄。

周南,字文化,缙云人。成化十四年进士。除六合知县,擢御史,出按畿辅。弘治初,再按广东,劾总兵官柳景。历江西右布政使,擢右副都御史,巡抚大同。

武宗初立,寇入宣府,参将陈雄等邀击,败之。录功,增南俸一秩,母丧归。正德三年,刘瑾擅政,以大同仓杰有浥烂者,逮南及督粮郎中孙禄下诏狱,械送大同,责倍输。会赦,大同总兵官叶椿等为请,免其倍数。输毕,释为民。瑾诛,以故官抚宣府不就,引病归。明年起督南、赣军务。南赣巡抚之设,自南始。

汀州大帽山贼张时旺、黄镛、刘隆、李四仔等聚众称王,攻剽城邑,延及江西、广东之境,数年不靖,官军讨之辄败。推官莫仲昭、知县蒋玑、指挥杨泽等被执,贼势愈炽。南集诸道兵击之龙牙,擒时旺。义民林富别击斩镛于铁坑。其他诸砦为指挥孙堂等所破。而副使杨璋、佥事凌相等亦击隆、四仔,擒之。先后斩获五千人,仲昭等得逸还。捷闻,赐敕奖劳。南乃移师会总督陈金,共平姚源诸贼,境内遂宁。九年春进右都御史,总督两广军务。逾年乞归,卒。赠太子少保。

孙禄,栖霞人。弘治九年进士。由户部主事历郎中。瑾败,起故官,累迁至应天府尹。

马昊,本姓邹,字宗大,宁夏人。弘治十二年进士。由行人选御史。正德初，迁山东佥事，坐累谪真定推官。境内数有盗，昊教吏士习射，广设方略，盗发辄获。再坐累，谪判开州。真定吏民仗阙请留，乃免。

迁四川佥事。昊长身骁捷，善骑射，知兵。巨寇方四、曹甫等方炽，洪钟讨之久无功。昊至，阅所部，笑曰："将不知兵，其何以战？"于是择健卒千人分数队，队立长，教之。会甫将袭江津，昊从巡抚林俊剿贼，大败之，俘斩及焚死者二千余人。明年，方四陷江津，破綦江，薄重庆。昊夜出百骑，举火击贼，贼惊溃。乘之，斩获多，遂合罗、回士兵搏贼。贼陈左而伏兵其右，昊以正兵当左，身率百骑捣其伏，伏溃趋左、左亦溃。四奔婆川，与甫相攻，众遂散。四变姓名走，为他将所获，昊再被奖，进副使，与总兵官杨宏击败甫。

甫降，而其党廖麻子并其众，连陷铜梁、荣昌。坐夺冠带。时洪钟已召还，巡抚高崇熙恇怯，复主抚。麻子等阳受约，崇熙遽罢诸军，令副使张敏徙开县临江市民，空其地处之，许给复三年，为请于朝。昊力争，谓临江市属襟喉，上达重、叙，下连湖、湘，地土饶衍，奈何弃以资贼，自遗患。崇熙不徙，昊乃益治兵观变。其明年，贼果执敏叛。诏逮崇熙，而擢昊右佥都御史代之。贼围中江，将趋成都。昊以五千骑与总督彭泽败之。游击阎勋追斩麻子剑州，余众走，推其党喻思俸为主。总兵官陈珣追至富村，贼伪降。因北渡江，袭杀都指挥姚震，转入巴山故巢。寻出走大安镇，珣不敢前。而陕西兵与贼战溃，贼遂越宁羌犯略阳。珣军鼓噪，贼夜走，度广元，为官军所遏，还趋通、巴招余党。诸将率称病不击贼，诏逮珣，且让昊。昊乃与彭泽督诸军获思俸西乡山中，复与泽平内江贼骆松祥，群盗悉靖。录功，进副都御史。

十年，亦不剌寇松潘，番人磨让六少等乘机乱，为之乡导，西土大震。昊招土番为间，发兵掩击之。千户张伦等夜率熟番攻破贼，获磨让六少，亦不剌遁去。昊以松潘地险阻，番人往往邀劫馈运，乃督参将张杰等修筑墙栅，自三舍堡至风洞关，凡五十里。赐敕褒之。

乌蒙、芒部二府壤接筠连、珙县，围亘千里，山箐深阻，诸蛮獿人子、羿子、仲家子、苗子、倮、佫等杂居其中。有僰人子普法恶者，通汉语，晓符箓，妄言弥勒出世，自称蛮王，煽诸夷作乱。流民谢文礼、谢文义应之。都指挥杜琮战败，文义夺其胄。十二年，昊督指挥曹昱进讨，法恶败，走保青山砦。昊分据水口，绝其汲道，阙南方围待之。贼乏水渴，突南围，官军遮击。法恶中流矢死，诸蛮大奔。以功，再进右都御史，荫子锦衣世百户。

昊有才气，能应变，挥霍自喜，所向辄有功。然官川中久，狎其俗，锐意立功名，卒以是败。先是，亦不剌既遁，昊移兵攻小东路番砦未下，茂州群蛮惧见侵，遂纠生苗围城堡。参将芮锡等讨之，兵败，指挥庞升等皆死。又尝遣副总兵张杰、副使吴澧击松潘南北二路番，不利，亡军士三千余人，匿不以闻。僰蛮平，不置戍守，遽班师。请改高县为州，设长吏，增高、珙、筠连田租千八百石，令指挥魏武度田夺降人业给之军民。而珙县知县步梁窥昊意，诱杀降人阿尚。杜琮以亡胄故，怨文义，潜使人购其头。于是文义乘群蛮怨，嗾之，遂大讧，攻高、庆符二县，破其城。琮率兵御之，又败死，伤七百人。自黎雅以西，天全六番皆相继乱。南京给事中孙懋暨巡按御史卢雍、黎龙先后劾昊。十四年遂遣官逮昊。行至河南，疏称疾笃，留于家。世宗即位，始就逮，寻削籍归。杨一清、胡世宁荐之，为桂萼所驳而止。久之，卒。

赞曰：何鉴绾中枢，能任诸将灭贼，盖其时杨廷和在政府，阁部同心，故克奏效云尔。马中锡雅负时望，而军旅非其所长，适用取败。然观刘宸阻降之言，亦可以观朝事矣。陆完交结之罪浮于首功，得从八议，有侁罚焉。洪钟、陈金威略甚著，而士兵之谣，闻之心恻，斯又统戎旃者所当留意也。

明史卷一八八
列传第七六

刘蒬 _{吕翀　艾洪　葛嵩}　　赵祐

_{朱廷声等}　戴铣 _{李光翰等}　陆昆

_{薄彦徽等}　蒋钦　周玺 _{涂祯}

汤礼敬 _{王涣　何绍正}　许天锡

_{周钥等}　徐文溥 _{翟唐　王銮}

张士隆　张文明 _{陈鼎等}　范辂

张钦　周广 _{曹琥}　石天柱

　　刘蒬，字惟馨，涪州人。弘治十二年进士。授户科给事中。劾户部尚书侣钟纵子受赇，论外戚庆云侯、寿宁侯家人侵牟商利，阻坏盐法，又论文选郎张彩颠倒铨政。有直声。

　　武宗践阼，未数月，渐改孝宗之政。蒬疏谏曰："先帝大渐，召阁臣刘健、李东阳、谢迁于榻前，托以陛下。今樟宫未葬，德音犹存，而政事多乖，号令不信。张瑜、刘文泰方药弗慎，致先帝升遐，不即加诛，容其奏辩。中官刘琅贻害河南，宜按治，仅调之蓟州。户部奏汰冗员，兵部奏革传奉，疏皆报罢。夫先帝留健等辅陛下，乃近日批答章奏，以恩侵法，以私掩公，是阁臣不得与闻，而左右近习阴有干预矣。愿遵遗命，信老成，政无大小，悉咨内阁，庶事无壅蔽，权不假窃。"报闻。

正德元年，吏部尚书马文升致仕，廷议推补。御史王时中以闵珪、刘大夏不宜在推举之列。菃恐耆德益疏，上疏极论其谬。章下所司，是菃言，诏为饬言官毋挟私妄奏。孝宗在位时，深悉内臣出镇之害，所遣皆慎选。刘瑾窃柄，尽召还之，而代以其党。菃言："用新人不若用旧人，犹养饥虎不若养饱虎。"不听。寻与给事中张文等极言时政缺失五事，忤旨，夺俸三月。

刘健、谢迁去位，菃与刑科给事中吕翀各抗章乞留，语侵瑾。先是，兵科都给事中艾洪劾中官高凤侄得林营掌锦衣卫。诸疏传至南京守备武靖伯赵承庆所，应天尹陆珩录以示诸僚，兵部尚书林瀚闻而太息。于是给事中戴铣、御史薄彦徽等，各弛疏极谏，请留健、迁。瑾等大怒，矫旨逮铣、彦徽等，下诏狱鞫治，并菃、翀、洪俱廷杖削籍，承停半禄闲住，瀚、珩贬秩致仕。既而列健、迁等五十三人为奸党，菃及翀、洪并预焉。

瑾败，起菃金华知府，举治行卓异，未及迁辄告归。嘉靖初，起知长沙，迁江西副使卒。御史范永奎讼于朝，特予祭葬。

吕翀，广信永丰人。弘治十二年进士。其请留健、迁言："二臣不可听去者有五。孔子称孟庄子之孝，以不改父之臣为难。二臣皆先帝所简以遗陛下，今陵土未干，无故罢遣，何以慰在天之灵，不可一也。二臣虽以老疾辞，实由言违计沮，不得其职而去。陛下听之，亦以其不善将顺，非实有意优老也。在二臣得去就之义，在陛下有弃老成之嫌，不可二也。今民穷财殚，府藏虚罄，水旱盗贼、星象草木之变迭见杂出，万一祸生不测，国无老成，谁与共事，不可三也。自古刚正老难容，柔顺者易合。二臣既去，则柔顺之人必进，将一听陛下所为，非国家之福，不可四也。《书》曰：'无遗寿考'。健等谙练有素，非新进可俦，今同日去国，天下后世将谓陛下喜新进而厌旧人，不可五也。"既削籍归，后起云南佥事。迁四川副使，修成都江堰以资灌溉，水利大兴。嘉靖初卒。

艾洪，滨州人。弘治九年进士。授兵科给事中。武宗立，诏清核腾骧诸卫及在京七十二卫军。给事中葛嵩剔抉无所徇，得各监局占役者七千五百余人，有旨送各营备操。既而中官魏兴、萧寿等挠之，格不行。洪率同官抗论，竟不能得。又劾英国公张懋、怀宁侯孙应爵、新宁伯谭祐、彭城伯张信，并请斥陕西镇监刘云、蓟州镇监刘琅。不听。云寻调南京守备，乞以其养子伟为锦衣千户。洪复率同官劾之，事乃寝。洪在兵科久，谏疏多可称。削籍后，复罚米二百石输宣府。后起官，终福建左参政。

葛嵩，字钟甫，无锡人。弘治十二年进士。由行人擢礼科给事中。阅蓟州军储，核贵戚所侵地，归之民。正德初，以厘营弊力抗权幸。请出先朝宫人，谏射猎，因劾魏国公徐俌。又偕九卿请诛刘瑾。瑾怒，斥为奸党，罢归。

赵祐，字汝翼，双流人。弘治十二年进士。由繁昌知县召为御史。

正德元年六月，灾异求言，祐上言：“太监刘瑾、邱聚、马永成辈日献鹰犬，导骑射，万一有衔橛之变，岂不为两营忧。镇守内臣邓原、麦秀颇简静，而刘璟、梁裕挤代之。户部议马房草场召民佃种，宁瑾竟自奏止。李兴擅伐陵木，已坐大辟，乃欲赂左右祈免。他如南京守备刘云，仓场监督赵忠、韦隽、段循，俱贪缘增设。乞置瑾等于法，罢璟、裕毋遣，而汰革额外冗员。自今政事必谘大臣、台谏，不为近习所摇，则灾变自引。”奏入，群奄大恨。

帝将大婚，诏取太仓银四十万两。祐言：“左右以婚礼为名，将肆无厌之欲。计臣惧祸而不敢阻，阁臣避怨而不敢争。用如泥沙，坐致耗国。不幸兴师旅，遭饥馑，将何以为计哉？”九月，宛平郊外李花盛开，祐言：“此阴擅阳权，非偶然也。”帝皆不纳。

是时，中官益横，祐与同官朱廷声、徐钰交章极论。章下阁议，将重罪中官。事忽中变，刘健、谢迁去位。瑾遂大逐廷臣忤己者，指祐与廷声、钰及陈琳、潘镗等为奸党,勒罢之。瑾诛,祐用荐起山西佥事卒。

朱廷声,字克谐,进贤人。弘治十二年进士。嘉靖中,终刑部右侍郎。

徐钰,字用砺,江夏人。弘治九年进士,终四川左布政使。

陈琳,字玉畤,莆田人。弘治九年进士。由庶吉士改御史,上端本修政十五事。出督南畿学政。刘瑾逐健、迁,逮戴铣、陆昆等,琳抗章言:"南京穷冬雷震,正旦日食,正宜修德弭灾,委心元寮,博采忠言,岂宜自弃股肱,隔塞耳目。"瑾大怒,谪揭阳丞。瑾败,迁嘉兴同知。世宗时,终南京兵部右侍郎。

潘镗,字宗节,六安人。弘治九年进士。有孝行。为满城知县,忧归。继知滑县,擢御史,陈时务大计四事。孝宗嘉纳之。正德初,以论高凤为中人所恶,传旨镗党太监王岳,除其名。八年起广东从事,谢病归。

戴铣,字宝之,婺源人。弘治九年进士,改庶吉士,授兵科给事中,数有建白。久之,以便养调南京户科。武宗嗣位,偕同官请敕六科检详弘治间所行进贤、退奸、节财、训兵、重祀、慎刑、救灾、恤困诸大政,备录进览,凡裁决机务悉以为准。报闻。逾月,言四方岁办多非土产,劳费滋甚,宜蠲其所无。又请勤御经筵,俾密勿大臣从容献纳。既乃与给事中李光翰、徐蕃、牧相、任惠、徐暹及御史薄彦徽等进章奏留刘健、谢迁,且劾中官高凤。帝怒,逮系诏狱,廷杖除名。铣创甚,遂卒。世宗立,追赠光禄少卿。

李光翰,新乡人。弘治十二年进士。授南京户科给事中。正德改元,灾异求言。光翰偕同官疏劾太监苗逵、高凤、李荣及保国公朱晖,且言大学士刘健等疏陈盐法事,留中不报,将使老臣不安其位。帝不省。既削籍归,后起台州知府,与蕃同举治行卓异,寻卒。

徐蕃，泰州人。弘治六年进士。授南京礼科给事中。武宗嗣位，复先朝所汰诸冗费，蕃等力争，不纳。后起江西参议，从都御史陈金讨平东乡寇。嘉靖时，累官工部右侍郎。

牧相，余姚人。弘治十二年进士。授南京兵科给事中。论救宣府都御史雍泰，又公疏请罢礼部尚书崔志端等，皆不听。正德元年奉命与御史吕镗清查御马监，因陈滥役滥费之弊，及太监李棠捍诏旨营私罪。至是，受杖归，授徒养母。后复官，擢广西参议。命下，相已前卒。

任惠，滦州人。弘治九年进士。由行人擢南京吏科给事中。正德元年九月偕同官谏佚游，语切直。后起山东佥事，未任卒。

徐暹、历城人。弘治十五年进士。武宗即位，擢南京工科给事中。正德改元，因灾异上言七事，且请斥英国公张懋、尚书张升等，撤诸添注内官，明正张瑜、刘文泰用药失宜致误先帝，及太监李兴擅伐陵木，新宁伯谭祐、侍郎李鐩同事不举之罪。帝下之所司。后起山西佥事，进副使。平巨盗混天王，民德之。卒于官。

陆昆，字如玉，归安人。弘治九年进士。授清苑知县。以廉干征，擢南京御史。

武宗即位，疏陈重风纪八事："一，奖直言。古者，臣下不匡，其刑墨。宋制，御史入台，逾十旬无言，有辱台之罚。今郎署建言，如李梦阳、杨子器辈，当加旌擢，而言官考绩，宜以章疏多寡及当否为殿最。二，复面劾。旧制，御史上殿，被劾者趋出待罪，即唐人对仗读弹文遗意。近率章奏闻，批答未行，弥缝先入。乞遵旧典面奏，立取睿裁。三，明淑慝。沿书刘大夏、王轼以病乞休，侍郎张元祯、陈清屡劾不去，贤不肖倒置，实治乱消长之关。宜勉留二人，放元祯等还田里。四，核命令。近者言妨左右，频见留中。事涉所私，辄收成命。乞令诸曹章奏俱具数送阁，已行者得考稽，未行者易奏请。五，养锐气。御史与都御史，例得互相纠绳，行事不宜牵制。六，均差遣。御史以南北为限，显分重轻。自今除巡按面命外，其他差遣及迁转资格,宜均拟上请,以示一体。七,专委任。河南道有考核之责,请择人专任。八,励庶官。郎郎中田岩、姚汀、张宪,员外郎李承勋、胡世宁、张嵩、顾璘等二十人,皆宜显擢。"章下所司。又劾中官高凤、苗逵、保国公朱晖,因请汰南京增设守备内臣,广开言路,屏绝宴游骑射。帝不能从。

时"八党"窃柄,朝政日非。昆偕十三道御史薄彦徽、葛浩、贡安甫、王蕃、史良佐、李熙、任诺、姚学礼、张鸣凤、蒋钦、曹闵、黄昭道、王弘、萧乾元等,上疏极谏曰:"自古奸臣欲擅主权,必先蛊其心志。如赵高劝二世严刑肆志,以极耳目之娱;和士开说武成毋自勤约,宜及少壮为乐;仇士良教其党以奢靡导君,勿使亲近儒生,知前代兴亡之故。其君惑之,卒皆受祸。陛下嗣位以来,天下颙然望治。乃未几宠幸奄寺,颠覆典刑。太监以永成、魏彬、刘瑾、傅兴、罗祥、谷大用辈共为蒙蔽,日事宴游。上干天和,灾寝迭告,廷臣屡谏,未蒙省纳。若辈必谓宫中行乐,何关治乱,此正奸人欺君之故术也。陛下广殿细旃,岂知小民穷檐蒜屋风雨之不庇;锦衣玉食,岂知小民祁寒暑雨冻馁之弗堪;驰骋宴乐,岂知小民疾首蹙额赴诉之无路。昨日雷震郊坛,彗出紫微,夏秋亢旱,江南米债腾贵,京城盗贼横行,可恣情纵欲,不一顾念乎?阁部大臣受顾命之寄,宜随事匡救,弘济艰难,言之不听,必伏阙死谏,以悟圣意。顾乃怠缓悦从,巽顺退托。自为谋则善矣,如先帝付委、天下属望何?伏望侧身修行,亟屏永成辈以绝祸端,委任大臣,务学亲政,以还至治。"

疏至,朝事已变,刘健、谢迁皆被逐。于是彦徽为首,复上公疏,请留健、迁,而罪永成、瑾等。瑾怒,悉逮下诏狱,各杖三十,除名。昭道、弘、乾元逮捕未至,命即南京阙下杖之。江西清军御史王良臣闻昆等被逮,驰疏救,并逮下诏狱,杖三十,斥为民。后列奸党五十三人,昆、彦徽等并与焉。瑾诛,复昆官致仕。世宗初,起用,未行而卒。

薄彦徽,阳曲人。弘治九年进士。授四川道御史。尝劾崔志端以羽士玷春卿,有直声。至是,被杖归,未及起官卒。

　　葛浩，字天宏，上虞人。弘治九年进士。由五河知县擢御史，数陈时政阙失，孝宗多采纳。正德元年，帝允司礼中官高凤请，令其从子得林掌锦衣卫事。浩等争之，言："先帝诏锦衣官悉由兵部推举，陛下亦悉罢传奉乞官。今得林由传奉，不关兵部，废先帝命，坏铨举法，虚陛下诏，一举三失，由凤致之。乞治凤罪，而罢得林。"御史潘镗亦言："凤、得林操中外大柄，中人效尤，弊将安底。"帝皆不听。浩既削籍，瑾憾未释，复坐先所劾武昌知府陈晦不实，与安甫、蕃、熙、学礼、昆六人，逮杖阙下。瑾诛，起浩知邵武府。入觐，陈利弊五事，悉施行。嘉靖中，历官两京大理卿。帝郊祀，有犯跸者，法司欲置重典，浩执奏，得不死。十午夏，雷震年门，自劾致仕归，年九十二卒。

　　贡安甫，字克仁，江阴人。弘治九年进士。授长垣知县。孝宗时，擢御史，当疏劾寿宁侯张鹤龄。正德初，考功郎杨子器以山陵事下诏狱，安甫疏力救。兵部尚书刘大夏为中官所扼谢病去，户部侍郎陈清迁南京工部尚书，安甫率御史请还大夏而罢清。报闻，彦徽等公疏，安甫笔也，瑾知之，故列奸党以安甫首南御史。家居十年，终岁不入城市。后起山东佥事，甫三月，引疾归。

　　史良佐，字禹臣，亦江阴人。弘治十二年进士。由行人擢御史。后起云南副使。平十八寨苗，赐白金文绮。浚海口，溉田千顷，滇人颂之。

　　李熙，上元人。弘治九年进士。由将乐知县擢御史。十八年，奸人徐俊等造谣言，帝遣官赍驾帖至南京，有所捕治，已而知其妄。熙公疏言："陛下于此事威与明少损矣。倘奸人效尤，妄以蜚语中善类，害何可胜言。"事下法司，亦力言驾帖之害，帝纳之。正德元年九月，以灾异，复偕御史陈十事。瑾诛，得祸者皆起，熙独废。世宗嗣位，始起饶州知府，迁浙江副使，以清操闻。

　　姚学礼，巴人，家京师。弘治六年进士。正德元年，公疏谏佚游，不纳。后起云南佥事，终参议。

　　张鸣凤，清平人。弘治九年进士，为永康知县。有政绩，擢御史。后起湖广佥事，进副使，母忧归，卒。蒋钦杖死，别有传。

曹闵，上海人。弘治九年进士，为沙县知县。被征，民号泣攀留，累日不得去。既与昆等同得罪。后当起官，以养母不出。母终，枕块，得寒疾卒。

黄昭道，平江人，弘治十二年进士。后起广西佥事，再迁云南参政。抚木邦、孟密有功。终左布政使。

王弘，六合人，弘治六年进士。

萧乾元，万安人，弘治十二年进士。王蕃、任诺鞫狱时，抵不与知，不足载。

王良臣，陈州人。弘治六年进士。官南京御史。瑾诛，起山东副使，终按察使。

蒋钦，字子修，常熟人。弘治九年进士。授卫辉推官。征擢南京御史，数有论奏。

正德元年，刘瑾逐大学士刘健、谢迁，钦偕同官薄彦徽等切谏。瑾大怒，逮下诏狱，廷杖为民。居三日，钦独具疏曰："刘瑾，小竖耳。陛下亲以腹心，倚以耳目，待以股肱，殊不知瑾悖逆之徒，蠹国之贼也。忿臣等奏留二辅，抑诸权奸，矫旨逮问，予杖削职。然臣思畎亩犹不忘君，况待命衽席，目击时弊，乌忍不言。昨瑾要索天下三司官贿，人千金，甚有至五千金者。不与则贬斥，与之则迁擢。通国皆寒心，而陛下独用之于左右，是不知左右有贼，而以贼为腹心也。给事中刘蒀指陛下暗于用人，昏于行事，而瑾削其秩，挞辱之。矫旨禁诸言官，无得妄生议论。不言则失于坐视，言之则虐以非法。通国皆寒心，而陛下独用之于前后，是不知前后有贼，而以贼为耳目股肱也。一贼弄权，万民失望，悉叹之声动彻天地。陛下顾懵然不闻，纵之使坏天下事，乱祖宗法。陛下尚何以自立乎？幸听臣言，急诛瑾以谢天下，然后杀臣以谢瑾。使朝廷一正，万邪不能入，君心一正，万欲不能侵，臣之愿也。今日之国家，乃祖宗之国家也。陛下苟重祖宗之国家，则听臣所奏。如其轻之，则任瑾所欺。"疏入，再杖三十，系狱。

越三日,复具疏曰:"臣与贼瑾势不两立。贼瑾蓄恶已非一朝,乘间起衅,乃其本志。陛下日与嬉游,茫不知悟。内外臣庶,凛如冰渊。臣昨再疏受杖,知肉淋漓,伏枕狱中,终难自默,愿借上方剑斩之。朱云何人,臣肯少让?陛下试将臣较瑾,瑾忠乎,臣忠乎?忠与不忠,天下皆知之,陛下亦洞然知之,何仇于臣,而信任此逆贼耶?臣骨肉都销,涕泗交作,七十二岁老父,不顾养矣。臣死何足惜,但陛下覆国丧家之祸起于旦夕,是大可惜也。陛下诚杀瑾枭之午门,使天下知臣钦有敢谏之直,陛下有诛贼之明。陛下不杀此贼,当先杀臣,使臣得与龙逢、比干同游地下,臣诚不愿与此贼并生。"疏入,复杖三十。

方钦属草时,灯下微闻鬼声。钦念疏上且掇奇祸,此殆先人之灵欲吾寝此奏耳。因整衣冠立曰:"果先人盖历声以告。"言未已,声出壁间,益凄怆。钦叹曰:"业已委身,义不得顾私,使缄默负国为先人羞,不孝孰甚!"复坐,备笔曰:"死即死,此稿不可易也!"声遂止。杖后三日,卒于狱,年四十九。瑾诛,赠光禄少卿。嘉靖中,赐祭葬,录一子入监。

周玺,字天章,庐州卫人。弘治九年进士。授吏科给事中。三迁礼科都给事中。慷慨好言事。

武宗初即位,请毁新立寺观,屏逐法王、真人,停止醮事,并论前中官齐元炼丹糜金罪。顷之,以久雨,偕同官劾侍郎李温、太监苗逵。九月,以星变,复劾温及尚书崔志端熊翀、贾斌,都御史金泽、徐源等,翀、温、泽因是罢。帝遣中官韦兴守郧阳,玺力言不可。寻复偕同官言:"迩者聪明日蔽,膏泽未施。讲学一暴而十寒,诏令朝更而夕改。冗员方革复留,镇监撤还更遣。解户困于交收,盐政坏于陈乞。厚戚畹而驾帖频颁,私近习而帑藏不核。不可不亟为厘正。"不听。

正德元年复应诏陈八事,中劾大寮贾斌等十一人,中官李兴等三人,勋戚张懋等七人,边将朱廷、解端、李稽等三人。未几,言:"陛下即位以来,鹰犬之好,糜费日甚。如是不已,则酒色游观,便佞邪僻,凡可以悦耳目荡心志者,将无所不至。光录上供,视旧十增七八,新政已尔,何以克终。"御史何天冲等亦以为言。章下礼部,尚书张升请从之。帝虽不加谴,不能用也。

明年,擢顺天府丞。玺论谏深切,率与中官牴牾,刘瑾等积不能堪。至是,命玺与监丞张淮、侍郎张缙、都御史张鸾、锦衣都指挥杨玉勘近县皇庄。玉,瑾党,三人皆下之。玺辞色无假,且公移与玉止牒文。玉奏玺侮慢敕使,瑾即矫旨逮下诏狱,榜掠死。瑾诛,诏复官赐祭,恤其家。嘉靖初,录一子。

又御史涂祯,新淦人也。弘治十二年进士。初为江阴知县。正德初,巡盐长庐。瑾纵私人中盐,又命其党毕真托取海物,侵夺商利,祯皆据法裁之。比还朝,遇瑾止长揖。瑾怒,矫旨下诏狱。江阴人在都下者,谋敛钱赂瑾解之,祯不可,喟然曰:"死耳,岂以污父老哉。"遂杖三十,论戍肃州,创重竟死狱中。瑾怒未已,取其子朴补伍。瑾诛,朴乃还,祯复官赐祭。

汤礼敬,字仁甫,丹徒人。弘治九年进士。授行人,擢刑科给事中。

正德初,上言:"陛下践阼以来,上天屡示灾谴。不谨天戒,惟走马射猎,游乐无度。顷四月中旬,雷电雨雹,当六阳用事时,阴气乃与之抗,此幸臣窃权,忠鲠疏远之应也。"已,又论两广镇监韦经,又偕九卿伏阙请诛"八党"。刘瑾衔之,寻以其请当审奏囚决之日,有诉冤者屏勿奏,指为变祖制,谪蓟州判官。后列奸党给事中十六人,礼敬居首,罢归。未几卒。

瑾恶言官讥切时政多刺己,辄假他事坐之。礼敬得罪后,有王涣、何绍正。

王涣,字时霖,象山人。弘治九年进士。由长乐知县征授御史。

正德元年，应诏条上应天要道五事，语多斥宦官。明年出视山海诸
关，以病谢事未行。盗发其部内，都御史刘宇承瑾指劾涣失报。逮
下诏狱，杖之，斥为民。瑾败，复官致仕。

　　何绍正，淳安人。弘治十五年进士。授行人。正德三年擢吏科
给事中。中官廖堂镇河南，奏保方面数人，且擅拟迁调。吏部尚书
许进等不能难，绍正劾之。瑾不得已责堂自陈，而心甚衔绍正。及
冬，坐颁历导驾失仪，杖之阙下，谪海州判官。屡迁池州知府，筑铜
陵五十余圩以备旱潦。宸濠反，攻安庆，池人震恐，绍正登陴固守。
事平，增俸一级，迁江西参政致仕。池人为立祠，与宋包拯并祀。

　　许天锡，字启衷，闽县人。弘治六年进士。改庶吉士。思亲成
疾，陈情乞假。孝宗赐传以行。还朝，授吏科给事中。时言官何天
冲、倪天明与天锡并负时望，都人有"台省三天"之目。
　　十二年，建安书林火。天锡言："去岁阙里孔庙灾，今兹建安又
火，古今书版荡为灰烬。阙里，道所从出；书林，文章所萃聚也。《春
秋》书宣榭火，说者曰："榭所以藏乐器也。天意若曰不能行政令，何
以礼乐为？礼乐不行，天故火其藏以戒也。"顷师儒失职，正教不修。
上之所尚者浮华，下之所习者枝叶。此番灾变，欲欲为儒林一扫积
垢。宜因此遣官临视，刊定经史有益之书。其余晚宋陈言，如论范、
论草、策略、策海、文衡、文髓、主意、讲章之类，悉行禁刻。其于培养
人才，实非浅鲜。"所司议从其言，就令提学官校勘。
　　大同失事，天锡往核，具得其状，巡抚洪汉、中官刘云、兵官王
玺以下咸获罪。内使刘雄怒仪真知县徐淮厨传不饬，诉之南京守备
中官以闻，逮淮系诏狱。天锡及御史冯允中论救，卒调淮边县。御
史文森、张津、曾大有言事下吏，崔志端由道士擢尚书，天锡皆力
争。
　　十七年五月，天变求言。上疏曰："外官三年考察，又有抚按监
临，科道纠劾，其法已无可加。惟两京堂上官例不考核。而五品以

下虽有十年考察之条，居官率限九载，或年劳转迁，或服除改补，不能及期。今请以六年为期，通行考察。其大寮曾经弹劾者，悉令自陈而简去之，用儆有位。古者，灾异策免三公，阴霖辄避位。今大臣不引咎，陛下又不行策免，宜且革公孤衔，俟天心既回，徐还厥职。祖宗御内官，恩不泛施，法不轻贷。内府二十四监局及在外管事者，并有常员。近年诸监局掌印，佥事多至三四十人，他管事无数，留都亦然。凭陵奢暴，蠹蚀民膏，第宅连云，田园遍野，膏粱厌于舆台，文绣被乎狗马。凡若此类，皆足召变。乞敕司礼监会内阁严行考察，以定去留。此后，或三年、五年一行，永为定制。"帝善之。于是令两京四品以上并自陈听命，五品下六年考察，遂著为令。惟大臣削公孤及内官考察，事格不行。寻与御史何深核牛马房，条上便利十四事，岁省刍豆费五十余万。

武宗即位之七月，因灾异上疏，请痛加修省，广求直言，迁工科左给事中。正德改元，奉使封安南，在道进都给事中。三年春，竣事还朝。见朝事大变，敢言者皆贬斥，而刘瑾肆虐加甚，天锡大愤。六月朔，清核内库，得瑾侵匿数十事。知奏上必罹祸，乃夜具登闻鼓状，将以尸谏，令家人于身后上之，遂自经。时妻子无从者，一童侍侧，匿其状而遁。或曰瑾惧天锡发其罪，夜令人缢杀之，莫能明也。时有旨令锦衣术点阅六科给事中，不至者劾之。锦衣帅劾天锡三日不至。讯之，死矣。闻者哀之。

方瑾用事，横甚，尤恶谏官，惧祸者往往自尽。

海阳周钥，弘治十五年进士。为兵科给事中，勘事淮安，与知府赵俊。善。俊许贷千金，既而不与。时奉使还者，瑾皆索重贿。钥计无所出，舟行至桃源，自刭。从者救之，已不能言，取纸书"赵知府误我"，遂卒。事闻，系俊至京，责钥死状，竟坐俊罪。

平定郗夔，弘治十五年进士，为礼科给事中。正德五年，出核延绥战功，瑾属其私人。夔念从之则违国典，不从则得祸，遂自经死。

琼山冯颙，弘治九年进士。为御史，尝以事忤瑾，为所诬，自经死。颙初为主事,官军讨叛黎符南蛇久不克,颙历陈致变之由,请购已革土官子孙,俾召集旧卒,以夷攻夷,有功则复旧职。尚书刘大夏亟称之,奏行其策。正德初,偕中官高金勘泾王所乞庄地,清还二千七百余顷。而不得其死,人皆惜之。

瑾诛,天锡、钥、夔、颙俱复官赐祭,且恤其家。嘉靖中,天锡子春讼冤,复赐祭葬。

方瑾败时,刑部员外郎夹江宿进疏陈六事,言:“忤逆瑾死者,内臣如王岳、范亨,言官如许天锡、周钥,并宜恤赠。又附瑾大臣,如兵部尚书王敞等及内侍余党,俱宜斥。”疏入,帝怒将亲鞫之,命张永召阁臣李东阳。东阳语永曰:“后生狂妄,且日暮非见君时,幸少宽之。”永入,少顷执进至午门,杖五十,削籍归,未几卒。世宗初,赠光禄少卿。

徐文溥,字可大,开化人。正德六年进士。授南京礼科给事中。劾尚书刘樱、都御史李士实、侍郎吕献、大理卿茆钦,而请召还至仕尚书孙交、傅珪。时论以为当。

宁王宸濠求复护卫,文溥谏曰:“曩因宁藩不靖,英庙革其护卫、屯田。及逆瑾乱政,重贿谋复。瑾既伏诛,陛下又革之,正欲制以义而安全之耳。乃曰‘驱使乏人’。夫晏居深邃,靡征讨之劳,安享尊荣,无居守之责,何所用而乏人?且王暴行大彰:剥削商民,挟制官吏,招诱无赖,广行劫掠,致舟航断绝,邑里萧条,万民莫不切齿。及今止之,犹恐不逮,顾可纵之加恣,假翼于虎乎?贡献本有定制,乃无故弛骋飞骑,出入都城,伺察动静。况今海内多故,天变未息,意外之虞实未易料。宜裁以大义,勿徇私情,罪其献谋之人,逐彼侦事之使,宗社幸甚。”时宸濠奥援甚众,疏入,人咸危之,帝但责其妄言而已。又请择建储贰,不报。

十年四月复偕同官上疏曰:顷因灾异,礼部奏请修省。伏读圣谕,谓“事关朕躬者,皆已知之”。臣惟兹一念之诚,足以孚上帝迓休命矣。虽然,知之非艰。行之维艰。陛下诚能经筵讲学,早朝勤政;

布宽恤以安人心，躬献享以重宗庙；孝养慈闱，敬事苍昊；舍豹房而居大内，远嬖幸而近儒臣；禁中不为贸易，皇店不以罔财；还边兵于故伍，斥番僧于外寺；毋昵俳优，尽屏义子；马氏已醮之女弗留乎后宫，马昂枭獍之族立夺其兵柄；停诸路之织造，罢不急之土木；汰仓局门户之内官，禁水陆舟车之进奉；出留中奏牍以达下情，省传奉冗员以慎名器；则陛下所谓"事关朕躬"，非徒知之，且一一行之，而不转祸为福者，未之有也。"报闻。

初，帝听中官崔瑶、史宣、刘琅、于喜诬奏，先后逮知府翟唐，部曹王銮、王瑞之，御史施儒、张经等，又入中官王堂谮，下佥事韩邦奇狱。文溥言："朝廷刑威所及，乃在奄侍一言。旗校绎络于道途，缙绅骈首于狴犴，远近震骇，上下屏气。向一瑾乱政于内，今数瑾纵横于外。乞并下堂法司，且追治瑶等诬罔罪。"帝不听，遂引疾去。

世宗即位，廷臣交荐，起河南参议。未几，以念母乞归。抚按请移近地便养，乃改福建。寻迁广东副使。上言十事，多涉权要，恐贻母忧，后引疾归。行至玉山卒。

翟唐，字尧佐，长垣人。弘治十二年进士。由寿光知县召为御史。正德四年出按湖广，奏言："四川贼首刘烈僭号设官，必将为大患。湖广、陕西壤地相接，入竹山可抵荆、襄，入汉中可抵秦、陇。今内外壅蔽，奖谕切责，率皆虚文，宜切图预备之策。"时刘瑾窃柄，以唐言"壅蔽"，尤恶之。兵部尚书王敞希指，言今荡涤宿弊，唐乃云然，宜令指实。会瑾怒稍解，乃切责而宥之。久之，迁知宁波府。市舶中官崔瑶藉贡物扰民，为唐所裁抑，且杖其党王臣，臣寻病死。瑶奏唐阻截贡献，笞杀贡使。帝怒，逮下诏狱。巡按御史赵春等交章救之。给事中范洵亦言唐被逮日，军民遮道涕泣，请宥令还任。帝不听，谪云南嵩明知州。再迁陕西副使卒。

王銮，字廷和，大庾人。正德三年进士。授邵武知县。入为都水主事，出辖徐沛闸河。十一年，织造中官史宣过其地，索挽夫千人，沛县知县胡守约给其半。宣怒，自至县捕吏，銮助守约与抗。宣诬奏于朝,逮系诏狱。以言官论救,守约罢官,銮输赎还职。已,分司南旺,又捕诛中官廖堂侄廖鹏之党。嘉靖初,迁武昌知府。镇守中官李景儒岁进鱼鲊多科率,銮疏请罢之。楚府征税,茶商重困。銮谓税当归官,力与争,王诋为毁辱亲王。銮遂请终养,不待报竟归。后吏部坐以擅离职守,夺官。

张士隆,字仲修,安阳人。弘治八年举乡试,入太学。与同县崔铣及寇天叙、马卿、吕楠辈相砥砺,以学行闻。十八年成进士,授广信推官。

正德六年入为御史。巡盐河东,劾去贪污运使刘愉。建正学书院,兴起文教。九年。乾清宫灾,上疏曰:"陛下前有逆瑾之变,后遭蓟盗之乱,独不知警。方且兴居无度,狎昵匪人。积戎丑于禁中,戏干戈于卧内。彻旦燕游,万几不理。宠信内侍,浊乱朝纲。致民困盗起,财尽兵疲。祸机潜蓄,恐大命难保。夫衰衣博带之雅,孰与市井狡侩之群;广厦细旃之娱,孰与鞍马驱驰之险。"不报。

出按凤阳。织造中官史宣列黄梃二于骑前,号为"赐棍",每以扶人,有至死者,自都御史以下莫敢问,士隆劾奏之。又劾锦衣千户廖铠奸利事,且曰:"铠虐陕西,即其父鹏虐河南故习也。河南以鹏故召乱,暱铠又欲乱陕西。乞置铠父子于法,并召还廖銮,以释陕人之愤。"銮,铠所从镇陕西者也。钱宁素暱铠,见疏大恨,遂因士隆按薛凤鸣狱以陷之。凤鸣者,宝坻人,先为御史,坐罪削籍,谄事诸佞幸,尤善宁。与从弟凤翔有隙,嗾缉事者发其私,下吏论死。刑部疑有冤,并捕鞫凤鸣。凤鸣惧,使其妾诉枉,自到长安门外,词连宝坻知县周在及素所仇者数十人,悉逮付法司,而凤鸣得释。士隆与御史许完先后按治,后捕凤鸣对簿,释在还职。宁怒,令凤鸣女告士隆、完治狱偏枉。遂下诏狱,谪士隆晋州判官。久之,擢知州。

世宗立,诏复故官,出为陕西副使。汉中贼王大等匿豪家,结回回为乱。士隆下令,匿贼者罪及妻孥无赦。贼无所容,遂就擒灭。筑堰溉田千顷,民利之。卒于官。

张文明,字应奎,阳曲人。正德六年进士。授行人,擢御史,巡按辽东,寻按陕西。镇守中官廖堂贪恣,文明捕治其爪牙二十四人,堂大恨。

十三年,车驾幸延绥。文明驰疏谏,极陈灾异,且言江彬逢恶导非,亟宜行诛,朝臣匡救无闻,亦当罚治。帝不省。既而文明朝行在。诸权幸扈从者,文明裁抑之,所需多不应。司礼太监张忠等谮于帝,交诸生殴旗校,文明纵勿治。帝怒,命械赴京师,下诏狱。明年春,言官交章请宥,不报。此驾旋,命执至豹房,帝将亲鞫。文明自谓必死。及见帝,命释之,谪电白典史。时刘瑾虽诛,佞幸犹炽,中外谏官被祸者不可胜数。文明止于贬谪,人以为幸。

世宗立,召复故官,寻出为松江知府。甫抵任,卒。巡按御史马录颂其忠,诏赠太常少卿。

陈鼎,字大器,其先宣城人。高祖尚书迪,死惠帝之难,子孙戍登州卫,遂占籍焉。鼎举弘治十八年进士。正德四年授礼科试给事中。镇守河南中官廖堂,福建人也,弟鹏之子铠冒籍中河南乡试。物议沸腾,畏堂莫敢与难。鼎上章发其事,铠遂除名,堂、鹏大恨。会流寇起,鼎陈弭盗机宜。堂嘱权幸摘其语激帝怒,下诏狱掠治。谓鼎前籍平江伯赀产,附刘瑾增估物债,疑有侵盗。尚书杨一清救之,乃释为民。世宗立,后故官,迁河南参议。妖人马隆等为乱,鼎督兵诛之。改陕西副使,擢浙江按察使,廉介正直,不通私谒。召为应天府尹,未任卒。

贺泰,字志同,吴县人。弘治十二年进士。由沔州府推官入为御史。武宗收京师无赖及宦官厮养为义子,一日而赐国姓者百二十七人,泰抗言其非。诸人激帝怒,谪沔州推官。终广东参议。

张璞,字中善,江夏人。弘治十八年进士。由归安知县召授御史。正德八年出按云南。镇守中官梁裕贪横,璞裁抑之。为所诬,逮赴诏狱,死狱中。世宗嗣位,赠太仆少卿,赐祭葬。

　　成文，大同山阴人。弘治十五年进士。由知县擢御史。正德中，阿尔秃厮、亦不剌与小王子战败，引所部驻甘肃塞外，时入寇，掠陷堡砦五十有三。巡抚张翼、镇守太监朱彬等反冒奏首功千九百有余，以捷奏者十有一。文出巡按，尽发其奸，翼等贿中人倾文。会文劾佥事赵应龙，应龙亦讦文细事，遂逮文，斥为民。嘉靖中起用，累官右副都御史巡抚辽东，告归，卒。

　　李翰臣，大同人。正德三年进士。官御史，巡按山东。吏部主事梁毂诬归善王当氵万谋叛，翰臣劾毂挟私。近幸方欲邀功，责翰臣为叛人掩饰。逮系诏狱，谪德州判官。终山东副使。

　　张经，兴州左卫人。正德六年进士。官御史。出按宣府，劾镇守中官于喜贪肆罪。为喜所讦，逮击诏狱，谪云南河西典史。寻卒。世宗初，赠祭如张璞。

　　毛思义，阳信人。弘治十五年进士。官永平知府。正德十三年驾幸昌平，民间妇女惊避。思义下令言：“大丧未举，车驾必不远出。非有文书，妄称驾至扰民者，治以法。”镇守中官郭原与思义有隙，以闻。立逮下诏狱，系半岁，谪云南安宁知州。嘉靖中，累迁副都御史、应天巡抚。

　　胡文璧，耒阳人。弘治十二年进士。正德初，由户部郎中改御史。出知凤阳，迁天津副使。中官张忠督直沽皇庄，纵群小牟利，文璧捕治之。为所构，械系诏狱，谪延安府照磨。嘉靖初，累官四川按察使。

　　王相，光山人。正德三年进士。官御史。十二年巡按山东。镇守中官黎鉴假进贡苛敛，相檄郡县毋辄行。鉴怒，诬奏于朝。系诏狱，谪高邮判官。未几卒。嘉靖初，赠光禄少卿。

　　董相，嵩县人。正德六年进士。官御史，巡视居庸诸关。江彬遣小校米英执人于平谷，恃势横甚。相收而杖之，将以闻。彬遽谮于帝，械系诏狱，谪判徐州。嘉靖初，召复故官。终山东副使。

　　刘士元，彭县人。正德六年进士。官御史，巡按畿辅。十三年，帝猎古北口，将招朵颜卫花当、把儿孙等燕劳，士元陈四不可。先

是,帝幸河西务,指挥黄勋假供奉扰民,士元按之。勋惧,逃赴行在,
因嬖幸潜于帝,云士元闻驾至,令民间尽嫁其女,藏匿妇人。帝怒,
命裸缚面讯之。野次无杖,取生柳干痛笞之四十,几死,囚槛车驰入
京。并执知县曹俊等十余人,同系诏狱。都御史王璟及科道陈沾、
牛天麟等交章论救,不报,谪麟山驿丞。世宗立,复故官,出为湖州
知府,湖广副使。修荒政,积粟百万余石。事闻,被旌劳。嘉靖九年
屡迁右副都御史,巡抚贵州。居三年罢。

范辂,字以载,桂阳人。正德六年进士。授行人,除南京御史。
武宗久无子,辂偕同官请择宗室贤者育宫中,以宋仁宗为法,不报。
先后劾中官黎安、刘琅及卫官简文、王忠罪。又论马姬有娠,不当入
宫。语皆切直。

寻命清军江西。宁王宸濠令诸司以朝服见,辂不可。奏言:“高
帝定制,王府属僚称官,后乃称臣,其余文武及京官出使者皆称官,
朝使相见以便服。今天下王府仪注,制未画一。臣以为尊无二上,
凡不称臣者,皆不宜具朝服,以严大防。”章下礼官议。宸濠驰疏争
之,廷议请如辂言。宸濠伶人秦荣僭侈,辂劾治之。又劾镇守太监
毕真贪虐十五事,疏留不下。真乃摭他事诬之,遂逮下诏狱。值帝
巡幸,淹系经年。至十四年四月始谪龙州宣抚司经历。未几,宸濠
及真谋逆诛,御史谢源、伍希儒等交章荐辂。未及召,世宗立,迁故
官。迁福建佥事,转江西副使,致仕归。又用胡世宁荐,起密云兵备
副使。讨矿贼有功,历江西、福建左、右布政使。卒官。

张钦,字敬之,顺天通州人。正德六年进士。由行人授御史,巡
视居庸诸关。

十二年七月,帝听江彬言,将出关幸宣府。钦上疏谏曰:“臣闻
明主不恶切直之言以纳忠,烈士不惮死亡之诛以极谏。比者,人言
纷纷,谓车驾欲度居庸,远游边塞。臣度陛下非漫游,盖欲亲征北寇
也。不知北寇猖獗,但可遣将租征,岂宜亲劳万乘。英宗不听大臣

言，六师远驾，遂成己巳之变。且匹夫犹不自轻，陛下奈何以宗庙社稷之身蹈不测之险。今内无亲王监国，又无太子临朝。外之甘肃有土番之患，江右有荤贼之扰，淮南有漕运之艰，巴蜀有采办之困。京畿诸郡夏麦少收，秋潦为沴。而陛下不虞祸变，欲纵辔长驱，观兵绝塞，臣窃危之。"已，闻朝臣切谏皆不纳，复疏言："臣愚以为乘舆不可出者有三：人心摇动，供亿浩繁，一也；远涉险阻，两宫悬念，二也；北寇方张，难与之角，三也。臣职居言路，奉诏巡关，分当效死，不敢爱身以负陛下。"疏入，不报。

八月朔，帝微行至昌平，传报出关甚急。钦命指挥孙玺闭关，纳门钥藏之。分守中官刘嵩欲诣昌平朝谒，钦止之曰："车驾将出关，是我与君今日死生之会也。关不开，车驾不得出，违天子命，当死。关开，车驾得出，天下事不可知。万一有如'土木'，我与君亦死。宁坐不开关死，死且不朽。"顷之，帝召玺。玺曰："御史在，臣不敢擅离。"乃更召嵩。嵩谓钦曰："吾主上家奴也，敢不赴。"钦因负敕印手剑坐关门下曰："敢言开关者，斩。"夜草疏曰："臣闻天子将有亲征之事，必先期下诏廷臣集议。其行也，六军翼卫，百官扈从，而后有车马之音，羽旄之美。今寂然一不闻，辄云'车驾即日过关'，此必有假陛下名出边勾贼者，臣请捕其人，明正典刑。若陛下果欲出关，必两宫用宝，臣乃敢开，不然万死不奉诏。"奏未达，使者复来。钦拔剑叱之曰："此诈也。"使者惧而返，为帝言"张御史几杀臣"。帝大怒，顾朱宁："为我趣捕杀御史。"会梁储、蒋冕等追至沙河，诸帝归京师。帝徘徊未决，而钦疏亦至，廷臣又多谏者，帝不得已乃自昌平还，意怏怏未已。又二十余日，钦巡白羊口。帝微服自德胜门出，夜宿羊房民舍，遂疾驰出关，数问御史安在。钦闻，追之，已不及，欲再疏谏，而帝使中官谷大用守关，禁毋得出一人。钦感愤，西望痛哭。于是京师盛传张御史闭关三疏云。明年，帝从宣府还。至关，笑曰"前御史阻我，我今已归矣"，然亦不之罪也。

世宗嗣位，出为汉中知府。累官太仆卿。嘉靖十七年以右副都御史巡抚四川。召为工部左侍郎，被论罢。

钦初姓李。既通显，始复其姓。事父母孝。有不悦，长跪请，至解乃已。

周广，字克之，昆山人。弘治十八年进士。历知莆田、吉水二县。正德中，以治最征授御史，疏陈四事，略言：

三代以前，未有佛法。况刺麻尤释教所不齿。耳贯铜环，身衣赭服，残破礼法，肆为淫邪。宜投四裔，以御魑魅，奈何令近君侧，为群盗兴兵口实哉！

昔禹戒舜曰："毋若丹朱傲，惟慢游是好。"周公戒成王曰："毋若商王纣之迷乱酗于酒德。"今之俗人，助慢游迷乱者也。唐庄宗与伶官戏狎，一夫夜呼，仓皇出走。臣谓宜遣逐乐工，不复籍之禁内，乃所以放郑声也。

陛下承祖宗统绪，而群小献媚荧惑，致三宫锁怨，兰殿无征。虽陛下春秋鼎盛，犹不思万世计乎？中人稍有资产，独畜妾媵以图嗣续。未有专养螟蛉，不顾祖宗继嗣者也。养子钱宁本宦竖苍头，滥宠已极，乃复攘夺货贿，轻蔑王章。甚至投刺于人，自称皇庶子，僭窃之罪所不忍言。陛下何不慎选宗室之贤者，置诸左右，以待皇嗣之生。诸养儿，养子俱夺其名爵，乃所以远佞人也。

近两京言官论大臣御寇不职者，陛下率优容，即武将失律亦赦不诛。故兵气不扬，功成无日，川原白骨，积如丘山。夫山师十万，日费千金。今海内困惫已骨见而肉消矣，诸统兵大臣如陈金、陆完辈可任其优游玩寇，不加切责哉！请定期责令成功，以赎前罪。

宁见疏大怒，留之不下，传旨谪广东怀远驿丞。主事曹琥救之，亦被谪。宁怒不已，使人遮道刺广。广知之，易姓名，变服，潜行四百余里乃免。武定侯郭勋镇广东，承宁风旨以白金试广，广拒不受。伺广谒御史，摄致军门，箠。系几死，御史救之始解。越二年，迁建昌知县，有惠政。宁矫旨再谪竹寨驿丞。

世宗即位，复故官，历江西副使，提督学校。嘉靖二年举治行卓异，擢福建按察使。镇守中官以百金馈，广贮之库，将劾之。中官惧，谢罪，自是不敢挠。六年以右佥都御史巡抚江西，墨吏望风去。将限豪右田，不果。明年拜南京刑部右侍郎。居二年，暴疾卒。嘉靖末，赠右都御史。

广初以乡举入太学，师章懋。在里闬，与魏校友善。平生严冷无笑容。居官公强，弗受请托，士类莫不惮之。

曹琥，字瑞卿，巢人。弘治十八年进士。授南京工部主事，改户部。既抗疏救广，吏部拟调河南通判。宁欲远窜，乃改寻甸，再迁广信同知。宋王暨镇守中贵托贡献，频有征敛。琥摄府事，坚持不予，士民德之。擢巩昌知府，未任卒。嘉靖初，赠光录卿。

石天柱，字季瞻，岳池人。正德三年进士。当除给事中，吏科李宪请如御史例，试职一年，授户科试给事中。乾清宫灾，上言："今日外列皇店，内张酒馆。宠信番僧，徙其鬼教。招集边卒，袭其衣装。甚者结为昆弟，无复尊卑。数离深宫，驰驱郊外。章疏置之高阁，视朝月止再三。视老成为赘疣，待养子以心腹。时享不亲，慈闱罕至。不思前星未耀，储位久虚。既不常御宫中，又弗预选宗室。何以消祸本，计久长哉！"屡迁工科都给事中。

十一年，都督马昂进其女弟，已有娠，帝嬖之。天柱率同官合词抗论，未报。又上疏曰："臣等请出孕妇，未蒙进止。窃疑陛下之意将遂立为己子欤？秦以吕易嬴而嬴亡，晋以牛易马而马来，彼二君者特出不知，致堕奸计，谓陛下亦为之耶？天位至尊，神明之胄，尚不易负荷，而况幺麽之子。借使以陛下威力成于一时，异日诸王宗室肯坐视祖宗基业与他人乎？内外大臣肯俯首立于其朝乎？望急遣出，以清宫禁，消天下疑。"卒不报。

泰山有碧霞元君祠，中官黎鉴请收香钱为修缮费。天柱言祀典惟有东岳神，无所谓碧霞元君者，淫祀非礼，不可许。十二年四月诏毁西安门外鸣玉、积庆二坊民居，有所营建，天柱等疏请停止。帝皆不省。

　　是年,帝始巡游塞外,营镇国府于宣府,天柱率同官力谏。孝贞纯皇后将葬,帝假启土为名,欲复巡幸。天柱念帝盘游无度,廷臣虽谏,帝意不回,思所以感动之者,乃刺血草疏,略曰:"臣窃自念,生臣之身者,臣之亲也。成臣之身者,累朝之恩也。感成身之恩欲报之于陛下者,臣之心也。因刺臣血,以写臣心,明臣愚忠,冀陛下怜察。数年以来,星变地震,大水奇荒,灾异不可胜数,而陛下不悟,祸延太皇太后。天之意,欲陛下居衰绖中,悔过自新,以保大业也。尚或不悟,天意或几乎息矣。丧礼大事,人子所当自尽。陛下于太皇太后未能尽孝,则群臣于陛下必不能尽忠。不忠,将无所不至,猝有变故,人心瓦解矣。夫大位者,奸之窥也。昔太康田于洛、汭,炀帝行幸江都,皆以致败,可不鉴哉!方今朝廷空,城市空,仓廪空,边鄙空,天下皆知危亡之祸,独陛下不知耳。治乱安危,在此行止。此臣所痛心为陛下惜,复昧死为陛下言也。"凡数千言。当天柱刺血时,恐为家人所阻,避居密室,虽妻子不知。既上,即易服待罪。闻者皆感怆,而帝不悟也。

　　逾月,兵部尚书王琼欲因哈密事杀都御史彭泽。廷臣集议,琼盛气以待,众不敢发言。天柱与同官王爌力明泽无罪,乃得罢为民。琼怒,取中旨出两人于外,天柱得临安推官。世宗即位,召复旧职。迁大理丞,未几卒。久之,子请恤,特予祭。

　　赞曰:谏臣之职,在纠慝弼违。诸臣戒盘游,斥权幸,引义力争,无忝厥职矣。武宗主德虽荒,然文明止于远窜,入关不罪张钦,其天姿固非残暴酷烈者比。而义儿、阉竖,炀灶为奸。桁杨交错于阙庭,忠直负痛于狴户。批鳞者尚获生全,投鼠者必陷死地。元气日削,朝野震惊,祚以不延,统几中绝。风愆之训,垂戒不亦切乎。

明史卷一八九
列传第七七

李文祥　孙磐　徐珪　胡爟　周时从
王雄　罗侨　叶钊　刘天麒　戴冠
黄巩　陆震　夏良胜　万潮等
何遵　刘校等

李文祥，字天瑞，麻城人。祖正芳，山西布政使。父瀜，陕西参政。文祥自幼俊异。弱冠举于乡，成化末登进士。万安当国，重其才。以孙弘璧与同榜，款于家，文祥意弗慊也。属题画鸠，语含刺，安深衔之。未几，孝宗嗣位，即上封事，略曰：

祖宗设内阁、六部，赞万几，理庶务，职至重也。顷者，在位多匪人，权移内侍。赏罚任其喜怒，祸福听其转移。雠视言官，公行贿赂。阿之则交引骤迁，忤之则巧谮远窜。朝野寒心，道路侧目。望陛下密察渠魁，明彰国宪，择谨厚者供使令。更博选大臣，谘诹治理，推心委任，不复嫌疑，然后体统正而近习不得肆也。

祖宗定律，轻重适宜。顷法司专徇己私，不恤国典。豪强者虽重必宽，贫弱者虽轻必罪。惠及奸宄，养成玩俗。兼之风尚奢丽，礼制荡然。豪民僭王者之居，富室拟公侯之服。奇技淫巧，上下同流。望陛下申明旧章，俾法曹遵律令，臣庶各守等威，然后礼法明而人心不敢玩也。

然国无其人，谁与共理？致仕尚书王恕、王竑，孤忠自许，齿力未衰；南京主事林俊、思南通判王纯，刚方植躬，才品兼茂。望陛下起列朝端，资其议论，必有裨益，可翊明时。且贤才难得，自古为然。习俗移人，豪杰不免。惟兹臣庶，不尽庸愚。能知自愧，即属名流；乐其危畜，乃为猥品。愿陛下明察群伦，罢其罔上营私违天蠹物者，余则勉以自新。既开改过之路，必多迁善之人。

臣见登极诏书，不许风闻言事。古圣王悬鼓设木，自求诽谤。言之纵非其情，听者亦足为戒，何害于国，遽欲罪之。昔李林甫持此以祸唐，王安石持此以祸宋。远近骇闻，莫不惊骇。愿陛下再颁明诏，广求直言，庶不堕奸谋，足彰圣德。大率君子之言决非小人之利，谘问傥及，必肆中伤。如有所疑，请试面对。

疏奏，宦官及执政万安、刘吉、尹直等咸恶之，数日不下。忽诏诣左顺门，以疏内有“中兴再造”语，传旨诘责。文祥从容辨析而出。谪授陕西咸宁丞。南京主事夏崇文论救，不纳。工部主事莆田林沂复请召文祥及汤鼐，纳宗文言，且召陈献章、谢铎等。时安已去，吉、直激帝怒，严旨切责之。廷臣多荐文祥，率为吉、直所沮。

弘治二年，以王恕荐召为兵部主事，监司以下饭赆皆不纳。到官未逾月，复以吉人事下狱，贬贵州兴隆卫经历。都御史邓廷瓒征苗，咨以兵事，大奇之，欲荐为监司。文祥曰：“昔以言事出，今以军功进，不可。”固辞不得，乃请齐表入都，固乞告归。疏再上，不许。还经商城，渡水陷，死焉。年仅三十。

孙磐，辽阳人。弘治九年进士。观政在部时，刑部典吏徐珪以满仓儿事劾中官杨鹏得罪，磐上疏曰：“近谏官以言为讳，而排宠幸触权奸者乃在胥吏，臣窃羞之。请定建言者为四等。最上不避患害，抗弹权贵者。其次扬清激浊，能补阙拾遗。又其次，建白时政，有裨军国。皆分别擢叙。而粉饰文具、循默不言者，则罢黜之。庶言官知警,不至旷瘝。”时不见用。

徐珪者,应城人。先是,千户吴能以女满仓儿付媒者鬻于乐妇张,绐曰:“周皇亲家也。”后转鬻乐工袁璘所。能殁,妻聂访得之。女怨母鬻己,诡言非己母。聂与子劫女妇。璘讼于刑部,郎中丁哲、员外郎王爵讯得情。璘语不逊,哲笞璘,数日死。御史孙陈玉、主事孔琦验璘尸,瘗之。东厂中官杨鹏从子尝与女淫,教璘妻诉冤于鹏而令张指女为妹,又令贾校尉属女亦如张言。媒者遂言聂女前鬻周皇亲矣。奏下镇抚司,坐哲、爵等罪。复下法司、锦衣卫谳,索女皇亲周彧家,无有。复命府部大臣及给事、御史廷讯,张与女始吐实。都察院奏,哲因公杖人死,罪当徒。爵、玉、琦及聂母女当杖。狱上,珪愤懑,抗疏曰:“聂女之狱,哲断之审矣。鹏拷聂使诬服,镇抚司共相蔽欺。陛下令法司、锦衣会问,惧东厂莫敢明,至鞫之朝堂乃不能隐。夫女诬母仅拟杖,哲等无罪反加以徒,轻重倒置如此,皆东厂威劫所致也。臣在刑部三年,见鞫问盗贼,多东厂镇抚司缉获,有称校尉诬陷者,有称校尉为人报仇者,有称校尉受首恶赃而以为从、令傍人抵罪者。刑官洞见其情,无敢擅更一字。上干天和,灾异迭见。臣愿陛下革去东厂,戮鹏叔侄并贾校尉及此女于市,谪戍镇抚司官极边,进哲、爵、琦、玉各一阶,以洗其冤,则天意可回,太平可致。如不罢东厂,亦当推选谨厚中官如陈宽、韦泰者居之,仍简一大臣与共理。镇抚司理刑亦不宜专用锦衣官,乞推选在京各卫一二人及刑部主事一人,共莅其事。或三年、六年一更,则巡捕官校,当无有作奸擅刑,诬及无辜者矣。臣一介微躯,左右前后皆东厂镇抚司之人,祸必不免。顾与其死于此辈,孰若死于朝廷。愿斩臣头,以行臣言,给臣妻子送骸骨归,臣虽死无恨。”帝怒,下都察院考讯。都御史闵珪等抵以奏事不实,赎徒还役。帝责具状,皆上疏引罪,夺俸有差。珪赎徒毕,发为民。既而给事中庞伴等言哲等狱词覆奏已余三月,击狱者凡三十八人,乞早为省释。乃杖满仓儿,送浣衣局;哲给璘埋葬赀,发为民。爵及琦、玉俱赎杖还职。时弘治九年十二月也。

磐寻擢吏部主事。正德元年,宦官渐用事,磐复上疏曰:“今日

弊政，莫甚于内臣典兵。夫臣以内称，外事皆不当预，矧可使握兵柄
哉。前代盛时，未尝有此。唐、宋季世始置监军，而其国遂以不永。
今九边镇守、监枪诸内臣，恃势专恣，侵克百端。有警则拥精卒自
卫，克敌则纵部下攘功。武弁藉以贪缘，宪司莫敢讦间。所摧家人
头目，率恶少无赖。吞噬争攫，势同狼虎，致三军丧气，百职灰心。乞
尽撤还京，专以边务责将帅，此今日修攘要务也。"不从，及刘瑾得
志，斥磐为奸党；勒之归。瑾诛，起河南佥事，坐累罢。

珪以刑部主事陈凤梧荐，授桐乡丞。正德中，历赣州通判。招
降盗魁何积玉。已，复叛，下珪狱，寻释之。后以平盗功擢知州。

胡爟，字仲光，芜湖人。弘治六年进士。改庶吉士，授户部主事。
十年三月，灾异求言。爟应诏，疏言"中官李广、杨鹏引左道刘良辅
辈惑乱圣聪，滥设齐醮，耗蠹国储。而不肖士大夫方昏暮乞怜其门，
交通请托。阴盛阳微，灾何由弭。"因极陈戚畹、方士、传奉冗员之
害。疏留中。未几，广死，故爟得无罪。

当成化时，宦官用事。孝宗嗣位，虽间有罢黜，而势积重不能骤
返。忤之者必结党排陷，不胜不止。前后庶僚以忤珰被陷者，如弘
治元年户部员外郎周时从疏请置先朝遗奸汪直、钱能、蔡用辈于重
典，而察核两京及四方镇守中官。诸宦官摘其奏中"宗社"字不越
格，命法司逮治。已而释之。

十三年秋，大同有警，命保国公朱晖御之。行人永清王雄极言
晖不足任，且请罢中官监督，以重将权。苗逵方督晖军，谓雄阴军，
乃下诏狱，谪云南浪穹丞。

罗侨，字维升，吉水人。性纯静，寡嗜欲。受业张元祯，讲学里
中。举弘治十二年进士，除新会知县，有惠爱。

正德初，入为大理右评事。五年四月，京师旱霾，上疏曰："臣闻
人道理则阴阳和，政事失则灾沴作。顷因京师久旱，陛下特沛德音，
释逋戍之囚，弛株连之禁，而齐祷经旬，雨泽尚滞。臣窃以为天心仁

爱未已也。陛下视朝，或至日昃，狎侮群小，号呶达旦，其何以承天心基大业乎！文纲日密，诛求峻急，盗贼白昼杀人，百姓流移载道，元气索然。科道知之而不敢言，内阁言之而不敢尽，此壅蔽之大患也。古者进退大臣，必有体貌，黥劓之罪不上大夫。迩来公卿去不以礼。先朝忠盖如刘大夏者，谪戍穷边，已及三载，陛下置之不问，非所以待耆旧、敬大臣也。本朝律例，参酌古今，足以惩奸而蔽罪。近者法司承望风旨，巧中善类。传曰："赏僭则及淫人，刑滥则及善人。不幸而过，宁僭无滥。"今之刑罚，滥孰甚焉。愿陛下慎逸游，屏玩好，放弃小人，召还旧德，与在廷臣工，宵旰图治，并敕法司慎守成律。即有律轻情重者，亦必奏请裁决，毋擅有轻重。庶可上弭天变，下收人心。"时朝士久以言为讳。侨疏上，自揣必死，舆榇待命。刘瑾大怒，矫中旨诘责数百言，令廷臣议罪。大学士李东阳力救，得改原籍教职。其秋，瑾败，侨寻召复官，引病去。宸濠反，王守仁起兵吉安，侨首赴义。

世宗即位，即家授台州知府。建忠节祠，祀方孝孺。延布衣张尺，询民间疾苦。岁时循行阡陌，课农桑，讲明冠婚丧祭礼，境内大治。嘉靖二年举行卓异。都御史姚镆上书讼侨曰："人臣犯颜进谏，自古为难。曩"八党"弄权，逆瑾乱政，廷臣结舌，全躯自保。而给事中刘茝评事罗侨殉国忘身，发摘时弊，幸存余息。遭遇圣朝，谓宜显加奖擢，用厉具臣。乃侨知台州，茝知长沙，使怀忠竭节之士淹于常调，臣窃为朝廷惜之。"帝纳其言，擢侨广东左参政，侨辞。部牒敦趣，不得已之官。逾年，遂谢病归。

侨敦行谊，动则古人。罗洪先居丧，不废讲学，侨以为非礼，遗书责之。其峭直如此。

叶钊，字时勉，丰城人。弘治十五年进士。除南京刑部主事。狱囚久淹，悉按法出之。守备中官侵芦洲，判归之民。应天诸府灾，上荒政四事。寻进员外郎。

武宗立，应诏陈八事，中言："宣、大被寇，杀卒几千人。监督中官苗逵妄报首功,宜召还候勘。宦官典兵,于古未见。唐始用之,而宗社邱墟,我正统朝用之,而銮舆北狩。自今军务勿遣监督,镇守者亦宜撤还。且国初宦官悉隶礼部,秩不过四品,职不过扫除。今请仍隶之部,易置司礼,俾供杂役。罢革东厂,移为他署。斯左右不得擅权,而后天下可安也。"又乞召还刘大夏,宥谏官戴铣等。刘瑾怒,坐断猝违误,逮下诏狱,削籍归。讲学西江。瑾诛,起礼部员外郎,未闻命卒。学者祀之石鼓书院。

时又有工部主事刘天麒者,临桂人,钊同年进士。分司吕梁。奄人过者不为礼,朔之瑾,逮下诏狱。谪贵州安庄驿丞卒。嘉靖初,复官予祭。

戴冠,信阳人。正德三年进士。为户部主事。见宠幸日多,廪禄多耗,乃上疏极谏,略曰:"古人理财,务去冗食。近京师势要家子弟僮奴苟窃爵赏,锦衣官属数至万余,次者击籍勇士,投充监局匠役,不可数计,皆国家蠹也。岁漕四百万,宿有赢余。近绌水旱,所入不及前,而岁支反过之,计为此辈耗三之一。陛下何忍以赤子膏血,养无用之蠹乎!兵贵精,不贵多。边军生长边土,习战阵,足以守御。今遇警辄发京军,而宣府调入京操之军,累经臣下论列,坚不遣还。不知陛下何乐于边军,而不为关塞虑也。天子藏富天下,务鸠聚为帑藏,是匹夫商贾计也。逆瑾既败,所籍财产不归有司,而贮之豹房,遂创新库。夫供御之物,内有监局,外有部司,此库何所用之。"疏入,帝大怒,贬广东乌石驿丞。

嘉靖初,起官,历山东提学副使,以清介闻。

黄巩,字仲固,莆田人。弘治十八年进士。正德中,由德安推官入为刑部主事,掌诸司奏牍。历职方武选郎中。十四年三月,有诏南巡,巩上疏曰:

　　陛下临御以来,祖宗之纲纪法度一坏于逆瑾,再坏于佞幸,又再坏于边帅,盖荡然无余矣。天下知有权臣,不知有天子,乱本已成,祸变将起。试举当今最急者陈之。

一,崇正学。臣闻圣人主静,君子慎动。陛下盘游无度,流连忘反,动亦过矣。臣愿陛下高拱九重,凝神定虑,屏纷华,斥异端,远佞人,延故老,访忠良,可以涵养气质,薰陶德性,而圣学维新,圣政自举。

二,通言路。言路者,国家之命脉也。古者,明王导人以言,用其言而显其身。今则不然。臣僚言及时政者,左右匿以不闻。或事关权臣,则留中不出,而中伤以他事。使其不以言获罪,而以他事获罪。由是,虽有安民长策,谋国至计,无因自达。虽必乱之事,不轨之臣,陛下亦何由知。臣愿广开言路,勿罪其出位,勿责其沽名,将忠言日进,聪明日广,乱臣贼子亦有所畏而不敢肆矣。

三,正名号。陛下无故降称大将军太师镇国公,远近传闻,莫不惊叹。如此,则谁为天子者? 天下不以天子事陛下,而以将军事陛下,天下皆为将军之臣矣。今不削去诸名号,昭上下之分,则体统不正,朝廷不尊。古之天子亦有号称独夫,求为匹夫而不得者,窃为陛下惧焉。

四,戒游幸。陛下始时游戏,不出大庭,驰逐止于南内,论者犹谓不可。既而幸宣府矣,幸大同矣,幸太原、榆林矣,所至费财动众,郡县骚然,至使民间夫妇不相保。陛下为民父母,何忍使至此极也。近复有南巡之命。南方之民争先挈妻子避去,流离奔踣,怨讟烦兴。今江、淮大饥,父子兄弟相食。天时人事如此,陛下又重蹙之,几何不流为盗贼也。奸雄窥伺,待时而发。变生在内,则欲归无路;变生在外,则望救无及。陛下斯时,悔之晚矣。彼居位大臣,用事中官,亲暱群小,夫岂有毫发爱陛下之心哉?皆欲陛下远出,而后得以擅权自恣,乘机为利也。其不然,则亦袖手旁观,如秦、越人不相休戚也。陛下宜翻然悔悟,下哀痛罪已之诏,罢南巡,撤宣府离宫,示不复出。发内帑以振江、淮,散边军以归卒伍。雪已往之谬举,收既失之人心。

如是,则尚可为也。

五,去小人。自古未有小人用事,不忘国丧身者也。今之小人簸弄威权、贪溺富贵者,实繁有徒。至于首开边事,以兵为戏,使陛下劳天下之力,竭四海之财,伤百姓之心者,则江彬之为也。彬,行伍庸流,凶狠傲诞,无人臣礼。臣但见其有可诛之罪,不闻其有可赏之功。今乃赐以国姓,封以伯爵,托以心腹,付以京营重寄,使其外持兵柄,内蓄逆谋,以成骑虎之势,此必乱之道也。天下切齿怒骂,皆欲食彬之肉。陛下亦何惜一彬,不以谢天下哉!

六,建储贰。陛下春秋渐高,前星未耀,祖宗社稷之托摇摇无所寄。方且远事观游,屡犯不测,收养义子,布满左右,独不能豫建亲贤以承大业,臣以为陛下殆倒置也。伏望上告宗庙,请命太后,旁诹大臣,择宗室亲贤者一人养于宫中,以系四海之望。他日诞生皇子,仍俾出藩,实宗社无疆之福也。

员外郎陆震草疏将谏,见巩民疏称叹,因毁已稿,与巩连署以进。帝怒甚,下二人诏狱,复跪午门。众谓天子且出,巩曰:“天子出,吾当牵裾死之。”跪五日,期满,仍系狱。越二十余日,廷杖五十,斥为民。彬使人沿途刺巩,有治洪主事知而匿之,间行得脱。

既归,潜心著述。或米尽,日中未爨,晏如也。尝叹曰:“人生至公卿富贵矣,然不过三四十年。惟立身行道,千载不朽。世人顾往往以此易彼,何也?”

世宗立,召为南京大理丞。疏请稽古正学,敬天勤民,取则尧、舜,保全君子,辨别小人。明年入贺,卒于京师。行人张岳讼其直节,赠大理少卿,赐祭葬。天启初,追谥忠裕。

陆震,字汝亨,兰谿人。受业同县章懋,以学行知名。正德三年进士。除泰和知县。时刘瑾擅政。以逋监课责县民偿者连数百人,震力白之上官,得免。镇守中官岁征贡绮,为减其额。增筑学舍居诸生,毁淫祠祀忠节。浮粮累民,稽赋籍,得诡寄隐匿者万五千石以补之。建仓县左,储谷待振。亲行乡落,劝课农桑。立保伍法,使民备盗。甓城七里,外为土城十里周之。时发狼兵讨贼,所至扰民。震言于总督,令毋听样舟,官具粮糗,以次续食,兵行肃然。督捕永丰、新滏贼,以功受赏。抚按交荐,征为兵部主事。泰和人生祠之。

在部,主诸司章奏,与中人忤,改巡紫荆诸关。又以论都御史彭泽、副使胡世宁无罪,忤尚书王琼、陆完。

孝贞皇后崩,武宗至自宣府。既发丧数日,复欲北出。震抗疏曰:"日者,昊天下不吊,威降大戚。车驾在狩,群情惶惶。陛下单骑冲雪还宫,百官有司莫不感怆,以为陛下前蔽而今明也。乃者梓宫在殡,遽拟游巡,臣知陛下之心必有慼然不安者。且陛下即位十有二年矣,十者干之终,十有二者支之终。当气运周会,正修德更新时,顾乃营宣府以为居,纵骑射以为乐,此臣所深惧也。古人君车马游畋之好,虽或有之,至若以外为主,以家为客,挈天下大器、赏罚大柄付之于人,漠然不关意念,此古今所绝无者。伏望勉终丧制,深戒盘游。"

不报。进武选员外郎。已,偕黄巩谏南巡,遂下诏狱。狱中与巩讲《易》九卦,明忧患之道。同系者率处分后事,震独无一言。既杖,创甚,作书与诸子:"吾虽死,汝等当勉为忠孝。吾笔乱,神不乱也。"遂卒。世宗立,赠太常少卿,予祭。

方震等系狱,江彬必欲致之死,绝其饮食。震季子体仁,年十五,变服为他囚亲属,职纳橐饘焉。后有诏录一子官,诸兄让体仁,为漳州通判,有政声。孙可教,由进士历南京礼部侍郎。

夏良胜,字于中,南城人。少为督学副使蔡清所知,曰:"子异日必为良臣,当无有胜子者",遂名良胜。正德二年,举乡试第一。明年,成进士,授刑部主事,调吏部,进考功员外郎。

南巡诏下,良胜具疏,与礼部主事万潮、太常博士陈九川连署以进,言:"方今东南之祸,不独江、淮,西北之忧,近在辇毂。庙祀之閟位,不可以久虚;圣母之孝养,不可以恒旷。宫壸之孕祥,尚可以早图;机务之繁重,未可以尽委。"镇国"之号,传闻海内,恐生觊觎之阶;边将之属,纳于禁近,讵忘肘腋之患。巡游不已,臣等将不知死所矣。"

时舒芬、黄巩、陆震疏已前入。吏部郎中张衍端等十四人、刑部郎中陆俸等五十三人继之,礼部郎中姜龙等十六人、兵部郎中孙凤等十六人又继之。而医士徐鏊亦以其术谏略言:"养身之道,犹置烛然,室闭之则坚,风暴之则泪。陛下轻万乘,习嬉娱,跃马操弓,捕鱼玩兽。尔复不惮远游,冒寒暑,涉关河,饘饮不调,馆蓺无择,诚非养生道也。况南方卑湿,尤易致病。乞念宗庙社稷之重,勿事鞍马,勿过醉饱,喜无伤心,怒无伤肝,欲无伤肾,劳无伤脾,就密室之安,韦暴风之祸。臣不胜至愿。"

诸疏既入,帝与诸幸臣皆大怒,遂下良胜、潮、九川、巩、震、鏊诏狱,芬及衍瑞等百有七人罚跪午门外五日。而大理寺正周叙等十人,行人司副余廷瓒等二十人,工部主事林大辂、何遵、蒋山卿连名疏相继上。帝益怒,并下诏狱。俄令叙、廷瓒、大辂等,与良胜等六人,俱跪阙下五日,加桎梏焉。至晚,仍系狱。诸臣晨入暮出,累累若重囚,道途观者无不泣下。而廷臣自大学士杨廷和、户部尚书石玠疏救外,莫有言者。士民咸愤,争掷瓦砾诟詈之。诸大臣皆恐,入朝不待辨色,请下诏禁言事者,通政司遂格不受疏。

是时,天连曀昼晦,禁苑南海子水涌四尺余,桥下七铁柱皆折如斩。金吾卫都指挥佥事张英曰:"此变征也,驾出必不利。"乃肉袒戴刃于胸,囊土数升,持谏疏当跸道跪哭,即自刺其胸,血流满地。卫士夺其刃,缚送诏狱。问囊土何为?曰:"恐污帝廷,洒土掩血耳。"诏杖之八十,遂死。

芬等百有七人,跪既毕,杖各三十。以芬、衍瑞、俸、龙、凤为倡首,谪于外,余夺俸半岁。良胜等六人及叙、廷瓒、大辂各杖五十,余三十人四十。巩、震、良胜、潮、九川除名,他贬黜有差,鏊戍边。而车驾亦不复出矣。

良胜既归,讲授生徒。世宗立,召复故官。尚书乔宇贤之,奏为文选郎中,公廉多所振拔。"大礼"议起,数偕寮长力争。及席书、张璁、桂萼、方献夫用中旨超擢,又执不可。由是为议礼者所切齿。以久次迁南京太常少卿,未赴,外转。给事中陈洸上书。傅会张璁等议,斥良胜与尚书字等群结朋党,任情挤排,遂谪良胜茶陵知州。及明伦大典成,诏责前郎中良胜胁持庶官,酿祸特深,黜为民。初,良胜辑其部中章奏,名曰铨司存稾,凡议礼诸疏具在。为仇家所发,再下狱。论杖当赎,特旨谪戍辽东三万卫。逾五年,卒于戍所。穆宗立,赠太常卿。舒芬等自有传。

万潮,字汝信,进贤人。正德六年进士。由宁国推官入为仪制主事,与芬、良、胜、九川称"江西四谏"。世宗立,起故官,历浙江提学副使。久之迁参政,以忤权贵调广西。屡迁陕西左布政使、右副都御史巡抚延绥,所至著声。

陈九川,字惟浚,临川人。正德九年进士。从王守仁游。寻授太常博士。既削籍,复从守仁卒业。世宗嗣位,召复故官,再迁主客郎中。正贡献名物,节贡使犒赏费数万。会天方国贡玉石,九川简去其不堪者,所求蟒衣,不为奏覆,复怒骂通事胡士绅等。士绅恚,假番人词讦九川及会同馆主事陈邦称。帝怒,下二人诏狱。而是时张璁、桂萼欲倾费宏夺其位,乃属士绅再讦九川盗贡玉馈宏制带,词连后部郎中张瓛、锦衣指挥张潮等。帝益怒,并下瓛等诏狱。指挥骆安请摄士绅质讯,给事中解一贯等亦以为言,帝不许。狱成,九川戍镇海卫,邦称等削籍有差。久之,遇赦放还,卒。

张衍瑞,字元承,汲人。弘治十八年进士。为清丰知县。以执法忤刘瑾,逮下诏狱,几死。瑾诛,得释,官吏部文选郎中。既杖,谪平阳同知。嘉靖初召还,擢太常少卿。寻卒,赠太仆卿。

姜龙,太仓人,见父昂传。孙凤,洛阳人。陆俸,吴县人。周叙,九黢卫人。林大辂,莆田人。蒋山卿,仪真人。皆由进士。山卿游顾璘门,以诗名于时。既杖,凤、俸并谪府同知,叙县丞,大辂州判官,山卿前府都事。世宗立,悉召复故官。凤终副使,俸知府,叙工部尚书,大辂右副都御史巡抚湖广,山卿广西参政。

徐鏊，嘉定人，本高氏子。少孤，依舅京师，冒徐姓，从其业为医，供事内殿。既杖，谪戍乌撒。世宗即位，召还，寻擢御医。鏊性耿介，时朝士多新贵，不知鏊，鏊亦不言前事，一官垂三十年不调。年七十，求致仕。值同县徐学谟为礼部郎中，引见尚书吴山。山阅牒，有谏南巡事，瞿然曰："此武庙时徐先生耶？何淹也。"两侍郎嫌其老，学谟抗声曰："鏊虽老，然少与舒状元同患难，为可敬耳。"又久之，始迁院判。自引归，卒年八十三。

时同受杖者，吏部则姚继岩，行人则陶滋、巴思明、李锡、顾可久、邓显麒、熊荣、杨秦、王懋、黄国用、李俨、潘锐、刘蔽、张岳，大理寺则寺正金鑫，寺副孟庭柯、张士镐、郝凤升、傅尚文、郭五常，评事姚如皋、蔡时，并谪官。世宗立，召还。张英亦得赠官予祭，授弟雄都指挥佥事。

姚继岩，南通州人，张衍瑞同年生也。当迁文选郎中，让衍瑞。嘉靖初，历太常少卿，伏阙争"大礼"。甘贫约，远权势。及卒，不能成丧。

何遵，字孟循，江宁人。家贫，父命之贾，不愿也，去为儒。举正德九年进士。吏部尚书陆完闻其名，使子弟从学。及选台谏，遵引疾曰："不可因人进也。"授工部主事，榷木荆州。下令税自百金以下减三之一，风涛败贷者勿算。入算者手实其数自识之，藏于郡帑，数日一会所入。比去，不私一钱。

帝将南巡，以进香东岳为词。遵抗言："淫祠无福。万一宗藩中藉口奉迎，潜怀不轨，则福未降而祸已随。盖指宸濠也。诸权幸见疏，遏勿进。时黄巩等已得罪，遵复与同官林大辂、蒋山卿上疏乞罢南巡，极言江彬怙权倡乱，巩等无罪，愿特宽宥，毋使后世有杀谏臣名。帝怒，下诏狱，廷杖四十。创甚，肢体俱裂，越二日遂卒，年三十四。家贫，僚友助而殓之。

当遵草疏时，家僮前，抱持哭曰："主纵不自计，独不念老亲幼子乎？"遵执笔从容曰："为我谢大人，儿子勿令废学足矣。"死之日，其父方与家人祭墓归,有乌悲鸣,心异之。或传工部有以言获罪者,父长号曰:"遵死矣!"已而果然。

时先遵受杖死者,刑部主事郾城刘校、照磨汲人刘珏。与遵同死杖下者,陆震而外,大理评事长乐林公黼,行人司副鄱阳余廷瓒,行人盱眙李绍贤、泽州孟阳、玉山詹轼、安陆刘概、祥符李惠。

刘校,字宗道。性至孝。母胡教子严,偶不悦,辄长跪请罪,母悦乃起。正德六年,与詹轼、刘概同举进士,授刑部主事。迎父就养,卒于途。校奔赴,抱尸痛哭几绝。面有尘,以舌舐而拭之。及起故官,帝将南巡,刑曹谏疏,校所草也。杖将死,大呼曰:"校无恨,恨不见老母耳!"子元娄,年十一,哭于旁。校曰:"尔读书不多,独不识事君致身义乎?善事祖母及母,毋愧而父。"遂绝。刘珏,由贡士。

林公黼,字质夫。父母丧,三年蔬粥,不入内。正德十二年,与李绍贤、李惠同举进士。诸曹谏南巡者,皆罚跪阙前,诸奸又日以危言恫喝,闻者惴惴。以故,户曹不敢出疏,工曹谏者止三人。独大理阖署谏,故帝怒加甚。公黼夜草疏,时闻暗中泣叹声,不顾。比入狱,黄巩与语,叹曰:"吾取友偏天下,乃近遗质夫。古人谓入险不惊,殆斯人乎!"公黼体羸,竟不胜杖而卒。

余廷瓒,字伯献,与孟阳皆正德九年进士。当礼、兵二曹之进谏也,廷瓒亦率其僚陈巡游十不可,通政司独留之。居数日,诸曹已罚跪,疏始上。帝愈怒,掠治尤严。

李绍贤,字崇德。尝颁诏至徐州,监仓中使席班首,绍贤立命撤其席,中使愕然去。比逮击,见中官犹奴视之。

孟阳,字子乾。吏部侍郎春之子。为行人,久不迁,或讽之见当路,阳不可。及是,语诸僚:"此举系社稷安危,一命之士皆与有忧,岂必言官乃当效死。"父春,前巡抚宣府,有军功,忤中官张永罢归。闻子死谏,哭之以诗,语甚悲壮,人争传之。

詹轼,字敬之。为人开爽磊落,善谈论。从父瀚,字汝约,与公黼同举进士。时方为刑部主事,亦以谏受杖。轼死,为经纪其丧以归。嘉靖中,瀚争"大礼",再受杖。每阴雨创痛,曰:"吾无愧敬之地下,足矣。"积官刑部侍郎。

　　刘概,字平甫。李惠,字德卿,尚书钺之子。世宗立,赠遵、校尚宝卿,珏刑部主事,公黼、廷瓒太常丞,绍贤御史。各赐祭,录一子入国学。

　　其以创死稍后者,礼部员外郎慈谿冯泾,验封郎中吴江王銮,行人昌黎王瀚。

　　冯泾,字伯清,与瀚皆正德九年进士。泾以孝友称。既卒,家贫不能还丧。世宗立,吏部以状闻,赐米二十斛,命有司厚恤其家。

　　王銮,字汝和,正德六年进士。试政吏部,为尚书杨一清所知,擢文选主事。朝夕闭户,人罕得见。再迁验封郎中。被创,逾年卒。王瀚亦前卒。世宗立,赠御史,赐祭。

　　当诸曹连章迭谏,江彬怒甚。阴属典诏狱者重其杖,以故诸臣多死。哭声撒禁掖,帝亦为感动,竟罢南巡,诸臣之力也。

　　嘉靖初,主事仵瑜上疏曰:"正德间,给事、御史挟势凌人,趋权择便,凡朝廷大阙失,群臣大奸恶,缄口不言。一时犯颜敢诤,视死如归,或拷死阙廷,或流窜边塞,皆郎中、员外、主事、评事、行人、照磨、庶吉士,非有言责者。张英本一武夫,抗言就死,行道悲伤。今幸圣皇御极,褒恤忠良,诸给事、御史更何颜复立清明之朝。请加黜罚,以示创惩。"章下吏部。瑜后以争"大礼"杖死,自有传。

　　赞曰:李文祥、孙磐甫释褐观政,未列庶位;胡燧以下率诸曹尚书郎,或冗散卑末。非司风宪,当言路,以谏诤为尽职也。抗言极论,窜谪接踵,而来者愈多;死相枕籍,而赴蹈恐后。其抵触权幸,指斥乘舆,皆切于安危之至计。若张英陷胸以悟主,徐鏊托术以讽谕,诚心出于忠爱,抑尤人所难能者矣。

明史卷一九〇
列传第七八

杨廷和　梁储　蒋冕　毛纪
石宝 兄玠

　　杨廷和,字介夫,新都人。父春,湖广提学佥事。廷和年十二举
于乡;成化十四年,年十九,先其父成进士,改庶吉士,告归,娶,还
朝授检讨。廷和为人美风姿,性沉静、详审。为文简畅有法,好考究
掌故、民瘼、边事,及一切法家言,郁然负公辅望。

　　弘治二年,进修撰。《宪宗实录》成,以预纂修进侍读改左春坊
左中允,侍皇太子讲读。修“会曲”成,超拜左春坊大学士,充日讲
官。正德二年,由詹事入东阁,专典诰敕。以讲筵指斥佞幸,忤刘瑾,
传旨改南京吏部左侍郎。五月,迁南京户部尚书。又三月,召还,进
兼文渊阁大学士,参预机务。明年,加少保兼太子太保。瑾摘《会
曲》小误,夺廷和与大学士李东阳等俸二级。寻以成《孝宗实录》功
还之。明年,加光禄大夫,柱国,迁改吏部尚书,武英殿大学士。

　　时瑾横益甚,而焦劳、张彩为中外媾。廷和与东阳委曲其间,小
有剂救而已。安化王寘𫔍反,以诛瑾为名。廷和等草赦诏,请擢边
将仇钺以离贼党,钺果执寘𫔍。会张永发瑾罪,瑾伏诛。廷和等乃
复论功进少傅兼太子太傅、谨身殿大学士,予一子中书舍人。

　　流贼刘六、刘七、齐彦名反,杨一清荐马中锡讨之。廷和言:“中
锡,文士也,不任此。”时业已行,果不能平贼。廷和请逮中锡下狱,
以陆完代之。而斩故受赇纵贼者,参将桑玉。已,又用学士陈霁言,

调诸边兵,讨河南贼赵鐩等,而荐彭泽为总制。贼平论功,录廷和一子锦衣卫千户。辞,特加少师、太子太师、华盖殿大学士。东阳致政,廷和遂为首辅。

张永既去瑾而骄,捕得男子臂龙文者以为功,援故太监刘永诚例觊封侯。廷和言:"永诚从子聚自以战功封伯耳,且非永诚身受之也。"乃止。彭泽将西讨鄢本恕,问计廷和,廷和曰:"以君才,贼不足平,所戒者班师早耳。"泽后破诛本恕等即班师,而余党复猖起不可制。泽既发复留,乃叹曰:"杨公先见,吾不及也。"

乾清宫灾,廷和请帝避殿,下诏罪已,求直言。因与其僚上疏,劝帝早朝晏罢,躬九庙祭祀,崇两宫孝养,勤日讲。复面奏开言路,达下情,还边兵,革宫市,罢皇店,出西僧,省工作,减织造,凡十余条,皆切至。帝不省。寻以父卒,乞奔丧,不许。三请乃许,遣中官护之。旋复起之,三疏辞,始许。阁臣之得终父母丧者,自廷和始也。

服甫阕,即召至。帝方猎宣府,使使赐廷和羊酒、银币。廷和疏谢,因请回銮不报,复与大学士蒋冕驰至居庸,欲身出塞请。帝令谷大用扼关门,乃归。帝命回銮日,群臣各制旗帐迎。廷和曰:"此里俗以施之亲旧耳。天子至尊,不敢渎献。"帝再使使谕意,执不从,乃已。

当廷和柄政,帝恒不视朝,恣游大同、宣府、延绥间,多失政。廷和未尝不谏,俱不听;廷和亦不能执奏。以是邑邑不自得,数移疾乞骸骨,帝亦不听。中官谷大用、魏彬、张雄,义子钱宁、江彬辈,恣横甚。廷和虽不为下,然亦不能有所裁禁,以是得稍自安。

御史萧淮发宁王宸濠反谋,钱宁辈犹庇之,诋淮离间。廷和请如宣宗,谕赵王故事,遣贵戚大臣赍敕往谕,收其护卫屯田。于是命中官赖义,驸马都尉崔元等往,未至而宸濠反。帝欲帅师亲征,廷和等力阻之。帝乃自称"总督军务、威武大将军、总兵官、后军都督府、太师、镇国公朱寿",统各京边将士南讨。而安边伯许泰为威武副将军,左都督刘晖为平贼将军前驱,镇守、抚、按悉听节制。命廷和与大学士毛纪居守。以乾清、坤宁二宫工成,推恩录一子锦衣卫副千户，辞。时廷和当草大将军征南敕谕，谢弗肯。帝心恚。会推南京吏部尚书刘春理东阁诰敕，以廷和私其乡人，切责之。廷和谢罪，乞罢，不许。少师梁储等请与俱罢，复不许。廷和方引疾不入，帝遂传旨行之。时十四年八月也。

帝既南，两更岁朔。廷和颇以镇静持重，为中外所推服。凡请回銮者数十疏，皆不复省。帝归，驻跸通州。廷和等举故事，请帝还大内御殿受俘。然后正宸濠等诛，而帝已不豫。趣召廷和等至通州受事，即行在执宸濠等僇之，驾乃旋。

明年正月，帝郊祀，呕血舆疾归，逾月益笃，时帝无嗣。司礼中官魏彬等至阁，言国医力竭矣，请捐万金购之草泽。廷和心知所谓，不应，而微以伦序之说风之，彬等唯唯。三月十四日丙寅，谷大用、张永至阁，言帝崩于豹房，以皇太后命，移殡大内，且议所当立。廷和举《皇明祖训》示之，曰：“兄终弟及，谁能渎焉？兴献王长子、宪宗之孙、孝宗之从子、大行皇帝之从弟，序当立。”梁储、蒋冕、毛纪咸赞之。乃令中官入启皇太后，廷和等候左顺门下。顷之，中官奉遗诏及太后懿旨，宣谕群臣，一如廷和请，事乃定。

廷和遂以遗诏令太监张永、武定侯郭勋、安边伯许泰、尚书王宪选各营兵，分布皇城四门、京城九门及南北要害，厂卫御史以其属捍掫。传遗命罢威武营团练诸军，各边兵入卫者俱重赉散归镇，革皇店及军门办事官校悉还卫，哈密、土鲁番、佛郎机诸贡使皆给赏遣还国，豹房番僧及少林僧、教坊乐人、南京快马船诸非常例者，一切罢遣。又以遗诏释南京逮系囚，放遣四方进献女子，停京师不急工务，收宣府行宫金宝归诸内库。中外大悦。

时平虏伯江彬拥重兵在肘腋间，知天下恶之，心不自安。其党都督金事李琮尤狠黠，劝彬乘间以其家众反，不胜则北走塞外。彬犹豫未决。于是廷和谋以皇太后旨捕诛彬，遂与同官蒋冕、毛纪及司礼中官温祥四人谋。张永伺知其意，亦密为备。司礼魏彬者，故与彬有连。廷和以其弱可胁也，因题大行铭旌，与彬、祥及他中官张锐、陈严等为详言江彬反状，以危语怵之。彬心动，惟锐力言江彬无罪,廷和面折之。冕曰:"今日必了此,乃临。"严亦从旁赞决,因俾祥、彬等入白皇太后。良久未报,廷和、冕益自危。顷之,严至曰:"彬已擒矣。"彬既诛,中外相庆。

廷和总朝政几四十日,兴世子始入京师即帝位。廷和草上登极诏书,文书房官忽至阁中,言欲去诏中不便者数事。廷和曰:"往者事龃龉,动称上意。今亦新天子意耶?吾侪贺登极后当面奏上,问谁欲削诏草者。"冕、纪亦相继发危言,其人语塞。已而诏下,正德中蠹政厘抉且尽。所裁汰锦衣诸卫、内监局旗校工役为数十四万八千七百,减漕粮百五十三万二千余石,其中贵、义子、传升、乞升一切恩幸得官者大半皆斥去。中外称新天子圣人,且颂廷和功;而诸失职之徒衔廷和次骨,廷和入朝,有挟白刃伺舆旁者。事闻,诏以营卒百人卫出入。帝御经筵,廷和知经筵事。修《武宗实录》,充总裁。廷和先已加特进一品满九载,兼支大学士俸,赐敕旌谕,至是加左柱国。帝召对者三,慰劳备至。廷和益欲所发掊,引用正人,布列在位。

给事、御史交章论王琼罪状,下诏狱。琼迫,疏讦廷和以自解。法司当琼奸党律论死,琼力自辨,得减戍边。或疑法司承廷和指者。会石宝自礼部尚书掌詹事府,改吏部,廷和复奏改之掌詹事司诰敕。人或谓廷和太专,然廷和以帝虽冲年,性英敏,自信可辅太平,事事有所持诤。钱宁、江彬虽伏诛,而张锐、张忠、于经、许泰等狱久不决。廷和等言:"不诛此曹,则国法不正,公道不明,九庙之灵不安,万姓之心不服,祸乱之机未息,太平之治未臻。"帝乃籍没其赀产。廷和复疏请敬天戒、法祖训、隆孝道、保圣躬、务民义、勤学问、慎命令、明赏罚、专委任、纳谏诤、亲善人、节财用,语多剀切,皆优诏报可。及议"大礼",廷和持论益不挠,卒以是忤帝意。

先是,武宗崩,廷和草遗诏,言皇考孝宗敬皇帝亲弟与献王长子某,伦序当立,遵奉祖训兄终弟及之文,告于宗庙,请于慈寿皇太后,迎嗣皇帝位。既令礼官上礼仪状,请由东安门入居文华殿。翼日,百官三上笺劝进,俟令旨俞允,择日即位。其笺文皆循皇子嗣位故事。世宗览礼部状,谓:"遗诏以吾嗣皇帝位,非为皇子也。"及至京,止城外。廷和固请如礼部所具仪,世宗不听,乃御行殿受笺,由大明门直入,告大行几筵,日中即帝位。诏草言"奉皇兄遗诏入奉宗祧",帝迟回,久之始报可。越三日,遣官往迎帝母兴献妃。未几,命礼官议兴献王主祀称号。廷和检汉定陶王、宋濮王事授尚书毛澄,曰:"是足为据,宜尊孝宗曰皇考,称献王为皇叔考兴国大王,母妃为皇叔母兴国太妃,自称侄皇帝名,别立益王次子崇仁王为兴王,奉献王祀。有异议者即奸邪,当斩。"进士张璁与侍郎王瓒言,帝入继大统,非为人后。瓒微言之,廷和恐其挠议,改瓒官南京。

五月,澄会廷臣议上,如廷和言,帝不悦。然每召廷和,从容赐茶慰谕,欲有所更定,廷和卒不肯顺帝指,乃下廷臣再议。廷和偕蒋冕、毛纪奏言:"前代入继之君,追崇所生者,皆不合典礼。惟宋儒程颐濮议最得义理之正,可为万世法。至兴献王祀,虽崇仁王主之,他日皇嗣繁衍,仍以第二子为兴献王后,而改封崇仁王为亲王,则天理人情,两全无失。"帝益不悦,命博考典礼,务求至当。廷和、冕、纪复言:"三代以前,圣莫如舜,未闻追崇其所生父瞽瞍也。三代之后,贤莫如汉光武,未闻追崇其所生父南顿君也。惟皇上取法二君,则圣德无累、圣孝有光矣。"澄等亦再三执奏,帝留中不下。

七月,张璁上疏,谓当继统,不继嗣。帝遣司礼太监持示廷和,言此议遵祖训、据古礼,宜从。廷和曰:"秀才安知国家事体",复持入。无何,帝御文华殿,召廷和、冕、纪,授以手敕,令尊父母为帝后。廷和退而上奏曰:"礼谓为所后者为父母,而以其所生者为伯叔父母,盖不惟降其服而又异其名也。臣不敢阿谀顺旨。"仍封还手诏。群臣亦皆执前议,帝不听。

迨九月,母妃至京,帝自定仪由中门入,谒见太庙,复申谕欲加称兴献帝、后为皇。廷和言:"汉宣帝继孝昭后;谥史皇孙、王夫人曰悼考、悼后;光武上继元帝,钜鹿、南顿君以上立庙章陵,皆未尝追尊。今若加皇字,与慈寿孝庙并,是忘所后而重本生,任私恩而弃大义,臣等不得辞其责。"因自请斥罢。廷臣诤者百余人。帝不得已,乃以嘉靖元年诏称孝宗为皇考,慈圣皇太后为圣母,兴献帝、后为本生父母,不称皇。

当是时,廷和先后封还御批者四,执奏几三十疏。帝常忽忽有所恨。左右因乘间言廷和恣无人臣礼。言官史道、曹嘉遂交劾廷和。帝为薄谪道,嘉以安廷和,然意内移矣。寻论定策功,封廷和、冕、纪伯爵,岁禄千石,廷和固辞。改荫锦衣卫指挥使,复辞。帝以赏太轻,加荫四品京职世袭,复辞。会满四考,超拜太傅,复四辞而止。特赐敕旌异,锡宴于礼部,九卿皆与焉。

帝颇事斋醮,廷和力言不可,引梁武、宋徽为喻,优旨报纳。江左比岁不登,中官请遣官督织造。工部及给事、御史言之,皆不听,趣内阁撰敕。廷和等不奉命,因极言民困财竭,请毋遣。帝趣愈急,且戒毋渎扰报拗。廷和力争,言:"臣等与举朝大臣、言官言之不听,顾二三邪佞之言是听,陛下能独与二三邪佞共治祖宗天下哉?且陛下以织造为累朝旧例,不知洪武以来何尝有之,创自成化、弘治耳。宪宗、孝宗爱民节财,美政非一,陛下不取法,独法其不美者,何也?即位一诏,中官之幸路细塞殆尽,天下方传诵圣德,今忽有此,何以取信?"因请究拟旨者何人,疑有假御批以行其私者。帝为谢不审,俾戒所遣官毋纵肆而已,不能止也。

廷和先累疏乞休,其后请益力。又以持考献帝议不合,疏语露不平。三年正月,帝听之去。责以因辞归咎,非大臣道。然犹赐玺书,给舆廪邮护如例,申前荫子锦衣卫指挥使之命。给事、御史请留廷和,皆不报。廷和去,始议称孝宗为皇伯考。于是,廷和子修撰慎率群臣伏阙哭争,杖谪云南。既而,王邦奇诬讦廷和及其次子兵部主事惇、婿修撰金承勋、乡人侍读叶桂章与彭泽弟冲交关请属,俱逮下诏狱。鞫治无状,乃得解。

七年,《明伦大典》成,诏定议礼诸臣罪。言廷和谬主濮议,自诡门生天子、定策国老,法当僇市,姑削职为民。明年六月卒,年七十一。居久之,帝问大学士李时,太仓所积几何。时对曰:"可支数年。由陛下初年诏书裁革冗员所致。"帝慨然曰:"此杨廷和功,不可没也。"隆庆初,复官,赠太保,谥文忠。

初,廷和入阁,东阳谓曰:"吾于文翰,颇有一日之长,若经济事,须归介夫。"及武宗之终,卒安社稷者,廷和力也,人以东阳为知言。

弟廷仪,兵部祐侍郎。子慎、惇,孙有仁,皆进士。慎自有传。

梁储,安叔厚,广东顺德人。受业陈献章。举成化十四年会试第一,选庶吉士,授编修,寻兼司经局校书。

弘治四年,进侍讲,改洗马,侍武宗于东宫。册封安南,却其馈。久之,擢翰林学士,同修《会典》,迁少詹事,拜吏部右侍郎。正德初,改左,进尚书,专典诰敕,掌詹事府。刘瑾摘《会典》小疵,储坐降右侍郎。《孝宗实录》成,复尚书,寻加太子少保,调南京吏部。谨诛,以吏部尚书兼文渊阁大学士入参机务。屡加少傅、太子太傅,进建极殿。

十年,杨廷和遭丧去,储为首辅。进少师、太子太师、华盖殿大学士。时方建乾清、坤宁宫,又营太素殿、天鹅房、船坞,储偕同官靳贵、杨一清切谏。明年春,以国本未定,请择宗室贤者居京师备储贰之选,皆不报。其秋,一清罢,蒋冕代之。至明年,贵亦罢,毛纪入阁。

帝好微行,尝出西安门,经宿返。储等谏,不听,然犹虑外廷知。是春,从近幸言,召百官至左顺门,明告以郊祀毕幸南海子观猎。储等暨廷臣谏,皆不纳。八月朔,微服从数十骑幸昌平。次日,储、冕、纪始觉,追至沙河不及,连疏请回銮。越十有三日乃旋。储等以国无储副,而帝盘游不息,中外危疑,力申建储之请,亦不报。九月,帝驰出居庸关,幸宣府,命谷大用守关,无纵廷臣出。遂由宣府抵大同,遇寇于应州,几殆。储等忧惧,请回銮益急。章十余上,帝不为动,岁除竟驻宣府。

当是时,帝失德弥甚,群小窃权,浊乱朝政,人情惶惶。储惧不克任,以廷和服阕,屡请召之。廷和还朝,储遂让而处其下。凤阳守备中官邱德及镇守延绥、宁夏、大同、宣府诸中官皆乞更敕书兼理民事,帝许之。储等极言不可,弗听。

十三年七月，帝从江彬言，将遍游塞上。托言边关多警，命总督军务、威武大将军、总兵官朱寿统六师往征，令内阁草敕。阁臣不可，帝复集百官左顺门面谕。廷和、冕在告，储、纪泣谏，众亦泣，帝意不可回。已而纪亦引疾，储独廷争累日，帝竟不听。逾月，帝以大将军寿肃清边境，令加封镇国公。储、纪上言："公虽贵，人臣耳。陛下承祖宗业，为天下君，奈何谬自贬损。既封国公，则将授以诰券，追封三代，祖宗在天之灵亦肯如陛下贬损否？况铁券必有免死之文，陛下寿福无疆，何甘自菲薄，蒙此不祥之辞？名既不正，言自不顺。臣等断不敢阿意苟从，取他日戮身亡家之祸也。"不报。帝遂历宣府、大同，直抵延绥。储等疏数十上，悉置不省。

秦王请关中闲田为牧地，江彬、钱宁、张忠等皆为之请。帝排群议，许之，命阁臣草制。廷和、冕引疾，帝怒甚。储度不可争，乃上制草曰："太祖高皇帝著令，兹土不畀藩封。非吝也，念其土广饶，藩封得之，多蓄士马，富而且骄，奸人诱为不轨，不利宗社。王今得地，宜益谨，毋收聚奸人，毋多蓄士马，毋听狂人谋不轨，震及边方，危我社稷。是时，虽欲保亲亲不可得已。"帝骇曰："若是其可虞！"事遂寝。明年，帝将南巡。言官伏阙谏，储、冕、纪亦以为言。会诸曹多谏者，乃止。

宁王宸濠反，帝南征，储、冕扈从。在道闻贼灭，连疏请驾旋。抵扬州，帝议南京行郊礼。储、冕计此议行，则回銮益无日，极陈不可，疏三上始得请。帝以宸濠械将至，问处置之宜。储等请如宣宗征高煦故事，罪人既得，即日班师。又因郊期改卜，四方灾异、边警，乞还乘舆。疏八九上，帝殊无还意。是秋，行在有物若豕首堕帝前，色碧，又进御妇人室中，若悬人首状，人情益惊。储、冕危言谏，帝颇心动，而群小犹欲导帝游浙西，泛江、汉。储、冕益惧，手疏跪泣行宫门外，历未至酉。帝遣人取疏入，谕之起。叩头言："未奉俞旨，不敢起也。"帝不得已，许不日还京，乃叩头出。

帝崩，杨廷和等定策迎兴世子。故事，当以内阁一人与中贵勋戚偕礼官往。廷和欲留蒋冕自助，而虑储老或惮行，乃佯惜储衰老，

阻其行。储奋曰："事孰有大于此者,敢以怠辞。"遂与定国公徐光祚
等迎世子安陆邸。既即位,给事中张九叙等劾储纳权奸,持禄固
宠。储三疏求去,命赐敕驰传,遣行人护行,岁给廪隶如制。卒,子
钧奏请赠谥。吏部侍郎桂萼等言,储立身辅政,有干公议,因录上两
京言官弹章。帝念先朝旧臣,特赠太师,谥文康。

先是,储子次摅为锦衣百户。居家与富人杨端争民田,端杀田
主,次摅遂灭端家二百余人。事发,武宗以储故,仅发边卫立功。后
还职,累冒功至广东都指挥佥事。

蒋冕,字敬之,全州人。兄升,南京户部尚书,以谨厚称。冕举
成化二十三年进士,选庶吉士,授编修。弘治十三年,太子出阁,兼
司经局校书。

正德中,累官吏部左侍郎,改掌詹事府,典诰敕,进礼部尚书,
仍掌府事。冕清谨有器识,雅负时望。十一年,命兼文渊阁大学士,
预机务。明年,改武英殿,加太子太傅。近幸冒边功,大行升赏,冕
及梁储亦荫锦衣世千户。两人力辞,乃改文荫。

帝之以威武大将军行边也,冕时病在告,疏谏曰："陛下自损威
重,下同臣子,倘所过诸王以大将军礼见,陛下何辞责之?曩睿皇帝
北征,六军官属近三十万,犹且陷于土水。今宿卫单弱,经行边徼,
宁不寒心?请治左右引导者罪。"不报。十四年,扈帝南征还,加少
傅兼太子太傅、户部尚书、谨身殿大学士。帝崩,与杨廷和协诛江
彬。

世宗即位,议定策功,加伯爵,固辞;改荫锦衣世指挥,又辞。乃
荫五品文职,仍进一阶。御史张鹏疏评大臣贤否,请罢冕。御史赵
永亨诋石宝不可掌铨衡。冕、宝遂求去。朝议不平,诸给事、御史皆
言其不可去。帝乃命鸿胪谕留,再下优诏,始起视事。嘉靖三年,遣
官织造江南,命冕草敕。冕以江南被灾,具疏请止。帝不从,敕亦久
不进。帝责其违慢,冕引罪而止。

"大礼"议起,冕固执为人后之说,与廷和等力争之。帝始而婉

谕,继以谯让,冕执议不回。及廷和罢政,冕当国,帝愈欲尊崇所生,逐礼部尚书汪俊以怵冕,而用席书代之,且召张璁、桂萼,物情甚沸。冕乃抗疏极谏曰:"陛下嗣承丕基,固因伦序素定。然非圣母昭圣皇太后懿旨与武宗皇帝遗诏,则将无所受命。今既受命于武宗,自当为武宗之后。特兄弟之名不容紊,故但兄武宗,考孝宗,母昭圣,而于孝庙、武庙皆称嗣皇帝,称臣,称御名,以示继统承祀之义。今乃欲为本生父母立庙奉先殿侧,臣虽至愚,断断知其不可。自古人君嗣位谓之承祧践阼,皆指宗祀而言。礼为人后者惟大宗,以大宗尊之统也,亦主宗庙祭祀而言。自汉至今,未有为本生父母立庙大内者。汉宣帝为叔祖昭帝后,止立所生父庙于葬所;光武中与兴,本非承统平帝,而止立四亲庙于章陵;宋英宗父安懿王,亦止即园立庙。陛下先年有旨,立庙安陆,与前代适同,得其当矣。岂可既奉大宗之祀,又兼奉小宗之祀。夫情既重于所生,义必不专于所后,将孝、武二庙之灵安所托乎!窃恐献帝之灵亦将不能安,虽圣心亦自不能安也。迩者复允汪俊之去,趣张璁、桂萼之来,人心益骇。是日廷议建庙,天本晴明,忽变阴晦,至暮风雷大作。天意如此,陛下可不思变计哉?"因力求去。帝得疏不悦,犹以大臣故,优诏答之。未几,复请罢建庙之议,且乞休,疏中再以天变为言。帝益不悦,遂令驰传归,给月廪、岁夫如制。

冕当正德之季,主昏政乱,持正不挠,有匡弼功。世宗初,朝政虽新,而上下捍格弥甚,冕守之不移。代廷和为首辅仅两阅月,卒龃龉以去。论者谓有古大臣风。《明伦大典》成,落职闲住,久之卒。隆庆初,复官,谥文定。

毛纪,字维之,掖县人。成化末举乡试第一,登进士,选庶吉士。弘治初,授检讨,进修撰,充经筵讲官,简侍东宫讲读。《会典》成,迁侍读。武宗立,改左谕德。坐《会典》小误,降侍读。《孝宗实录》成,擢侍讲学士,为讲官。

正德五年,进学士,迁户部右侍郎。十年,由吏部左侍郎拜礼部尚书。乌思藏入贡,其使言有活佛能前知祸福。帝遣中官刘允迎之,携锦衣官百三十,卫卒及私仆隶数千人,刍粮、舟车费以百万计。纪等上言:"自京师至乌思藏二万余里,公私烦费,不可胜言。且自四川雅州出境,过长河西行数月而后至,无有邮驿、村市。一切资费,取办四川。四川连岁用兵,流贼甫平,蛮寇复起。困竭之余,重加此累,恐生意外变。"疏再上,内阁梁储、靳贵、杨一清皆切谏,不报。郊祀毕,请勤朝讲,又以储嗣未建,乞早定大计,亦不听。寻改理诰敕,掌詹事府。十二年,兼东阁大学士,入预机务。其秋,加太子太保,改文渊阁。帝南征,纪佐杨廷和居守。驾旋,晋少保、户部尚书、武英殿大学士。世宗即位,录定策功,加伯爵,再疏辞免。

嘉靖初,帝欲追尊兴献帝,阁臣执奏,忤旨。三年,廷和、冕相继去国,纪为首辅,复执如初。帝欲去本生之称,纪与石宝合疏争之。帝召见平台,委曲谕意,纪终不从。朝臣伏阙哭争者,俱逮系。纪具疏乞原,帝怒,传旨责纪要结朋奸、背君报私。纪乃上言曰:"曩蒙圣谕,国家政事商确可否,然后施行。此诚内阁职业也,臣愚不能仰副明命。迩者大礼之议,平台召对,司礼传谕,不知其几似乎商确矣,而皆断自圣心,不蒙允纳,何可否之有。至于笞罚廷臣,动至数百,乃祖宗来所未有者,亦皆出自中旨,臣等不得与闻。宣召徒勤,捍格如故。慰留虽切,诘责随加。臣虽有体国之心,不能自尽。宋司马光告神宗曰:'陛下所以用臣,盖察其狂直,庶有补于国家,若徒以禄位荣之而不取其言,是以官私非其人也。臣以禄位自荣,而不能救正,是徒盗窃名器以私其身也。'臣于陛下,敢举以为告。夫要结朋奸、背君报私,正臣平日所痛愤而深疾者。有一于此,罪何止罢黜。今陛下以之疑臣,尚可一日靦颜朝宁间哉。乞赐骸骨归乡里,以全终始。尤望陛下法祖典学,任贤纳谏,审是非、辨忠邪,以养和平之福。"帝衔纪亢直,允其去,驰驿给夫廪如故事。

纪有学识,居官廉静简重。与廷和、冕正色立朝,并为缙绅所倚赖。其代冕亦仅三月。后《明伦大典》成,追论夺官。久之,廷和、冕皆沦丧,纪以恩诏叙复,帝亦且忘之。二十一年,年八十,抚按以闻。

诏遣官存问,再赐夫廪。又三年,卒。赠太保,谥文简。子渠,进士,太仆卿。

石宝,字邦彦,藁城人。父玉,山东按察使。宝与兄玠同举成化末年进士,改庶吉士,授检讨。数谢病居家。

孝宗末,始进修撰。正德改元,擢南京侍读学士。历两京祭酒,迁南京吏部右侍郎。召改礼部,进左侍郎。武宗始游宣府,宝上疏力谏,不报。改掌翰林院事。廷臣谏南巡,祸将不测,宝疏救之。十六年,拜礼部尚书,掌詹事府。

世宗立,代王琼为吏部尚书。自群小窃柄,铨政混浊。宝刚方,谢请托,诸犯清议者多见黜,时望太孚,而内阁杨廷和有所不悦。甫二月,复改掌詹事府,典诰敕。嘉靖元年,遣祀阙里及东岳。事竣还家,屡乞致仕。言官以宝望重,交章请留,乃起赴官。三年五月,诏以吏部尚书兼文渊阁大学士,入参机务。

帝欲以奉先殿侧别建一室祀献帝,宝抗疏言其非礼。及廷臣伏阙泣争,宝与毛纪助之。无何,"大礼"议定,纪去位。宝复谏曰:"大礼一事已奉宸断,无可言矣。但臣反覆思之,终有不安于心者。心所不安而不以言,言恐触忤而不敢尽,则陛下将焉用臣,臣亦何以仰报君父哉。夫孝宗皇帝与昭圣皇太后乃陛下骨肉至亲也,今使疏贱谗佞小人辄行离间,但知希合取宠,不复为陛下体察。兹孟冬时享在迩,陛下登献对越,如亲见之,宁不少动于中乎?夫事亡如事存,陛下承列圣之统,以总百神,临万方,焉得不加慎重,顾听细人之说,干不易之典哉!"帝得奏不悦,戒勿复言。

明年,建世庙于太庙东,帝欲从何渊言,毁神宫监,伐林木,以通辇道。给事中韩楷、御史杨秦、叶忠等交谏,忤旨夺俸。给事中卫道继言之,贬秩调外。宝复抗章。极言不可,弗听。及世庙成,帝欲奉章圣皇太后谒见,张璁、桂萼力主之。礼官刘龙等争不得,诸辅臣以为言,帝不报,趣具仪。宝乃上疏曰:"陛下欲奉皇太后谒见世庙,臣窃以为从令固孝,而孝有大于从令者。臣诚不敢阿谀以误君上。

窃惟祖宗家法，后妃已入宫，未有无故复出者。且太庙尊严，非时享
袷祭，虽天子亦不轻入，况后妃乎？璁辈所引庙见之礼，今奉先殿是
也。圣祖神宗行之百五十年，已为定制，中间纳后纳妃不知凡几，未
有敢议及者，何至今日忽倡此议？"彼容悦佞臣岂有忠爱之实，而陛
下乃欲听之乎？且阴阳有定位，不可侵越。陛下为天地百神之主，
致母后无故出入太庙街门，是坤行乾事，阴侵阳位，不可之大者也。
臣岂不知君命当承，第恐上累圣德，是以不敢顺旨曲从，以成君父
之过，负覆载之德也。"奏入，帝不怿。

宝为人清介端亮，孜孜奉国。数以力行王道，清心省事，辨忠
邪，敦宽大，毋急近效为帝言。帝见为迂阔，弗善也。议"大礼"时，
帝欲援以自助，而宝据礼争，持论坚确，失帝意，璁萼辈亦不悦。璁
萼朝夕谋辅政，攻击费宏无虚日，以宝行高，不能有所加。至明年
春，奸人王邦奇讦杨廷和，诬宝及宏为奸党，两人遂乞归。帝许宏驰
驿，而责宝归怨朝廷，失大臣谊，一切恩典皆不予，归装补被车一辆
而已。都人叹异谓自来宰臣去国，无若宝者。自宝及杨廷和、蒋冕、
毛纪以强谏罢政，迄嘉靖季，密勿大臣无进逆耳之言者矣。宝加官，
自太子太保至少保。七年冬，卒，谥文隐。隆庆初，改谥文介。

玠，字邦秀。弘治中，由汜水知县召为御史。出核大同军储，按
甘肃及陕西，所条上边务，悉中机宜，为都御史戴珊所委寄。尝因灾
异劾南京刑部尚书翟瑄以下二十七人。

正德中，累官右副都御史，巡抚大同，召拜兵部右侍郎。海西部
长数犯边，泰宁三卫与别部相攻，久缺贡市，遣玠以左侍郎兼佥都
御史往辽东巡视。出关抚谕，皆受约束。帝大喜，玺书嘉劳，召还。
左都御史陆完迁，廷推代者，三上悉不用，最后推玠，乃以为右都御
史掌院事。御史李隐劾玠贪缘，不报。

十年，拜户部尚书。中官史大镇云南，请独领银场务。杜甫镇
湖广，请借盐船税银为进贡资。刘德守凉州，请带食茶六百引。玠
皆执不可。西僧阐教王请船三百艘贩载食盐，玠极言其害。帝初出

居庸，㺬切谏。及在宣府，需银百万两，㺬持不可。帝弗从，乃进其半。王琼欲以哈密事害彭泽，㺬独廷誉之。奸民欲牟盐利者，贿朱宁为请，㺬不可，连章执奏。廷臣谏南巡跪阙下，诸大臣莫敢言，㺬独论救。群小激帝怒，严旨责令自陈，遂引疾去。赐敕驰传给廪隶如故事。家居二年卒，赠太子少傅。

㺬有操行，居官亦持正。其为都御史时，胡世宁论宁王，㺬与李士实请罪世宁，以是为人所讥。

赞曰：武宗之季，君德日荒，嬖幸盘结左右。廷和为相，虽无能改于其德，然流贼炽而无土崩之虞，宗藩叛而无瓦解之患者，固赖庙堂有经济之远略也。至其诛大奸，决大策，扶危定倾，功在社稷，即周勃、韩琦殆无以过。储虽蒙物议而大节无玷。蒋冕、毛纪、石㺬，清忠鲠亮，皆卓然有古大臣风。自时厥后，政府日以权势相倾。或脂韦渜涩，持禄自固。求如诸人，岂可多得哉。

明史卷一九一
列传第七九

毛澄　汪俊 弟伟　吴一鹏
朱希周　何孟春　丰熙 子坊
徐文华　薛蕙 胡侍　王禄　侯廷训

　　毛澄，字宪清，昆山人。举弘治六年进士第一，授修撰。预修
《会典》成，进右谕德，直讲东宫。武宗为太子，以澄进讲明晰称之
帝。帝大喜，方秋夜置宴，即彻以赐。

　　武宗立，进左庶子，直经筵，以母忧归。正德四年，刘瑾摘《会
典》小疵贬诸纂修者秩，以澄为侍读。服阕还朝，进侍讲学士。再进
学士，掌院事，历礼部侍郎。

　　十二年五月，拜尚书。其年八月朔，帝微行，澄率侍郎王瓒、顾
清等疏请还宫。既又出居庸，幸宣府，久留不返，澄等频疏谏，悉不
报。明年正月，驾旋，命百官戎服郊迎。澄等请用常服，不许。七月，
帝自称"威武大将军朱寿"，统六师巡边。遂幸宣府，抵大同，历山西
至榆林。澄等屡疏驰谏。至十二月，复偕廷臣上疏曰："去岁正月以
来，銮舆数驾，不遑宁居。今兹之行，又已半岁。宗庙、社稷享祀之
礼并系摄行，万寿、正旦、冬至朝贺之仪悉从简略。腊朔省牲，阙而
不行，遂二年矣。岁律将周，郊禋已卜。皇祖之训曰：'凡祀天地，精
诚则感格，怠慢则祸生。'今六龙退聘，旋轸无日。万一冰雪阻违，道
途梗塞，元正上日不及躬执玉帛于上帝前，陛下何以自安？且边地

荒寒，隆冬尤甚。臣等处重城，食厚禄，仰思圣体劳顿，根本空虚，遥望清尘，忧心如醉。伏祈趣驾速还，躬亲祼享，宗社臣民幸甚。”不报。

十四年二月，驾甫还京，即谕礼部：“总督军务威武大将军、总兵官、太师镇国公朱寿遣往两畿，瞻东岳，奉安圣像，祈福安民。”澄等骇愕，复偕廷臣上言：“陛下以天地之子，承祖宗之业，九州四海但知陛下有皇帝之号。今曰‘总督军务威武大将军、太师、镇国公’者，臣等莫知所指。夫出此旨者，陛下也。加此号者，陛下也。不知受此号者何人。如以皇储未建，欲遍告名山大川，用祈默相，则遣使走币，足将敬矣，何必躬奉神像，献宝香，如佛、老所为哉。”因历陈五不可，亦不报。

宸濠反江西，帝南征示威武，驻跸留都者逾岁。澄屡请回銮。及驾返通州，用江彬言，将即赐宸濠死。澄据汉庶人故事，请还京告郊庙，献俘行戮。不从。中官王堂镇浙江，请建生祠；西番阐化王使者乞额外赐茶九万斤，澄皆力手争。不听。王琼欲陷彭泽，澄独白其无罪。

武宗崩，澄偕大学士梁储、寿宁侯张鹤龄、驸马崔元、太监韦霦等迎世宗于安陆。既至，将谒见，有议用天子礼者。澄曰：“今即如此，后何以加？岂劝进、辞让之礼，当遂废乎？”

世宗践阼甫六日，有旨议兴献王主祀及尊称。五月七日戊午，澄大会文武群臣，上议曰：“考汉成帝立定陶王为皇太子，立楚孝王孙景为定陶王奉共王祀。共王者，皇太子本生父也。时大司空师丹以为恩义备至。今陛下入承大统，宜如定陶王故事，以益王第二子崇仁王厚炫继兴王后，袭兴王主祀事。又考宋濮安懿王之子入继仁宗后，是为英宗。司马光谓濮王宜尊以高官大爵，称王伯而不。名范镇亦言：‘陛下既考仁宗，若复以濮王为考，于义未当。’乃立濮王园庙，以宗朴为濮国公奉濮王祀。程颐之言曰：‘为人后者，谓所后为父母，而谓所生为伯、叔父母，此生人之大伦也。然所生之义，至尊至大，宜别立殊称。曰皇伯、叔父某国大王，则正统既明，而所生亦尊崇极矣。'今兴献王于孝宗为弟,于陛下为本生父,与濮安懿王事正相等。陛下宜称孝宗为皇考,改称兴献王为'皇叔父兴献大王'妃为'皇叔母兴献王妃'。凡祭告兴献王及上笺于妃,俱自称侄皇帝某,则正统、私亲恩礼兼尽,可以为万世法。"议上,帝怒曰:"父母可更易若是耶!"命再议。

其月二十四日乙亥,澄复会廷臣上议曰:"礼为人后者为之子,自天子至庶人一也。兴献王子惟陛下一人,既入继大统,奉祀宗庙,是以臣等前议欲令崇仁王厚炫主兴献王祀。至于称号,陛下宜称为皇叔父兴献大王,自称侄皇帝名,以宋程颐之说为可据也。本朝之制,皇帝于宗藩尊行,止称伯父、叔父,自称皇帝而不名。今称兴献王为皇叔父大王,又自称名,尊崇之典已至,臣等不敢复有所议。"因录程颐《代彭思永议濮王礼疏》进览,帝不从,命博考前代典礼,再议以闻。

澄乃复会廷臣上议曰:"臣等会议者再,请改称兴献王为叔父者,明大统之尊无二也。然加'皇'字于'叔父'之上,则凡为陛下伯、叔诸父皆莫能与之齐矣。加'大'字于'王'之上,则天下诸王皆莫得而并之矣。兴献王称号既定,则王妃称号亦随之,天下王妃亦无以同其尊矣。况陛下养以天下,所以乐其心,不违其志,岂一家一国之养可同日语哉?此孔子所谓事之以礼者。其他推尊之说,称亲之议,似为非礼。推尊之非,莫详于魏明帝之诏;称亲之非,莫详于宋程颐之议。至当之礼,要不出于此。"并录上魏明帝诏书。

当是时,帝锐意欲推崇所生,而进士张璁复抗疏极言礼官之谬。帝心动,持澄等疏久不下。至八月庚辰朔,再命集议。澄等乃复上议曰:"先王制礼,本乎人情。武宗既无子嗣,又鲜兄弟,援立陛下于宪庙诸孙之中,是武宗以陛下为同堂之弟,考孝宗,母慈寿,无可疑矣,可复顾私亲哉?"疏入,帝不怿,复留中。会给事中邢寰请议宪庙皇妃邵氏徽号,澄上言:"王妃诞生献王,实陛下所自出。但既承大统,则宜考孝宗,而母慈寿太后矣。孝宗于宪庙皇妃宜称皇太妃,则在陛下宜称太皇太妃。如此则彝伦既正,恩义亦笃。"疏入,报闻。其月，帝以母妃将至，下礼官议其仪。澄等请由崇文门入东安门，帝不可。乃议由正阳左门入大明东门，帝又不可。澄等执议如初，帝乃自定其仪，悉由中门入。

时尊崇礼犹未定，张璁复进《大礼或问》，帝益向之。至九月末，乃下澄等前疏，更令博采舆论以闻。澄等知势不可已，谋于内阁，加称兴王为帝，妃为后，而以皇太后懿旨行之。乃疏言：“臣等一得之愚已尽于前议，兹欲仰慰圣心，使宜于今而不戾乎情，合乎古而无悖乎义，则有密勿股肱在。臣等有司，未敢擅任。”帝遂于十月二日庚辰，以兹寿皇太后旨加兴献王号曰“兴献帝”，妃曰“兴国太后”，皇妃邵氏亦尊为皇太后，宣示中外。顾宪虽勉从廷议，意犹慊之。十二月十一日己丑，复传谕加称皇帝。内阁杨廷和等封还御批，澄抗疏力争，又偕九卿乔宇等合谏，帝皆不允。明年，嘉靖改元正月，清宁宫后三小宫灾。澄复以为言，会朝臣亦多谏者，事获止。

澄端亮有学行，论事侃侃不挠。帝欲推尊所生，尝遣中官谕意，至长跪稽首。澄骇愕，急扶之起，其人曰：“上意也。上言：‘人孰无父母，奈何使我不获伸’，必祈公易议。”因出橐金畀澄。澄奋然曰：“老臣悖耄，不能赞典礼，独有一去，不与议已耳。”抗疏引疾至五六上，帝辄慰留不允。二年二月，疾甚，复力请，乃许之。舟至兴济而卒。

先是，论定策功，加澄太子太傅，荫锦衣世指挥同知，力辞不受。帝雅敬惮澄，虽数忤旨而恩礼不衰。既得疾，遣医诊视，药物之赐时至。其卒也，深悼惜之。赠少傅，谥文简。

汪俊，字抑之，弋阳人。父凤，进士，贵州参政。俊举弘治六年会试第一，授庶吉士，进编修。正德中，与修《孝宗实录》，以不附刘瑾、焦芳，调南京工部员外郎。瑾、芳败，召复原官，累迁侍读学士，擢礼部右侍郎。嘉靖元年，转吏部左侍郎。

时议兴献王尊号，与尚书乔宇、毛澄辈力争。澄引疾去，代者罗钦顺不至，乃以俊为礼部尚书。是时，献王已加帝号矣，主事桂萼复请称皇考。章下廷议。三年二月，俊集廷臣七十有三人上议曰："祖训'兄终弟及'，指同产言。今陛下为武宗亲弟，自宜考孝宗明矣。孰谓与人为后，而灭武宗之统也。《仪礼》传曰：'为人后者，孰后？后大宗也。'汉宣起民间，犹嗣孝昭。光武中兴，犹考孝元。魏明帝诏皇后无子，择建支子，以继大宗。孰谓入继之主与为人后者异也。宋范纯仁谓英宗亲受诏为子，与入继不同，盖言恩义尤笃，尤当不顾私亲，非以生前为子者乃为人后，身后入继者不为人后也。尊言'孝宗既有武宗为之子，安得复为立后'。臣等谓陛下自后武宗而上考孝宗，非为孝宗立后也。又言'武宗全神器授陛下，何忍不继其统'。臣等谓陛下既称武宗皇兄矣，岂必改孝宗称伯，乃为继其统乎？又言'礼官执者不过前宋《濮议》'。臣等愚昧，所执实不出此。盖宋程颐之议曰：'虽当专意于正统，岂得尽绝于私恩。故所继，主于大义；所生，存乎至情。至于名称，统绪所系，若其无别，斯乱大伦。'殆为今日发也。谨集诸章奏，惟进士张璁、主事霍韬、给事中熊浃与尊议同，其他八十余疏二百五十余人，皆如臣等议。"

议上，留中，而特旨召桂萼、张璁、席书于南京。越旬有五日，乃下谕曰："朕奉承宗庙正统，大义岂敢有违。第本生至情，亦当兼尽。其再集议以闻。"俊不得已，乃集群臣请加"皇"字，以全徽称。议上，复留十余日。至三月朔，乃诏礼官，加称兴献帝为"本生皇考恭穆献皇帝"，兴国太后为"本生母章圣皇太后"，择日祭告郊庙，颁诏天下，而别谕建室奉先殿侧，恭祀献皇。俊等复争曰："陛下入奉大宗，不得祭小宗，亦犹小宗之不得祭大宗也。昔兴献帝奉藩安陆，则不得祭宪宗。今陛下入继大统，亦不得祭兴献帝。是皆以礼抑情者也。然兴献帝不得迎养寿安皇太后于藩邸，陛下得迎兴国太后于大内，受天下之养，而尊祀兴献帝以天子之礼乐，则人子之情获自尽矣。乃今圣心无穷，臣等敢不将顺，但于正统无嫌，乃为合礼。"帝曰："朕但欲奉先殿侧别建一室，以伸追慕之情耳。迎养藩邸，祖宗朝无此例，何容饰以为词。其令陈状。"俊具疏引罪，乃严旨切责，而趣立庙益急。俊等乃上议曰："立庙大内有干正统。臣实愚昧，不敢奉诏。”

帝不纳，而令集廷臣大议。俊等复上议曰：“谨按先朝奉慈别殿，盖孝宗皇帝为孝穆皇太后附葬初毕，神主无荐享之所而设也。当时议者皆据周制特祀姜嫄而言。至为本生立庙大内，则从古未闻。惟汉哀帝为定陶恭王立庙京师，师丹以为不可，哀帝不听，卒遗后世之讥。陛下有可以为尧、舜之资，臣等不敢导以衰世之事。请于安陆特建献帝百世不迁之庙，俟他日袭封兴王子孙世世献飨，陛下岁时遣官持节奉祀，亦足伸陛下无穷至情矣。”

帝仍命遵前旨再议，俊遂抗疏乞休。再请益力，帝怒，责以肆慢，允其去。召席书未至，令吴一鹏署事。《明伦大典》成，落俊职，卒于家。隆庆初，赠少保，谥文庄。

俊行谊修洁，立朝光明端介。学宗洛、闽，与王守仁交好，而不同其说。学者称“石潭先生”。

弟伟，字器之。由庶吉士授检讨。与俊皆忤刘瑾，调南京礼部主事。瑾诛，复故官。屡迁南京国子祭酒。武宗以巡幸至，率诸王请幸学，不从。江彬矫旨取玉砚，伟曰：“有秀才时故砚，可持去。”俊罢官之岁，伟亦至吏部右侍郎，偕廷臣数争“大礼”，又伏阙力争。及席书、张璁等议行，犹持前说不变。转官左侍郎，为陈洸劾罢。卒于家。

吴一鹏，字南夫，长洲人。弘治六年进士，选庶吉士，授编修。户部尚书周经以谗去，上疏乞留之。正德初，进侍讲，充经筵讲官。刘瑾出诸翰林为部曹，一鹏得南京刑部员外郎，迁礼部郎中。瑾诛，复为侍讲。进侍讲学士，历国子祭酒、太常卿，并在南京。母丧除，起故官。

世宗践阼，召拜礼部右侍郎。寻转左。数与尚书毛澄、汪俊力争“大礼”。俊去国，一鹏署部事，而帝趣建献帝庙甚亟。一鹏集廷臣上议曰：“前世入继之君，间有为本生立庙园陵及京师者。第岁时遣官致祀，寻亦奏罢。然犹见非当时，取议后代。若立庙大内而亲享之，从古以来未有也。臣等宁得罪陛下，不欲陛下失礼于天下后世。今张璁、桂萼之言曰'继统公，立后私，'又曰'统为重，嗣为轻。'窃惟正统所传之谓宗，故立宗所以继统，立嗣所以承宗，统之与宗初无轻重。况当我朝传子之世，而欲仿尧、舜传贤之例，拟非其伦。又谓'孝不在皇不皇，惟在考不考'遂欲改称孝宗为皇伯考。臣等历稽前古，未有神主称皇伯考者。惟天子称诸王曰伯叔父则有之，非可加于宗庙也。前此称本生皇考，实裁自圣心。乃谓臣等留一皇字以觇陛下，又谓'百皇字不足当父子之名'，何肆言无忌至此！乞速罢建室之议，立庙安陆，下璁、萼等法司按治。"帝报曰："朕起亲藩，奉宗祀岂敢违越。但本生皇考寝园，远在安陆，于卿等安乎？命下再四，尔等欺朕冲岁，党同执违，败父子之情，伤君臣之义，往且勿问，其奉先殿西室亟修葺，尽朕岁时追远之情。"时嘉靖三年四月也。

顷之，一鹏极陈四方灾异，言："自去年六月迄今二月，其间天鸣者三，地震者三十八，秋冬雷电雨雹十八，暴风、白气、地裂、山崩、产妖各一，民饥相食二。非常之变，倍于往时。愿陛下率先群工，救疾苦、罢营缮、信大臣、纳忠谏，用回天意。"帝优诏报之。

逾月，手敕名奉先殿西室为观德殿，遂命一鹏偕中官赖义、京山侯崔元迎献帝神主于安陆。一鹏等复上言："历考前史，并无自寝围迎主入大内者。此天下后世观瞻所系，非细故也。且安陆为恭穆启封之疆，神灵所恋，又陛下龙兴之地，王气所钟，故我太祖重中都，太宗重留都，皆以王业所基，永修世祀。伏乞陛下俯纳群言，改题神主，奉安故宫，为百世不迁。其观德殿中别设神位香几以慰孝思，则本生之情既隆，正统之义亦尽。"奏入，不纳。一鹏乃行。虑使者为道途患，疏请禁约，帝善其言而戒伤之。

比还朝，则廷臣已伏阙哭争，朝事大变，而给事中陈洸诋张尤甚。一鹏抗疏曰："大礼之议断自圣心，正统本生，昭然不紊。而洸妄谓陛下诞生于孝宗没后三年，嗣位于武宗没后二月，无从授受，其说尤为不经。谨按《春秋》以受命为正始，故鲁隐公上无所承，内无所受，则不书即位。今陛下承武宗之遗诏，奉昭圣之懿旨，正合《春秋》之义。而洸谓孰从授受，是以陛下为不得正始也。洸本小人，不痛加惩艾，无以杜效尤之渐。”不听。

其年九月，一鹏以本官入内阁专典诰敕，兼掌詹事府事。《武宗实录》成，进尚书，领职如故。寻以省墓归，还朝仍典诰敕。未几，出理部事。前此典内阁诰敕者，皆需次柄政。而张璁、桂萼新用事，素衔一鹏异己，及出为南京吏部尚书，加太子少保。居二年，南京官劾诸大臣王琼等不职，一鹏与焉，遂乞致仕。给廪如故事。卒赠太子太保，谥文端。子子孝，湖广参政。

朱希周，字懋忠，昆山人，徙吴县。高祖吉，户科给事中。父文云，按察副使。希周举弘治九年进士。孝宗喜其姓名，擢为第一，授修撰，进侍讲，充经筵讲官。刘瑾摘修《会典》小疵，降修撰。《孝宗实录》成，复官。久之，进侍读学士，擢南京吏部右侍郎。阅五年，召为礼部右侍郎。

时方议“大礼”，数偕其长争执。会左侍郎吴一鹏奉使安陆，尚书席书未至，希周独理部事。而帝方营观德殿，令协律郎崔元初习乐舞生于大内。太常卿汪举劾之，帝遂令太常官一人同入内教习。希周上言：“太常乐舞有定数，不当更设。”帝不从。举复争，帝责其妄议。而是时张璁、桂萼已召至，益交章请去本生之号。帝悦从之，趣礼官具上册仪。希周率郎中余才、汪必东等疏谏曰：“陛下考孝宗、母昭圣三年矣，而更定之论忽从中出，则明诏为虚文，不足信天下，祭告为渎礼，何以感神祇？且本生非贬词也，不妨正统，而亲之义寓焉。何嫌于此，而必欲去之，以滋天下之议。”

时群臣谏者甚众，疏皆留中，遂相率诣左顺门跪伏。希周走告诸阁臣曰：“群臣伏阙，公等能坐视乎？”亦偕群臣跪伏以请。帝闻，大怒，命希周与何孟春等俱待罪，而尽系庶僚于诏狱。明日，上章圣皇太后册文，希周及尚书秦金、金献民、赵鉴、赵璜，侍郎何孟春，都御史王时中,大理少卿张缙、徐文华俱不赴。帝怒,责陈状。希周等伏罪,复严旨谯责乃已。而是时庶僚系狱者犹未释,希周上言:"诸臣狂率,固不可宥。但今献皇帝神主将至,必百官斋迎,乃克成礼。乞早宽缧绁,用襄大典。"不纳。"大礼"遂自此定矣。

其明年,由左侍郎迁南京吏部尚书。嘉靖六年,大计京官,南六科无黜者。桂萼素以议礼嗛希周,且恶两京言官劾己,因言希周畏势曲庇。希周言:"南京六科止七人,实无可去者。臣以言路私之固不可,如避言路嫌诛责之,尤不可。且使举曹皆贤,必去一二人示公,设举曹皆不肖,亦但去一二人塞责乎?"因力称疾,乞休。温旨许之,仍敕有司岁给夫廪。

林居三十年,中外谕荐者三十余疏,竟不复起。性恭谨,不妄取予。卒年八十有四,赠太子少保。濒殁,属诸子曰:"他日倘蒙易名典,勿犯我家讳。"乃避"文",谥恭靖。

何孟春,字子元,彬州人。祖俊,云南按察司佥事。父说,刑部郎中。孟春少游李东阳之门,学问该博。第弘治六年进士,授兵部主事。言官庞泮等下狱,疏救之。诏修万岁山、毓秀亭、乾清宫西室,役军九千人,计费百余万,抗疏极谏。清宁宫灾,陈八事,疏万余言。进员外郎、郎中,出理陕西马政,条目毕张。还,上厘弊五事,并劾抚臣不职。

正德初,请厘正孔庙祀典,不果行。出为河南参政,廉公有威。擢太仆少卿,进为卿。驾幸宣府,驰疏谏。寻以右副都御史,巡抚云南,讨平十八寨叛蛮阿勿、阿寺等,奏设永昌府,增五长官司、五守御所。录功,荫一子,辞不受。

世宗即位,迁南京兵部右侍郎,半道召为吏部右侍郎。会苏、松诸府旱潦相继,而江、淮北河水大溢,漂没田庐人畜无算。孟春仿汉魏相条奏八事,帝嘉纳焉。寻进左侍郎。尚书乔宇罢,代署部事。

先是,"大礼"议起,孟春在云南闻之,上疏曰:"臣阅邸报,见进士屈儒奏中请尊圣父为'皇叔考兴献大王',圣母为'皇叔母兴献大王妃'。得旨下部，知犹未奉俞命也。臣惟前世帝王自旁支入奉大统，推尊本生，得失之迹具载史册。宣帝不敢加号于史皇孙，光武不敢加号于南顿君，晋元旁不敢加号于恭王，抑情守礼，宋司马光所谓'当时归美，后世颂圣'者也。哀、安、桓、灵乃追尊其父祖，犯义侵礼，司马光所谓'取讥当时，见非后世'者也。《仪礼·丧服》'为人后者'传曰'何以三年也？受重者，必以尊服服之。''为人后者，谓其父母报'传曰'何以期也？不二斩也'，'重大宗者，降其小宗也。'夫父母，天下莫隆焉。至继大宗则杀其服，而移于所后之亲，盖名之不可以二也。为人后者为之子，不敢复顾私亲。圣人制礼，尊无二上，若恭敬之心分于彼，则不得专于此故也。今者廷臣详议，事犹未决，岂非皇叔考之称有未当者乎？抑臣愚亦不能无疑。礼，生曰父母，死曰考妣，有世父母、叔父母之文，而无世叔考、世叔妣之说。今欲称兴献王为皇叔考，古典何据？宋英宗时有请加濮王皇伯考者，宋敏求力斥其谬。然则皇叔考之称岂可加于兴献王乎？即称皇叔父，于义亦未安也。经书称伯父、叔父，皆生时相呼，及其既没，从无通亲属冠于爵位之上者。然则皇叔父之称，其可复加先朝已谥之亲王乎？臣伏睹前诏，陛下称先皇帝为皇兄，诚于献王称皇叔，如宋王圭、司马光所云，亦已惬矣。而议者或不然，何也？天下者，太祖之天下也。自太祖传至孝宗，孝宗传之先皇帝，特简陛下，授之大业。献王虽陛下天性至亲，然而所以光临九重，富有四海，子子孙孙万世南面者，皆先皇帝之德，孝宗之所贻也。臣故愿以汉宣、光武、晋元三帝为法。若非古之名、不正之号，非臣所愿于陛下也。"

及孟春官吏部，则已尊本生父母为兴献帝、兴国太后，继又改称"本生皇考恭穆献皇帝"、"本生圣母章圣皇太后"。孟春三上疏乞从初诏，皆不省。于是帝益入张璁、桂萼等言，复欲去"本生"二字。璁方盛气，列上礼官欺妄十三事，且斥为朋党。孟春偕九卿秦金等具疏，略曰："伊尹谓'有言逆于心，必求诸道；有言逊于志，必求诸非道。'迩者大礼之议，邪正不同。若诸臣匡拂，累千万言，此所谓'逆于心'之言也，陛下亦尝'求诸道'否乎？一二小人，敢托将顺之说,招徕罢闲不学无耻之徒,荧惑圣听,此所谓'逊于志'之言也,陛下亦尝'求诸非道'否乎?何彼言之易行,而此言之难入也。"遂发十三难以辨折璁,疏入留中。

其时,詹事、翰林、给事、御史及六部诸司、大理、行人诸臣各具疏争,并留中不下,群情益汹汹。会朝方罢,孟春倡言于众曰:"宪宗朝,百官哭文华门,争慈懿皇太后葬礼,宪宗从之,此国朝故事也。"修撰杨慎曰:"国家养士百五十年,仗节死义,正在今日。"编修王元正、给事中张翀等遂遮留群臣于金水桥南,谓今日有不力争者,必共击之。孟春、金献民、徐文华复相号召。于是九卿则尚书献民及秦金、赵鉴、赵璜、俞琳,侍郎孟春及朱希周、刘玉,都御史王时中、张润,寺卿汪举、潘希曾、张九叙、吴祺,通政张瓒、陈沾,少卿徐文华及张缙、苏民、金瓒,府丞张仲贤,通政参议葛𧝮,寺丞袁宗儒,凡二十有三人;翰林则掌詹事府侍郎贾咏,学士丰熙,侍讲张壁,修撰舒芬、杨维聪、姚涞、张衍庆,编修许成名、刘栋、张潮、崔桐、叶桂章、王三锡、余承勋、陆钛、王相、应良、王思,检讨金皋、林时及慎、元正,凡二十有二人;给事中则张翀、刘济、安磐、张汉卿、张原、谢蕡、毛玉、曹怀、张嵩、王瑄、张㮟、郑一鹏、黄重、李锡、赵汉、陈时明、郑自璧、裴绍宗、韩楷、黄臣、胡纳,凡二十有一人;御史则王时柯、余翱、叶奇、郑本公、杨枢、刘颖、祁杲、杜民表、杨瑞、张英、刘谦亨、许中、陈克宅、谭缵、刘翀、张录、郭希愈、萧一中、张恂、倪宗岳、王瑄、沈教、钟卿密、胡琼、张濂、何鳌、张曰韬、蓝田、张鹏翰、林有孚,凡三十人;诸司郎官,吏部则郎中余宽、党承志、刘天民,员外郎马理、徐一鸣、刘勋,主事应大猷、李舜臣、马冕、彭泽、张鹍,司务洪伊,凡十有二人;户部则郎中黄待显、唐升、贾继之、杨易、杨淮、胡宗明、栗登、党以平、何岩、马朝卿,员外郎申良、郑漳、顾可久、娄志德,主事徐嵩、张庠、高奎、安玺、王尚志、朱藻、黄一道、陈儒、陈腾鸾、高登、程旦、尹嗣忠、郭日休、李录、周诏、戴亢、缪宗周、丘其仁、俎琚、张希尹,司务金中夫,检校丁律,凡三十有六人;礼部则郎中余才、汪必东、张瑱、张怀,员外郎翁磐、李文中、张溙,主事张镗、丰坊、仵瑜、丁汝夔、臧应奎，凡十有二人；兵部则郎中陶滋、驾缙、姚汝皋、刘淑相、万潮，员外郎刘漳、杨仪、王德明，主事汪溱、黄嘉宾、李春芳、庐襄、华钥、郑晓、刘一正、郭持平、余祯、陈赏，司务李可登、刘从学，凡二十人；刑部则郎中相世芳、张峨、詹潮、胡琏、范录、陈力、张大轮、叶应骢、白辙、许路，员外郎戴钦、张俭、刘士奇，主事祁敕、赵廷松、熊宇、何鳌、杨濂、刘仕、萧樟、顾铎、王国光、汪嘉会、殷承叙、陆铨、钱铎、方一兰，凡二十有七人；工部则郎中赵儒、叶宽、张子衷、汪登、刘玑、江珊，员外郎金廷瑞、范锶、庞淳，主事伍余福、张凤来、张羽、车纯、蒋珙、郑骝，凡十有五人；大理之属则寺正母德纯、蒋同仁，寺副王昕、刘道，评事陈大纲、钟去瑞、王光济、张徽、王天民、郑重、杜鸾，凡十有一人；俱跪伏左顺门。帝命司礼中官谕退，众皆曰："必得俞旨乃敢退。"自辰至午，凡再传谕，独跪伏不起。

帝大怒，遣锦衣先执为首者。于是丰熙、张翀、余翱、余宽、黄待显、陶滋、相世芳、母德纯八人并系诏狱。杨慎、王元正乃撼门大哭，众皆哭，击声震阙廷。帝益怒，命收系四品以下官若干人，而令孟春等待罪。翼日，编修王相等十八人俱杖死，熙等及慎、元正俱谪戍，始下孟春等前疏，责曰："朕嗣承大统，祗奉宗庙，尊崇大礼，自出朕心。孟春等毁君害政，变乱是非。且张璁等所上十三条，尚留中未发，安得先知？其以实对。"于是孟春等具疏伏罪，言："璁等所条者，于未进之日先以私稿示人，且有副本存通政司，故臣等知之。臣等忝从大臣后，得与议礼之末。窃以璁等欺罔，故昌言论辨，以渎天听，罪应万死。惟望圣明加察，辨其孰正孰邪，则臣等虽死亦幸。"帝怒不已，责孟春倡众逼忿，非大臣事君之道，法宜重治，姑从轻夺俸一月。旋出，为南京工部左侍郎。故事，南部止侍郎一人，时已有右侍郎张琼，复以孟春为左，盖剩员也。孟春屡疏引疾，至六年春始得请。及《明伦大典》成，削其籍。久之，卒于家。隆庆初，赠礼部尚书，谥文简。孟春所居有泉，用燕去来时盈涸得名，遂称"燕泉先生"云。

丰熙，字原学，鄞人。布政司庆孙也。幼有异禀，尝大书壁间曰：
"立志当以圣人为的，逊第一等事于人，非夫也。"年十六丧母，水浆
不入口数日，居倚庐三年。弘治十二年，举殿试第二。孝宗奇其策，
赐第一人袍带宠之。授编修，进侍讲，迁右谕德。以不附刘瑾，出掌
南京翰林院事。父丧阕，起故官。

世宗即位，进翰林学士。兴献王"大礼"议起，熙偕礼官数力争。
及召张璁、桂萼为学士，方献夫为侍读学士，熙昌言于朝曰："此冷
褒、段犹流也，吾辈可与并列耶？"抗疏请归，不允。既而尊称礼定，
卜日上恭穆献皇帝谥册。熙等疏谏曰："大礼之议颁天下三年矣，乃
以一二人妄言，欲去本生之称，专隆鞠育之报。臣等闻命，惊惶罔知
攸措。窃惟陛下为宗庙神人之主，必宗庙之礼加隆，斯继统之义不
失。若乖先王之礼，贻后世之讥，岂不重累圣德哉。"不得命，相率伏
哭左顺门。遂下诏狱掠治，复杖之阙廷，遣戍。熙得福建镇海卫。

既璁等得志，乃相率请释谪戍诸臣罪，皆首及熙，帝不听。最后
谨身殿灾，熙年且七十，给事中田濡复请矜宥，卒不听。居十有三
年，竟卒于戍所。隆庆初，赠官赐恤。

子坊，字存礼，举乡试第一。嘉靖二年成进士，出为南京吏部考
功主事。寻谪通州同知。免归。坊博学工文，兼通书法，而性狂诞。
熙即卒，家居贫乏，思效张璁、夏言片言取通显。十七年，诣阙上书，
言建明堂事，又言宜加献皇帝庙号称宗，以配上帝。世宗大悦。未
几，进号睿宗，配飨玄极殿。其议盖自坊始，人咸恶坊畔父云。明年，
复进《卿云雅诗》一章，诏付史馆。待命久之，竟无所进擢，归家悒悒
以卒。晚岁改名道生。别为《十三经训诂》，类多穿鉴语。或谓世所
传《子贡诗传》，亦坊伪纂也。

。

徐文华，字用光，嘉定州人。正德三年进士，授大理评事。擢监
察御史，巡按贵州。乖西苗阿杂等倡乱，偕巡抚魏英讨之，破寨六百
三十。玺书奖劳。

　　江西副使胡世宁坐论宁王宸濠系诏狱，文华抗疏救曰："世宁上为圣朝，下为宗室，竭诚发愤，言甫脱口，而祸患随之，亦可哀也。宁王威炎日以张，隐患日以甚，失今不戢，容有纪极。顾又置世宁重法，杜天下之口，夺忠鲠之气，弱朝廷之势，启宗藩之心，招意外之变，皆自今日始矣。"不纳。

　　帝遣中官刘允迎佛乌斯藏，文华力谏，不报。马昂纳妊身女弟于帝，又疏谏曰："中人之家不取再醮之妇。陛下万乘至尊乃有此举，返之于心则不安，宣之于口则不顺，传之天下后世则可丑。谁为陛下进此者，罪可族也。万一防闲阔略，不幸有李园、吕不韦之徒乘间投隙，岂细故哉。今昂兄弟子侄出入禁闼，陛下降纼等威，与之乱服杂坐，或同卧起，坏祖宗法，莫此为甚。马姬专宠于内，昂等弄权于外，祸机窃发，有不可胜言者。乞早诛以绝祸源。"亦不报。

　　文华既数进直言，帝及诸近幸皆衔之。会文华条上宗庙礼仪，祧庙、禘袷、特享、出主、祔食，凡五事。考证经义，悉可施行。帝怒，责其出位妄言，章下所司。礼官暗于经术，又阿帝意，遂奏文华言非是。命下诏狱，黜为民。时正德十一年十月也。

　　世宗即位，起故官，历河南按察副使。嘉靖二年，举治行卓异，入为大理右少卿，寻转左。时方议兴献帝"大礼"，文华数偕诸大臣力争。明年七月，复倡廷臣伏阙哭谏，坐停俸四月。已，席书、张璁、桂萼、方献夫会廷臣大议，文华与汪伟、郑岳犹力争。武定侯郭勋遽曰："祖训如是，古礼如是，璁等言当。书曰大臣事君，当将顺其美。"议乃定。及改题庙主，文华谏曰："孝宗有祖道焉，不可以伯考称。武宗有父道焉，不可以兄称。不若直称曰'孝宗敬皇帝'、'武宗毅皇帝'，犹两全无害也。"疏入，命再夺俸。

　　六年秋，李福达狱起，主狱者璁、萼、献夫以议礼故憾文华等，乃尽反狱词，下文华与诸法官狱。狱具，责文华阿附御史杀人，遣戍辽阳。遇赦，卒于道。隆庆初，赠左金都御史。

　　自大学士毛纪、侍郎何孟春去位，诸大臣前争"大礼"者，或依违顺旨，文华顾坚守前议不变，其被遣不以罪，士论深惜之。

薛蕙,字君采,亳州人。年十二能诗,举正德九年进士,授刑部主事。谏武宗南巡,受杖夺俸,旋引疾归。起故官,改吏部,历考功郎中。

嘉靖二年,廷臣数争"大礼",与张璁、桂萼等相持不下。蕙撰《为人后解》、《为人后辨》及辨璁、萼所论七事,合数万言上于朝。《解》有上、下二篇,推明大宗义。其《辨》曰:"陛下继祖体而承嫡统,合于为人后之义,坦然无疑。乃有二三臣者诡经畔礼,上惑圣聪。夫经传纤悉之指,彼未能睹其十一,遽欲恃小慧,骋夸词,可谓不知而作者也。其曰'陛下为献帝不可夺之适嗣。'按:汉《石渠议》曰'太宗无后,族无庶子,已有一适子,当绝父嗣以后大宗否?'戴圣云:'大宗不可绝。《礼》言适子不为后者,不得先庶子耳;族无庶子,则当绝父以后大宗。'晋范汪曰:'废小宗,昭穆不乱,废大宗,昭穆乱矣。先王所以重大宗也。岂得不废小宗以继大宗乎?'夫人子虽有适庶,其亲亲之心一也,而《礼》适子不为后,庶子得为后者,此非亲其父母有厚薄也,直系于传重收族不同耳。今之言者不知推本祖祢,惟及其父母而止,此弗忍薄其亲,忍遗其祖也。其曰:'为人后者为之子,乃汉儒邪说'。按:此踵欧阳修之谬也。夫'为人后者为之子',其言出于《公羊》,固汉儒所传者,然于《仪礼》实相表里,古今以为折衷,未有异论者也。藉若修之说,其悖礼甚矣。《礼》'为人后者,斩衰三年',此子于父母之丧也,以其父母之丧服之,非为之子而何? 其言之悖礼一也;传言'为所后者之祖父母妻,妻之父母昆弟,昆弟之子若子'。其若子者,由为之子故耳。传明言'若子',今顾曰'不为之子',其言之悖礼二也;且为人后者不为之子,然则称谓之间,将不曰父,而仍曰伯父、叔父乎? 其言之悖礼三也;又立后而不为之子,则古立后者皆未尝实子之,而姑伪立是人也。是圣人伪教人以立后,而实则无后焉耳?其言之悖礼四也;夫无后者重绝祖考之祀,故立后以奉之。今所后既不得而子,则祖考亦不得而孙矣,岂可以入其庙而奉其祀乎? 其言之悖礼五也。由此观之,名汉臣以邪说,无乃其自名耶?抑二三臣者亦自度其说之必穷也,于是又为遁辞以倡之曰:'夫统与嗣不同,陛下之继二宗,当继统而不继嗣。'此一言者,将欲以废先王为人后之义与? 则尤悖礼之甚者也。然其牵合附会,眩于名实,苟不辨而绝之,殆将为后世祸矣。夫《礼》为大宗立后者,重其统也。重其统不可绝,乃为之立后。至于小宗不为之后者,统可以绝,则嗣可以不继也。是则以继统故继嗣,继嗣所以继统也。故《礼》'为人后'言继嗣也,'后大宗'言继统也。统与嗣,非有二也,其何不同之有?自古帝王入继者,必明为人后之义,而后可以继统。盖不为后则不成子也。若不成子,夫安所得统而继之? 故为后也者成子也,成子而后继统,又将以绝同宗觊觎之心焉。圣人之制礼也,不亦善乎?抑成子而后继统,非独为人后者尔也。《礼》无生而贵者,虽天子、诸侯之子,苟不受命于君父,亦不敢自成尊也。《春秋》重授受之义,以为为子受之父,为臣受之君,故谷梁子曰'臣子必受君父之命'。斯义也,非直尊君父也,亦所以自尊焉耳。盖尊其君父,亦将使人尊己也。如此则义礼明,而祸乱亡。今说者谓'伦序当立斯立已',是恶知《礼》与《春秋》之意哉!若夫前代之君,间有弟终而兄继,侄终而伯叔父继者,此遭变不正者也。然多先君之嗣。先君于己则考也,己于先君则子也。故不可考后君,而亦无两统二父之嫌,若晋之哀帝、唐之宣宗是也。其或诸王入嗣,则未有仍考诸王而不考天子者也。陛下天伦不先于武宗,正统不自于献帝,是非予夺,至为易辨。而二三臣者猥欲比于遭变不正之举,故曰悖礼之尤者也。”其他所辨七事,亦率仿此。

书奏,天子大怒,下镇抚司考讯。已,贳出之,夺俸三月。会给事中陈洸外转,疑事由文选郎夏良胜及蕙。良胜已被讦见斥,而蕙故在。时亳州知州颜木方坐罪,乃诬蕙与木同年相关通,疑有奸利。章下所司,蕙亦奏辨,帝不听,令解任听勘。蕙遂南归。既而事白,吏部数移文促蕙起。蕙见璁、萼等用事,坚卧不肯起。十八年,诏选宫僚,拟蕙春坊司直兼翰林检讨。帝犹以前憾故,报罢,而蕙亦卒矣。

蕙貌臞气清，持己峻洁，于书无所不读。学者重其学行，称为"西原先生"。

当是时，廷臣力持"大礼"，而璁、萼建异议，举朝非之。其不获与廷议，而以璁、萼得罪者，又有胡侍、王禄、侯廷训云。

胡侍，宁夏人。举进士，历官鸿胪少卿。张璁、桂萼既擢学士，侍劾二人越礼背经，因据所奏，反覆论辨，凡千余言。帝怒，命逮治。言官论救，谪潞州同知。沈府宗室勋注以事憾之，奏侍试诸生题讥刺，且谤"大礼"，逮至京，讯斥为民。

王禄，新城人。举于乡，为福建平和知县。嘉靖九年，疏请建献帝庙于安陆，封崇仁王以主其祀，不当考献帝，伯孝宗，涉二本之嫌。宗藩子有幼而岐嶷者，当养之宫中，备储贰选。疏奏，即弃官归。命按臣逮治，亦斥为民。

侯廷训，乐清人。与张璁同郡，同举进士，而持论不合。初释褐，即上疏请考孝宗，且言不当私藩邸旧臣，语最切直。除南京礼部主事。嘉靖三年冬，"大礼"定，廷训心非之，私刊所著议礼书潜寄京师，下诏狱拷讯。子一元，年十三，伏阙讼冤，得释。后起官至漳南佥事，以贪虐被劾为民。一元举进士，官至江西布政使。

赞曰："大礼"之议，杨廷和为之倡，举朝翕然同声，大抵本宋司马光、程颐《濮园议》。然英宗长育宫中，名称素定，而世宗奉诏嗣位，承武宗后，事势各殊。诸臣徒见先贤大儒成说可据，求无得罪天下后世，而未暇为世宗熟计审处，准酌情理，以求至当。争之愈力，失之愈深，惜夫。

明史卷一九二
列传第八〇

杨慎 王元正 王思 王相 张翀
刘济 安磐 张汉卿 张原
毛玉 裴绍宗 王时柯 余翱
郑本公 张曰韬 胡琼 杨淮
申良 张澯 仵瑜 臧应奎 胡琏 余祯
李可登 安玺 殷承叙 郭楠 俞敬 李继先
王懋

杨慎,字用修,新都人。少师廷和子也。年二十四,举正德六年殿试第一,授翰林修撰。丁继母忧,服阕起故官。十二年八月,武宗微行,始出居庸关,慎抗疏切谏。寻移疾归。

世宗嗣位,起充经筵讲官。常讲《舜典》,言:"圣人设赎刑,乃施于小过,俾民自新。若元恶大奸,无可赎之理。"时大珰张锐、于经论死,或言进金银获宥,故及之。

嘉靖三年,帝纳桂萼、张璁言,召为翰林学士。慎偕同列三十六人上言:"臣等与萼辈学术不同,议论亦异。臣等所执者,程颐、朱熹之说也;萼等所执者,冷褒、段犹之余也。今陛下既超擢萼辈,不以臣等言为是,臣等不能与同列,愿赐罢斥。"帝怒,切责,停俸有差。

逾月，又偕学士丰熙等疏谏，不得命。偕廷臣伏左顺门，力谏。帝震怒，命执首事八人下诏狱，于是慎及检讨王元正等撼门大哭，声彻殿庭。帝益怒，悉下诏狱，廷杖之。阅十日，有言前此朝罢，群臣已散，慎、元正及给事中刘济、安磐、张汉卿、张原，御史王时柯实纠众伏哭。乃再杖七人于廷，慎、元正、济并谪戍，余削籍。慎得云南永昌卫。先是，廷和当国，尽斥锦衣冒滥官。及是伺诸途，将害慎，慎知而谨备之。至临清始散去。扶病驰万里，惫甚。抵戍所，几不起。

　　五年，闻廷和疾，驰至家。廷和喜，疾愈。还永昌，闻寻甸安铨、武定凤朝文作乱，率僮奴及步卒百余驰赴木密所，与守臣击败贼。八年，闻廷和讣，奔告巡抚欧阳重请于朝，获归葬。葬讫，复还。自是，或归蜀，或居云南会城，或留戍所，大吏咸善视之。及年七十，还蜀，巡抚遣四指挥逮之还。嘉靖三十八年七月卒，年七十有二。

　　慎幼警敏，十一岁能诗，十二拟作《古战场文》、《过秦论》，长老惊异。入京赋《黄叶诗》，李东阳见而嗟赏，令受业门下。在翰林时，武宗问钦天监及翰林："星有注张，又作汪张，是何星也？"众不能对。慎曰："柳星也。"历举《周礼》、《史记》、《汉书》以复。预修《武宗实录》，事必直书。总裁蒋冕、费宏尽付稿草，俾削定。尝奉使过镇江，谒杨一清，阅所藏书，叩以疑义，一清皆成诵。慎惊异，益肆力古学。既投荒多暇，书无所不览。尝语人曰："资性不足恃，日新德业，当自学问中来。"故好学穷理，老而弥笃。世宗以议礼故，恶其父子特甚，每问慎作何状。阁臣以老病对，乃稍解。慎闻之，益纵酒自放。明世记诵之博，著作之富，推慎为第一，诗文外，杂著至一百余种，并行于世。隆庆初，赠光禄少卿。天启中，追谥文宪。

　　王元正，字舜卿，盩厔人。与慎同年进士，由庶吉士授检讨。武宗幸宣、大，元正述《五子之歌》以讽。竟以争"大礼"谪戍茂州卒。隆庆初，赠修撰。

　　王思，字宜学，太保直曾孙也。正德六年进士，改庶吉士，授编修。

九年春，乾清宫灾，思应诏上疏曰：“天下之治赖纪纲，纪纲之立系君身而已。私恩不偏于近习，政柄不移于左右，则纪纲立，而宰辅得行其志，六卿得专其职。今者内阁执奏方坚，而或挠于传奉，六卿拟议已定，而或阻于内批，此纪纲所由废也。惟陛下抑私恩，端政本，用舍不以谗移，刑赏不以私拒，则体统正而朝廷尊矣。祖宗故事，正朝之外，日奏事左顺门，又不时召对便殿。今每月御朝不过三五日，每朝进奏不逾一二事，其养德之功、求治之实，宰辅不得而知也；闻见之非、嗜好之过，宰辅不得而知也。天下之大，四海之远，生民愁苦之状，盗贼纵横之由，岂能一一上达。伏愿陛下悉遵旧典，凡遇宴闲，少赐召问，勿以遇灾而惧，灾过而弛，然后可以享天心，保天命。”

其年九月，帝狎虎而伤，阅月不视朝。思复上封事曰：“孝宗皇帝之子惟陛下一人，当为天下万世自重。近者道路传言，虎逸于柙，惊及圣躬。臣闻之，且骇且惧。陛下即位以来，于兹九年，朝宁不勤政，太庙不亲享，两宫旷于问安，经筵倦于听讲。揆厥所自，盖有二端：嗜酒而荒其志，好勇而轻其身。由是戒惧之心日忘，纵恣之欲日进，好恶由乎喜怒，政令出于多门。纪纲积弛，国是不立；士气摧折，人心危疑；上天示警，日食地震；宗社之忧，凛若朝夕。夫勇不可好，陛下已薄有所惩矣。至于荒志废业，惟酒为甚。《书》曰‘甘酒嗜音，峻宇雕墙，有一于此，未或不亡’，陛下露处外宫，日湎于酒，厮养杂侍，禁卫不严。即不幸变起仓卒，何以备之？此臣所大忧也。”疏入，留中者数日。忽传旨降远方杂职，遂谪潮州三河驿丞。

思年少气锐，每众中指切人是非。已悔之，自敛为质讷。及被谪，怡然就道。夜过泷水，舟飘巨石上，缘石坐浩歌。家人后至，闻歌声乃舣舟以济。王守仁讲学赣州，思从之游。及守仁讨宸濠，檄思赞军议。

世宗嗣位，召复故官，仍加俸一级。思疏辞，且言：“陛下欲作敢言之气，以防壅蔽之奸，莫若省览奏章，召见大臣，勿使邪僻阿徇之说蛊惑圣听,则尧、舜之治可成。不然,纵加恩于先朝谴责之臣,抑末矣。"帝不允,因命近日迁俸者皆不得辞。寻充经筵讲官。

嘉靖三年,与同官屡争"大礼",不报。时张璁、桂萼、方献夫为学士,思羞与同列,疏乞罢归,不许。其年七月,偕廷臣伏左顺门哭谏,帝大怒,系之诏狱,杖三十。逾旬,再杖之。思与同官王相,给事中张原、毛玉、裴绍宗,御史张曰韬、胡琼,郎中杨淮、胡璉,员外郎申良、张濙,主事安玺、仵瑜、臧应奎、余祯、殷承叙,司务李可登,凡十有七人,皆病创先后卒。隆庆初,各荫一子,赠官有差,思赠右谕德。

思志行迈流俗,与李中、邹守益善。高陵吕柟亟称之,尝曰:"闻过而喜似季路,欲寡未能似伯玉,则改斋其人也。"改斋者,思别号也。

王相,字懋卿,鄞人。正德十六年进士,由庶吉士授编修。豪迈尚志节,事亲笃孝。家贫屡空,晏如。仕仅四年而卒。

张翀,字习之,潼川人。正德六年进士,选庶吉士,改刑科给事中。引疾归,起户科。

世宗即位,诏罢天下额外贡献。其明年,中都镇守内官张阳复贡新茶,礼部请遵诏禁,不许。翀言:"陛下诏墨未乾,旋即反汗,人将窥测朝廷玩侮政令,且阳名贡茶,实杂致他物,四方效尤,何所抵极?愿守前诏,无坠奸谋。"不听。宁夏岁贡红花,大为军民害,内外镇守官苴任,率贡马谢恩,翀皆请罢之。帝虽是其言,不能从。寻言:"中官出镇,非太祖、太宗旧制。景帝遭国家多故,偶一行之。谓内臣是朝廷家人,但有急事,令其来奏。乃往岁宸濠谋叛,镇守太监王宏反助为逆,内臣果足恃耶?时平则坐享尊荣,肆毒百姓;遇变则心怀顾望,不恤封疆,不可不亟罢。"后张孚敬为相,竟罢诸镇守,其论实自翀发之。

屡迁礼科都给事中。又言:"顷闻紫禁之内祷祠繁兴,乾清宫内官十数辈，究习经典，讲诵科仪，赏赉逾涯，宠幸日密。此由先朝罪人遗党若太监崔文辈，挟邪术为尝试计。陛下为其愚弄，而已得肆其奸欺。干挠政事，牵引群邪，伤太平之业，失四海之望。窃计陛下宁远君子而不忍斥其徒，宁弃谠言而不欲违其教，亦谓可以延年已疾耳。侧闻顷来嫔御女谒，充塞闺帏，一二黠慧柔曼者为惑尤甚。由是怠日讲，疏召对，政令多僻，起居愆度，小人窥见间隙，遂以左道蛊惑。夫以斋醮为足恃而恣欲宫壶之间，以荒淫为无伤而邀福邪妄之术，甚非古帝王求福不回之道也。"

嘉靖二年四月，以灾异，偕六科诸臣上疏曰："昔成汤以六事自责曰：'政不节与？民失职与？宫壶崇与？女谒盛与？苞苴行与？谗夫昌与？'今诚以近事较之。快船方减而辄允戴保奏添，镇戍方裁而更听赵荣分守。诏核马房矣，随格于阎洪之一言；诏汰军匠矣，寻夺于监门之群咻，是政不可谓节也。末作竟于奇巧，游手半于闾阎。耕桑时废，缺俯仰之资；教化未闻，成偷薄之习。是民不可谓不失职也。两宫营建，采运艰辛，或一木而役夫万千，或一椽而废财十百，死亡枕藉之状，呻吟号叹之声，陛下不得而见闻。是宫壶不可谓不崇也。奉圣、保圣之后，先女宠于册后；庄奉、肃奉之名，联殊称于乳母。或承恩渐邻于飞燕，或黠慧不下于婉儿，内以移主上之性情，外以开近习之负倚，是女谒不可谓不盛也。穷奸之锐、雄，公肆赂遗而逃籍没之律；极恶之鹏、铠，密行请托而逭三载之诛。钱神灵而王英改问于锦衣，关节通而于喜竟漏于禁网，是苞苴不可谓不行也。献庙主祀，屈府部之议，而用王槐谀佞之谋；重臣批答，乏体貌之宜，而入群小惎间之论；或潜发于内，阴肆毒螫，或谗行于外，显逞挤排，上以汩朝廷之是非，下以乱人物之邪正，是谗夫不可谓不昌也。凡此，皆成汤之所无，而今日之所有。是以不避斧钺之诛，用附责难之义。望陛下采纳。"其年冬，命中官督苏、杭织造，举朝阻之不能得，翀复偕同官张原等力争。时世宗初政，杨廷和等在内阁，群小虽已用事，正论犹伸，翀前后指斥无所避。帝虽不见用，然亦尝报闻，不罪也。

及明年三月，帝以桂萼言，锐欲考献帝，且欲立庙禁中，翀复偕同官力谏。帝于是责以朋言乱政，命夺俸。既又助尚书乔宇等再疏，争内殿建室之议，被诏切让。吕柟、邹守益下狱，翀等抗疏救。及张璁、桂萼召至，翀与给事三十余人连章言："两人赋性奸邪，立心憸佞，变乱宗庙，离间宫闱，诋毁诏书，中伤善类，望亟出之，为人臣不忠之戒。"皆不纳。

帝愈欲考献帝，改孝宗为伯考，翀等忧之。会给事中张汉卿劾席书振荒不法，户部尚书秦金请命官往勘，帝是之。翀等乃取廷臣劾萼等章疏送刑部令上请，且私相语曰："倘上亦云是者，即扑杀之。"璁等以其语闻。帝留疏不下，而责刑部尚书赵鉴等朋邪害正，翀等陷义罔忠，而进璁、萼学士。廷臣相顾骇叹，诸曹乃各具一疏，力言孝宗不可称伯考，署名者凡二百二十余人。帝皆留中不报。七月戊寅，诸臣相率伏左顺门恳请。帝两遣中官逾之，不退，遂震怒，先逮诸曹为首者八人于诏狱，翀与焉。寻杖于廷，谪戍瞿塘卫。而璁、萼宠益盛。翀居戍所十余年，以东宫册立恩放还，卒。

刘济，字汝楫，腾骧卫人。正德六年进士，由庶吉士授吏科给事中。山西巡抚李钺劾左、右布政使倪天民、陈达，吏部请黜之，帝不许。济疏争，不省。帝幸宣府、榆林，济皆疏请回銮。诏封许泰、江彬伯爵，又与诸给事中力争，皆不报。世宗即位，出核甘肃边饷，奏革凉州分守中官及永昌新添游兵。再迁工科左给事中。

嘉靖改元，进刑科都给事中。主事陈嘉言坐事下狱，济疏救，不许。廖鹏父子及钱宁党王钦等皆以从逆论斩，鹏等夤缘中人冀脱死。济上言："自来死囚临斩，鼓下犹受诉词，奏上得报，已及日昳，再请而后行刑，则已薄暮，殊非与众弃之之意。乞自三请后，鼓下不得受词。鹏钦等罪甚当，幸陛下勿疑。"诏自今以申酉行刑；鹏等竟缓决，钦后以中旨免死。济力争，不听。故事，厂卫有所逮，必取原奏情事送刑科签发驾帖。千户白寿赍帖至，济索原奏，寿不与，济亦不肯签发。两人列词上，帝先入寿言，竟诎济议。中官崔文、仆李阳凤坐罪,已下刑部,帝受文诉,移之镇抚。济率六科争之,不听。都督刘晖以奸党论戍,有诏复官。甘肃总兵官李隆嗾乱军杀巡抚许铭,逮入都,营免赴鞫。济皆力陈不可,帝从其言。晖夺职,隆受讯伏辜。

定国公徐光祚规占民田,嗾滦州民讦前永平知府郭九皋。太监芮景贤主之,缇骑逮讯。济请并治光祚,章下所司。给事中刘最以劾中官崔文调外任,景贤复劾其违禁,与御史黄国用皆逮下诏狱,戍最而谪国用。法司争不得,济言:“国家置三法司专理刑狱,或主质成,或主平反。权臣不得以恩怨为出入,天子不得以喜怒为重轻。自锦衣镇抚之官专理诏狱,而法司几成虚设。如最等小过耳,罗织于告密之门,锻炼于诏狱之手,旨从内降,大臣初不与知,为圣政累非浅。且李洪、陈宣罪至杀人,降级而已;王钦兄弟党奸乱政,谪戍而已。以最等视之,奚啻天渊,而罪顾一律,何以示天下?”帝怒,夺济俸一月。后父陈万言奴何玺殴人死,帝命释之,济执奏曰:“万言纵奴杀人得免为幸,乃并释玺等,是法不行于戚畹奴也。”

济在谏垣久,言论侃侃,多与权幸相枝柱,直声甚震,帝滋不能堪。“大礼”议起,廷臣争者多得罪,济疏救修撰吕柟,编修邹守益,给事中郑继曾,御史马明衡、朱淛、陈逅、季本,郎中林应骢,不听。既而遮诸朝臣于金水桥,伏哭左顺门,受杖阙廷。越十二日,再杖,谪戍辽东。十六年册立皇太子,赦诸谪戍者,济不与,卒于戍所。隆庆初,复官,赠太常少卿。

安磐,字公石,嘉定州人。弘治十八年进士,改庶吉士。正德时,历吏兵二科给事中,乞假去。

世宗践阼,起故官。帝手诏欲加兴献帝皇号,磐言:“兴,藩国也,不可加于帝号之上。献,谥法也,不可加于生存之母。本生、所后,抛不俱尊。大义私恩,自有轻重。”会廷臣多力争,事得且止。

嘉靖元年,主事霍韬言:科道官亵服受诏,大不敬。磐偕同官论韬先以议礼得罪名教,恐言官发其奸,故摭拾细事,意在倾排。帝置不问。寻因事言：“先朝内外巨奸，若张忠、刘养、韦霦、魏彬、王琼、宁杲等，漏网得全要领，其货赂可以通神，未尝不夤缘觊复用。宜严察预防，天下事毋令若辈再坏。”帝纳其言，命锦衣官密访缉之。中官张钦家人李贤者，帝许任为锦衣指挥。磐极言不可，不听。

锦衣千户张仪以附中官张锐黜革，御史杨百之忽为讼冤，言：“仪当宸濠逆谋时，首倡大义，劝锐却其馈遗。今锐以是免死，仪功不录，无以示报。”磐疏言：“百之憸邪，阳为仪游说，而阴与锐交关，为锐再起地。”百之情得，乃诬磐因请属不行，挟私行谤。吏部尚书乔宇等议黜百之，刑部谓情状未明，宜俱逮治。帝两宥之，夺百之俸三月，磐一月。

帝频兴斋醮，磐又抗言：“曩武宗为左右所蛊，命番僧锁南绰吉出入豹房，内官刘允迎佛西域，十数年间糜费大官，流谤道路。自刘允放，而锁南囚，供亿减，小人伏。奈何甫及二年，遽袭旧辙，不斋则醮，月无虚日。此岂陛下本意，实太监崔文等为之。文钟鼓厮役，夤缘冒迁，既经降革，乃营求还职。导陛下至此，使贻讥天下后世，文可斩也。文尝试陛下，欲行香则从之，欲登坛则从之，欲拜疏则又从之。无已则导以游幸、土木，导以征伐，方且连类以进，伺便以逞。臣故曰文可斩也。”疏入，报闻。

户部主事罗洪载以杖锦衣百户张仪下诏狱，磐与同官张汉卿、张逵、葛鸥等请付之法司，不听。永福长公主下嫁，择昏于七月下旬，磐言：“长公主于孝惠皇太后为在室孙女，其服未满，宜更其期。旧仪，驸马见公主，行两拜礼，公主坐受。乖夫妇之分，亦当革正。”帝以遗旨格之，相见礼如故。

锦衣革职旗校王邦奇屡乞复职，磐言：邦奇等在正德世贪饕搏噬，有若虎狼，其捕奸盗也，或以一人而牵十余人，或以一家而连数十家，锻炼狱词，付之司寇，谓之‘铸铜板’；其缉妖言也，或用番役四出搜愚民诡异之书，或购奸僧潜行诱愚民弥勒之教，然后从而掩之，无有解脱，谓之‘种妖言’。数十年内，死者填狱，生者冤号。今不追正其罪，使得保首领，亦已幸矣，尚敢肆无忌，屡渎天听，何为者哉。且陛下收已涣之人心，莫将危之国脉，实在登极一诏。若使此罪攘臂一朝坏之，则奸人环立蜂起，堤防溃决，不知所纪极矣。宜严究治，绝祸源。"帝不能从。其后邦奇卒为大厉如磐言。

帝驿召席书、桂萼等，磐请斥之，以谢天下，且言："今欲别立一庙于大内，是明知恭穆不可入太庙矣。夫孝宗既不得考，恭穆又不得入，是无考也。世岂有无考之太庙哉？此其说之自相矛盾者也。"不听。

历兵科都给事中。以率众伏阙，再受杖，除名为民。卒于家。

张汉卿，字元杰，仪封人。正德六年进士，授魏县知县，征拜刑科给事中。尝陈杜侥幸、广储积、慎刑狱三事，深切时弊，不报。武宗将南巡，偕同官伏阙谏。世宗嗣位，从巡抚李铎言发帑金二十万优恤宣府军民，以汉卿言，并发十三万于大同。屡迁户科都给事中。

嘉靖元年冬，与同官上言："陛下轸念畿辅庄田之害，遣官会勘，敕自正德以后投献及额外侵占者，尽以给民。王言一布，天下孰不诵陛下之仁。乃者给事中夏言、御史樊继祖、主事张希尹勘上涿州薰皮厂、安州鹰房草场，诏旨留用。所司执奏，迄不肯从，非所以全大信昭至公也。皮厂起于马永成，鹰房创于谷大用，皆夺民业为之。今马俊、赵霦恃藩邸旧恩，妄求免革，是复蹈永成、大用故辙也。乞尽还之民，而严罪俊、霦为欺罔者戒。"后父陈万言请营新第，既又乞庄田，内官吴勋等请督苏州织造，汉卿皆极谏。不纳。应天诸府大旱，帝将鬻淮、浙余盐及所没产，易银振之，汉卿言："易银缓，非发帑金不可。"帝为发银十五万。

未几，复偕同官言："今天下一岁之供，不给一岁之用，加以水旱频仍，物力殚屈。陛下方躬行节俭，而中官梁栋等奏营造缺珠宝，是欲括户部之银。梁政等又以蠲免三分之数，欲行京仓拨补，是欲耗太仓之粟也。夫内库不足，取之计部；计部不足，取之郡邑小民；郡邑小民将安取哉？今东南洊饥，民至骨肉相食，而搜括之令频行，臣等窃以为不可。"报闻。已，又劾席书振济乖方，乞遣官往勘，正其欺罔罪。帝方眷书甚，驿召为礼部尚书，不罪也。

初，兴献帝议加皇号，汉卿力争，至是又倡众伏阙。两受杖，斥为民。二十年，言官邢如默、贾淮等会荐天下遗贤，及汉卿终不召。

张原，字士元，三原人。正德九年进士，授吏科给事中。疏陈汰冗食、慎工作、禁贡献、明赏罚、广言路、进德学六事。中言：“天下幅员万里，一举事而计臣辄告匮，民贫故也。民何以贫？守令之袅敛，中臣之贡献，为之也。比年军需杂轮十倍前制，皆取办守令，守令假以自殖，又十倍于上供。民既困矣，而贡献者复巧立名目，争新竞异，号曰‘孝顺’。取于民者十百，进于上者一二，朝廷何乐于此而受之。人君驭下惟赏与罚，迩者庸才厮养莫不封侯腰玉，或足不出门而受赏，身不履陈而奏功。御敌者竟未沾恩，覆军者多至逃罪，此士卒所由解体也。”疏入，权幸恶之，传旨谪新添驿丞。

嘉靖初，召复兵科，仍加俸一级。南宁伯毛良杀其子，锦衣掌印指挥朱震等多违纵，原先后论之，皆夺职闲住。帝进张鹤龄昌国公，封陈万言太和伯，世袭，授万言子绍祖尚宝丞，又以外戚蒋泰等五人为锦衣千、百户，原抗疏极言，请行裁节。未几，劾建昌侯张延龄强占民地，定国公徐光祚子、外戚玉田伯蒋输、昌化伯邵蕙家人擅作威福。事虽不尽行，权贵皆震慑。

进户科右给事中。撼门哭，再被杖，创重，卒，贫不能归葬。久之，都御史陈洪谟备陈原与毛玉、裴绍宗、王思、王相、胡琼等妻子流离状，请恤于朝，不许。隆庆元年，赠光禄少卿。

毛玉，字国珍，更字用成，云南右卫军家子也，其先良乡人。弘治十八年进士。正德五年，由行人擢南京吏科给事中。刘瑾既败，大盗蜂起，玉言大学士焦芳、刘宇实乱天下，请显僇，以谢万姓。群盗扰山东、河南，玉请备留都。已而盗果渡江，以备严不敢犯。外艰去，起南京兵科。御史林有年谏迎佛乌思藏下狱，玉抗疏救之，有年得薄罚。又以继母艰去。服阕，除吏科。

世宗即位逾年，兴邸诸内官怙帝宠，渐骄佚。又故太监谷大用、魏彬等相次谋复起，事有萌芽，玉即抗疏历叙武宗时事，劝帝戒嗜欲，杜请托，以破侥幸之门，塞蛊惑之隙。帝嘉纳焉。

御史曹嘉素轻险，仿宋范仲淹《百官图》，分廷臣四等加以品题。给事中安磐疏驳之，言唐王圭之论房玄龄等，本朝解缙之论黄福等，皆承君命而品藻之，未有漫然恣其口吻如嘉者也。玉复言嘉背违成法，变乱国是，乞斥。帝从其言，贬嘉于外。御史许宗鲁为嘉讼，请斥玉，其同官伦以谋亦助为言。给事中张原以庶僚聚讼，朝廷为之多事，重损国体，乞身先斥罢。玉亦上疏求去，言："宗鲁等知朋友私恩，不顾朝廷大体。臣一身所系绝微，公论所关甚大，乞罢臣以谢御史。"帝皆慰留之。时宸濠戚属连逮者数百人，玉奉命往讯，多所全活，且言宸濠称乱，由左右贪赂酿成之。因劾守臣不死事者，而禁天下有司与藩府交通。帝俱从之。再迁左给事中。寻伏阙争"大礼"，下狱受杖，竟卒。后赠光禄少卿。

裴绍宗，字伯修，渭南人。正德十二年进士，除海门知县。武宗南巡，受檄署江都事，权幸惮之，供亿大省。

世宗即位，召入为兵科给事中。即疏请法祖定制，言："太祖贻谋尽善，如重大臣、勤视朝、亲历田野、服浣濯衣、种蔬宫中、毁镂金床、碎水晶漏、造观心亭、揭大学衍义之类。陛下所当绎思祖述，而二三大臣尤宜朝夕纳诲，以辅养圣德。陛下日御便殿，亲儒臣，使耳目不蔽于淫邪，左右不惑于险佞，则君志素定，治功可成。"帝嘉纳之。帝欲加兴献帝皇号，绍宗力谏。嘉靖二年冬，帝以灾异频仍，欲罢明年郊祀庆成宴。绍宗言："祭祀之礼莫重于郊丘，君臣之情必通于宴享。往以国戚废大礼，今且从吉，宜即举行，岂可以灾伤复免。"修撰唐皋亦言之。竟得如礼。明年，以伏阙受杖卒。赠官如毛玉。

王时柯，字敷英，万安人。正德十二年进士，授行人。嘉靖三年，擢御史。疏言："桂萼辈以议礼迎合，传升美官。薛蕙、陈相、段续、胡侍等，连章论劾，实出至公。今佞人超迁而群贤获罪，恐海内闻之，谓陛下好谀恶直。愿采忠谠之言，消朋比之祸，特宽蕙等而听席书、方献夫辞职，除张璁、桂萼别任，则是非不谬，人情悦服。"忤旨切责。未几，有伏阙之事，再予杖，除名。

时御史疏争"大礼"居首者，余翱，字大振，定远人。正德中进士。嘉靖二年，为御史。尝劾司礼太监张佐蒙蔽罪。明年七月，与时柯等被杖戍边。居戍所十四年。皇子生，赦还。穆宗即位，时柯、翱皆复官，赠时柯光禄少卿。

郑本公，朔州卫人。正德九年、进士。历御史。武宗不豫，国本未建，本公请慎选宗室亲贤者正位东宫，系天下望。不报。

世宗嗣位，及冬而乾清宫成，帝由文华殿入居之。本公上言："事之可思者有六：是宫八年营构，一旦告成，陛下居安思危，当远群小，节燕游，以防一朝之患；重妃配，广继嗣，以为万世之计；慎终如始，兢兢业业，常若天祖之临；求言益切，访政益勤，用防壅蔽之患；持圣心，远货色，毋溺于鸩毒；重兴作，惜财力，永鉴于先朝。"帝嘉纳之。逾月，帝欲加兴献帝皇号，本公力言不可。

嘉靖改元，出按辽东。劾罢副总兵张铭、都指挥周辅。还朝，论救给事中刘最，忤旨切责。二年十月，时享太庙，帝不亲行，本公与同官彭占祺极言遣代非宜，报闻。

明年三月，帝欲考兴献帝立庙禁中，本公偕同官力争，谓："陛下潜邸之日，则为孝宗之侄，兴献王之子；临御之日，则为孝宗之子，兴献帝之侄。可两言决也。至立庙大内，实为不经，献帝之灵既不得入太庙，又空去一国之祀而享于大内焉。陛下享太庙，其文曰'嗣皇帝'，于献帝之庙，又当何称？爱敬精诚，两无所属，献帝将蹙然不安。"帝怒，责其朋言乱政，夺俸三月。其年六月，以席书为礼部尚书，召张璁、桂萼入京，本公偕同官四十四人连章言："尊首为乱阶，璁再肆欺罔，黄绾、黄宗明、方献夫、席书连汇接踵。尚书之命，由中而下，行取之旨，已罢再颁。大臣因此被逐，言官由之得罪，虽往日瑾、彬之奸，流祸不若是酷也。"不纳。已，偕廷臣伏阙哭谏，系狱，廷杖还职。当是时，争"大礼"者诸御史中，本公言最切中。

寻迁通政参议，九年不调，以疾请改南京。乃授大理寺丞，稍迁南京太仆少卿。谢病归。二十年，言官邢如默、贾准等会荐，诏用不赴，卒。

张曰韬，字席珍，莆田人。正德十二年进士，授常州推官。武宗南巡，江彬纵其党横行州县。将抵常州，民争欲亡匿。时知府暨武进知县咸入觐，曰韬兼绾府县印，召父老约曰："彬党至，若等力与格。"又释囚徒，令与丐者各具瓦石待。已，彬党果累骑来。父老直遮之境上，曰："常州比岁灾，物力大屈，无可口若曹。府中惟一张推官，一钱不入，即欲具刍秣，亦无以办。"言已，彬党疑有他变，乃稍退，驰使告彬。曰韬即上书巡按御史言状。御史东郊行部过常州，谓曰："事迫矣，彬将以他事缚君。"命曰韬登己舟先发，自以小舟尾之。彬党果大至，索曰韬，误截御史舟。郊使严捕截舟者，而阴令缓之。其党恐御史上闻，咸散去，曰韬遂免。彬亦戒其党毋扰，由是常以南诸府得安。

世宗即位，召为御史。杨廷和等之争织造也，曰韬亦上言："陛下既称阁臣所奏惟爱主惜民，是明知织造之害矣。既知之而犹不已，实由信任大臣弗专，而群小为政也。自古未有群小蒙蔽于内，而大臣能尽忠于外者。崔文辈二三小人尝浊乱先朝，今复蒙惑圣衷，窃弄威福，陛下奈何任其逞私，不早加斥逐哉？臣闻织造一官，金数万方得之。既营之以重资，而欲其不责偿于下，此必无之事也。"帝不能用。

席书以中旨拜尚书，曰韬与同官胡琼各抗疏力争。既受杖，犹占疏劾奸人陈洸罪。未几，竟死。隆庆初，追赠光禄少卿。

胡琼，字国华，南平人。正德六年进士。由慈溪知县入为御史。

历按贵州、浙江有声。哭谏受杖，卒。后赠官如曰韬。

杨淮，字东川，无锡人。正德十二年进士，授户部主事，再迁郎中。始监京仓，革胥徒积弊殆尽。继监淮、通二仓，罢中官茶果之供，除囤基及额外席草费。最后监内库，奄人例有供馈，淮悉绝之。公勤廉慎，为尚书孙交、秦金所重。伏阙受杖，月余卒。囊无一物，家人卖屋以敛。金与淮同里，为经纪归其丧。后赠太常少卿。

申良，字延贤，高平人。登乡荐，授招远知县。山东盗起，良豫为战守具。盗至，追击至黄县，俘斩数百人。已，复至，再破走之。历知诸城、良乡。权贵人往来要索，良悉拒之。进安吉知州。锦衣叶倚钱宁势夺民田，良献还之民。琼因嗾奸人诬奏良，事竟得白。稍迁常州同知，入为户部员外郎。与淮俱杖死。赠太仆少卿。招远民怀其政，绘像祀之。

张澯，字景川，广东顺德人。

祖善昭，四川佥事，谪临江通判。先是，练子宁亲党戍临江者八十余人，善昭上书曰："子宁忠贯日月，太宗谓'若使子宁在，朕固当用之'，仁宗亦谓'方孝孺等忠臣'。夫既忠之矣，何外亲末属，尚以奸恶赐配，百年不宥哉？"疏虽不行，中外皆壮之。

澯登正德九年进士，授建平知县。忤巡江御史贺洪，改调广昌。讼洪罪，洪坐削籍。澯自广昌迁礼部主事，监督会同馆。尚书王琼与都御史彭泽有隙，以泽遣使土鲁番许金币赎哈密城印为泽罪，嗾番人在馆者暴泽过恶，诱澯为署牒，且曰："泽所为，南宋覆辙也。事成当显擢。"澯力拒曰："王公误矣，泽与土鲁番檄具在，岂宋和戎比？昔范仲淹亦尝致书元昊，宁独泽也。"不肯署。寻进员外郎，受杖死。

仵瑜，字忠父，蒲圻人。父绅，工部主事。瑜少有志操，正德十二年释褐,即谢病去。起补礼部主事,复引疾归。世宗践祚,起故官。疏陈勤圣学、笃亲亲、开言路、敬大臣、选诤臣、去浮屠、拯困穷、重守令、修武备、储人材十事。已,竟死杖下。

臧应奎,字贤征,长兴人。正德十二年进士,授南京车驾主事。进贡中官索舟逾额,力裁损之,中官遣卒哗于部,叱左右执之,遁去。父所生母卒,法不得承重,执私丧三年。入为礼部主事。未几,杖死。应奎受业湛若水之门,以圣贤自期,尝过文庙,慨然谓其友曰"吾辈殁,亦当俎豆其间"。其立志如此。

郎中胡琏,字重器,新喻人。正德六年进士,官刑部。尝谏武宗南巡,受杖。

主事余祯,字兴邦,奉新人。正德九年进士。

司务李可登,字思善,辉县人。弘治末乡荐,俱官兵部。可登素慷慨,以忠义自许,竟如其志。

户部主事安玺,宛平人。正德十六年进士。

刑部主事殷承叙,江夏人。正德九年进士。

穆宗嗣位,赠琏太常少卿,澯太仆少卿,瑜、应奎、承叙、玺、祯光禄少卿,可登寺丞。

郭楠,字世重,晋江人。正德九年进士,授浦江知县。课最,入为御史。

世宗即位,请召还直臣舒芬、王思、黄巩、张衍瑞等,从之。嘉靖元年,核饷两广。劾总兵官抚宁侯朱麒贪懦,诏为戒饬。寻上章,请退朝之暇延见大臣,如祖宗故事,且言:"主事陈嘉言忤中官,不宜逮系。"帝怒,夺其俸。

诸臣伏阙争"大礼",皆得罪。楠方巡按云南,驰疏言:"人臣事君,阿意者未必忠,犯颜者未必悖。今群臣伏阙呼号,或榜掠殒身,或间关谪戍,不意圣明之朝,而忠良获罪若此。乞复生者之职,恤死者之家,庶以收纳人心,全君臣之义。"帝大怒,遣缇骑逮治,言官论救,皆不纳。既至,下镇抚狱掠治,复廷杖之,削其籍。

先是,诸人既死,廷臣莫敢上闻。后府经历俞敬奏言:"学士丰熙等皆以冒触宸严,系狱拷讯,诸臣迹虽狂悖,心实忠诚。今闻给事裴绍宗、编修王相、主事余祯等俱已死,熙等在狱者亦垂亡矣,其呻吟衽席、创重不能起者,又不知凡几。窃惟献皇帝神主已奉迎入庙,正宜赦过宥罪,章大孝于天下。望霁雷霆之威,施雨露之泽,已死者恤其后,垂亡者宥其身,使人臣无复以言为讳,宗社之幸也。"通政司经历李继先亦上言:"陛下追崇尊号乃人子至情,诚不容已,群臣一时冒触天威,重得罪谴,死者遂十余人。大臣纷纷去位,小臣苟默自容。今日大同告变,曾无一人进一疏、画一策者,则小大之臣,志不奋而气不扬,亦可见矣。乞录恤已死,赦还谪戍,追复去国诸臣,而在位者委任宽假之,使各陈边计。臣愚不胜惓惓。"帝皆不省。

明年三月,御史王懋言:"廷臣以议礼死杖下者十有七人,其父母妻子颠沛可悯,乞赐优恤,赠官录荫。"帝大怒,谪懋四川高县典史。逾数日,而楠疏至。帝益怒,遂逮治削籍。

六年春,以灾变修省,从吏部言,量与楠一官,得吉水教谕。终南宁知府。

赞曰:"大礼"之争,群臣至撼门恸哭,亦过激且戆矣。然再受廷杖,或死或斥,废锢终身,抑何惨也。杨慎博物洽闻,于文学为优;王思、张翀诸人,或纳谏武宗之朝,或抗论世宗初政,侃侃誾誾,死节官下,非徒意气奋发立效一时已也。

明史卷一九三
列传第八一

费宏 <small>弟采　从子懋中　子懋贤　世父瑄</small>
翟銮　李时　顾鼎臣
严讷 <small>袁炜</small>　李春芳 <small>孙思诚等</small>
陈以勤　赵贞吉 <small>殷士儋</small>　高仪

　　费宏，字子充，铅山人。甫冠，举成化二十三年进士第一，授修撰。弘治中，迁左赞善，直讲东宫，进左谕德。

　　武宗立，擢太常少卿，兼侍讲读。预修《孝宗实录》，充日讲官。正德二年，拜礼部右侍郎，寻转左。五年，进尚书。帝耽于逸乐，早朝、日讲俱废。宏请勤政、务学、纳谏，报闻。鲁府邹平王子当溧当袭父爵，为弟当凉所夺且数年矣，宏因当凉奏辨，据法正之。当凉怒，诬宏受赂，宏不为动。明年冬十二月，命宏兼文渊阁大学士，参预机务。寻加太子太保、武英殿大学士，进户部尚书。

　　幸臣钱宁阴党宸濠，欲交欢宏，馈彩币及他珍玩，拒却之，宁惭且恚。宸濠谋复护卫、屯田，辇白金巨万，偏赂朝贵，宁及兵部尚书陆完主之。宏从弟编修采，其妻与濠妻，兄弟也，知之以告宏。宏入朝，完迎问曰："宁王求护卫，可复乎？"宏曰："不知当日革之者何故。"完曰："今恐不能不予。"宏峻却之。及中官持奏至阁，宏极言不当予，诏卒予之。于是宸濠与宁合而恚宏，宁数侦宏事，无所得。以御史余珊尝劾采不当留翰林，即指宏罪。中旨责陈状，宏乞休。命并采致仕。宁遣骑伺宏后，抵临清，焚其舟，资装尽毁。宏归，杜门谢客。宸濠复求与通，宏谢绝之，益怒。会宏族人与邑奸人李镇等讼，宸濠阴令镇贼宏。镇等遂据险作乱，率众攻费氏。索宏不得，执所与讼者支解之，发宏先人冢，毁其家，劫掠远近，众至三千人。宏驰使诉于朝，下巡抚孙燧按状，始遣兵剿灭。

宸濠败，言者争请召宏。世宗即位，遣行人即家起宏，加少保，入辅政。宏持重识大体，明习国家故事，与杨廷和、蒋冕、毛纪同心协赞，数劝帝革武宗弊政。“大礼”之议，诸臣力与帝争，帝不能堪。宏颇揣知帝旨，第署名公疏，未尝特谏，以是帝心善之。及廷和等去位，宏为首辅，加少师兼太子太师、吏部尚书、谨身殿大学士，委任甚至。户部议督正德时逋赋，宏偕石宝、贾咏请断自十年以后，从之。帝以四方灾异，敕群臣修省，宏等因言：“陛下用度无节，工役不休，畿内土地半成庄田，内库收纳要求逾倍。太仓无三年之积而冗食日增，京营无十万之兵而赴工不已。直臣得罪末见原，言官举职乃被诘；律所当行者数经献不诛，罪无可辨者遽传旨获免。干和召怨，自非一端。”帝引咎褒答，然不能用也。大同兵变，张璁请讨之。宏曰：“讨而胜，玉石俱焚；不胜，彼将据城守，损威重多矣。莫若观变而徐图之。”事果旋定。

宏为人和易，好推毂后进。其于“大礼”不能强谏，亦未尝附离。而是时席书、张璁、桂萼用事，书弟检讨春，故由他曹改用。及《武宗实录》成，宏议出为佥事，书由是憾宏。璁、萼由郎署入翰林，骤至詹事，举朝恶其人，宏每示裁抑，璁、萼亦大怨。帝尝御平台，特赐御制七言一章，命辑倡和诗集，署其衔曰：“内阁掌参机务辅导首臣，”其见尊礼，前此未有也。璁、萼滋害宏宠，萼言：“诗文小技，不足劳圣心，且使宏得冯宠灵，凌压朝士。”帝置不省，萼遂与璁毁宏于帝，言宏纳郎中陈九川所盗天方贡玉，受尚书邓璋赇谋起用，并及其居乡事。宏上书乞休，略曰：“萼、璁挟私怨臣屡矣，不与经筵讲官则怨，不与修献皇帝实录则怨，不为两京乡试考官则怨，不为教习则又怨,莩、璁疑内阁事属臣操纵,抑知臣下采物望,上禀圣裁,非可专擅。莩、璁日攘袂搤掔,觊觎臣位,臣安能与小人相齮龁,祈赐骸骨。"不允。及璁居兵部,宏欲用新宁伯谭纶掌奋武营,璁遂劾宏劫制府部。无何,又因宏子懋良坐罪下吏,攻之益力,复录前后劾疏上之。不得请,则力求罢,诋宏尤切,章数上。宏亦连疏乞休。帝辄下优诏慰留,然终不以谴璁、莩。于是奸人王邦奇承璁、莩指,上书污故大学士廷和等,并诬宏,宏竟致仕去,时六年二月也。十月,璁遂以尚书、大学士入直内阁。间一岁,莩亦入矣。

十四年,莩既前死,璁亦去位,帝始追念宏。四月,再遣行人即家起官如故。七月,至京师,使中使劳以上尊御馔,面谕曰:"与卿别久,卿康健无恙,宜悉心辅导称朕意。"宏顿首谢。自是,眷遇益厚。偕李时召入无逸殿,与周览殿庐,从容笑语,移时始出。赐银章曰"旧辅元臣,"数有咨问,宏亦竭诚无隐。承璁、莩操切之后,易以宽和,朝士皆慕乐之。未几,卒,年六十有八。帝嗟悼,赙恤加等,赠太保,谥文宪。

宏三入内阁,佐两朝殆十年,中遭谗构,讫以功名终。其自少保入也,弟采为赞善,从子懋中由进士及第为编修,宏长子懋方改庶吉士,父子兄弟并列禁近。采官至少保、礼部尚书,谥文通;懋中终湖广提学副使;懋贤历兵部郎中。

宏世父瑄,成化十一年进士。弘治时,为兵部员外郎。贵州巡抚谢录、总兵官吴经等奏烂土苗反,僭称王,乞发大军征讨。以兵部尚书马文升请,令瑄与御史郑庠往按。白苗无反状,抚定之,劾录、经及镇守中官张成罪。迁贵州参议以终。

翟銮,字仲鸣,其先诸城人。曾祖为锦衣卫校尉,因家京师。举弘治十八年进士,改庶吉士。正德初,授编修。刘瑾改翰林于他曹,以銮为刑部主事。旋复官,进侍读。

嘉靖中,累迁礼部右侍郎。六年春,廷推阁臣。帝意在张孚敬,弗与，命再推，乃及銮。中贵人多誉銮者，帝遂逾次用之。杨一清以銮望轻，请用吴一鹏、罗钦顺，帝不许。命銮以吏部左侍郎兼学士入直文渊阁，寻赐银章曰"清谨学士。"

　　銮初入阁，一清、谢迁辅政；既而孚敬与桂萼入，銮皆谨事之。孚敬、萼皆以所赐银章密封言事，銮独无所言。诘之，则顿首谢曰："陛下明圣，臣将顺不暇，何献替之有。"帝心爱之。一清、萼、孚敬先后罢，銮留独秉政者两月。其后李时、方献夫入位，皆居銮上，銮亦无所怫。帝数召时、銮入见，尝问："都察院拟籍谷大用赀产，当乎？"时、銮皆北人，与中贵合，时曰："所拟不中律。"銮曰："按律，籍没止三条，谋反、叛逆及奸党耳。不合三尺法，何以信天下？"帝曰："大用乱政先朝，正奸党也。"銮曰："陛下即天也，春生秋杀，何所不可？"帝卒从重拟。

　　丁生母忧归。服阕，久不召。夏言、顾鼎臣居政府，銮与谋召己。会帝将南巡，虑塞上有警，议遣重臣巡视，言等因荐銮充行边使。十八年二月，改兵部尚书兼右都御史，诸边文武将吏咸受节制。且赍帑金五十万犒边军，东西往返三万余里。明年春，入京，遂命以原官入阁。在大同与总督毛伯温议筑长堡，过甘肃与总督刘天和议拓嘉峪关，皆受荫叙。

　　二十一年，言罢，銮为首辅。时已加少保、武英殿大学士，进少傅、谨身殿。严嵩初入，銮以资地居其上，权远出嵩下，而嵩终恶銮，不能容。御史赵大祐劾銮私同年，吏部尚书许赞亦发銮请属私书，帝皆不问。会銮子汝俭、汝孝与其师崔奇勋所亲焦清同举二十三年进士，嵩遂属给事中王交、王尧日劾其有弊，帝怒，下吏部、都察院。銮疏辨，引西苑入直自解。帝益怒，勒銮父子、奇勋、清及分考官编修彭凤、欧阳焕为民，而下主考少詹事江汝璧及乡试主考谕德秦鸣夏、赞善浦应麟诏狱，并杖六十，褫其官。

　　銮初辅政，有修洁声。中持服家居，至困顿不能自给。其用行边起也，诸边文武大吏俱橐鞬郊迎，恒恐不得当銮意，馈遗不赀。事竣，归装千辆，用以遗贵近，得再柄政，声誉顿衰。又为其子所累，讫不复振。逾三年卒，年七十。穆宗即位，复官，谥文懿。

李时，字宗易，任丘人。父荣，进士，莱州知府。时举弘治十五年进士，改庶吉士，授编修。正德中，历侍读右谕德。世宗嗣位，为讲官，寻迁侍读学士。

嘉靖三年，擢礼部右侍郎。俄以忧归。服除，为户部右侍郎，复改礼部，寻代方献夫为尚书。帝既定尊亲礼，慨然有狭小前人之，志欲裁定旧章，成一朝制作。张孚敬、夏言用事，咸好更张，所建诸典礼，咸他人发端，而时傅会成之。或廷议不合，率具两端，待帝自择，终未尝显争，以故帝爱其恭顺。四方上嘉瑞，辄拜疏请贺。帝谦让，时必再请，由是益以时为忠。赐银章曰“忠敏安慎”，俾密封言事。久而失之，请罪，帝再赐焉。

十年七月，四郊成，加太子太保。雷震午门，彗星见东井，时请敕臣工修省，令言官指陈利害兴革。帝以建言乃科道专责，寝不行。光禄寺厨役王福、锦衣卫千户陈升请迁显陵于天寿山，时等力陈不可。巡检徐震奏于安陆建京师，时等驳其非制，遂议改州为承天府。

其秋，桂萼卒，命时兼文渊阁大学士，入参机务。时张孚敬已罢，翟銮独相。时后入，以宫保官尊，反居銮上。两人皆谦逊，无龃龉。帝御无逸殿，召时坐讲《无逸篇》，銮讲《豳风七月诗》，武定侯郭勋及九卿翰林俱入侍。讲毕，帝退御豳风亭赐宴。自是，数召见，咨谋政务。

明年春，孚敬还内阁，事取独裁，时不敢有所评议。未几，方献夫入，与时亦相得。彗星复出，帝召见时等，谕以引咎修省之意，从容语及乏才。时等退，条上务安静、惜人才、慎刑狱三事，颇及“大礼”大狱废斥诸臣。帝优诏褒答之，然卒不能用也。给事中魏良弼、御史冯恩先后劾吏部尚书汪铉，触帝怒，时皆为论救。

十二年，孚敬复入，銮以忧去，献夫致仕。时随孚敬后，拱手唯诺而已，以故孚敬安之。孚敬谢政，费宏再入，未几卒，时遂独相。时素宽平，至是益镇以安静。帝亦恒召对便殿，接膝咨询。时虽无大匡救，而议论恒本忠厚，廷论咸以时为贤。客星见天棓旁，帝问所主事应，对曰："事应之说，起汉京房，未必皆合，惟在人君修德以弭之。"帝称善。扈跸谒陵，道沙河，帝见居民萧索，怆然曰："七陵在此，宜加守护。"时对曰："昔丘浚建议京师当设四辅，以临清为南，昌平为北，苏州、保定为东西，各屯兵一二万，今若于昌平增一总兵，可南卫京师，北护陵寝。"帝乃下廷臣勘议，于沙河筑巩华城为置戍焉。屡加少傅、太子太师、吏部尚书、华盖殿大学士。会夏言入辅，时不与抗，每事推让言，言亦安之。帝待时不如孚敬、言，然少责辱，始终不替，孚敬、言亦不敢望也。十七年十二月卒官，赠太傅，谥文康。

顾鼎臣，字九和，昆山人。弘治十八年进士第一，授修撰。正德初，再迁左谕德。

嘉靖初，直经筵，进讲范浚《心箴》，敷陈剀切。帝悦，乃自为注释，而鼎臣特受眷。累官詹事。给事中刘世扬、李仁劾鼎臣污佞，帝下世扬等狱，以鼎臣救，得薄谴。拜礼部右侍郎。帝好长生术，内殿设斋醮。鼎臣进《步虚词》七章，且列上坛中应行事。帝优诏褒答，悉从之。词臣以青词结主知，由鼎臣倡也。

改吏部左侍郎，掌詹事府。请令曾子后授"五经博士"，比三氏子孙，从之。大同军变，张孚敬主用兵，鼎臣言不可，帝嘉纳。十三年孟冬，享庙，命鼎臣及侍郎霍韬捧主。二人有期功服，当辞，乃上言："古礼，诸侯绝期，今公卿即古诸侯，请得毋避。"礼部尚书夏言极诋其非，乃已。寻进礼部尚书，仍掌府事。京师淫雨，四方多水灾，鼎臣请振饥弭盗，报可。

十七年八月，以本官兼文渊阁大学士，入参机务。寻加少保、太子太傅、进武英殿。初，李时为首辅，夏言次之，鼎臣又次之。时卒，言当国专甚，鼎臣素柔媚，不能有为，充位而已。帝将南巡，立皇太子，命言扈行，鼎臣辅太子监国。御史萧祥曜劾吏部侍郎张潮受鼎臣属，调刑部主事陆昆为吏部。潮言："兵部主事马承学恃鼎臣有联,自诡必得铨曹,臣故抑承学而用昆。"帝下承学诏狱,鼎臣不问。十九年十月卒官,年六十八。赠太保,谥文康。

鼎臣官侍从时,悯东南赋役失均,屡陈其弊,帝为饬抚按,巡抚欧阳铎厘定之。昆山无城,言于当事为筑城,后倭乱起,昆山获全,乡人立祠祀焉。

严讷,字敏卿,常熟人。举乡试,以主司试录触忌,一榜皆不得会试。嘉靖二十年成进士,改庶吉士,授编修,迁侍读。三吴数中倭患,岁复大祲,民死徙几半,有司征敛益急。讷疏陈民困,请蠲贷。帝得疏感动,报如其请。寻与李春芳入直西苑。撰青词,超授翰林学士。历太常少卿,礼部左、右侍郎,改吏部,皆兼学士,仍直西苑,所撰青词皆称旨。

礼部尚书郭朴迁吏部,遂以讷代之。朴遭父丧,复代为吏部尚书。严嵩当国,吏道污杂;嵩败,朴典铨犹未能尽变。讷雅意自饬,徐阶亦推心任之,讷乃与朝士约,有事白于朝房,毋谒私邸。慎择曹郎,务抑奔竞,振淹滞。又以资格太拘,人才不能尽,仿先朝三途并用法,州县吏政绩异者破格超擢,铨政一新。寻录供奉劳,加太子太保。

四十四年,袁炜罢,命兼武英殿大学士,入参机务。以代者郭朴未至,仍掌铨政。帝斋居西苑,侍臣直庐皆在苑中。讷晨出理部事,暮宿直庐,供奉青词,小心谨畏。至成疾久不愈,其年冬十一月,遂乞归。逾年,世宗崩,遂不复出。

讷既归里,父母皆在,晨夕洁餐孝养,人以为荣。讷尝语人曰:"铨臣与辅臣必同心乃有济。吾掌铨二年,适华亭当国,事无阻,且所任选郎贤,举无失人。"华亭谓徐阶,选郎则陆光祖也。家居二十年卒,年七十有四。赠少保,谥文靖。

袁炜,字懋中,慈溪人。嘉靖十七年会试第一,殿试第三,授编修。炜性行不羁,为御史包孝所劾,帝宥不罪。进侍读。久之,简直西苑。撰青词,最称旨。三十五年,阁臣推修撰全元立掌南京翰林院,帝特用炜。炜疏辞,愿以故官供奉。帝大喜,立擢炜侍讲学士。甫两月,手诏拜礼部右侍郎。明年,加太子宾客兼学士,赐一品服。三十九年,复以供奉恩加俸二等,俄进左侍郎。明年二月,调吏部,兼官供奉如故。逾月,迁礼部尚书,加太子少保,仍命入直。炜自供奉以后,六年中进宫保、尚书,前未有也。

先是二月朔,日食微阴,炜言不当救护。礼部尚书吴山不从,得谴去。帝闻炜言善之,遂以代山。及七月朔,又日食,历官言食止一分五秒,例免救护。炜乃阿帝意,上疏言:“陛下以父事天,以兄事日,群阴退伏,万象辉华。是以太阳晶明,氛祲销烁,食止一分,与不食同,臣等不胜欣忭。”疏入,帝益喜。其冬,遂命以户部尚书兼武英殿大学士入阁典机务。累加少傅兼太子太傅、建极殿大学士。四十四年春,疾笃,请假归,道卒,年五十八。赠少师,谥文荣。

炜才思敏捷。帝中夜出片纸,命撰青词,举笔立成。遇中外献瑞,辄极词颂美。帝畜一猫死,命儒臣撰词以醮,炜词有“化狮作龙”语,帝大喜悦。其诡词媚上多类此,以故帝急枋用之,恩赐稠叠,他人莫敢望。

自嘉靖中年,帝专事焚修,词臣率供奉青词。工者立超擢,卒至入阁。时谓李春芳、严讷、郭朴及炜为“青词宰相”,而炜贵倨鲜澳,故出徐阶门,直以气凌之。与阶同总裁《承天大志》,诸学士呈稿,炜窜改殆尽,不以让阶,诸学士不平,阶第曰任之而已。其后炜死,阶亦尽窜改之。炜自负能文,见他人所作稍不当意,辄肆诋诮,馆阁士出其门者,斥辱尤不堪,以故人皆畏而恶之。

李春芳,字子实,扬州兴化人。嘉靖二十六年,举进士第一,除修撰。简入西苑撰青词,大被帝眷,与侍读严讷超擢翰林学士。寻迁太常少卿,拜礼部右侍郎,俱兼学士,直西苑如故。佐理部事,进左侍郎,转吏部,代讷为礼部尚书。时宗室蕃衍,岁禄苦不继,春芳考故事,为书上之。诸吉凶大礼及岁时给赐,皆严为之制,帝嘉之,赐名《宗藩条例》。寻加太子太保。四十四年,命兼武英殿大学士,与讷并参机务。世宗眷侍直诸臣厚,凡迁除皆出特旨。春芳自学士至柄政,凡六迁,未尝一由廷推。

春芳恭慎,不以势凌人。居政府持论平,不事操切,时人比之李时。其才力不及也,而廉洁过之。时徐阶为首辅,得君甚,春芳每事必推阶,阶亦雅重之。隆庆元年春,有诏修翔凤楼,春芳曰:“上新即位,而遽兴土木,可乎?”事遂止。

齐康之劾徐阶也,语侵春芳,春芳疏辨求去,帝慰留之。及代阶为首辅,益务以安静,称帝意。时同列者陈以勤、张居正,以勤端谨,而居正恃才凌物,视春芳蔑如也。始阶以人言罢,春芳叹曰:“徐公尚尔,我安能久,容旦夕乞身耳。”居正遽曰:“如此,庶保令名。”春芳愕然,三疏乞休,帝不允。既而赵贞吉入,代以勤,刚而负气。及高拱再入直,凌春芳出其上,春芳不能与争,谨自饬而已。俺答款塞求封,春芳偕拱、居正即帝前决之,会贞吉为拱逐,拱益张,修阶故怨,春芳尝从容为阶解,拱益不悦。时春芳已累加少师兼太子太师,进吏部尚书,改中极殿,度拱辈终不容己,两疏请归养,不允。南京给事中王祯希拱意,疏诋之,春芳求去益力。赐敕乘传,遣官护行,有司给夫廪如故事。阅一岁,拱复为居正所挤,几不免。而春芳归,父母尚无恙,晨夕置酒食为乐,乡里艳之。父母殁数年乃卒,年七十五。赠太师,谥文定。

孙思诚,天启六年官礼部尚书,寻罢。崇祯初,坐颂珰闲住。

思诚孙清,安映碧。崇祯四年进士,由宁波推官擢刑科给事中,熊文灿抚张献忠,清论其失策。以久旱请宽刑,忤旨,贬浙江按察司照磨。未赴,忧归。起吏科给事中,俄出封淮府,国变得不与。福王时,请追谥开国名臣及武、熹两朝忠谏诸臣,于是李善长等十四人、陆震等十四人、左光斗等九人,并得谥。

春芳曾孙信,广东平和知县。城破,与二子泓远、淑远同时死。

　　陈以勤，字逸甫，南充人。嘉靖二十年进士，选庶吉士，授检讨。久之，充裕王讲官，迁修撰，进洗马。时东宫位号未定，群小多构衅，世宗于父子素薄，王岁时不得燕见。常禄外，例有给赐，王亦不敢请，积三岁，邸中窘甚。王左右以千金贿严世蕃，世蕃喜，以属户部，得并给三岁资。然世蕃常自疑，一日屏人语以勤及高拱曰："闻殿下近有惑志，谓家大人何？"拱故为谲语，以勤正色曰："国本默定久矣，生而命名，从后从土，首出九域，此君意也。故事，诸王讲官止用检讨，今兼用编修，独异他邸，此相意也。殿下每谓首辅社稷臣，君安从受此言？"世蕃默然去，裕邸乃安。

　　为讲官九年，有羽翼功，而深自晦匿，王尝书"忠贞"二字赐之。父丧除，还为侍读学士，掌翰林院。进太常卿，领国子监。擢礼部右侍郎，寻转左，改吏部，掌詹事府。

　　穆宗即位，以勤自以潜邸旧臣，条上谨始十事，曰定志、保位、畏天、法祖、爱民、崇俭、揽权、用人、接下、听言。其言揽权、听言尤切，诏嘉其忠恳。

　　隆庆元年春，擢礼部尚书，兼文渊阁大学士，入参机务。累加少傅兼太子太傅，改武英殿。穆宗朝讲希御，政无所裁决，近幸多缘内降得厚恩，以勤请励精修政。帝心动，欲有所举措，卒为内侍所阻，疏亦留中。四年，条上时务因循之弊，请慎擢用，酌久任，治赃吏，广用人，练民兵，重农谷。帝嘉之，下所司议。高拱掌吏部，恶所言侵己职，寝其奏，惟都察院议行赇吏一事而已。

　　初，以勤之入阁也，徐阶为首辅，而拱方向用，朝士各有所附，交相攻。以勤中立无所比，亦无私人，竟阶与拱去，无訾及之者。及拱用入，与赵贞吉相轧，张居正复中构之。以勤与拱旧僚，贞吉其乡人，而居正则所举士也，度不能为解，恐终不为诸人所容，力引疾求罢。遂进兼太子太师、吏部尚书，赐敕驰传归，诏其子编修于陛侍行。后二年，拱被逐，仓皇出国门，叹曰："南充，哲人也。"以勤归十年，年七十，复颁上方银币，命于陛驰归赐之，且敕有司存问。又六年卒，赠太保，谥文端。于陛别有传。

赵贞吉，字孟静，内江人。六岁，日诵书一卷，及长，以博洽名，最善王守仁学。举嘉靖十四年进士，选庶吉士，授编修。时方士初进用，贞吉请求真儒赞大业。执政不怿，因请急归。还朝迁中允，掌司业事。

俺答薄都城，漫书求贡。诏百官廷议，贞吉奋袖大言曰："城下之盟，《春秋》耻之，既许贡则必入城，倘要索无已，奈何？"徐阶曰："君必有良策。"贞吉曰："为今之计，请至尊速御正殿，下诏引咎。录周尚文功以励边帅，出沈束于狱以开言路，轻损军之令，重赏功之格，遣官宣谕诸将，监督力战，退敌易易耳。"时帝遣中使瞷廷臣，日中莫发一语，闻贞吉言，心壮之，谕严嵩曰："贞吉言是，第不当及周尚文、沈束事耳。"召入左顺门，令手疏便宜。立擢左谕德兼监察御史，奉敕宣谕诸军，给白金五万两，听随宜劳赏。初，贞吉廷议罢，盛气谒严嵩，嵩辞不见，贞吉怒叱门者。适赵文华至，贞吉复叱之，嵩大恨。及撰敕，不令督战，以轻其权，且不与一卒护行。时敌骑充斥，贞吉驰入诸将营，散金犒士，宣谕德意，明日即复命。帝大怒，谓贞吉漫无区画，徒为尚文、束游说，下之诏狱，杖于廷，谪荔波典史。稍迁徽州通判，进南京吏部主事。

四十年，迁至户部右侍郎。廷议遣大臣赴蓟州督饷练兵，嵩欲用贞吉，召饮，示之意，贞吉曰："督饷者，督京运乎，民运乎？若二运已有职掌，添官徒增扰耳。况兵之不练，其过宜不在是，即十户侍出，何益练兵？"嵩怫然罢。会嵩请告，吏部用仓场侍郎林应亮。比嵩出，益怒，令都给事中张益劾应亮，调之南京，而改用金都御史霍冀。益又言："督饷户部专职，今贞吉与左侍郎刘大宾廷推不及，是不职也，宜罢。"于是二人皆夺官。

隆庆初，起礼部左侍郎，掌詹事府。穆宗幸太学，祭酒胡杰适论罢，以贞吉摄事。讲《大禹谟》称旨，命充日讲官。贞吉年逾六十而议论侃直，进止有仪，帝深注意焉。寻迁南京礼部尚书。既行，帝念之，仍留直讲。

三年秋，命兼文渊阁大学士，参预机务。贞吉入谢，奏："朝纲边务一切废弛，臣欲捐躯任事，惟陛下主之。"帝益喜。会寇入大同，总兵官赵岢失事，总督陈其学反以捷闻，为御史燕如宦所发。贞吉欲置重罚，兵部尚书霍冀仅议贬秩。贞吉与同官争不得，因上言："边帅失律，祖宗法具在。今当事者屈法徇人，如公论何。臣老矣，效忠无术，乞赐罢。"不许。俄加太子太保。

贞吉以先朝禁军列三大营，营各有帅，今以一人总三营，权重难制，因极言其弊，请分五营，各统以大将，稍复祖宗之旧。帝善之，命兵部会廷臣议。尚书霍冀前与贞吉议不合，颇不然其言，廷臣亦多谓强兵在择将，不在变法。冀等乃上议三大营宜如故，惟以一人为总督，权太重，宜三营各设一大将，而罢总督，以文臣为总理。报可。

初，给事中杨镕劾冀贪庸。帝已留冀，冀以镕贞吉乡人，疑出贞吉意，疏辨乞罢，且诋贞吉。贞吉亦疏辨求去。诏留贞吉，褫冀官。其后，营制屡更，未逾年即复其旧，贞吉亦不能争也。俺答款塞求封，贞吉力赞其议。

先是，高拱再入阁即掌吏部。贞吉言于李春芳，亦得掌都察院。拱以私憾欲考察科道，贞吉与同事上言："顷因御史叶梦熊言事忤旨，陛下严谕考核言官，并及升任在籍者。应考近二百人，其中岂无怀忠报主謇谔敢言之士，今一以放肆奸邪罪之，窃恐所司奉行过当，忠邪不分，致塞言路，沮士气，非国家福也。"帝不从。拱以贞吉得其情，憾甚。及考察，拱欲去贞吉所厚者，贞吉亦持拱所厚以解。于是斥者二十七人，而拱所恶者咸与，拱犹以为憾也。嗾门生给事中韩楫劾贞吉庸横，考察时有私，贞吉疏辨乞休，且言："臣自掌院务，仅以考察一事与拱相左。其他坏乱选法，纵肆作奸，昭然耳目者，臣噤口不能一言，有负任使，臣真庸臣也。若拱者，斯可谓横也已。臣放归之后，幸仍还拱内阁，毋令久专大权，广树众党。"疏入，竟允贞吉去，而拱握吏部权如故。

贞吉学博才高，然好刚使气，动与物迕。九列大臣，或名呼之，人亦以是多怨。高拱、张居正名辈出贞吉后，而进用居先，咸负才好胜不相下，竟龃龉而去。万历十年卒，赠少保，谥文肃。

殷士儋，字正甫，历城人。嘉靖二十六年进士，选庶吉士，授检讨。久之，充裕王讲官。凡关君德治道，辄危言激论，王为动色。迁右赞善，进洗马，直论如故。

隆庆元年，擢侍读学士，掌翰林院事。进礼部右侍郎，未几改吏部。明年春，拜礼部尚书，掌詹事府事。其冬，还理部事。四年正月朔望，日月俱食，士儋疏请布德、缓刑、纳谏、节用，饬内外臣工讲求民瘼。报闻。以旧恩进太子太保。时寒暑皆罢讲，士儋请如故事，四时无辍，并进讲《祖训》及《大学衍义》、《贞观政要》，帝嘉纳之。

始世宗定《宗藩条例》，亲王无后，以兄弟及兄弟之子嗣，不得以旁继。嘉靖末，肃怀王薨，无子，其大母定王妃请以辅国将军缙炌嗣，礼部议缙炌实怀王从叔，不可承祧。诏许以将军摄府事。及帝即位，王妃复请，前尚书高仪执不可。缙炌重贿中官，属宗人为奏，祈必得，士儋持之甚力。帝以肃藩越在远塞，不王无以镇之，遂许缙炌嗣。士儋争曰："肃府自甘州徙兰州，实内地，且请别选郡王贤者理府事，毋遂私请，坏条例。"而帝意坚不可夺。士儋乃请封为郡王，诸宗率以此令从事，帝终不许。

故事，郊毕，举庆成宴。自世宗倦勤，典礼久废。帝即位三载，犹未举行，士儋始考定旧仪行之。十一月，命以本官兼文渊阁大学士，入阁办事。俄俺答封事成，进少保，改武英殿。

始士儋与陈以勤、高拱、张居正并为裕邸僚，三人皆柄用，士儋仍尚书，不能无望。拱素善张四维，欲引共政，而恶士儋不亲己，不为援。士儋遂藉太监陈洪力取中旨入阁，以故怨拱及四维。四维父擅盐利，为御史郜永春所劾，事已解，他御史复及之。拱、四维疑出士儋指，益相构。御史赵应龙遂劾士儋进由陈洪，不可以参大政。士儋再辨求去，不允。而拱门生都给事中韩楫复扬言胁之，士儋亦疑出拱指。故事，给事中朔望当入阁会揖，士儋面诘楫曰："闻君有憾于我，憾自可耳，毋为他人使。"拱曰："非礼也。"士儋勃然起，诟拱曰："若逐陈公、逐赵公，复逐李公，今又为四维逐我，若能常有此座耶？"夺臂欲殴之。居正从旁解，亦诋拱而对。御史侯居良复劾士儋始进不正，求退不勇，士儋再疏请益力，乃赐道里费，乘传归，有司给廪隶如故事。家居十一年卒。时居正垂没，四维为政，怨士儋，赠太保，谥文通。久之，改谥文庄。

高仪，字子象，钱塘人。嘉靖二十年进士，选庶吉士，授编修。历侍讲学士，掌南京翰林院。召为太常卿，掌国子监事。擢礼部右侍郎，改吏部，教习庶吉士。四十五年，代高拱为礼部尚书。

穆宗即位，诸大典礼皆仪所酌定。世定遗命，郊社及祔享、祔葬诸礼悉稽祖制更定。仪乃会廷臣议："天地分祀不必改；既祭先农，不当复祈谷西苑；帝社、帝稷、睿宗明堂配天与玉芝宫专祀当废；孝洁皇后当祔庙，别祀孝烈于他所。帝皆报可。既而中官李芳复请天地合祀如洪武制，御史张槚请易皇极诸殿名，尽复其旧，仪皆持不可。帝践阼四月，未召对大臣，仪屡请。

隆庆二年正月，飨太庙，帝将遣代，仪偕僚属谏，阁臣亦以为言，乃亲祀如礼。庆府辅国将军缙煐请袭王爵，仪执不从。太子生七龄，仪疏请出阁，帝命待十龄行之。诏取光禄银二十万两，仪力争。初，世宗崇道教，太常多滥员，仪奏汰四十八人。寺卿陈庆奏供事乏缺，仪坚持不可。

掌礼部四年，每岁暮类奏四方灾异，遇事秉礼循法，居职甚称。引疾章六上，卒见留，会御史傅宠以先帝时撰文叩坛事劾仪，仪四疏求去，乃加太子少保，驰传归。

归二年，用高拱荐，命以故官侍东宫讲读，掌詹事府。六年四月，诏兼文渊阁大学士，入阁办事。逾月，帝崩，预顾命。及拱为张居正所逐，仪已病，太息而已。未几卒，赠太子太保，谥文端。

仪性简静，寡嗜欲，室我妾媵。旧庐毁于火，终身假馆于人。及没，几无以殓。

　　赞曰：费宏等皆起家文学，致位宰相。宏却钱宁，拒宸濠，忤张、桂，再踬再起，终亦无损清誉；李时、翟銮皆负才望；而銮晚节不振；贞吉负气自高，然处倾轧之势，即委蛇，庸得免乎？顾鼎臣等雍容庙堂，可谓极遭逢之盛；而陈以勤诚心辅导，献纳良多。后贤济美，继登相位。终明之世，称韦、平者，数以勤父子。天之报之，何其厚哉！

明史卷一九四
列传第八二

乔宇　孙交 子元　林俊 子达
张黻　金献民　秦金 孙柱
赵璜　邹文盛　梁材　刘麟
蒋瑶　王廷相

　　乔宇,字希大,山西乐平人。祖毅,工部左侍郎。父凤,职方郎中。皆以清节显。宇登成化二十年进士,授礼部主事。弘治初,王恕为吏部,调之文选,三迁至郎中,门无私谒。擢太常少卿。

　　武宗嗣位,遣祀中镇、西海。还朝,条上道中所见军民困苦六事。已,迁光禄卿,历户部左、右侍郎。刘瑾败,大臣多以党附见劾,宇独无所染。拜南京礼部尚书。乾清宫灾、率同列言视朝不勤、经筵久辍、国本未建、义子猥多、番僧处禁寺、优伶侍起居、立皇店、留边兵、习战斗、土木繁兴、织造不息,凡十事。帝不省。久之,改兵部,参赞机务。以帝远游塞上,而监国无人,请早建储贰。帝将自击寇,宇复率同列谏,皆不报。

　　未几,宁王宸濠反,扬言旦夕下南京。宇严为警备,而谈笑自如。时携客燕城外,密察地险易,置戍守,综理周密,内外宴然。指挥杨锐有才略,署为安庆守备。镇守中官刘瑯与濠通,为预伏死士。宇刺得其情,诘瑯用事者,瑯惧不敢动。宇乃大索城中,斩所伏壮士三百人，悬首江上。宸濠失内应，且知有备，不敢东。攻安庆，锐固守不得下。未几败。

帝至南京，诏百官戎服朝明年正旦，宇不可，率诸臣朝服贺。江彬索城门诸钥，都督府问宇，宇曰："守备者，所以谨非常，禁门锁钥，孰敢索，亦孰敢予，虽天子诏不可得。"都督府以宇言复，乃已。彬矫旨有所求，日数十至，宇必廷白之，彬亦稍稍止。彬欲潜去宇，守备太监王伟者，初为帝伴读，帝信之，每从中调护，故彬谋不行。帝驻南京九月，宇倡诸臣三请回銮，又自伏阙请。驾旋，扈至扬州。明年加太子太保。论保障功，复加少保。

世宗即位，召为吏部尚书。宇自为选郎，有人伦鉴，及是铨政一清。帝求治锐甚。宇与林俊、彭泽、孙交皆海内重望，帝亦委任之。凡为权幸所黜者，毕起列庶位，天下欣欣望治。帝性刚，好自用，宇所执渐不见听。兴府需次官六十三人，乞迁叙。宇言此辈虚隶名籍，与见供事者不同，黜罚之有差，皆怨宇。帝欲封驸马都尉崔元为侯，外戚蒋轮、邵喜为伯，宇不可。无何，诏进寿宁侯张鹤龄为公，封后父陈万言为伯，授万言子绍祖尚宝丞。宇言："累朝太后戚属无生封公者，张峦亦殁后赠，今奈何以父赠为子封。万言封伯视峦更骤，而子授尚宝非制。愿陛下守典章，以垂万世。"帝并不从。史道讦杨廷和，宇言道挟私，遂下之诏狱。曹嘉助道劾宇，宇求罢，帝命鸿胪趣视事。

宇遇事不可，无不力争，而争"大礼"尤切。帝欲加兴献帝皇号，宇言加皇于本生之亲，则干正统，非所以重宗庙、正名分。及礼官请称献帝为本生考，帝改称本生皇考，又诏建献帝庙于大内，宇等复连章谏。特旨用席书为礼部尚书，宇又偕九卿言："陛下罢汪俊、用席书，谪马明衡、季本、陈逅，召张璁、桂萼、霍韬，举措乖违，人心骇愕。夫以一二人邪说废天下万世公议，内离骨肉，外间君臣，名为效忠，实累圣德。且书不由廷推，特出内降，此祖宗来所未有。乞令俊与书各仍旧职，宥明衡等，止璁、萼毋召。"寻复请罢璁、萼、书，而出争"大礼"者吕柟、邹守益于狱。

　　会璁、萼至京，诏皆用为学士，宇等又言："内降恩泽，先朝率施于佞幸小人。若士大夫一预其间，即不为清议所齿，况学士最清华，而俾萼等居之，谁复肯与同列哉。"帝怒，切责，宇遂乞休，许之，驰传给夫廪，犹如故事。御史许中、刘隅等请留宇，帝曰："朕非不用宇，宇自以疾求去耳。"后《明伦大典》成，追论前议，夺官。杨一清卒，宇渡江吊之。南都父老皆出迎，举手加额曰："活我者，公也。"

　　宇幼从父京师，学于杨一清。成进士后，复从李东阳游。诗文雄隽，兼通篆籀。性好山水，尝陟太华绝顶。遇虎，仆夫皆惊仆，宇端坐不动，虎徐帖尾去。家居澹泊，服御若寒士。身殁，二姜刘、许皆从死。穆宗即位，复官，赠少傅，谥庄简。

　　孙交，字志同，安陆人。成化十七年进士，授南京兵部主事，为尚书王恕所知。弘治初，恕入吏部，荐授稽勋员外郎，历文选郎中。居吏部十四年，于善类多所推引。迁太常少卿，提督四夷馆。大同有警，命经略黄花镇诸边。增垣堑、广树艺，制敌骑驰突。永乐时，岁遣隆庆诸卫军采薪炭。其后罢之，令岁输银二万两，军重困。交奏免之。

　　正德初，擢光禄卿。三年进户部右侍郎，提督仓场，改吏部。尚书张彩附刘瑾，交数规切，彩怒，调之南京。瑾败，召拜户部尚书。时征讨流寇，调度烦急，仍岁凶，正赋不足，交区画适宜。四方告饥，辄请蠲租遣振，以故民不至甚敝，而小人用事者皆不便之。帝欲以太平仓赐幸臣裴德，云南镇守中官张伦请采银矿，南京织造中官吴经奏费乏，交皆力争。八年五月，中旨与礼部尚书傅圭并致仕。言官多请留，不报。

　　世宗在潜邸知交名，甫即位，召复故官。首请帝日读《祖训》，言动悉取准则，经筵日讲寒暑勿辍，帝褒纳焉。或议迁显陵天寿山，交言："山陵事重，太祖欲迁仁祖于钟山，虑泄灵气而止，具载《皇陵碑》。"事乃止。武宗侈汰之后，库藏殚虚。交裁冗食，定经制，宿弊为清。然事涉中官者，帝亦不能尽从也。尝会廷臣议发内帑给军廪官俸,已报可,为中官梁谏等所沮。交言:"宫府异同,令出复反,非新政所宜。"不听。

中官监督仓场者,初止数人,正德中增至五十五人,以交言罢撤过半,其后复渐增。帝已罢三十七人,交欲尽去之,并临清、徐、淮诸仓,一切勿遣。帝令自今毋更加而已。守珠池中官,诏毋得预守土事,而安川夤缘复故。交劾川,命如前诏。正德中,上林苑内臣至九十九人侵夺公私地无算。帝即位,命留十八人,如弘治时。已复传奉至六十二人,交乞汰如初,且尽归侵夺地。报许。又论御马监内臣宜如祖制,毋监收刍豆,并令户部通知马数,杜其侵耗,不从。

锦衣百户张瑾率校尉支俸通仓,横取狼藉,主事罗洪载欲按之。瑾给请受杖,奏洪载擅笞禁卫官。帝怒,逮下诏狱谪外。交与林俊、乔宇先后论救,不纳。御马监阁洪乞外豹房地,交言:"先帝以豹房故,贻祸无穷,洪等欲修复以开游猎之端,非臣等所敢闻。"诏以地十顷给豹房,余令百户赵恺等佃如故。奉诏上各宫庄田数,视旧籍不同,帝诘其故,交言:"旧籍多以奏请投献,数多妄报也;新籍少以奉命清核,田多除豁也。"帝意稍解,令考成、弘间籍以闻。

交年巳七十,连章乞罢。帝辄慰留,遣医视疗。请益力,乃许之,手诏加太子太保,驰驿。令子编修元侍行,有司时存问,给食米舆隶,复赐道里费。卒年八十,谥荣僖。

交言谕恂恂,不以势位骄人,清慎恬悫,终始一致。初在南京,僚友以事简多暇,相率谈谐饮弈为乐,交默处一室,读书不辍。或以为言,交曰:"对圣贤语,不愈于宾客、妻妾乎?"兴献王素爱重交,尝割阳春台东偏地益其宅。后中官言孙尚书侵地,世宗曰:"此先皇所赐,吾敢夺耶?"

元,进士,终四川副使。谨厚有父风。

林俊,字待用,莆田人。成化十四年进士,除刑部主事,进员外郎。性侃直,不随俗浮湛。事涉权贵,尚书林聪辄属俊治之。上疏请斩妖僧继晓并罪中贵梁芳,帝大怒,下诏狱考讯。后府经历张黻救之，并下狱。太监怀恩力救，俊得谪姚州判官，戮师宗知州。时言路久塞，两人直声震都下，为之语曰："御史在刑曹，黄门出后府。"寻以正月朔星变，帝感悟，复俊官，改南京。

弘治元年，用荐擢云南副使。鹤庆元化寺称有活佛，岁时集士女万人，争以金涂其面。俊命焚之，得金悉以偿民逋。又毁淫祠三百六十区，皆撤其材修学宫。干崖土舍刀怕愈欲夺从子宣抚官，劫其印数年。俊檄谕之，遂归印。进按察使。五年，调湖广。以雨雪灾异，上疏陈时政得失。又言德安、安陆建王府及增修吉府，工役浩繁，财费巨万，民不堪命，乞循宁、襄、德府故事，一切省俭，勿用琉璃及白石雕阑，请著为例，不从。

九年引疾，不待报径归。久之，荐起广东右布政使，不拜。起南京右佥都御史，督操江。十四年正月朔，陕西、山西地震水涌，疏述古宫闱、外戚、内侍、柄臣之祸，乞罢斋醮、减织造、清役占、汰冗员、止工作、省供应、节赏赐、戒逸欲、远佞幸、亲贤人；又请豫教皇储，因荐侍郎谢铎，少卿储瓘、杨廉，致仕副使曹时中，处士刘阂堪辅导。报闻。已，屡疏乞休，荐时中自代。不许。江西新昌民王武为盗，巡抚韩邦问不能靖，命俊巡视。身入武巢，武请自效，悉擒贼党。诏即以俊代邦问，俊引朱熹代唐仲友、包拯代宋祁事，力辞。不允。乃更定要约，庶务一新。王府征岁禄，率倍取于民，以俊言大减省。宁王宸濠贪暴，俊屡裁抑之。王请易琉璃瓦，费二万。俊言宜如旧，毋涉叔段京鄅之求，吴王几杖之赐。王怒，伺其过，无所得。会俊以圣节按部，遂劾奏之，停俸三月。寻以母忧归。

武宗即位，言官交荐，江西人在朝者合疏乞还俊。乃进右副都御史，再抚江西，遭父忧不果。正德四年，起抚四川。眉州人刘烈倡乱，败而逃，诸不逞假其名剽掠。俊绘形捕，莫能得。会保宁贼蓝廷瑞、鄢本恕、廖惠等继起，势益张，转寇巴州。猝遇之华垄，单舆抵其营，譬晓利害，贼罗拜约降。淫雨失期，复叛去，攻陷通江。俊击败之龙滩河，遣知府张敏等追败之门镇子，遂擒廖惠。而廷瑞奔陕西西乡，越汉中三十六盘至大巴山，官军追及，复大破之。遂移师击泸州贼曹甫,且遣人招谕。甫佯听令,使弟瑄劫如故。指挥李荫斩瑄首,贼遂移江津,分七营,将攻重庆。俊发酉阳、播州士兵助荫,以元日掩破其四营。贼遁入民家,焚之尽毙。乘胜捣老营,指挥汪洋等中伏死。荫复进,去贼十五里。甫以数十骑出,遇荫兵,败走。官军乘胜进围之,俘及焚死者二千有奇。已,本恕、廷瑞为永顺士舍彭世麟所擒。俊论功进右都御史。甫党方四亡命思南,复攻南川、綦江,以窥泸州。俊益发土兵,令副使何珊、李铖等败之去。捷闻,玺书奖励。

俊在军,与总督洪钟议多左。中贵子弟欲冒从军功,辄禁止。御史俞缁走避贼,而佥事吴景战殁。缁惭,欲委罪俊,遂劾俊累报首功,贼终不灭,加凿井毁寺,逐僧徒,迫为贼。于是俊前后被切责。比方四败,贼且尽,俊辞加秩及赏,乞以旧职归田。诏不许辞秩,听其致仕。言官交请留,不报。俊归,士民号哭追送。时正德六年十一月也。

世宗即位,起工部尚书,改刑部。在道数引疾,不许,因请帝亲近儒臣,正其心以出号令,用浑朴为天下先,初诏所革,无迁就以废公议。既抵京师,会暑月经筵辍讲,举祖宗勤学故事以谏。俊时年已七十,寓止朝房,示无久居意。数为帝言亲大臣、勤圣学、辨异端、节财用。朝有大政,必侃侃陈论,中外想望其风采。

中官葛景等奸利事觉,为言官所纠,诏下司礼监察讯。俊言内臣犯法,法司不得讯,是宫府异体也,乞下法司公讯,以昭平明之治。都督刘晖下狱,俊当以交结朋党律,言与许泰同罪,请斩以谢天下。廖鹏、廖铠、齐佐、王瓛论死,屡诏缓刑,俊乞亟行诛,又劾谷大用占民田万余顷。皆不听。中官崔文家人李阳凤索匠师宋钰贿不获,嗾文杖之几死,下刑部治未决,而中旨移镇抚司。俊留不遣,力争不纳。明日又奏,帝怒责陈状,俊言:"祖宗以刑狱付法司,以缉获奸盗付镇抚,讯鞫既得,犹必付法司拟罪,未有夺取未定之囚,反付推问者。文先朝漏奸,罪不容诛,兹复干内降。臣不忍朝廷百五十年纪纲为此辈坏乱。"帝惮其言直,乃不问。

　　俊以耆德起田间，持正不避嫌，既屡见格，遂乞致仕。诏加太子太保，给驿赐隶廪如制。

　　俊数争"大礼"，与杨廷和合。尝上言推尊所生有不容已之情，有不可易之礼，因辑尧、舜至宋理宗事凡十条以上。及"大礼"议定，得罪者或杖死。四年秋，俊从病中上书言："古者鞭扑之刑，辱之而已，非欲糜烂其体肤而致之死也，又非所以加于士大夫也。成化时，臣及见廷杖二三臣，率容厚棉底衣、重毡叠裹，然且沉卧，久乃得痊；正德朝，逆瑾窃权，始令去衣，致末年多杖死。臣又见成化、弘治时，惟叛逆、妖言、劫盗下诏狱，始命打问，他犯但言送问而已。今一概打问，亦非故事。自去岁旧臣斥逐殆尽，朝署为空。乞圣明留念，既去者礼致，未去者慰留。硕德重望如罗钦顺、王守仁、吕柟、鲁铎辈，宜列置左右。臣衰病待尽，无复他望，敢效古人遗表之意，敬布犬马之心。"帝但下所司而已。又明年，疾革，复上书请懋学隆孝，任贤纳谏，保躬导和，且预辞身后恤典，遂卒，年七十六。

　　后一年，《明伦大典》成，追论俊附和廷和，削其官，其子达以士礼葬之。俊历事四朝，抗辞敢谏，以礼进退，始终一节。隆庆初，复官，赠少保，谥贞肃。

　　达，正德九年进士，官至南京吏部郎中。工篆籀，能古文。

　　张黻，吉水人。成化八年进士，历知涪州、宿州，介特不避权贵。弘治中，俊蒙显擢，而黻老不用，王恕为之请，特予诰命。

　　金献民，字舜举，绵州人。成化二十年进士，除行人。弘治初，选授御史，按云南、顺天，并著风裁。出为天津副使，历湖广按察使。

　　正德初，刘瑾乱政，追坐献民勘天津地不实，与巡抚柳应辰等械系诏狱，斥为民。未几，又坐湖广事，再下狱，罚赎归。逾年，又以浏阳民刘道隆狱谳不实，罚米输塞下。瑾诛，起贵州按察使。擢金都御史，巡抚延绥。历南京刑部尚书。

　　世宗即位，召为左都御史。李凤阳下刑部，程贵下都察院，皆改诏狱，献民力争。已，迁刑部尚书。执奏奸党王钦、王铨不宜贷死。皆不纳。寻代彭泽为兵部尚书。五星聚营室，其占主兵。献民因请敕天下镇巡官预守战之备，且请用贤纳谏、罢土木、屏玩好，帝颇采纳。献民性伉直，有执持，帝或不能从，卒无所徇。帝初即位，尽斥先朝传奉官。已，太监邱福、潘杰等死，诏官其弟侄锦衣。及司礼太监张钦死，以家人李贤承荫，贤死复欲官其子儒。献民先后执奏，帝皆不从。土鲁番速檀满速儿寇肃州，命献民兼右都御史总制陕西四镇军务。比至兰州，巡抚陈九畴已破敌，献民再以捷闻。还京，仍理部事，论功，荫锦衣世百户。

锦衣百户俞贤，中官泰养子也，以中旨管事，谏官争之。献民言："祖宗有旧制，孝庙有禁例，陛下登极有明诏。贤无公家庸，又非泰子姓，猥以厮养窃名器，紊敕典章，不可之大者，宜纳谏官言。"弗听。锦衣副千户李全、王邦奇等以冒滥汰去，至是奏辨不已，下部覆议。献民言："全等足不履行阵而坐论首功，身不隶公家而躐跻显秩。陛下登极，汰去者三百余人，人心称快，万一幸端再启，则前诏皆虚，将来奏扰，有何纪极。"帝竟授全等试百户。献民复奏曰："令出惟行勿惟反。今以小人奏辨，一旦复官九十余人，徇左右私，坏祖宗法，窃为陛下惜之。明旨不许夤缘管事，而奔竞已成风矣；不许比例陈乞，而奏扰已踵至矣。谁生厉阶，至今为梗，望仍斥全等以息人言、消天变。"言官任洛等亦以为言，不听。

会宁夏总兵官种勋行赂京师，侦事者获其籍，献民名在焉。给事蔡经、御史高世魁等交章劾之，献民因引疾归。居二年，邦奇讦前尚书彭泽，词连献民，逮下刑部狱。法司劾献民奉命专征，未至其地，掠功妄报，失大臣体，宜夺职闲住，削其世荫。诏可。初，"大礼"议起，献民数偕廷臣疏争，及左顺门哭谏，又与徐文华倡之，帝由此不悦，卒得罪。隆庆初，赠恤如制。

秦金，字国声，无锡人。弘治六年进士，授户部主事，历郎中。正德初，迁河南提学副使，改右参政。守开封，破赵鐩于陈桥。

历山东左、右布政使。承寇躏后，与巡抚赵璜共拊循，疮痍始起。九年，擢右副都御史，巡抚湖广。诸王府所据山场湖荡，皆奏还之官。降盗贺璋、罗大洪复叛，讨平之。彬州桂阳瑶袭福全称王，金先后破寨八十余，斩首二千级，擒福全及其党刘福兴等。录功，增俸一级，荫锦衣世百户。力辞得请，入为户部右侍郎。

世宗即位，改吏部。言官论金无人伦鉴，复改户部，转左，署部事。外戚邵喜乞庄田，金述祖制，请按治。帝宥喜，命都察院禁如制。中旨各宫仍置皇庄，遣官校分督。金言："西汉盛时，以苑囿赋贫民，今奈何剥民以益上。乞勘正德间额外侵占者悉归其主，而尽撤管庄之人。"帝称善，即从其议。

嘉靖二年，擢南京礼部尚书，率诸臣上疏曰："陛下继统以来，昭德塞违，励精图治，动无过举，宜召天和，而灾眚频告者，何也？《诗》曰：'靡不有初，鲜克有终。'陛下登极一诏，百度咸贞，天下拭目望至治。比来多与诏违，百司罔遵，万民失仰，此诏令不能如初也；即位之初，逐庸回，任耆旧。比内阁拟旨辄中改，至疏请，徒答温语，此任贤不能如初也；即位之初，听言如流，朝请暮报。比来事涉戚畹、宦寺，虽九卿执奏，科道交章，皆曰'业经有旨'，此德纳不能如初也；即位之初，凡先朝传升、乞升等官，一切厘革。比来恩泽过滥，封拜频烦，此慎名器不能如初也；即位之初，几奸党巨恶俱付三法司。比来辄下镇抚，此谨国法不能如初也；即位之初，首命户部减马房粮刍之半，且令科道官备核马数。乃因太监阎洪等言，遂寝前诏，此恤民瘼不能如初也；即位之初，遣斥法王、佛子、国师、禅师。比来于禁地设斋醮，此崇正道不能如初也；即位之初，精明充盛。比来圣躬弗豫，天颜未复，此啬精神不能如初也。夫初政所以清明者，政出公朝，而左右不预也；今政所以淆溷者，政在左右，而外廷不知也。惟政不可一日不在朝廷，惟权不可一日移于左右。所谓政在朝廷者，非必皆独运也。股肱有托，耳目有寄，即主威重于九鼎，国势安于泰山。自古帝王制御天下，操此术而已。不则宫府之势隔而信任有所偏，妇寺之情亲而听受有所蔽，名曰总揽，而太阿之镛实移于下矣。"章下礼部,尚书汪俊力劝帝采纳,报闻。

寻就改兵部。孙交去,召为兵部尚书。帝欲考兴献帝,金偕廷臣伏阙争,又与何孟春等条张璁建议之非。及上圣母册,金及赵璜等复不至,帝频诘让。金为人乐易,及居官,一以廉正自持。在户部,尤孜孜为国。永福长公主乞宝坻、武清地,以金言颇减。抚宁、山海庄地赐魏国公徐达者,达卒仍归之官,定国公光祚请之,金执不可。给事中黄重、御史张珩等先后争,金等复以为言,始报许。内府诸监局军匠至数千人,中官梁谏请下部采金玉珠石,金皆执奏,不听。奸人逯俊等乞两淮盐引三十万,帝许之,金力争不可,积失帝旨。

六年春,以考察自陈致仕,驰驿给夫廪如制。归五年,荐者不已,乃起南京户部,疏陈利民六事。寻召为工部尚书,加太子少保。帝与张孚敬、李时评诸大臣,以金为贤,颇嫌其老。居数月,加太子太保,改南京兵部。逾岁,致仕归。二十三年卒,年七十八。赠少保,谥端敏。

孙柱,以诸生授中书舍人。大学士高拱得罪,仓黄去京师,门生皆避匿,柱独追送百里外。吴中行疏论张居正夺情,被杖下诏狱,柱挟医视汤药,遂忤居正,迁鲁府审理。寻假考察罢之。

赵璜,字廷实,安福人。少从父之官,坠江中不死。稍长,行道上,得遗金,悉还其主。登弘治三年进士,授工部主事。改兵部,历员外郎。

出为济南知府。猾吏舞文,积岁为蠹。璜择愿民教之律令,得通习者二十余人,逐吏而代之。汉庶人牧场久籍于官,募民佃,德王府奏乞之,璜勘还之民。阅七年,政迹大著。

正德初,擢顺天府丞。未上,刘瑾恶璜,坐巡抚朱钦事,逮下诏狱,除名。瑾诛,复职,迁右佥都御史,巡抚宣府,寻调山东。河滩地数百里,赋流民垦而除其租。番僧乞征以充斋粮,帝许之,璜力争得免。曲阜为贼破,阙里林庙在旷野,璜请移县就阙里,从之。擢工部

右侍郎,总理河道,以边警改理畿辅戎备。事定,命振顺天诸府饥,
还佐部事。

世宗即位,进左侍郎,掌部事。裁宦官赐葬费及御用监料价,革
内府酒醋面局岁征铁砖价银岁巨万。

嘉靖元年,进尚书。刘瑾创元明宫,糜财数十万,瑾死,奸人献
为皇庄。帝即位,斥以予民,既而中旨令仍旧。璜言诏下数月而忽
更,示天下不信,帝即报许。会方修仁寿、清宁宫,费不继,璜因请与
石景山诸房舍并斥卖以资用,可无累民,帝可之。给事中徐景嵩等
谓诏书许还民,官不当自鬻,劾璜。璜疏辨,并发景嵩他事。御史张
鹏翰言璜摭言官,无大臣谊。帝责鹏翰党庇景嵩,竟斥。其同官陈
江亦以劾璜被责,求去。给事中章侨言璜一举逐两谏官,甚损国体。
尚书彭泽复奏侨非是,侨再辨,帝两解之。诏营后父陈万言第,估工
值六十万,璜持之。万言诉于帝,下郎中、员外二人诏狱,璜言:"二
臣无与,乞罪臣。"帝不听。其后论救踵至,万言不自安,再请贷。二
人获释,工价亦大减。

三年,显陵司香内官言陵制狭小,请改营,视天寿山诸陵。璜言
陵制与山水相称,难概同,帝纳其言。已,帝欲迁显陵,璜不可,乃
寝。诏建玉德殿,景福、安喜二宫,璜请俟仁寿宫成徐议其事,帝不
许。顷之,以灾异申前请,帝始从之,并罢仁寿役。江西建真人府,
陕西督织造,皆遣中使,璜皆疏争。营建世庙,中官所派物料,户部
多裁省。帝以问璜,璜言曩造乾清、坤宁两宫所积余资足移用,帝遂
报可。

璜为尚书六年,值帝初政,锐意厘剔,中官不敢挠,故得举其
职。后论执不已,诸权幸嫉者众,帝意亦浸疏。璜素与秦金齐名,考
察自陈,与金俱致仕。廷臣乞留,不许,驰驿给夫廪如故事。

璜有干局,多智虑。事棼错,他人相顾愕眙,璜立办。既去,人
争荐之。十一年,召复故官,未上。卒,赠太子太保,谥庄靖。

邹文盛,字时鸣,公安人。弘治六年进士,除吏科给事中。辽东

巡抚韩重劾镇守中官廖玘，文盛偕郎中杨茂仁勘实其罪，谪长陵司香。朵颜三卫屡扰边，文盛还奏制驭六策，尚书刘大夏深善之，下之边吏。

寻出核两广粮储。思恩土官岑浚与田州岑猛构兵，文盛言：“田州广西之藩蔽，李蛮田州之干城，参政武清受浚重赂，以计杀蛮酿成祸乱。制敕房供事参议岑业，浚懿亲，为弥缝于中，漏我机事。请先诛二人，而后行讨。”业有内援，帝不听。清寻以考察罢。

正德初，历户科都给事中，出为保定知府，累迁福建左布政使。十一年，以右副都御史巡抚贵州。清平苗阿旁、阿阶、阿革称王，巡抚曹祥调永顺、保靖土兵讨之，寻被劾罢。阿旁等据香炉山，兴隆、偏桥、平越、新添、龙里诸卫咸被其患。文盛至，檄川、湖兵协剿，以贵州兵捣炮木寨，擒阿革。川、湖兵至，抵山下，山壁立，惟小径五，贼皆树栅。仰攻不能克，乃制战楼与崖齐，乘夜雨附崖登，拔栅焚庐舍。贼奔后山，据绝顶，官军乘间梯藤木以上，遂擒阿旁，余贼尽平。移师讨平龙头、都黎、都兰、都蓬、密西、大支、马罗诸寨黑苗，先后斩降无算。录功，增俸一等，荫子锦衣世百户，力辞免。芒部陈聪等为乱，讨破之。四川土舍重安冯纶与凯里杨弘有怨，弘卒，纶纠诸苗相仇杀，侵轶贵州境。文盛遣参议蔡潮诣播州，督宣慰杨斌抚定之。请复设安宁宣抚司，以弘子袭，而录潮功。尚书王琼以专擅为潮罪，不叙。顷之，改莅南京都察院。

世宗即位，召为户部左、右侍郎，迁南京右都御史，就改户部尚书。嘉靖六年，户部尚书秦金罢，召文盛代之。首疏盐政、钱法十一事。文盛为人廉谨，踆踆若无能。与孙交、秦金、赵璜咸称长者，岁余，以年至再疏乞归。卒赠太子少保，谥庄简。

梁材，字大用，南京金吾右卫人。弘治十二年进士，授德清知县，勤敏有异政。

正德初，迁刑部主事，改御史。出为嘉兴知府，调杭州。田租例参差，材为酌轻重，立画一之法。迁浙江右参政，进按察使。镇守中官毕真与宸濠通,将举城应之,材与巡按张缙劫持真,夺其兵卫。寻以忧去。

嘉靖初,起补云南。土官相仇杀累年,材召其酋曰:“汝罪当死,今贳汝,以牛羊赎。”御史讶其轻,材曰:“如是足矣,急之变生。”诸酋衷甲待变,闻无他乃止。历贵州、广东左、右布政使。吏民输课,令自操权衡,吏不得预。时天下布政使廉名最著者二人,材与姚镆也。

六年,拜右副都御史,巡抚江西。甫两月,召为刑部左侍郎。寻改户部,遂代邹文盛为尚书。自外僚登六卿不满二载,自以受恩深,益尽职,上言:“臣考去年所入止百三十万两,而所出至二百四十万。加催征不前,边费无节,凶荒又多奏免,国计安所办?详求弊端:一宗藩、二武职、三冗食、四冗费、五逋负,乞集廷臣计画条请。”于是宗藩、武职各议上三事,其他皆严为节,帝悉报可。惟武职闲住者议停半俸,帝不纳。经费大省,国用亦充。中官麦福请尽征牧马草场租,材不可。侍郎王轼清勋戚庄田,言宜量等级为限、材奏:“成周班禄有土田,禄由田出,非常禄外复有土田。今勋戚禄已逾分,而陈乞动千万,请申禁之。自特赐外,量存三之一以供祀事。”帝命并清已赐者,额外侵据悉还之民,势豪家乃不敢妄请乞。畿辅屯田,御史督理,正统间易以金事,权轻,屯政日弛,材请仍用御史。御史郭弘化言天下土田视国初减半,宜通行清丈,材恐纷扰,请但敕所司清厘,籍难稽者始履亩而丈。帝悉可之。

母丧去。服除,起故官。大同巡抚樊继祖请益军饷,材言:“大同岁饷七十七万有奇,例外解发又累万,较昔已数倍。日益月增,太仓银不足供一镇,无论九边也。”继祖数请不得,议开事例,下户、兵二部行之。时修建两宫、七陵,役京军七万,郭勋请给月粮冬衣。材言非故事,如所请,当岁费银四十五万;且冬衣例取内库,非部事。勋怒,劾材误公。帝诘责材,竟如勋奏。勋复建言三事,请开矿助工,余盐尽输边,漕卒得携货物。材议,不尽行,勋益怒。

材初为户部,值帝勤政,力袪宿弊,多见从。及是屡忤权幸,不得志，乃乞改南。为给事中周琉所劾，下吏部，尚书许赞等请留之，帝不悦，令与材俱对状。材引罪得宥，而赞等坐夺俸，材由此失帝意考尚书六年满，遂令致仕。初，徽王守庄者与佃人讼，材请革守庄者，令有司纳租于王，报可。王奏不便，帝又从之。材已去，侍郎唐胄等执前初诏，帝大怒，并责材，令以右侍郎闲住，而夺胄俸，下郎官诏狱。

明年，户部尚书李廷相罢，帝念材廉勤，大臣亦多荐者，乃召复故官，加太子少保。三掌国计，砥节守公如一日，帝眷亦甚厚。其秋，考察京官，特命监之。有大狱不能决，又命兼掌刑部事。帝叹曰："尚书得如材者十二人，吾无忧天下矣。"大工频兴，役外卫班军四万六千人。郭勋籍其不至者，责输银雇役，廪食视班军。廷相尝量给之，材坚持不予，勋劾材，帝命补给。勋又以军不足籍逃亡军衣棉折饷银募工，材言："今京班军四万余，已足用，不宜藉口耗国储。"帝从其奏。勋益怒，劾材变乱旧章。先是，醮坛须龙涎香，材不以时进，帝衔之，遂责材沽名误事，落职闲住。归，旋卒，年七十一。隆庆初，赠太子太保，谥端肃。

当嘉靖中岁，大臣或阿上取宠，材独不挠，以是终不容。自材去，边储、国用大窘，世宗乃叹曰："材在，当不至此。"

刘麟，字元瑞，本安仁人。世为南京广洋卫副千户，因家焉。绩学能文，与顾璘、徐祯卿称"江东三才子，"弘治九年成进士。言官庞泮等下狱，麟偕同年生陆昆抗疏救。除刑部主事，进员外郎。录囚畿内，平反三百九十余人。

正德初，进郎中，出为绍兴府知府。刘瑾衔麟不谒谢，甫五月，摭前录囚细故，罢为民。士民醵金赆不受，为建小刘祠以配汉刘宠，因寓湖州，与吴玭、旋佩、孙一元、龙霓为"湖南五隐。"瑾诛，起补西安。遭父忧，乐吴兴山木，奉父柩葬焉，遂居湖州。起陕西左参政，督粮储。都御史邓璋督师，议加赋充饷，麟力争。会陕民诣阙诉，得寝。寻迁云南按察使，谢病归。

　　嘉靖初，召拜太仆卿，进右副都御史，巡抚保定六府。中官耿忠守备紫荆多纵，麟劾奏之。请捐天津三卫屯田课，及出库储给河间三卫军月饷，征逋课以偿，皆报可。帝因谕户部，中外军饷未给者，悉补给之。再引疾归。起大理卿，拜工部尚书。侍卫军不给衣履，锦衣帅骆安援红盔军例以请，麟执不可。诏量给银自制，后五载一给为常。四司财物悉贮后堂大库，司官出纳多侵渔，麟请特除一郎官主之，帝称善，因赐名"节慎库"。已，上节财十四事，汰内府诸监局冒破钱，中贵大恨。及显陵工竣，执役者咸觊官，麟止拟赉，群小愈怨。会帝纳谏官言，停中外杂派工役，麟牒停浙江、苏、松织造，而上供袍服在停中。中官吴勋以为言，遂勒麟致仕。久之，显陵殿阁雨漏，追论麟，落职。

　　麟清修直节，当官不挠。居工部，为朝廷惜财谨费，仅逾年而罢。居郊外南坦，赋诗自娱。守为筑一台，令为构堂，始有息游之所。家居三十余年，廷臣频论荐。晚好楼居，力不能构，悬篮舆于梁，曲卧其中，名曰"神楼"，文征明绘图遗之。年八十七卒，赠太子少保，谥清惠。

　　蒋瑶，字粹卿，归安人。弘治十二年进士，授行人。正德时，历两京御史，陈时弊七事，中言："内府军器局军匠六千，中官监督者二人，今增至六十余人，人占军匠三十。他局称是，行伍安得不耗。"并言："传奉官及滥收校尉勇士，并宜厘革。刘瑾虽诛，权犹在宦竖。"有旨诘问，且言："自今如瑶议者，毋覆奏。"

　　寻出为荆州知府，筑黄潭堤。调扬州，武宗南巡至扬，瑶供御取具而已，无所赠遗，诸嬖幸皆怒。江彬欲夺富民居为威武副将军府，瑶执不可，彬闭瑶空舍挫辱之，胁以帝所赐铜瓜，不为慑。会帝渔获一巨鱼，戏言直五百金，彬即畀瑶责其直。瑶怀其妻簪珥、衤圭服以进，曰："库无钱，臣所有惟此。"帝笑而遣之。府故有琼花观，诏取琼花，瑶言自宋徽、钦北狩，此花已绝，今无以献。又传旨征异物，瑶具对非扬产。帝曰："苎白布，亦非扬产耶？"瑶不得已，为献五百匹。当是时,权幸以扬繁华,要求无所不至。微瑶,民且重困。驾旋,瑶扈至宝应。中官丘得用铁絙系瑶,数日始释,竟扈至临清而返。扬人见瑶,无不感泣。迨迁陕西参政,争出资建祠祀之,名自此大震。

嘉靖初,历湖广、江西左、右布政使,以右副都御史巡抚河南。帝命桂萼等核巡抚官去留,令瑶归候调。已,累迁工部尚书。四郊工竣,加太子少保。西苑宫殿成,帝置宴,见瑶与王时中席在外,命移殿内,而移皇亲于殿右以让瑶,曰:"亲亲不如尊贤。"其重瑶如此。

时土木繁兴,岁费数百万计,瑶规画咸称帝意,数有赉予。以忧去。久之,自南京工部尚书召改北部。帝幸承天,瑶从。京师营建,率役京军,多为豪家占匿,至是大工频仍,岁募民充役,费二百余万。瑶以为言,因请停不急者,豪家所匿军毕出,募直大减。以老致仕去。

瑶端亮清介。既归,僻处陋巷,与尚书刘麟、顾应祥辈结文酒社,徜徉岘山间。卒年八十九,赠太子太保,谥恭靖。

王廷相,字子衡,仪封人。幼有文名,登弘治十五年进士,选庶吉士,授兵科给事中。以忧去。正德初,服阕至京,刘瑾中以罪,谪亳州判官,量移高淳知县。

召为御史,疏言:"大盗四起,将帅未能平。由将权轻,不能御敌;兵机疏,不能扼险也。盗贼所至,乡民奉牛酒,甚者为效力。盗有生杀权,而将帅反无之,故兵不用命。宜假便宜,退却者必斩。河南地平旷,贼易奔,山西地险阻,亦纵深入,将帅罪也。若陈兵黄河之津,使不得西,分扼井陉、天井,使不得东,而主将以大军蹙之,则贼进退皆穷,可不战擒矣。"帝切责总督诸臣,悉从其议。已,出按陕西,裁抑镇守中官廖堂,被诬。时已改督京畿学校,逮系诏狱,谪赣榆丞。屡迁四川佥事,山东副使,皆提督学校。

嘉靖二年,举治行卓异,再迁山东右布政使。以右副都御史巡抚四川,讨平芒部贼沙保。寻召理院事,历兵部左、右侍郎,迁南京兵部尚书,参赞机务。初有诏,省进贡快船。守备。太监赖义复求增,廷相请酌物轻重。以定、船数,而大减。宣德以后。传旨非祖制者。龙江、大胜、新江、浦子、江淮五关守臣藉稽察榷利,安庆、九江藉春秋阅视索赂,廷相皆请革之。草场、芦课银。率为中官杨奇、卜春及魏国公徐鹏举所侵蚀。以廷相请,逮问奇、春,夺鹏举禄。三月,入为左都御史,疏言南京守备权太重,不宜令魏国世官。给事中曾忭亦言之,遂解鹏举兵柄。

居二年,加兵部尚书兼前官,提督团营,仍理院事。两考满,加太子少保。畿民盗天寿山陵树,巡按杨绍芳引盗大祀神御物。律斩,廷相言:“大祀神御物者,指神御在内祭器帷帐之物而言。律文盗陵木者,止杖一百,徒三年。今舍本律,非刑之平。”忭旨,罚俸一月。帝将幸承天,廷相与诸大臣谏,不纳。扈从还,以九年满,加太子太保。雷震奉先殿,廷相言:“人事修而后天道顺,大臣法而后小臣廉。今廉隅不立,贿赂盛行,先朝犹暮夜之私,而今则白日之攫。大臣污则小臣悉效,京官贪则外臣无畏。臣职宪纪,不能绝其弊,乞先罢斥。”用以刺尚书严嵩、张瓒辈,帝但谕留而已。

初,廷相请以六条考察差。还御史,帝令疏其所未尽,编之宪纲。乃取张孚敬、汪𬭎所奏列,及新所定凡十五事以进,悉允行之。及九庙灾,下诏修省,因敕廷相曰:“御史巡方职甚重,卿总宪有年,自定六条后,不考黜一人,今宜痛修省。”廷相惶恐谢。

廷相掌内台最久,有威重。督团营,与郭勋共事,逡巡其间,不能有所振饬。给事中李凤来等论权贵夺民利,章下都察院,廷相檄五城御史核实,迟四十余日。给事中章允贤遂劾廷相徇私慢上。帝方诘责,而廷相以御史所核闻,惟郭勋侵最多。帝令勋自奏,于是劾勋者群起。勋复以领敕稽留。触帝怒,下狱。责廷相朋比阿党,斥为民。越三年,卒。

廷相博学好议论,以经术称,于星历、舆图、乐律、河图、雒书及周、邵、程、张之书。皆有所论驳,然其说颇乖僻。隆庆初,复官,赠少保,谥肃敏。

　　赞曰：乔宇守南京，从容镇静，内严警备，可谓能当大事者矣；观宇与孙交等砥节奉公，恳恳廷诤，意在杜塞幸门，裨益国是。虽得君行政，未能媲美蹇、夏，要其清严不苟，行无瑕尤，于前人亦不多让；蒋瑶为尚书，功名损于治郡；王廷相掌内台，风力未著，是殆其时为之欤。

明史卷一九五
列传第八三

王守仁　冀元亨

　　王守仁,字伯安,余姚人。

　　父华,字德辉,成化十七年进士第一,授修撰。弘治中,累官学士、少詹事。华有器度,在讲幄最久,孝宗甚眷之。李广贵幸,华讲《大学衍义》,至唐李辅国与张后表里用事,指陈甚切,帝命中官赐食劳焉。正德初,进礼部左侍郎。以守仁忤刘瑾,出为南京吏部尚书,坐事罢。旋以《会典》小误,降右侍郎。瑾败,乃复故,无何卒。华性孝,母岑年逾百岁卒。华已年七十余,犹寝苫蔬食,士论多之。

　　守仁娠十四月而生。祖母梦神人自云中送儿下,因名云。五岁不能言,异人拊之,更名守仁,乃言。年十五,访客居庸、山海关。时栏出塞,纵观山川形胜。弱冠举乡试,学大进。顾益好言兵,且善射。登弘治十二年进士。使治前威宁伯王越葬,还而朝议方急西北边,守仁条八事上之。寻授刑部主事。决囚江北,引疾归。起补兵部主事。

　　正德元年冬,刘瑾逮南京给事中御史戴铣等二十余人,守仁抗章救,瑾怒,廷杖四十,谪贵州龙场驿丞。龙场万山丛薄,苗、獠杂居,守仁因俗化导,夷人喜,相率伐木为屋,以栖守仁。瑾诛,量移庐陵知县。入觐,迁南京刑部主事,吏部尚书杨一清改之验封。屡迁考功郎中,擢南京太仆少卿,就迁鸿胪卿。

　　兵部尚书王琼素奇守仁才,十一年八月,擢右佥都御史,巡抚南、赣。当是时，南中盗贼蜂起，谢志山据横水、左溪、桶冈，池仲容据浰头，皆称王，与大庾陈曰能、乐昌高快马、郴州龚福全等攻剽府县，而福建大帽山贼詹师富等又起。前巡抚文森托疾避去，志山合乐昌贼掠大庾，攻南康、赣州，赣县主簿吴玭战死。守仁至，知左右多贼耳目，乃呼老黠隶诘之，隶战栗不敢隐，因贳其罪，令诇贼，贼动静无勿知。于是檄福建、广东会兵，先讨大帽山贼。

明年正月，督副使胡琏等破贼长富村，逼之象湖山，指挥覃桓、县丞纪镛战死，守仁亲率锐卒屯上杭。佯退师，出不意捣之，连破四十余寨，俘斩七千有奇，指挥王铠等擒师富。疏言权轻，无以令将士，请给旗牌，提督军务，得便宜从事。尚书王琼奏从其请，乃更兵制：二十五人为伍，伍有小甲；二伍为队，队有总甲；四队为哨，哨有长，协哨二佐之；二哨为营，营有官，参谋二佐之；三营为阵，阵有偏将；二阵为军，军有副将。皆临事委，不命于朝；副将以下，得递相罚治。

其年七月，进兵大庾，志山乘间急攻南安，知府季敩击败之，副使杨璋等亦生絷曰能以归，遂议讨横水、左溪。十月，都指挥许清、赣州知府邢珣、宁都知县王天与各一军会横水，敩及守备郏文、汀州知府唐淳、县丞舒富各一军会左溪，吉安知府伍文定、程乡知县张戬遏其奔轶，守仁自驻南康，去横水三十里，先遣四百人伏贼巢左右，进军逼之，贼方迎战，两山举帜。贼大惊，谓官军已尽犁其巢，遂溃。乘胜克横水，志山及其党萧贵模等皆走桶冈。左溪亦破，守仁以桶冈险固，移营近地，谕以祸福，贼首蓝廷凤等方震恐，见使至大喜，期仲冬朔降，而珣、文定已冒雨夺险入。贼阻水阵，珣直前搏战，文定与戬自右出，贼仓卒败走，遇淳兵又败。诸军破桶冈，志山、贵模、廷凤面缚降。凡破巢八十有四，俘斩六千有奇。时湖广巡抚秦金亦破福全，其党千人突至，诸将擒斩之。乃设崇义县于横水，控诸瑶。还至赣州，议讨浰头贼。

初，守仁之平师富也，龙川贼卢珂、郑志高、陈英咸请降。及征横水，浰头贼将黄金巢亦以五百人降，独仲容未下。横水破，仲容始遣弟仲安来归，而严为战守备。诡言珂、志高仇也，将袭我，故为备。守仁佯杖系珂等，而阴使珂弟集兵待，遂下令散兵。岁首大张灯乐，仲容信且疑，守仁赐以节物，诱入谢。仲容率九十三人营教场，而自以数人入谒，守仁呵之曰："若皆吾民，屯于外，疑我乎？"悉引入祥符宫，厚饮食之。贼大喜过望，益自安。守仁留仲容观灯。乐正月三日大享，伏甲士于门，诸贼入，以次悉擒戮之。自将抵贼巢，连破上、中、下三浰，斩馘二千有奇。余贼奔九连山，山横互数百里，陡绝不可攻。乃简壮士七百人衣贼衣，奔崖下，贼招之上。官军进攻，内外合击，擒斩无遗。乃于下浰立和平县，置戍而归。自是境内大定。

初，朝议贼势强，发广东、湖广兵合剿，守仁上疏止之，不及。桶冈既灭，湖广兵始至。及平浰头，广东尚未承檄。守仁所将皆文吏及偏裨小校，平数十年巨寇，远近惊为神。进右副都御史，予世袭锦衣卫百户，再进副千户。

十四年六月，命勘福建叛军。行至丰城而宁王宸濠反，知县顾佖以告。守仁急趋吉安，与伍文定征调兵食，治器械舟楫，传檄暴宸濠罪，俾守令各率吏士勤王。都御史王懋中，编修邹守益，副使罗循、罗钦德，郎中曾直，御史张鳌山、周鲁，评事罗侨，同知郭祥鹏，进士郭持平，降谪驿丞王思、李中，咸赴守仁军。御史谢源、伍希儒自广东还，守仁留之纪功。因集众议曰："贼若出长江，顺流东下，则南都不可保。吾欲以计挠之，少迟旬日无患矣。"乃多遣间谍，檄府县言："都督许泰、郤永将边兵，都督刘晖、桂勇将京兵，各四万，水陆并进；南赣王守仁、湖广秦金、两广杨旦各率所部合十六万，直捣南昌。所至有司缺供者，以军法论。"又为蜡书遗伪相李士实、刘养正，叙其归国之诚，令从臾早发兵东下，而纵谍泄之。宸濠果疑。与士实、养正谋，则皆劝之疾趋南京即大位，宸濠益大疑。十余日诇知中外兵不至，乃悟守仁绐之。七月壬辰朔，留宜春王拱樤居守，而劫其众六万人，袭下九江、南康，出大江，薄安庆。

守仁闻南昌兵少则大喜，趋樟树镇。知府临江戴德孺、袁州徐琏、赣州邢珣，都指挥余恩，通判瑞州胡尧元童琦、抚州邹琥、安吉

谈储,推官王暐、徐文英,知县新淦李美、泰和李楫、万安王冕、宁都
王天与,各以兵来会,合八万人,号三十万。或请救安庆,守仁曰:
"不然。今九江、南康已为贼守,我越南昌与相持江上,二郡兵绝我
后,是腹背受敌也,不如直捣南昌。贼精锐悉出,守备虚,我军新集
气锐,攻必破。贼闻南昌破,必解围自救。逆击之湖中,蔑不胜矣。"
众曰:"善"。己酉次丰城,以文定为前锋,先遣奉新知县刘守绪袭其
伏兵。庚戌夜半,文定兵抵广润门,守兵骇散。辛亥黎明,诸军梯垣
登,缚拱樤等,宫人多焚死。军士颇杀掠,守仁戮犯令者十余人,宥
胁从,安士民,慰谕宗室,人心乃悦。

居二日,遣文定、珣、琏、德孺各将精兵分道进,而使尧元等设
伏。宸濠果自安庆还兵,乙卯遇于黄家渡。文定当其前锋,贼趋利。
珣绕出贼背贯其中,文定、恩乘之,琏、德孺张两翼分贼势,尧元等
伏发,贼大溃,退保八字脑。宸濠惧,尽发南康、九江兵。守仁遣知
府抚州陈槐、饶州林城取九江,建昌曾玙、广信周朝佐取南康。丙辰
复战,官军却,守仁斩先却者,诸军殊死战,贼复大败,退保樵舍,联
舟为方阵,尽出金宝犒士。明日,宸濠方晨朝其群臣,官军奄至,以
小舟载薪,乘风纵火,焚其副舟,妃娄氏以下皆投水死。宸濠舟胶
浅,仓卒易舟遁,王冕所部兵追执之。士实、养正及降贼按察使杨璋
等皆就擒,南康、九江亦下,凡三十五日而贼平。京师闻变,诸大臣
震惧,王琼大言曰:"王伯安居南昌上游,必擒贼。"至是,果奏捷。

帝时已亲征,自称威武大将军,率京边骁卒数万南下。命安边
伯许泰为副将军,偕提督军务太监张忠、平贼将军左都督刘晖将京
军数千溯江而上,抵南昌。诸劈幸故与宸濠通,守仁初上宸濠反书,
因言:"觊觎者非特一宁王,请黜奸谀以回天下豪杰心。"诸劈幸皆
恨,宸濠既平,则相与媢功。且惧守仁见天子发其罪,竞为蜚语,谓
守仁先与通谋,虑事不成,乃起兵。又欲令纵宸濠湖中,待帝自擒。

守仁乘忠、泰未至,先俘宸濠,发南昌。忠、泰以威武大将军檄
邀之广信,守仁不与,间道趋玉山,上书请献俘,止帝南征,帝不许。
至钱唐遇太监张永,永提督赞画机密军务,在忠、泰辈上,而故与杨

一清善，除刘瑾，天下称之。守仁夜见永，颂其贤，因极言江西困敝，不堪六师扰，永深然之，曰："永此来为调护圣躬，非邀功也。公大勋，永知之，但事不可直情耳。"守仁乃以宸濠付永，而身至京口，欲朝行在。闻巡抚江西命，乃还南昌。忠、泰已先至，恨失宸濠，故纵京军犯守仁，或呼名嫚骂。守仁不为动，抚之愈厚，病予药，死予棺，遭丧于道，必停车慰问良久始去。京军谓王都堂爱我，无复犯者。忠、泰言："宁府富厚甲天下，今所蓄安在？"守仁曰："宸濠异时尽以输京师要人，约内应，籍可按也。"忠、泰故尝纳宸濠贿者，气慑不敢复言。已，轻守仁文士，强之射。徐起，三发三中，京军皆欢呼，忠、泰益沮。会冬至，守仁命居民巷祭，已，上冢哭。时新丧乱，悲号震野。京军离家久，闻之无不泣下思归者，忠、泰不得已班师。比见帝，与纪功给事中祝续、御史章纶谗毁百端，独永时时左右之。忠扬言帝前曰："守仁必反，试召之，必不至。"忠、泰屡矫旨召守仁，守仁得永密信，不赴。及是知出帝意，立驰至。忠、泰计沮，不令见帝，守仁乃入九华山，日晏坐僧寺。帝觇知之，曰："王守仁学道人，闻召即至，何谓反？"乃遣还镇，令更上捷音。守仁乃易前奏，言奉威武大将军方略讨平叛乱，而尽入诸嬖幸名，江彬等乃无言。

当是时，谗邪构煽，祸变叵测，微守仁，东南事几殆。世宗深知之，甫即位，趣召入朝受封，而大学士杨廷和与王琼不相能。守仁前后平贼，率归功琼，廷和不喜，大臣亦多忌其功。会有言国哀未毕，不宜举宴行赏者，因拜守仁南京兵部尚书。守仁不赴，请归省。已，论功封特进光禄大夫、柱国、新建伯，世袭，岁禄一千石，然不予铁券，岁禄亦不给。诸同事有功者，惟吉安守伍文定至大官，当上赏，其他皆名示迁，而阴绌之，废斥无存者。守仁愤甚。时已丁父忧，屡疏辞爵，乞录诸臣功，咸报寝。免丧，亦不召。久之，所善席书及门人方献夫、黄绾以议礼得幸，言于张璁、桂萼，将召用，而费宏故衔守仁，复沮之。屡推兵部尚书，三边总督，提督绪营，皆弗果用。

嘉靖六年，思恩、田州土酋卢苏、王受反，总督姚镆不能定，乃诏守仁以原官兼左都御史总督两广兼巡抚。绾因上书讼守仁功，请赐铁券岁禄,并叙讨贼诸臣,帝咸报可。守仁在道,疏陈用兵之非,且言:“思恩未设流官,土酋岁出兵三千,听官征调。既设流官,我反岁遣兵数千防戍,是流官之设,无益可知。且田州邻交阯,深山绝谷,悉瑶僮盘据,必仍设土官,斯可藉其兵力为屏蔽。若改土为流,则边鄙之患,我自当之,后必有悔。”章下兵部,尚书王时中条其不合者五,帝令守仁更议。十二月,守仁抵浔州,会巡按御史石金定计招抚,悉散遣诸军,留永顺、保靖土兵数千,解甲休息。苏、受初求抚不得,闻守仁至益惧,至是则大喜。守仁赴南宁,二人遣使乞降,守仁令诣军门。二人窃议曰:“王公素多诈,恐绐我。”陈兵入见。守仁数二人罪,杖而释之。亲入营,抚其众七万。奏闻于朝,陈用兵十害,招抚十善,因请复设流官,量割田州地,别立一州,以岑猛次子邦相为吏目,署州事,俟有功擢知州,而于田州置十九巡检司,以苏、受等任之,并受约束于流官知府。帝皆从之。

　　继藤峡瑶贼,上连八寨,下通仙台、花相诸洞蛮,盘亘三百余里,郡邑罹害者数十年。守仁欲讨之,故留南宁,罢湖广兵,示不再用。伺贼不备,进破牛肠、六寺等十余寨,峡贼悉平。遂循横石江而下,攻克仙台、花相、白石、古陶、罗凤诸贼。令布政使林富率苏、受兵直抵八寨,破石门,副将沈希仪邀斩轶贼,尽平八寨。

　　始,帝以苏、受之抚,遣行人奉玺书奖谕。及奏断藤峡捷,则以手诏问阁臣杨一清等,谓守仁自夸大,且及其生平学术,一清等不知所对。守仁之起由璁、萼荐,萼故不善守仁,以璁强之,后萼长吏部,璁入内阁,积不相下。萼暴贵喜功名,风守仁取交阯,守仁辞不应。一清雅知守仁,而黄绾尝上疏欲令守仁入辅,毁一清,一清亦不能无移憾。萼遂显诋守仁征抚交失,赏格不行。献夫及霍韬不平,上疏争之,言:“诸瑶为患积年,初尝用兵数十万,仅得一田州,旋复召寇。守仁片言驰谕,思、田稽首。至八寨、断藤峡贼,阻深岩绝冈,国初以来未有轻议剿者,今一举荡平,若拉枯朽。议者乃言守仁受命征思、田,不受命征八寨。夫大夫出疆,有可以安国家、利社稷,专之可也,况守仁固承诏得便宜从事者乎? 守仁讨平叛藩,忌者诬以初同贼谋,又诬其辇载金帛。当时大臣杨廷和、乔宇饰成其事,至今未白。夫忠如守仁,有功如守仁,一屈于江西,再屈于两广,臣恐劳臣灰心,将士解体,后此疆圉有事,谁复与陛下任之!"帝报闻而已。

守仁已病甚,疏乞骸骨,举郧阳巡抚林富自代,不俟命竟归。行至南安卒,年五十七。丧过江西,军民无不缟素哭送者。

守仁天姿异敏,年十七谒上饶娄谅,与论朱子格物大指。还家,日端坐,讲读《五经》,不苟言笑。游九华归,筑室阳明洞中,泛滥二氏学,数年无所得。谪龙场,穷荒无书,日绎旧闻,忽悟格物致知当自求诸心,不当求诸事物,喟然曰:"道在是矣。"遂笃信不疑。其为教,专以至良知为主,谓宋周、程二子后,惟象山陆氏简易直捷,有以接孟氏之传,而朱子《集注》、《或问》之类,乃中年未定之说。学者翕然从之,世遂有"阳明学"云。

守仁既卒,桂萼奏其擅离职守,帝大怒,下廷臣议。萼等言:"守仁事不师古,言不称师,欲立异以为高,则非朱熹格物致知之论;知众论之不予,则为朱熹晚年定论之书,号召门徒,互相倡和。才美者乐其任意,庸鄙者借其虚声,传习转讹,背谬弥甚。但讨捕奚贼,擒获叛藩,功有足录,宜免追夺伯爵以章大信,禁邪说以正人心。"帝乃下诏停世袭,恤典俱不行。隆庆初,廷臣多颂其功,诏赠新建侯,谥文成。二年,予世袭伯爵,既又有请以守仁与薛瑄、陈献章同从祀文庙者。帝独允礼臣议,以瑄配。及万历十二年,御史詹事讲申前请,大学士申时行等言:"守仁言致知出《大学》,良知出《孟子》。陈献章主静,沿宋儒周敦颐、程颢,且孝友出处如献章,气节文章功业如守仁,不可谓禅,诚宜崇祀。"且言胡居仁纯心笃行,众论所归,亦宜并祀。帝皆从之。终明之世,从祀者止守仁等四人。

始守仁无子,育弟子正宪为后。晚年,生子正亿,二岁而孤。既长,袭锦衣副千户。隆庆初,袭新建伯。万历五年卒。子承勋嗣,督漕运二十年。子先进,无子,将以弟先达子业弘继,先达妻曰:"伯无子,爵自传吾夫,由父及子,爵安往?"先进怒,因育族子业泗为后。及承勋卒,先进未袭死,业泗自以非嫡嗣,终当归爵先达,且虞其争,乃谤先达为乞养,而别推承勋弟子先通当嗣,屡争于朝,数十年不决。崇祯时,先达子业弘复与先通疏辨,而业洵兄业浩时为总督,所司惧忤业浩,竟以先通嗣。业弘愤,持疏入禁门诉,自刭不殊,执下狱,寻释。先通袭伯四年,流贼陷京师,被杀。

守仁弟子盈天下,其有传者不复载。惟冀元亨尝与守仁共患难。

冀元亨,字惟乾,武陵人。笃信守仁学,举正德十一年乡试。从守仁于赣,守仁属以教子。宸濠怀不轨,而外务名高,贻书守仁问学,守仁使元亨往。宸濠语挑之,佯不喻,独与之论学,宸濠目为痴。他日讲《西铭》,反覆君臣义甚悉。宸濠亦服,厚赠遣之,元亨反其赠于官。已,宸濠败,张忠、许泰诬守仁与通。诘宸濠,言无有。忠等诘不已,曰:“独尝遣冀元亨论学。”忠等大喜,搒元亨,加以炮烙,终不承,械系京师诏狱。

世宗嗣位,言者交白其冤,出狱五日卒。元亨在狱,善待诸囚若兄弟,囚皆感泣。其被逮也,所司系其妻李,李无怖色,曰:“吾夫尊师乐善,岂他虑哉。”狱中与二女治麻枲不辍。事且白,守者欲出之,曰:“未见吾夫,出安往?”按察诸僚妇闻其贤,召之,辞不赴。已就见,则囚服见,手不释麻枲。问其夫学,曰:“吾夫之学,不出闺门衽席间。”闻者悚然。

赞曰:王守仁始以直节著。比任疆事,提弱卒,从诸书生扫积年逋寇,平定孽藩。终明之世,文臣用兵制胜,未有如守仁者也。当危疑之际,神明愈定,智虑无遗,虽由天资高,其亦有得于中者欤。矜其创获,标异儒先,卒为学者讥。守仁尝谓胡世宁少讲学,世宁曰:“某恨公多讲学耳。”桂萼之议,虽出于娼忌之私,抑流弊实然,固不能以功多为讳矣。

明史卷一九六
列传第八四

张璁 _{胡铎}　桂萼　方献夫
夏言

　　张璁，字秉用，永嘉人。举于乡，七试不第。将谒选，御史萧鸣凤善星术，语之曰："从此三载成进士，又三载当骤贵。"璁乃归。正德十六年登第，年四十七矣。

　　世宗初践阼，议追尊崇所生父兴献王。廷臣持之，议三上三却。璁时在部观政，以是年七月朔上疏曰："孝子之至，莫大乎尊亲；尊亲之至，莫大乎以天下养。陛下嗣登大宝，即议追尊圣考以正其号，奉迎圣母以致其养，诚大孝也。廷议执汉定陶、宋濮王故事，谓为人后者为之子，不得顾私亲。夫天下岂有无父母之国哉？《记》曰：'礼非天降，非地出，人情而已。'汉哀帝、宋英宗固定陶、濮王子，然成帝、仁宗皆预立为嗣，养之宫中，其为人后之义甚明，故师丹、司马光之论行于彼一时则可。今武宗无嗣，大臣遵祖训，以陛下伦序当立而迎立之，遗诏直曰'兴献王长子'，未尝著为人后之义。则陛下之兴，实所以承祖宗之统，与预立为嗣养之宫中者较然不同。议者谓孝庙德泽在人，不可无后。假令圣考尚存，嗣位今日，恐弟亦无后兄之义。且迎养圣母，以母之亲也。称皇叔母，则当以君臣礼见，恐子无臣母之义。《礼》'长子不得为人后'，圣考止生陛下一人，利天下而为人后，恐无自绝其父母之义。故在陛下谓入继祖后，而得不废其尊亲则可，谓为人后以自绝其亲则不可。夫统与嗣不同，非必父死子立也。汉文承惠帝后，则以弟继，宣帝承昭帝后，则以兄孙继。若必夺此父子之亲，建彼父子之号，然后谓之继统，则古有称高伯祖、皇伯考者，皆不得谓之统乎？臣窃谓今日之礼，宜别立圣考庙于京师，使得隆尊亲之孝，且使母以子贵，尊与父同，则圣考不失其为父，圣母不失其为母矣。”

帝方扼廷议，得璁疏大喜，曰：“此论出，吾父子获全矣。”亟下廷臣议。廷臣大怪骇，交起击之，礼官毛澄等执如初。会献王妃至通州，闻尊称礼未定，止不肯入。帝闻而泣，欲避位归藩，璁乃著《大礼或问》上之，帝于是连驳礼官疏。廷臣不得已，合议尊孝宗曰皇考，兴献王曰“本生父兴献帝”，璁亦除南京刑部主事以去，追崇议且寝。

至嘉靖三年正月，帝得桂萼疏心动，复下廷议。汪俊代毛澄为礼部，执如澄。璁乃复上疏曰：“陛下遵兄终弟及之训，伦序当立。礼官不思陛下实入继大统之君，而强比与为人后之例，绝献帝天性之恩，蔑武宗相传之统，致陛下父子、伯侄、兄弟名实俱紊。宁负天子，不敢忤权臣，此何必也？伏睹圣谕云‘兴献王独生朕一人，既不得承绪，又不得徽称，罔极之恩何由得报？’执政窥测上心，有见于推尊之重，故今日争一帝字，明日争一皇字，而陛下之心，亦日以不帝不皇为歉。既而加称为帝，谓陛下心既慰矣，故留一皇字以觇陛下将来未尽之心，遂敢称孝宗为皇考，称兴献帝为本生父，父子之名既更，推崇之义安在？乃遽诏告天下，乘陛下不觉，陷以不孝。《礼》曰：‘君子不夺人之亲，亦不可夺亲也。’陛下尊为万乘，父子之亲，人可得而夺之，又可容人之夺之乎？故今日之礼，不在皇与不皇，惟在考与不考。若徒争一皇字，则执政必姑以是塞今日之议，陛下亦姑以是满今日之心，臣恐天下知礼者，必将非笑无已也。”与桂萼第二疏同上。帝益大喜，立召两人赴京。命未达，两人及黄宗明、黄绾复合疏力争。

及献帝改称本生皇考，阁臣以尊称既定，请停召命，帝不得已从之。二人已在道，复驰疏曰：“礼官惧臣等面质，故先为此术，求遂其私。若不亟去本生之称，天下后世终以陛下为孝宗之子，堕礼官欺蔽中矣。”帝益心动，趣召二人。五月，抵都，复条上七事。众汹汹，欲扑杀之。萼惧，不敢出，璁阅数日始朝。给事御史张翀、郑本公等连章力攻，帝益不悦，特授二人翰林学士。二人力辞，且请面折廷臣之非。给事御史李学曾、吉棠等言："璁、萼曲学阿世，圣世所必诛。以传奉为学士，累圣德不少。"御史段续、陈相又特疏论，并及席书。帝责学曾等对状，下续、相诏狱。刑部尚书赵鉴亦请置璁、萼于理，语人曰："得俞旨，便捶杀之。"帝责以朋奸，亦令对状。璁、萼乃复列欺罔十三事，力折廷臣。及廷臣伏阙哭争，尽系诏狱予杖，死杖下者十余人，贬窜相继，由是璁等势大张。其年九月，卒用其议定尊称。帝益眷倚璁、萼，璁、萼益恃宠仇廷臣，举朝士大夫咸切齿此数人矣。

四年冬，《大礼集议》成，进詹事兼翰林学士。后议世庙神道、庙乐、武舞及太后谒庙，帝率倚璁言而决。璁缘饰经文，委曲当帝意，帝益器之。

璁急图柄用，为大学士费宏所抑，遂与萼连章攻宏。帝亦知其情，留宏不即放。五年七月，璁以省墓请。既辞朝，帝复用为兵部右侍郎，兼官如故。给事中杜桐、杨言、赵廷瑞交章力诋，并劾吏部尚书廖纪引用邪人。帝怒，切责之。两京给事御史解一贯、张录、方纪达、戴继先等复交章论不已，皆不听。寻进璁左侍郎，复与萼攻费宏。明年二月，兴王邦奇狱，构陷杨廷和等，宏及石宝同日罢。

吏部郎中彭泽以浮躁被斥，璁言："昔议礼时，泽劝臣进《大礼或问》，致招众忌。今诸臣去之，将以次去臣等。"泽乃得留。居三日，复言："臣与举朝抗四五年，举朝攻臣至百十疏，今修《大礼全书》，元恶寒心，群奸侧目。故要略方进，谗谤繁兴。使《全书》告成，将诬陷益甚。"因引疾求退以要帝，帝优诏慰留。吏部阙尚书，推前尚书乔宇、杨旦；礼部尚书亦缺，推侍郎刘龙、温仁和。仁和以俸深争，璁言宇、旦乃杨廷和党，而仁和亦不宜自荐。帝命大臣休致者，非奉诏不得推举，宇等遂废。

璁积怒廷臣，日谋报复。会山西巡按马录治反贼李福达狱，词连武定侯郭勋，法司谳如录拟。璁谮于帝，谓廷臣以议礼故陷勋，帝果疑诸臣朋比，乃命璁署都察院，桂萼署刑部，方献夫署大理，覆谳，尽反其狱，倾诸异己者。大臣颜颐寿、聂贤以下咸被榜掠，录等坐罪远窜，帝益以为能，奖劳之便殿，赍二品服，三代封诰。京察及言官互纠，已黜御史十三人，璁掌宪，复请考察斥十二人，又奏行宪纲七条，钳束巡按御史。其年冬，遂拜礼部尚书兼文渊阁大学士，入参机务，去释褐六年耳。

杨一清为首辅，翟銮亦在阁，帝待之不如璁，尝谕璁：“朕有密谕毋泄，朕与卿帖悉亲书。”璁因引仁宗赐杨士奇等银章事，帝赐璁二章，文曰：“忠良贞一”，曰“绳愆弼违”，因并及一清等。

璁初拜学士，诸翰林耻之，不与并列，璁深恨。及侍读汪佃讲洪范不称旨，帝令补外，璁乃请自讲读以下量才外补，改官及罢黜者二十二人，诸庶吉士皆除部属及知县，由是翰苑为空。七年正月，帝视朝，见璁、萼班兵部尚书李承勋下，意嗛之。一清因请加散官，乃手敕加二人太子太保。璁辞以未建青宫，官不当设，乃更加少保兼太子太保。《明伦大典》成，复进少傅兼太子太傅、吏部尚书、谨身殿大学士。

一清再相，颇由璁、萼力，倾心下二人，而璁终以压于一清，不获尽如意，遂相龃龉。指挥聂能迁劾璁，璁欲置之死，一清拟旨稍轻，璁益恨，斥一清为奸人鄙夫。一清再疏引退，且刺璁隐情，帝手敕慰留，因极言璁自伐其能，恃宠不让，良可叹息。璁见帝忽暴其短，颇愧沮。八年秋，给事中孙应奎劾一清、萼并及璁，其同官王准复劾璁私参将陈璠，宜斥。璁乞休者再，词多阴诋一清，帝乃褒谕璁。而给事中陆粲复劾其擅作威福，报复恩怨，帝大感悟，立罢璁。顷之，其党霍韬力攻一清，微为璁白。璁行抵天津，帝命行人赍手敕召还。一清遂罢去，璁为首辅。

帝自排廷议定“大礼”，遂以制作礼乐自任。而夏言始用事，乃议皇后亲蚕，议勾龙、弃配社稷，议分祭天地，议罢太宗配祀，议朝日、夕月别建东、西二郊，议祀高禖，议文庙设主更从祀诸儒，议祧德祖正太祖南向，议祈谷，议大禘，议帝社帝稷，奏必下璁议。顾帝取独断，璁言亦不尽入。其谏罢太宗配天，三四往复，卒弗能止也。

十年二月，璁以名嫌御讳请更。乃赐名孚敬，字茂恭，御书四大字赐焉。

夏言恃帝眷，数以事讦孚敬，孚敬衔之，未有以发。纳彭泽言构陷行人司正薛侃，因侃以害言。廷鞫事露，旨斥其愎闇。御史谭缵、端廷赦、唐愈贤交章劾之，帝谕法司令致仕，孚敬乃大惭去。未几，遣行人赍敕召之。明年三月还朝，言已擢礼部尚书，益用事。李时、翟銮在阁，方献夫继入，孚敬亦不能专恣如曩时矣。

八月，慧星见东井，帝心疑大臣擅政，孚敬因求罢。都给事中魏良弼诋孚敬奸，孚敬言："良弼以滥举京营官夺俸，由臣拟旨，挟私报复。"给事中秦鳌劾孚敬强辨饰奸，言官论列辄文致其罪，拟旨不密，引以自归，明示中外，若天子权在其掌握。帝是鳌言，令孚敬自陈状，许之致仕。李时请给廪隶、敕书，不许。再请，乃得驰传归。十二年正月，帝复思之，遣鸿胪赍敕召。四月还朝。六月，彗星复见毕昂间，乞避位，不许。明年，进少师兼太子太师、华盖殿大学士。

初，潞州陈卿乱，孚敬主用兵，贼竟灭。大同再乱，亦主用兵，荐刘源清为总督，师久无功。其后，乱定，代王请大臣安辑。夏言遂力诋用兵之谬，请如王言，语多侵孚敬。孚敬怒，持王疏不行。帝谕令与言交好，而遣黄绾之大同，相机行事。孚敬以议不用，称疾乞休，疏三上。已而子死，请益力。帝报曰："卿无疾，疑朕耳。"孚敬复上奏，不引咎，且历诋同议礼之璁、献夫、韬、绾等。帝诘责之，乃复起视事。帝于文华殿后建九五斋、恭默室为斋居所，命辅臣赋诗，孚敬及时各为四首以上。已，数召见便殿，从容议政。十四年春，得疾，帝遣中官赐尊牢，而与时言，颇及其执拗，且不惜人才以丛怨状。又遣中官赐药饵，手敕言："古有剪须疗大臣疾者，朕今以己所服者赐卿。"孚敬幸得温谕，遂屡疏乞骸骨。命行人御医护归，有司给廪隶如制。明年五月，帝复遣锦衣官赍手敕视疾，趣其还。行至金华，疾大作,乃归。十八年二月卒。帝在承天,闻之伤悼不已。

孚敬刚明果敢,不避嫌怨。既遇主,亦时进谠言。帝欲坐张延龄令,族其家,孚敬诤曰:"延龄,守财虏耳,何能反?"数诘问,对如初。及秋尽当论,孚敬上疏谓:"昭圣皇太后春秋高,卒闻延龄死,万一不食,有他故,何以慰敬皇帝在天之灵?"帝恚,责孚敬:"自古强臣令主非一,若今爱死囚令主矣,当悔不从廷和事敬皇帝耶?"帝故为重语愒止孚敬,而孚敬意不已。以故终昭圣皇太后世,延龄得长系。他若清勋戚庄田,罢天下镇守内臣,先后殆尽,皆其力也。持身特廉,痛恶贼吏,一时苞苴路绝。而性狠愎,报复相寻,不护善类。欲力破人臣私党,而己先为党魁。"大礼"大狱,丛诟没世。顾帝始终眷礼,廷臣卒莫与二,尝称少师罗山而不名。其卒也,礼官请谥,帝取危身奉上之义,特谥文忠,赠太师。

时有胡铎者,字时振,余姚人。弘治末进士。正德中,官福建提学副使。嘉靖初,迁湖广参政,累官南京太仆卿。铎与璁同举于乡,"大礼"议起,铎意亦主考献王,与璁合,璁要之同署,铎曰:"主上天性固不可违,天下人情亦不可拂。考献王不已则宗,宗不已则入庙,入庙则当有祧。以藩封虚号之帝,而夺君临治世之宗,义固不可也,入庙则有位,将位于武宗上乎,武宗下乎?生为之臣,死不得跻于君。然鲁尝跻僖公矣,恐异日不乏夏父之徒也。"璁议遂上,旋被召。铎方服阕赴京,璁又要同疏,铎复书谢之,且与辨继统之义。"大礼"既定,铎又贻书劝召还议礼诸人,义和平之福,璁不能从。铎与王守仁同乡,不宗其学,与璁同以考献王为是,不与同进。然其辨继统,谓国统绝而立君寓立贤之意,盖大谬云。

桂萼,字子实,安仁人。正德六年进士。除丹徒知县。性刚使气,屡忤上官,调青田,不赴。用荐起知武康,复忤上官下吏。

嘉靖初,由成安知县迁南京刑部主事。世宗欲尊崇所生,廷臣力持,已称兴献王为帝,妃为兴国太后,颁诏天下二岁矣,萼与张璁同官，乃以二年十一月上疏曰："臣闻帝王事父孝，故事天明；事母孝，故事地察。未闻废父子之伦而能事天地主百神者也。今礼官失考典章，遏绝陛下纯孝之心，纳陛下于与为人后之非，而灭武宗之统，夺献帝之宗，且使兴国太后压于慈寿太后，礼莫之尽，三纲顿废，非常之变也。乃自张璁、霍韬献议，论者指为干进，逆箝人口，致达礼者不敢驳议。切念陛下侍兴国太后，慨兴献帝弗祀，已三年矣，拊心出涕，不知其几。愿速发明诏，称孝宗曰皇伯考，兴献帝皇考，别立庙大内，正兴国太后之礼，定称圣母，庶协事天事地之道。至朝臣所执不过宋《濮议》耳。按宋范纯仁告英宗曰'陛下昨受仁宗诏，亲许为之子，至于封爵，悉用皇子故事，与入继之主不同'，则宋臣之论，亦自有别。今陛下奉祖训入继大统，未尝受孝宗诏为之子也，则陛下非为人后，而为入继之主也明甚。考兴献帝，母兴国太后，又何疑。臣闻非天子不议礼，天下有道，礼乐自天子出。臣久欲以请，乃者复得席书、方献夫二疏。伏望奋然裁断，将臣与二臣疏并付礼官，令臣等面质。"帝大喜，明年正月手批议行。

　　三月，萼复上疏曰："自古帝王相传，统为重，嗣为轻，故高皇帝法前王，著兄终弟及之训。陛下承祖宗大统，正遵高皇帝制。执正乃无故任己私，背祖训，其为下道，尚可言哉！臣闻道路人言，执政窥伺陛下至情不已，则加一皇字而已。夫陛下之孝其亲，不在于皇不皇，惟在于考不考，使考献帝之心可夺，虽加千百字徽称，何益于孝，陛下遂终其身为无父人矣。逆伦悖义如此，犹可使与斯议哉！"与璁疏并上。帝益大喜，召赴京。初，议礼诸臣无力诋执政者，至萼遂斥为不道，且欲不使议，其言态肆无忌，朝士尤疾之。召命下，众益骇愕，群起排击，帝不为动。萼复偕璁论列不已，遂召为翰林学士，卒用其言。萼自是受知特深。

　　四年春，给事中柯维熊言："陛下亲君子而君子不容，如林俊、孙交、彭泽之去是也；远小人而小人尚在，如张璁、桂萼之用是也。且今伏阙诸臣多死徙，而御史王懋、郭楠又谪谴，窃以为罚过重矣。"萼、璁遂求去，优诏慰留，寻进詹事兼翰林学士。议世庙神道及太后谒庙礼,复排廷议,希合帝指。帝益以为贤,两人气益盛,而阁臣抑之,不令与诸翰林等。两人乃连章攻费宏并石宝,龁之去。

给事中陈洸犯重辟,萼与尚书赵鉴攘臂争,为南京给事中所劾,不问。尝陈时政,请预蠲六年田租,更登极初宿弊,宽登闻鼓禁约,复塞上开中制,惩奸徒阻绝养济院,听穷民耕城垣陕地,停外吏赴部考满,申圣敬,广圣孝,凡数事,多议行。

六年三月,进礼部右侍郎,兼官如故。时方京察,南京言官拾遗及萼,萼上言:“故辅杨廷和广植私党,蔽圣聪者六年,今次第斥逐,然遗奸在言路。昔宪宗初年,命科道拾遗后,互相纠劾,言路遂清,请举行如制。”章下吏部,侍郎孟春等言:“宪宗无此诏。萼被论报复,无以厌众心。”萼言:“诏出宪宗文集,春欲媚言官,宜并按问。”章下部再议,春等言成化中科道有超擢巡抚不称者,宪宗命互劾,去者七人,非考察拾遗比。帝终然萼言,趣令速举,给事御史争之,并夺俸。春等乃以御史储良才等四人名上,帝独黜良才,而特旨斥给事中郑自璧、孟奇,且令部院再核,复黜给事中余经等四人,南京给事中顾滐等数人乃已。

其年九月,改吏部左侍郎。是月,拜礼部尚书,兼翰林学士。故事,尚书兼学士者,自萼始。甫逾月,迁吏部尚书,赐银章二,曰“忠诚静慎”,曰“绳愆匡违”,令密封言事与辅臣埒。七年正月,手敕加太子太保。《明伦大典》成,加少保兼太子太傅。

萼既得志,日以报怨为事。陈九畴、李福达、陈洸之狱,先后株连彭泽、马录、叶应骢等甚众,或被陷至谪戍,廷臣莫不畏其凶威。独疏荐建言获罪郑继曾、季本等,因事贬谪黄国用、刘秉鉴等,诸人得量移,世亦稍以此贤萼。然王守仁之起也,萼实荐之。已,衔其不附己,力龁龀。及守仁卒,极言丑诋,夺其世封,诸恤典皆不予。

八年二月,命以本官兼武英殿大学士,入参机务。初,萼、璁赴召,廷臣欲仿先朝马顺故事,于左顺门捶杀之,走武定侯郭勋家以免。勋遂与深相结,亦蒙帝眷典禁兵。久之,勋奸状大露,璁、霍韬力庇勋,萼知帝已恶之,独疏其凶暴贪狡数事,勋遂获罪。杨一清为首辅持重，萼、璁好纷更，且恶其压己，遂不相能。给事中孙应奎请鉴别三臣贤否，诋萼最力。帝已疑萼，令涤宿愆，全君臣终始之义。萼乃大惧，疏辨，且称疾乞休。帝报曰："卿行事须勉徇公议，庶不负前日忠。"萼益惧。给事中王准因劾萼举私人李梦鹤为御医，诏下吏部，言梦鹤由考选无私，帝终以为疑，命太医院更考。言官知帝意已移，给事中陆粲极论其罪，并言梦鹤与萼家人吴从周、序班桂林居间行贿事。奏入，帝大悟，立夺萼官，以尚书致仕。璁亦罢政。帝复列二人罪状，诏廷臣，略言："其自用自恣，负君负国，所为事端昭然众见，而萼尤甚。法当置刑典，特宽贷之。"遂下梦鹤等法司，皆首服。

无何，霍韬两疏讼萼，言一清与法司构成萼赃罪。一清遂去位，刑部尚书周伦调南京，郎中、员外皆夺职，命法司会锦衣镇抚官再谳。乃言梦鹤等假托行私，与萼无与，诏削梦鹤、林籍，从周论罪，萼复散官。是时璁已召还，史馆儒士蔡圻知帝必复萼，疏颂萼功，请召之。帝乃赐敕，令抚按官趣上道。萼未至，国子生钱潮等复请趣萼，帝怒曰：大臣进退，幺麽敢与闻耶？"并圻下吏。明年四月，还朝，尽复所夺官，仍参机务。萼初锐意功名，勇任事，不恤物议，骤被摧抑，气为之慑，不敢复放恣。居位数月，屡引疾，帝辄优旨慰留。十年正月，得请归，卒于家。赠太傅，谥文襄。

萼所论奏，《帝王心学论》、《皇极论》、《易复卦》、《礼月令》及进《禹贡图》、《舆地图说》，皆有裨君德时政。性猜狠，好排异己，以故不为物论所容。始与璁相得欢甚，比同居政府，遂至相失。

方献夫，字叔贤，南海人。生而孤，弱冠举弘治十八年进士，改庶吉士。乞归养母，遂丁母忧。正德中，授礼部主事，调吏部，进员外郎。与主事王守仁论学，悦之，遂请为弟子。寻谢病归，读书西樵山中者十年。

嘉靖改元夏，还朝，道闻"大礼"议未定，草疏曰：

　　先王制礼本缘人情，君子论事，当究名实，窃见近日礼官所议，有未合乎人情，未当乎名实者，一则守《礼经》之言，一则循宋儒之说也，臣独以为不然。按《礼经·丧服》传曰"何如而可以为人后，支子可也"，又曰"为人后者孰后，后大宗也"，"大宗者，尊之统也"。"不可以绝，故族人以支子后大宗也，适子不得后大宗。"为是礼者，盖谓有支子而后可以为人后，未有绝人之后以为人后者也。今兴献帝止生陛下一人，别无支庶，乃使绝其后而后孝宗，岂人情哉！且为人后者，父尝立之为子，子尝事之为父，故卒而服其服。今孝宗尝有武宗矣，未尝以陛下为子，陛下于孝宗未尝服三年之服，是实未尝后孝宗也，而强称之为考，岂名实哉？为是议者，未见其合于《礼经》之言也。又按程颐《濮议》谓"英宗既以仁宗为父，不当以濮王为亲"，此非宋儒之说不善，实今日之事不同。盖仁宗尝育英宗于宫中，是实为父子，孝宗未尝育陛下于宫中，其不同者一；孝宗有武宗为子矣，仁宗未尝有子也，其不同者二；濮王别有子可以不绝，兴献帝无别子也，其不同者三。岂得以濮王之事比今日之事哉？为是议者，未见其善述宋儒之说也。

若谓孝宗不可无后，故必欲陛下为子，此尤不达于大道者也。推孝宗之心，所以必欲有后者，在不绝祖宗之祀，不失天下社稷之重而已，岂必拘拘父子之称而后为有后哉。孝宗有武宗，武宗有陛下，是不绝祖宗之祀，不失天下社稷之重矣，是实为有后也。且武宗君天下十有六年，不忍孝宗之无后，独忍武宗之无后乎？此尤不通之说也。夫兴献帝当父也，而不得父；孝宗不当父也，而强称为父；武宗当继也，而不得继，是一举而三失焉，臣未见其可也。且天下未尝有无父之国也。瞽瞍杀人，舜窃负而逃，今使陛下舍其父而有天下，陛下何以为心哉！臣知陛下纯孝之心，宁不有天下，决不忍不父其父也。说者又谓兴献帝不当称帝，此尤不达于大道者也，孟子曰"孝子之至，莫大乎尊亲"。周公追王太王王季，子思以为达孝。岂有子为天子，父不得称帝者乎？今日之事，臣尝为之说曰：陛下之继二

宗，当继统而不继嗣。兴献之异群庙，在称帝而不称宗。夫帝
王之体，与士庶不同。继统者，天下之公，三王之道也；继嗣者，
一人之私，后世之事也。兴献之得称帝者，以陛下为天子也。不
得称宗者，以实未尝在位也。伏乞宣示朝臣，复称孝宗曰皇伯，
兴献帝曰皇考，别立庙祀之。夫然后合于人情，当乎名实，非唯
得先王制礼之意，抑亦遂陛下纯孝之心矣。

　　疏具，见廷臣方抵排异议，惧不敢上。为桂萼所见，与席书疏并
表上之。帝大喜，立下廷议。廷臣遂目献夫为奸邪，至不与往还。献
夫乃杜门乞假，既不得请，则进《大礼》上、下二论，其说益详。时已
召张璁、桂萼于南京，至即用为翰林学士，而用献夫为侍讲学士。攻
者四起，献夫亦力辞，帝卒用诸人议定“大礼”，由是荷帝眷与璁、萼
埒。四年冬，进少詹事，献夫终不自安，谢病归。

　　六年，召修《明伦大典》，献夫与霍韬同里，以议礼相亲善，又同
赴召，乃合疏曰：“自古力主为后之议者，宋莫甚于司马光，汉莫甚
于王莽。主《濮议》者，光为首，吕诲、范纯仁、吕大防附之，而光之说
惑人最甚。主哀帝议者，莽为首，师丹、甄邯、刘歆附之，而莽之说流
毒最深。宋儒祖述王莽之说以惑万世，误后学，臣等谨按《汉书》、
《魏志》、《宋史》，略采王莽、师丹、甄邯之奏，与其事始末，及魏明帝
之诏，濮园之议，论正以附其后，乞付纂修官参互考订，俾天下臣子
知为后之议实起于莽，宋儒之论实出于莽，下洗群疑，上彰圣孝。”
诏下其书于史馆。还朝未几，命署大理寺事，与璁、萼覆谳李福达
狱。萼等议马录重辟，献夫力争得减死。其年九月，拜礼部右侍郎，
仍兼学士，直经筵日讲。寻代萼为吏部左侍郎，复代为礼部尚书。
《明伦大典》成，加太子太保。

　　献夫视璁、萼性宽平，遇事亦间有执持，不尽与附会。萼反陈洸
狱，请尽逮问官叶应骢等，以献夫言多免逮。思恩、田州比岁乱，献
夫请专任王守仁，而罢镇守中官郑润、总兵官朱骐，帝乃召润、骐
还。思、田既乎，守仁议筑城建邑，萼痛诋之，献夫历陈其功状，筑城
得毋止。璁、萼与杨一清构，献夫因灾异进和衷之说，且请收召谪戍

削籍余宽、马明衡辈，而倍取进士之数。帝优诏答之，宽等卒不用。献夫以尼僧、道姑伤风化，请勒令改嫁，帝从之。又因霍韬言，尽汰僧道无牒、毁寺观私创者。帝欲杀陈后丧，献夫引礼固争。寻复代夢为吏部尚书。夢、璁罢政，诏吏部核两人私党，献夫言："陆粲等所劾百十人，诬者不少，昔攻璁、夢者，以为党而去之，今附璁、夢者，又以为党而去之，缙绅之祸何时已。"乃奏留黄绾等二十三人，而黜储良才等十二人。良才者，初为御史，以考察黜，上疏诋杨廷和，指吏部侍郎孟春等为奸党，夢因请复其职，至是斥去，时论快之。安昌伯钱维圻卒，庶兄维垣请嗣爵。献夫言外戚之封不当世及，历引汉、唐、宋事为证，帝善其言，下廷议，外戚遂永绝世封。

　　璁、夢既召还，羽林指挥刘永昌劾都督桂勇，语侵夢及兵部尚书李承勋，又劾御史廖自显，自显坐逮。已，又讦兵部郎中庐襄等。献夫请按治永昌，毋令奸人以蜚语中善类，帝不从。献夫遂求退，帝亦不允。给事中孙应奎劾献夫私其亲故大理少卿洗光、太常卿彭泽，帝不听。都给事中夏言亦劾献夫坏选法，徙张璁所恶浙江参政黄卿于陕西，而用璁所爱党以平代，邪回之彭泽逾等躐迁太常及他所私昵，皆有迹，疑献夫交通贿赂。疏入，帝令卿等还故官。献夫及璁疏辨，因引退。帝重违二人意，复令卿等如前拟。

　　顷之，给事中薛甲言："刘永昌以武夫劾冢宰，张澜以军余劾勋臣，下凌上替，不知所止。愿存廉远堂高之义，俾小人不得肆攻讦。"章下吏部，献夫等请从甲言，敕都察院严禁吏民，毋得诪张乱政，并饬两京给事御史及天下抚按官论事，先大体毋责小疵。当是时，帝方欲广耳目，周知百僚情伪，得献夫议不怿，报罢。于是给事中饶秀劾甲阿附："自刘永昌后，言官未闻议大臣，独夏言、孙应奎、赵汉议及璁、献夫耳。汉已蒙诘谴，言、应奎所奏皆用人行政之失，甲乃指为毛举细故，而颂大臣不已，贪纵如郭勋，亦不欲人言。必使大臣横行，群臣缄口。万一有逆人厕其间，奈何！"奏入，帝心善其言，下吏部再议。甲具疏自明，帝恶其不俟部奏，命削二官出之外。部谓甲已处分，不复更议。帝责令置对，停献夫俸一月，郎官倍之。献夫不自得,两疏引疾,帝即报允,然犹虚位以俟。

十年秋,有诏召还,献夫疏辞,举梁材、汪铉、王廷相自代。帝手诏褒答,遣行人蔡瑷趣之。瑷及门,献夫潜入西樵,以疾辞。既而使命再至,云将别用,乃就道。明年五月,至京,命以故官兼武英殿大学士,入阁辅政。初,赐献夫银章曰“忠诚直谅”,令有事密封奏闻。献夫归,上之朝,至是复赐如故。吏部尚书王琼卒,命献夫掌之。献夫家居,引体自尊,监司谒见,辄称疾不报。家人姻党横于郡中,乡人屡讦告,金事龚大稔听之。献夫还朝,嘱大稔,会大稔坐事落职,疑献夫为之,遂上疏列其不法数事,词连霍韬。献夫疏辨,帝方眷献夫,大稔遂被逮削籍。十月,彗见东井,御史冯恩诋献夫凶奸肆巧辨,播弄威福,将不利于国家,故献夫掌吏部而彗见。帝怒,下之狱。献夫亦引疾乞休,优诏不允。

献夫饰恬退名,连被劾,中恶。虽执大政,气厌厌不振,独帝欲杀张延龄,常力争。而其时桂萼已前卒,张璁最宠,罢相者屡矣。霍韬、黄宗明言事一不当,辄下之吏。献夫见帝恩威不测,居职二岁,三疏引疾。帝优诏许之,令乘传,予道里费。家居十年卒。先已加柱国、少保,乃赠太保,谥文襄。

献夫缘议礼骤贵,与璁、萼共事,持论颇平恕,故人不甚恶之。

夏言,字公谨,贵溪人。父鼎,临清知州。言举正德十二年进士,授行人,擢兵科给事中。性警敏,善属文,及居言路,謇谔自负。世宗嗣位,疏言:“正德以来,壅蔽已极。今陛下维新庶政,请日视朝后,御文华殿阅章疏,召阁臣面决。或事关大利害,则下廷臣集议。不宜谋及亵近,径发中旨。圣意所予夺,亦必下内阁议而后行,绝壅蔽矫诈之弊。”帝嘉纳之。奉诏偕御史郑本公、主事汪文盛核亲军及京卫冗员,汰三千二百人,复条九事以上,辇下为肃清。

嘉靖初,偕御史樊继祖等出按庄田,悉夺还民产。劾中官赵霦、建昌侯张延龄,疏凡七上,请改后宫负郭庄田为亲蚕厂、公桑园,一切禁戚里求请及河南、山东奸人献民田王府者,救被逮永平知府郭九皋。庄奉夫人弟邢福海、肃奉夫人弟顾福，传旨授锦衣世千户，言力争不可。诸疏率谔谔，为人传诵。屡迁兵科都给事中。勘青羊山平贼功罪，讣奏悉当。副使牛鸾获贼中交通名籍，言请毁之以安众心。孝宗朝，令吏、兵二部每季具两京大臣及在外文武方面官履历进御，正德后渐废，以言请复之。七年，调吏科。

当是时，帝锐意礼文事。以天地合祀非礼，欲分建二郊，并日月而四。大学士张孚敬不敢决，帝卜之太祖亦不吉，议且寝。会言上疏请帝亲耕南郊，后亲蚕北郊，为天下倡。帝以南北郊之说与分建二郊合，令孚敬谕旨，言乃请分祀天地。廷臣持不可，孚敬亦难之，詹事霍韬诋尤力，帝大怒，下韬狱。降玺书奖言，赐四品服俸，卒从其请。又赞成二郊配飨议，语详《礼志》。言自是大蒙帝眷，郊坛工兴，即命言监之。延绥饥，言荐佥都御史李如圭为巡抚，吏部推代如圭者，帝不用，再推及言。御史熊爵谓言出如圭为己地，至比之张彩。帝切责爵，令言毋辨，而言不平，讦爵且辞新命，帝乃止。

孚敬颐指百僚，无敢与抗者。言自以受帝知，独不为下，孚敬乃大害言宠，言亦怨孚敬骤用彭泽为太常卿不右己，两人遂有隙。言抗疏劾孚敬及吏部尚书方献夫，孚敬、献夫皆疏辨求去，帝顾诸人厚，为两解之。言既显，与孚敬、献夫、韬为难，益以强直厚自结。帝欲辑郊礼为成书，擢言侍读学士，充纂修官，直经筵日讲，仍兼吏科都给事中。言又赞帝更定文庙祀典及大禘礼，帝益喜。十年三月，遂擢少詹事，兼翰林学士，掌院事，直讲如故。言眉目疏朗，美须髯，音吐弘畅，不操乡音，每进讲，帝必目属，欲大用之。孚敬忌弥甚，遂与彭泽构薛侃狱，下言法司。已，帝觉孚敬曲，乃罢孚敬而释言。八月，四郊工成，进言礼部左侍郎，仍掌院事。逾月，代李时为本部尚书。去谏官未浃岁拜六卿，前此未有也。

时士大夫犹恶孚敬，恃言抗之。言既以开敏结帝知，又折节下士。御史喻希礼、石金请宥“大礼”大狱得罪诸臣，帝大怒，令言劾。言谓希礼、金无他肠，请帝宽恕，帝责言对状，逮二人诏狱，远窜之，言引罪乃已，以是大得公卿间声。帝制作礼乐，多言为尚书时所议，

阁臣李时、翟銮取充位。帝每作诗,辄赐言,悉酬和勒石以进,帝益
喜。奏对应制,倚待立办。数召见,咨政事,善窥帝旨,有所傅会。赐
银章一,俾密封言事,文曰"学博才优"。先后赐绣蟒飞鱼麒麟服、玉
带、兼金、上尊、珍馔、时物无虚月。

　　孚敬、献夫复相继入辅,知帝眷言厚,亦不敢与较。已而皆谢
事,议礼诸人独霍韬在,仇言不置。十五年,以顺天府尹刘淑相事,
韬、言相攻讦。韬卒不胜,事详《韬传》中,言由是气遂骄。郎中张元
孝、李遂与小忤,即奏谪之。皇子生,帝赐言甚渥。初,加太子太保,
进少傅兼太子太傅。闰十二月,遂兼武英殿大学士,入参机务。扈
跸谒陵,还至沙河,言庖中火,延郭勋、李时帐,帝付言疏六亦焚。言
当独引罪,与勋等合谢,被谯责焉。时李时为首辅,政多自言出。顾
鼎臣入,言先达且年长颇欲有所可否,言意不悦,鼎臣遂不敢与争。
其冬,时卒,言为首辅。十八年,以祗荐皇天上帝册表,加少师、特进
光禄大夫、上柱国。明世人臣无加上柱国者,言所自拟也。

　　武定侯郭勋得幸,害言宠,而礼部尚书严嵩亦心妒言。言与嵩
扈跸承天,帝谒显陵毕,嵩再请表贺,言乞俟还京。帝报罢,意大不
怿。嵩知帝指,固以请,帝乃曰:"礼乐自天子出可也。"令表贺,帝自
是不悦言。帝幸大峪山,言进居守敕稍迟,帝责让,言惧请罪,帝大
怒曰:"言自卑官,因孚敬议郊礼进,乃怠慢不恭,进密疏不用赐章,
其悉还累所降手敕。"言益惧,疏谢,请免追银章、手敕,为子孙百世
荣,词甚哀。帝怒不解,疑言毁损,令礼部追取。削少师勋阶,以少
保尚书大学士致仕。言乃以手敕四百余并银章上之。居数日,怒解,
命止行,复以少傅、太子太傅入直,言疏谢。帝悦,谕令励初忠,秉公
持正,免众怨。言心知所云众怨者,郭勋辈也,再疏谢。谓自处不敢
后他人,一志孤立,为众所忌。帝复不悦,诘责之,惶恐谢乃已。未
几,雷震奉天殿,召言及鼎臣,不时至。帝复诘让,令礼部劾之。言
等请罪,帝复让言傲慢,并责鼎臣。已,乃还所追银章、御书。陕西
奏捷,复少师、太子太师,进吏部尚书,华盖殿。江淮贼平,玺书奖
励,赐金币,兼支大学士俸。

鼎臣已殁，翟銮再入，恂恂若属吏然，不敢少龃龉。而霍韬入掌詹事府，数修怨，以郭勋与言有隙，结令助己，三人日相构。既而韬死，言、勋交恶自若。九庙灾，言方以疾在告，乞罢，不允。昭圣太后崩，诏问太子服制，言报疏有讹字。帝切责言，言谢罪且乞还家治疾。帝益怒，令以少保、尚书、大学士致仕。言始闻帝怒己，上御边十四策，冀以解，帝曰："言既蕴忠谋，何坚自爱，负朕眷倚，姑不问。"初，言撰青词及他文，最当帝意。言罢，独翟銮在，非帝所急也。及将出都，诣西苑斋宫叩首谢。帝闻而怜之，特赐酒馔，俾还私第治疾，俟后命。会郭勋以言官重劾，亦引疾在告。京山侯崔元新有宠，直内苑，忌勋。帝从容问元："言、勋皆朕股肱，相妒何也？"元不对。帝问言归何时，曰："俟圣诞后，始敢请。"又问勋何疾，曰："勋无疾，言归即出耳。"帝颔之。言官知帝眷言恶勋，因共劾勋。勋辨语悖谩，帝怒，削勋同事王廷相籍。给事中高时者，言所厚也，尽发勋贪纵不法十数事，遂下勋狱，复言少傅、太子太师、礼部尚书、武英殿大学士，疾愈入直。言虽在告，阁事多取裁。治勋狱，悉其指授。二十一年春，一品九年满，遣中使赐银币、宝钞、羊酒、内馔，尽复其官阶，玺书奖美，赐宴礼部，尚书、侍郎、都御史陪侍。当是时，帝虽优礼言，然恩眷不及初矣。

慈庆、慈宁两宫宴骂，勋尝请改其一居太子，言不可，合帝意。至是帝猝问太子当何居，言忘前语，念兴作费烦，对如勋指，帝不悦，又疑言官劾勋出言意。及建大享殿，命中官高忠监视，言不进敕稿。入直西苑诸臣，帝皆令乘马，又赐香叶束发巾，用皮帛为履。言谓非人臣法服，不受，又独乘腰舆。帝积数憾欲去言，而严嵩因得间之。

嵩与言同乡，称先达，事言甚谨。言入阁援嵩自代，以门客畜之，嵩心恨甚。言既失帝意，嵩日以柔佞宠。言惧斥，呼嵩与谋，嵩则已潜造陶仲文第，谋龁言代其位。言知甚愠，讽言官屡劾嵩。帝方怜嵩不听也，两人遂大郤。六月，嵩燕见，顿首雨泣，诉言见凌状。帝使悉陈言罪，嵩因振暴其短，帝大怒，手敕礼部，历数言罪，且曰：

"郭勋已下狱，犹千罗百织。言官为朝廷耳目，专听言主使。朕不早朝，言亦不入阁，军国重事，取裁私家，王言要密，视等戏玩。言官不一言，徒欺谤君上，致神鬼怒，雨甚伤禾。"言大惧，请罪。居十余日，献帝讳辰，犹召入拜，俟直西苑。言因谢恩乞骸骨，语极哀。疏留八日，会七月朔日食既，下手诏曰："日食过分，正坐下慢上之咎，其落言职闲住。"帝又自引三失，布告天下。御史乔祐、给事中沈良才等皆具疏论言，且请罪。帝大怒，贬黜十三人。高时以劾勋故，独谪远边。于是严嵩遂代言入阁。

言久贵用事，家富厚，服用豪侈，多通问遗。久之不召，监司府县吏亦稍慢易之，悒悒不乐。遇元旦、圣寿必上表贺，称草土臣。帝亦渐怜之，复尚书、大学士。至二十四年，帝微觉嵩贪恣，复思言，遣官赍敕召还，尽复少师诸官阶，亦加嵩少师，若与言并者。言至，直陵嵩出其上，凡所批答，略不顾嵩，嵩嗫不敢吐一语。所引用私人，言斥逐之，亦不敢救，衔次骨。海内士大夫方怨嵩贪忮，谓言能压嵩制其命，深以为快。而言以废弃久，务张权。文选郎高简之戍，唐龙、许成名、崔桐、王用宾、黄佐之罢，王杲、王晔、孙继鲁之狱，皆言主之。贵州巡抚王学益、山东巡抚鳌为言官论劾，辄拟旨逮讯。龙故与嵩善，晔事牵世蕃，其他所谴逐不尽当，朝士仄目。最后御史陈其学以盐法事劾崔元及锦衣都督陆炳，言拟旨令陈状，皆造言请死，炳长跪乃得解。二人与嵩比而构言，言未之悟也。帝数使小内监诣言所，言负气岸，奴视之。嵩必延坐，亲纳金钱袖中，以故日誉嵩而短言。言进青词，往往失帝旨，嵩闻益精治其事。

未几，河套议起，言故慷慨以经济自许，思建立不世功。因陕西总督曾铣请复河套，赞决之。嵩与元、炳媒蘖其间，竟以此败。江都人苏纲者，言继妻父也，雅与铣善，铣方请复河套，纲亟称于言。言倚铣可办，密疏荐之，谓群臣无如铣忠者。帝令言拟旨，优奖之者再。铣喜，益锐意出师。帝忽降旨诘责，语甚厉。嵩揣知帝意，遂力言河套不可复，语侵言。言始大惧谢罪，且言嵩未尝异议，今乃尽诿于臣。帝责言强君胁众，嵩复腾疏攻言，言亦力辨。而帝已入嵩谮，怒不可解。二十七年正月，尽夺言官阶，以尚书致仕，犹无意杀之也。会有蜚语闻禁中，谓言去时怨谤，嵩复代仇鸾草奏讦言纳铢金，交关为奸利，事连苏纲，遂下铢、纲诏狱。嵩与元、炳谋，坐铢交结近侍律斩，纲戍边，遣官校逮言。言抵通州，闻铢所坐，大惊堕车，曰："噫！吾死矣。"再疏讼冤，言："鸾方就逮，上降谕不两日，鸾何以知上语，又何知嵩疏而附丽若此。盖嵩与崔元辈诈为之以倾臣。嵩静言庸违似共工，谦恭下士似王莽，奸巧弄权父子专政似司马懿，在内诸臣受其牢笼，知有嵩不知有陛下；在外诸臣受其箝制，亦知有嵩不知有陛下。臣生死系嵩掌握，惟归命圣慈，曲赐保全。"帝不省。狱成，刑部尚书喻茂坚、左都御史屠侨等当言死，援议贵议能条以上。帝不从，切责茂坚等，夺其俸，犹及言前不戴香冠事。其年十月，竟弃言市。妻苏流广西，从子主事克承、从孙尚宝丞朝庆，削籍为民。言死时年六十有七。

言豪迈有俊才，纵横辨博，人莫能屈。既受特眷，揣帝意不欲臣下党比，遂日与诸议礼贵人抗。帝以为不党，遇益厚，然卒为严嵩所挤。言死，嵩祸及天下，久乃多惜言者。而言所推毂徐阶，后卒能去嵩为名相。隆庆初，其家上书白冤状，诏复其官，赐祭葬，谥文愍。言始无子，妾有身，妻忌而嫁之，生一子。言死，妻逆之归，貌甚类言。且得官矣，忽病死。言竟无后。

赞曰：璁、萼、献夫议尊兴献帝，本人子至情，故其说易入。原其初议，未尝不准情礼之中，乃至遭时得君，动引议礼自固，务快恩仇。于是知其建议之心，非有惓惓忠爱之实，欲引其君于当道也。言所奏定典礼，亦多可采，而志骄气溢，卒为嵩所挤。究观诸人立身本末与所言是非，固两不相掩云。

明史卷一九七
列传第八五

席书　弟春　篆　　霍韬　子与瑕　　熊浃
黄宗明　　黄绾　陆澄

　　席书,字文同,遂宁人。弘治三年进士,授郏城知县。入为工部主事,移户部,进员外郎。十六年,云南昼晦地震,命侍郎樊莹巡视,奏黜监司以下三百余人。书上疏言:"灾异系朝廷,不系云南,如人元气内损,然后疮疡发四肢。朝廷,元气也;云南,四肢也。岂可舍致毒之源,专治四肢之末?今内府供应数倍往年,冗食官数千,授充校尉数万,斋醮寺观无停日,织造频烦,赏赉逾度;皇亲夺民田,宦官增遣不已;大狱据招词不敢辩,刑官亦不敢伸;大臣贤者未起用,小臣言事谪者未复;文武官传升,名器大滥。灾异之警,偶泄云南,欲以远方外吏当之,此何理也?汉遣八使巡行天下,张纲独曰:'豺狼当道,安问狐狸。'今樊莹职巡察,不能劾戚畹、大臣,独考黜云南官吏,舍本而治末。乞陛下以臣所言弊政,一切厘革。他大害当祛,大政当举者,悉令所司条奏而兴革之。"时不能用。

　　武宗时,历河南佥事、贵州提学副使。时王守仁谪龙场驿丞,书择州县子弟,延守仁教之,士始知学。屡迁福建左布政使。宁王宸濠反,急募兵二万讨之。至则贼已平,乃返。寻以右副都御史巡抚湖广,中官李镇、张旸假进贡及御盐名敛财十余万,书疏发之。

　　嘉靖元年,改南京兵部右侍郎。江南、北大饥,奉命振江北,令州县十里一厂,煮糜哺之,全活无算。

初，书在湖广，见中朝议"大礼"未定，揣帝向张璁、霍韬献议言："昔宋英宗以濮王第十三子出为人后，今上以兴献王长子入承大统；英宗入嗣在衮衣临御之时，今上入继在宫车晏驾之后。议者以陛下继统武宗，仍为兴献帝之子，别立庙祀，张璁、霍韬之议未为非也。然尊无二帝，陛下于武宗亲则兄弟，分则君臣，既奉孝宗为宗庙主，可复有他称乎？宜称曰'皇考兴献王'，此万世不刊之典。礼臣三四执奏，未为失也。然礼本人情，陛下尊为天子，慈圣设无尊称，可乎？故尊所生曰帝后，上慰慈闱，此情之不能已也。为今日议，宜定号曰'皇考兴献帝'，别立庙大内，岁时祀太庙毕，仍祭以天子之礼，似或一道也。盖别以庙祀则大统正而职穆不紊，隆以殊称则至爱笃而本支不沦，尊尊亲亲，并行不悖。至慈圣宜称皇母某后，不可以兴献加之。献，谥也，岂宜加于今日。"

议既具，会中朝竞诋张璁为邪说，书惧不敢上，而密以示桂萼，萼然其议。三年正月，萼具疏并上之，帝大喜，趣召入对。无何，诏改称献帝为本生皇考，遂寝召命。会礼部尚书汪俊以争建庙去位，特旨用书代之。故事，礼部长贰率用翰林官，是时廷臣排异议益力，书进又不由廷推，因交章诋书，至訾其振荒无状，多侵渔。书亦屡辞新命，并录上《大礼考议》，且乞遣官勘振荒状。帝为遣司礼中官，户、刑二部侍郎，锦衣指挥往勘，而趣书入朝益急。比至德州，则廷臣已伏阙哭争，尽系诏狱。书驰疏言："议礼之家，名为聚讼，两议相持，必有一是。陛下择其是者，而非者不必深较，乞宥其愆失，俾获自新。"不允。

其年八月，入朝，帝慰劳有加。逾月，乃会廷臣大议，上奏曰："三代之法，父死子继，兄终弟及。自夏历汉二千年未有立从子为皇子者也。汉成帝以私意立定陶王，始坏三代传统之礼。宋仁宗立濮王子，英宗即位，始终不称濮王为伯。今陛下生于孝宗崩后二年，乃不继武宗大统，超越十有六年上考孝宗，天伦大义固已乖悖。又未尝立为皇子，与汉、宋不同。自古天子无大宗、小宗，亦无所生、所后。《礼经》所载，乃大夫士之礼，不可语于帝王。伯父子侄皆天经地义,不可改易。今以伯为父,以父为叔,伦理易常,是为大变。夫得三代传统之义,远出汉、唐继嗣之私者,莫若《祖训》。《祖训》曰'朝廷无皇子,必兄终弟及'。则嗣位者实继统,非继嗣也。伯自宜称皇伯考,父自宜称皇考,兄自宜称皇兄。今陛下于献帝、章圣已去本生之称,复下臣等大议。臣书、臣璁、臣萼、臣献夫及文武诸臣皆议曰:世无二道,人无二本。孝宗皇帝,伯也,宜称皇伯考;昭圣皇太后,伯母也,宜称皇伯母;献皇帝,父也,宜称皇考;章圣皇太后,母也,宜称圣母;武宗仍称皇兄,庄肃皇后宜称皇嫂。尤愿陛下仰遵孝宗仁圣之德,念昭圣拥翊之功,孝敬益隆,始终无间,大伦大统两有归矣。奉神主而别立祢室,于至亲不废,隆尊号而不入太庙,于正统无干,尊亲两不悖矣。一遵《祖训》,允合圣经,复三代数千年未明之典礼,洗汉、宋悖经违礼之陋习,非圣人其孰能之。"

议上,诏布告天下,尊称遂定。

帝既加隆所生,中外献谀希恩者纷然遝至。锦衣百户随全、光禄录事钱子勋既以罪褫,希旨请迁献帝显陵梓宫北葬天寿山。工部尚书赵璜等斥其谬,帝复下廷议。书乃会廷臣上言:"显陵,先帝体魄所藏,不可轻动。昔高皇帝不迁祖陵,文皇帝不迁孝陵。全等谄谀小人,妄论山陵,宜下法司按问。"帝报曰:"先帝陵寝在远,朕朝夕思望,不胜哀痛,其再详议以闻。"书复集众议,极言不可,乃已。"

书以"大礼"告成,宜有以答天下望,乃条新政十二事以献,帝优旨报焉。大同军变,杀巡抚张文锦,毁总兵官江桓印,而出故帅朱振于狱,令代桓。帝因而命之,谕礼部铸新印。书持不可,请讨之,与政府忤。时执政者费宏、石宝、贾咏,书心弗善也,乃力荐杨一清、王守仁入阁,且曰:"今诸大臣皆中材,无足与计天下事。定乱济时,非守仁不可。"帝曰:"书为大臣,当抒猷略,共济时艰,何以中材自诿。"守仁迄不获柄用。

四年,光禄寺丞何渊请建世室,祀献皇帝于太庙。帝命礼官集议,书等上议:"《王制》'天子七庙,三昭三穆',周以文、武有大功德,乃立世室,与后稷庙皆百世不迁。我太祖立四亲庙,德祖居北,后改同堂异室。议祧则以太祖拟文世室，太宗拟武世室。今献皇帝以藩王追崇帝号，何渊乃欲比之太祖、太宗，立世室于太庙，甚无据。"不报。顷之，张璁特奏上，力言不可，书亦三疏如璁议。帝遣中官即其家谕之，书复密疏切谏，帝不悦，责以畏众饰奸。乃议别立祢庙，而世室之议竟寝。

五年秋，章圣太后将谒世庙，礼官议不合。书以目眚在告，上言："母后谒庙，事出创闻，礼官实无所据，惟圣明裁酌。且世庙既成，宜有肆赦之典，请尽还议礼遣戍诸臣。所谓合万国之欢心以祀先王，此天子大孝也。"报闻。

书以议礼受帝知，倚为亲臣。初，进《大礼集议》，加太子太保，寻以《献帝实录》成，进少保，眷顾隆异，虽诸辅臣莫敢望。而书得疾不能视事，屡疏乞休，举罗钦顺自代，帝辄慰留不允。其后，疾笃，请益力，诏加武英殿大学士，赐第京师，支俸如故。甫闻命而卒，赠太傅，谥文襄，任一子尚宝丞，异数也。

书遇事敢为，性颇偏愎。初，长沙人李鉴为盗，知府宋卿论之死，书方巡抚湖广，发卿贼私，因劾卿故入监罪。帝遣大臣按，不如书言，而书时已得幸，乃命逮鉴入京再讯，书遂言："臣以议礼犯众怒，故刑官率右卿而重鉴罪，请敕法司辨雪。"及法司谳上无异词，帝重违书意，特减鉴死遣戍。其他庇陈洸，排费宏，率恣行私意，为时论所斥。

弟春、篆。

春由庶吉士授御史，巡云南，以兄为都御史，改翰林检讨。预修《武宗实录》成，当进秩，内阁费宏以春由他官入，与检讨刘夔并拟按察佥事，夔亦故御史，以避兄侍郎龙改授者也。书大怒，疏言："故事，无纂修书成，出为外任者。"帝以书故留春，擢修撰，而夔亦留，擢编修。书由是怨宏，数诋諆。及书卒，帝念其议礼功，累进春翰林学士。嘉靖十二年，由礼部右侍郎改吏部。诏举堪翰林者，春欲召还故翰林杨惟聪、陈沂，尚书汪鋐不可，遂有隙。后鋐有所推举，不与春议,春怒诟铉,铉讦春前附杨廷和排议礼诸臣,遂落职。卒于家。

篆为户科给事中。黔国公沐昆劾按察使沈恩等,篆与同官李长私语昆奏多诬,长即劾昆。武宗责长诬重臣,下诏狱,词连篆,并系治谪外,篆得夷陵判官。世宗嗣位,复故官,未上卒。予祭,赠光禄少卿。

霍韬,字渭先,南海人。举正德九年会试第一。谒归成婚,读书西樵山,经史淹洽。

世宗践阼,除职方主事。杨廷和方柄政,韬上言:"阁臣职参机务,今止票拟,而裁决归近习。辅臣失参赞之权,近习起干政之渐。自今章奏请召大臣面决施行,讲官、台谏班列左右,众议而公驳之。宰相得取善之名,内臣免招权之谤。"因言锦衣不当典刑狱,东厂不当预朝议,抚按兵备官不当以军功授秩荫,兴府护卫军不当尽取入京概授官职,御史谢源、伍希儒赴难有功不当罢黜,平逆藩功自安庆、南昌外不当滥叙,帝嘉纳之。

及"大礼"议起,礼部尚书毛澄力持考孝宗,韬私为《大礼议》驳之。澄贻书相质难,韬三上书极辨其非。已,知澄意不可回,其年十月上疏曰:"按廷议谓陛下宜以孝宗为父,兴献王为叔,别择崇仁王子为献王后,考之古礼则不合,质之圣贤之道则不通,揆之今日之事体则不顺。考《仪礼·丧服》章云'斩衰为所后者',又云'为人后者为其父母报。'是于所后者,盖无称为父母之说,而于本生父母又无改称伯叔父母之云也。汉儒不明其义,谬为邪说曰'为人后者为之子',果如其言,则汉宣帝当为昭帝后矣。然昭帝从祖也,宣帝从孙也,孙将谓祖为父,可乎?唐宣宗当为武宗后矣,然武宗侄也,宣宗叔也,叔反谓侄为父,可乎?吴诸樊兄弟四人以国相授受,盖迭相为后矣,是兄弟自具高曾祖考也,而可乎?故曰考之古礼则不合也;天下者,天下之天下,非一人所得私也。宋人之告其君曰:'仁宗于宗室中特简圣明,授以大业,陛下所以负扆端冕,富有四海,子孙万

世相承，皆先帝之德。'盖谓仁宗以天下授英宗，宜舍本生父母而以
仁宗为父母也。臣以圣贤之道观之，孟子言舜为天子，瞽瞍杀人，皋
陶执之，舜则窃负而逃，是父母重而天下轻也。若宋儒之说，则天下
重而父母轻矣。故曰求之圣贤之道则不通也；武宗嗣孝宗历十有六
年，孝宗非无嗣也，今强欲陛下重为孝宗之嗣，何为也哉？夫陛下为
孝宗子矣，谁为武宗子乎？孝宗有两嗣子矣，武宗独无嗣子，可乎？
臣子于君父一也，既不忍孝宗之无嗣，独忍武宗之无嗣乎？若曰武
宗以兄，固得享弟之祀，则孝宗以伯，独不得享侄之祀乎？既可越武
宗直继孝宗矣，独不可并越孝宗直继宪宗乎？武宗无嗣，无可如何
矣。孝宗有嗣，复强继其嗣，而绝兴献之嗣，是于孝宗无所益，而于
兴献不大有损乎？故曰揆之今日之事体则不顺也。然臣下之为此
议也，其故有三：曰前代故事之拘也，曰不忘孝宗之德也，曰避迎合
之嫌也。今陛下既考孝宗矣，尊兴献王以帝号矣，则将如斯而已乎？
臣窃谓帝王之相继也，继其统而已矣，固不屑屑于父子之称也。惟
继其统，则不惟孝宗之统不绝，即武宗之统亦不绝矣，然则如之何
而可乎？惟陛下于兴献王得正父子之称，以不绝天性之恩；于国母
之迎，得正天子之母之礼。复于昭圣太后、武宗皇后处之有其道，事
之尽其诚，则于尊尊亲亲两不悖矣。"

帝得疏喜甚，迫群议不遽行，而朝士咸指目韬为邪说。韬意不自得，
寻谢病归。

嘉靖三年，帝议尊崇所生益急，两诏召韬，韬辞疾不赴，驰疏
曰："今日大礼之议，两端而已，曰崇正统之大义也，曰正天伦之大
经也。徒尊正统，其弊至于利天下而弃父母；徒重天伦，其弊至于小
加大而卑逾尊。故臣谓陛下宜称孝宗曰皇伯考，献帝曰皇考，此天
伦之当辨者也；尊崇之议，则姑在所缓，此大统之当崇者也。乃廷议
欲陛下上考孝宗，又兼考献帝，此汉人两统人失也。本原既差，则愈
议愈失。臣之愚虑，则愿陛下预防未然之失，毋重将来之悔而已。始
陛下尊昭圣皇太后为母，虽于礼未合，然宫闱之内亦既相安，今一
旦改称，大非人情所堪。愿陛下以臣等建议之情，上启皇太后，必中

心悦豫无疑贰之隙。万一未喻，亦得归罪臣等，加赐诛斥，然后委曲申请，务得其欢心。陛下朝夕所以承迎其意，慰释其忧者，亦无所不用其极，庶名分正而嫌隙消，天下万世无所非议，此臣愚虑者一也。昭圣之嫡嗣，武宗一人而已。武宗无嗣，庄肃皇后之属望已矣。臣谓陛下之事昭圣，礼秩虽极尊崇，然其势日轻；陛下之事圣母，尊称虽或未至，然其势日重。故今日廷臣惓惓以尊大统，母昭圣为请者，盖预防陛下将来之失，而追报孝宗之职分也。臣尝伏读明诏，正统大义不敢有违，知陛下尊昭圣，敬庄肃，此心可上质天地，下信士庶矣。但恐左右之人不达圣意，妄生疑间，或以弥文小节，遂构两宫之隙，此不可不早虑而预防之也。愿陛下以臣等建议之情，上启圣母曰，昭圣皇太后实大统嫡宗，至尊无对，伏愿圣母时自谦抑，示尊敬至意。庄肃皇后母仪天下十六年，圣母接见之仪，不可轻忽，凡正旦、贺寿，圣母每致谦让不敢受纳之意，俾宫闱大权一归昭圣，而圣母若无与焉，则天下万世称颂懿德与天无极。万一圣母意犹未喻，亦得归罪臣等，加赐诛斥，然后委曲申请，务得允从，庶宗统正而嫌隙消，天下万世无所非议，此臣愚虑者二也。"帝深嘉其忠义，趣令趋朝。明年，擢少詹事，兼侍讲学士。韬固辞，且请令六部长贰、翰林、给事、御史俱调外任，练政体；监司、守令政绩卓异，即擢卿丞，有文学者擢翰林；举贡入仕皆得擢翰林，升部院，不宜困资格。帝不允辞，趣令赴职，下其奏于有司，悉格不用。

六年还朝，命直经筵日讲。韬自以南音力辞日讲，请撰《古今政要》及《诗书直解》以进，帝褒许之。其年九月，迁詹事兼翰林学士，韬复固辞，言："自杨荣、杨士奇、杨薄以及李东阳、杨廷和颛权植党，笼翰林为属官，中书为门吏，故翰林迁擢不由吏部，而中书至有进秩尚书者。臣尝建议，谓翰林去留尽属吏部，庶不阴倚内阁为腹心，内阁亦不阴结翰林为羽翼，且欲京官补外以均劳逸。议未即行，躬自蹈之，而又躐居学士徐缙上，何愧如之。"帝优诏不允。

明年四月，进礼部右侍郎，韬力辞，且举康海、王九思、李梦阳、魏校、颜木、王廷陈、何瑭自代，帝不允。再辞，乃允之。六月，"大礼"成，超拜礼部尚书，掌詹事府事。韬因言翰林院修书迁官、日讲荫子及巡抚子弟荫武职之非，而以为己不能力挽，不可随众趋，且称给事中陈洸冤，荐监生陈云章才可用。帝优诏褒答，不允辞。韬复奏曰："今异议者谓陛下特欲尊崇皇考，遂以官爵饵其臣，臣等二三臣苟图官爵，遂阿顺陛下之意。臣尝自慨，若得礼定，决不受官，俾天下万世知议礼者非利官也。苟疑议礼者为利官，则所议虽是，彼犹以为非，何以塞天下口？"因固辞不拜，帝犹不允。三辞，乃允之。

　韬先后荐王守仁、王琼诸人，帝皆纳用。尝因灾异陈时弊十余事，多议行。张璁、桂萼之罢政也，韬谓言官陆粲等受杨一清指使，两疏力攻一清，夺其职，而璁、萼召还。帝从夏言议，将分祀天地，建二郊，韬极言其非。帝不悦，责韬罔上自恣。言亦疏辨，力诋韬。韬素护前自遂，见帝怒，不敢辨，乃遗言书，痛诋之，复录其书送法司。言怒，疏陈其状，且劾韬无君七罪，并以其书进呈。帝大怒，责韬谤讪君上，丑正怀邪，遂下都察院狱。韬从狱中上书祈哀，璁亦再申救。帝皆不纳。南京御史郑文宪言宜察韬心，容其戆，且天地分祀是置父母异处，郊外亲蚕是废内外防闲。帝怒，谪之边方。韬系狱逾月，帝终念其议礼功，令输赎还职。寻以母丧归。广东佥事龚大稔讦韬及方献夫居乡不法事，大稔反被逮削籍。

　十二年，韬起历吏部左、右侍郎。时部事多主于尚书，两侍郎率不预，韬争于尚书汪铉，侍郎始获参部事。韬素刚愎，屡与铉争，铉等亦严惮之。既而铉罢，帝久不置尚书，以韬掌部事。阁臣李时传旨，用鸿胪卿王道中为顺天府丞，韬言："辅臣承天语无可疑，然臣等犹当奏请，用杜矫伪。"因守故事，列道中及应天府丞郭登庸二人名上。帝嘉其守法，乃用登庸，而改道中大理少卿。久之，出韬为南京礼部尚书。

　顺天府尹刘淑相坐所亲赃私被鞫，疑礼部尚书夏言姻通判费完陷之，讦言请属事。帝怒，下淑相诏狱。淑相与韬善，言亦疑韬主之，遂讦韬扈跸谒陵，远游银山寺大不敬。韬自诉，因论言："请谥故少师费宏为文宪，不叙宏累被劾状。按律，增减紧关情节者斩。且'宪'乃纯皇帝庙号，人臣安得用。"会南京给事中曾钧骑马，不避尚书刘龙、潘珍轿，龙与钧互讦奏。韬劾钧，且请禁小臣乘轿。给事中李充浊、曹迈等交章，言近侍之臣不当避道，杂举公会宴次得与尚书同列以证，语颇侵韬，韬疑充浊倚言为内主，讦充浊为奸党，复撼言他事，言益怒，奏韬大罪十余事，且言彭时、宋濂皆于正德间谥文宪，不避庙号，韬陋不知故事。帝方不直韬，淑相复从狱中撼言他事，帝益怒，考讯之。辞服韬主使，乃斥淑相为民，降韬俸一级。当议乘轿时，言被劾不预，都御史王廷相会礼部侍郎黄宗明、张璧请禁饬小臣如韬奏，而南京诸给事、御史自如。韬以为言，帝复申饬，众情滋不悦，曹迈及同官尹相等遂与韬忿争。相劾韬迁南部怨望，擅取海子鱼，与乡人群饮郊坛松下，侍郎袁宗儒期丧不当进表，逼使行。韬上疏自理。下廷议。帝为停韬俸四月，相等亦停二月。

　　韬既与言交恶，及言柄用，韬每欲因事陷之。上言："顷吏部选刘文光等为给事中，寻忽报罢，人皆曰阁臣抑之。给事中李鹤鸣考察谪官，寻复故，人皆曰贿得。宜谕吏部毋受当事颐指，使天下知威福出朝廷，而大臣有李林甫、秦桧者，不得播弄于左右。"其意为言发也。于是鹤鸣上疏自白，并撼韬居乡不法诸事，帝两置之。无何，韬劾南京御史龚湜、郭本，湜等自辨，亦劾韬，帝并置不问。

　　十八年，简补宫僚，命韬以太子少保、礼部尚书协掌詹事府事。疏辞加秩，且诋大臣受禄不让，晋秩不辞，或有狐鼠钻结，阴固宠权，怨气召灾，实有所自，其意亦为言发。既屡击言不胜，最后见郭勋与言有隙，乃阴比勋，与共龁龁言。时中外讹言帝复南幸，韬因显颂勋，言："六飞南狩时，臣下多纳贿不法，文官惟袁宗儒，武官惟郭勋不受馈。今讹言复播，宜有以禁戢之。"帝既下诏安群情，乃诘韬曰："朕昨南巡，卿不在行，受贿事得自何人？据实以奏。"韬对，请问诸郭勋。帝责其支词，务令指实。韬窘，乃言："扈从诸臣，无不受馈遗、折取夫隶直者，第问之夏言，令自述。至各官取贿实迹，勋具悉始末，当不欺。如必欲臣言，请假臣风宪职，循途按之，当备列以奏。"章下所司。韬惧不当帝旨,寻赴京,列所遇进鲜船内臣贪横状,帝亦不问。明年十月,卒于官,年五十有四。赠太子太保,谥文敏。

韬学博才高,量褊隘,所至与人竞,帝颇心厌之,故不大用。先后多所建白,亦颇涉国家大计,且尝劾"大礼"大狱得罪诸臣,及废籍李梦阳、康海等。在南都,禁丧家宴饮,绝妇女入寺观,罪娼户市良人女,毁淫祠,建社学,散僧尼,表忠节。既去,士民思之。始与璁、萼结,既而比郭勋。举进士出毛澄门下,素执弟子礼,议礼不合,遂不复称为座主。及总裁己丑会试,亦遂不以唐顺之等为门生。其议礼时,诋司马光,后议薛瑄从祀,至追论光不可祀孔庙。其不顾公论如此。

子与瑕,举进士,授慈溪知县。鄢懋卿巡盐行部,与瑕不礼,为所劾罢。起知鄞县,终广西佥事。

熊浃,字悦之,南昌人。正德九年进士,授礼科给事中。宁王宸濠将为变,浃与同邑御史熊兰草奏,授御史萧淮上之。濠仓卒举事,卒败,本两人早发之力。出核松潘边饷,副总兵张杰倚江彬势赋累巨万,诱杀熟番上功启边衅,箠死千户以下至五百人,又尝率家众遮击副使胡沨,抚、按莫敢言。浃至,尽发其状,杰遂褫职。

世宗践阼,廷议追崇礼未定,浃驰疏言:"陛下起自藩服,入登大宝,倘必执为后之说,考孝宗而母慈寿,则兴献母妃当降称伯叔父母矣。不知陛下承欢内庭时,将仍旧称乎,抑改而从今称乎?若仍旧称,而不得尊之为后,则于慈寿徒有为后之虚文,于母妃则又缺尊崇之大典,无一而可也。臣愚谓兴献王尊以帝号,别建一庙,以示不敢上跻于列圣,母妃则尊为皇太后,而少杀其徽称,以示不敢上同于慈寿。此于大统固无所妨,而天性之恩亦得以兼尽。"疏至,会兴王及妃已称为帝、后,下之礼官。

嘉靖初,由右给事中出为河南参议,外艰归。六年,服阕,召修《明伦大典》,超擢右佥都御史,协理院事。明年四月,迁大理寺卿,俄迁右副都御史。《大典》成,转左。八年二月,遂擢右都御史,掌院事。

京师民张福诉里人张柱杀其母,东厂以闻,刑部坐柱死,不服,福姊亦泣诉官,谓母福自杀之,其邻人之词亦然。诏郎中魏应召覆按,改坐福。东厂奏法司妄出人罪,帝怒,下应召诏狱。浃是应召议,执如初,帝愈怒,褫浃职。给事中陆粲、刘希简争之,帝大怒,并下两人诏狱。侍郎许赞等遂抵柱死,应召及邻人俱充军,杖福姊百,人以为冤。当是时,帝方深疾孝、武两后家,柱实武宗后家夏氏仆,故帝必欲杀之。

浃家居十年,至帝幸承天与近臣论旧人,乃召为南京礼部尚书,改兵部参赞机务。二十一年,召为兵部尚书,掌都察院事。居二年,代许赞为吏部尚书。

帝于禁中筑乩仙台,间用其言决威福,浃论其妄。帝大怒,欲罪之,以前议礼故不遽斥。二品六年满,加太子太保,坐事夺俸者再。浃知帝意终不释,遂称病乞休,帝大怒,褫职为民。又十年卒。

浃少有志节,自守严。虽由议礼显,然不甚党比,尤爱护人才。故其去吏部也,善类多思之。隆庆初,复官,予祭葬,谥恭肃。

黄宗明,字诚甫,鄞人。正德九年进士,除南京兵部主事,进员外郎。尝从王守仁论学。宁王宸濠反,上江防三策。武宗南征,抗疏谏,寻请告归。

嘉靖二年,起南京刑部郎中。张璁、桂萼争“大礼”,自南京召入都,未上。三年四月,璁、萼、黄绾及宗明联疏奏曰:“今日尊崇之议,以陛下与为人后者,礼官附和之私也。以陛下为人继大统者,臣等考经之论也。人之言曰:两议相持,有大小众寡不敌之势。臣等则曰:惟理而已。大哉舜之为君,视天下悦而归己,犹草芥也,惟不顺于父母,如穷人无所归。今言者徇私植党,夺天子之父母而不顾,在陛下可一日安其位而不之图乎?此圣谕令廷臣集议,终日相视莫敢先发者,势有所压,理有所屈故也。臣等大惧欺蔽因循,终不能赞成大孝。陛下何不亲御朝堂,进百官而询之曰:'朕以宪宗皇帝之孙,孝宗皇帝之侄,兴献帝之子,遵太祖兄终弟及之文,奉武宗伦序当立之诏,入承大统,非与为人后者也。前者未及详稽,遽诏天下,尊孝宗皇帝为皇考,昭圣太后为圣母,而兴献帝后别加本生之称,朕深用悔艾。今当明父子大伦,继统大义,改称孝宗为皇伯考,昭圣为皇伯母,而去本生之称,为皇考恭穆献皇帝,圣母章圣皇太后,此万世通礼。尔文武廷臣尚念父子之亲,君臣之义,与朕共明大伦于天下。'如此,在朝百工有不感泣而奉诏者乎,更以此告于天下万姓,其有不感泣而奉诏者乎,此即《周礼》询群臣询万民之意也。"奏入,帝大悦,卒如其言,宗明亦遂蒙帝眷。

明年,出为吉安知府,迁福建盐运使。六年,召修《明伦大典》,以母忧归。服阕,征拜先禄卿。十一年,擢兵部右侍郎。其冬,编修杨名以劾汪𬭎下诏狱,词连同官程文德,亦坐系,诏书责主谋者益急。宗明抗疏救,且曰:"连坐非善改。今以一人妄言,必究主使,廷臣孰不惧。况名榜掠已极,当严冬或困毙,将为仁明累。"帝大怒,谓宗明即其主使,并下诏狱,谪福建右参政。帝终念宗明议礼功,明年召拜礼部右侍郎。

辽东兵变,捶辱巡抚吕经,而帝务姑息,纳镇守中官王纯等言,将逮经。宗明言:"前者辽阳之变,生于有激,今重赋苛徭悉已厘正,广宁复变,又谁激之?法不宜赦,请令新抚臣韩拜奇勒兵压境,扬声讨罪,取其首恶,用振国威,不得专事姑息。"帝不从,经卒被逮。宗明寻转左侍郎,卒于官。

初,议礼诸臣恃帝恩眷,驱驾气势,恣行胸臆。宗明虽由是骤显,持论颇平,于诸人中独无畏恶之者。

黄绾,字宗贤,黄岩人,侍郎孔昭孙也,承祖荫官后府都事。尝师谢铎、王守仁。嘉靖初,为南京都察院经历。

张璁、桂萼争"大礼",帝心向之,三年二月,绾亦上言曰:"武宗承孝宗之统十有六年,今复以陛下为孝宗之子,继孝宗之统,则武宗不应有庙矣。是使孝宗不得子武宗,乃所以绝孝宗也,由是使兴献帝不得子陛下,乃所以绝兴献帝也。不几于三纲沦,九法斁哉。"奏入,帝大喜,下之所司。其月,再上疏申前说。俄闻帝下诏称本生皇考,复抗疏极辨,又与璁、萼及黄宗明合疏争,"大礼"乃定,绾自是大受帝知。及明年,何渊请建世室,绾与宗明斥其谬。寻迁南京刑部员外郎,再谢病归。帝念其议礼功,六年六月,召擢光禄少卿,预修《明伦大典》。

王守仁中忌者,虽封伯,不给诰券岁禄,诸有功若知府邢珣、徐琏、陈槐,御史伍希儒、谢源,多以考察黜。绾讼之于朝,且请召守仁辅政。守仁得给赐如制,珣等亦叙录。绾寻迁大理左少卿。其年十月,璁、萼逐诸翰林于外,引己所善者补之,遂用绾为少詹事,兼侍讲学士,直经筵。以任子官翰林,前此未有也。

明年,《大典》成,进詹事。锦衣佥事聂能迁者,初附钱宁得官,用登极诏例还为百户,后附璁、萼议"大礼",且交关中贵崔文,得复故职。《大典》成,诸人皆进秩,能迁独不与,大恨,嘱罢闲主事翁洪草奏,诬王守仁赇席书得召用,词连绾及璁。绾疏辨,且乞引避,帝优旨留之,而下能迁法司,遣之戍,洪亦编原籍为民。

绾与璁辈深相得,璁欲用为吏部侍郎,且令典试南京,并为杨一清所抑,又以其南音不令与经筵。绾大恚,上疏丑诋一清而不斥其名,帝心知其为一清也,以浮词责之。其年十月,出为南京礼部右侍郎,遍摄诸部印。十二年,召拜礼部左侍郎。

初,绾与璁深相结,至是,夏言长礼部,帝方向用,绾乃潜附之,与璁左。其佐南礼部也,郎中邹守益引疾,诏绾核实。久不报,而守益竟去。吏部尚书汪铉希璁指疏发其事,诏夺守益官,令铉覆核,铉遂劾绾欺蔽。璁调旨削三秩出之外,会礼部请祈谷导引官,帝留绾供事。铉于是再疏攻绾,且掇及他事,帝复命调外。绾上疏自理,因诋铉为璁鹰犬,乞赐罢黜以避祸。帝终念绾议礼功,仍留任如故。绾自是显与璁贰矣。

初,大同军变,杀总兵官李瑾,据城拒守,总制侍郎刘源清、提督却永议屠之。城中恟惧，外勾蒙古为助，塞上大震。巡抚潘仿急请止兵，源清怒，驰疏力诋仿。璁及廷议并右源清，绾独言非策。及源清罢，侍郎张瓒往代，未至，而郎中詹荣等已定乱。叛卒未尽获，军民疮痍甚，代王请遣大臣绥辑之。疏下礼部，夏言以为宜许，而极诋前用兵之谬，语侵璁。璁怒，力持不欲遣。帝委曲谕解之，乃特以命绾，且令察军情，勘功罪，得便宜行事。绾驰至大同，宗室军民牒诉官军暴掠者以百数，无告叛军者。绾一无所问，以安其心。有为叛军使蒙古归者，绾执戮之，反侧者复相煽。绾大集军民，晓以祸福。罹害者陈牒，绾佯不问，而密以牒授给振官，按里核实，一日捕首恶数十人。卒尚钦杀一家三人，惧不免，夜鸣金倡乱，无应者，遂就擒。绾复图形购首恶数人，军民乃不复虞诖误，遂令有司树木栅，设保甲四隅，创社学教军民子弟，城中大安。还朝，列上文武将吏功罪，极诋源清、永。绾以劳增俸一等，璁及兵部庇源清，阴抑绾。绾累疏论，帝亦意向之，源清、永卒被逮。绾寻以母忧归。

十八年，礼官以恭上皇天上帝大号及皇祖谥号，请遣官诏谕朝鲜。时帝方议讨安南，欲因以觇之，乃曰："安南亦朝贡之国，不可以迩年叛服故，不使与闻。其择大臣有学识者往。"廷臣屡以名上，皆不用，特起绾礼部尚书兼翰林学士为正使，谕德张治副之。帝方幸承天，趣绾诣行在受命，绾惮往，至徐州先驰使奏疾不能前，至失期，帝责绾不驰赴行在，而舟诣京师为大不敬，令陈状，已而释之。绾数陈便宜，请得节制两广、云贵重臣，遣给事御史同事，吏、礼、兵三部择郎官二人备任使，帝悉从之。最后为其父母请赠，且援建储恩例请给诰命如其官。帝怒，褫尚书新命，令以侍郎闲住，使事亦竟寝。久之卒于家。

绾起家任子，致位卿贰。初附张璁，晚背璁附夏言，时皆以倾狡目之。

方"大礼"之兴也，首继璁上疏者为襄府枣阳王祐楬，其言曰："孝庙止宜称'皇伯考'，圣父宜称'皇考兴献大王'。即兴国之陵庙祀用天子礼乐，祝称孝子皇帝某。圣母宜上徽号称太妃，迎养宫中。

庶继体之道不失，天性之亲不泯。"时世宗登极岁之八月也。自时厥后，诸希宠干进之徒，纷然而起。失职武夫、罢闲小吏亦皆攘臂努目，抗论庙谟，即璁、萼辈亦羞称之，不与为伍。故自璁等八人外，率无殊擢。至致仕教谕王价，遂请加诸臣贬窜诛戮之刑，惩朋党欺蔽之罪，而最陋者南京刑部主事归安陆澄。初极言追尊之非，逮服阙入都，《明伦大典》已定，璁、萼大用事，澄乃言初为人误，质之臣师王守仁乃大悔恨。萼悦其言，请除礼部主事。而帝见澄前疏恶之，谪高州通判以去。

嘉靖四年七月，席书将辑《大礼集议》，因言："近题请刊布，多系建言于三年以前，若臣书及璁、萼、献夫、韬，所正取者不过五人。礼科右给事中熊浃、南京刑部郎中黄宗明、都察院经历黄绾、通政司经历金述、监生陈云章、儒士张少连及楚王、枣阳王二宗室外，所附取者不过六人。有同时建议，若监生何渊、主事王国光、同知马时中、巡检房浚，言或未纯，义多未正，亦在不取。其他罢职投闲之夫，建言于璁、萼等召用后者，皆望风希旨，有所觊觎，亦一切不录。其锦衣百户聂能迁、昌平致仕教谕王价建言三年二三月，未经采入。今二臣奏乞附名，应如其请。"帝从之，因诏"大礼"已定，自今有假言陈奏者，必罪不宥。

至十二年正月，蒲州诸生秦镗伏阙上书，言："孝宗之统讫于武宗，则献皇帝于孝宗实为兄终弟及。陛下承献皇帝之统，当奉之于太庙，而张孚敬议礼，乃别创世庙以祀之，使不得预昭穆之次，是幽之也。"又谓："分祀天地日月于四郊，失尊卑大小之序。去先师王号，撤其塑像，损其礼乐，增启圣祠，皆非圣祖之意。请复其初。"帝得奏，大怒，责以毁上不道，下诏狱严讯，令供主谋。镗服妄议希恩，实无主使者，乃坐妖言律论死，系狱。其后又从丰坊之请，入庙称宗，以配上帝，则璁辈已死，不及见矣。

赞曰：席书等亦由议礼受知，而持论差平，然事以激成，末流多变。盖至入庙称宗，则亦非诸人倡议之初心矣。书、韬在官，颇有所建树;涞、宗明能自敛戢,时论为优;至绾之倾狡,乃不足道矣。

明史卷一九八
列传第八六

杨一清　　王琼　　彭泽
毛伯温　汪文盛　鲍象贤　翁万达

　　杨一清,字应宁,其先云南安宁人。父景,以化州同知致仕,携之居巴陵。少能文,以奇童荐为翰林秀才,宪宗命内阁择师教之。年十四举乡试,登成化八年进士。父丧葬丹徒,遂家焉。

　　服除,授中书舍人。久之,迁山西按察佥事,以副使督学陕西。一清貌寝而性警敏,好谈经济大略。在陕八年,以其暇究边事甚悉。入为太常寺少卿,进南京太常寺卿。

　　弘治十五年,用刘大夏荐擢都察院左副都御史,督理陕西马政。西番故饶马,而仰给中国茶饮以去疾,太祖著令以蜀茶易番马,资军中用,久而寝弛,奸人多挟私茶阑出为利,番马不时至。一清严为禁,尽笼茶利于官,以服致诸番,番马大集。会寇大入花马池,帝命一清巡抚陕西,仍督马政。甫受事,寇已退,乃选卒练兵,创平虏、红古二城以援固原,筑垣濒河以捍靖虏,劾罢贪庸总兵武安侯郑宏,裁镇守中官冗费,军纪肃然。

　　武宗初立,寇数万骑抵固原,总兵曹雄军隔绝不相闻。一清帅轻骑自平凉昼夜行,抵雄军为之节度,多张疑兵胁寇,寇移犯隆德。一清夜发火炮,响应山谷间,寇疑大兵至,遁出塞。一清以延绥、宁夏、甘肃有警不相援,患无所统摄,请遣大臣兼领之。大夏请即命一清总制三镇军务。寻进右都御史。一清遂建议修边,其略曰:

　　陕西各边，延绥据险，宁夏、甘肃扼河山，惟花马池至灵州地宽延，城堡复疏。寇毁墙入，则固原、庆阳、平凉、巩昌皆受患。成化初，宁夏巡抚徐廷璋筑边墙绵亘二百余里，在延绥者，余子俊修之甚固，由是，寇不入套二十余年。后边备疏，墙堑日夷，弘治末至今，寇连岁侵略。都御史史琳请于花马池、韦州设营卫，总制尚书秦纮仅修四五小堡及靖虏至环庆治堑七百里，谓可无患。不一二年，寇复深入。是纮所修不足捍敌。臣久官陕西，颇谙形势。寇动称数万，往来倏忽。未至征兵多扰费，既至召援辄后时。欲战则彼不来，持久则我师坐老。臣以为防边之策，大要有四：修浚墙堑，以固边防；增设卫所，以壮边兵；经理灵、夏，以安内附；整饬韦州，以遏外侵。今河套即周朔方，汉定襄，赫连勃勃统万城也。唐张仁愿筑三受降城，置烽堠千八百所，突厥不敢逾山牧马。古之举大事者，未尝不劳于先，逸于后。夫受降据三面险，当千里之蔽。国初舍受降而卫东胜，已失一面之险，其后又辍东胜以就延绥，则以一面而遮千余里之冲，遂使河套沃壤为寇巢穴。深山大河，势乃在彼，而宁夏外险反南备河，此边患所以相寻而不可解也。诚宜复守东胜，因河为固，东接大同，西属宁夏，使河套方千里之地归我耕牧，屯田数百万亩，省内地转输，策之上也。如或不能，及今增筑防边，敌来有以待之，犹愈无策。”因条具便宜：延绥安边营石涝池至横城三百里，宜设墩台九百座，暖谯九百间，守军四千五百人；石涝池至定边营百六十三里，平衍宜墙者百三十一里，险崖峻阜可铲削者三十二里，宜为墩台，连接宁夏东路；花马池无险，敌至仰客兵，宜置卫，兴武营守御所兵不足，宜召募；自环庆以西至宁州，宜增兵备一人；横城以北，黄河南岸有墩三十六，宜修复。帝可其议。大发帑金数十万，使一清筑墙。而刘瑾憾一清不附己，一清遂引疾归。其成者，在要害间仅四十里。瑾诬一清冒破边费，逮下锦衣狱。大学士李东阳、王鏊力救得解。仍致仕归，先后罚米六百石。

　　安化王寘鐇反，诏起一清总制军务，与总兵官神英西讨，中官张永监其军。未至，一清故部将仇钺已捕执之。一清驰至镇，宣布德意。张永旋亦至，一清与结纳，相得甚欢。知永与瑾有隙，乘间扼腕言曰：“赖公力定反侧，然此易除也，如国家内患何？”永曰：“何谓也？”一清遂促席画掌作“瑾”字，永难之曰：“是家晨夕上前，枝附根据，耳目广矣。”一清慷慨曰：“公亦上信臣，讨贼不付他人而付公，意可知。今功成奏捷，请间论军事，因发瑾奸，极陈海内愁怨，惧变起心腹。上英武，必听公诛瑾。瑾诛，公益柄用，悉矫前弊，收天下心。吕强、张承业暨公，千载三人耳。”永曰：“脱不济，奈何？”一清曰：“言出于公必济。万一不信，公顿首据地泣，请死上前，剖心以明不妄，上必为公动。苟得请，即行事，毋须臾缓。”于是永勃然起曰：“嗟乎，老奴何惜余年不以报主哉！”竟如一清策诛瑾。永以是德一清，左右之，得召还，拜户部尚书。论功，加太子少保，赐金币。寻改吏部。

　　一清于时政最通练，而性阔大，爱乐贤士大夫，与共功名。凡为瑾所构陷者，率见甄录。朝有所知，夕即登荐，门生遍天下。尝再帅关中，起偏裨至大将封侯者，累累然不色。馈谢有所入，缘手即散之。大资躏中原，一清疏请命将调兵。前后凡数上，皆报可。盗平，加少保、太子太保，荫锦衣百户。再推内阁，不用。用尚书靳贵，而进一清少傅、太子太傅。给事中王昂论选法弊，指一清植私党，帝为谪昂。一清更申救，优旨报闻。乾清宫灾，诏求直言，一清上书言视朝太迟，享祀太慢，西内创梵宇，禁中宿边兵，畿内皇店之害，江南织造之扰。因引疾乞归，帝慰留之。大学士，杨廷和忧去，命一清兼武英殿大学士，入参机务。

　　张永寻得罪罢，而义子钱宁用事，宁故善一清，有构之者因蓄怨。会灾异，一清自劾，极陈时政，中有“狂言惑圣听，匹夫摇国是，禁廷杂介胄之夫，京师无藩篱之托”语，讥切近幸，帝弗省。宁与江彬辈闻之，大怒，使优人于帝前为蜚语，刺讥一清。时有考察罢官者，嗾武学生朱大周讦一清阴事，而以宁为内主。给事御史周金、陈轼等交章劾大周妄言，请究主使，帝不听。一清乃力请骸骨归，赐敕褒谕，给夫廪如制。帝南征，幸一清第，乐饮两昼夜，赋诗赓和以十数。一清从容讽止,帝遂不为江、浙行。

世宗世子时,献王尝言楚有三杰,刘大夏、李东阳及一清也,心识之。及即位,廷臣交荐一清,乃遣官赐金币存问,谕以宣召期,趣使有言。一清陈谢,特予一子官中书舍人。嘉靖三年十二月戊午,诏一清以少傅、太子太傅改兵部尚书、左都御史,总制陕西三边军务,故相行边,自一清始。温诏褒美,比之郭子仪。一清至是三为总制,部曲皆涌跃喜。亦不剌窜西海,为西宁洮河害,金献民言抚便,独一清请剿。土鲁番求贡,陈九畴欲绝之,一清则请抚。时帅诸将肄习行阵,尝曰:"无事时当如有事堤防,有事时当如无事镇静。"

会张璁等力排费宏,御史吉棠因请还一清内阁,给事中章侨、御史侯秩等争之。帝谪秩官,召一清为吏部尚书、武英殿大学士。既入见,加少师,仍兼太子太傅,非故事也。亡何,《献皇帝实录》成,加太子太师、谨身殿大学士,一清以不预纂修辞,不许。王宪奏捷,推功一清,加特进左柱国、华盖殿大学士。费宏已去,一清遂为首辅。帝赐银章二,曰"耆德忠正",曰"绳愆纠违",令密封言事。与张璁论张永前功,起为提督团营。给事中陆粲请增筑边墙,推明一清曩时议,一清因力从臾之。帝为发帑金,命侍郎王廷相往,然久之亦竟止。《明伦大典》成,加正一品俸。

初,"大礼"议起,一清方家居,见张璁疏,寓书门人乔宇曰:"张生此议,圣人复起,不能易也。"又劝席书早赴召,以定大议。璁等既骤显,颇引一清。帝亦以一清老臣,恩礼加渥。免常朝日讲侍班,朔望朝参,令晨初始入阁视事。御书、和章及金币、牢醴之赐甚渥,所言边事、国计,大小无不倾听。璁与桂萼既攻去费宏,意一清必援己,一清顾请召谢迁,必怨之。迁未至,璁已入内阁,多所更建。一清引故事稍裁抑,其党积不平。锦衣聂能迁讦璁,璁欲置之死,一清不可。璁怒,上疏阴诋一清,又嗾黄绾排之甚力。一清疏辨,言璁以能迁故排己,且傍及璁他语,因乞骸骨。帝为两解之。一清又因灾变请戒饬百官和衷,复乞宥议礼诸臣罪,璁益憾。桂萼入内阁,亦不相能,一清屡求去,且言:"今持论者尚纷更,臣独主安静;尚刻核,

臣独主宽平。用是多龃龉，愿避贤者路。"帝复温旨褒之。而给事中
王准、陆粲发璁、萼招权纳贿状，帝立罢璁、萼，且暴其罪，其党霍韬
攘臂曰："张、桂行，势且及我。"遂上疏力攻一清，言其受张永、萧敬
贿。一清再疏辨，乞罢。帝虽慰留之，而璁复召还，韬攻益急，且言
法司承一清风指，构成萼罪。帝果怒，令法司会廷臣杂议。出刑部
尚书周伦于南京，以侍郎许赞代，赞乃实韬言，请削一清籍，帝令一
清自陈。璁乃三上密疏，引一清赞礼功，乞贿宽假，实以坚帝意俾之
去。帝果允致仕，驰驿归，仍赐金币。明年，璁等构朱继宗狱，坐一
清受张永弟容金钱，为永志墓，又与容世锦衣指挥，遂落职闲住。一
清大恨曰："老张，乃为孺子所卖!"疽发背死，遗疏言身被污蔑，死
且不瞑，帝令释赃罪不问。后数年，复故官。久之，赠太保，谥文襄。

　　一清生而隐宫，貌寺人，无子。博学，善权变，尤晓畅边事。羽
书旁午，一夕占十疏，悉中机宜。人或訾己，反荐扬之。惟晚与璁、
萼异，为所轧，不获以恩礼终。然其才一时无两，或比之姚崇云。

　　王琼，字德华，太原人。成化二十年进士，授工部主事，进郎中。
出治漕河三年，胪其事为志。继者按稽之，不爽毫发，由是以敏练
称。改户部，历河南右布政使。

　　正德元年，擢右副都御史，督漕运。明年，入为户部右侍郎。衡
府有赐地，芜不可耕，勒民出租以为常，王反诬民赵贤等侵据。琼往
按，夺旁近民地予之，贤等戍边，民多怨者。三年春，廷推吏部侍郎，
前后六人，皆不允。最后以琼上，许之。坐任户部时，边臣借太仓银
未偿，所司奏迟，尚书顾佐夺俸，而琼改南京。已，复改户部。八年，
进尚书。琼为人有心计，善钩校。为郎时，悉录故牍条例，尽得其敛
散盈缩状。及为尚书，益明习国计。边帅请刍粮，则屈指计某仓、某
场庤粮草几何，诸群岁输、边卒岁采秋青几何，曰："足矣。重索妄
也。"人益以琼为才。

　　十年，代陆完为兵部尚书。时四方盗起，将士以首功进秩，琼
言："此嬴秦弊政，行之边方犹可，未有内地而论首功者。今江西、四

川妾杀平民千万，纵贼贻祸，皆此议所致。自今内地征讨，惟以荡平为功，不计首级。”纵之。帝时远游塞外，经岁不还，近畿盗窃发。琼请于河间设总兵一人，大名、武定各设兵备副使一人，责以平贼，而檄顺天、保定两巡抚，严要害为外防，集辽东、延绥士马于行在，以护车驾，中外恃以无恐。孝丰贼汤麻九反，有司请发兵剿，琼请密敕勘粮都御史许廷光，出不意擒之，无一脱者。四方捷奏上，多推功琼，数受荫赉，累加至少师兼太子太师，子锦衣世千户。及营建乾清宫，又荫锦衣千户者二，宠遇冠诸尚书。

十四年，宁王宸濠反。琼请敕南和伯方寿祥督操江兵防南都，南赣巡抚王守仁、湖广巡抚秦金各率所部趋南昌，应天巡抚李充嗣镇京口，淮扬巡抚丛兰扼仪真。奏上，帝意欲亲征，持三日不下。大学士杨廷和趣之，竟下亲征诏，命琼与廷和等居守。先是，琼用王守仁抚南、赣，假便宜提督军务。比宸濠反，书闻，举朝惴惴。琼曰：“诸君勿忧，吾用王伯安赣州，正为今日，贼旦夕擒耳。”未几，果如其言。

琼才高，善结纳。厚事钱宁、江彬等，因得自展，所奏请辄行。其能为功于兵部者，亦彬等力也。陆完败，代为吏部尚书。琼忌彭泽平流贼，声望出己上，构于钱宁，中泽危法。又陷云南巡抚范镛、甘肃巡抚李昆、副使陈九畴于狱，中外多畏琼。而大学士廷和亦以琼所诛赏，多取中旨，不关内阁，弗能堪。明年，世宗入继，言官交劾琼，系都察院狱。琼力讦廷和，帝愈不直琼，下廷臣杂议。坐交结近侍律论死，命戍庄浪，琼复诉年老，改戍绥德。

张璁、桂萼、霍韬用事，以琼与廷和仇，首荐之，不纳。至嘉靖六年，有边警，萼力请用琼，不果。帝亦悯琼老病，令还籍为民。御史胡松因劾萼谪外任，其同官周在请宥松，并下诏狱。萼复言琼前攻廷和，故廷臣群起排之，帝乃命复琼尚书待用。明年，遂以兵部尚书兼右都御史，代王宪督陕西三边军务。

土鲁番据哈密，廷议闭关绝其贡，四年矣。至是，其将牙木兰为酋速檀满速儿所疑，率众二千求内属。沙州番人帖木哥、土巴等素为土鲁番役属者，苦其征求，亦率五千余人入附。番人来寇，连为参将云昌等所败，其引瓦剌寇肃州者，游击彭浚击退之。贼既失援，又数失利，乃献还哈密，求通贡，乞归羁留使臣，而语多谩。琼奏乞抚纳，帝从兵部尚书王时中议，如琼请。霍韬难之，琼再疏请诏还番使，通贡如故。自是西域复定，而北寇常为边患。初入犯庄浪，琼部诸将遮击之，斩数十级。俄由红城子入，杀部饷主簿张文明。明年，以数万骑寇宁夏。已，又犯灵州，琼督游击梁震等邀斩七十余人。其秋，集诸道精卒三万，按行塞下。寇闻，徙帐远遁。诸军分道出，纵野烧，耀兵而还。

　　先是，南京给事中丘九仞劾琼，帝慰留之，及璁、萼罢政，诸劾璁、萼党者咸首琼，乃令致仕。俄寝前诏，遣慰谕。会番大掠临洮，琼集兵讨笼、板尔诸族，焚其巢，斩首三百六十，抚降七十余族。录功，加太子太保。琼在边，戎备甚饬。寇尝入山西得利，逾岁复猎境上，阳欲东，琼令备其西。寇果入，大败之。诸番荡平，西陲益靖。甘肃军民素苦土鲁番侵暴，恐琼去，相率乞守臣奏留。于是巡抚唐泽、巡按胡明善具陈其功，乞如军民请。优诏奖之。

　　初，帝恶杨廷和，疑廷臣悉其党，故连用桂萼、方献夫为吏部。及献夫去，帝不欲授他人，久不补。至十年冬，遣行人赍敕召琼为吏部尚书。南京御史马扬等十人力诋琼先朝遗奸，帝大怒，尽逮扬等下诏狱，慰琼。未几，扬等亦还职。花马池有警，兵部尚书王宪请发兵，琼言花马池备严，寇不能入，大军至，且先退，徒耗中国。宪竟发六千人，比至彰德，寇果遁。明年秋卒官，赠太师，谥恭襄。是年，彭泽已先卒矣。

　　当正、嘉间，泽、琼并有才略，相中伤不已，亦迭为进退，而琼险忮，公谕尤不予，然在本兵时功多。而其督三边也，人以比杨一清云。

　　彭泽，字济物，兰州人。幼学于外祖段坚，有志节。会试二场毕，闻母病，径归，母病亦已。登弘治三年进士，授工部主事，历刑部郎

中。势豪杀人，泽置之辟。中贵为祈免，执不听。出为徽州知府。泽
将遣女，治漆器数十，使吏送其家。泽父大怒，趣焚之，徒步诣徽。泽
惊出迓，目吏负其装。父怒曰："吾负此数千里，汝不能负数步耶？"
入，杖泽堂下。杖已，持装径去，泽益痛砥砺。政最，人以方前守孙
遇，遇见《循吏传》中。父丧归。

正德初，起知真定。阉人数挠禁，泽治一棺于厅事，以死怵之，
其人不敢逞。迁浙江副使，历河南按察使，所至以威猛称。擢右佥
都御史，巡抚辽东。进右副都御史，改保定。未赴，而刘惠、赵镟等
乱河南，命泽与威宁伯仇钺提督军务讨之。陈便宜十一事，厚赏峻
罚，以激劝将吏。泽体干修伟，腰带十二围，大音声，与人语若叱咤。
始至，大陈军容，引见诸将校，责以畏缩当死。诸将校股栗伏罪，良
久乃释。遂下令鼓行薄贼，大小数十战，连破之。甫四月，贼尽平，
语详《钺传》。录功，进右都御史、太子少保，荫子锦衣世百户。

寻代洪钟总督川、陕诸军，讨四川贼。时鄢本恕、蓝廷瑞、廖惠、
曹甫已平，惟廖麻子、喻思俸猖獗如故，泽偕总兵官时源数败贼，部
将阎勋追擒麻子于剑州。思俸窜通、巴间，势复振，泽督诸军围之，
卒就擒。泽遂移汉中，请班师。未报，而内江、荣昌贼复炽，泽又移
师讨平之，且平成都乱卒之执知州指挥者。请班师益力，诏暂留保
宁镇抚。进左都御史、太子太保，荫子如初。

泽复请还者再，乃召还。未行，会土鲁番据哈密，执忠顺王速檀
拜牙郎，以其印去，投谩书甘肃，要索金币。总制郑璋、甘肃巡抚赵
鉴以闻，请遣大臣经略。大学士杨廷和等共荐泽。泽久在兵间，厌
之，以乡土为辞，且引疾，推璋及咸宁侯钺可任。帝优诏慰勉，乃行。
泽材武知兵，然性疏阔负气，经略哈密事颇不当，钱宁、王琼等交龃
龁之，遂因此得罪。泽至甘州，土鲁番方寇赤斤、苦峪诸卫，遣使索
金币，请还哈密。泽以番人可利啖也，与鉴谋，遣哈密都督写亦虎仙
以币二千、银酒枪一赂之，令还哈密城印。未得报，辄奏事平，乞骸
骨。召还理院事。巡按御史冯时雍言城未归，泽不宜遽召，不纳。

初，兵部缺尚书，廷臣共推泽，而王琼得之，且阴阻泽。言官多

劾琼者,由是有隙。泽又使酒常凌琼,琼愈欲倾之。泽时时骂钱宁,
琼以语宁,宁未信。琼乃邀泽饮,匿宁所亲屏间,挑泽醉骂使闻之,
宁果大怒。会寇大入宣府,廷议以许泰将兵,泽总制东西两边军务。
及诏下,罢泰不遣,又不命泽总制,独令提督两游击兵六千人以行,
意以困泽。泽言:"臣文臣,摧锋陷阵非臣所能独任。"琼乃奏遣成国
公朱辅。会寇遁,泽还理院事。

　　写亦虎仙者,素桀黠。虽居肃州,阴通土鲁番酋速檀满速儿,为
之耳目,据城夺印皆其谋,泽初不知而遣之。满速儿以城印来归,留
速檀拜牙郎如故。虎仙复啖使入寇,曰:"肃州可得也。"满速儿悦,
使其婿马黑木随入贡,以觇虚实,且征贿。泽已还,鉴亦迁去,李昆
代巡抚,虑他变,质其使于甘州,而驱虎仙出关,虎仙惧弗去。满速
儿闻之怒,复取哈密,分兵据沙州,自率万骑寇嘉峪关。游击芮宁与
参将蒋存礼御之。宁以七百人先遇寇沙子坝,寇围宁而分兵缀存礼
军。宁军尽没,遂堕城堡,纵杀掠。诏泽提督三边军务往御。会副
使陈九畴系其使失拜烟答及虎仙等,内应绝,乃复求和,泽兵遂罢。
寻乞骸骨归,驰驿给夫廪如制。泽既去,琼追论嘉峪之败,请穷诘增
币者主名。钱宁从中下其事,大学士梁储等持之,乃已。会失拜烟
答子讼父冤,下法司议,释写亦虎仙等。琼因请遣给事御史勘失事
状,还报无所引。琼遂劾泽妄增金币,遗书议和,失信启衅,辱国丧
师,昆、九畴俱宜罪。诏斥泽为民,昆、九畴逮讯。昆谪官,九畴除名。

　　世宗入继,钱宁败,琼亦得罪。御史杨秉中请召泽,遂即家起兵
部尚书、太子太保,昆、九畴亦复官。部事积坏久,泽核功罪,杜干
请,兵政一新。初,正德时,廷臣建白戎务奉俞旨者,多废格。泽请
胪列成书,次第修举,又请敕九边守臣,策防御方略,毋画境自保;
镇、巡居中调度,毋相牵制;诸边各以农隙筑墙浚濠,修墩台,饬屯
堡,为经久计;内地盗甫息,敕守臣练卒伍,立保甲,惩匿盗不举者;
且抚西南诸苗蛮,申海禁,汰京军老弱。帝咸嘉纳,诏遣中官杨金、
郑斌、安川更代镇守,复令张弼、刘瑶守凉州、居庸。泽持不可,罢弗
遣。四川巡抚胡世宁劾分守中官赵钦,泽因请尽罢诸镇守。时虽不

从,其后镇守竟罢。

　　嘉靖元年,泽言天下军官,部皆有帖黄籍,用以黜陟,锦衣独无,于是置籍如诸卫。锦衣千户刘赞等,诏书黜汰,复求还官,司礼中官萧敬请补监局工匠千五百人,泽皆持不可,帝并从之。帝将授外戚蒋泰等五人为锦衣,泽争,不纳,在部多所执持。会御史史道以讦杨廷和下狱,泽复劾道。帝因谕言官,惟大奸及机密事专疏奏,余只具公疏,毋挟私中伤善类。诏下,给事御史交章劾泽阻言路,坏祖宗法,帝乃从吏部言,停前谕。泽不自安,累疏乞休。言者复交劾之,乃加少保,赐敕乘传归。锦衣百户王邦奇憾泽尝抑己,上书言哈密失国由泽赂番求和所致,语侵杨廷和、陈九畴等。张璁、桂萼方疾廷和,遂逮九畴廷讯,戍边。泽复夺官为民,家居郁郁以卒。

　　总制尚书唐龙言:"泽孝友廉直,先后讨平群盗,功在盟府。陛下起之田间,俾掌邦政,泽孜孜奉国,复为谗言构罢。今殁已五年,所遗二妾,衣食不给。请核泽往劳,复官加恤,以作忠臣之气。"不从。隆庆初,复官,谥襄毅。

　　毛伯温,字汝厉,吉水人。祖超,广西知府。伯温登正德三年进士,授绍兴府推官。擢御史,巡按福建、河南。世宗即位,中官张锐、张忠等论死,其党萧敬、韦霶阴缓之。伯温请并诛敬、霶,中官为屏气。

　　嘉靖初,迁大理寺丞。擢右佥都御史,巡抚宁夏。李福达狱起,坐为大理时失入,褫职归。用荐起故官,抚山西,移顺天,皆未赴。改理院事,进左副都御史。为赵府宗人祐椋所讦,解官候勘。已,复褫职。

　　十五年冬,皇嗣生,将颁诏外国。礼部尚书夏言以安南久失朝贡,不当遣使,请讨之。遂起伯温右都御史,与咸宁侯仇鸾治兵待命。以父丧辞,不许。明年五月至京,上方略六事。会安南世孙黎宁遣陪臣郑惟僚等诉莫登庸弑逆,请兴师复仇。帝疑其不实,命暂缓师,敕两广、云南守臣勘报,而命伯温协理院事。御史何维柏请听伯温终制,不许。伯温引疾不出,至禅除始起视事。其冬,迁工部尚书。

十七年春,黔国公沐朝辅等以登庸降表至,请宥罪许贡。先是,云南巡抚汪文盛奏登庸闻发兵进讨,遣使潜觇。帝已敕遵前诏进兵,文盛又纳安南降人武文渊策,具言登庸可破状,复传檄安南令奉表献地。及是,下朝辅奏付廷议,佥言不可许,乃改伯温兵部尚书兼右都御史,克期启行。帝以用兵事重,无必讨意,特欲威服之,而兵部尚书张赞无所画,视帝意为可否。朝论多主不当兴师,顾不敢显谏。制下数月,两广总督侍郎张经以用兵方略上,且言须兵三十万,饷百六十万石。钦州知州林希元则极言登庸易取,请即日出师。赞不敢决,复请廷议。议上无成策,帝不怿,让赞,师复止。命伯温仍协理院事。

明年二月,帝幸承天,诏伯温总督宣、大、山西军务。俄选宫僚,加兼太子宾客。大同所辖镇边、镇川、弘赐、镇河、镇虏五堡,相距二百余里,极边近贼帐。自巡抚张文锦以筑堡致乱后,无敢议修者。伯温曰:"变所由生,以任用匪人,非建议谬也。"卒营之。募军三千防守,给以闲田,永除其赋,边防赖焉。录功,加太子少保。

是时,登庸惧讨,数上表乞降。帝亦欲因抚之,遣侍郎黄绾招谕,绾多所要求,帝怒罢绾,再下廷议,咸言当讨,帝从之。闰七月,命伯温、鸾南征,文武三品以下不用命者,许军令从事。伯温等至广西,会总督张经,总兵官安远侯柳珣,参政翁万达、张岳等议,征两广、福建、湖广狼土官兵凡十二万五千余人,分三哨,自凭祥、龙峒、思陵州入,而以奇兵二为声援。檄云南巡抚汪文盛帅兵驻莲花滩,亦分三道进。部署已定,会鸾有罪召还,即以珣代。十九年秋,伯温等进驻南宁,檄安南臣民,谕以天朝兴灭继绝之义,罪止登庸父子,举郡县降者以其地授之。悬重购购登庸父子,而宣谕登庸籍土地、人民纳款,即如诏书宥罪。登庸大惧,遣使诣万达乞降,词甚哀。万达送之伯温所。伯温承制许之,宣天子恩威,纳其图籍,并所还钦州四峒地,权令还国听命。驰疏以闻,帝大悦,诏改安南国为安南都统使司,以登庸为都统使,世袭,置十三宣抚司,令自署置。伯温受命岁余,不发一矢,而安南定,由帝本不欲用兵故也。论功,加太子太保。

二十一年正月,还朝,复理院事。边关数有警,伯温请筑京师外城。帝已报可,给事中刘养直言庙工方兴,物力难继,乃命暂止。其年十月,张瓒卒,伯温代为兵部。瓒贪黩,在部八年,戎备尽堕。伯温会廷臣议上防边二十四事,军令一新。言官建议,请核实新军、京军及府力士、匠役,以裕国储,伯温因上冗滥当革者二十余条,凡锦衣、腾骧储卫,御马、内官、尚膳诸监,素为中贵盘踞者,尽在革中。帝称善,立命清汰。宿弊颇厘,而左右近习多不悦。

二十三年秋,顺天巡抚朱方以防秋毕请撤客兵。未几,寇大入,直逼畿辅。帝震怒,并械总督翟鹏遣戍,毙方杖下。御史舒汀言,方止议撤蓟兵,而并撤宣、大,则伯温与职方郎韩最也。帝遂削伯温籍,杖最八十,戍极边。伯温归,疽发背卒。穆宗立,复官,赐恤。天启初,追谥襄懋。

伯温气宇沉毅,饮啖兼十人。临事决机,不动声色。安南之役,万达、岳策为多,伯温力荐于朝,二人遂得任用。

汪文盛,字希周,崇阳人。正德六年进士,授饶州推官。有顾嵩者,挟刃入淮王祐楏府被执,诬文盛使刺王。下狱讯治,久之得白,还官,事详《淮王传》。入为兵部主事,偕同官谏武宗南巡,杖阙下。嘉靖初,历福州知府,迁浙江、陕西副使,皆督学校。擢云南按察使。

十五年冬,廷议将讨安南,以文盛才,就拜右佥都御史,巡抚其地。黔国公沐朝辅幼,兵事一决于文盛,副使鲍象贤言剿不如抚,文盛然之。会闻莫登庸已篡位,安南旧臣不服,多据地构兵,有武文渊者,据宣光,以所部万人降。献进兵地图,且言旧臣阮仁莲、黎景珝等皆分据一方与登庸抗,天兵至,号召国中义士,诸方并起,登庸可擒也。文盛以闻。授文渊四品章服,子弟给冠带。文盛又招安南旁近诸国助讨,皆听命,乃奏言:“老挝地广兵众,可使当一面。八百、车里、孟艮多兵象，可备征调。酋长俱未袭职，乞免其保勘，先授以官，彼必鼓勇为用。"帝悉从之。文盛乃檄安南所部以土地归者，仍故职，并谕登庸归命。攻破镇守营，方瀛救之失利，登庸部众多来附，文盛列营树栅莲花滩处之。莲花滩者，蒙自县地，当交、广水陆冲，为安南腹里。登庸益惧，请降，顾修贡，因言黎宁阮氏子，所持印亦伪。文盛以闻，朝议不许。既而毛伯温至南宁，受登庸降如文盛议，安南遂定。是役也，功成于伯温，然伐谋制胜文盛功为多。及论功，伯温及两广镇巡官俱进秩，而文盛止赉银币。奸人唐弼请开大理银矿，帝许之，文盛斥其妄，下之吏。召为大理卿。九庙灾，道病，自陈疏少缓，令致仕。卒，赐如制。

从子宗伊，字子衡，为文盛后。嘉靖十七年进士，除浮梁知县，累官兵部郎中。杨继盛劾严嵩及其孙鹄冒功事，宗伊议不挠，忤嵩，自免归。隆庆初，起南京吏部郎中，历应天府尹。裁诸司供亿，岁省民财万计。万历初，进南京大理卿。三迁户部尚书总督仓场，致仕，卒。天启初，追谥恭惠。

鲍象贤，歙人。由进士授御史，历云南副使。毛伯温檄文盛会师，以象贤领中哨。屡迁右副都御史，巡抚陕西，代石简抚云南。初，元江土舍那鉴杀知府那宪以叛，布政使徐樾往招降被杀，简攻之未克，坐樾事罢，而象贤代之。乃集土、汉兵七万以讨，鉴惧，仰药死，择那氏后立之。迁兵部右侍郎，总督两广军务。贼魁徐铨等纠倭横海上，檄副使汪柏等击斩之。广西贼黄父将等扰庆远，捣其巢，大获。予象贤一子官。入佐南京兵部。被劾，回籍听勘。家居十年，起太仆卿，复以右副都御史巡抚山东。召拜兵部左侍郎。年老引去，隆庆初卒。

翁万达，字仁夫，揭阳人。嘉靖五年进士，授户部主事。再迁郎中，出为梧州知府。咸宁侯仇鸾镇两广，纵部卒为虐，万达缚其尤横者，杖之。阅四年，声绩大著。会朝议将讨安南，擢万达广西副使，专办安南事。万达请于总督张经曰:"莫登庸大言'中国不能正土官弑逆罪,安能问我。'今凭祥州土舍李寰弑其土官珍,思恩府土目庐回煽九司乱,龙州土舍赵楷杀从子燧、煖,又结田州人韦应杀遂弟宝,断藤峡瑶侯公丁负固。此曹同恶共济,一旦约为内应,我且不自保。先擒此数人问罪,安南易下耳。"经曰:"然,惟君之所为。"于是诛寰、应,擒回,招还九司,诱杀楷,佯系讼公丁者给公丁,执诸坐,以两军破平其巢。又议割四峒属南宁,降峒豪黄贤相。登庸始惧。迁浙江右参政,经以征安南非万达不可,奏留之,乃命以参政莅广西。已而毛伯温集兵进剿,万达上书伯温言:"揖让而告成功,上策也;慑之以不敢不从,中策也;芟夷绝灭,终为下策。"伯温然之。会获安南谍者丁南杰,万达解其缚,厚遇,遣之去,怵以天朝兵威。登庸大惧,乃诣伯温乞降。是役也,万达功最,赏不逾常格。然帝知其能,迁四川按察使。历陕西左、右布政使。

二十三年,擢右副都御史,巡抚陕西。寻进兵部右侍郎兼右佥都御史,代翟鹏总督宣、大、山西、保定军务。劾罢宣府总兵官却永、副总兵姜奭,荐何卿、赵卿、沈希仪,赵卿遂代永。万达谨侦候,明赏罚。每当防秋,发卒乘障,阴遣卒倾硃于油,察离次者硃其处,卒归辄缚,毋敢复离次者。严杀降禁,违辄抵死。得降人,抚之如所亲,以是益知敌情。寇数万骑犯大同中路,入铁裹门,故总兵官张达力战却之。又犯鹁鸽谷,参将张凤、诸生王邦直等战死,万达与总兵官周尚文备阳和,而遣骑四出邀击,颇有斩获。寇登山,见官兵大集,乃引去。事闻,赐敕奖赉。屡疏请修筑边墙,议自大同东路阳和口至宣府西阳河,须帑银二十九万。帝已许之,兵部挠其议,以大同旧有二边,不当复于边内筑墙,帝不听。乃自大同东路天城、阳和、开山口诸处为墙百二十八里,堡七,墩台百五十四;宣府西路西阳河、洗马林、张家口诸处为墙六十四里,敌台十。斩崖削坡五十里。工五十余日成。进右都御史,发代府宗室充灼等叛谋,进左都御史。

已,会宣、大、山西镇巡官议上边防修守事宜,其略曰:"山西起保德州黄河岸,历偏头,抵老营,二百五十四里;大同西路起丫角山，历中北二路，东抵东阳河镇口台，六百四十七里；宣府起西阳河，历中北二路，东抵永宁四海冶，千二十三里。凡千九百二十四里，皆逼巨寇，险在外，所谓极边也。山西老营堡转南而东，历宁武、雁门，至平刑关八百里；又转南而东，历龙泉、倒马、紫荆之吴王口、插箭岭、浮图峪，至沿河口千七十余里；又东北，历高崖、白羊，至居庸关一百八十余里。凡二千五十余里，皆峻山层冈，险在内，所谓次边也。外边，大同最难守，次宣府，次山西之偏、老。大同最难守者，北路；宣府最难守者，西路；山西偏关以西百五十里，恃河为险，偏关以东百有四里，略与大同西路等。内边，紫荆、宁武、雁门为要，次则居庸、倒马、龙泉、平刑。迩年寇犯山西，必自大同；犯紫荆，必自宣府。先年山西防秋，止守外边偏、老一带，岁发班军六千人备御，大同仍置兵，宁、雁为声援。比弃极冲，守次边，非守要之意。宣府亦专备西、中二路，而北路空虚。且连年三镇防秋，征调辽、陕兵马，糜粮赏不訾，恐难持久。并守之议，实为善经。外边四时皆防，城堡兵各有分地，冬春徂夏，不必参错征发。若泥往事临时调遣，近者数十里，远者百余里，首尾不相应。万一如往年溃墙而入，越关而南，京师震骇，方始征调，何益事机。摆边之兵，未可遽罢。《易》曰'王公设险以守其国'。'设'之云者，筑垣乘障、资人力之谓也。山川之险，险与彼共。垣堑之险，险为我专。百人之堡，非千人不能攻，以有垣堑可凭也。修边之役，必当再举。夫定规画，度工费，二者修边之事。慎防秋，并兵力，重责成，量征调，实边堡，明出塞，计供亿，节财用，八者守边之事。"

因条十事上之，帝悉报许，乃请帑银六十万两，修大同西路、宣府东路边墙，凡八百里。工成，予一子官。

万达精心计，善钩校，墙堞近远，濠堑深广，曲尽其宜，寇乃不敢轻犯。墙内戍者得以暇耕牧，边费亦日省。初，客兵防秋，岁帑金一百五十余万，添发且数十万，其后减省几半。又议掣山西兵并力守大同，巡抚孙继鲁沮之。帝为逮继鲁，悉纳万达言。

万达更事久，帝深倚之，所请无不从，独言俺答贡事与帝意左。

先是，二十一年，俺答阿不孩使石天爵等款镇远堡求贡，言小王子等九部牧青山，艳中国缣帛，入掠止人畜，所得寡，且不能无亡失，故令天爵输诚。朝议不纳，天爵等复至，巡抚龙大有执之。大有进一官，将吏悉迁擢，磔天爵于市。寇怒，大入屠村堡，信使绝五年。会玉林卫百户杨威为所掠，威诡能定贡市，遂释还。俺答阿不孩复遣使款大同左卫塞，边帅家丁董宝等狃天爵前事，复杀之，以首功报。万达言："北敌弘治前岁入贡，疆场稍宁。自虞台岭之战覆我师，渐轻中国，侵犯四十余年。石天爵之事，臣尝痛边臣失计，今复通款，即不许，当善相谕遣。诱而杀之，此何理也。请亟诛宝等，榜塞上，明告以朝廷德意，解其蓄怨构兵之谋。"帝不听。

未几，俺答阿不孩复奉印信番文，欲诣边陈款。万达为奏曰："今届秋，彼可一逞。乃屡被杀戮，犹请贡不已者，缘入犯则利在部落，获贡则利归其长。处之克当，边患可弭。若臣等封疆臣，贡亦备，不贡亦备，不缘此懈也。"兵部尚书陈经等言敌难信，请敕边臣诘实，责万达十日内回奏。万达还其使，与约。至期，使者不至，万达虑帝督过，以使者去无可究为辞。已而使狎至，牢拒之，好言慰答而已。俺答以通好，散处其众，不设备，亦不杀哨卒。顷之，复至，词益恭。万达又为奏曰："敌恳恳求贡，去而复来。今宣、大兴版筑，正当羁縻，使无扰，请限以地、以人、以时。悉听，即许之贡；不听，则曲在彼，即拒绝之。"帝责其渎奏，卒不许。盖是时曾铣有复套之议，夏言主之，故力绌贡议，且以复套事行诸边臣议之。

万达议曰：

河套本中国故壤，成祖三犁王庭，残其部落，舍黄河，卫东胜。后又撤东胜以就延绥，套地遂沦失。然正统、弘治间，我未守，彼亦未取，乃因循画地守，捐天险，失沃野之利。弘治前，我犹岁搜套，后乃任彼出入，盘据其中，畜牧生养。譬之为家，成业久矣，欲一举复之，毋乃不易乎！提军深入，山川之险易，途径之迂直，水草之有无，皆未熟知。我马出塞三日，已疲，彼骑一呼可集。我军数万众，缓行持重则备益固，疾行趋利则辎重在后。即得小利，归师尚艰，倘失向导，全军殆矣。彼迁徙远近靡常，一战之后，彼或保聚，或佯遁，筋角时动，壁垒相持，已离复合，终不渡河。我军于此，战耶，退耶，两相守耶？数万众出塞，亦必数万众援之，又以骁将通粮道，是皆至难而不可任者也。夫驰击者彼所长，守险者我所便。弓矢利驰击，火器利守险。舍火器守险，与之驰击于黄沙白草间，大非计。议者欲整六万众，为三岁期。春夏马瘦，彼弱，我利于征；秋冬马肥，彼强，我利于守。春搜套，秋守边，三举彼必远遁，我乃拒河守。夫马肥瘦，我与敌共之。即彼弱，然坐以待，惧其扰击我，及彼强，又惧其报复我。且六万之众，千里袭人，一举失利，议论蜂起，乌能待三。即三举三胜，彼败而守，终不渡河，版筑亦无日。

　　议者见近时捣巢，恒获首功，昔年城大同五堡，寇不深竟，以为套易复。然捣巢，因其近塞，乘不备胜则倏归，举足南向即家门。复套，则深入其地，后援不继，事势异也。往城诸边，近我土，彼原不以为利，套，自其四时驻牧地，肯晏然已乎？事体异也。曰伺彼出套，据河守，先亟筑渡口垣墙，以次移置边堡。彼控弦十余万，岂肯空套出。筑垣二千余里，岂不日可成。堡非百数十不相联络，堡兵非千人不可居，而游徼了望者不与，当三十万众不止也，况循边距河动辄千里，一年食糜亿万，自内输边，自边输河，飞挽之艰不可不深虑。若令彼有其隙，我乘其敝，从而图之，未尝不可。今塞下喘息未定，边卒疮痍未起，横挑强寇以事非常，愚所不解也。

议上，不省。

　　其后，俺答与小王子隙，小王子欲寇辽东，俺答以其谋告，请与中国夹攻以立信，万达不敢闻。使者再至，为言于朝，帝不许。

　　二十七年三月，万达又言诸部求贡不遂，惭且愤，声言大举犯边，乞令边臣得便宜从事。帝怒切责之，通贡议乃绝。其年八月，俺答犯大同不克，通攻五堡，官军战弥陀山却之。趋山西，复败还。逾月，犯宣府，大掠永宁、隆庆、怀来，军民死者数万。万达坐停俸二级,俄录弥陀山功,还其俸。俺答将复寇宣府,总兵官赵卿怯,万达奏以周尚文代。未至,寇犯滴水崖,指挥董旸、江瀚、唐臣、张淮等战死,遂南下驻隆庆石河营,分游骑东掠。游击王钥、大同游击袁正却之,寇移而南。会尚文万骑至,参将田琦骑千余与合,连战曹家庄,斩四首,搴其旗,寇据险不退。万达督参将姜应熊等驰赴,顺风鼓噪,扬沙蔽天,寇惊曰:"翁太师至矣!"是夜东去。诸将追击,连败之。帝侦万达督战状,大喜,立进兵部尚书兼右副都御史。寻召理部事。以父忧归。

明年秋,大同失事,督抚郭宗皋、陈耀被逮,诏起万达代宗皋。万达方病疽,庐墓间,疏请终制。未达,而俺答犯都城。兵部尚书丁汝夔得罪,遂即以万达代之。万达家岭南,距京师八千里,倍道行四十日抵近京。时寇氛炽,帝日夕徯万达至。迟之,以问严嵩,嵩故不悦万达,言寇患在肘腋,诸臣观望,非君召不俟驾之义,帝遂用王邦瑞于兵部。不数日万达至,具疏自明,帝责其欺慢,念守制,姑夺职听别用。仇鸾时为大将军,宠方盛,衔宿怨,谮言构于帝。万达遂失眷,降兵部右佥侍郎兼右佥都御史,经略紫荆诸关。

三十年二月,京察,自陈乞终制。帝疑其避事,免归。濒行疏谢,复摘讹字为不敬,斥为民。明年十月,兵部尚书赵锦以附仇鸾戍边,复起万达代之。未闻命卒,年五十五。

万达事亲孝。父殁,负土成坟。好谈性命之学,与欧阳德、罗洪先、唐顺之、王畿、魏良政善。通古今,操笔顷刻万言。为人刚介坦直,勇于任事,履艰危,意气弥厉。临阵尝身先士卒,尤善御将士,得其死力。嘉靖中,边臣行事适机宜、建言中肯綮者,万达称首。隆庆中,追谥襄毅。

赞曰:杨一清、王琼俱负才略,著绩边陲。有人伦鉴,锄奸定难因以成功,亦俱任智数;然琼,其权谲之尤狄;彭泽望甚伟,顾处置哈密,抑何舛也;毛伯温能任翁万达、张岳,以成安南之功,不失为持重将;万达饬边备,整军实,其争复套,知彼知己,尤深识远虑云。

明史卷一九九
列传第八七

李钺 _{子惠}　王宪　胡世宁 _{子纯}
_继　李承勋　王以旗　范镏
王邦瑞 _{子正国}　郑晓

　　李钺，字虔甫，祥符人。弘治九年进士，除御史。巡视中城，理河东盐政，历有声绩。

　　正德改元，天鸣星变，偕同官陈数事，论中官李兴、甯谨、苗逵、高凤等罪，而请斥尚书李孟旸、都督神英，武宗不能用。以丧归。刘瑾恶钺劾其党，假他事罚米五百石输边。瑾败，起故官，出为巩昌知府，寻迁四川副使。巡抚林俊委钺与副使何珊讨败流贼方四等，赐金加俸。迁陕西按察使，擢右佥都御史，巡抚山西。寇入白羊口，钺度宣、大有备，必窥岢岚、五台间，乃亟画战守。寇果犯岢岚，钺与延绥援将安国、杭雄败之。加俸一级。寻讨平内寇武廷章等，召入理院事。

　　世宗即位，历兵部左、右侍郎，出总制陕西三边军务。钺长军旅，料敌多中。初至固原，寇入犯，援兵未集，钺下令大开诸营门，昼夜不闭。寇疑有备，未敢逼。乃炮击之，寇引去。以其间增筑墩堡，谨烽堠，广储蓄，选壮勇为备。未几，寇复深入平凉、邠州。钺令游击时陈、周尚文等分伏要害遏其归，斩获多。钺策寇失利必东犯延绥，檄诸将设伏待。寇果至，又败去。已而言官论邠州失事罪，请罢总兵官刘淮、巡抚王珝等，并及钺。诏夺淮职，责钺图后效。钺自劾乞休，不许。盗杨锦等剽延绥，杀指挥翟相，钺讨擒之。

嘉靖二年，以塞上无警召还。给事中刘世扬请留钺陕西，而久任诸边巡抚。帝卒召钺，进右都御史，总督漕运，巡抚凤阳诸府，入掌都察院事。

四年，代金献民为兵部尚书兼督团营。中官刁永等多所陈乞，帝皆许之，又录司礼扶安家八人官锦衣。南京守备已三人，复命卜春添注以往。御马监阎洪因军政，请自考腾骧四卫及牧马所官，钺累疏力争，帝皆不纳，至责以抗旨，令对状，钺引罪乃罢。武定侯郭勋以会武宴列尚书下，疏争之，钺言：“中府官之有会武宴，犹礼部之有恩荣宴也。恩荣，礼部为主，会武，中府为主，故皆列诸尚书之次。宴图可征，不得引团营故事。”帝竟从勋言。锦衣革职百户李全奏乞复任，钺请治其违旨罪，帝不问。于是官旗郑彪等皆援全例以请，钺执奏如初，而疏有“猿攀狐媚”语，帝恶之，复责对状，夺俸一月。

钺既屡谏不用，失上意，且知为近幸所嫉。会病，遂再疏乞休，许驰驿，未行卒。赠太子少保，遣官护丧归葬。久之，赐谥恭简。

子惠，正德十二年进士，官行人。谏武宗南巡，死于廷杖。赠监察御史。

王宪，字维纲，东平人。弘治三年进士，历知阜平、滑二县，召拜御史。正德初，擢大理寺丞。迁右佥都御史，清理甘肃屯田。进右副都御史，巡抚辽东，历郧阳、大同。以应州御寇功，荫锦衣世百户，迁户部右侍郎，改抚陕西，入为兵部右侍郎。近畿盗起，偕太监张忠、都督朱泰捕之，复以功荫锦衣。武宗南征，命率户、兵、工三部郎各一人督理军储。驾旋，以中旨代王琼为兵部尚书。世宗即位，为给事中史道劾罢。

嘉靖四年，廷推郑廷璋及宪为三边总制，言官持不可，帝竟用

宪。部将王宰、史经连败寇,玺书褒谕。吉囊数万骑渡河从石臼墩
深入,宪督总兵官郑卿、杭雄、赵瑛等分据要害击之,都指挥卜云断
其归路。寇至青羊岭,大败去。五日四捷,斩首三百余级,获马驰器
仗无算。帝大喜,加宪太子太保,复予一子荫。至是,凡三荫锦衣世
百户矣。中官织花绒于陕,宪请罢之,又因九庙成,请释还议礼得罪
者,颇为士大夫所称。张璁、桂萼欲用王琼为总制,乃改宪南京兵部
尚书。已,入为左都御史。朔州告急,廷推宪总督宣、大,宪不肯行,
曰:"我甫入中台,何见驱甂也。"给事中夏言、赵廷瑞劾宪托疾避
难,复罢归。

　　未几,帝追念宪,召为兵部尚书。小王子入寇,条上平戎及诸边
防御事宜,又请立京营分伍操练法,诸将不得藉内府供事,规避营
操,帝皆嘉纳。旧制,军功论叙,有生擒、斩首、当先、殿后、奇功、头
功诸等,其后滥冒日多,宪定军功袭替格,处永乐至正德,酌其轻重
大小之差,胪析以上,诏著《会典》为成式。寻兼督团营。西番诸国
来贡,称王号者百余人,宪与礼臣夏言等请如成化、弘治间例,答敕
止国王一人,仍限贡期、人数。议乃定。

　　大同兵变,宪初言首乱当诛,余宜散遣,而大学士张孚敬与总
督刘源清力主用兵,宪乃不敢坚前议。源清攻城不能下,北寇又内
侵,请别遣大臣御北寇,已得专攻城。宪亦议从其奏,论者多尤宪。
会帝悟大同重镇,不宜破坏,乃寝其事,乱亦旋定,源清竟得罪去。
居数年,宪引年归,卒。赠少保,谥康毅。子汝孝,副都御史。见《丁
汝夔传》。

　　胡世宁,字永清,仁和人。弘治六年进士。性刚直,不畏强御,
且知兵。除德安推官。岐王初就藩,从官骄,世宁裁之。他日复请
湖田,持不可。迁南京刑部主事。应诏陈边备十策,复上书极言时
政阙失。时孝宗已不豫,犹颔之。再迁郎中。与李承勋、魏校、余祐
善,时称"南都四君子"。

　　迁广西太平知府。太平知州李浚数杀掠吏民,世宁密檄龙英知

州赵元瑶擒之。思明叛族黄文昌四世杀知府,占三州二十七村,副总兵康泰偕世宁入思明,执其兄弟三人。而泰畏文昌夜遁,委世宁空城中,危甚。诸土酋德世宁,发兵援,乃得还。文昌惧,归其所侵地,降。土官承袭,长吏率要贿不时奏,以故诸酋怨叛。世宁令:"生子即闻府。应世及者,年十岁以上,朔望谒府。父兄有故,按籍请官于朝。"土官大悦。

母丧归。服阕,赴京。道沧州,流寇攻城急,世宁即驰入城,画防守计。贼攻七日夜,不能拔,引去。再知宝庆府,岷王及镇守中官王润皆严惮之。迁江西副使,与都御史俞谏画策擒盗,讨平王浩八。以暇城广昌、南丰、新城。

当是时,宁王宸濠骄横有异志,莫敢言,世宁愤甚。正德九年三月,上疏曰:"江西之盗,剿抚二说相持,臣愚以为无难决也。已抚者不诛,再叛者毋赦,初起者亟剿,如是而已。顾江西患非盗贼,宁府威日张,不逞之徒群聚而导以非法,上下诸司承奉太过。数假火灾夺民廛地,采办扰旁郡,蹂籍遍穷乡。臣恐良民不安,皆起为盗。臣下畏祸,多怀二心,礼乐刑政渐不自朝廷出矣。请于都御史俞谏、任汉中专委一人,或别选公忠大臣镇抚。敕王止治其国,毋挠有司,以靖乱源,销意外变。"章下兵部。尚书陆完议,令谏往计贼情抚剿之宜,至所言违制扰民,疑出伪托,宜令王约束之。得旨报可。

宸濠闻,大怒,列世宁罪,遍赂权幸,必杀世宁。章下都察院。右都御史李士实,宸濠党也,与左都御史石玠等上言世宁狂率当治。命未下,宸濠奏复至,指世宁为妖言。乃命锦衣官校逮捕世宁。世宁已迁福建按察使,取道还里。宸濠遂诬世宁逃,驰使令浙江巡按潘鹏执送江西。鹏尽系世宁家人,索之急。李承勋为按察使,保护之。世宁乃亡命抵京师,自投锦衣狱,狱中三上书言宸濠逆状,卒不省。系岁余,言官程启充、徐文华、萧鸣凤、邢寰等交章救,杨一清复以危言动钱宁,乃谪戍沈阳。

居四年,宸濠果反,世宁起戍中为湖广按察使。寻擢右佥都御史,巡抚四川。道闻世宗即位,疏以司马光仁、明、武三言进,因荐魏

校、何瑭、邵锐可讲官，林俊、杨一清、刘忠、林廷玉可辅弼，知府刘
莅、徐钰先为谏官有直声宜擢用。时韪其言。松潘所部熟番，将吏
久不能制，率输货以假道。番杀官军，惮不敢诘。官军杀番，辄抵罪。
世宁陈方略，请选将益兵，立赏罚格，严隐匿禁，修烽堠，时巡徼，以
振军威，通道路，诏悉行之。又劾罢副总兵张杰、中官赵钦。甫两月，
召为吏部右侍郎。未上，以父忧归。

　　既免丧家居，朝廷方议"大礼"，异议者多得罪。世宁意是张璁
等，疏乞早定追崇"大礼"。未上，语闻京师。既有议迁显陵祔天寿
山者，世宁极言不可，乃并前疏上之。帝深嘉叹。无何，闻廷臣伏阙
争，有杖死者，驰疏言："臣向以仁、明、武三言进，然尤以仁为本。
仁，生成之德，明，日月之临，皆不可一日无。武则雷霆之威，但可一
震而已。今廷臣忤旨，陛下赫然示威，辱以箠楚，体羸弱者辄毙。传
之天下，书之史册，谓鞭扑行殿陛，刑辱及士夫，非所以光圣德。新
进一言偶合，后难保必当。旧德老成一事偶忤，后未必皆非。望陛
下以三无私之心，照临于上，无先存适莫于中。"帝虽不能从，亦不
忤。

　　寻召为兵部左侍郎。条成边时所见险塞利害二十五事以上。又
请善保圣躬，毋轻饵药物。献《大学秦誓》章、洪范"惟辟威福"、《系
辞节初爻》讲义，并乞留中。给事中余经遂劾世宁启告密之渐，世宁
乞罢，不许。"大礼"成，进秩一等。复陈用人二十事。工匠赵奎等
五十四人以中官请，悉授职，世宁言赏过滥，不纳。屡疏引疾，改南
京吏部，就迁工部尚书。

　　已，复召为左都御史，加太子少保。辞宫衔，许之。世宁故方严，
及掌宪，务持大体。条上宪纲十余条，末言："近士习忌刻，一遭谗
毁，则终身废弃。佥事彭祺发豪强罪，受谤夺官。诸如此者，宜许大
臣申理。"帝采其言，惟祺报寝。执政请禁私谒，世宁曰："臣官以察
为名，人非接其貌，听其言，无由悉其才行。"帝以为然，遂弗禁。俄
改刑部尚书。每重狱，别白为帝言之，帝辄感悟。中官刚聪诬漕卒
掠御服，坐二千人，世宁劾其妄。已，聪情得抵罪，帝乃益信世宁。王

琼修却陈九畴，将致之死，以世宁救得戍。

兵部尚书王时中罢，以世宁代，加太子太保。再辞不得命，乃陈兵政十事，曰定武略、崇宪职、重将权、增武备、更赏罚、驭士夷、足边备、绝弊源、正谬误、惜人才，所言多破常格，帝优旨答之。土鲁番贡使乞归哈密城，易降人牙木兰，王琼上其事。世宁言：“先朝不惜弃大宁、交阯，何有于哈密。况初封忠顺为我外藩，而自罕慎以来三为土鲁番所执，遂狎与戎比，以疲我中国，耗财老师，戎得挟以邀索。臣以为此与国初所封元孽和顺、宁顺、安定三王等耳。安定在哈密内，近甘肃，今存亡不可知，我一切不问，独重哈密何也？宜专守河西，谢绝哈密。牙木兰本曲先卫人，后正归顺，非纳降比，彼安得索之，唐悉怛谋事可鉴也。”张璁等皆主琼议，格不用，独留牙木兰不遣。居兵部三月求去，帝不许，免朝参。世宁又上备边三事。固称疾笃，乃听乘传归，给廪隶如制。归数月，复起南京兵部尚书，固辞不拜。九年秋卒，赠少保，谥端敏。

世宁风格峻整，居官廉，疾恶若仇，而荐达贤士如不及。都御史马昊、陈九畴坐累废，副使施儒、杨必进考察被黜，御史李润、副使范辂为时所抑，连章荐之。与人语，呐不出口。及具疏，援据古今，洞中窾会。与李承勋善，而持议不苟合。承勋欲授陇胜官，复芒部故地，世宁言胜非陇氏子，芒氏不当复立。始以议礼与张璁、桂萼合，璁、萼德之，欲援以自助，世宁不肯附会，论事多牴牾。萼议欲销兵，世宁力折之。昌化伯以他姓子冒封，下廷议、世宁言吾辈不得以厚赂故，诬朝廷，萼为色变。萼方为吏部，而世宁引疾，言：“天变人穷，盗贼滋起，咎在吏、户、兵三部不得人，兵部尤重，请避贤路。”又以哈密议，语侵璁，诸大臣皆忌之。帝始终优礼不替。

子纯、继。纯以父任知肇庆府，有才行；继幼不慧，不为世宁知。世宁在江西出讨贼，部将入见继，继为指阵法，进退离合甚详，凡三日。世宁归阅，大异之，知其故，叹曰：“吾有子不自识，何也？”自是击贼，辄令继从，与策方略。世宁十不失三，继十不失一。世宁方草疏论宸濠,继请曰:"是且重得祸。"世宁曰:"吾已许国,遑恤其他。"及世宁下狱,继念其父,病死。

李承勋,字立卿,嘉鱼人。父田,进士,官右副都御史,巡抚顺天,有操执,为政不苟。承勋举弘治六年进士,由太湖知县迁南京刑部主事,历工部郎中,迁南昌知府。

正德六年,赣州贼犯新淦,执参政赵士贤。靖安贼据越王岭玛瑙岸,华林贼又陷瑞州,诸道兵不敢前。承勋督民兵剿,数有功。华林贼杀副使周宪,宪军大溃。承勋单骑入宪营,众乃复集。都御史陈金即檄承勋讨之。贼党王奇听抚,搜得其衷刃,纵使还。奇感泣,誓以死报。承勋令奇密入寨,说降其党为内应,而亲率所部登山。奇夜拔栅,官军奋而前,降者自内出,贼遂溃。已,从金斩贼渠罗光权、胡雪二,华林贼平。镇守中贵黎安诬承勋擅易贼首王浩八狱词,坐下吏。大理卿燕忠即讯,得白。

举治行卓异,超迁浙江按察使。历陕西、河南左、右布政使,以右副都御史巡抚辽东。边备久弛,开原尤甚,士马才十二,墙堡墩台圮殆尽。将士依城堑自守,城外数百里悉为诸部射猎地,承勋疏请修筑。会世宗立,发帑银四十余万两。承勋命步将四人各一军守要害,身负畚锸先士卒。凡为城堑各九万一千四百余丈,墩堡百八十有一。招一逪逃三千二百人,开屯田千五百顷。又城中固、铁岭,断阴山、辽河之交,城薄河、抚顺,扼要冲,边防甚固。录功,进秩一等。又数陈军民利病,咸报可。以疾归,起故官,莅南院。三迁刑部尚书,加太子少保。

帝以京营多弊,欲振饬之,遂加承勋太子太保,改兵部尚书兼左右都御史,专督团营。寻兼掌都察院,以疾三疏乞休,且言:"山西潞城贼以四道兵讨之,不统于一人,故无功。川、贵芒部之役措置乖方,再胜再叛,宜命伍文定深计,毋专用兵。丰、沛河工,二年三易大臣,工不就,宜令知水利者各陈所见,而俾侍郎潘希曾度可否。尤其要者,在决壅蔽患。仿唐、宋转对、次对故事,不时召见大臣。"帝不允,辞下其议于所司。时秦、晋、楚、蜀岁祲,诏免田赋,承勋言:"有司例十月始征赋。今九月矣,恐官吏督趣,阴图乾没。宜及其未征,遣官驰告以所蠲数。山陬僻壤,俾悉户晓。有司不能奉宣德意者,罪之。抚按失举奏,并坐。"帝褒纳之。奏夺京营把总汤清职,郭勋为求复,语侵承勋。承勋因求退,给事中王准等劾勋恣。乃敕责勋,而下清法司。

兵部尚书胡世宁致仕,诏承勋还部代之。疏言:"朝廷有大政及推举文武大臣,必下廷议。议者率相顾不发,拱手听。宜及未议前,备条所议,布告与议者,俾先谂其故,然后平心商质,各尽所怀。议苟不合,听其别奏。庶足尽诸臣之见,而所议者公。"帝然其言,下诏申饬。寻命兼督团营。言官攻张璁、桂萼党,并及承勋。承勋连章求退,帝复温旨答之。中官出镇者,率暴横,承勋因谏官李凤毛等言,先后裁二十七人,又革锦衣官五百人,监局冗役数千人,独御马监未汰,复因给事中田秋奏,多所裁减。而请以腾骧四卫属部,核诡冒,制可。中官言曩彰义门破也先,东市剿曹贼,皆四卫功,以直内故易集,隶兵部不便。承勋言:"彰义门之战,祸由王振。东市作贼,即曹吉祥也。"帝卒从承勋议,归兵部。寇犯大同,议遣大臣督兵。众推都御史王宪,宪不肯行,给事中夏言谓承勋曰:"事急,公当请行。"承勋竟不请。给事中赵廷瑞并劾之,会寇退,罢。

十年春,大风昼晦,帝忧边事,承勋言:"去岁冰合,敌骑尽入河套,延、宁、固原皆当警备。甘肃军饷专仰河东,宜于兰州籴贮,以备缓急。曩河西患土鲁番,今亦卜喇又深入,两寇云扰,孤危益甚。套寇出入,并经庄浪,急宜缮塞设险,断臂截踵,使不得相合。兀良哈最近京师,不善抚,即门庭寇。云南安凤之叛,军民困敝,临安、蒙自盗贼复兴,旷日淹时,恐酿大患。交阯世子流寓老挝,异日归命请援,或据地求封,皆未可测。惟急用人理财,俾边鄙无虞。"帝嘉纳焉。

承勋沉毅,有大略。帝所信任,自辅臣外,独承勋与胡世宁,大事辄咨访。二人亦孜孜奉国,知无不言。世宁卒半岁,承勋亦卒,帝深嗟悼。赠少保，谥康惠。所赉予，常典外，特赐白金、彩币、米蔬诸物。承勘官四十年，家无余资。其议"大礼"，亦与世宁相合云。

王以旗，字士招，江宁人。正德六年进士，除上高知县。华林贼方炽，以旗训乡兵御之，贼不敢犯。征授御史，出按河南。宸濠反，镇守太监刘璟倡议停乡试，以旗言河南去江西远，罢试无名乃止。璟又言，帝亲征，道且出汴，牒取供顿银四万两。巡抚议予之，以旗执不予。

世宗即位，欲加兴献帝皇号，以旗抗言不可。已，上弭灾要务，言："司礼取中旨免张汉赃科，臣不预闻，此启矫伪之渐也。"帝不听。累迁兵部右侍郎。徐、吕二洪竭，漕舟胶。命兼右金都御史，总理河漕。逾年，渠水通，进秩一等。寻拜南京右都御史，召为工部尚书，改左都御史，代陈经为兵部尚书兼督团营。

三边总督曾铣议复河套，大学士夏言主之。数下优旨奖铣，令以旗集廷臣议，以旗等力主铣议。议上，帝意忽变，严旨咎铣，令再议。以旗等惶恐，尽反前说，帝逮铣，令以旗代之。套寇自西海还，肆掠永昌，镇羌总兵官王继祖御却之。已，复来犯，并及镇番、山丹，部将蔡勋、马宗援三战皆捷，前后斩首一百四十余级。论功，荫以一子。已而寇数万复屯宁夏塞外，将大入，官军击之，斩首六十余级，寇宵遁。延绥、宁夏开马市，二镇市五千匹。其长狠台吉等约束所部，终市无哗。以旗以闻。诏大赉二镇文武将吏，以旗复赐金币。录延绥将士破敌功，再荫一子。

在镇六年，修延绥城堡四千五百余所，又筑兰州边垣，加官至太子太保。比卒，军民为罢市。赠少保，谥襄敏，再予一子官。

范镦，字平甫，其先江西乐平人，迁沈阳。镦登正德十二年进士，授工部主事，迁员外郎。嘉靖三年，伏阙争"大礼"，下狱廷杖。由户部郎中改长芦盐运司同知，迁河南知府。岁大饥，巡抚都御史潘埙驳诸请振文牒，候勘实乃发。镦不待报，辄开仓振之，全活十余万,民争讴颂镟,语闻禁中。帝为责户部及埙与巡按御史匿灾状,埙归罪镟以自解,被劾罢去,镟名由此显。迁两淮盐运使,条上盬政十要。历四川参政,湖广按察使,浙江、河南左、右布政使。

二十年,擢右副都御史,巡抚宁夏。镟为人持重,有方略。即莅重镇,不上首功。一意练步骑,广储蓄,缮治关隘亭障,寇为远徙,俘归者五百人。上疏言:“边将各有常禄,无给田之制。自武定侯郭勋奏以军余开垦田园给将领,委奸军为庄头,害殊大,宜给还军民,任耕种便。”帝从其请。

居数年,引疾归。起故官,抚河南。寻召为兵部右侍郎,转左。尚书王以旗出督三边,镟署部事。顷之,奉诏总理边关阨隘。奏上经略潮河川、居庸关诸处事宜,请于古道门外蜂窝岭增墩台一为外屏,浚濠设桥,以防冲突。川西南两山对处,各设敌台,以控中流,分戍兵番直守要害。又蓟镇五里垛、划车、开连口、慕田谷等地,宜设墩台。恶谷、红生谷、香炉石等地,宜斩崖堑。居庸关外诸口,在宣府为内地,在居庸则为边藩,宜敕东中路文武臣修筑。加潮河川提督为守备,增副将居庸关,领天寿山、黄花镇。设横岭守备,塞怀来路,增置新军二千余人,资团练。又议紫荆、倒马、龙泉等关及山海关、古北口经略事宜,请于紫荆之桑谷,倒马之中窑关峪,龙泉之陡石岭诸要害,创筑城垣,增设敌楼营舍。蓟州所辖燕河、太平、马兰、密云四路,修筑未竟者,括诸司赎锾竣之。而浮图峪、插箭岭尤为紫荆、倒马二关冲,移参将分驻石门杜家庄,俾保定总兵驻紫荆。蓟、辽悬绝千里,移建昌营游击于山海关。三屯等营缺军,应速募,马不足者补入。其常戍之兵介胄不备,量给铠仗,番上者悉予行粮,毋俾荷戈枵腹。又言:“诸路缓急,以密云之分守为最。各关要害,以密云之迤西为最。若燕河之冷口,马兰之黄崖,太平之榆木岭、擦崖子,皆所急也。宜敕抚镇督诸将领分各营士马,兼侧近按伏之兵,迭为战守。”兵部言:“军戍久,恋土。猝移置,恐他变。莫若山海关增置能将一员,募军三千屯驻,听蓟、辽抚臣调度,援燕河。”余如镟言,下守臣议。

帝才锺甚。会兵部尚书赵廷瑞罢,即命锺入代。锺以老辞,且言随事通变,乏将顺之宜。帝怒,责锺不恭,削其籍。时严嵩当国,而锺本由徐阶荐,天下推为长者,惜其去不以罪。然锺罢,帝召翁万达,甫至以忧去,丁汝夔代之。明年,俺答逼都城,汝夔遂诛死,而锺归久之乃卒。隆庆元年复官。

王邦瑞,字惟贤,宜阳人。早有器识,为诸生,山东盗起,上剿寇十四策于知府。正德十二年成进士,改庶吉士。与王府有连,出为广德知州。

嘉靖初,祖忧去。补滁州,屡迁南京吏部郎中,出为陕西提学佥事。坐岁贡不中式五名以上,贬滨州知州。再迁固原兵备副使。泾、邠巨盗李孟春流劫河东、西,剿平之。以祖母忧去。服除,复提学陕西,转参政。母忧解职。起擢右佥都御史,巡抚宁夏。寇乘冰入犯,设伏败之。改南京大理卿。未上,召为兵部右侍郎。改吏部,进左。

俺答犯都城,命邦瑞总督九门。邦瑞屯禁军郭外,以巡捕军营东、西长安街,大启郭门,纳四郊避寇者。兵部尚书丁汝夔下狱,命邦瑞摄其事,兼督团营。寇退,请治诸将功罪,且浚九门濠堑,皆报可。邦瑞见营制久弛,极陈其弊,遂罢十二团营,悉归三大营,以咸宁侯仇鸾统之。邦瑞亦改兵部左侍郎,专督营务,复条上兴革六事。中言宦官典兵,古今大患,请尽撤提督监枪者,帝报从之。又举前编修赵时春、工部主事申旞知兵,并改兵部,分理京营事。未几,帝召兵部尚书翁万达未至,迟之,遂命邦瑞代,条上安攘十二事。

仇鸾构拜瑞于帝,帝眷渐移。会鸾奏革蓟州总兵官李凤鸣、大同总兵官徐珏任,而荐京营副将成勋代凤鸣,密云副将徐仁代珏。旨从中下,邦瑞言:“朝廷易置将帅,必采之公卿,断自宸衷,所以慎防杜渐,示臣下不敢专也。且京营大将与列镇将不相统摄,何缘京营,乃黜陟各镇。今曲徇鸾请,臣恐九边将帅悉奔走托附,非国之福也。”帝不悦,下旨谯让。鸾又欲节制边将,罢筑蓟镇边垣,邦瑞皆以为不可。鸾大憾,益肆谗构。会邦瑞复陈安攘大计,遂严旨落职,以冠带办事。居数日,大计自陈。竟除名,以赵锦代。

邦瑞去,鸾益横,明年诛死,锦亦坐党比遣戍,于是帝渐思之。逾十年,京营缺人,帝曰:“非邦瑞不可。”乃起故官。既至,疏便宜数事,悉允行。逾年卒。赠太子少保,谥襄毅,遣行人护丧归葬。

邦瑞严毅,有识量。历官四十年,以廉节著。子正国,南京刑部侍郎。

郑晓,字窒甫,海盐人。嘉靖元年举乡试第一,明年成进士,授职方主事。日披故牒,尽知天下阨塞,士马虚实强弱之数。尚书金献民属撰《九边图志》,人争传写之。以争“大礼”廷杖。大同兵变,上疏极言不可赦。张孚敬柄政,器之,欲改置翰林及言路,晓皆不应。父忧归,久之不起。

许赞为吏部尚书,调之吏部,历考功郎中。夏言罢相,帝恶言官不纠劾,诏考察去留。大学士严嵩因欲去所不悦者,而晓去乔祐等十三人,多嵩所厚。嵩大憾晓,调文选。嵩欲用赵文华为考功,晓言于赞曰:“昔黄祯为文选,调李开先考功,皆山东人,诏不许。今调文华,晓避位而已。”赞以谢嵩。嵩欲以子世蕃为尚宝丞,晓曰:“治中迁知府,例也。迁尚宝丞,无故事。”嵩益怒。以推谪降官周铁等,贬晓和州同知。稍迁太仆丞,历南京太常卿。召拜刑部右侍郎。俄改兵部,兼副都御史,总督漕运。

大江南北皆中倭,漕艘几阻。晓请发帑金数十万造战舸,筑城堡,练兵将,积刍粮。诏从之。中国奸民利倭贿,多与通,通州人顾表者尤桀黠,为倭导。以故营寨皆据要害,尽知官兵虚实。晓悬重赏捕戮之。募盐徒骁悍者为兵,增设泰州海防副使,筑瓜洲城,庙湾、麻洋、云梯诸海口,皆增兵设堠。遂破倭于通州,连败之如皋、海门,袭其军吕泗,围之狼山,前后斩首九百余。贼溃去。录功,再增秩,三赉银币。

时贼多中国人。晓言:“武健才谞之徒,困无所逞,甘心作贼。非国家广行网罗,使有出身之阶,恐有如孙恩、庐循辈出乎其间,祸滋大矣。洪武时倭寇近海州县，以高皇帝威灵，兼谋臣宿将，筑城练兵，经略数年，犹未乂安。乃招渔丁、岛人、盐徒、蜒户籍为水军至数万人，又遣使出海宣布威德。久之，倭始不为患。今江北虽平，而风帆出没，倏忽千里，倭恃华人为耳目，华为借倭为爪牙，非详为区画，后患未易弭也。"帝颇采纳之。

寻召为吏部左侍郎，迁南京吏部尚书。帝以晓知兵，改右都御史，协理戎政。寻拜刑部尚书。俺答围大同右卫急，帝命兵部尚书杨博往督大师，乃以晓摄兵部。晓言："今兵事方棘，而所简听征京军三万五千人，乃令执役赴工，何以备战守。乞归之营伍。"帝立从之。

寻还视刑部事。严嵩势益炽，晓素不善嵩。而其时大狱如总督王忬以失律，中允郭希颜以言事，晓并予轻比，嵩则置重典。南都叛卒周山等杀侍郎黄懋官，海寇汪直通倭为乱，晓置重典，嵩故宽假之。惟巡抚阮鹗、总督杨顺、御史路楷，以嵩曲庇，晓不能尽法，议者讥其失出云。

故事，在京军民讼，俱投牒通政司送法司问断。诸司有应鞫者，亦参送法司，无自决遣者。后诸司不复遵守，狱讼纷拏。晓奏循故事，帝报许，于是刑部间捕囚畿府。而巡按御史郑存仁谓讼当自下而上，檄州县，法司有追取，毋辄发。晓闻，率侍郎赵大祐、傅颐守故事争，存仁亦据律执奏。章俱下都察院会刑科平议，议未上，晓疏辨。嵩激帝怒切让，遂落晓职，两侍郎亦贬二秩。

晓通经术，习国家典故，时望蔚然。为权贵所扼，志不尽行。既归，角巾布衣与乡里父老游处，见者不知其贵人也。既卒，子履淳等讼晓御倭功于朝，诏复职。隆庆初，赠太子少保，谥端简。履淳自有传。

赞曰：李钺诸人皆以威略干济显于时。钺与王宪、王以旂之治军旅，李承勋、范镒之画边计，才力均有过人者。胡世宁奋不顾身，首发奸逆，危言正色，始终一节。《易》称"王臣蹇蹇"，世宁近之矣。

王邦瑞抵抗权幸,踬而复起,郑晓谙悉掌故,博洽多闻,兼资文武,所在著效,亦不愧名臣云。

明史卷二〇〇
列传第八八

姚镆 _{子涞}　张嵿　伍文定
邢珣等　蔡天祐 _{胡瓒 张文锦}　詹荣
刘源清　刘天和　杨守礼
张岳 _{李允简}　郭宗皋　赵时春

　　姚镆,字英之,慈溪人,弘治六年进士。除礼部主事,进员外郎,
擢广西提学佥事。立宣成书院,延《五经》师以教士子。桂人祀山魈
卓旺。镆毁像,俗遂变。迁福建副使,未几改督学政。正德九年擢
贵州按察使。十五年拜右副都御史,巡抚延绥。上边务六事,皆议
行。

　　嘉靖元年,吉囊入泾阳。镆遣游击彭楔出西路,释指挥卜云于
狱,使副之。夜半邀击,斩其二将,乃遁。玺书褒谕。寻召为工部右
侍郎,出督漕运,改兵部左侍郎。

　　四年迁右都御史,提督两广军务兼巡抚。田州土官岑猛谋不
轨,镆调永顺、保靖兵,使沈希仪与张经、李璋、张祐、程鉴各统兵八
万,分道讨。而镆与总兵官朱麒等攻破定罗、丹梁。用希仪计,结猛
妇翁岑璋使为内应,大破之,斩猛子邦彦。璋诱杀猛,献其首。诏进
镆左都御史,加太子少保,任一子官,诸将进秩有差。镆请改设流
官,陈善后七事,制可。乃命参议汪必东、佥事申惠与参将张经以兵

万人镇其地。必东、惠移疾他驻。猛党庐苏、王受等诈言猛不死，借交趾兵二十万且至，夷民信之。苏等薄城，经突围走，城遂陷，王受亦攻入思恩府。巡按御史石金劾镇失策罔上，并论前总督盛应期。帝以镇有功，许便宜抚剿。苏、受数求赦，镇不许，将大讨之。会廷议起王守仁督两广军，令镇与同事。镇引疾乞罢，许驰驿归。

初，广东提学道魏校毁诸寺观田数千亩，尽入霍韬、方献夫诸家。镇至广，追还之官。韬、献夫恨甚，与张璁、桂萼合排镇。谓大同当征而反抚，田州当抚而反征，皆费宏谋国不臧，酿成南北患。时宏虽去，犹借镇以排之也。镇既得请，方候代，千夫长韦贵、徐伍攻复思恩。镇上其状，诏先赏贵等，而以抚剿事宜俟守仁处置。既而镇奏辩石金前疏，诋金阻挠养寇。金亦再疏诋镇。帝先入璁等言，落镇职闲住。

其后，苏、受复叛，帝渐思镇。十三年，三边阙总制。大学士费宏、李时同召对。宏荐镇，时亦助之。遂命以兵部尚书总制三边军务。未赴，宏卒，镇辞。帝不悦，仍落职闲住。镇既罢，荐者至二十疏，不用。家居数年卒。

子涞，字维东，嘉靖二年殿试第一，授翰林修撰。争"大礼"，廷杖。又议郊祀合祀，不当轻易。召修《明伦大典》，恳辞不与。累官侍读学士。

张嵿，字时俊，萧山人，成化二十三年进士。弘治初，修《宪宗实录》，命往苏、松诸府采轶事。事竣，授上饶知县。迁南京兵部主事，就进刑部郎中。

正德初，迁兴化知府。隆平侯张祐无子，弟禄与族人争袭，诉于南京法司，久不决，复诉京师。刘瑾方擅政，遂削尚书樊莹、都御史高铨籍。嵿以郎承勘，为民。

瑾败，起知南雄。擢江西参政，进右布政使。举治行卓异，迁左。宁王宸濠欲拓地广其居，嵿执不可。大恚，遣人馈之。嵿发视，则枣梨姜芥，盖隐语也。未几，召为光禄卿。以右副都御史巡抚保定诸府,忤中贵,移疾归。

世宗即位,命以右都御史总督两广军务。广西上思州贼黄镠纠峒兵劫州县,崴讨擒之。广东新宁、恩平贼蔡猛三等剽掠,众至数万。崴合兵三万余人击新宁诸贼,破巢二百,擒斩一万四千余人,俘贼属五千九百余人,猛三等皆授首。自岭南用兵,以寡胜众未有若是之役者。捷闻,奖赉。程乡贼梁八尺等与福建上杭流贼相应,遣都指挥李皋等会福建官兵夹击,俘斩五百余人。归善李文积聚奸宄拒捕,讨之,久弗克。崴遣参政徐度等剿之,俘斩千余人。佛郎机国人别都庐剽劫满剌加诸国,复率其属疏世利等拥五舟破巴西国,遂入寇新会。崴遣将出海擒之获其二舟,贼乃遁。

寻召掌南京都察院事,就改工部尚书。六年大计京官,拾遗被劾,致仕。后数年卒。

伍文定,字时泰,松滋人。父琇,贵州参议。文定登弘治十二年进士,有膂力,便弓马,议论慷慨,授常州推官,精敏善决狱,称强吏。魏国公徐俌与民争田,文定勘归之民。刘瑾入俌重贿,兴大狱,巡抚艾朴以下十四人悉被逮。文定已迁成都同知,亦下诏狱,斥为民。瑾败,起补嘉兴。

江西姚源贼王浩八等流劫浙江开化,都御史俞谏檄文定与参将李隆、都指挥江洪、佥事储珊讨之,军华埠。而都指挥白弘与湖州知府黄衷别营马金。贼党刘昌三破执弘,官军大挫。浩八突华埠,洪、文定击败之,追及于孔埠。隆、珊亦追至池淮,破其巢,进攻淫田。洪以奇兵深入,中贼诱,与指挥张琳等皆被执。文定等殿后得还,贼亦遁归江西。谏等上文定忠勇状,诏所司奖劳。擢河南知府,计擒剧贼张勇、李文简。以才任治剧,调吉安。计平永丰及大茅山贼。已,佐巡抚王守仁平桶冈、横水。

宸濠反,吉安士民争亡匿。文定斩亡者一人,众乃定。乃迎守仁入城。知府邢珣、徐琏、戴德孺等先后至,共讨贼。文定当大帅,丙辰之战,身犯矢石,火燎须不动。贼平,功最,擢江西按察使。张忠、许泰至南昌，欲冒其功，而守仁已俘宸濠赴浙江。忠等失望，大恨。文定出谒，遂缚之。文定骂曰："吾不恤九族为国家平大贼，何罪？汝天子腹心，屈辱忠义，为逆贼报仇，法当斩。"忠益怒，椎文定仆地，文定求解任，不报。

寻迁广东右布政使，未赴，而世宗嗣位。上忠等罪状，且曰："曩忠、泰与刘晖至江西，忠自称天子弟，晖称天子儿，泰称威武副将军，与天子同僚。折辱命吏，诬害良民，需求万端，渔猎盈百万，致饿殍遍野，盗贼纵横。虽寸斩三人，不足谢江西百姓。今大憝江彬、钱宁皆已伏法，三人实其党与。乞速正天诛，用章国典。"又请发宸濠赀财，还之江西，以资经费，矜释忠、泰所陷无辜及宁府宗人不预谋者，以清冤狱。帝并嘉纳之。

论功，进右副都御史，提督操江。嘉靖三年讨获海贼董效等二百余人，赐敕奖劳。寻谢病归。六年召拜兵部右侍郎，其冬擢右都御史，代胡世宁掌院事。

云南土酋安铨反，败参政黄昭道，攻陷寻甸、嵩明。明年，武定土酋凤朝文亦反，杀同知以下官，与铨合兵围云南。诏进文定兵部尚书兼前职，提督云南、四川、贵州、湖广军讨之，以侍郎梁材督饷。会芒部叛酋沙保子普奴为乱，并以属文定。文定未至云南，铨等已为巡抚欧阳重所破，遂移师征普奴。左都御史李承勋极言川、贵残破，不当用兵，遂召还，命提督京营。文定至湖广，疏乞省祭归。已，四川巡按御史戴金复上言："叛酋称乱之初，势尚可抚。而文定决意进兵，一无顾惜。飞刍挽粮，糜数十万。及有诏罢师，尚不肯已。又极论土酋阿济等罪。军民讹言，几复生变。臣愚以为文定可罪也。"尚书方献夫、李承勋因诋文定好大喜功，伤财动众，乃令致仕。

文定忠义自许，遇事敢为，不与时俯仰。芒部之役，愤小丑数乱，欲为国伸威，为议者旁挠。庙堂专务姑息，以故功不克就。九年七月卒于家。天启初，追谥忠襄。

邢珣，当涂人，弘治六年进士，正德初，历官南京户部郎中。忤刘瑾,除名。瑾诛,起南京工部,迁赣州知府。招降剧盗满总等,授庐给田,抚之甚厚。后讨他盗,多藉其力。守仁征横水、桶冈,珣常为军锋。功最,增二秩。宸濠反,以重赏诱总。总执其使送珣,遂从珣共平宸濠。

徐琏,朝邑人,文定同年进士,由户部郎中出为袁州知府。从讨宸濠,获首功千余。事定,珣、琏迁江西右参政。世宗录功,各增秩二等。嘉靖二年大计,给事御史劾监司不职者二十二人,珣、琏与焉。吏部以军功未酬,请进秩布政使致仕,从之,二人竟废。

珣子埕尝学于张璁,嘉靖初登乡荐。璁贵显,屡欲援之,辞不应,授浦城知县,有徐浦者,役公府。埕一见异之,令与子同学,为婆妻。后登第为给事中,其家世世祀埕。弟址,进士,历御史,终山东盐运使,以清操闻。

戴德孺,临海人,弘治十八年进士,历工部员外郎,监芜湖税,有清名,再迁临江知府。宸濠反,遣使收府印,德孺斩之。与家人誓曰:“吾死守孤城。脱有急,若辈沉池中,吾不负国也。”即日戒严,旋与守仁共灭宸濠。以忧去。世宗以德孺驭军最整,独增三秩,为云南右布政使。舟次徐州,覆水死。后赠光禄寺卿,予一子官。

珣、琏等倡义讨贼,月余成大功。当事者以嫉守仁故,痛裁抑之。或赏或否,又往往借考功法逐之去。守仁之再疏辞爵也,为诸人讼曰:

　　宸濠变初起,势焰猖炽,人心疑惧退阻。当时首从义师,自伍文定、邢珣、徐琏、戴德孺诸人外,又有知府陈槐、曾玙、胡尧元等,知县刘源清、马津、傅南乔、李美、李楫及杨材、王冕、顾佖、刘守绪、王轼等,乡官都御史王懋中,编修邹守益,御史张鳌山、伍希儒、谢源等,或摧锋陷阵,或遮邀伏击,或赞画谋议,监录经纪,所谓同功一体者也。帐下之士,若听选官雷济,已故义官萧禹,致仕县丞龙光,指挥高睿,千户王佐等,或诈为兵檄以挠其进止,坏其事机,或伪书反间以离其心腹,散其党与。今闻纪功文册,改造者多所删削。举人冀元亨为臣劝说宁王,反为奸人构陷,竟死狱中,尤伤心惨目,负之冥冥之中者。

夫宸濠积威凌劫,虽在数千里外,无不震骇失措。而况江西诸郡县切近剥床,触目皆贼兵,随处有贼党,非真有损躯赴难之义,戮力报主之忠,孰肯甘虀粉之祸,从赤族之诛,蹈必死之地,以希万一难冀之功乎!

今臣独崇封爵,而此同事诸人者,或赏不行而并削其绩,或赏未及而罚已先行,或虚受升职之名而因使退闲,或冒蒙不忠之号而随以废斥,非独为已斥诸权奸所诬构挫辱而已也。群憎众嫉,惟事指摘搜罗以为快,曾未见有鸣其不平、伸其屈抑者,臣窃痛之。

奏入,卒寝不行。

蔡天祐,字成之。睢州人。父晟,济南知府,以廉惠闻。天祐登弘治十八年进士,改庶吉士,授吏科给事中,出为福建佥事,历山东副使,分巡辽阳。岁歉,活饥民万余。辟滨海圩田数万顷,民名之曰"蔡公田"。累迁山西按察使。

嘉靖三年,大同兵乱,巡抚张文锦遇害。诏曲赦乱卒,改巡抚宣府都御史李铎抚之。铎以母忧不至,乃擢天祐右佥都御史,巡抚大同。天祐从数骑驰入城,谕军士献首恶,众心稍定。会尚书金献民、总兵官杭雄出师甘肃,道大同,乱卒疑见讨,复鼓噪。天祐惧,急请再赦。兵部言元恶不除无以警后,请特遣大臣总督宣、大军务,以制其变。乃命户部侍郎胡赞偕都督鲁纲统京军三千人以往。赞等未发而进士李枝赍饷银至。乱卒曰:"此承密诏尽杀大同人,为军犒也。"夜中火起,围枝馆,出牒示之乃解。寻复杀知县王文昌,围代王府,胁王奏乞赦。王急携二郡主走宣府。巡按御史王官言:"乱卒方器,大兵压境,是趣之叛也。请亟止禁军,容臣密图。"乃命赞驻兵宣府。顷之,天祐奏总兵官桂勇已捕五十四人,请止京军勿遣。帝责以阻挠,令必获首恶郭鉴等。既而赞次阳和,勇、天祐令千户苗登擒斩鉴等十一人,函首送赞,请班师。甫二日,鉴父郭疤子复纠徐毡儿等夜杀勇家人,又毁苗登家。赞言非尽歼不可。帝乃切让天祐,召勇还京,以故总兵朱振代之,敕赞仍驻宣府。居无何,天祐捕戮徐毡儿等,赞等遂班师。明年正月,侍郎李昆、孟春,总兵官马永交章言疤子潜逃塞外,必为后患。帝将遣使勘,会赞还京言逃卒无足患,帝乃罢勘官勿遣。疤子复潜入城,焚振第。明旦,天祐闭城大索。获疤子及其党三十四人,悉斩以徇。尽宥胁从,人心乃大定。事闻,赉银币。已,进副都御史,巡抚如故。

寻就进兵部右侍郎。久之,召还部。天祐以藩禄久缺,又岁当缮边垣,用便宜增淮盐引价,每引万加银五千,被讦。帝宥之。至是,御史李宗枢复追论前事,天祐因引疾去。居二年,奉诏起用。未至京,得疾告归卒。年九十五。

天祐有才智,兵变时,左右皆贼耳目,幕府动静悉知之。天祐广招星卜艺士往来军中,因具得其情,卒赖以成功。在镇七年,威德大著,父老为立安辑祠。

胡赞,字伯珩,永平人,进士,官终南京工部尚书。

张文锦,安丘人。弘治十二年进士,授户部主事。正德初,为刘瑾所陷,逮系诏狱,斥为民。瑾诛,起故官,再迁郎中。督税陕西,条上筹边裕民十事。迁安庆知府。度宁王宸濠必反,与都指挥杨锐为御备计。宸濠果反,浮江下。文锦等虑其攻南都,令军士登城诟之。宸濠乃留攻,卒不能克。事具《杨锐传》。玺书褒美,擢太仆少卿。

嘉靖元年,拜右副都御史,巡抚大同。文锦性刚,以拒贼得重名,遂锐意振刷,操切颇无序。大同北四望平衍,寇至无可御。文锦曰:"寇犯宣府不能近镇城者,以葛谷、白阳诸堡为外蔽也。今城外即战场,何以示重?"议于城北九十里外,增设五堡,曰水口、宣宁、只河、柳沟、桦沟。参将贾鉴督役严,卒已怨。及堡成,欲徙镇卒二千五百家戍之。众惮行，请募新丁，僚吏咸以为言。文锦怒曰："如此，则令不行矣。镇亲兵先往，孰敢后！"亲兵素游惰有室，闻当发，大恐。请子身往，得分番。又不听，严趣之。鉴承风，杖其队长。诸边卒自甘州五卫杀巡抚许铭，朝廷处之轻，颇无忌。至是，卒郭鉴、柳忠等乘众愤，遂倡乱。杀贾鉴，裂其尸，走出塞，屯焦山墩。文锦恐与外寇连，令副将时陈等招之入城，即索治首乱者。郭鉴等大惧，复聚为乱，焚大同府门，入行都司纵狱囚，又焚都御史府门。文锦逾垣走，匿博野王府第。乱卒欲燔王宫。王惧，出文锦。郭鉴等杀之，亦裂其尸，遂焚镇守总兵公署。出故总兵朱振于狱，胁为帅。时嘉靖三年八月也。

　　事闻，帝命侍郎李昆赦乱卒。昆为文锦请恤典，不报。久之，文锦父政讼其子守安庆功，礼部为之请，终不许。文锦妻李氏复上疏哀请，帝怒，命执赍疏者治之。副都御史陈洪谟言："文锦偾事，朝廷戮之可也。假手士卒，传之四方，损国威不小。"复降旨诘责。自是，廷臣不敢言。万历中，始赠右都御史，天启初，追谥忠愍。

　　詹荣，字仁甫，山海卫人，嘉靖五年进士。授户部主事，历郎中。督饷大同，值兵变，杀总兵官李瑾。总督刘源清率师围城，久不下。荣素有智略，善应变。叛卒掠城中，无犯荣者。外围益急，荣密约都指挥纪振、游击戴濂、镇抚王宁同盟讨贼。察叛卒马升、杨麟无逆志，乃阳令宁持官民状诣源清所，为叛卒乞原，而阴以荣谋告，请宥升、麟死，畀三千金，俾募死士自效。会源清已罢，巡抚樊继祖许之。升、麟遂结心腹，擒首恶黄镇等九人戮之。荣乃开城门，延继祖入，复捕斩二十六人。录功，擢光禄寺少卿，再迁太常寺少卿。

　　二十二年，以右佥都御史巡甘肃。鲁迷贡使留甘州者九十余人，总兵官杨信驱以御寇，死者十之一。荣言："彼以好来，而用之锋镝，失远人心，且示中国弱。"诏夺信官，槥死者送之归。番人感悦。

　　逾年，以大同巡抚赵锦与总兵官周尚文不相能，诏荣与锦易任。俺答数万骑入掠，荣与尚文破之黑山阳，进右副都御史。寇复大举犯中路，参将张凤等阵殁。荣与尚文及总督翁万达严兵备阳和，而遣骑邀击，多所杀伤，寇乃引去。代府奉国将军充灼行剽，荣奏夺其禄。充灼等结小王子入寇，谋据大同。荣告尚文捕得，皆伏辜。荣以大同无险，乃筑东路边墙百三十八里，堡七，墩台百五十四。又以守边当积粟，而近边弘赐诸堡三十一所，延亘五百余里，辟治之皆膏腴田，可数十万顷，乃奏请召军佃作，复其租徭，移大同一岁市马费市牛赋之，秋冬则聚而遏寇。帝立从焉。寇入犯，与尚文破之弥陀山，斩一部长。

荣先以靖乱功，进兵部右侍郎，又以缮边破敌，累被奖赉。召还理部事，进左。尚书赵廷瑞罢，荣署部务，奏行秋防十事。已而翁万达入为尚书，遭母丧，荣复当署部务，辞疾乞休。帝怒，夺职闲住。越二年卒。

当荣之抚大同也，万达为总督，尚文为总兵。三人皆有才略，寇数入不能得志。自后代者不能任，寇无岁不入躏边，人益思荣等。明年，俺答薄京师，万达、荣皆已去。论者谓二人在，寇未必至此。万历中，荣孙延为顺天通判，上书讼荣功。赠工部尚书，予恤如制。

刘源清，字汝澄，东平人，正德九年进士，授进贤知县。宸濠反，源清积薪环室，命家人曰："事急，火吾家。"一仆逸，手刃以徇。县中诸恶少与贼通者，悉杖杀之。宸濠妃弟娄伯归上饶募兵，源清邀戮之。贼檄至，立斩其使。会余干知县马津、龙津驿丞孙天祐亦起兵拒贼。贼七殿下者，夺运舟于龙津，天祐与战，杀数人。贼党募兵过龙津，天祐追杀之，焚其舟。娄氏家众西下，亦为天祐所遏，擒七十余人。贼兵不敢经湖东以窥两浙者，三人力也。贼平，源清征为御史。嘉靖改元，津亦入为御史。津，滁州人，终福建副使。源清寻迁大理丞，谢病归。

六年夏，以右佥都御史巡抚宣府。滴水崖贼郭春据城叛，称王。源清遣卒捕之，为所觉。副总兵刘渊令曰："止擒元恶。"以旗绕城而呼。其党皆散，春等自到死。总兵官却永虐下，源清劾罢之，进副都御史。

十二年，以边警迁兵部左侍郎，总制宣、大、山西、保定诸镇军务。大同总兵官李瑾浚天城左孤店濠四十里，趣工急。卒王福胜等焚杀瑾，因焚巡抚潘仿署。仿奏瑾激变，帝命源清同总兵却永讨之。源清榜令解散，而榜言五堡变，处之过宽，五堡遗孽大惧。师次阳和，仿等密捕乱卒杖死十余人，系贼首王保等七十余人以献，请旋师。源清惩昔胡赞事，不欲已，以囚属御史苏祐。囚妄言前总兵朱振失职首乱，且多引无辜。源清遣参将赵纲入城大索。城中讹言城且屠，乱卒遂鼓噪，杀千户张钦。会佥事孙允中自源清所至，谕源清意，抚慰之始定。振前为乱卒所拥，实不反，诣源清自明。不能白，发愤自杀。

永兵至城下大掠，五堡遗孽遂尽反。迎战，杀游击曹安。官军攻据四关，昼夜围击。乱卒出前参将黄镇等于狱，奉为帅，死守。仿与镇国将军俊栎等登城，止毋攻。俊栎出见永请缓兵，皆不听。允中缒城出，言将士妄杀状。源清叱曰：“汝为贼游说耶！”欲囚之。允中不敢归。源清因多设逻卒，遏王府及有司军民章疏，而请益师至五万。帝命侍郎钱如京、都督江桓统京军八千以往。已忽悟，罢弗遣，专责源清、永讨贼。仿驰疏言，将士妄杀激变，速旋师。乱可已。源清亦诋仿媚贼。张孚敬主源清，侍郎顾鼎臣、黄绾言用兵谬，帝不能决。

城围久大困，毁王府及诸廨舍供爨。兵部复下安抚令，源清亦树帜招降，叛卒稍稍自投。首恶黄镇等亦分日出见，乞通樵采路，永许诺。翌日采薪者出，永悉执之。城中人益惧，乱卒复叛，勾外寇为助。永遇之，大败而遁。叛卒遂引寇十余骑入城，指代府曰：“以此为那颜居”。“那颜”者，华言大人也。城中人闻之，皆巷哭。明日，外寇攻东南二关，叛卒与掎角，官军殊死战，互有杀伤。寇知叛卒不足赖，倒戈击之，大诟而去。是时，寇游骑南掠至朔、应。源清请募九边兵，增总制官御之，已得一意攻城，帝不许。源清乃百道攻，穴城，为毒烟熏死者相籍。复请壅水灌之。帝大不怿，夺其职闲住，以兵部侍侍郎张赞代之。赞未至，郎中詹荣等已悉捕首恶。

黄绾勘功罪，言源清、永实罪魁，具劾其婪贿不赏状。兵科曾忭等言，宸濠乱，源清有保障功，当蒙八议之贷。帝怒，下忭等诏狱，逮源清治之。狱久不决，绾忧去，乃减死斥为民。俺答薄京师，即家起之，未赴而卒。隆庆初，赠兵部尚书。

刘天和，字养和，麻城人，正德三年进士，授南京礼部主事。刘瑾黜御史十八人，改他曹二十四人补之，天和与焉。出按陕西。镇守中官廖堂奉诏办食御物于兰州，天和谓非所部，辞不往。堂奏天和拒命，诏逮之。部民哭送者万人。锢诏狱久不释，吏部尚书杨一清疏救，法司奏当赎杖还职，中旨谪金坛丞。刑部主事孙继芳抗章救，不报。屡迁湖州知府，多惠政。

嘉靖初，擢山西提学副使，累迁南京太常少卿，以右佥都御史督甘肃屯政。请以肃州丁壮及山、陕流民于近边耕牧，且推行于诸边。寻奏当兴革者十事，田利大兴。

改抚陕西。请撤镇守中官及罢为民患者三十余事，帝皆从之。洮、岷番四十二族蠢动，天和诛不顺命者。又讨平湖店大盗及汉中妖贼，就进右副都御史。

母忧，服阕以故官总理河道。黄河南徙，历济、徐皆旁溢。天和疏汴河，自朱仙镇至沛飞云桥，杀其下流。疏山东七十二泉，自凫、尼诸山达南旺河，浚其下流。役夫二万，不三月讫工。加工部右侍郎。故事，河南八府岁役民治河，不赴役者人出银三两。天和因岁饥，请尽蠲旁河受役者课，远河未役者半之。诏可。

十五年，改兵部左侍郎，总制三边军务。兵车皆双轮，用二十人，遇险即困，又行迟不适于用。天和请仿前总督秦纮只轮车，上置炮枪斧戟，厢前树狻猊牌，左右虎盾，连二车可蔽三四十人。一人挽之，推且翼者各二人。战则护骑士其中，敌远则旋火器，稍近发弓弩，又近乃出短兵。敌走，则骑兵追。复制随车小帐，令士不露宿。又毒弩矢，修边墙濠堑。皆从之。

吉囊十万众屯贺兰山后，遣别部寇凉州，副将王辅逐夺其纛。寇庄浪，总兵官姜奭屡败之。进天和右都御史。寇复大集兵将入犯。天和策寇瞰西有备必东，密檄延绥副将白爵宵行，与参将吴瑛合。寇果东入黑河墩，遇爵伏兵，大创而去。既又入蒺藜川，爵尾击之，寇多死。寻入寇家涧、张家塔，为爵、瑛所败。犯宁夏者，总兵官王效复破之。帝大喜，进天和左都御史。吉囊犯河西，天和御却之，进兵部尚书。寇将入平虏城，天和伏兵花马池。寇战不胜，走河上，遇伏兵，多死于水。吉囊乘虚寇固原，剽掠且餍。会淫潦，弓矢尽胶，无斗志。而诸将多畏缩，天和斩指挥二人，召故总兵周尚文令立功。会陕西总兵官魏时角寇至黑水苑，尚文尽锐夹击，杀吉囊子小十王。寇退宁夏，巡抚杨守礼、总兵官任杰等复邀击，败之铁柱泉，斩获共四百四十余级。论功，加天和太子太保，荫一子锦衣千户，前后赉银币十数。迁南京户部尚书，召为兵部尚书督团营。言官论天和衰老，遂乞休归。家居三年卒。赠少保，谥庄襄。

天和初举进士，刘瑾欲与叙宗姓，谢不往。晚年内召，陶仲文以刺迎，称戚属。天和返其刺曰：“误矣，吾中外姻连无是人。”仲文恚，其罢官有力焉。

杨守礼，字秉节，蒲州人，正德六年进士，除户部主事。嘉靖初，屡迁湖广佥事。以计擒公安贼魁。坐事谪叙州通判。累迁右副都御史，巡抚四川。与副将何卿平诸番乱，赉银币。初，守礼贬叙州，为佥事张文奎所辱。至是，文奎迁四川参议，恐守礼修隙，先以所摭事奏。诏二人俱解职归。

守礼才器敏达，中外以为能。居家未久，工部尚书秦金等会荐，起河南参政。再迁右副都御史，巡抚宁夏。寇犯固原，为总督刘天和所败。欲自宁夏去，守礼与总兵任杰等邀败之。会天和召还，进守礼右都御史总督军务代之。录前功，进兵部尚书。总兵官李义、杨信连却吉囊，三赐玺书银币。寻上疏乞休，帝恶其避难，降俸二级。

其秋，寇三万骑抵绥德。游击张鹏却之，总兵官吴英等追至塞外，东路参将周文兵亦至。夹击败之巡按御史殷学言，寇入内地五百里，请治诸将罪。部议延绥游兵俱调宣、大，寇方避实击虚，而我能以寡胜众，宜录其功。乃加守礼太子少保，学谪外守礼寻以忧去。俺答薄都城，廷臣首以守礼荐，诏趣上道。寇退，止不行。久之卒。

张岳，字维乔，惠安人，自幼好学，以大儒自期，登正德十一年进士，授行人。武宗寝疾豹房，请令大臣侍从，台谏轮直起居，视药饵，防意外变。不报。与同官谏南巡，杖阙下，谪南京国子学正。

世宗嗣位，复故官，迁右司副。母老乞便养，改南京武选员外郎，历主客郎中。方议大禘礼。张璁求始祖所自出者实之，礼官皆唯唯。岳言于尚书李时曰："不如为皇初祖位，毋实以人。"时大喜，告璁。璁不谓然，以初议上。帝竟令题皇初祖主，如岳言。璁衔之，出为广西提学佥事。行部柳州，军缺饷大哗，城闭五日。岳令守城启门，召诘哗者予饷去。寻以计擒首恶，置之理。入贺，改提学江西。不谢璁，璁黜广西选贡七人，谪岳广东盐课提举，迁廉州知府。督民垦弃地，教以桔槔运水。廉民多盗珠池，岳居四年，未尝入一珠。

帝使使往安南诘莫登庸杀主，岳言于总督张经曰："莫氏篡黎，可无勘而知也。使往受谩词辱国，请留使者毋前。"经不可。知钦州林希元上书请决讨莫氏，岳贻书止之，复条上不可讨六事。为书贻执政曰："据边民报，黎䥅袭封无嗣，以兄子谭为子。陈暠作乱，䥅遇害，暠篡。未几国人拥立谭，暠奔谅山。谭立七年为莫登庸所逼，出居升华。登庸立谭幼弟廜而相之，卒弑廜自立，国分为三。黎在南，莫居中，陈在西北。后谅山亦为登庸有，陈遂绝。而黎所居即古日南地，与占城邻，限大海，登庸不能逾之南，故两存。近登庸又以交州付其孙福海，而自营海东府地都斋居之。盖安南诸府，惟海东地最大，即所谓王山郡也。此贼负篡逆名，常练兵备我，又时扬言求入贡。边人以非故王也，弗敢闻。愚以为彼内乱未尝有所侵犯，可且置之，待其乱定乃贡。若必用兵，胜负利钝非岳所敢知。"执政得书不能决，已，毛伯温来视师，张经一以军事委岳。又以翁万达才，进二人于伯温。岳与伯温语数日，伯温曰："交事属君矣。"许登庸如岳议。会岳迁浙江提学副使，又迁参政，伯温驰奏留之，乃改广东参政，分守海北。登庸降，加岳俸一级，赐银币。寻以征琼州叛黎功，加俸及赐如之。

塞上多事，言官荐岳边才。伯温言："岳可南，翁万达可北也。"遂擢岳右佥都御史，抚治郧阳。旋移抚江西，进右副都御史，总督两广军务兼巡抚。讨破广东封川僮苏公乐等，进兵部右侍郎。平广西马平诸县瑶贼，先后俘斩四千，招抚二万余人，诛贼魁韦金田等，增俸一级。召为刑部右侍郎，以御史徐南金言命留任。连山贼李金与贺县贼倪仲亮等，出没衡、永、郴、桂，积三十年不能平，岳大合兵讨擒之。莅镇四年，巨寇悉平，召拜兵部左侍郎。

湖贵间有山曰蜡尔，诸苗居之。东属镇溪千户所筸子坪长官司，隶湖广，西属铜仁、平头二长官司，隶贵州，北接四川酉阳，广袤数百里。诸苗数反，官兵不能制。侍郎万镗征之，四年不克。乃授其魁龙许保冠带。湖苗暂息，而贵苗反如故。镗班师，龙许保及其党吴黑苗复乱。贵州巡抚李义壮告警，乃命岳总督湖广、贵州、四川军务，讨之。进右都御史。义壮持镗议欲抚，岳劾其阻兵，罢之。先义壮抚贵州者，佥都御史王学益与镗附严嵩，主抚议，数从中挠岳。岳持益坚。许保袭执印江知县徐文伯及石阡推官郑本忠以去，岳坐停俸。乃使总兵官沈希仪、参将石邦宪等分道进，躬入铜仁督之。先后斩贼魁五十三人，独许保、黑苗跳不获。岳以捷闻，言贵苗渐平，湖苗听抚，请遣土兵归农，朝议许之。未几，酉阳宣慰冉元嗾许保、黑苗突思州，劫执知府李允简。邦宪兵邀夺允简还，允简竟死。嵩父子故憾岳，欲逮治之，徐阶持不可。乃夺右都御史，以兵部侍郎督师。邦宪等旋破贼。岳搜山筸，余贼献思州印及许保。湖广兵亦破擒首恶李通海等。岳以黑苗未获，不敢报功。已而冉元谋露，岳发其奸。元贿严世蕃责岳绝苗党。邦宪竟得黑苗以献，苗患乃息。

岳卒于沅州，丧归，沅人迎哭者不绝。已，叙功，复右都御史，赠太子少保,谥襄惠。

　　岳博览工文章,经术湛深,不喜王守仁学,以程、朱为宗。

　　李允简,融县人,由举人起家。以郡境多寇,遣孥归,独与孙炳文居。祖孙皆被执,许保挟以求厚赎。允简则传语邦宪令亟进兵。在贼中自投高崖下,贼拽出,弃之途。思人舁还,至清浪卫而卒。诏赠贵州副使,赐祭葬,官一子。

　　郭宗皋,字君弼,福山人,嘉靖八年进士,选庶吉士。寻诏与选者皆改除,得刑部主事。擢御史。十二年十月,星陨如雨。未几,哀冲太子薨,大同兵乱。宗皋劝帝惇崇宽厚,察纳忠言,勿专以严明为治。帝大怒,下诏狱,杖四十释之。历按苏、松、顺天。行部乘马,不御肩舆。会廷推保定巡抚刘夔还理院事,宗皋论夔尝荐大学士李时子,谄媚无行,不任风纪,坐夺俸两月。寻出为雁门兵备副使,转陕西参政,迁大理少卿。

　　二十三年十月,寇入万全右卫,抵广昌,列营四十里。顺天巡抚朱方下狱,擢宗皋右佥都御史代之。寇已去。宗皋言:“密云最要害,宜宿重兵。乞敕马兰、太平、燕河三屯岁发千人,以五月赴密云,有警则总兵官自将赴援。居庸、白杨,地要兵弱,遇警必待部奏,不能及事。请预拟借调之法,令建昌三屯军,平时则协助密云,遇警则移驻居庸。”俱报可。久之,宗皋闻敌骑四十万欲分道入,奏调京营、山东、河南兵为援。已竟无实,坐夺俸一年。故事,京营岁发五军诣蓟镇防秋。宗皋请罢三军,以其犒军银充本镇募兵费。又请发修边余银,增筑燕河营、古北口。帝疑有侵冒,令罢归听勘。既而事得白,起故官,巡抚大同,与宣府巡抚李仁易镇。寻进兵部右侍郎,总督宣、大、山西军务。

　　俺答三万骑犯万全左卫,总兵官陈凤、副总兵林椿与战鹞儿岭,杀伤相当。宗皋坐夺俸。明年再犯大同,总兵官张达及椿皆战死,宗皋与巡抚陈耀坐夺俸。给事中唐禹追论死事状,因言全军悉陷,乃数十年未有之大衄。帝乃逮宗皋及耀,各杖一百,耀遂死,宗皋戍陕西靖虏卫。

隆庆改元,从戍所起刑部右侍郎,改兵部,协理戎政。旋进南京右都御史,就改兵部尚书参赞机务。给事中庄国祯劾宗皋衰庸,宗皋亦自以年老求去,诏许之。万历中,再存问,岁给廪隶。十六年,宗皋年九十,又遣行人存问。是年卒。赠太子太保,谥康介。

赵时春,字景仁,平凉人。幼与群儿嬉,辄列旗帜,部勒如兵法。年十四举于乡。逾四年为嘉靖五年,会试第一。选庶吉士。以张璁言改官,得户部主事。寻转兵部。

九年七月上疏曰:“陛下以灾变求言已旬月,大小臣工率浮词面谩。盖自灵宝知县言河清受赏,都御史汪铉继进甘露,今副都御史徐赞、训导范仲斌进瑞麦,指挥张楫进嘉禾,铉及御史杨东又进盐华,礼部尚书李时再请表贺。仲斌等不足道,铉、赞司风纪,时典三礼,及罔上欺君,坏风伤政。”

帝责其妄言,且令献谠言善策。时春惶恐引咎未对。帝趣之,于是时春上言:

当今之务最大者有四,最急者有三。

最大者,曰崇治本。君之喜怒,赏罚所自出,勿以逆心事为可怒,则赏罚大公而天下治。曰信号令。无信一人之言,必参诸公论。毋狃一时之近,必稽之永远。苟利十而害一则利不必兴,功百而费半则功不必举,如是而天下享安静之福矣。曰广延访。宜仿古人轮对及我朝宣召之制,使大臣、台谏、侍从各得敷纳殿陛间,群吏则以其职事召问之。曰励廉耻。大臣宜待以礼,取大节略小过,台谏言是者用之,非者宽容之,庶臣工自爱,不敢不励。

其最急者,曰惜人才。凡得罪诸臣,其才不当弃,其过或可原,宜需然发命,召还故秩。且因南郊礼成,除谪戍之罪,与之更始。曰固边围。败军之律宜严,临阵而退者,裨将得以戮士卒,大将得以戮裨将,总制官得以戮大将,则人心震悚,而所向用命。曰正治教。请复古冠婚、丧祭之礼,绝醮祭、祷祀之术。凡佛老之徒有假引符箓、依托经忏、幻化黄白、飞升遐景以冒宠禄者,即赐遣斥,则正道修明而民志定。

帝览之,益怒,下诏狱掠治,黜为民。久之,选东宫官属,起翰林编修兼司经局校书。

帝有疾,时春与罗洪先、唐顺之疏请东宫御殿,受百官正旦朝贺。帝大怒,复黜为民。京师被寇,朝议以时春知兵,起兵部主事,赞理京营务,统民兵训练。大将军仇鸾倡马市,时春愤曰:"此秦桧续耳。身为大将,而效市侩,可乎?"忤鸾,为所构,几重得罪。稍迁山东佥事,进副使。

三十二年擢佥都御史,巡扶山西。时春慷慨负奇气,善骑射。慨寇纵横,将帅不任战,数谓人:"使吾领选卒五千,俺答、丘福不足平也。"作《御寇论》,论战守甚悉。既秉节钺,益思以武功自奋。其年九月,寇入神池、利民诸堡,时春率马步兵往御之。至广武,诸将毕会。谍报寇骑二千余,去两舍。时春擐甲欲驰,大将李涞固止之。时春大言曰:"贼知吾来必遁,缓追即不及。"遂策马前。及于大虫岭,伏兵四起,败绩。仓皇投一墩,守卒缒之上乃得免,涞军竟覆。被论,解官听调。时春喜谈兵,至是一战而败。然当是时将帅率避寇不击。为督抚者安居坚城,遥领军事,无躬搏寇者。时春功虽不就,天下皆壮其气。

时春读书善强记,文章豪肆,与唐顺之、王慎中齐名。诗,伉浪自喜类其为人。

赞曰:姚镆等封疆宣其擘画,军务畅其机谋,勋绩咸有可纪。伍文定从王守仁平宸濠之难,厥功最懋。赵时春将略自命,一出辄踬。夫危事而易言之,固知兵者所弗取乎。